아주 훌륭하고, 쉽고, 포괄적이면서 궁극적으로는 긍정적 □□□□□□□□□□□□□□□□□는 사람들에겐 필독서이다.   〈□□□블러틴〉

NGO들은 지구 환경을 더럽히는 기업 활동에 반대하는 운동을 수시로 벌여왔다. 지금 같은 삶의 방식으로는 더 이상 생존할 수 없다는 우리의 주장을 이해하는 사람들이 많아지고 있기는 하지만, 그보다는 산업과 정부 차원에서 환경을 중요시하는 리더십이 절실한 입장이다. 자본주의에 대한 새로운 고찰을 통해, 포릿은 생존 가능한 발전의 기회 가능성을 제시한다.
로버트 네이피어, 영국 세계자연보호기금 전 회장

녹색당의 전 당수, '지구의 벗들'의 전 총무. '미래를 위한 포럼'의 공동 창설자이자 회장인 포릿처럼 이러한 주제에 관한 책의 저술가로 적임자는 없다고 본다. 독자는 저자의 사고가 그리 합리적이지 못하다고 느끼기보다는 혁신적인 책을 집필할 때 중요한 요인 중의 하나인 지속가능한 미래의 창출을 위한 욕구에서 비롯되었다는 점을 느끼게 될 것이다.
폴린 토마스, 〈웨스트페이퍼〉

매우 사려 깊고 시기적절한 책이다. 지속가능한 지구의 미래를 위해 일하는 수많은 사람들이 자본주의를 심각한 문제점으로 간주하고 있다. 물론 그만한 이유는 있다. 자본주의와 자유 시장이 생존 가능성 즉 해결책 모색을 고려하지 않는다면, 우리가 생존할 가능성은 없다고 본다. 그래서 이 책이 중요한 것이다. 읽어야 한다   로드 메이, 로열소사이어티 원장

경제계가 충격을 받으면서도 인정하지 않을 수 없는 메시지   〈파이낸셜타임스〉

이 책은 자본주의를 적으로 생각하는 기독교 환경주의자들에게도 도전으로 받아들여질 수 있을 것이다.
〈메소디스트레코더〉

약속된, 긍정적인 젊은 세대에게 자신도 모르게 미래로 끌려가지 않을 선택의 여지가 있음을 알려주면서 경종을 울리는 흥미로운 책이다.   데이비드 퍼트넘, 영화 〈킬링 필드〉의 제작자

포릿은 이 훌륭하고 시기적절한 저서에서 겉치레는 내던지고 현재 인류가 처한 딜레마에 관한 필요한 데이터와 분석을 제시하고 있다.   데이비드 로리머, 〈사이언티픽앤메디컬네트워크리뷰〉

포릿은 수십 년에 걸쳐 비즈니스와 정치 분야에서 축적한 자신의 경험으로 자본주의가 인간 욕구를 충족시키기 위한 가장 효율적인 시스템이지만 그러한 과정이 우리 생태계와 환경에 해를 끼치는 딜레마를 설명한다. 이 책은 도전과 기회에 점차 관심을 가지는 비즈니스를 토대로 하여 우리가 어떻게 시스템을 구축할 것인가에 대해 생동감 있고 심오한 설명을 제시한다.   마크 무디스튜어트, 앵글로아메리칸의 회장

지속가능 발전에 관한 중요 저작물로서 전 세계의 비즈니스 및 정치 지도자들에게 주목을 받을 것이다.
〈인스파이어〉(유러피언 바하이 포럼의 e-매거진)

노란 벽돌 길 위의 양철 인간처럼 자본주의에도 심장이 있다는 것을 증명해야 한다. 조너선 포릿은 오즈의 마법사처럼 최선을 다해 돕고자 한다!   팀 스미트, 에덴프로젝트의 총무

성장 자본주의의 종말

Capitalism as if the World Matters

성장 자본주의의 종말

원제_ Capitalism as if the World Matters

초판 1쇄 인쇄_ 2012년 1월 9일
초판 1쇄 발행_ 2012년 1월 20일

지은이_ 조너선 포릿
옮긴이_ 안의정

펴낸곳_ 바이북스
펴낸이_ 윤옥초

책임편집_ 김태윤
편집팀_ 이성현, 도은숙, 이현실, 문아람
디자인팀_ 방유선, 윤혜림, 이민영, 남수정, 윤지은

ISBN_ 978-89-92467-61-2 03300

등록_ 2005. 07. 12 | 제 313-2005-000148호

서울시 마포구 서교동 395-166 서교빌딩 703호
편집 02) 333-0812 | 마케팅 02) 333-9077 | 팩스 02) 333-9960
이메일 postmaster@bybooks.co.kr
홈페이지 www.bybooks.co.kr

책값은 뒤표지에 있습니다.

책으로 아름다운 세상을 만드는 - 바이북스

자본주의, 환경의 손을 잡다

CAPITALISM AS IF THE WORLD MATTERS

성장 자본주의의 종말

조너선 포릿 지음 | 안의정 옮김

바이북스
ByBooks

일러두기

전체 내용을 요약한 제17장은 저자의 의도만을 간추려 실었으며, 일부 중복되는 내용을 삭제했습니다.

전문 용어나 학술 용어는 국내 학자나 언론이 이미 표기한 것을 따랐으며, 국내에서 아직 표준화된 역어가 없는 경우는 번역자가 가능한 원래의 의미에 가깝도록 표기했습니다.

미래를 위한 포럼 | 미래를 위한 포럼은 영국의 대표적인 지속가능한 발전에 관한 연구소이다. 이 조직은 모든 면에서 긍정적, 해결 지향적 방법으로 지속가능한 삶의 방법으로의 변화를 촉진하는 것을 사명으로 한다. 이 사명은 비즈니스, 금융, 지역 행정 기관 및 단체, 그리고 고등 교육 분야의 종사자들인 파트너들과 공유된다. 우리는 파트너들과 배운 바를 정책 결정가들과 여론 형성자들의 네트워크에 전달한다. www.forumforthefuture.org.uk | info@forumforthefuture.org.uk

* 이 책의 모든 수익금은 미래를 위한 포럼의 연구 작업을 위해 사용된다.

내 친구 조너선 포릿이 영국에서 발간된 이 책을 미국 대중에게 소개해줄 것을 부탁해왔을 때, 나는 이 책이 폴 호켄Paul Hawken 외 2인이 공저한 《자연적 자본주의Natural Capitalism》(1999)를 토대로 한 내용이기를 바랐다. 그 책에서는 돈과 상품만이 아닌 그보다 훨씬 중요한 사람과 자연도 포함한 자본의 생산적인 사용과 자본에의 재투자라는 정통 자본주의 본질을 적용하여 새롭게 비즈니스를 영위하는 방법이 제시되었다.

조너선의 이 중요한 책은 그들의 주장을 토대한 것이 아니라, 그들의 주장을 확대하여 자본의 네 가지 요인이 아닌, 사회 그리고 영적 자본spritual capital도 포함하여 여섯 가지 요인들을 평가하고 회복시키는 방법들을 종합한 것이다.

이 책에 담긴 지속가능성에 관한 뛰어난 개괄, 환경 정치에 대한 신랄한 비판, 병적인 물질주의에 대한 풍자는 상당 부분 잘못 알려진 애덤 스미스Adam Smith의 도덕철학에 확고한 뿌리를 두고 있다.

이 책의 구성은 탄탄하다. 논리는 분명하고, 언어는 품위가 있으며, 정치적 통찰에는 변명이 개입할 여지가 없다. 미국 독자들은 자신의 나라에 대해 예리한 통찰력을 갖게 될 뿐만 아니라 아직 잘 모르고 있었지만 소중한 영국과 유럽 사상의 풍요로움을 새삼 발견하게 될 것이다.

이 책의 정책적인 처방에는 비즈니스를 이끌고 지원하기 위해서는 견실한 정책적 프레임워크framework가 필수적이라는 유럽의 보편적 사고가 반영되어 있다. 연방 정부가 교착 상태에 빠져 있다는 점에서, 미국 독자들은 정부가 노를 젓기보다는 조종간을 쥐고 있는 한 무척이나 역동적인 민간 부분에 뒤처지지 않을 수 없다는 생각을 하게 될 것이다. 시민 사회와 더불어 공진화共進化하는 대기업들과 일하면서, 나는 이익을 추구하는 비즈니스에 의해 극도로 빠르고, 가속적이며, 강력하면서도 흥미로운 변화들이 일어나는 것, 특히 정책이 소비자들이 가격에 반응할 수 있도록 적절하게 가격 매기는 것에 초점을 맞추기보다는 '규제 철폐'에 더 무게를 두는 것을 지켜보아왔다.

이 책은 지금까지 좀처럼 시도되지 않았던 통합의 수준을 추구하다 보니, 어쩔 수 없이 세밀함을 희생하지 않을 수 없었다. 제기된 문제들에 대한 해결책은 흔히 다른 곳에서 발견되기도 한다. 예를 들어서 나의 저서 《탈석유 전쟁에서 승리하기Winning the oil endgame》는 석유 문제의 해결이 중요하면서도 가능하다는 주장을 피력하기보다는, 미국을 2040년대까지 전혀 석유를 사용하지 않는 국가로 변화시키기 위한 세밀한 로드맵을 제시했다. 이 전략은 혁신적인 테크놀로지와 경쟁 전략에 의해 조용히 이행되고 있는데,

그 논리가 너무 호소력이 있어서 새로운 법, 세금 정책, 보조 정책 혹은 위임 규칙이 필요 없을 정도이다. 이 전략은 최고조에 달한 석유 논쟁을 무의미한 것으로 보이게 한다. 그것이 맞느냐의 여부에 대해서는 아무도 확신할 수는 없지만, 어차피 석유에서 벗어나야 한다는 점에서 석윳값이 지금의 4분의 1 수준으로 떨어져도 이익을 남길 수 있느냐는 의문과는 전혀 상관이 없는 것이다. 이와 마찬가지로 일선에서 일하는 사람들이 매일 증명하는 사실이지만, 에너지 효율성이 에너지 보관보다 비용이 덜 든다는 점에서, 기후 보호는 돈은 들지 않지만 유익을 더 많이 안겨주는 방법인 것이다. 정부는 이 사실을 아마도 그 누구보다 맨 나중에나 깨닫게 될 것이다.

조너선은 정해져 있는 에너지와 자원을 이용하여 어떻게 하면 보다 많은 일을 해낼 수 있는가를 설명한 《자연적 자본주의》의 분석을 '지나친 낙관적 시각'이라 지적하면서, 실제적 잠재력이 경제 성장률을 앞서는 경우는 거의 없다고 주장한다. 이는 《자연적 자본주의》가 실제로는 매우 보수적이라는 점잖은 반박과 그 궤를 같이하는 것이다. 예를 들어서 29개 분야에서의 300억 달러 가치를 지닌 시설들에 대해 최근 재설계를 실시해본 결과, 기존 시설은 운영한 지 2~3년 후부터 30~60퍼센트의 에너지 절약 효과를 보는 반면, 새로운 시설로는 처음부터 40~90퍼센트의 절약 효과가 있는 것으로 밝혀졌다는 것이다. 그리고 에너지 효율에 관심이 있는 기업들은 매해 6~8퍼센트의 에너지 원단위 energy intensity, 한 국가 경제의 에너지 효율성을 나타내는 척도로, GDP당 에너지 소비량으로 표시 – 역자 주를 절약하는 것으로 나타났는데, 이는 기후 안정에 필요한 수치보다 서너 배 빠른 것이라는 주장이다.

1975년 이후, 낭비가 심한 미국에서조차 1차 에너지 소비량이 실질 GDP Gross Domestic Product, 국내총생산 기준으로 48퍼센트, 석유 54퍼센트, 천연가스 64퍼센트를 절약하게 되었으며, 물 소비량도 줄어들었다. 하지만 이것만으로 현재의 실질적이고 가치 있는 것들을 대변해주기에는 턱 없이 부족하다. 기술과 설계 통합의 속도가 연료 절약보다 더 빠르게 이행되고 있어 연료 절약이 규모면에서 더욱 커지고 또 저렴해지고 있는 것이다.

　　따라서 이 책이 지적한 엄청난 난제들을 해결하기 위한 효율성의 역할은 그간 과소평가되었다는 것이 나의 생각이다. 하지만 이는 경험적인 문제이다. 앞으로 20~30년 후에야 효율성이 결정적인 요인인지 아니면 깨어 있는 시장, 계몽적 정책, 폴 호켄의 새 책 《축복받은 불안 Blessed Unrest》에서 설명된 풀뿌리 혁명, 혹은 그 밖의 것들과 같은 다른 요인이 그러한지 여부가 드러나게 될 것이다. 그리고 물론 효율성은 가장 저렴하고, 가장 빠르고, 통합적 해결의 가장 큰 부분을 차지하고 있기는 하지만 전체 도구 세트가 아닌 하나의 마스터키에 불과할 뿐이다. 효율성이 그 밖의 수많은, 그리고 보조적 수단들을 대체할 수 없는 것처럼, 견실한 정책 없는 기술의 성공은 있을 수 없는 것이다.

　　하지만 우리는 해결책을 찾아야 한다. 조너선 포릿은 인류가 지향해야 할 목적들, 즉 탐구의 통로들을 통합하여 하나의 호소력 있는 비전을 창출하고, 우리 각자가 어떻게 하면 기쁨으로 자신의 책임을 다할 수 있는가에 관한 방향을 제시하고 있다. 그의 포괄적이면서도 냉철한 비전은 우리로 하여금 감사한 마음을 가지게 하고, 관심을 가지게 하고, 또 실천하도록 자극한다.

지구는 정말 중요하다. 우리가 가진 것이라고는 지구밖에 없다. 지혜로운 자본주의는 영원한 지구를 위해 가장 효과적인 도구일 수 있다.

애모리 B. 로빈스Amory B. Lovins

로키마운틴 연구소Rocky Mountain Institute의

소장 겸 수석 과학자

감사의 말

이 책은 '미래를 위한 포럼Forum for the Future'과 관련이 있는 다수의 동료들이 참여한 집단 프로젝트로 시작되었다. 1996년 다양한 파트너십 계획을 통해 자본의 다섯 가지 유형인 자연, 인간, 사회, 제조 및 재정의 개념을 측정 가능한 단어로 전환하는 작업을 시작한 우리들은 이 틀을 뒷받침할, 드문 예일지 모르지만 실행을 추구하는 이론 같은 지적 기반을 개발할 필요성을 느꼈다!

그 작업은 2002년과 2003년 사이에 완료되었는데, 사회 자본은 제임스 윌스던James Wilsdon, 재정 자본은 루퍼트 호웨스Rupert Howes와 브라이언 피어스Brian Pearce, 환경 비용 회계는 데이비드 벤트David Bent와 데이비드 에어론토머스David Aeron-Thomas, 제조 자본은 마크 에버라드Mark Everard와 데이비드 쿡David Cook, 안전과 지속가능성은 마틴 라이트Martin Wright, 영적 자본은 피터 프라이스토머스Peter Price-Thomas와 사이먼 슬레이터Simon Slater가 맡았다.

하지만 이 책의 진짜 근원은 1990년대 중반 나와 폴 에킨스Paul

Ekins와의 토론으로 거슬러 올라간다. 우리는 나중에 미래를 위한 포럼이라는 명칭이 붙게 되는 조직의 구성안을 연구 중이었다. 폴은 이미 경제 성장과 지속가능성이라는 하나의 의문, 그리고 자본주의 경제라는 틀 안에서 두 개념이 어느 정도까지 조화를 이룰 수 있는지에 대한 기본적인 연구를 마친 상태였다. 그 토론에서 도출된, 진실로 지속가능한 경제가 실행 면에서는 어떠할 것인지를 증명하기 위해 다섯 가지 자본 요인들을 사용한다는 아이디어와 그리고 1997년 폴이 작성한 포럼 내부 문건은 그 이후로도 포럼이 실행한 많은 작업의 기본이 되었다.

여기에서 나는 폴의 저서 《경제 성장과 환경 지속가능성Economic Growth and Environmental Sustainability》이 그 어떤 문헌보다 이 문제에 대한 나의 사고의 정리에 도움을 주었다는 점을 이야기하고 싶다.

그리고 지속가능성의 경제와 정치의 다양한 면들에 관한 고찰에까지 범위를 넓혀온 포럼의 다섯 가지 자본 개념의 틀을 소개하기 위한 연구들이 지난 수년 사이에 상당히 많이 진행되어왔다. 나에게 그런 지적인 향연의 기회가 주어지지 않았다면 이 책은 결코 집필되지 않았을 것이다. 나는 그 과정에서 연구한 내용과 일관성을 내 탐구 과정에 도입해왔다.

나의 연구에 조금 색다른 것이 있다면 모든 투입들을 종합화한 것이다. 그런 점에서 포럼의 동료들과 외부 인사들로부터 도움을 받았음에도 불구하고, 《성장자본주의의 종말》은 미래를 위한 포럼이라는 조직의 선언이기보다는 나의 개인적인 고찰이라고 할 수 있다. 따라서 해석의 오류나 분석적인 불완전성의 책임은 전적으로 나에게 있다.

1

Capitalism as if the World Matters

지속가능한 세계

2

Capitalism as if the World Matters

지속가능한 자본주의의 구성

3

Capitalism as if the World Matters

보다 아름다운 세상에서
보다 아름다운 삶을

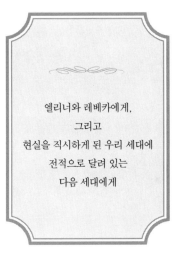

엘리너와 레베카에게,
그리고
현실을 직시하게 된 우리 세대에
전적으로 달려 있는
다음 세대에게

기존의 세계가 끝나가고 새로운 세계가 주춤거리며 떠오르고 있다. 이는 고통스러운 과정인데 상황이 좋아질 때까지는 지금보다 더 심한 고통을 겪어야 할 것이다. 오늘날의 주도적 진행 모델에 대한 위협 요인들을 약간의 경제적인 조정 및 정치적인 수정으로 해결될 수 있다고 믿는 사람들에게는 이러한 현상은 희소식으로 받아들여지지 않을 것이다. 하지만 세계 인류가 보다 행복하게 살 수 있다는 차원에서 아주 효과적인 뭔가를 할 수 있다는 것을 알고 있는 사람들에게는 좋은 소식일 것이다.

자본주의가 공산주의에 승리한 열매를 지난 20년 이상 누려왔다는 점에서 어떤 사람들은 이런 주장을 터무니없다고 말할 것이다. 그리고 자본주의를 이어받을 다른 체제가 대기하고 있다는 생각을 너무도 당연한 듯이 무시할 것이다. 1918년 11월 11일 승전한 연합국들은 굴욕스럽게 패배한 독일과 정전 협정문에 서명했다. 그러나 1939년 9월 1일 히틀러가 폴란드를 침공하면서, 세계는 다시 한 번 참혹한 전쟁에 내던져졌다. 다소 과장된 비유일지도 모르지만, 베를린 장벽이 무너진 지 20년 동안 승리를 거둔 자본주의 핵심 국가들은 우리가 그 문제점들을 냉전 때보다 더 심각하게 인식할 정도로 그 승리를 잘못 운영하고 남용해왔다.

이런 소리를 들으면 이 책을 더 이상 읽고 싶은 마음이 사라지는 사람도 있을 것이다! 하지만 나의 주장은 지구 상의 모든 생물이 죽는다는 것이나, 우리가 소중하게 붙들고 있는 모든 것들이 종말을 맞게 된다는 또 다른 '환경에 관한 경고'의 차원에 머무는 것이 아니다. 지난 35년 동안 급격한 변화를 촉구했던 내가 지금은 그 어느 때보다 긍정적으로 세상을 본다. 기술적인 면에서, 정치적인 면에서, 영적인 면에서 크나큰 희망의 여지가 있다고 생각하는 것이다.

그 불가능한 긍정주의를 합리화하기 위해, 나는 오늘날의 혼돈의 이면을 추적하여 그 근본 원인을 찾아내서, 변화가 절실한 이 순간에 자본주의가 충격적이고도 '상상할 수 없는' 변화를 이행할 수 있을 만한 자율적인 조정 시스템이라는 사실을 알려왔다. 나는 연구를 거듭한 결과, 회복할 수 없는 붕괴가 다가오기 전에 자본주의가 자율 조정할, 보다 정확히 말한다면 조정당할 여지가 있다는 결론에 이르렀다.

이는 시장을 기반으로 한, 적절히 규제된 자본주의가 오늘날의 엄청난 문제들을 해결할 기회가 아직도 남아 있다고 믿는 사람들에게 최상의 희망이라는 점을 일깨워주는 것이다. 하지만 그것은 결코 쉬운 길이 아니다. 기존의 방식으로 대충 따라하는 것은 현대 문명이 추구하는 최고의 이상들에 사형 선고를 내리는 것과 마찬가지다. 따라서 우리는 오늘날의 피상적이고 열광적인 정치적 논쟁들보다 훨씬 깊게 파고들어가야 한다. 전 체코 대통령으로서 공산주의 붕괴에 관한 최고의 석학으로 손꼽히는 바츨라프 하벨Václav Havel은 "인간의 의식에 글로벌 혁명이 일어나지 않고서는, 그 무엇도 개선되지 않는다"고 주장한 바 있다.

우리는 비장한 각오로 내일의 세계를 한 단계 한 단계 설계할 필요가 있다. 내일의 세계는 우연히 이루어지지 않는다. 우리가 살고 있는 오늘날의 세계는 결코 무계획적으로 이루어진 것이 아니라, 이전의 정치 엘리트들이 바라던 대로 이루어졌을 뿐이다. 제2차 세계 대전 이후의 비범한 세월로 돌아가보자. 당시는 엄청난 기업가적 에너지가 분출되던 시기였다. 특히 미국과 유럽에서 그랬다. 당시에는 앞으로 '지속가능성의 위기'에 봉착한다는 사실을 전혀 눈치 채지 못한 채, 선의의 소비 진작을 통해 부유한 나라 국민뿐만 아니라 전 세계 인류를 해방시키는 것을 목적으로 삼았었다. 종전 후 가장 창의적인 소비 분석가였던 빅터 리보우Victor Lebow가 1948년에 주장한 내용은 지금 보면 충격적이라 할 수 있지만 당시에는 비전 있고 진보적인 견해로 평가받았다.

> 우리의 엄청나게 생산적인 경제는 소비가 우리들의 생활 방식이 되게 하고, 상품을 구입하여 사용하는 것을 관습화하게 하고, 소비에서 영적 만족, 자기만족을 추구할 것을 요구한다. 우리는 점점 빠른 속도로 물건을 소비하고, 태워버리고, 낡게 해서 새것으로 교체하고 또 버릴 필요가 있다.

그로부터 60년이라는 세월이 흘러오면서, 이러한 '제조 욕구'의 과정이 매우 성공적이었다는 것이 증명되었다. 하지만 '의도하지 않았던' 두 종류의 결과가 미래에서 얻기를 원하는 모든 것들에 위협을 가하는 상황이 펼쳐지고 있다. 첫째, 정치인들과 부자들이 리보우의 도전 의식에 충실하여 성공을 거두고 보니 인류 문명의 생태적 토대에 위기가 닥쳐왔다는 점이다. 둘째, 그들의 성공을 볼 때, 세계가 물리적으로, 즉 경제적으로 통합되지 않았음에도 심지어 최고로 잘사는 나라들에서조차 부유해진 사람은 극히 소수라는 점이다. 예를 들어서 미국에서는 상위 10퍼센트가 나라 전체 재산의 70퍼센트를 가지는데, 그것도 대부분이 상위 5퍼센트에 집중되어 있다. 요즘의 미국 CEOChief Executive Officer들은 평균적으로 일반 근로자들의 1년 연봉에 해당되는 임금을 하루에 번다. 이것이 세계에서 가장 궁핍한 나라들과 대비되며, 지상에서 가장 인간답게 살지 못하는 나라들의 희망의 상징이라는 미국의 현실이다. 하지만 유감스럽게도 역사적으로 아주 위급한 현 상황에서, 미국은 자신들이 한때 추구했던 모든 것들을 위험에 몰아넣고 있다는 사실이 드러나고 있다.

환경, 사회, 안전에 관한 이슈들이 뒤범벅된 오늘날의 치명적인 칵테일은 세계 지도자들에게 역사상 유례가 없는 도전으로 다가서고 있다. 하지만 나는 미국과 유럽의 동료들이 설사 원한다 할지라도 이 사태를 되돌리기에는 너무 늦었다고 생각한다는 사실에 충격을 받았다. 나는 그러한 주장에 대해 색다른 시각으로 특히 기후변화에 관련하여 긍정 혹은 부정적 의견을 제시하고자 한다. 하지만 지구의 기본적인 생명 유지 시스템인 흙, 삼림, 깨끗한 물, 초원, 생물 다양성, 어장 등의 회복을 위해 필요로 하는 것이 무엇이냐는 차원에서 이야기한다면, 지구는 대부분의 사람들이 생각하는 것보다는 훨씬 관리가 용이하다. 워싱턴에 위치한 지구정책연구소Earth Policy Institute의 레스터 브라운Lester Brown 소장에 의하면 1,000억 달러 미만으로도 가능하다는 것이다.

그의 주장이 지나친 과장처럼 들리는가? 아니면 놀랍도록 합리적이라 생각되는가? 1,000억 달러라는 액수가 폭 넓게 만연된 부패 수단인 탈세의 방법이자 대부분 합법적인 세금 도피 방법으로, 정부의 힘이 미치지 않는 조세 피난처에 매해 몰리는 1조 6,000억 달러의 10퍼센트도 되지 않는다는 사실을 알게 된다면 사태를 보다 쉽게 파악할 수 있을 것이다. 사실 우리가 사는 세상은 대개의 사람들이 짐작하는 것보다는 부유한 편이다. 하지만 대부분의 사람들이 쾌적하고, 품위 있고, 지속가능한 삶을 영위할 수 있도록 하는 데에 사용되는 돈은 극히 일부에 지나지 않는다.

자본주의에는 예외 없이 모순들이 내포되어 있지만, 탈세와 세금 도피는 시장 경제의 뿌리를 왜곡시킨다. 조지 소로스George Soros와 즈비그뉴 브레진스키Zbigniew Brzezinski 같은 사람들조차 '사회적 불의에 관한 글로벌적인 정치적 각성'의 결과로 인해 시스템 내부에서 폭발이 발생할 위험성이 있다고 경고하기 시작했다는 사실은, 지금이야말로 우리들이 모여 앉아서 그런 경고에 귀 기울여야 한다는 것을 암시하는 것이다.

여기에서 우리는 기후변화와 빈곤 간에 흥미로운 상관관계가 존재한다는 사실에 주목할 필요가 있다. 최근 과학자들은 비선형적인 기후변화의 가능성에 주목하고 있다. 다시 말해서, 인간 때문에 대기 중에 서서히 온난화 가스가 축적된다고 해서 평균 기온이 그에 따라 서서히 상승하는 것이 아니라, 비선형적으로 급격한 기후변화가 발생할 수 있다는 것이다. 이 가설은 북극과 남극의 빙하가 급격하게 녹아 1세기 만에 수위가 수 미터나 높아졌다는 사실로 이미 설득력을 얻고 있다. 예를 들어서 지금의 수위는 1만 4,000년 전에 비해 20미터나 높아진 것인데, 특히 지난 400년에 걸쳐 20년에 1미터씩 상승한 결과다.

사회에 매우 깊게 뿌리를 내리고 있으면서 여전히 심화되고 있는 불평등의 영향으로 '비선형적인 사회 변화'가 발생하리라 예측하는 학자들은 거의 없다. 나중에 설명하겠지만 최근의 연구 결과들에 의하면 인류의 60퍼센트가 빈부 격차가 좁혀지기보다는 넓혀지고 있는 나라에 살고 있다고 한다. 기후변화에 대해 말하자면, 그로 인한 영향은 간접적이요 산발적이며 장기적인 경우가 많다. 정치인들은 다른 일들을 더 급하게 처리해야 한다거나 NIMTO Not In My Term of Office, 내 임기 동안에는 처리하지 않음 사고방식에 사로 잡혀 있다. 하지만 우리는 과거에서 '비선형적인 사회 변화'의 사례를 많이 찾을 수 있는데, 최근의 것으로는 1980년대 중부 유럽에서 짧은 기간 안에 공산주의와 철의 장막이 붕괴된 것이 대표적인 예이다. 그렇다면 상황이 어느 정도 혼란스러워야 정치적 불안정과 그 밖의 연쇄 효과로 인해 추가적 비선형적인 변화가 일어나게 되는 것인가?

지난 10년간의 황금 시기에 나는 지구 상의 난제들에 대한 해결책을 찾기 위해 하나씩 문을 열기 시작한 미래를 위한 포럼, '영국 지속가능발전위원회UK Sustainable Development Commission', '영국 왕세자 비즈니스 및 환경 프로그램The Prince of Wales's Business & the Environment Programme'을 통해 상당수의 정부 및 비즈니스계의 고위직 인사들과 공동 작업할 수 있는 행운의 기회를 누려왔다. 물론 그런 사람들로부터 영향을 받아 잘못된 생각을 가질 수 있는 위험성은 상존하지만, 나의 지배적인 느낌은 그들이 점점 더 지속가능한 방법으로 자신들의 일을 하는 데에 관심을 갖는다는 것이었다. 그들은 급진파도 아니었고 행동주의자들도 아니었다. 그들은 시스템 밖에서의 변화를 기대하지 않았다. 시스템 내부에서 변화가 일어나지 않으면 그 무엇도 자신들을 위한 것이 아니라는 생각이었다. 긴급 조치가 시급한 상황에서 기본적인 요인들을 분류하기 위해 장기간의 시간이 필요하다는 사실 그리고 위기 감당에 대한 극렬한 저항은 심각한 고민거리이지만, 그래도 여전히 거의 모든 정책 과정들은 올바른 방향으로 서서히나마 진행되고 있다.

이는 물론 떠오르는 해결책들을 자본주의의 틀 안에 맞아떨어지도록 수정하는 것을 의미한다. 좋든 싫든 그리고 대부분의 사람들이 인정하고 있듯이, 자본주의는 현재 지구 상의 유일한 경제 시스템이다. 시장의 경계를 경제의 모든 면까지 확대시키려는 움직임은 피할 수 없는데, 아직까지는 대부분의 사람들이 그 비용은 고려하지 않고 오늘날 진행되고 있는 글로벌화 과

정의 혜택만을 누리려 한다. 앞으로 설명하겠지만 그 비용은 상당히 심각하다. 시장 기반의, 이익을 추구하는 경제 시스템의 적응성과 고유의 강점들은 세월이 흐르면서 속속 증명되어왔다. 이 책을 읽는 사람들 중에서도 그런 시스템의 혜택을 보지 않는 이들은 없을 것이다.

자본주의의 힘과 지속적인 매력이 지금까지 유효하다고 주장해도 큰 무리가 없을 듯하다. 따라서 우리는 자본주의라는 오늘날의 특정 모델에 대한 의존적인 사고에 이의를 제기하면서, 지속가능한 발전을 추구하기 위해 자본주의의 강점을 이용하는 방법에 대해 많은 부분을 할애하게 될 것이다. 상이한 결론에 도달할지 모른다는 두려움이 없지는 않지만, 공개적으로 의견을 피력하지 않는 가운데서도 지속가능한 발전과 자본주의 사이에는 근본적으로 모순되는 점이 없다는 공감대가 널리 형성되어 있다. 제1부에서 나는 이 가설뿐만 아니라, 지속가능한 발전에 관한 정부의 좋은 의도와 그러한 좋은 의도를 실행하기 위한 기존의 정치 및 경제 틀 간의 관계를 규명하고자 한다.

지속가능한 발전은 비교적 새로운, 아직 완벽하게 수립된 개념이 아니다. 이 개념은 사회민주주의와 민주사회주의 같은 개념을 포용한 정치철학이 자신의 영역을 오늘날의 막강한, 신자유적 자유 시장neo-liberal free market 이데올로기에 넘겨주던 지난 20년 동안에 스스로 확립돼왔던 것이다. 지속가능한 발전을 인류를 위한 현저하게 다른 성장 모델이라 옹호하는 조직들과 개인들은, 오늘날 세계 경제로 인해 발생하는 최악의 외부적 상황을 완화시키는 데 초점을 맞추어왔다. 지속가능한 세계가 어떠할 것인지에 대한 보다 긍정적인 비전을 상세히 그려내거나 변화의 필요성을 계속해서 경고하는 것을 중단하는 대신 개선된 삶의 질, 안전 강화, 일과 삶을 보다 많이 실현시키는 방법에 초점을 맞출 시간이나 기회는 더 이상 남아 있지 않은 것으로 보인다. 미래에 대한 악몽을 피하는 데 사로잡혀 있다 보니 지금의 세계를 보다 나은 곳으로 만드는 꿈을 포기하게 되는 것이다.

《성장 자본주의의 종말》은 그 불균형에 대해 언급하고자 한다. **지속가능성**과 **웰빙**wellbeing이라는 두 개념과 관련된 새로운 정치적 합일점을 축으로 설명할 것이다. 각 나라의 정부는 자국민을 위한 정당한 물질적인 욕구와 지금보다 더 효율적으로 자연을 보호할 필요성을 조화롭게 결합시키기 위해 고심하고 있다. 환경적인 제약을 중요시하지 않는다면 당연히 물질적 욕구를 우선시할 것이다. 하지만 자연 자본을 잘못 관리한 결과로 인한 비용이 엄청나서 그 장기적인 난제에 대한 지속적인 해결책이 필요한 시점이다.

이와 동시에 비록 목적의식은 많이 떨어지지만, 각 나라 정부도 지속적인 경제 성장을 통해 모든 것을 성취하려는 것에 문제가 있다는 점을 깨닫기 시작했다. 제3장에서 설명하겠지만, 성장은 분명 수입과 소비의 증진을 통한 물질적 혜택뿐만 아니라 보다 나은 공공 서비스, 안전, 기간 설비 등과 같은, 국민이 정부에 요구하는 개선을 위한 자금을 제공해준다. 하지만 성장은 상당한 사회 및 환경 비용을 야기하여 사람들로 하여금 생활하는 데 있어서 행복이나 만족을 느끼지 못하게 한다. 그렇다면 정부는 초점을 경제 성장에서 웰빙과 삶에 대한 만족도 증진으로 옮겨야 하는 것인가?

문제는 정치인들이 이 유별난 발전 패러다임에 의구심을 갖는 것조차 질색할 정도로, 경제 성장에 활력을 불어넣고 세금이 잘 걷히도록 하기 위해 경제의 방향을 개인 소비를 1년 전에 비해 얼마나 늘릴 것인가 하는 쪽으로만 겨냥하고 있다는 점이다. 뿐만 아니라 소비를 줄임으로 실질적으로 보다 잘살 수 있다는 생각에 기업들이 적개심을 보이고, 자신들과는 다른 의견들을 자유 시장 경제의 혜택에 대한 직접적인 공격으로 받아들인다는 것도 문제다. 지난 15년 동안 상당수의 경제계 인사들은 지속가능한 발전을 '규제와 관료적 형식주의', '비즈니스에 대한 제약', '비용 상승 요인', '고위험 요인' 같은 꼬리표가 달린 잘못된 심리학 계열로 해석하는 경향이 있었다. 기존의 것과는 전혀 다르면서 보다 긍정적인 이론의 틀 안에서 부를 이루는 방법을 제시하는 '기회', '혁신', '시장 점유율 신장', '강화된 브랜드' 같은 꼬리표가 붙은 또 다른 계열이 부상한 것은 최근 2~3년 전의 일이다. 오늘날의 세계에서 경제의 역할이 막강하다는 점을 상기한다면 이 특별한 사고의 전환은 아주 중요한 것이다. 하지만 아무리 필요하고 바람직한 그 무엇이 있다손 치더라도 경제계를 설득하여 동의를 받아내지 않고서는 오늘날의 세계가 필요로 하는 추진력을 확보하기 어렵다.

따라서 **기회**는 세계가 절대적으로 중요하게 여기기라도 하는 것 같은 자본주의를 전혀 다른 유형의 자본주의로 빠르게 전환하는 데 필요한 제3의 핵심 요인이다. 지속가능성의 정치는 변화를 필요로 한다. 우리 주변의 자연이 붕괴되는 것을 보고 싶지 않다면 우리에게는 사실상 선택의 여지가 없는 것이고, 그 변화를 통해 인류를 위한 보다 나은 세상을 꿈꿀 수 있는 것이다. 웰빙의 정치는 변화를 바람직한 것으로 받아들인다. 삶을 향상시키기 위한 방법으로 우리가 현재 의존하는 것인 자연보다 더 나은 방법들은 존재하지 않는다. 이러한 도전에 반응함으로서 미래를 위해 아주 좋은 부를 창출할 수 있는 기회가 만들어지는 것이다. 무언가가 필요하고 바람직해서 기회와 발전의 차원에서 선거구민을 통해 승인을 받는다면, 그 아이디어가 그제야 정치적인 생명력을 갖게 되는 것인데, 나는 우리가 지금 바로 그 단계에 도달해 있다고 믿는다.

Capitalism as if the World Matters

지속가능한 세계

1

CAPITALISM AS IF THE WORLD MATTERS

오늘날의 불평등을 영구화하는 개발은 지속가능하지도 않고, 지속할 가치도 없다

○

상충되는 의무적 요인들

지속가능성에 관한 저서가 지구의 상태를 확고하게 긍정적으로 표현하는 것으로 시작한다면 얼마나 근사하겠는가? 하지만 그것은 가능한 이야기가 아니다. 적어도 10년 내에는 어림도 없는 소리다. 이 장을 읽으면 알 수 있겠지만, 사태는 나쁜 단계에서 더 나쁜 단계로 내려가고 있고, 상황은 최악을 향해 달려가고 있다. 이를 상쇄할 만한 성공 사례들이 늘어나고 있음에도 불구하고, 거의 모든 트렌드는 이미 잘못된 목적지로 방향을 정한 상태다.

여기엔 의문의 여지가 없다. 인구 증가, 놀랍도록 생동적이고 소비 지향적인 경제, 자연의 한계를 인정하지 못하는 지속적인 무능력이 치명적인 조합을 이룬다. 하지만 정치인들에게는 비용과는 상관없이 사람들에게 더 많은 것을 공급하고 싶다는 번영 증진의 욕구가 가장 시급한 정치 현안이라는 사실을 부인하지 못한다. 이 난국이 바로 오늘날 우리가 해결해야 할 가장 큰 문젯거리다. 우리는 변화가 필요하다는 것을 알면서도 변화를 바람직한 것으로 받아들이지 않는다. 그럼에도 불구하고 이 장에서는 보다 지속가능한 세상에서의 삶이 어떠할 것인가에 대해 간략하나마 긍정적으로 설명하고, 대부분의 사람들이 생각하는 보다 나은 삶이 얼마나 우리와 가까이 있는지를 증명해보이려고 한다.

자연에 대한 공격

21세기를 넘어서면서 인류는 매우 다르면서도 잠재적으로 조화를 이룰 수 없는 두 가지 의무를 지게 되었다. 첫째는 생물학적인 의무로서, 즉 지구에서 생존 가능하게 사는 법을 배우는 것이다. 이는 자연법칙에 의해 결정된다는 점에서 **절대적**, 비타협성의 의무이다. 즉, 멸종되지 않으려면 선택의 여지가 없다는 것이다. 둘째는 정치적인 의무로서, 삶을 위한 물질적 기준을 매년 향상시키고자 하는 바람과 관계가 있다. 이는 다수의 대안적 경제 패러다임들 중에서 하나를 택해야 하는 정치적인 결정이라는 점에서 **상대적** 의무이다. 따라서 이 두 가지 의무는 유형이나 정도 면에서 전혀 다른 것이다.

이 두 가지 의무를 조정하는 것이 지금보다 시급한 적은 없었다. 석탄, 석유 혹은 가스처럼 저렴한 자원을 사용할 수 있게 되면서 급속한 인구 증가를 야기하고, 물리적 환경에 가혹한 희생을 강요해온 경제 활동이 엄청나게 활발해진 덕분에 세계는 지난 60년 사이 완전히 변하고 말았다.

이런 확언에 대해 일부에서 비난하는 것은 당연하다. 특히 미국과 영국의 우익 언론 매체들은 나의 의견에 반대하는 과학자들과 평론가들의 말을 빌려 오늘날의 환경 및 사회 문제들은 환경 운동가들과 빈곤 퇴치 운동가들의 주장처럼 그렇게 심각한 것이 아니라고 사람들을 안심시키려 한다.

과장과 유언비어를 유포한다는 비난도 비등하다. 환경주의자들이 1970년대부터 종말론적 메시지를 퍼트리기 시작했음에도 불구하고 지난 30년간 종말의 흔적이 전혀 보이지 않은 것은 어떻게 된 것인가? 이런 식으로 위안을 주는 말이 홍수처럼 쏟아져 나온 결과로 인해 사람들이 사태의 심각성, 특히 기후변화와 같은 이슈들에 대해 믿고 물어볼 사람이 없는 입장이 되어버렸다. 기후변화에 대해서는 과학자들 사이, 정치인들 사이에 치열한 공방전이 벌어지고 있다.

사정이 이러함에도 불구하고, 물리적 환경 그리고 세계 최빈국들에 관한 정보들은 거의 대부분 정부 부처, 유엔 혹은 여타 국제 조직, 학술 기관 등에서 나온다. NGO non-governmental organization, 비정부기구 들은 독창적 연구를 시작하거나, 공식 기관의 공공 자료를 배포 혹은 해석하는 데 집중할 여력이 없다. 그리고 아무리 하고 싶어도 나는 이러한 관변 자료들이 어떻게 정보를 왜곡하는 데 혹은 거짓 정보로 둔갑하는 데 사용되었는지, 혹은 오늘날의 환경 문제의 심각성을 과장하여 일반 시민을 농락하는 방법으로 사용되었는지를 설명할 수가 없다. 대부분의 환경주의자들에게 있어서, 덴마크 코펜하겐 대학교의 정치학 교수인 비외른 롬보르Bjørn Lomborg 같은 반대 사고자에 대한 지속적인 반박은 지구에 대한 인류의 영향력이 해마다 기하급수적으로 늘어가는 상황에서 지구를 좋게 만들기 위해 40년간 지속해온 노력의 마지막 몸부림인 것이다.

우리는 여기서 주요 환경 문제들에 대한 공식적 입장을 정리해볼 필요가 있다. 국가에 상관없이 데이터는 비슷한 상황을 보여주고 있다. 즉, 인간이 자신들의 생존을 위해서 모든 생물들의 서식처를 지속적으로 파괴하고 있다는 것이다. 지구 상의 원시림은 절반 이상이 사라졌다. 지금 같은 속도로 벌목된다면 앞으로 20년이면 남아 있는 삼림의 3분의 1도 없어지게 된다. FAO Food and Agriculture Organization of The United Nations, 유엔식량농업기구 가 2007년 3월에 발간한 보고서는 개발 도상국에서의 삼림 파괴를 통제가 불가능할 정도라고 지적했다. 아프리카 대륙에서만 1990년부터 2005년 사이 삼림의 9퍼센트 이상이 상실되었고, 전 세계적으로도 3퍼센트가 추가로 상실되었다. 천연 습지에 대한 파괴는 더욱 심각하게 진행되고 있다. 그리고 전 세계 산호초 지역의 3분의 1 이상이 완전 파괴되었거나 심각하게 훼손되었다. 세계자연보존연맹International Union for Conservation of Nature and Natural Resources: IUCN을 비롯한 여러 국제 조직들이 생물 다양성 상실을 경고하는 바와 같이, 생물 서식지 파괴는 야생 생물의 생존에 절대적 영향을 미친다. 설상가상으로 외래종 생물이 토착 환경 시스템을 악화시켜 외래종 통제와 박멸을 위해 쓰이는 돈이 전 세계적으로 수십억 달러에 달한다.

그간 환경 파괴에 대한 경종을 하도 많이 울려 모를 리 없건만 정치인들은 귀를 막고 들으려 하지 않는다. 1992년 생물다양성협약Convention on Biological Diversity이 상대적 실패로 끝나고, 밀레니엄생태계평가Millennium Ecosystem Assessment: MA 보고서가 무시된 것을 계기로 하여 우리는 생물 다양성에 대해 전혀 다른 접근 방법을 고려하지 않을 수 없었다. 2006년 7월 세계적인 생물학자들은 IPCCIntergovernmental Panel on Climate Change, 기후변화에 관한 정부간 협의체처럼 영향력 있는, 생물 다양성에 관한 새로운 국제 조직 창설을 요구한 바 있었다. IPCC에 대해 다양한 생각들이 있겠지만, IPCC는 각국의 정부들에 지금보다 더 진지하게 과학자들의 충고에 귀 기울여줄 것을 촉구해왔다. 생물종들이 우리 눈앞에서 파멸적으로 사라지고 있는 가운데, 2007년에 발표된 IPCC의 제4차 평가 보고서Fourth Assessment Report에는 그보다 더 불길한 뉴스가 담겨 있었다. 그것은 지구 기온이 2도 이상 상승하면 지구 상의 식물과 동물의 30퍼센트가 멸종된다는 것이었다.

야생이 아닌 관리 지역이었음에도 불구하고, 그곳에 대한 관리 방법은 지난 20년 동안 전혀 발전을 이루지 못했다. 전 세계적으로 토양 침식이 진행되고 있을 뿐만 아니라, 낭비적이고 잘못 설계된 관개 공사로 땅에 소금기가 배고 있다. 농토 손실에 대해서는 예측들이 너무나 다양하다. 하지만 유엔 산하 기구인 FAO의 추정에 의하면 전체 경작지의 최소 20퍼센트가 심각하게 훼손되었다는 것이다. 이에 못지않게 목초지의 풀을 과도하게 짐승에게 먹이는 것이 생산성 손실로 이어지는 현상이 수십여 개국에서 발생하고 있다.

최근에는 깨끗한 수질에 대한 우려가 고조되고 있다. 상당히 많은 나라들이 물 부족으로 고통을 받고 있고, 강물뿐만 아니라 지하수마저 다양한 원인으로 오염되고 있다. OECD Organization for Economic Cooperation and Development, 경제협력개발기구에 가입되어 있는 비교적 잘사는 나라들에서는 보다 엄격한 규제를 실시하고, 기업들이 강을 자신들의 하수구로 사용하는 것에 대한 거부감의 증가로 지난 10년 사이 강물의 수질이 많이 좋아진 것은 사실이다. 하지만 대부분의 개발 도상국들에서는 사정이 더욱 악화되고 있는 실정이다. 공기의 질도 문제다.

의지만 있다면 중요한 환경 문제들을 극복할 수 있다는 사실이 여러 차례 증명되어왔다. 지극히 당연하게도 상층 대기층의 오존층을 파괴하는 프레온 가스chlorofluorocarbon, 불화염화탄소 같은 가스들을 사용하지 않는 것이 환경과 인간의 건강을 보호하기 위한 가장 효과적인 국제적인 노력일 수 있다. 하지만 그 정도로 해결될 문제가 아니다. 금지된 프레온 가스를 팔고 사는 암시장이 번성하고 있고, 미국을 비롯한 선진국들에서는 메틸브로마이드 methyl bromide 같은 또 다른 오존 파괴 물질의 사용을 금지하는 조치에 반대하고 있는 입장이다. 유엔환경계획United Nations Environment Program : UNEP 은 정치인들에게 오존층을 1980년대 수준으로 회복하려면 40년이라는 세월이 필요하다는 사실을 경고하고 있다.

환경 파괴가 진행되고 있는 지역에서의 가장 큰 문제는 파괴가 1에이커에서 또 다른 에이커로, 한 마을에서 다른 마을로, 한 오염 사건이 또 다른 사건으로, 특정 생물의 멸종이 다른 생물의 멸종으로, 그 지역에 사는 사람들이 모르게 점차적으로 진행된다는 점이다. 어떤 해에는 그 전해보다 그리 나빠 보이지 않을 수 있다. 하지만 30~40년 전과 비교해보면 변화는 몸을 얼어붙게 만들 정도다. 변화는 한 번에 시스템에 충격을 가해 시민이나 정치인들이 도저히 무시할 수 없게 다가오는 것이 아니라 1,000번의 칼질로 야금야금 살점을 떼어내다가 결국 죽게 하는 것처럼 다가오는 것이다.

밀레니엄생태계평가가 2005년 4월에 발표한 보고서는 현실감 있게 사태의 심각성을 알려준다. 이 보고서는 4년에 걸쳐 세계적인 과학자 수백 명과 인터뷰하고, 인간과 자연의 관계를 근본적으로 고찰한 수천 편의 논문과 글을 섭렵하여, 그 결과들을 종합하고 분석하여 단 한 편의, 매우 호소력 있는 분석 보고서로 묶은 것이었다. 이 보고서는 생태계 서비스로 알려진, 인류가 다양한 생태계로부터 얻는 혜택에 초점을 맞추었다.

밀레니엄생태계평가는 생태계 서비스를 네 가지 카테고리로 분류한다. 식품, 물, 목재와 섬유처럼 인간의 생존을 위해 필요한 물품을 제공하는 '조달 서비스', 기후, 홍수 조절, 질병, 쓰레기와 수질에 영향을 미치는 '규제 서비스', 레크리에이션, 미적 그리고 영적 혜택을 제공하는 '문화 서비스', 토양 형성, 광합성, 영양소 순환을 제공하는 '지원 서비스'가 그것이다. 우리가 새로운 과학 기술을 통해 환경에 대한 피해를 어느 정도 완화할 수 있다고 생각하고 있음에도 불구하고, 이러한 서비스들은 인류가 자신들의 웰빙 확보를 위해 생태계 서비스의 지속적이고 신뢰할 수 있는 순환에 의지하고 있음을 일깨워준다. 밀레니엄생태계평가는 아름다운 삶을 위한 기본 물질인 음식, 주거지, 의복과 건강, 견실한 사회관계, 안전, 선택과 행동의 자유에 접근하는 것을 의미하는 인간의 웰빙의 필수 요건들을 설명하고, 다음처럼 심히 당혹스러운 결론을 내렸다.

- 인간은 지난 50여 년 동안 식품, 식수, 목재, 섬유, 연료 등을 얻기 위해 역사상 그 어느 때보다 가장 빠르고 심각하게 생태계를 변화시켜왔다. 이로 인해 지구 상의 다양한 생물들이 근본적이고도 회복할 수 없을 정도로 상실되었다.
- 생태계의 변화가 인간의 웰빙과 경제 발전에 도움을 주었다. 하지만 이러한 혜택은 수많은 생태계 서비스들을 악화시킨 결과이다.
- 스물네 가지의 생태계 서비스를 점검한 결과 60퍼센트인 열네 가지 부분에서 악화되거나 더 이상 사용할 수 없음이 밝혀졌는데, 이런 서비스에는 깨끗한 물, 어업, 공기 청정과 정수, 큰 지역 및 작은 지역에서의 기후 조절, 자연재해, 그리고 해충 등이 포함된다.
- 이러한 생태계 서비스의 상실과 악화로 인한 피해는 측정하기 힘들지만, 증거에 의하면 그 피해가 상당하고 또 날로 확대되고 있는 것이 확실하다.
- 생태계 악화로 인한 피해는 특히 빈곤 지역에서 더 심하게 발생하고 있는데, 이로 인해 불평등과 불균형이 가속화되고 있을 뿐만 아니라 빈곤과 사회 갈등을 더욱 촉진하는 요인으로 작용한다.
- 생태계 서비스의 악화는 밀레니엄개발목표Millennium Development Goals의 큰 장애다. 그로 인한 피해는 특히 지난 50년 사이 더욱 증폭되었다.
- 생태계에서의 변화가 인간의 웰빙에 중요한 영향력을 행사하는 비선형적 변화 가속적, 돌연적, 잠재적으로 돌이킬 수 없는 변화로 직결될 가능성을 높여주는 확정적이면서도 아직은 불충분한 증거가 존재한다.

지속적인 파괴와 관리 실수에 관한 주장이 제기되는 가운데 맹목적 낙관론은 참으로 이해하기 힘든 현상이 아닐 수 없다. 생산성 손실과 다양성 면에서 회복될 수 없다는 증거들이 늘어나고 있음에도 불구하고, 낙관론은 지구의 자가 치료 능력이 이러한 공격들을 약화시키기에 충분한 탄력성을 보유하고 있다는 희망을 전제로 한다. 확실한 증거가 전혀 없어 보이는 성장 낙관론에 매우 반역사적인 것이 존재한다는 사실은 클라이브 폰팅Clive Ponting의 권위 있는 저서 《녹색 세계사A Green History of the World》(1991)와 재러드 다이아몬드Jared Diamond의 《문명의 붕괴 : 인간 사회는 어떻게 실패 혹은 성공을 선택하는가Collapse : How Societies Choose to Fail or Succeed》(2005)를 통해 증명된 바 있다. 이 두 권의 책은 생태계가 조직적으로 과잉 개발되고 남용되면 정말로 '되돌릴 수 없는 지점'을 통과하게 된다는 사실을 경고하고 있다. 역사적인 고찰은 모든 면에서 유용한 것이다.

5억 5,000만 년의 세월이 흐르는 동안 지구에서 생물이 멸종된 것은 다섯 번이었다. 가장 최근의 사건은 6,500만 년 전으로서 그때 공룡이 사라졌다. 유성 혹은 소행성과의 충돌, 급격한 기후변화, 화산 폭발이나 지각 변동, 정상적인 종분화種分化 과정, 진화에 따른 멸종 등, 이런저런 이유로 지구 상에 나타났던 거의 모든 생명체는 지속불가능한 존재로 멸종되고 말았다. 따라서 우리는 일개의 생물종으로서 생존에 필요한 조건들을 개념화하고, 그것에 대한 이해를 바탕으로 하여 생존 기회를 최적화하기 위해 우리의 삶을 패턴화할 수 있어야 하는 것이다.

일개 생물종으로서의 인간의 생존이 이슈화되기 시작한 것은 최근 10년 사이이다. 우리는 서서히, 고통스럽게, 우리의 지속적인 생존이 자연스럽지 않다는 사실, 그리고 보장되지 않는다는 사실을 깨달아왔다. 모든 생물체에 삶의 토대를 제공하는 자연계와 그 한계의 틀 안에서 생존 가능하게 사는 법을 배우지 않는다면, 쉬지 않고 변하는 시스템과 한계에 적응하지 못해 멸종된 다른 생물체들의 뒤를 따르게 될 것이다. 산업화가 자연에 대한 지속적이고 총체적인 의존에 대한 인간의 이해를 체계적으로 억누르면서 수백 년 동안 진행되어온 지금, 우리들의 집단 심리의 깊은 내면에서는 오랫동안 나타나지 않았던 현실적인 사실을 다시 중요하게 여기는 의식이 싹트기 시작했다.

인간뿐만 아니라 모든 생물종이 자연에 절대적으로 의존한다. 우리 자신의 생물물리학적인 생존 방법을 확보하지 못한다면, 우리가 향유하고자 하는 고상한 열망 혹은 금전적 자기 이익은 물거품이 될 것이다. 우리는 빈곤 퇴치 혹은 보편적인 인권 확보 같은 핵심적인 사회 및 경제적 목적들이 가장 중요하다고 주장하는 사람들에게 그러한 것들은 부수적 목적에 지나지 않는다는 사실을 크고도 분명하게 외쳐야 한다. 모든 것은 지구 시스템과 그 한계 안에서 생존 가능하게 사는 법에 따라 결정된다. 생물물리학적인 생존 가능성의 추구는 타협할 수 있는 것이 아니라, 절대적인 전제조건이다.

한 개의 동전에는 두 개의 면이 있는 법이지만 사회적 생존 가능성은 전적으로 생태적 생존 가능성에 의존한다. 인간에게 깨끗한 물, 안정된 기후 등의 기본적인 서비스와 식품과 원료 같은 자원을 제공하는 자연의 능력을 지속적으로 훼손하게 되면 인간과 국가들은 그로 인한 압박감 증가로 인해 고통을 받게 되어 있다. 생태계가 붕괴됨에 따라 갈등은 증폭되고, 공중 보건과 개인의 안전에 대한 위협은 증폭될 것이다.

이와는 반대로, 생태적 지속가능성은 전적으로 사회적 지속가능성에 의존한다. 인간 욕구 충족을 제한시키는 사회적 시스템 안에서 사는 사람들의 수가 증가하다 보니, 자연환경을 보호하는 것이 점점 더 어려워지고 있다.

삼림은 경작지를 탐내는 농부들에 의해 마구 잘려나가고 있고, 목초지에는 너무나 많은 가축들이 방목되고 있으며, 지하수는 고갈되고 있고, 강에서는 물고기가 남획되고 있으며, 그나마 남아 있는 자연마저도 작은 저수지나 공원으로 변경될 입장에 처해 있다.

다행스럽게도 모든 생물종에게는 뿌리 깊은 생존 본능이 있다. 궁극적으로 모든 생물은 자신의 생존을 위해 모든 수단을 강구하게 되어 있다. 시베리아 호랑이는 물론 가장 저등한 생물종인 박테리아에게까지 그런 능력이 있다면 인간에게도 마찬가지다. 우리 인간은 생존을 위해 '지속가능한 발전'이라는 단어를 만들어냈는데, 이는 간단히 말해서 지구에서 영원히 사는 것을 목적으로 살아가는 것을 의미한다.

레이철 카슨Rachel Carson의 《침묵의 봄Silent Spring》이 1962년 출간된 것을 계기로, 우리가 번영의 증진을 위해 지구를 쓰레기로 뒤덮고, 삼림을 파괴하며, 강에 댐을 놓고, 공기를 오염시키며, 상층토를 침식시키고, 기후를 뜨겁게 하며, 물고기 자원을 고갈하고, 더욱더 많은 땅을 콘크리트와 타맥tarmac으로 뒤덮어왔다는 사실을 깨닫기 시작했다. 세계 인구가 매해 7,500만 정도가 증가하면서 지구와 인간을 포함한 모든 생물종이 의존하는 생명 유지 시스템은 그만큼 더 압박을 받게 되어 있다. 이제는 생물물리학적인 지속가능성이라는 문제를 더 이상 외면할 수 없는 상황이다.

경제 번영

우리 눈앞에서 적나라한 현실이 펼쳐지고 있는 데도, 부유한 나라의 사람들에게는 여전히 부를 축적하는 것밖에는 다른 선택이 없는 듯하다. 현재의 계획대로라면 세계의 경제 규모는 현재 60조 달러에서 2050년경에는 240조 달러 규모로 커지게 된다. 역사학자들은 해마다 물질의 성장을 전제로 하는 지금의 성장 모델이 겨우 200~300년 밖에 되지 않았다는 사실을 인정하게 될 것이다. 사실 역사적인 규범에는 번영 증진이 고려되지 않는다. 인류학자들은 칼라하리 부시먼Kalahari Bushman을 비롯한 원시 부족민을 예로 들면서 삶을 위한 물질적 기준의 지속적인 향상이 인간 생존에 반드시 필요한 조건이 아니라고 주장한다.

환경주의자들은 번영 증진을 일차적으로 중요한 필수 조건이 아닌 이차적인 정치적 열망으로 분류하면서, 우리가 나중에 지구를 회복할 수 있도록 지속가능성 추구를 배제시켜선 안 된다고 주장한다. 낭비적이고 에너지 집중적인 삶의 기준에 대한 의존도를 줄이면서 삶의 질을 극대화시키는 '자발적인 소박함'의 예술을 옹호하는 사람들은 번영 증진이 삶의 질의 향상으로 이어진다고 믿는 것이 얼마나 어리석은지를 지적한다. 그리고 종교 신봉자들은 '올바른 삶'의 개념, 혹은 하느님과 돈은 공존할 수 없다는 진리를 일깨워주는 "부자가 하느님 나라에 들어가는 것보다는 낙타가 바늘귀로 빠져나가는 것이 더 쉬울 것이다"라는 성경의 경고를 들먹인다.

그렇긴 하지만 요즘 사람들은 거의 대부분 자신들도 보다 잘살고, 자녀들도 자신보다 더 잘살게 되기를 바라고 있다. 가난한 나라에 사는 사람이나 부유한 나라에 사는 사람이나 매한가지인 것처럼 보인다.

하지만 사람에 따라 물질에 대한 욕망이 큰 차이를 보이는 것이 사실이다. 대부분의 OECD 회원국들에서도 심각한 빈곤이 아주 없는 것은 아니지만 '기본적 인간 욕구'는 대체로 충족되고 있다. 하지만 존 메이너드 케인스John Maynard Keynes는 이미 1930년대에 욕구를 제한적이고 유한한 절대적 욕구absolute wants, 사회에서의 상대적 입장과 무관하게 느껴지는 욕구와 분명하게 탐욕적인 상대적 욕구relative wants, 사회에서의 다른 사람이 가지는 것과 비교하여 느껴지는 욕구로 분류하고는, 성장 기계의 바퀴를 흥겹게 돌아가게 하는 것이 바로 상대적 욕구라고 지적했다.

이와 같은 주장은 2005년 9월 유엔개발계획United Nations Development Programme : UNDP의 일환으로 발표된 〈인간 개발 보고서Human Development Report〉에 잘 요약되어 있다. 보고서는 학교에 다닐 수 있게 된 어린이의 수가 3,000만 명 증가했다는 것, 어린이 사망자 수가 매년 300만 명 줄어들었다는 것, 인간의 기대 수명이 2년 늘어났다는 등의 긍정적 신호가 없지 않지만 그 진행이 "절망적으로 느리다"라고 표현했다. 보고서는 또 인간개발지수Human Development Index : HDI가 낮은 나라에 사는 사람의 수가 1990년보다 4,600만 명이나 늘어났다면서 다음과 같이 주장했다.

> 세계 경제가 점차 번영하고 있는 가운데 1,070만 명의 어린이가 매년 다섯 살이 되기 전에 세상을 등지고 있으며, 10억 명 이상이 하루 1달러 미만으로 비참한 삶을 살고 있다. 이와는 반대로 전 세계 인구의 5분의 1은 2달러를 주고 카푸치노 커피 한 잔 사 마시는 것을 대수롭지 않게 생각하는 나라들에서 살고 있다. 또 다른 5분의 1은 하루 1달러 미만으로 생계를 유지하고 모기장 살 돈도 없이 어린이들이 죽어가는 나라들에서 살고 있다 .
>
> 유엔개발계획, 2005

이 보고서는 '뿌리 깊은 불평등이 문제의 핵심'이라는 사실을 재확인하면서, 부유한 나라들이 원조에 1달러를 쓴다면, 무기와 군사비로는 10달러나 지출하는 셈이라고 꼬집었다. 2000년 이후의 국방 예산 증가분을 원조로 전용하였다면, GDP의 0.7퍼센트만큼만 원조하자는 유엔의 목표는 달성되었을 것이다. 보고서는 이렇게 결론 내렸다. "개발로 인한 재앙은 예측할 수 있는 바와 같이 피할 수 없는 것이다."

부유한 나라든 가난한 나라든, 나름대로의 이유들을 갖고 있겠지만, 번영 증진의 추구를 정치 과정의 동력으로 사용한다는 공통점을 갖는다. 번영 증진이 인간을 행복하게 해주는 것이 아니라는 사실을 많은 사람들이 알고 있다. 하지만 그런 사실을 알고 있으면서도 인간은 번영 증진의 길을 택한다. 경제 성장의 추구만으로는 현실 정치를 제대로 반영하지 못하는 오늘날의 '이념적 진공 상태'를 통렬히 비난하는 사람들은 나름대로 그만 한 논리들을 넘치도록 많이 갖고 있다. 하지만 그러한 비난만으로는 정치권을 전혀 움직일 수 없다.

세계적인 경제학자 윌리엄 노드하우스William Nordhaus와 제임스 토빈James Tobin이 경제 발전의 유일한 척도로 GNP Gross National Product, 국민총생산를 사용하는 것을 비난하는 기념비적 연구서를 낸 것이 벌써 35년 전 일이다. "……GNP 극대화는 적절한 정책 목표가 아니다. 모든 경제학자들이 알고 있는 사실임에도 불구하고, 그들은 GNP를 경제 성과의 유일한 기준으로 사용함으로써 자신들이 GNP를 종교적으로 숭상한다는 인식을 심어주고 있다." 하지만 주류 학자들은 지난 35년 동안 GNP가 근거 없이 절대적인 척도로 인정받는 것을 수수방관해왔고, 제3장에서 설명하겠지만, 그로 인해 모든 정책 결정자들을 무력화시키는 부작용을 초래했다.

공산주의 붕괴가 '역사의 종말'을 의미하는 것이라는 프랜시스 후쿠야마 Francis Fukuyama의 주장은 좀 이른 감이 있다. 그 무엇도 영원할 수 없다는 점에서, 자본주의를 대체할 실행 가능한 대안, 적어도 변형된 자본주의 모델이 시간이 지나면서 등장한다는 것에는 의심의 여지가 없다. 문제는 '무엇인가'가 아니라 '언제인가'와 '어느 방향인가'라는 것이다. 필요하고 바람직한 변화를 구상하는 과정에서, 나는 지금의 자본주의의 '연착륙' 가능성을 강조하고자 한다. 연착륙은 21세기 중반이 되면 이 지구 상에 존재할 90

억 명의 인구를 위한 진실로 지속가능한 삶의 방식을 창출할 많은 기회를 낳게 할 것이다.

자본주의는 복잡한 적응 시스템으로서 깊고도 빠른 변화 능력을 내포한다. 그런데 내 생각에 동조하지 않는 사람들조차도 현재와 같은 독특한 자본주의 모델의 생명력에 의심을 품을 만한 이유들을 갖고 있다. 현재의 세계 경제가 극도로 위험한 줄타기처럼 보이고, 현기증이 날 정도의 붕괴가 예상되는 데에는 다양한 요인들이 복합적으로 나타나고 있기 때문이다. 국경 간 자본 흐름에 대한 규제 철폐, 오늘날의 카지노 경제casino economy, **실질 경제의 증대가 아닌 도박처럼 '돈 놓고 돈 먹기 식'의 경제-역자 주**에서 현금 거래가 전대미문으로 엄청나게 증대하는 현상, 임금과 물가에 하향 압력으로 작용하는 개방화의 증진, 국가 내 국민 사이와 국가 간 부의 불균형 심화, 많은 국가들에서 특히 미국에서의 부채 증가, 1배럴당 70달러에 달하는 석웃값**2007년 기준** 등이 그것이다.

사실 글로벌 자본주의를 신랄하게 비판하는 사람들은 자본주의의 붕괴가 그 누구의 예상보다 빨리, 공산주의가 극적으로 붕괴되는 방식처럼, 그리고 세계에서 가장 똑똑한 싱크탱크think tank 집단과 학자들의 예상을 무색하게 할 만큼, 그렇게 신속하게 다가올 수도 있다고 생각한다. 글로벌 자본주의의 붕괴는 광적인 소비주의와 공격적인 자기 이익이 사라진, 보다 자립적인, 보다 온정적인, 그리고 보다 지속가능한 경제의 시작을 의미한다는 주장이 자주 들린다.

작금의 세계를 돌아보면, 장기적인 변화보다는 빠른 변화일 것이고, 그러한 변화가 혜택을 안겨줄 것인가라는 가설에 의해서만 분석된다는 점에서 실행 불가능한 시나리오로 여겨진다. 이러한 대안들에 대해 어떤 개인적인 혹은 이념적인 동조감을 느끼는가에 상관없이, 요즘의 일반적인 지정학적 현실은 전혀 다른 전망, 즉 글로벌화 과정으로 인해 사람들이 삶의 물질적 수준의 향상을 위해 압박하는 현상을 더욱 재촉하고, 정치권에서 가장 현실적인 대안으로 생각하는 '내부로부터의 개혁'이 가속도를 띄도록 자극하는 상황을 예측하도록 유도하는 것 같다.

지속가능성에 대해 생각하는 사람들에게는 **현실 정치**|realpolitik 는 두 가지 면에서 매우 도발적이다. 첫째, 자본주의 경제에서의 시장 중심 시스템을 통해 지속가능성과 번영 증진이라는 두 가지 의무 조건의 조화를 부분적 혹은 전체적으로 이루어야 한다는 것이다. 즉, 제안된 개혁이 '시장 친화적'일수록 그만큼 더 채택될 가능성이 크다는 의미이다. 하지만 우리가 짐작하는 바대로, 지금 필요로 하는 수많은 변화들이 이러한 시장 규율에 적응하기란 극히 힘든 상황이다.

둘째, 조화를 이루기 위한 조치를 실행하기 위해서는, 경제 시장의 한계를 정하는 민주제도 안에서 포괄적인 정치적 승인을 받아야 한다는 것이다. 조치는 유권자의 뜻에 반하지 않는 것이어야 하며, 우리가 직면하는 도전의 성격에 따라 필요하거나 바람직한 조건을 충족시키는 것이어야 한다. 민주적 주도성을 성취하기 위해 필요한 정책 결정 조치들은 '하향식' 사회민주주의의 검증된 법칙으로 복귀한다고 해서 얻어지는 것이 아니다. 영국의 싱크탱크인 데모스Demos의 원장이었던 톰 벤틀리Tom Bentley는 다음과 같이 주장한다.

수세기 동안의 투쟁을 통해 얻어진 개인주의, 다양성과 개방성은 현대 사회에 들어와 진부한 것으로 전락하면서, 조직화 경제의 생존 가능성을 뒷받침하는 자본주의 구조에 매몰되고 말았다. 그렇다고 해서 개인주의, 다양성과 개방성이 결합된 힘이 아주 사라지는 것은 아니다. 개인의 선택과 표현의

자유에 대한 욕구는 어떤 정치 프로젝트보다 뿌리 깊은 것이며 또 앞으로도 상당히 오랜 기간 유효할 것이다. 이와 같은 사고는 선택이 자본주의의 성장과 회복을 위한 핵심 요인이라는 점에서, 삶의 방식을 선택하기 위해 개인의 구입 능력을 사용하면 만족이 창출된다는 아이디어를 체계적으로 지원하는 소비자본주의에 의해 공고해지고 촉진된다.   벤틀리, 2002

이 문장은 정치적 리더십의 개념이 날이 갈수록 애매모호해지는 지금, 정치적 리더십이 얼마나 중요한지를 일깨워주는 것이다. 제3장에서 설명하겠지만, 생태적 현실은 물질적 번영에 방해가 되는 요인으로 항상 무시당해왔다. 기후변화에 대한 미국의 반응처럼 적절한 증거는 없을 것이다. 1992년, 조지 부시George Bush 대통령은 리우데자네이루에서 열린 '유엔환경개발회의United Nations Conference on Environment & Development : UNCED, 일명 Earth Summit'에 참석하여, 유엔기후변화협약United Nations Framework Convention on Climate Change : UNFCCC 때문에 미국인의 생활 방식이 제약을 받아선 안 된다고 경고한 바 있는데, 이 속에는 미국 정책의 윤곽이 그대로 드러나 있다. 결과적으로 그 협약문에 서명하기는 했지만 미국이 기후변화에 대해 긍정적인 자세를 보인 것은 그때가 처음이자 마지막이었다.

기후변화

이 책의 초판이 2005년 출간된 이래, 기후변화에 대한 세계의 여론들이 역사상 유례를 찾아볼 수 없을 만치 급격하게 변했다. 사실 기후변화에 대한 관심과 범위가 어찌나 넓게 퍼지고 있는지, 지속가능한 발전을 가장 중요한 틀이라 주창하는 사람들조차 자신들이 그리는 보다 큰 그림이 기후변화에 대한 절대적인 관심에 파묻히고 있다고 느낄 정도이다. 하지만 오늘날의 주도적인 정치와 비즈니스 모델들이 빠르게 변하는 세계로부터 얼마나 멀어지고 있는지를 이해하기 위해서는 기후변화처럼 좋은 이슈거리는 없다.

그러나 지금까지 기후변화의 정치는 느리고도 실망을 안겨주는 과정이었다. 기후변화에 대한 우려는 1970년대에 처음 대두되어, 미국이 3년간의 극심한 가뭄을 경험한 후 토론에 끼어든 1980년대 후반이 되어서야 서서히 추진력을 발휘하기 시작했다. 이것이 유엔기후변화협약에 직접적인 영향을 미쳐, 1992년 리우데자네이루에서 열린 유엔환경개발회의에서 합의를 이루게 하였고, 1995년 유엔의 동참하에 189개국이 '기후 시스템에 위험한 인위적 간섭을 저지할 수준으로 대기에서의 온실 가스의 안정화'라는 결정문에 서명하는 계기가 되었다. 하지만 그 후로는 특별한 한계가 정해지지 않았고, 미국은 유엔기후변화협약에서 처음으로 인준된 교토의정서Kyoto Protocol가 발효되지 못하도록 10년 동안 훼방을 놓았다. 다행스럽게도 미국이 자신의 뜻을 관철시키지 못함에 따라 교토의정서는 결국 2005년 2월 16일에 발효되었다.

그동안 이산화탄소를 비롯한 온난화 가스의 배출로 기후가 변하고 있다는 증거들이 더욱 명백해져왔다. 컴퓨터 시뮬레이션을 통해 얻어진 예측들과 실제 벌어지는 상황이 더욱 가까워지고 있고, 미국 행정부조차 인위적인 가스 배출의 영향으로 지난 반세기 동안 기후가 0.6도 상승했다고 인정할 정도이다. 이는 미국이 문제의 심각성을 인식하기 시작했다는 점에서 매우 긍정적인 진전이 아닐 수 없다.

요즘 전 세계 사람들은 극심한 기후 이변과 자연스럽지 않은 자연 현상들, 예를 들어서 나무와 식물에서 꽃이 일찍 피고 진다든지, 새들이 알을 비정상적으로 낳는 등의 현상을 직접 목격하고 있다. 과학자들은 빙하의 축소, 동토 지역의 해동, 강과 호수가 늦게 얼고 일찍 녹는 현상을 심도 있게 탐구하고 있다. 마크 라이너스Mark Lynas는 2004년 출간한 저서 《지구의 미래로 떠난 여행High Tide : The Truth about our Climate Crisis》을 통해 기후와 계절의 변화가 중국, 태평양, 페루, 알래스카 등지의 사람들의 삶에 어떠한 영향을 미치는지 세밀하게 분석했다. 딱딱한 과학적 데이터 이면에는 여전히 수많은 사람들이 지금이 아닌 내일의 문제로 미뤄버리는 현상에 의해 이미 황폐화된 사람들의 실제 이야기가 도사리고 있는 것이다.

> 이 책에서 사람들이 가장 중요하게 받아들여주었으면 하는 부분은 이것이다. 여기에서 폭로한 모든 충격들은 지금 우리에게 다가오는 미래의 기후변화가 일으킬 허리케인의 첫 번째 속삭임에 불과하다. 탄광 속에서 위험을 사전에 감지하여 알리는 카나리아처럼, 기후변화가 극심하게 일어나는 지역에 사는 사람들인 알래스카 에스키모와 대서양 섬 주민은 이미 그러한 위험을 간파했다. 하지만 그들의 외로움은 길지 않을 것이다. 내가 이 사명을 맡으면서부터 걱정해온 바이지만, 그 첫 번째 징후들은 이미 모든 사람들에게 나타나고 있다.
>
> 라이너스, 2004

IPCC의 덕분에, 우리는 '미래의 기후변화가 일으킬 허리케인'의 충격에 대해 많은 것을 알고 있다. IPCC는 2007년 발표한 제4차 평가 보고서에서 계산으로 다 밝힐 수 없는 불확실성 앞에서도 여전히 애매모호한 자세를 취하는 정치인들을 겨냥해 그 충격을 있는 그대로 공개했다.

- 이산화탄소 농도가 65만 년 만에 최고치에 도달했다.
- 기후변화는 틀림없이 일어나고 있는 중이다.

- 이러한 기후변화의 90퍼센트는 인간이 저지른 짓 때문이다.
- 10~15년간 비상조치를 취해야만 이산화탄소가 줄어들기 시작한다.
- 가장 긍정적인 추정에 의하면 지구 온도는 2100년까지 1.8~4도만큼 상승한다.
- 가장 부정적인 추정에 의한다면 6.4도만큼 상승한다.
- 기온 상승을 2도 미만으로 붙들어둘 정책들이 시급히 필요하다.
- 이산화탄소를 비롯한 온난화 가스 배출을 규제하기 위한 세계적인 협의가 절실하다.

사실 90퍼센트는 100퍼센트가 아니다. 기후변화에 위험성에 동조하지 않는 소수의 과학자들이들 중 다수는 미국의 기업, 특히 석유 회사로부터 직간접으로 재정 지원을 받는다은 기후변화의 과학은 여전히 뜨겁게 논쟁 중이며 실제로 의견 일치를 보지 못하고 있다는 인상이 강하다. 과학역사학자 나오미 오레스케스Naomi Oreskes는 1993년부터 2003년 사이 출간된 동료 과학자들의 논문 928편을 분석, 기후변화에 대한 의견 일치는 거의 보편적이라는 색다른 결론에 도달했다. 즉, 정치인, 경제학자, 언론인 등은 기후과학자들이 혼란스러워하고 있다는 인상을 갖고는 있겠지만, 그 '인상이 정확한 것이 아니라는 것'이다. 앨 고어Al Gore의 저서 《불편한 진실The Inconvenient Truth》(2006)은 과학자들의 결론과 언론인들의 주장 사이에 존재하는 극복할 수 없는 불일치를 생생하게 공개하고 있다.

지난 10년 사이 동료 과학자들에 의해 심사를 받고 과학 학술지에 게재된 기후변화에 관한 논문의 수 : 928편
지구 온난화의 원인에 대해 의문을 제기하는 논문의 비율 : 0퍼센트

지난 14년 사이 미국의 주요 일간지에 실린 기후 온난화에 관한 기사의
수 : 636건

지구 온난화의 원인에 대해 의문을 제기하는 기사의 비율 : 53퍼센트

영국의 BBC British Broadcasting Corporation 방송은 2007년 마틴 더킨Martin
Durkin이 제작한 다큐멘터리 〈위대한 지구 온난화 사기극The Great Global
Warming Swindle〉을 방영하여 영국과 미국 사회를 큰 충격으로 몰아넣었다.
이 프로그램은 어떠한 실증도 없이 거듭 제시되어온 특정 이론인 태양으로
부터의 열복사가 증가함으로써 지구가 뜨거워지고, 그 과정에서 온실 가스
가 더 많이 발생한다는 것을 옹호하는 영악스러운 과학자들의 주장들을 소
개한다. 그들 중에서 유일하게 진실했던 과학자 칼 분쉬Carl Wunsch 교수는
이전에도 환경에 관한 왜곡된 방송으로 BBC 방송 측에서 공개 사과를 하
게 했었던 작가이자 프로듀서인 더킨이 잘 사용하는 계략에 넘어갔다는 사
실을 인정했다.

과학적 검증을 추구하면서도 환경주의자들에게 대항하는 대부분의 반대
론자들은 기후변화의 경제적 측면에 초점을 맞추기 시작했다. 기후변화가
진행되고 있고 그로 인해 바다 수위의 상승, 극심한 기후 이변, 농업의 황폐
화 같은 심각한 폐해가 인류에게 닥칠 수 있음에도 불구하고, 반대자들은
그러한 충격을 완화하는 비용을 지나치게 번거로운 것으로 간주한다. 유럽
에서는 비외른 롬보르, 미국에서는 카토 연구소Cato Institute와 경쟁기업연구
소Competitive Enterprise Institute 같은 우익계 싱크탱크들이 중심이 되어 필요한
조치를 연기하고, 또 마음에 들지 않는 임시 조치를 취하는 것에 대해 변명
할 수 있는 구실을 정치인들에게 제공해왔다.

반대자들의 이러한 마지막 보루의 실상은 니컬러스 스턴Nicholas Stern이

2006년 11월에 출간한 《기후변화의 경제학 The Economics of Climate Change》에 의해 명백히 드러나고 말았다. 영국 재무성의 지원을 받아 작성된 이 보고서는 기후변화를 세계가 경험한 가장 큰 시장 실패로 묘사하면서, IPCC가 과학적으로 접근한 기후변화를 경제학적으로 접근하여 분석하고자 했다. 스턴이 무엇보다 증명하고자 했던 것은 "경제 번영의 추구와 기후변화의 위기를 문제 삼는 것이 해결할 수 없을 정도로 서로 상충되는 것이 아니다" 라는 것이다. 보고서는 기후변화에 대처하는 비용으로 매년 전 세계 GDP 의 1퍼센트 정도 투입해야 하며, 그냥 방치했을 경우 기후변화로 인한 피해는 전 세계 GDP의 5~20퍼센트 사이, 아마도 20퍼센트에 더 근접한 수치가 될 것이라 추정했다. 스턴은 이를 보다 쉽게 이해시키기 위해 기후변화로 인한 피해가 두 번의 세계 대전과 20세기 초반의 경제 대공항의 피해를 합산한 것에 비교할 수 있는 규모라고 설명했다.

하지만 GDP의 1퍼센트는 그리 만만한 액수가 아니다. 2007년 3월 컨설팅 기업 맥킨지 McKinsey는 2020년까지 이산화탄소 배출을 20퍼센트 줄인다는 EU European Union, 유럽연합의 새로운 계획을 이행하는 데 드는 비용을 산출한 최초의 보고서를 발간한 바 있다. 그 추정액은 무려 1조 1,000억 유로, 영국 화폐로는 7,470억 파운드에 달하는 엄청난 액수였다. 보고서는 단순한 기술, 즉 절전용 전구, 풍력 발전 같은 것만으로도 온실 가스 배출 감축 목표의 75퍼센트를 달성할 수 있다고 지적하면서, 정치인들에게 화력 발전소에 CCS Carbon Captured and Storage, 탄소 포집 및 저장 장치를 사용하는 것보다는 가장 비용 효율적인 환경 대책을 우선적으로 고려할 것을 조언했다.

너무도 당연하게도 대안적인 경제 계획을 제시하기 위한 연구들이 유럽과 미국에서 추진될 것이다. 하지만 전 세계적으로 사태가 항상 변해왔기 때문에 기후변화의 정치가 정치의 중심으로 부각되기까지는 참으로 오랜 세월이 걸렸다. EU가 2020년까지 이산화탄소 배출량을 20퍼센트1990년 기준 감축하는 목표를 세우면서 다른 나라들, 특히 미국, 중국, 인도도 따라준다면 30퍼센트까지 감축할 수 있다고 한 것은 흥미롭다. EU는 또 2020년까지 유럽에서 사용하는 에너지의 20퍼센트를 재생 에너지로 충당하기로 결정했다. 하지만 재생 에너지의 카테고리에 원자력 발전을 포함시킨 것은 이해할 수 없는데 아마도 프랑스를 회원국으로 붙잡아두기 위한 술책인 것 같다. 원자력 발전에 사용되는 우라늄은 석유나 가스처럼 재생할 수 있는 것이 아니다.

사정이 이러함에도 불구하고, EU 회원국들은 같은 목적을 달성하기 위해 각기 다른 방법을 택하려고 한다. 현재 총 에너지 소비의 35퍼센트를 화석 연료에서 충당하는 스웨덴은 2020년까지 '화석 연료 제로fossil-fuel free'라는 야망을 표명하고 있다. 스웨덴의 '그린골드green gold, 거대하면서도 잘 관리되고 있는 삼림'가 생물 자원과 생물체 연료인 석탄, 석유 등의 부족을 상당 부분 메워주고, 그 과정에서 선진 기술이 핵심 역할을 해줄 것으로 기대된다. 영국은 삼림 부분에서는 스웨덴에게 뒤질지 몰라도 법적 구속력을 가진 틀 안에서 이산화탄소 배출을 2020년까지 최소 26퍼센트, 2050년까지 60퍼센트까지 대폭 감축하겠다는 강력한 의지를 가지고 독립적 자문 위원회를 설치하여 미래의 적절한 목표를 결정토록 하고, 합법적인 기구를 만들어 새로운 조치가 필요할 때마다 의회에서 관련 법안을 처리하는 일 없이 바로바로 실행할 수 있도록 했다.

다수의 비평가들은 영국이 자신의 틀 안에서나마 기후변화의 계획을 실천하기로 결정했다는 점에서 지금이야말로 전환점이라 믿는다. 지금까지 전 영국 총리 토니 블레어Tony Blair의 영감 있는 국제적 리더십에 대한 의존은 만족스러운 것이었다. 그는 다른 세계 지도자들과 협력하여 앞으로의 계

확안을 적어도 유지키로 노력했다는 점에서 그 누구보다 심혈을 기울였다고 볼 수 있다. 2005년 스코틀랜드 글렌이글스에서 열린 G8 Group of Eight 정상회의에 인도와 중국 지도자를 초대하여, 이전에 유엔 주도로 이루어진 국제 협상들에서 실패한 지속적이고 압박감이 덜한 외교의 가능성을 새롭게 열게 했던 것이다.

미국은 그 가능성에 동참하지 않았다. 이산화탄소 배출 규제에 관한 법률 제정을 선거 공약으로 내걸었던 2001년부터 교토의정서에 서명하기를 거부하기까지, 부시 대통령과 딕 체니 Dick Cheney 부통령은 미국 경제의 편협한 이익을 변호하고, 관련 보고서 출간을 방해하며, 자문 기구들을 부패시키고, 최소한의 개혁조차 거부하는 등 기후변화의 과학을 고집스럽게 부인해왔다. 기후변화를 '미국 국민을 농락하는 지상 최대의 사기극'이라 주장하는 짐 인호프 Jim Inhofe 상원의원 같은 사람들의 지원을 받는 이 두 인물이야말로 기후변화에 관한 한 '악의 축' 역할을 해왔다고 해도 과언이 아니다. 미국인들은 종종 기후변화의 '굴욕의 전당'에 오른 것 같은, 공평치 못한 비방을 받고 있다고 불평한다. 하지만 노벨상 수상자이자 컬럼비아 대학교 Columbia Unversity 경제학 교수인 조지프 스티글리츠 Joseph Stiglitz 는 다음 같은 충격적인 통계 수치를 제시하면서 미국인은 불평할 자격이 없다고 꼬집었다.

미국은 전 세계가 배출하는 전체 온실 가스의 25퍼센트를 배출한다. 인구가 49만 5,700명으로 미국에서 가장 작은 주인 와이오밍 주에서만 74개국 개발 도상국의 총인구 3억 9,600만 명들이 배출하는 가스를 다 합친 것보다 더 많은 온실 가스를 배출한다. 인구가 2,200만 명에 달하는 텍사스 주의 가스 배출량은 120개의 개발 도상국의 총인구 11억 명들이 배출하는 가

스를 모두 합친 것보다 더 많은 양을 배출한다.   스티글리츠, 2006

　세계를 위해 다행스럽게도, 부시 대통령과 체니 부통령은 2006년 중간 선거 이후 뒤로 물러앉게 되었다. 하원과 상원에서 다수를 점하게 된 민주당이 6년간의 무시 정책을 깨고 환경에 관심을 갖게 된 것이다. 인호프는 상원에서 가장 힘이 있는 '환경 및 공공사업 위원회Committee on Environment and Public Works' 위원장 자리를 막강한 환경 변화 운동가인 바버라 복서Barbara Boxer 위원에게 이양하였고, 미국 산업계에 탄소 배출권 거래제cap-and-trade를 도입하기 위한 다양한 제안들이 쏟아져 나옴으로써 기후변화에 관한 활동 수위가 이라크 전쟁 다음의 중요한 부분으로 부상할 수 있었다.

　사실 의회는 그들을 제외한 나머지 미국인들이 2005년 허리케인 카트리나가 미국을 강타한 후 선택한 매우 다른 방식을 추구하는 것에 불과하다. 아널드 슈워제네거Arnold Schwarzenegger 캘리포니아 주지사는 강압적이고, 경제 전반적 차원에서의 배출 감축을 포함한 극히 야심적인 환경 변화 등을 주도적 입장으로 취해나갔다. 2007년 현재 23개 주가 재생 발전 생산 의무를 규정해놓고 있고, 거의 같은 수의 주는 온실 가스 감축을 목표로 삼고 있거나 자신들만의 기후 실천 계획을 개발하고 있는 중이다. 북동부 여덟 개 주는 혁신적인 탄소 배출권 거래제 도입을 검토하기 시작했고, 400여 도시의 시장들은 구태의연한 공화당·민주당이라는 구분에 도전하는 방식으로 움직이고 있다. 앨 고어 전 부통령은 그의 저서를 바탕으로 제작되어, 그에게 오스카상을 안겨준 다큐멘터리 영화 〈불편한 진실The inconvenient truth〉을 통해 수백만의 미국들에게 엄청난 충격을 주어 기후변화의 심각성을 깨닫게 하였다. 이는 미국에서 목격한 가장 영향력이 크고, 효율적인 환경 캠페인의 하나로 기억된다. 2002년 대통령 선거에서 녹색당 후보로 앨 고어와 싸웠던 랠프 네이더Ralph Nader, 이 사람이 선거에 나서지 않았다면 앨 고어가 대통령에 당선되었을 것이라 생각하는 사람들이 많다조차 그의 필름을 보고 '조금 감동을 받았다'고 할 정도이다.

충분히 예상할 수 있는 현상이지만, 주류 언론들이 무시하고 있음에도 미국의 여론은 점차 기후변화에 관심을 갖기 시작했다. 하지만 그 폭은 그리 크지 않다. 2005년은 석윳값 인상으로 걱정하던 한 해였다. 하지만 에너지 확보와 기후변화를 연결 지어 생각하려는 움직임은 거의 일어나지 않았다. 언론의 관심이 시들해지면서 미국의 30여 개 도시를 강타한 허리케인 카트리나의 충격도 잊히고, 2005년의 피해를 보상이라도 하듯 2006년에는 허리케인의 피해가 거의 없자, 기후변화에 경종을 울리려던 환경주의자들의 심혈을 기울인 노력은 그만한 성과를 거두지 못했다. 간단하게 말해서 미국은 유럽 국가들에 비해 충격적일 정도로 기후변화에 관심이 없다는 것이다. 미국인의 50퍼센트, 특히 공화당의 75퍼센트는 기후변화를 전혀 문제시하지 않는 반면, 기후변화가 인간이 이산화탄소를 비롯한 온실 가스들을 배출하기 때문이라고 생각하는 비율은 40퍼센트에 불과했다. 이러한 현상들로 인해 민주당조차 기후변화에 대해 최근까지 보여주던 자연적인 신중함과 보수 성향을 오히려 강화하고 있다.

수많은 미국의 기업들이 GE General Electric, 제너럴일렉트릭의 제프 이멀트Jeff Immelt, 월마트Wal-Mart의 리 스콧Lee Scott, 듀폰DuPont의 채드 홀리데이Chad Holliday 같은 최고 경영인이 던진 메시지들을 이해하기 시작했다는 것은 반가운 소식이 아닐 수 없는데, 이들은 부시 행정부를 과학적으로 부패하고, 미국 경제에 점차 적대적인 자세를 취한 정권으로 몰아세운 바 있다. 2007년 1월 BP British Petroleum, 알코아Alcoa, GE, 듀폰, 캐터필러Caterpillar, 리먼 브라더스Lehman Brothers, 듀크에너지Duke Energy 등 막강한 기업의 CEO들로 구성된 컨소시엄은 세계자원연구소World Resources Institute, 환경수호 Environmental Defence, 미국천연자원보호협회 Natural Resources Defense Council: NRDC 등과 힘을 합쳐 온실 가스의 의무적 감축을 요구하기로 결정했다. 미국기후행동파트너십 U.S. Climate Action Partnership: USCAP은 자율적 조치로는 충분치 않다는 점을 분명히 하면서 '필요한 행동에 대해서는 무조건 의무적이어야 한다'고 못을 박았다.

부시 대통령은 백악관에 있으면서 지적이고 건설적인 제안들을 모조리 무시해왔던 것처럼 당연히 이 제안마저 무시하고 말았다. 그는 2007년 독일에서 열린 G8 정상회의에서 2008년 말까지 교토의정서 이후 온실 가스 감축을 위한 중장기 전략 마련을 위한 회의를 제안하여 다소 양보하는 자세를 취했음에도 불구하고, 의회가 탄소 배출권 거래제 법안을 통과시키면 거부권을 행사할 것임을 강력히 시사했다. 하지만 그러한 거부권을 한 번 행사한다고 해서 끝날 문제가 아니다. 2008년 대통령 선거 유세가 치열하게 전개되는 과정에서 누가 후보가 될지는 모르지만, 공화당이든 민주당이든 탄소 배출권 거래제를 지지하지 않을 수 없을 것이다. 그러한 언질은 국제적인 협상에 엄청난 충격을 가하게 될 것인데, 특히 2012년 효력이 끝나는 첫 번째 교토의정서 이후의 조치에 대한 토의에 미국을 참여시킨다면 더욱 그러할 것이다. 그렇게 되면 자연적으로 중국과 인도 같은 나라들의 여론도 바뀌게 될 것이다. 세계에 대한 미국 행정부의 비타협성과 조롱은 개발 도상국들로 하여금 교토의정서에 참여하지 않을 명분을 부여했다. 전 세계 온실 가스 배출량의 25퍼센트를 책임져야 할 나라가, 그래서 그 어떤 나라들보다 부자가 된 나라가 가스 배출 제한에 대한 움직임에 반대한다면, 중국과 인도가 미국이 생각을 바꾸기 전에는 미동도 하지 않을 것이라 고집을 피워도 달리 설득할 수 없는 것이다.

하지만 지금은 너무도 많은 부분에서 변화가 일어나고 있다. 아무리 경제 성장이 높다 하더라도 수년 안에 도달하기 힘든 목표인, 국민소득이 5,000 달러가 되지 않고서는 이산화탄소의 의무적 감축을 받아들이지 않을 것이라 공언했던 중국의 지도자들이 자신들의 생각이 결코 현명치 않다는 것을 깨닫기 시작한 것이다. 최근의 5개년 계획안에 포함된 주요 에너지 목표는 에너지 원단위를 2010년까지 20퍼센트 줄이는 것이다. 중국이 다른 나라들에 비해 상당히 비능률적이어왔다는 점에서 이는 경제적으로 유익한 것이다. 중국이 2009년이 되면 미국을 제치고 세계에서 이산화탄소를 가장 많이 배출하는 국가가 될 것이라고 말들을 하지만, 그러한 연료 효율성 상승은 중국으로 하여금 이산화탄소 배출 증가를 늦추게 하는 효과를 동시에 유발한다.

중국 지도자들은 기후변화에 누구보다 책임을 져야 할 OECD 국가들보다 중국 경제가 기후변화에 훨씬 취약하다는 사실을 잘 알고 있다. 기후변화는 벌써부터 토양 침식과 만성적 사막화 같은 문제들을 악화시키고 있을 뿐만 아니라 중국의 주요 곡창 지대에서의 심각한 물 부족 현상에 치명적인 타격을 줄 수 있다. 바다 수위가 1미터만 상승해도 중국의 대부분의 경제 중심지가 몰려 있는 동부 해안지대를 황폐화시킬 수 있다. 이 점에 대해서는 제6장에서 상술할 예정이다.

IPCC가 2007년 3월에 발표한 제4차 평가 보고서의 두 번째 파트에는 기후변화로 인한 영향을 자세히 설명해놓고 있다. 라젠드라 파차우리Rajendra Pachauri IPCC 회장은 다음과 같이 말했다. "빈곤 국가에 사는 가난한 사람들, 부유한 국가에서 살지만 아주 빈곤한 사람들이 가장 큰 타격을 받게 될 것이다. 이 가난한 사람들이야말로 기후변화에 대한 적응에 가장 취약하다." 보고서는 기후변화로 인해 직접적이고 피할 수 없는 피해를 당할 수밖에 없다면서 구체적으로 특히 아프리카 지역에서 농산물 수확 감소, 지금까지 경험해보지 못한 폭풍우, 가뭄, 혹서, 산악 빙하 용해로 인한 물 부족 같은 현상들이 발생할 수 있다고 경고했다.

기후변화에 관한 충격적인 보고서들이 정치인들의 책상에 하나둘씩 쌓이고 있음에도, 석탄 화력 발전에 역사상 최대 투자가 이루어지는 광경을 목격한다는 사실이 참으로 역설적이다. 석탄은 화석 연료 중에서 가장 지저분하고 이산화탄소를 가장 많이 배출하는 원료로서, 지역적으로뿐만 아니라 전 세계적으로 환경에 가장 심각한 영향을 미친다. 그럼에도 불구하고 미국만 보아도 지난 30년간 새로운 석탄 화력 발전소는 전혀 건설되지 않았지만 현재 무려 150개 발전소가 운영되고 있다. 석탄은 가스에 비해 가격이 저렴하고 공급이 안정적이기 때문에 수요가 많다. 기업들은 탄소 배출권 거래제가 시행되면 무엇보다 석탄에 대한 투자를 회수할 것으로 예상한다. 이러한 위협은 2007년 3월 연방대법원Supreme Court이 미국환경보호청 Environmental Protection Agency: EPA에 이산화탄소를 오염 물질로 규정할 권리가 있다고 판결함으로써 더욱 심화되었다. 그동안 미국환경보호청은 자신들에게는 그런 권한이 없다고 주장해온 터였다.

중국의 상황은 더 심각해서 평균 10일 만에 새로운 석탄 화력 발전소가 하나씩 생기고 있다. 중국은 세계 최대의 석탄 생산국으로 2만 6,000여 곳의 광산에서 800만 명의 광부가 일하고 있고, 전력 생산의 75퍼센트를 석탄이 담당한다. 석탄은 중국에서 배출되는 오염 물질의 상당 부분을 차지한다. 매년 아황산가스 2,500만 톤의 90퍼센트, 분진의 70퍼센트, 질소산화물 nitrogen oxides의 67퍼센트, 이산화탄소 47억 톤의 70퍼센트가 석탄 때문에 발생한다. 중국의 국립환경청은 환경 오염으로 인한 피해가 2004년의 경우 630억 달러에 달하는데, 이 중 43퍼센트가 석탄에 의한 것이라고 지적한 바 있다. 중국은 아황산가스 배출을 줄인다는 야심찬 목표를 설정하고 있지만, 에너지 수요가 급증하고 있는 상황에서 그 목표의 달성은 어려울 것이다.

따라서 이산화탄소가 대기로 배출되기 전에 화력 발전소에서 바로 가로채어, 지하의 고갈된 석유 및 가스 저장층 혹은 염수 대수층saline aquifer에 저장하는 방법에 관심을 갖는 것은 당연하다. 일본, 미국, 영국 등에서 원형 발전소prototype plant를 건설한다는 야심찬 계획이 속속 진행되는 가운데, CCS는 갑자기 큰 사업으로 부상했다. 일부 과학자들은 대기로 배출되지 않을 이산화탄소의 처리 비용을 적절하게 책정하는 것 외에는 CCS의 기술적 생존 가능성을 낙관적으로 보고 있다. 하지만 다른 과학자들은 이산화탄소를 포집하는 것뿐만 아니라, 화력 발전소나 정제소에서 매장할 장소로 옮기는 데 상당한 비용이 든다는 지적과 함께, 기술적으로나 경제적 측면에서 신중할 필요가 있다고 말한다. 앨 고어는 CCS를 포함한 모든 '청정 석탄' 기술에 비판적이다. '탄소 배출 제로'가 뒷받침되지 않는 '청정 석탄 기술'은 공허한 구호에 지나지 않는다는 것을 깨달아야 한다는 것이다.

앨 고어는 이 점에 대해 잘못 생각하고 있는 듯하다. 우리가 원하든 그렇지 않든, 중국, 인도, 미국을 비롯한 상당수 국가들은 앞으로 20년 동안은 엄청난 양의 석탄을 사용할 입장이다. 나 역시 기술적 해결 방안에만 매달리는 사람은 아니지만 우리에게는 CCS를 성공시키는 것, 그것도 엄청나게 성공시키는 것밖에는 대안이 없다고 판단한다. IPCC의 전망에 의하면 수십억 톤의 이산화탄소를 포집하여 분리 저장하지 않는다면, 기후 상승을 21세기말까지 위험한 기후변화의 분수령인 2도 아래로 유지할 가능성은 전혀 없다.

CCS나 청정 석탄 기술이 있든 없든, 새로운 태양력 발전이나 풍력 발전 같은 재생 에너지 시설에 거금을 투자하든 말든, 에너지 효율 향상에 엄청난 발전이 이루어지든 말든, 백약이 무효라 믿는 과학자들도 있다. 그들은 IPCC가 절망적일 정도로 보수적인 조직으로 각기 다른 견해를 가진 수천 명의 과학자들의 의견을 반영하는 데 급급하다 보니 정치인들에게 실상을 부각시키는 데 실패하고 있다고 생각한다. 예를 들자면 2007년 제4차 평가 보고서에는 자연계가 인간이 저지른 온난화에 반응하는 방식이 빨라지고 있다는 과학자들의 우려가 거의 반영되지 않았다.

지난 수년간의 관심은 시베리아의 동토층 기온 상승은 이산화탄소보다 20배나 높게 온난화 효과를 내는 메탄가스 수십억 톤이 묻혀 있는 동토층을 녹일 것으로 예상된다, 북극 빙하의 융해 빙하가 줄어들면, 지구로 향하는 햇빛이 대기로 반사되기보다는 바다로 흡수되어 결과적으로 지구 온난화가 가속화된다, 아마존 강우림의 파괴 머지않아 이산화탄소 배출을 줄이기보다는 오히려 배출을 돕는 역할을 하게 될 것이다에만 집중되어왔다. 그런데 땅의 온도가 서서히 높아지면서 전 세계적으로 이산화탄소 배출이 점점 늘어나고 있다는 증거도 속속 등장하고 있다.

그로 인해 점점 더 많은 과학자들이 대기 중 이산화탄소가 서서히 증가한다는 기후의 완만한 변화보다는 급하고 비선형적 변화 가능성에 더 초점을 맞추고 있는 것이다. 북극과 남극의 빙심氷心에서 얻은 역사적 자료를 검토해보면 예전에도 지금과 같은 현상들이 여러 차례 발생했다는 증거들을 발견할 수 있다. 어느 시점부터 이 피드백 루프feedback loop, 어느 시스템에 투입되고, 그로 인한 결과가 다시 투입에 반영되는 과정가 시작될지, 21세기 말까지 기온 상승을 2도 밑으로 붙들어두기만 해도 과연 파멸적인, 돌이킬 수 없는 기후 변화를 막을 수 있는 것인지에 대해서는 장담할 수 없다. 평균 기온 2도 상승은 북극과 남극에서는 5~6도 상승을 의미한다. 마크 라이너스의 저서 《6도의 악몽Six Degrees》(2007)은 빙하가 녹으면서 벌어지는 현상을 생생하게 묘사하고 있다. 제임스 러브록James Lovelock이 "세상은 인류 문명의 파국을 초래할 수도 있는 광대하면서도 가장 비극적인 변화를 목전에 두고 있다"고 주장한 바 있지만, 사실 상상하기에도 끔찍한 위협에 관한 증거들이 축적되고 있음에도 불구하고 인류가 태평하다는 사실에 경악을 금할 수 없다.

세상은 태평하게 돌아가고 있지만, 기후 과학자들은 가공할 정도로 많고도 복잡한 변수들과 그로 인한 파국적 영향을 파악하기 위해 씨름 중이다. 내 생각은 설사 우리가 이 모든 문제들을 파악한다 한들 티핑 포인트tipping point, '마지막 한 방울의 물'이 더해져서 물이 넘치게 되는 순간, 즉 인류가 자연의 무한한 능력 앞에서 자신의 운명을 결정할 능력을 상실할 바로 그 지점에 아주 근접해 있는 것이 아닌가 싶다.

그렇다면 우리는 이러한 현상을 심리적으로 어떻게 받아들여야 하는 것인가? 나는 서너 번에 걸쳐 제임스 러브록의 강연을 들은 적이 있었는데, 그는 자신의 저서 《가이아의 복수The revenge of Gaia》(2006)에서 설명한 바와 같이 지금은 너무 늦어서 설사 내일부터 모든 화석 연료를 쓰지 않는다 해도 인간이 이미 저질러 놓은 온난화 정도가 너무 심해 저절로 파국적인 기후변화로 진행된다고 말한다. 따라서 지속가능한 발전은 완전 소설이며 우리에게는 지속가능한 퇴보sustainable retreat만이 다가올 뿐이라는 주장이다.

러브록은 광적이고 비이성적으로 원자력 발전을 옹호하고 있음에도 불구하고 여전히 우리의 영웅적인 동료이다. 그의 말대로 너무 늦었다면 수십 혹은 수백 개의 원자로는 무슨 소용이란 말인가? 나는 인류가 봉착할 암울한 미래에 대한 그의 확신, 그리고 최근까지 깨닫지 못했던 그 어떤 반갑지 않은 진실, 즉 지구에는 엄연히 한계가 정해져 있으며, 인간도 다른 생물들처럼 자연법칙에 따라 살아야 한다는 것을 인정하려 안간힘을 다하는 인간에게 임할 자격 박탈 효과disempowering effect로 인해 크게 상심해 있다. 인류 문명이 '무법자 문명'이라는 사실은 우리에게 적잖은 충격이지만, 이제는 바른 방향으로 되돌아갈 방법이 없다는 것처럼 우리에게 충격을 주는 사실은 없다.

이에 대해 특히 젊은 세대가 경악할 것이다. 기성세대의 태만이 완전 드러난 후 그들이 얼마나 분노할 것인지를 상상하면 몸서리가 쳐진다. '우리는 지구를 우리 부모가 아닌 후손들에게 빌렸다'라는 격언에 동조한다면, 우리는 정말로 이 말에 정반대로 행동해온 것이다. 지난 20여 년 동안 지구의 쇠락을 철저히 부정해오는 사이, 우리는 단 한 번의 추락으로 부정에서 절망의 늪에 빠지고 말았다! 젊은 세대의 미래를 훔쳐온 우리는 이제 후손의 그 어떤 희망마저 빼앗으려들 참이다.

바로 이러한 이유 때문에 나는 제임스 러브록의 '자격 박탈'이라는 수사에 크게 걱정하고 있다. 보다 지속가능한 행로로 진입하기 위해 투쟁해야 할 우리에게는 젊은 세대, 아니 그 어떤 세대들의 분노를 잠재울 여력이 없다. 제임스 러브록의 주장이 틀리기를, 틀림없이 다가올 불안한 미래로부터 우리를 지켜주지는 못하지만, 인류의 파멸 같은 치명적이고 돌이킬 수 없는 결과로부터 우리를 지켜줄 극단적 조치를 취할 수 있는 시한이 10~15년 남아 있다는 대다수 기후 과학자들의 견해가 맞는 것이기를 바랄 뿐이다.

붕괴 : 돌파냐? 몰락이냐?

우리가 직면한 가장 큰 문제는 기후변화만이 아니다. 사태를 시스템 내부의 개별 요인들이 아닌, 전체적인 시스템으로 파악하는 데 어려움이 있다는 것이다. 제임스 러브록이 1979년에 《가이아 : 살아있는 생명체로서의 지구 Gaia : A New Look at Life on Earth》라는 선구자적인 책을 발간했을 때, 과학계로부터 냉담한 반응을 받은 이유는 자신들의 분야, 즉 지리학, 생물학, 기후학,

해양학, 대기화학 등에서는 최선을 다하지만 시스템을 하나로 보는, 예를 들어 '전체적인 지구 시스템whole earth system' 혹은 가이아로 보는 것은 말할 것도 없고, 자신들의 좁은 특정 분야 밖에서 벌어지는 일에 대해서는 전혀 무관심하며 자기만족에 빠진 과학자들에게 도전장을 낸 것이기 때문이었다.

지구 시스템은 무한대로 복잡하다. 기후에 관한 작금의 의견 일치에 대해 자신하고 있는 과학자들도 그 복잡성에는 겸허할 수밖에 없다. 전체적인 지구 시스템을 동적 균형dynamic equilibrium 상태로 붙들어주는 조건들과 그들이 확실히 아는 것이라고는 지구 시스템이 날로 불안정해지고 있다는 사실을 이해하는 것이야말로 오늘날 지식인들이 가장 먼저 받아들여야 할 도전이다. 관리에 대해서는 언급할 입장이 아니고, 빠르고도 예측 불가능하게 다른 기후로 변하는 현상의 특징인 비선형적 기후변화의 위협, 위에서 설명한 것과 같은 생태계 붕괴의 위협, 시스템의 한 부분에서의 변화가 다른 부분의 변화에 반응하여 전혀 예측 불가능한 결과로 나타나는 상승효과, 인간이 저지른 시스템 내부에서의 분열성 등의 복잡성은 인간의 고뇌하는 지적 능력으로는 도저히 파악할 수 없는 수준이다.

이러한 복잡성에 대해 고찰하거나 고찰하는 것을 회피할 핑계가 생기더라도, 지금과 같은 방식으로 지구 시스템을 다루면 그 결과가 어떠하리라는 것에 대해 각기 다른 결론에 이르는 것은 그리 놀라운 것이 아니다. 나는 그 복잡성을 기다란 자 모양의 롬보르·러브록 연속체continuum로 단순화시키고자 한다. 한쪽 끝에는 늑대처럼 울부짖는 경고들을 조롱하면서, 인간에게는 점차 심각해지고 있는 문제들을 지체 없이 해결할 수 있는 지성 및 기술적 능력이 있다고 확신하는 저명한 환경회의론자로서 항상 즐기기만 한 비외른 롬보르가 놓인다.

그 반대편 끝에는 자신의 저서 《가이아의 복수》를 통해 최소한의 긍정적 사고자들의 남은 희망마저 짓밟아 버릴 만큼 절망적으로 상황을 예상한 제임스 러브록이 놓인다. 얼마 전 러브록은 인간은 이미 자신들이 저지른 상대적으로 적은 실수를 급격하게 확대시키는 자연적 피드백 연결 고리를 중단시킬 수 없을 만큼 대기 온난화 현상에 묶여 있다고 결론지은 바 있다. 당장 내일부터 모든 온난화 가스 배출을 중단한다 하더라도 결과가 달라지지 않기 때문에 지속가능한 발전은 망상에 지나지 않는다는 것이다. 자연이 우리를 기존 시스템에서 이탈시켜 자연적 재평형을 시도한다는 점에서 우리 인간에게는 '지속가능한 퇴보'라는 충격적인 과정만이 기다리고 있을 뿐이라는 것이다.

나는 이 양극화된 시나리오들을 앞에 두고 극히 개인적인 차원에서 반기를 들고자 한다. 아직 성숙하지 못한 나의 환경적 사고를 살찌우기 위해, 나는 인내심을 가지고 비외른 롬보르가 지난 수년간 쓴 글들을 거의 다 읽어 보았다. 그가 진실한 사고로 설득력 있고 흥미롭게 자신의 견해를 피력했다고 믿어지지만, 편향성, 자기만족, 인간애 결여가 심각한 결점이 아닌가라는 생각이 들었다. 그와는 반대로 제임스 러브록은 나를 주눅 들게 만들었다. 모든 인류에게는 아직도 공평하고, 지속가능하며, 온정적인 미래의 가능성이 있다는 믿음을 가질 필요성이 있다는 점에서 나 역시 또 다른 부정에 빠져 있는지 모른다. 그렇다면 나는 어떻게 나의 일을 정당화할 수 있단 말인가? 품위 있는 삶을 지탱해줄 남아 있는 조건들을 지켜줄 물리 및 정치적 장벽이 날로 황폐화되는 사실에 인간은 몸을 움츠릴 수밖에 없는 시점에서, 특히 나는 나 자신이 '지속가능한 퇴보' 운동을 자신 있게 펼칠 수 있는지에 대해 확신이 서질 않는다. 아쉽게도 제임스 러브록은 1919년생으로 나보다 훨씬 나이가 많다. 1950년생인 나는 열여덟 살과 열다섯 살 된 두

딸의 눈을 통해 다음 50년을 관조하지 않을 수 없다. 나 자신에게 하는 말이기도 하지만 너무 늦었다고 말해서는 안 된다. 절대 그래선 안 되는 것이다. 너무나 오랫동안 나는 결정적인 실증적 증거를 앞에 둔 절망, 그리고 인간의 경이적인 문제 해결을 위한 창의성과 적응성에 관한 지식에 기반한 긍정주의 사이에 외면적 균형을 이룰 방법을 모색하면서 두 양극점 사이를 방황해왔다. 그 과정에서 '묵시적 긍정주의'라는 독특한 브랜드가 형성되기도 했다. 하지만 혼돈의 안개가 걷히면서 우리의 현재 위치가 보다 잘 드러나게 되었다. 미래를 위한 포럼과 파트너들, 그리고 영국 왕세자 비즈니스 및 환경 프로그램을 통해 접촉한 수많은 비즈니스맨들과 공동으로 검증한, 지적으로 탄탄한 중도 노선이 등장한 것이다.

나는 2006년 말경에 출간된 토머스 호머딕슨Thomas Homer-Dixon의 《뒤엎어짐 : 대재앙, 창조성, 그리고 문명의 갱신The Upside of Down : Catastrophe, Creativity, and the Renewal of Civilization》을 통해 내 사고를 한층 구체화시킬 수 있었다. 이 책은 오늘날의 세계에 대해 절망과 희망 사이를 오고가는 자기 발견 과정을 묘사한 아주 뛰어난 작품이다. 호머딕슨은 러브록이나 롬보르처럼은 유명한 작가도 아니요, 또 L로 시작되는 이름을 갖고 있는 것도 아니지만, 내가 롬보르·러브록 연속체에서 중간 노선을 갖게 된 것은 그 때문이다. 이 세 명의 작가들이 그들의 생각을 많이 생략하여, 아래처럼 단순하게 정리하는 것에 대해 너그럽게 용서해주기를 바란다.

세 작가의 말은 복잡성, 탄력성, 붕괴, 그리고 어쩌면 있을지 모르는 회복으로 요약된다. 호머딕슨은 로마 제국과 오늘날의 미국을 비교하면서 자신의 주장을 시작한다.

후기 로마 제국처럼, 오늘날에도 심각한 스트레스가 늘어나면서 시스템 탄력성은 떨어지는 현상이 벌어지고 있다. 그때도 그랬지만 세계 질서의 규율은 단 한 나라의 경제, 정치 및 군사력에 상당 부분 의존한다. 이러한 힘의 근원은 풍부한 에너지에 접근하는 수단이다. 저명한 에너지 전문가인 바츨라프 스밀Vaclav Smil은 "미국은 가공할 정도로 높은 수준의 에너지 사용으로 힘과 영향력을 행사할 수 있었다"고 주장한다. 고대 로마 도시가 그랬던 것처럼, 미국 역시 먼 지역에서 나오는 에너지에 생존을 의존한다.

호머딕슨, 2006

미국이 단지 50여 년 동안만 전 세계를 대상으로 제국처럼 군림하다가 곧 붕괴될 것이라 예상한다는 것은 그리 자연스럽지 않다. 그렇게 짧게 존재하다가 사라진 제국이 없기 때문이다. 하지만 전통적 분석에 의하면 제국으로서의 미국의 운명은 얼마 남지 않았다. 중국과 인도의 끝없는 부상, 신뢰에 손상을 줄 정도의 부채와 예산 불균형, 베트남과 이라크에서의 군사적인 패배, 정치 시스템 전반에 걸친 부패와 뇌물 수수, 다른 나라들과의 외교에서 위협적이고 일방적인 오만함으로 미국을 가장 존경받는 나라에서 가장 두렵고 경멸적인 국가로 추락시킨 것뿐만 아니라, 석유 수입에 대한 의존성 증가, 필요로 하는 단위당 에너지의 생산을 위해 미국이 필요로 하는 에너지 총량 면에서의 엄청난 '열역학적 불균형,' 믿기 어려울 정도로 엄청난 경제 생산과 소비 단계에서의 낭비 수준 등의 요인들로 인해 미국이라는 제국은 붕괴된다는 것이다.

이는 미국만의 문제는 아니다. 사실 중국과 인도는 경제 성장으로 말미암은 물리적 욕망을 충족시키는 데 똑같은 도전을 받고 있다. 정부가 사람, 지구 그리고 번영 간의 고통스러운 균형을 맞추는 데 헛수고를 하는 것에 더불어, 해마다 경제 성장을 이루기 위한 조건이 시스템의 복잡성을 악화시키면서 시스템의 탄력성은 난로 퇴색하고 있다.

여기에서 '탄력성'은 핵심 개념으로서 모든 시스템, 조직이나 개인이 충격을 견뎌내서 어떤 혼란이나 단절 이후 원래의 상태로 돌아가는 능력을 의미한다. 인간의 시스템이 복잡할수록 그만큼 탄력성이 떨어진다. 이 명제를 뒷받침하는 사례는 얼마든지 찾아볼 수 있다. 1997년 태국에서의 사소한 은행 디폴트 이후 동남아시아 전역에 동시 다발적으로 발생한 금융 시장 붕괴, 2005년 허리케인 카트리나가 휩쓸고 지나간 뉴올리언스의 경제 및 사회 시스템의 붕괴, 2000년 석윳값 인상에 수십 명의 트럭 운전사들이 국가를 볼모로 잡고 시위하는 바람에 영국 경제가 거의 공황 수준으로 추락한 것 등이 그것이다.

탄력성을 집중적으로 연구하는 조직으로 탄력성연맹Resilience Alliance이라는 것이 있다. 이는 전 세계의 기관들에서 차출된 학자들이 예측성을 장담하기보다는, 급격한 단절로 점철된 세계를 정책 결정자들이 보다 잘 이해하도록 돕는 방법을 연구하는 영향력 있는 집단이다. 인간은 자연계에서 무엇을 배울 수 있는 것인가? 모든 자연계는 성장기를 거치면서 빠르게 확장되었다가 자신들을 억압하는 생물물리학적 한계와 조건에 일시적으로 반항하기도 하고, 그러다가 결국은 시스템의 한계로 되돌아온다. 제약과 안정이 필요하다는 증거를 무시하고 인간 시스템이 지금처럼 성장을 추구하는 기간이 길면 길수록, 극적인 붕괴를 맞을 취약성은 그만큼 더 커진다. 사실, 호머딕슨은 시스템 내부의 다중적이고 동시 상승적인 스트레스로 인해 '동시다발성 실패synchronous failure'가 발생할 수 있다고 경고한다.

그렇다면 인류는 지금 이 사이클의 어느 지점에 도달해 있는 것인가? 볼테르Voltaire의 소설 《캉디드Candid》의 주인공 팡글로스처럼 대책 없이 낙천적인 자세를 취하지 않고서는 2007년에 발간된 IPCC 제4차 평가 보고서

세상에 대해 말하는 작가	현재의 상태	급격한 단절의 시기
비외른 롬보르	자연환경은 환경주의자들의 생각보다 훨씬 더 탄력적이다. 기후변화가 일어나고 있지만 인간적 요인은 매우 적다. 가장 좋은 환경 보호 방법은 모든 나라들이 부자가 되는 것이다.	기후변화보다 훨씬 중요하고 시급한 이슈들이 얼마나 많은지 모른다. HIV/AIDS, 물과 위생, 교육 등이 그것이다. 제3세계에서는 부패와 무능한 정부뿐만 아니라 가난도 안정을 해치는 가장 큰 요인이다.
토머스 호머딕슨	저렴한 화석 연료가 거대한 인구 증가와 경제 발전이라는 '환상의 세계'를 뒷받침한다. 생태계의 탄력성이 대부분 체계적으로 붕괴되는 상황에서 환경 스트레스는 인간이 생각하는 것보다 훨씬 심각하다. 지속가능하지 못한 인구 증가는 중요한 문제이다. 정치인들은 이 문제의 원인이 아닌 그저 증상만 취급할 뿐이다.	시스템에 대한 기후 관련 충격은 빠르면서도 과격하게 다가오고 있다. 일시에 많은 것들이 붕괴되는 '동시성 실패' 가능성이 높다. 서방 측이 지금과는 전혀 다른 안보 전략을 수립하지 않는다면 초대형 테러가 등장할 수도 있다.
제임스 러브록	정치인들은 기하급수적인 경제 성장과 엉터리 발전 모델의 노예가 되어 기후변화의 재난에 대해 너무 늦게 인식하고 있다.	기후변화는 국제 긴장을 가속화하고 악화시킨다. 국제적인 보험 사업은 붕괴된다. 정치인들은 기존 질서를 유지시키기 위해 안간힘을 다하겠지만 엄청난 경제 및 사회 붕괴가 그 뒤를 따른다.
	1950~2000	2000~2010

굵은선=불개변성 지점

기회의 창구	파손에서 혁신 혹은 붕괴	장기적인 미래
테크놀로지야말로 모든 문제들의 해결책으로서, 지속적인 경제 성장은 변화를 위한 최선의 추진력이다. 빈곤층을 위해 부를 분배하는 것보다 효율적인 방법을 찾아내는 것이 시급하다.	인류는 모든 난관을 극복하고 기술 혁명을 통해 보다 나은 미래를 창출한다. 부자와 빈곤층의 간격이 줄어들고, 생활 수준이 높아진다. 기후변화는 얼마든지 관리가 가능하다.	인구 면에서 지구에서 쾌적하게 살 수 있는 한계는 90억 명이다. 환경은 효율적인 시장 시스템으로 보호된다. 유엔의 전망에 의하면 이때부터 인구는 줄기 시작한다.
시급하게 저탄소 세계 경제로 전환해도 시장 경제의 번영 가능성이 존재한다. 보다 신속한 조치에 반대하는 미국, 중국과 인디아를 중심으로 한 정치적 리더십에 대한 회의가 가중되고 있다.	**혁신** 재생 에너지가 화석 연료를 상당 부분 대체한다. 구미 민주주의 국가들은 '안보'의 의미를 재정립하고, 가족계획과 고갈된 생태계 복원에 엄청난 금액을 투자한다.	늦으면서도 고통스러운 복원이다. 자족의 정치가 과도의 정치를 대체한다. 세계 기구들은 보다 공정하게 부를 분배한다. 인간의 삶의 질은 놀랍도록 좋아지고 기후는 2075년경 안정된다.
	붕괴 동시적 실패가 경제 및 정치 시스템에 타격을 가한다. 빈곤 국가에서 유럽이나 미국 같은 부국으로의 이동이 엄청나게 늘어난다. 기온은 2050년경이 되면 2.5도 높아진다.	바닷물 수위가 2미터 이상 높아지면서 경제 및 사회 붕괴가 심화된다. 정치 시스템은 붕괴되고 공동체들은 생존을 위해 투쟁한다. 상당수의 생명체가 멸종되고 기후는 계속 상승한다.
원자력 발전소 건설처럼, 사태를 되돌리기 위한 노력이 경주되겠지만, 원자력 발전소는 바닷물 수위 상승으로 휩쓸려 사라지게 될 것이다. 아프리카, 중국, 남미의 농업은 붕괴된다.	기후변화가 극에 달한다. 정치인들은 생태계와 국가 경제의 붕괴에 아무런 힘을 쓰지 못한다. '지속가능한 퇴보'조차 불가능한 꿈이 되고 만다.	인류를 위한 장기적 미래는 존재하지 않는다.
2010~2020	2020~2050	2050 이후

를 끝까지 읽지 못할 것이고, 지구 상에 존재하는 인류 사회에 미칠 절박한 대재앙에 대해 생각할 수 없을 것이다. 이 보고서가 아니더라도 유엔환경계획이 발간한 생물 다양성과 생태계 파괴에 관한 보고서, 이 책의 다음 장에서 소개할 '성장의 한계'에 관한 내용, 만성적인 공기 및 물 오염, 환경에 축적되는 독극물에 관해 국가, 지역, 지방의 정부들이 발간하는 수천 편의 논문을 참고하면 실상을 알 수 있다. 그 어떤 사태가 벌어진다 해도, 그리고 다른 곳에서 해답을 찾아야 할 사회 및 안전에 관한 이슈에 대한 대책을 고려하기 전이라도 우리는 참으로 힘든 상황에 처해 있다.

따라서 붕괴는 피할 수 없다. 오늘날 우리가 알고 있는 생명은 평정을 유지하지 못하고 있다. 가만있는 것이 해결책이 아니다. 끔찍한 고통이 따를 것인데, 벌써 수억 명이 고통을 겪고 있다. 그 고통을 조금이라도 피할 방법은 전혀 존재하지 않는다.

파손과 회복할 수 없는 붕괴의 세계만 기다리고 있을 뿐이다. 자동차나 자전거가 파손이 되면 고치면 그만이다. 하지만 충돌하여 산산이 부서지면 그것으로 끝이다. 마을 저수지의 생태계가 영양 오염eutrophication이나 다른 오염으로 파괴되었을 때는 오염의 근원을 제거하면 간단히 회복할 수 있다. 하지만 슈퍼마켓을 새로 짓기 위해 콘크리트로 덮어버리면 그것으로 끝이다. 호머딕슨은 설득력 있게 설명한다.

모든 고차원의 적응 시스템은 파손과 재생이라는 시스템을 거친다. 파손은 시스템의 구성 요인들에 큰 해악을 끼치지만 그렇다고 전부가 파멸이라고는 할 수 없고, 창의성, 개혁과 재생에 필요한 조건들을 창출할 여지를 안고 있다. 바로 이 부분이 인간이 봉착하고 있는 근본 문젯거리다. 우리는 파멸적 붕괴가 아닌 견실한 재생으로 유도되도록, 인간 사회의 자연 기능에 파

손이 발생할 수 있게끔 허용할 필요가 있다. 　　　　　　호머딕슨, 2006

　　표 1에서의 '불개변성 지점point of irreversibility'은 우리가 원하느냐 원하지
않느냐의 여부와는 상관없이, 그리고 우리가 얼마나 진지하게 이산화탄소
나 온실 가스 같은 파손 요인들을 제거할 의사가 있느냐와는 상관없이 자연
시스템의 변화가 악화 쪽으로만 진행되기 시작하는 지점을 말한다. 이는 냉
혹한 과학적 사실이다. 지구 상의 생물이 인간에 의해 저질러진 단기적인
불균형을 수정하여 인류 이전의 항상성homeostatis, 잘못된 것을 바로 회복시키는 기능 -
역자 주을 재정립한다는 사실을 믿고, 과연 얼마나 많은 사람들이 불개변성이
영원한 불개변성이 될 수 없다는 사실에 위안을 받을 것인지 의문이 아닐
수 없다. 하지만 이는 인류 문명이라는 특정 모델과 대체적으로 공통점을
갖는 것을 의미하는 것으로서 아마도 모든 인류가 이에 해당될 것이다.
　　이에 대해 당신은 선택적으로 이렇게 말할 수 있을 것이다. "한편으로 보
면 고통스럽고, 엄청난 상처를 안겨주는 파손이요, 다른 편으로 보면 완전
한 대붕괴를 의미한다" 정치적으로 말한다면, 쉽게 공개할 내용은 아니다.
하지만 모든 것이 우리에게 피할 수 없는 운명이 다가오고 있다는 것, 그리
고 피할 수 없는 파멸을 '회생과 인류의 미래가 앞으로 10년 안팎으로 결정
난다'는 현실적인 희망으로 돌릴 수 있는 소중한 기회가 여전히 남아 있다
는 사실을 깨닫는 데 얼마나 시간이 걸리는가에 달려 있다. 그리고 또 모든
것은 우리가 '불개변성의 지점'을 어디라고 생각하는가에 달려 있기도 하
다. 제임스 러브록의 의견에 동조한다면 이미 끝난 것이나 마찬가지요, 비
외른 롬보르와 생각을 같이 한다면 머지않아 파멸이 닥쳐올 것이고, 호머딕
슨이나 나 같은 사람에게 동조한다면 기회의 창이 닫힐 때까지 앞으로
10~15년이라는 시간이 남아 있게 되는 셈이다.

그래서 나는 두 갈래 사이에 놓인 '기회의 창'이라는 끝 지점을 '분기점'이라 칭하고자 한다. 그때까지 만반의 준비를 갖추어 인류를 위해 파손이 혁신으로 진전되어지도록 유도할 것인가, 아니면 그렇게 하지 못하여 파손이 붕괴로 악화되도록 방치할 것인가는 전적으로 우리에게 달린 문제이다. 헝가리의 과학철학자인 에르빈 라슬로Ervin Laszlo는 자신의 저서《카오스 정점The Chaos Point》을 통해 이 특별한 변화의 역동성에 대한 흥미로운 통찰을 다음과 같이 제시하고 있다.

> **파멸로 향하는 진화** : 사회에서의 결정적인 다수의 가치, 세계관 그리고 윤리가 변화에 저항하거나, 변화가 너무 느리게 진행되거나, 확립된 제도가 너무 경직되어 있어서 변화가 시기적절하게 이루어지는 것을 막는다. 악화된 환경에 더불어, 불공평과 갈등은 손을 쓸 수 없을 정도의 스트레스를 만들어낸다. 사회 질서는 갈등과 폭력으로 퇴보한다.
>
> **혁신으로 향하는 진화**: 결정적인 다수의 생각은 시기적절하게 진화되면서 사회 발전이 보다 적응 가능한 모델을 지향하도록 한다. 이러한 변화들이 자리를 잡게 되면, 보다 적응적인 가치, 세계관 및 윤리의 지배를 받는 개선된 질서가 스스로 자리를 잡게 된다. 사회의 경제적, 정치적, 생태적 요인은 비갈등적이고 지속가능한 모드로 안정된다.
>
> 라슬로, 2006

우리가 우선적으로 필요로 하는 리더십의 질은 '이것이야말로 우리가 지금 선택해야 할 사항'이라고 사람들을 설득하여, 전체 사회를 붕괴가 아닌 회복으로 유도하기 위한 것이다. 이 리더십은 지금 우리가 알고 있는 리더십과는 전혀 다른 것이다. 그런 점에서 현재라는 그림의 일부분을 보는 사람들, 예를 들자면 기후변화만을 주목하는 토니 블레어, 중국의 생태계 붕괴만 생각하는 원자바오溫家寶 총리는 그 외의 부분은 보지 않는 실책을 저지르고 있는 셈이다. 부시 대통령과 푸틴Vladimir Putin을 비롯한 대부분의 지도자들은 전혀 상황을 직시하고 않고 있는 것이다. 그들에게는 여전히 부정이 주된 반응 메커니즘이다. 증거 그 자체를 부정하기보다는 증거가 내포하는 암시를 부정하는 것이다. 그들은 1950년대 이후 사람들이 의존해온 경제 성장 모델에만 관심을 둘 뿐이다.

이 끈질긴 부정의 원인에 대해서는 제12장에서 상세히 설명할 것이다. 이 장에서는 부유한 나라 사람들이 인류가 어쩔 수 없이 지속적으로 자연계에 의존하지 않을 수 없는 물리적 현실을 깨닫지 못하고 있다는 것, 그러한 갈등 요인을 이해하는 데 필요한 정보를 갖추지 못하고 있다는 것, 그리고 인류의 지속가능한 미래를 확보하기 위해 지금 당장 필요한 변화에 전혀 준비가 되어 있지 않다는 사실만을 피력하는 것만으로 충분할 것이다.

지속가능한 미래 잠시 들여다보기

내가 앞으로도 계속 목소리를 높이겠지만, 무언가 필요하다는 사실만으로 그것이 반드시 바람직하다고 확신할 수는 없다. 바람직함desirability이라는 지속가능한 발전 옹호자들에게 그리 익숙한 개념이 아니다. 그들은 오늘날 자신들이 지지하는 많은 것들의 뿌리가 1970~1980년대에 체계가 잡힌 정치 및 경제 질서에 대한 극렬한 반대의 시련을 거치면서 형성되었다는 사실에 종종 곤혹스러워한다. 모든 반대 운동이 그런 것처럼, 환경 운동가들 역시 자신들이 지지하는 것이 아닌, 자신들이 반대하는 것에 대한 운동으로 더 잘 알려지는 것이 보통이다. 다음 장에서 설명하겠지만, 지속가능한 발전은 환경주의자만이 아닌 그보다 훨씬 넓은 범위를 포함하면서도 일반 대중이 고심하는 것과 동일한 문제점들로 인해 고통을 겪는다. 우리는 사람들이 앞으로 무슨 일이 일어나기를 바라는지 알고 있고, 포괄적으로 환경 보호를 지지하고 또 저개발 국가들을 도와야 한다는 사실도 잘 알고 있다. 그렇다면 어느 날 갑자기 모든 것이 지속가능한 것으로 전환된다면 우리의 삶은 어떻게 되는 것일까?

한 가지 면만을 고려한다면, 적어도 표면적으로는 모든 것이 그리 달라지지 않을 것이라고 말하고 싶다. 지속가능한 사회라 할지라도 매우 정교한 기간 설비, 주택, 산업, 사무실, 여가 시설, 농지 및 공간 등이 복합적으로 필요하기 때문이다. 하지만 건축 기술은 크게 달라져서, 에너지 효율성과 재생 가능성은 극대화될 것이다. 여전히 도로는 필요하겠지만 그 수는 줄어들 것이고, 도로를 달리는 자동차는 지금 모델보다 네다섯 배의 효율성을 보일 것이다. 사람들은 요즘보다 훨씬 많이 걸을 것이고 또 자전거를 많이 탈 것이다. 공항은 여전히 필요하겠지만, 비행기 탑승객은 환경에 대한 비행의 영향, 특히 기후변화에 대한 영향으로 인한 비행 요금 상승률만큼은 증가하지 않을 것이다.

대부분의 요즘 사람들이 가진 열망에 비추어보더라도 사람들의 열망은 크게 다르지 않을 것이다. 모든 사람들이 최상의 학교와 병원, 안전한 거리, 최고 수준의 삶의 질, 가장 공정하면서도 효율적인 민주적 절차를 원한다. 지속가능한 사회라 할지라도 요즘에 원하는 그러한 것들을 추구하게 될 것이다. 모든 것이 십중팔구 지금보다 더 분산화되고, 인간적인 측면과 공동체 수준을 중요시하게 된다 하더라도 그 무엇도 실질적으로 변화시키지는 못할 것이다.

지속가능한 경제 사상을 뒷받침하는 이론적 배경은 제10장, 11장에서 중요한 부분으로 다루겠지만 그렇다고 해서 그 이론의 기본이 요즘의 주된 관심 사항들과 크게 다르다고 볼 수는 없다. 적절히 규제된 시장에서의 공정

가격, 효율적이고 신뢰할 만한 공공 서비스, 직업을 구할 수 있는 기회와 작업 수행 등이 다루어질 것이다. 금욕적인 일 중독자는 없겠지만, 광적인 소비주의와 과시형 소비, 그리고 주식 시세에서 시선을 떼지 못하는 현상이 줄어들고, 그 대신 요즘 사람들이 시간이 없어서 하지 못한다고 아쉬워하는 일들에 보다 많은 시간을 투자하게 될 것이다.

국제 무역은 크게 감소할 것이다. 지속가능한 경제를 대표하는 단어는 '자급자족'이 아닌 '자기 신뢰'인데, 나는 사람들이 이 단어를 그리 좋아하지 않으리라 생각한다는 점을 지적하지 않을 수 없다. 자기 신뢰는 에너지, 식량, 심지어 제조업 등에서 공급의 안정을 유지하려는 다른 나라들과의 현명하고도 필요한 무역을 수반하게 한다. 진지한 의미에서 경쟁이 거의 불가능한 중국을 비롯한 저비용 국가의 고통을 느끼는 국가들이 속속 등장하는 상황에서, 오늘날의 신자유주의적이고, 제한이 전혀 없는 세계화 모델이 예상보다 훨씬 오래 유지되리라는 생각은 어쨌든 환상처럼 보인다.

미래에 석유 가격이 1배럴에 100달러 이상이 되면, 국제 무역과 여행 중에서 10파운드의 비용으로 식품을 비행기에 실어 수천 마일 떨어진 수십여 곳으로 이송하는 것 같은 가장 비합리적인 변칙들이 사라질 것이다. 최악의 기후변화 위협을 완화하는 노력의 일환으로 각 사람에게는 1년 단위로 탄소 사용량이 할당되기 때문에, 품위 있고 저탄소로 사는 방법의 추구는 유행일 뿐만 아니라 경제에도 도움을 되리라 본다. 이는 현대 역사에서 처음으로 자전거 타는 사람이 기름을 들이켜는 SUV Sports Utility Vehicle, 스포츠형 다목적 차량 소유주보다 상위를 점하는 첫 번째 신호가 아닐 수 없다.

다른 문제들 때문에 이야기를 빙빙 돌릴 여유가 없다. 지금 당장이라도 잘사는 사람에게는 보다 많은 세금을 물려야 한다. 지속가능한 경제의 기본 요건 중의 두 가지는 자원, 에너지, 원자재, 돈의 가치, 자본 배분 등의 면에서 효율성 향상과 사회 정의의 향상이다. '지속가능'이라는 단어를 진지하게 정의 내린다면 국내에서뿐만 아니라 국가 간의 기괴한 부의 불평등도 지속되어서는 안 되는 것이다.

매우 가시적인 과정들이 아무리 많이 존재한다 한들 여기에서 윤곽이 드러난 두 개의 갈등 요인들을 보다 쉽게 해소하지는 못한다. 오랜 세월에 걸쳐 냉철한 현실적 요인과 사상적 요인을 결합해야 하는데, 가혹하지만 현실을 그대로 말하자면 대부분의 '보다 지속적인 미래'의 주창자들은 이런 식으로의 준비에 큰 약점을 드러낸다. 따라서 여기선 뒤에 나올 여러 장에 걸쳐 설명된 대안들을 간략하게 소개하고자 한다.

- 현재 생태계의 위기가 날로 심각해지고 있다는 점에서 근본적인 변화의 필요성을 더 이상 부인할 수 없는 입장이다. 이러한 분석을 내놓은 과학은 확고할 뿐만 아니라 현재의 진행 상황보다 더 과격한 정치적 개입의 필요성을 합리화하기에 충분하다.

- 근본적인 변화가 필요하다는 사실만으로 충분하다고는 말할 수 없는 것이, 절망적일 정도로 변화의 속도에 차이가 없기 때문이다. 기존의 환경주의자들은 일반 시민들뿐만 아니라 정치 엘리트의 마음과 정신을 설득하는 데 실패해왔다.

- 매우 비관적인 전망으로 사람들을 위협하는 것으로는 변화가 이행되지 않는다. 필요한 변화는 바람직한 변화, 즉 미래 세대만을 위한 것이 아닌 현재의 사람들을 위한, 사람들의 건강과 삶의 질을 위한 변화로 인식되어야 한다. 따라서 이는 미래를 위한 의제이면서 '지금 이 자리에서 here and now'의 의제이기도 하다.

- 이는 시장의 모든 구성 요인과 자유 선택을 거부하기보다는 끌어들여 활

용하는 것을 의미한다. 이는 한쪽으로는 생태적인 지속가능성과 다른 쪽으로는 번영과 개인적인 웰빙을 추구하는 것 사이에 조화를 맞출 수 있는 유일하게 인정받는 시스템으로서의 자본주의를 포용하는 것을 의미한다.

- 오늘날의 특정 자본주의 모델은 이러한 조화를 이행할 수 없다는 것이 분명하다. 지금의 자본주의는 인간이 의존하는 자연 자본을 빠르게 고갈시키고, 세계적으로 빈부 격차를 더욱 벌려놓는다.

- 핵심을 말하자면 지속가능한 발전을 즉시 하나의 중요한 도전으로 구체화하는 것이 중요하다. 자본주의 대안적 모델을 개념화하여 실행 수준으로 정리하는 것이 가능한가? 우리가 의존하는 다양한 고정 자산들에 대한 지속가능한 관리가 가능해서 다양한 자산들로 인한 수익으로 미래뿐만 아니라 현재의 우리도 생존할 수 있는 것인가?

- 지속가능이 실행되려면 지속가능한 케이스는 재구성되지 않으면 안 된다. 무책임한 부의 창출을 불법화하는 것 못지않게 책임 있는 부의 창출의 기회가 되어야 하고, 지금까지와는 다른 진보한 자기 이익과 개인적 웰빙을 강조하는 높은 차원의 삶의 질에 대한 사람들의 욕구를 직접적으로 대변하는 핵심 아이디어와 가치에 중점을 두어야 한다.

- 책임 있고 혁신적인 부의 창출자를 위해 전례 없는 기회들을 제공하고, 사람들에게 보다 평등하고 보람 있는 삶의 방법을 제시하는, 자연의 한계 안에서 피할 수 없는 삶의 도전에 응전하는 것으로서의 지속가능한 발전은 오늘날의 경제 및 정치적 전통에 진지한 정치적 대안을 제공할 가능성이 있다.

- 이와 같은 진보적인 정치 의제에 집중하지 않는다면 전통적 환경주의는 앞으로도 쇠퇴를 면치 못할 것이다.

- 이 모든 것을 고려한다면 그 무엇이 대안이 될 수 있단 말인가? 진실한

지속가능한 발전이 아니라면 그 무엇이 대안이라는 말인가? 그리고 지금
이 아니라면 언제 그 대안을 찾을 수 있단 말인가?

여기서 언급한 모든 사항 등은 적어도 지속가능한 발전이라는 실용 지식
을 근거로 하는데, 이에 대해서는 다음 장에서 논하도록 한다.

현실을 위한 지속가능한 발전

　지속가능한 발전이 무엇을 의미하는지에 대해 대부분의 사람들이 잘 모
르고 있다는 점에서 전반부에 그 개념을 설명하고 넘어가는 것이 중요하다.
'지속가능한 발전'은 '지속가능성'과 같은 의미를 지닌 것인가? 나는 **지속
가능성의 과학** science of sustainability이 여전히 실험적이고 우연적인 면이 없지
않지만, 지속가능한 발전의 구조를 위한 확고한 토대를 제공해준다고 생각
한다. 과학은 자신들의 한계를 무시하여 멸망을 자초한 수많은 초기 문명에
대해 역사적 고찰을 할 수 있는 기회와 더불어 생태적 한계의 본질에 대해
생각하게 한다. 하지만 요즘의 비즈니스 세계는 여전히 비현실적인 수준을
벗어나지 못하고 있다. 경제적, 환경적, 사회적인 3대 축triple bottom line 수준
의 언어만 팽배하고, '이해 관계자의 전략'이니 CSRcorporate social responsibility,
기업의 사회적 책임 같은 전문적인 용어의 뒤범벅과 고상한 열망에 사로잡혀 물
리적 존재가 위기에서 벗어나는 것을 방해하고 있다.

정의에 대한 해설

대부분의 사람들은 두 개념을 같은 뜻으로 사용할 정도로 잘 모르고 있는 '지속가능성'의 개념과 '지속가능한 발전'의 개념이 확연히 다르다는 점에 대한 간략한 설명이 필요하다고 본다.

지속가능성의 개념을 **장기적인 미래로 지속될 수 있는 능력**이라 하면 최상의 정의를 내린 것이다. 무기한 계속적으로 이루어지는 것이라면 그 무엇이라도 지속가능한 것이다. 무기한 계속적으로 이루어지지 못하는 것은 그 무엇이라도 지속불가능한 것이다. 따라서 지속가능성은 다른 생물종들뿐만 아니라 인류를 위해서도 최종 목표이며 바람직한 방향이다.

이와는 대조적으로 지속가능한 발전은 우리가 지속가능성으로 이동하기 위해 이용하는 과정이다. 지속가능한 발전에 대한 정의가 여러 번 내려진 바 있지만 사람들은, WCEDWorld Commission on Environment and Development, 환경과 개발에 관한 세계위원회가 1987년에 발표한 브룬틀란 보고서Brundtland Report에서의 정의인 "자신들의 욕구를 충족시키기 위해 미래 세대의 능력을 손상시키지 않고 현재의 욕구를 충족시키는 발전"을 가장 많이 사용한다. 하지만 이 정의의 한계가 날이 갈수록 보다 구체적으로 드러나는 상황이다. 가장 큰 문제점으로, 이 정의에는 인간이 의존하는 자연 자본이 결코 고갈되지 않을 것처럼, 사회 운영상 준수해야 할 생물물리학적 한계를 반영하지 않았다는 것이다. 이에 대해 미래를 위한 포럼은 대안적인 정의를 내렸다. "지속가능한 발전은 모든 사람들이 지구의 생명 지원 체계를 보호하고 강화시키는 방향으로 자신의 잠재력을 인식하고 삶의 질을 향상시키도록 하는 역동적인 과정이다." 두 가지 정의는 공히 지속가능한 발전이 역동적 과정이라는 점을 확인하고, 또 모든 인류를 위해 운영될 수 있도록 사회 정의와 평등의 중요성을 강조한다. 뿐만 아니라 지속가능한 발전은 인간이 자신들의 비즈니스를 추구하면서 환경을 보다 효율적으로 관리하기 위한 것이 아니라는 점을 분명히 했다. 그것은 인간의 웰빙을 최적화한다는 매우 긍정적인 목적을 지닌, 환경 프로젝트 못지않은 사회 및 경제 프로젝트이기도 하다.

지속가능한 발전은 매우 논쟁의 여지가 많은, 그리고 의견 불일치가 심한 개념이다. 따라서 매우 다양한 관점에서 공격을 받는다. 그 내용들을 보면 매우 모호하고 불확실해서 정치인과 사업가들이 의무 조항 외에는 자신들의 행태를 바꿀 의사가 전혀 없게 하는 여지를 남겨둔다는 점, 지속가능성과 발전을 상호적으로 일치시킬 방법을 제시하지 않은 채 두 개념상의 모순을 그대로 노출시키고 있다는 점, 복잡하게 연결되어 있는 이슈들을 지나치게 단순화시키고 있다는 점, 긴박한 생태계 파괴에 관한 진실에 대해 분명한 입장을 취하고 있지 않다는 점, 생태적 지속가능성 못지않게 지속가능성, 평등 및 정의를 중요한 요인으로 끌어안는 측면에서 넓게 생각하는 것이 물리적 환경 보호를 위한 분명하고도 결단성 있는 조치들의 개발에 오히려 방해가 되고 있다는 점 등이다. 여기에 더하여 지속가능한 발전이라는 단어가 선정적이기는커녕 정치적으로도 도무지 인기를 얻기 어려운, 난해한 전문 용어라는 점에 대해서는 신경을 쓰지 않고 있다는 점을 들 수 있다.

환경을 생각하지 않는 정치인들에게 지속가능한 발전을 이해시키기 위해 얼마나 노력을 기울이고 있냐를 묻는 것 같은 최종적인 사안은 나중으로 미루더라도, 지금까지 다룬 불안 요인들에 대해서는 시급한 논의가 필요하다. 앞으로도 종종 상호 배타적이기도 한 지속가능한 발전을 모든 인류를 위한 모든 것이라 해석한다면, 인류 역사상 가장 결정적인 전환점에서 필요한 지적인 부담을 감당할 수 없게 된다.

이러한 문제가 불거진 이유 중의 하나는 발전이라는 개념에 대한 생각이 각기 다르기 때문이기도 하다. 1960년대부터 '경제 성장으로서의 발전'이라는 달콤한 개념이 학계나 서구 정부의 실제 정책에 지대한 영향을 미쳐왔고, 1987년의 브룬틀란 보고서에까지 반영되었다. 보고서는 개발 도상국들에 실질적인 높은 경제 성장을 요구함으로써 지속불가능한 발전에 대한 자체적인 분석의 상당 부분을 무효화시키는 모순을 드러냈다. 어떤 성장이 참다운 발전을 가져다주는지, 또 어떤 성장이 발전을 저해하는지에 대한 의문을 던지지도 않은 채 환경을 파괴하고 사회 자본의 가치를 하락시키는 행위를 지속하고 있는 것이다. 《요하네스버그 비망록 : 한 연약한 세계에서의 공평성》에는 다음과 같은 글이 포함되어 있다.

> 북반부 사람이든, 남반부 사람이든, 전에 공산권이었던 지역에서 살던 사람이든, 그 어떤 사람에게라도 성장으로서의 발전 철학에 대해 의문을 던지지 않는 것이 정치적으로 유리했다. 남반부 국가들과 시장 경제 전환 국가 Economy in Transition: EIT들은 '어떤 성장이냐' '누구를 위한 혜택이냐' '어느 방향으로의 성장이냐'에 관한 뚜렷한 판단 없이 정의justice와 인정 recognition에 대한 요구 표현을 지속할 수 있었다. 이런 식으로 남반부와 북반부 국가들의 엘리트들은 1992년 세계환경회의의 결과에 만족할 수 있었다. 사실을 말하자면, 그것은 리오 정신을 사실상 무력화시킨다는 점에서 남반부와 북반부 정부들 간의 사악한 협약이었다. 《요하네스버그 비망록》, 2002

따라서 보다 엄격한 지속가능한 발전의 관점에서 발전의 의미를 명확하게 파악하는 것이 중요하다. 지속가능한 발전의 개념이 처음으로 데임 바버라 워드Dame Barbara Ward, 영국의 경제학자이자 작가로서 환경과 발전을 위한 국제 연구소(International Institute for Environment and Development: IIED)의 창립 위원에 의해 사용되고 1980년 세계환경보존전략World Conservation Strategy에 의해 채택된 이래,

많은 사람들은 발전을 향상된 물질의 번영과 경제 성장 못지않게 건강, 교육, 민주주의 및 자유와도 밀접한 관련이 있다고 생각하게 되었다. 발전의 근본적인 개념은 GDP와 개인 소득의 성장에 대한 중요성을 간과하지 않아야 하고, 오히려 그 수준을 초월한 것이어야 한다.

'성장으로서의 발전'이 아닌 '자유로서의 발전'이라는 가장 설득력 있고 강력한 표현은 아마르티아 센Amartya Sen이 1999년 출간한 책에 등장한다. 센은 《자유로서의 발전Development as Freedom》을 통해 전 세계의 다자간 조직들과 나라들이 고민하고 있는, 자유 결핍의 해결을 가장 중요한 우선순위라 주장한다.

> 발전은 부자유의 주요 근본 원인들의 제거를 필요로 한다. 불관용이나 억압적 국가들의 과잉 행동, 체계적인 사회 박탈, 공공시설의 방치, 빈곤, 폭정, 빈약한 경제 기회 같은 것들을 말이다. 전례 없는 전반적인 풍요로움의 상승에도 불구하고, 현대 세계는 거대한 수의 사람들, 아마도 과반수 이상의 사람들에게 기본적인 자유조차 허용치 않는다.　　　　　　　　센, 1999

센은 자유를 '발전의 1차 목적'으로 규정한다. 인류의 자유를 확대하여 읽고 계산할 수 있는 자유, 정치 참여와 자유로운 의사 표현의 자유, 그리고 '기아, 영양 결핍, 피할 수 있는 질병, 조기 사망 같은 박탈 요인들을 회피할 수 있는 기본 능력들'을 포함시킨다. 그는 정치적 자유와 인권에 대한 체계적인 부정이 빠른 경제 발전에 유리하다고 주장하는 사람들을 경멸한다. 놀랍게도 요즘에도 이런 사람들이 있다.

발전에 대한 이런 식의 접근 방법과 IMF International Monetary Fund, 국제통화기금, 세계은행 World Bank, WTO World Trade Organization, 세계무역기구 등등의 조직에

의해 지난 수십 년간 발산되어온 터무니없는 이념적 광기에 의해 작성된 워싱턴 컨센서스Washington Consensus, 경제학자인 존 윌리엄슨(John Williamson)이 1989년 위기에 봉착한 개발 도상국들에 대해 워싱턴 DC에 위치한 IMF, 세계은행, 미국 재무성 같은 기구들이 이행했으면 하는 열 가지 처방을 설명한 프로젝트—역자 주 사이의 가공할 차이점을 일부러 과장한다는 것은 어려운 일이다. 우리는 여기서 다양한 발전의 모델들에 국한하지 않고, 매우 다양한 자본주의 모델들에 대해 논하고자 하는 것이다.

그래서 정의를 어떻게 내리느냐가 중요하다. 대부분의 사람들이 생각하는 대로 지속가능한 발전은 매우 '기괴한' 단어처럼 들릴 뿐만 아니라 매우 이질적인, 특히 산업적 관점에서는 낯설게 여겨지는 것 같다. 그러나 지속가능한 발전의 의미를 엄격하게 분석하지 않는다면 장기적으로 엄청난 피해가 발생하게 된다.

지속가능한 발전과 관련된 다수의 개념적 취약점은 지속가능한 발전과 지속가능성 사이의 차이점과 그 연계성을, 대개는 비평가의 입장에서 이해하지 못하기 때문이다. 지속가능한 발전의 유용성은 지속가능성의 의미에 대한, 주로 인간의 모든 행동을 구속하는 생물 물리적 변수들과 관련하여 절대적인 투명성을 유지하느냐에 달려 있다.

그렇다면 우리는 어떻게 이 변수들을 정하고, 그 테두리 안에 머무는 것인가? 지속가능성을 명료한 개념으로 보지 않고 상세하게 설명하기 어렵다고 보는 보편적인 견해와는 달리, 생물 물리적 생존 가능성은 과학적 설명, 정의 그리고 측정이 가능하다. 인간이 전적으로 의존하는 자연 세계에 의해 세 종류의 서비스가 제공된다는 것은 잘 알려진 사실이다.

❶ 인간 활동에 필요한 자원의 제공.

❷ 다양한 흡수 장치를 통해 인간 활동에 의해 초래된 쓰레기의 부패와 재생.

❸ 추가적인 생태계 서비스의 제공 기후 조절, 식물의 수분(受粉), 토지의 비옥화 등.

지속가능성을 '내추럴스텝The Natural Step : TNS, 과학자인 카를헨리크 로베르트(Karl-Henrik Robèrt)가 1989년 스웨덴에 설립한 비영리 단체로 지속가능성을 위한 원칙을 제시한다-역자 주의 설립으로 이끈 기초 과학과 지난 수년 사이에 제기된 과학 기반 주장의 틀 안에서 확립하는 것이 바람직하다. 내추럴스텝의 중심에는 인류 사회가 지구의 지원 생물권 범위 안에서 지속가능할 수 있는 조건을 집단적으로 정의하는 네 가지 개념, 혹은 '시스템 조건들'이 존재한다표 2 참고. 인간이 살고 있는 지구가 어떻게 운행되는지를 이해해야만, 생물 물리적 세계가 설

■ 표2 지속가능한 사회를 위한 네 가지 시스템 조건

❶ 지속가능한 사회에서의 자연은 지구 표면에서 추출된 물질에 대한 의존도를 체계적으로 높이는 것에 영향을 받지 않는다.	이는 채굴한 모든 광물질의 효율적인 사용과 화석 연료에 대한 의존도를 줄임으로써, 자연에서 부족한 광물질을 보다 풍부한 다른 물질로 대체하는 것을 의미한다.
❷ 지속가능한 사회에서의 자연은 사회에서 생산한 물질에 대한 의존도를 체계적으로 높이는 것에 영향을 받지 않는다.	이는 쉽게 썩지 않는 인공 물질을 자연에서 보다 풍부하고 쉽게 부패하는 물질로 대체하는 것을 의미하며, 사회에서 생산된 모든 물질을 가능한 한 효율적으로 사용하는 것을 말한다.
❸ 지속가능한 사회에서의 자연은 물리적인 방법에 의해 체계적으로 파괴되지 않는다.	이는 잘 관리된 생태계로부터만 자원을 추출하여, 체계적으로 그 자원과 땅을 가장 생산적이고도 효율적으로 사용하고, 자연에 변경을 가할 때는 신중해야 함을 의미한다.
❹ 지속가능한 사회에서 인간의 욕구는 세계적으로 평등하게 충족된다.	이는 이 세상 모든 사람의 욕구, 앞으로 태어날 후손들의 욕구가 가장 좋은 방법으로 충족될 수 있도록, 자원을 효율적으로, 공평하게, 책임감 있게 사용하는 것을 의미한다.

자료 : 내추럴스텝

정해놓은 한계가 파괴되지 않도록 인간 시스템을 운영할 필요성을 인식하게 된다.

재러드 다이아몬드의 저서 《문명의 붕괴》에는 생태적 한계를 파괴한 사회에 대한 역사적인 사례들, 즉 그린란드의 바이킹족에서부터 남미의 마야족에 이르기까지, 이스터 섬에서부터 앙코르와트에 이르기까지 풍부하게 소개되어 있다. 그의 분석에 의하면, 그들의 '수수께끼 같은 삶의 터전에 대한 포기'는 자연 시스템과 그들을 지탱해주는 자원을 부주의하게 파괴한 것도 그 원인이라는 것이다.

역사 속의 붕괴 사례들은 다소 차이는 있지만 유사한 과정을 따르는 경향이 있어왔다. 인구가 증가하면 농산물 증산을 위해 강화 농법**관개 시설, 이모작, 경사지 개간**을 쓰고, 늘어난 식솔을 먹여 살리기 위해 불모지까지 경작지를 자꾸만 넓혀온 것이다. 지속불가능한 농법은 환경 파괴로 이어져 농업적으로 불모지인 땅을 다시 버릴 수밖에 없는 결과를 초래해왔다. 이로 인해 인간 사회에는 식량 부족, 기아, 자원을 놓고 벌어지는 국가 간 전쟁, 환멸을 느낀 대중에 의한 정부 엘리트의 추방 같은 현상들이 벌어지고 있는 것이다.

다이아몬드, 2005

지속가능성의 과학은 그 자체적으로는 해답이 아닌, 해답을 추론할 수 있는 근거만 제시할 뿐이다. 따라서 인간이나 자연에 전혀 해를 주지 않는 '이상적인 상태'와 혼동해서는 안 된다.

지속가능성은 생태계가 깨끗한 물, 비옥한 토지, 기후 조절 등과 같은 생명 유지 서비스를 지속적으로 제공할 수 있고, 사람들이 자신들의 욕구를 충족할 기회를 가질 수 있도록 인류 사회가 자체적으로 정리됨으로 인해,

지속적으로 존재할 수 있다는 것을 의미한다.

　그리고 여기엔 '생존 보장'이 포함되지 않는다. 자연적인 한계 없이 인류 전체가 생존하기 위해 우리가 경제적, 정치적 그리고 기술적으로 해야 할 바에 대해 앞으로 10년 사이에 보편적인 합의가 이루어진다고 긍정적으로 상상해보자. 그리고 그보다 더 긍정적으로 상상해서 앞으로 20~30년 안에 실제로 그 목표에 도달한다고 가정해보자. 바로 그 순간에 인류는 유성이 떨어지는 것 같은 대재앙으로 지구 표면에서 사라질 수도 있을 것이며, 냉혹한 신빙하기의 도래로 인구가 수천 년 전의 수치로 줄어드는 비극을 목격하게 될지도 모른다. 보다 우주론적 입장에서 바라본다면, 태양도 수십억 년 후엔 모든 생물체가 의존하는 에너지를 더 이상 공급하지 않게 된다는 점에서 사실상 그 어떤 것도 정말로 지속가능하지는 않다.

　하지만 단기적 시각으로 바라봐서 지속가능성이 우리가 생물 물리적 변수들과 공존하고 있음을 진심에서 우러나 주장하는 지점이 **목표**라면, 지속가능한 발전은 그 목표를 지향하기 위해 우리가 택하지 않을 수 없는 **과정**이요 **여행**이다. 이러한 이유 때문에 개념으로서의 지속가능한 발전이 덜 과학적이고, 불명확하며 정치적으로 좌우되는 존재로 남아 있는 것이다. 1990년 허먼 데일리Herman Daly는 지속가능한 여행을 뒷받침할 네 가지 핵심 원칙을 제시했다.

❶ 인간적 규모 혹은 경제적 처리 능력을 현재의 지구 능력 범위 안으로 국한한다.

❷ 기술적인 발전이 처리 능력의 증대보다는 효율 향상을 지향하도록 보장한다.

❸ 재생 가능 자원을 사용함으로서, 수확률은 재생률**지속 산출**을 초과하지

않아야 하며, 쓰레기 방출은 수용 환경의 흡수 능력을 초과하지 않아야 한다.

❹ 재생불가능한 자원은 재생 가능 대체물이 만들어지기 전에 다 사용하여 고갈되게 해서는 안 된다. 　데일리, 1990

지속가능한 발전의 틀 짜기

데일리의 네 가지 핵심 원칙은 여러 번에 걸쳐 수정되었다. 불행하게도 그 원칙들은 지속가능한 발전의 사회 및 경제적 측면에 거의 도움을 주지 못한다는 점으로 인해 정치인들에게 그리 환영받지 못하고 있다. 정치인들은 지속가능한 발전이라는 의자를 떠받치는 '세 개의 다리' 중에서 환경의 다리가 사회의 다리, 경제의 다리 못지않게 중요하다는 사실을 인지하지 못하고 있다.

2005년 영국 정부는 국가적인 새로운 전략 차원에서 **미래 안보**라는 '프레임워크 목표'를 채택함으로써 문제에 대처하기 시작했다. "지속가능한 발전의 목적은 전 세계 모든 사람들이, 미래 세대의 삶의 질을 훼손하는 일이 없이, 기본적인 욕구를 충족하고 보다 나은 삶을 영위할 수 있도록 인도하기 위한 것이다."

영국의 중앙 정부와 관할 행정부는 높은 취업률을 보장하는 지속가능한, 혁신적인, 생산적인 경제를 달성하고, 그리고 사회적 포용, 지속가능한 공동체와 개인의 웰빙을 진작하는 공평한 사회를 조성하는 통합적 방법으로 목적을 추구할 예정이다. 이 목표는 물리 및 자연 환경을 보호하고 향상시킬 뿐만 아니라, 최선을 다해 자원과 에너지를 능률적으로 사용해야만 도달할 수 있는 것이다.

우리가 지속가능한 발전을 통해 추구하는 것이 '환경의 한계 안에서,' 그

■ **도표 1** 지속가능한 발전의 다섯 가지 원칙

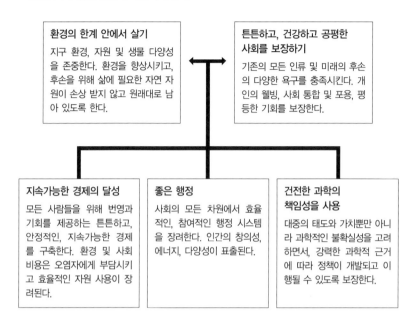

환경의 한계 안에서 살기	튼튼하고, 건강하고 공평한 사회를 보장하기
지구 환경, 자원 및 생물 다양성을 존중한다. 환경을 향상시키고, 후손을 위해 삶에 필요한 자연 자원이 손상 받지 않고 원래대로 남아 있도록 한다.	기존의 모든 인류 및 미래의 후손의 다양한 욕구를 충족시킨다. 개인의 웰빙, 사회 통합 및 포용, 평등한 기회를 보장한다.

지속가능한 경제의 달성	좋은 행정	건전한 과학의 책임성을 사용
모든 사람들을 위해 번영과 기회를 제공하는 튼튼하고, 안정적인, 지속가능한 경제를 구축한다. 환경 및 사회 비용은 오염자에게 부담시키고 효율적인 자원 사용이 장려된다.	사회의 모든 차원에서 효율적인, 참여적인 행정 시스템을 장려한다. 인간의 창의성, 에너지, 다양성이 표출된다.	대중의 태도와 가치뿐만 아니라 과학적인 불확실성을 고려하면서, 강력한 과학적 근거에 따라 정책이 개발되고 이행될 수 있도록 보장한다.

리고 '튼튼하고, 건강하고, 공평한 사회'에서 사는 것임을 일깨우는 지속가능한 발전을 뒷받침하는 다섯 가지 기본 원칙이 새로운 전략의 틀 안에서 명확해지면, 보다 균형 잡힌 접근 방법이 드러나게 되는 법이다도표 1 참조. 경제, 통치 시스템 그리고 인간이 과학을 사용하는 방법들은 보다 상위의 두 가지 목적을 달성하기 위한 수단이다.

환경의 한계에서 산다는 것, 그리고 강하고 건강하고 정의로운 사회라는 두 개의 목적을 동일한 가치로 취급한다는 것에서 지속가능한 발전이 정치적으로 얼마나 중요한 사안인지를 알 수 있다. 이렇게 되기까지 다수의 보수주의자들뿐만 아니라 환경주의자들까지도 인류가 처한 문제점들에 대해 거의 관심을 기울이지 않았다. 세계자연보호기금World Wide Fund for

Nature：WWF과 국제보존협회Conservation International：CI 같은 조직들의 리더들이 격렬하게 부인하고 있음에도 불구하고, 과거의 조직과 인적 요인을 빠트리는 것 같은 자연계에 대한 편협적인 행태에 대해 사과하지 않는 엘리트주의가 도사리고 있다. 특히 미국에서 환경을 인간의 복잡성과 논란이 배제된 비정치적인 장에 묶어두려는 일부 환경 조직들의 태도가 환경 운동이 여론의 개념적 수준보다 정치적인 힘을 발휘하지 못하는 중요한 이유일지 모른다.

같은 이유로 진정한 진보들이 인류를 위해 보다 살기 좋은 세상을 만드는데 여념이 없는 사이, 빈곤, 정의, 인권, 보건 등 같은 사회적 의제를 제기하는 대다수 조직들은 환경에 대해 생각해볼 틈도 없이 풍족한 중산층이 '하면 좋은 일' 정도로 분류되기 십상이었다. 지금까지 지속가능한 발전의 '환경' 및 '사회'적 측면을 보다 효과적인 조직의 형태로 구체화시키려는 노력이 전개되어왔지만 그 효과는 미미했다.

그랬던 것이 이젠 변하고 있다. '의지를 가진 조직들의 연합'이 보다 뚜렷이 드러나고 있다. 예를 들어서 2005년에는 영국에서는 '기후혼란중단Stop Climate Chaos'을 주축으로 큰 규모의 환경 단체들이 힘을 합쳐 기후변화에 대한 조치를 정부에 요구했다. 그러한 연합에 가입하는 개발 조직들의 동기는 빈곤 지역에서의 기후변화로 인한 타격이 점점 더 심해진다는 점에서 더욱 분명해지고 있는 것이다.

이 조직들의 공통점은 사상적으로 명백하게 진보적이면서, 생물 물리적인 지속가능성뿐만 아니라 정의와 부의 재분배를 중요시한다는 것이다. 이는 '환경적 한계 안에서 사는' 영국의 2005년 전략의 첫 번째 목적을 뒷받침하는 지속가능성이라는 중립적이면서도 객관적인 과학과, 두 번째 목적을 뒷받침하는 글로벌적인 정의와 진보적인 관리라는 가치 중심의 정치의 홍미롭고도 의아스러운 결합이다. 앞으로 설명하겠지만, 미국의 싱크탱크인 미국정책연구소American Policy Center로부터 인용한 천지진동할 주장에서 나타난 바와 같이, 이러한 결합으로 보다 보수적인 이념적 확신을 가진 사람들은 지속가능한 발전을 손에서 놓게 되었다. 그 주장은 이러하다. "당신의 총, 재산, 자녀, 그리고 신을 지키기를 원한다면 지속가능한 발전은 적이 되지 않을 수 없다!" 이 문장에서는 지속가능한 발전에 대한 대기업들의 불안감이 묻어나온다.

사실 지속가능한 발전은 수많은 산업 영역에서는 절망감을 느낄 만큼 여전히 파악하기 어렵고 추상적인 개념이고, 생태 효율성, 경제 윤리와 CSR 같은 운영 가능한 사업 동인 면에서는 의혹의 대상으로 남아 있다. 산업의 실행자들과 평론가들은 '3대 축'의 친숙한 개념을 지속가능한 발전에 관한 최고의 토론을 가장 용이하게 정착시킬 수 있는 방법으로 보았다.

이 중요하지만 제한적인 목적의 달성에 어느 정도 성공을 거둠에 따라, 일부 기업들은 기존보다 훨씬 통합적인 방법으로 자신들의 환경 및 사회적 책임, 그리고 3대 축이 지속가능한 발전 의식의 전개에 중요한 역할을 해왔다고 생각하게 되었다. 하지만 여전히 한계가 존재하는 것은 분명한데, 3대 축을 개별적으로 설명하는 방식에 대해서는 더욱 그렇다.

환경의 축은 ISOInternational Organization for Standardization : 국제표준화기구의 ISO 14001 혹은 EMASEco Management & Audit Scheme : 환경경영감사제도에서 볼 수 있는 바와 같이 환경 사례와 관련이 있는 것으로 드러났다. 생태 효율성을 추구하는 'WBCSDWorld Business Council for Sustainable Development : 세계지속가능발전기업협의회'는 환경의 축을 이렇게 정의한다.

라이프사이클life-cycle을 통해 생태계 영향과 자원 집중도를 최소한 지구의

추정 수용 능력까지 꾸준히 줄이면서, 인간 욕구를 충족시키고 삶의 질을
보장하는 경쟁적으로 가격 매겨진 상품과 서비스의 제공.　　WBCSD, 2002

여기까지는 문제가 없다. 하지만 대부분 그런 것처럼 의미를 좁혀서 해석
한다면, 그러한 접근 방법으로는 어떤 기업이 내추럴스텝의 정의에 의한 순
수한 지속가능성으로 나가고 있는지 여부를 알아낼 수 없고, '어떻게' 생산
되는지보다는 '왜' 그것이 생산되는지 같은 보다 훨씬 난해한 문제에 대해
면밀히 조사할 의욕까지 꺾어놓는다. 이러한 관점에서 본다면, 사람들이 여
전히 '환경 친화적인 지뢰'나 '지속가능한 원자력' 같은 말을 한다는 것이
놀라울 뿐이다.

사회의 축에 대한 관심은 CSR에 관한 많은 사고의 도출을 촉진했고, 이로
인해 자본주의의 이해 당사자 모델이 힘을 받게 되었다. 이 모델을 따르면
주주보다는 이해 당사자의 이해가 더 중요해진다. 하지만 환경의 축에 비한
다면 사회의 축은 새로운 영역이다. 기업 전략에 포함시키는 문제는 말할
것도 없고, CSR을 측정하는 다양한 방법들을 놓고서도 무시 못 할 혼선이
빚어지고 있다.

역설적인 말이지만 가장 심각한 문제점들은 **경제의 축**에 대한 해석에서 비
롯되었다. 자본주의의 '이해 당사자 모델'이 모델에서는 기업은 주주 혹은 소유권자, 그리고
기업의 운영 범위를 법적으로 정하는 정부에만 법적 혹은 수탁자 의무를 진다이 우위를 점하는 현상
이 지속됨에 따라, 경제의 축은 이득, 배당금, 투자 수익률Return On
Investment : ROI, 생산성, 성장 같은 일상적인 요인, 즉 장기적인 재무 성과에
국한되어왔다. 환경과 사회 비용 혹은 저축에 관한 정보가 기업 회계에 포
함되거나, 독자적인 환경 혹은 기업 책임 보고서에 제시되는 일은 거의 없
었다.

기업이 지속가능하기 위해서는 비즈니스를 해야 하는 것은 당연하다. 하지만 이익 추구를 최우선시하고, 그것과 충돌하지 않는 선에서 녹색과 사회적인 요인들을 추구하는 그들의 접근 방법은 전반적인 경제적 지속가능성 면에서는 우리를 암흑의 굴로 몰아넣는다. 기업이 경제 및 사회적 가치를 의미가 있을 정도로 포함시키는 방법들은 다양하다. 유통망과 자재 조달 정책을 통해, 직원 훈련과 개발에 대한 투자를 통해, 고용법이 정한 수준을 뛰어넘는 가장 우수한 고용 관행을 통해, 투자와 혁신 전략을 통해, 납세 정책을 통해, 지역 경제 혹은 지역 기업에 대한 투자를 통해 실현할 수 있다. 기업들은 자신들의 생산품, 그리고 그것들이 사용되는 방법을 통해서도 간접적이나마 사회에 큰 영향을 미친다. 하지만 기업들은 **재정의 축**이라는 좁은 테두리에 초점을 맞추다보니 이처럼 중요한 경제 요인들에 신경을 쓰지 못하고 있다.

2005년 1월《이코노미스트economist》는 CSR에 관한 특집 기사를 실었다. 기사는 데이비드 헨더슨David Henderson, 그의 저서《오도된 미덕(Misguided Virtue)》은 점잖게 CSR을 비판한다과 윌프레드 베커먼Wilfred Beckerman 그리고 일레인 스턴버그Elaine Sternberg의 주장에 근거하여 CSR의 중요성을 주장하는 일단의 사람들을 만신창이로 만들어놓았다.

《이코노미스트》 기사에 이념적으로 동조하지 않더라도 우연찮게도 많은 사람들은 CSR의 지적인 열정과 실제적 유용성에 언뜻 동의하지 않고 있다. 이에 대해서는 제14장에서 다시 설명하도록 한다. 하지만《이코노미스트》는 사람들이 왜 그런지에 대해서는 관심이 없다. CSR과 기업 자선을 혼동하고, 모든 CSR 실행자를 자본주의에 대한 피해망상증 환자로 몰아붙였을 뿐 아니라, 애덤 스미스의 주장들을 의도적으로 연이어 곡해한 그 기사는 우리 시대의 핵심 딜레마의 본질들을 건드리는 데에는 실패했다. 자본주

경제의 역동성과 지구의 한계 안에서 살기 위한 자제력을 보다 효율적으로 조절하는 관계를 구축하기 위해 무엇이 필요한지를 정부가 주도적으로 규명해야 한다는 점을 빠뜨린 것이다. 진실을 위해 거짓을 폭로한다는 이 잡지의 기사는 비즈니스의 목적은 이윤 극대화이고, 그 목적을 달성하는 것이야말로 최대 공익을 달성하는 것이라는 믿음을 끝까지 고수했다. 즉, 애덤 스미스의 '묘책nostrum'은 도살업자, 혹은 우리의 식단을 꾸며주는 양주업자와 제빵업자의 자비심이 아닌 자신의 이익 추구에서 비롯된다는 것이다. 기사는 'CSR 옹호자들이 믿고 있는 것처럼 이익 추구가 자본주의의 치명적 결함이 아니며 오히려 그로 인해 자본주의가 유지되는 것'이라고 주장한다. 시장은 엄격한 도덕률에 따라 운영되고, 개인은 법의 규정에 따라 이익을 추구하면 문제가 없다는 것이었다.

이는 거짓말이 아니라면 진지하지 못한 주장이다. 애덤 스미스는《국부론Wealth of Nations》뿐만 아니라《도덕감정론The Theory of Moral Sentiments》도 집필했다. 그는 후자의 책에서 도덕적 자각 능력이 있는 양심 있는 사람만이 자기 이익을 추구해야 한다고 몇 번이나 강조했다. 양심이 없이는 자기 이익의 '보이지 않는 손'이 공공의 이익을 위해 효력을 발휘하지 못한다는 것이다. 애덤 스미스 때의 주도적인 기업의 형태는 파트너십이었는데, 소유권과 경영이 하나이자 동일한 것이었다. 그는 국가 개입을 통해 공정한 게임을 진작시키기를 원했고 '동일한 업종의 사업가들은 좀처럼 얼굴을 마주하지 않으려 하면서도 …… 대중에 대한 음모를 꾀하거나 가격을 인상하는 데에는 뜻을 같이한다' 보편적인 공교육을 지지했다. 제5장에서 설명하겠지만, 매니저들이 공익을 위해 양심에 따라 행동할 자유를 상실하기 시작한 것은 유한책임회사가 출현하면서부터이다. 애덤 스미스는 이를 위험한 결과로 이어지는 과정으로 보았다. 애덤 스미스는 오늘날의 '야만적이고, 도덕적 관념이 없는 자본주의'가 아닌 '도덕적 자본주의'의 유익을 주장하는 사람들에게는 의심할 여지없이 이론적인 아버지이다.

애덤 스미스의 유산을 재사용하는 데에는 혼란이 따를지 모르지만, 오늘날의 자본주의는 지금까지 그래왔던 것처럼 미래를 위한 길이어야 한다는 주장에 현혹되어서는 안 된다. 이 책을 읽어나가면서 저절로 알게 되겠지만, 투자로 인한 보상이 위험을 무릅쓰고 자금을 제공한 사람에게 돌아가는 전통적 자본주의의 옹호를 주 업무로 생각하는 열정적인 자본주의 지지자들이 상당히 많다. 그들은 자본주의의 '병리적인 변이'로 인해 기업 매니저, 투기꾼, 금융 중개인, 자신과는 이해관계가 전혀 없는 기업에 투자하는 사람들에게 과도한 보상이 돌아간다는 주장을 배척한다.

미국 안에서의 문화 전쟁

문화는 미국에서 점차 부각되고 있는 중요한 갈등 요인이다. 미국의 신패권주의 추구를 위한 공격적 일방주의, 유례가 없을 정도로 급진적이고 신보수적인 정책의 과격한 적용, 상당수의 미국인이 다양한 형태의 종교적 근본주의에 집착하는 현상이 결합되어 지속가능한 발전의 전망에 상당한 위험 요인으로 작용하고 있다. 따라서 문화는 작금의 복잡한 딜레마들을 설명할 주도적인 정치 틀로 부각되고 있는 것이다.

이와 유사한 사태가 벌어진 적은 단 한 번도 없었다. 에든버러 대학교University of Edinburgh의 신학 교수 마이클 노스콧Michael Northcott은 저서《천사가 폭풍을 지시한다 : 종말론적 종교와 미국 제국An Angel Directs the Storm : Apocalyptic Religion and American Empire》을 통해, 오늘날 미국의 근본주의적 교회들과 종교적 신념이 외교 정책에 영향을 미치는 현재의 미국에 자신들이 어떻게 대처하고 있는지조차 모르는 순진한 유럽 사람들에 의한 '기형적 기독교 신앙'을 통렬히 비난했다. 미국에서 행해지는 여론 조사들에 의하면 미국인의 적어도 4분의 1은 자신들이 '종말의 때'에 살고 있다고 생각한다는 것이다. 이는 상당수 미국인들이 지금 당장 세계를 위해 취해야 할 미국의 역할보다는 운명론과 광신에 빠질 수밖에 없는 전천년주의자pre-millennialist 믿음에 우선한다는 것을 의미한다.

> 전천년주의자들은 자신들이 종말의 때에 살고 있으며, 종말이 되면 무법과 무서운 전쟁이 빈번하여 인류 생존이 위협받게 된다고 믿는다. 이러한 일들이 벌어진 후에 예수가 재림하여 소위 '1,000년 동안의 평화로운 통치' 시대를 시작하는데, 이는 요한계시록에 이미 다 예언되었다는 주장이다. 전천년주의자들은 또 믿기를 신실한 성도들은 대환난이 오기 직전에 하느님에 의해 '휴거'되거나 '잡아 챙김'을 당해 구원을 받고, 이 땅에 남은 사람들은 중동의 위기로 인해 발생할 아마겟돈 혹은 제3차 세계 대전의 가공할 불구덩이에 떨어지는 것 같은 종말의 공포에 시달리게 된다고 믿는 것이다.
>
> 노스콧, 2004

2004년 대통령 선거 직전에 행해진 갤럽Callup 여론 조사에 의하면, 미국 국민의 약 3분의 1이 성경이 일점일획도 틀림없는 사실이라 믿는다. 미국 의회 위원의 50퍼센트 정도는 종교적 우파로부터 정치적, 재정적 후원을 받는다. 미국 공영 방송 PBSPublic Broadcasting Service를 통해 잘 알려진 다큐멘터리 제작자 빌 모이어스Bill Moyers는 "그 망상을 더 이상 가볍게 볼 것이 아니다"라고 말했다. 정말 가볍게 치부할 문제가 아니다. 1,600개 이상의 라디오 방송, 250개 이상의 텔레비전 방송이 매일, 매시간 근본주의적 종말론 주장을 반복하고 있다.

미국의 종교 현상을 멀리서 바라보는 관찰자로서의 나는 주류의 온건파 크리스천들이 처음에는 근본주의자들의 견해가 주도권을 쥐는 사태에 깜짝 놀랐다가, 지금은 기독교가 날로 어려워지는 이 세상, 특히 부시 행정부 시절에 무슨 의미를 지니고 있는지를 생각하게 되었다고 확신한다. 온건파 복음주의자들, 다양한 견해를 포용하는 진보적 크리스천들, 종파에는 얽매이지 않으면서도 영적으로는 열정적인 사람들이 근본주의자들에 대한 반격을 주도하고 있다.

세속적인 진보주의자들은 이 모든 주장들을 전혀 당치도 않다고 생각할 것이다. 종교적이거나 영적인 문제만 나오면 짜증을 내고도 남을 것이다. 하지만 나는 현대 역사에서 지금처럼 종교가 직접적으로 그리고 위험하게 세계를 형성하는 데 영향을 미친 적이 없다고 생각한다. 사람들이 원하든 그렇지 않든, 종교는 생태계 말살적 자기 파괴 위기에 처한 지구를 2050년 경 90억 인구가 품격 있고 지속가능하며 만족스러운 삶이라는 합리적 희망을 가질 수 있는 곳으로 변화시키기 위한 우리들의 계획에 상당한 영향을 미친다. 마이클 러너Michael Lerner는 한편으로는 유대인의 시각에서, 다른 한편으로는 종교를 초월한 진보적인 좌익 성향의 잡지 《티쿤Tikkun》 발행 20주년을 기념하기 위해 가장 뛰어난 글만을 모아 단행본 《티쿤 리더Tikkun Reader》를 발간하면서, 종교적이고 영적인 도전의 중요성을 부인한다는 것은 미성숙한 자세이며, 미국 정치와 종교를 좌지우지하는 우파적 사고에 지적인 반격을 추구하는 사람들에게 큰 혼돈을 안겨줄 수 있다고 지적했다.

좌파가 영적 위기를 객관적 증거를 통해 전혀 증명하지 못하기 때문인지 우파는 영적 위기에 대해서는 아예 관심이 없다. 17세기와 18세기 사이에 봉건주의에 대항하는 과정에서 태어난 좌파는 당시 막 태동하기 시작한 과학적 사고, 즉 사실적인 것이라면 데이터를 통해 증명되어야 하며, 측정될 수 있는 것이어야 한다는 사실을 받아들였다. 따라서 좌파는 자본의 글로벌화가 점차 포스트모던 세계의 중심적 실재로 자리 잡아가는 작금의 영적 위기 상황을 설명할 지적 도구를 갖추고 있지 못하다. 그로 인해 삶의 의미를 상실하고, 가정마저 이기주의와 물질주의로 오염시킨 수천만의 미국인이 그들의 고통을 대변할 수 있는 우파적 종교에 반응하기 시작했던 것이다. 좌파가 영적 위기에 대처할 능력을 전혀 갖추지 못한 채, 미국인이 우파로 기우는 것은 성차별, 동성애 혐오, 인종 차별, 어리석음 때문이라 생각하지만, 우리는 사람들이 우파로 쏠리는 이유는 우파가 사랑과 삶의 의미 상실에 대한 두려움을 근거 있게 잘 설명해주기 때문이라는 것을 간과했다.

러너, 2006

혼돈스러운 세상에서의 고정적이고 지속적인 요인, 즉 확실성에 대한 갈구는 2001년 9월 11일 세계무역센터가 이슬람 테러리스트들에 의해 납치된 여객기와 충돌해 붕괴되고, 또 그 후에 이라크 전쟁이 발발함으로써 심화되었다. 백악관의 지속적인 선전 활동과 미국 언론들의 야비한 접근 방법으로 미국인의 무려 70퍼센트가 9·11 사태에 사담 후세인이 개입했다고 믿게 되었지만, 사실 두 사건 사이에는 인과 관계가 성립되지 않는다. 미국의 남침례교를 중심으로 미국과 영국의 종교 지도자들이 이라크 전쟁에 반대한다는 의견을 제시했지만, 조지 부시와 토니 블레어는 전혀 귀를 기울이지 않았다. 부시 행정부는 이런 교계의 의견을 애국심 결여 때문이라 몰아붙였고, 부끄럽게도 대부분의 미국 언론들은 적절한 토론조차 허용하지 않았다.

이러한 사건들을 통해 조지 부시는 이 중요한 시점에 미국을 이끌 지도자로 하느님이 자신을 택했다는 믿음을 더욱 공고히 한 것으로 보인다. 그 이후 그가 자신의 운명을 암시하기 위해 지속적으로 사용한 언어는 '악의 세계'를 제거하기 위해 테러와의 전쟁을 한다는 그의 말에서 감지할 수 있는 바와 같이, 기독교의 이미지 및 표현과 그 궤를 같이한다. 부시는 미국 역사상 그 어떤 대통령보다 그 정도가 가장 심했다. 악이 이슬람이라면, 전쟁은 십자군 전쟁이 되는 것이고, 팍스 아메리카Pax America, 다른 나라들에 대한 미국의 군사 및 경제적 우월성을 표현하기 위해 사용되는 이 단어는 '로마에 의한 평화'를 의미하는 팍스 로마나(Pax Romana)를 모방한 것이다—역자 주는 신세계 질서에 큰 위험 요인으로 간주되는 것들에 대한 일방적인 군사 작전인 셈인 것이다. 많은 사람들은 부시 행정부의 솔직한 근본주의적인 목적이 완전히 노출되었다고 말한다. 짐 월리스Jim Wallis는 자신의 걸작《하나님의 정치God's Politics》에서 신학과 외교 정책이 결합되어 혼란을 초래하고 있다고 지적했다.

> 요즘 미국에서의 심각한 신앙상의 문제는 더 이상 종교적 우파가 아니라 부시 행정부의 국수주의적 종교관이다. 그들은 국가와 교회를 혼동하는 정체성 위기, 하나님의 목적이 미국 제국의 사명이라는 의식을 갖고 있다. 미국의 외교 정책은 선제공격보다 더 공격적이며, 신학적으로는 뻔뻔스럽다. 일방통행적이며 위험하게도 메시아적인 태도이다. 오만하면서도 우상 숭배적이고 불경스럽다. 조지 부시는 개인의 믿음에 의존해 '악의 축'을 제거하는 것이 자신의 사명이고, 하나님이 자신을 테러와의 전쟁의 사령관으로 지명하셨으며, '모든 인류의 희망'을 지키는 것이 미국의 사명이라는 자신감을 공고히 했다. 불량한 외교 정책과 엉터리 신학 이론이 뒤섞인 위험 요인이 아닐 수 없다.
>
> 월리스, 2005

외교 정책에서만 신자유주의적 경제와 근본주의 기독교의 독특한 혼합 현상이 나타나고 있는 것이 아니다. 그로 인한 환경에 대한 연쇄적 충격은 미국에서 아주 심각한 부작용을 낳고 있다. 부시 행정부는 미국 환경 정책의 네 가지 축, 즉 대기청정법, 수질정화법, 멸종위기종보호법, 국가환경정책법을 개정하여 무력화시키려는 의도를 추구해왔다. 그것도 모자라 북극권국립야생보호구역Arctic National Wildlife Refuge의 개발, 그리고 공유지에 대한 방목권과 벌목권까지 개정할 생각이다. 환경 파괴를 가볍게 여길 문제가 아니라고 생각하는 미국 기독교인들이 여전히 많기는 하지만, 앞으로 닥칠 종말의 증상으로 긍정적이며 오히려 서둘러야 한다고 판단하는 이들도 있다. 환경 운동가는 공산당 비밀 당원이나 무신론적 이단아로 매도당하기 십상이다.

> 생태계 파괴로 인한 가뭄, 홍수, 기아, 전염병이 성경이 말한 종말의 증상인데 지구 보호를 왜 주장해야 한단 말인가? 휴거가 일어나면 당신과 당신의 식구들이 공중 들림을 당할 텐데 지구 기후변화에 왜 신경을 써야 한단 말인가?
>
> 모이어스, 2005

이로 인해 미국의 온건파 교계에서는 극단적인 종교인들에게 도덕적 우위를, 특히 하느님의 창조물들의 입장에서 지나치게 많이 양보했다는 자각이 일게 되었다. 이들 후방 종교인들의 행동은 신속했고 또 매우 효과가 있었다. 2004년 10월 복음주의협회 National Association of Evangelicals는 '사회적 책임에 대한 복음 전도자의 사명'을 채택하여, '하느님이 부여하신 지배권은 지구를 돌보라는 신성한 의무이지 인간이 속한 창조 영역을 파괴하라는 허가권이 아님'을 분명히 했다. 그로부터 2년 후에는 86명의 교계 지도자들이 기후변화에 대한 선언문을 채택한 사실이 《뉴욕타임스New York Times》를 통해 보도됨으로써, 복음주의협회와 복음주의환경네트워크Evangelical Environmental Network가 본격적으로 치열하면서도 매우 긍정적인 토론을 시작하게 되었다. 이러한 시도들이 계기가 되어 2007년 1월에는 복음 전도자들과 과학자들이 조지아 주에서 모임을 갖고 '창조물 보호를 위한 단결' 방안을 모색했다.

우리는 지구 생물의 보호가 매우 중대한 도덕적 의무라 믿는다. 이는 모든 생물들의 가치와 인간들의 유익을 편견 없이 다루는 것을 의미한다. 성경에 명확하게 기록되었고 과학적으로 증명된 시급한 과제들을 해결하기 위해서는 새로운 도덕적 자각이 필요하다. 그렇게 해서 현 세대와 후손이 아름답고 풍족하며 건강한 환경을 누릴 수 있도록 자연 세계를 돌봐야 하는 것이다.

너무 늦기 전에 날로 악화되는 문제점들을 반영할 수 있도록, 종교, 과학, 경제, 정치, 교육 등 우리는 모든 분야에서의 리더십이 가치, 생활 양식, 공공 정책 면에서의 근본적인 변화를 위해 당장 영향력을 행사하지 않으면 안 된다는 것을 선언하는 바이다. 미루어야 한다는 변명은 더 이상 통하지 않는다. 지금과 같은 방식은 단 하루도 더 지속되어서는 안 된다. 우리는 이 나라를 창조물에 대한 책임 있는 보호 방향으로 인도할 것을 맹세하면서, 과학 및 종교뿐만 아니라 다른 분야에 종사하는 모든 사람들이 이 운동에 동참해줄 것을 한 목소리로 호소하는 바이다.

건강과 세계 환경을 위한 센터(Center for Health and the Global Environment)와 복음주의협회, 2007

이는 유례가 없는, 그러면서도 매우 감동적인 선언문이다. 다양한 기독교 계파의 지도자들뿐만 아니라 저명한 과학자들이 서명했다. 영국인으로는 유일하게 리버풀의 주교인 제임스 존스James Jones가 서명했는데, 그는 미국 교계 지도자들이 더 이상 미국을 성경과 과학이 허용하지 않는 환경에 방치할 수 없다는 지각 운동을 시작할 수 있도록 지대한 도움을 제공해왔다. 그는 이 토론이 미국에서 어떻게 발아되었고, 그로 인해 전 세계에 어떤 영향이 미칠지를 이해하는 소수의 영국인 중의 하나이다.

> 18개월 후에 미국은 새로운 대통령을 선출하고 새 행정부를 맞게 될 것이다. 이미 준비가 시작되었다. 벌써부터 정치인들은 부시 대통령의 연임에 찬성표를 던졌으면서도 2006년 총선에서는 공화당을 무더기로 탈락시킨 기독교계의 표를 얻기 위해 안간힘을 다하고 있다. 나는 미국 교계에서의 우선순위가 재정비됨으로써 선거 결과와 미국의 미래, 더 나아가 지구의 미래까지 달라질 수 있다는 것이 결코 과장이 아니라 생각한다.   **존스, 2007**

일부 유럽인들은 한 국가가 이성의 힘이 무력화될 정도로 다양한 '문화 전쟁'에 빠진다는 주장을 받아들이지 않는 경향이 있다. 안이한 생각이다. 지속가능한 발전을 성공적으로 옹호하기 위해서는 당연히 미국을 포함하여 전 세계가 하나의 공동체로 삶의 방식을 시급히 바꿔야 한다는 목적을 공유할 때에만, 그리고 합리적이고 증거 중심의 분석이 뒤따를 때에만 가능하다.

미국을 기후변화에 관한 토론의 장으로 이끄는 과정은 악몽이었다. 똑같은 증거물이 대서양을 건너면 전혀 다른 방식으로 해석되는 것도 하나의 원인이었다. 하지만 기후변화에 대한 부시 행정부의 접근 방식은 빙산의 일각일 뿐으로서 대부분의 환경 파괴 정책들은 눈에 보이지 않는다. 로버트 케네디 주니어Robert Kennedy Jr.는 2004년 출간한 《자연에 대한 범죄Crimes Against Nature》에서 부시 행정부가 은밀하면서도 체계적으로 환경법을 완전히 무력화시키려 한다는 소름끼치는 사실을 폭로했다. 그는 부시의 첫 번째 임기 동안에 시도된 환경법 무력화 사례를 300건 이상 들었다. 이는 직간접적으로 공화당에 들어온 정치 헌금과 관련이 있었다. 수천만 달러 때문에 부시 행정부는 이 세상의 어느 곳에서도 찾아볼 수 없을 정도로 수치를 모르는 부패 정권으로 추락했다.

미국환경보호청과 모든 규제 기관의 업무를 무력화시키면서 환경에 대한 공격이 가능해진 것이다. 로버트는 데이터가 어떻게 숨겨졌는지, 중요한 보고서들이 어떻게 조작되었는지, 과학자들이 어떻게 방해를 받고 피해를 입었는지를 사안별로 정리하였다. 2004년 2월 '우려하는 과학자 연맹Union of Concerned Scientists : UCS'은 20명의 노벨상 수상자를 포함한 60여 명의 세계적인 과학자들이 서명한 전례 없는 보고서를 발표했다. 부시 행정부가 과학을 억누르고 왜곡하기 위해 저지른 조작의 범위와 크기가 전례가 없다는 것이었다.

> 신학과 마찬가지로 과학은 변하는 세계에 대해 초월적 진실을 밝힌다. 가장 훌륭한 과학자는 도덕적인 인물로서 진실 추구를 사명으로 한다. 그 과정이 부패하면 민주주의도, 문명도 망가진다. 　　　　　　케네디, 2004

환경주의에 대한 도전

지난 수년 동안 미국에서는 환경 관리가 '환경주의의 죽음'이라는 자극적인 제목을 내세워 반환경적, 신보수주의 정치의 득세에 연관되는 것에 대해 치열한 논쟁이 벌어졌다. 많은 사람들은 환경을 보호하기 위한 과도한 기술주의적, 규제 중심적 접근 방법 때문에 공정하고 열심히 일하는 기업가들이 환경보호론자들에 의해 자유로워지기보다는 억압받는다는 인식을 심어주어, 오히려 신보수주의가 사람들의 마음과 정신을 빼앗을 수 있었다고 생각한다. 환경적 관심사는 입법부 또는 전문가들이나 다룰 수 있는 것으로 인식되어, 기술적인 사안으로 분류되는 것이 보통이다. 공기의 질, 생물 다양성, 국립공원, 독극물 폐기, 기후변화 같은 개별적인 문제로 포장되기 일쑤이다. 환경의 폭을 넓혀 인적 요인을 고려할 생각은 하지 않고, 자신들의 공동체나 경제에만 집중하고 있는 것이다.

다른 진보적인 주장들과의 연계가 환경적인 메시지를 희석시켜, 재정 후원자들의 관심을 떨어뜨릴 수 있을 뿐만 아니라 불필요한 논쟁을 불러일으키는 등, 감당할 수 없는 사태를 야기할 수 있다고 보는 시각도 있다. 그렇다면 이라크 전쟁이나 HIV/AIDS 확산에 대해서는 환경적 이슈가 아니기 때문에 그토록 반대한단 말인가?

이러한 이슈들에 대해 가장 오래된 환경 보호 단체의 하나인 시에라클럽 Sierra Club의 전 대표였던 애덤 워바크Adam Werbach는 다음처럼 다소 냉정한 결론을 내렸다.

환경이 죽을 것이라는 징조는 우리 주변에 널려 있다. 비전이나 가치가 아닌 기술적인 정책을 논하는 것, 21세기 문제들을 20세기 방법으로 해결하자고 제의하는 것, 미래의 주인공인 젊은 세대가 우리가 야기한 이슈들에 관심을 가지도록 유도해야 하는데 그렇게 하지 못하고 있는 것, 특권과 자격을 박탈당한, 쫓겨나거나 관련이 없는 사람들에게 이슈를 부각시켜야 하는데 그렇게 하지 못하고 있는 것, 정신적인 문제, 우리의 자아와 같은 인간적인 요인을 물질로 취급하는 것, 그리고 무엇보다도 환경주의만으로는 지구 상의 가장 심각한 생태계 문제를 해결하기 위해 필요한 능력을 생성할 수 없다는 것이다. 워바크, 2004

대부분의 유럽 환경주의자들이 이런 일이 벌어지고 있는 것에 대한 책임에서 벗어나길 원하고 있지 않은가 하는 의심이 든다. 그들이 용케도 자신들을 점점 조여 오는 압박에서 벗어난 것은 분명하다. '지구의 벗Friends of the Earth'은 인권, 국제 무역, 지배 구조 문제 등에 관해 열정적으로 캠페인을 지속해오고 있다. 그린피스Greenpeace는 끈기 있게 안전과 핵무기 문제를 다루고 있다. 세계자연보호기금은 생물 다양성을 위한 작업이 보다 효율적으로 진행될 수 있도록, 공동체에 기반한 사회 및 경제적 실천 방안에 대한 개입을 늘려나가고 있다. 비록 여러 조직들이 사안을 파악하는 데 애를 먹고, 그래서 보다 과격한 지적 분석을 하지 못할 수 있지만, 지속가능한 발전은 대서양 저편보다는 이쪽에서 현실적으로 더 중요한 문제이다.

유럽 환경 운동도 그리 순탄하게 진행되고 있는 것은 아니다. 어떤 대가를 치루는 한이 있더라도 다시 경제 성장과 경쟁력을 중시하겠다는 EU의 조치는 환경에 관한 다수의 이슈들에 치명적인 타격을 주고 있다. 유럽의 녹색당들은 지속가능한 발전의 정치가 결과적으로 어떠해야 하는지에 대해 가장 명확하면서도 현실적인 안을 제시하고 있음에도 불구하고 상대적으로 적은 지지를 받고 있는 실정이다.

단견과 빈약한 리더십을 이유로 정치인을 비난하는 것은 쉬운 일이다. 특히 영국에서 그러한데, 이곳 사람들은 신노동당New Labour 선거 후 새로운 새벽이 올 것이라 기대했었다. 하지만 실제적인 역동성과 약속의 흔적영광스럽게도 지구의 벗을 제외한 환경 관련 NGO들의 판단에 대한 추인은 신임 의원들을 비굴하게 보이게 했다이보인 지 3년이 지난 후인 2000년에 발생한 석윳값 인상에 대한 대대적인 시위는 새롭게 출항한 녹색 항해를 무력화시켰다. 토니 블레어 정권이 기후 변화, 고든 브라운Gordon Brown 정권이 제3세계의 부채와 사회 정의에 관심을 기울이기는 했지만, 녹색 항해는 참으로 더디게 진행되었다. 한 베테랑 환경 전문기자는 최근 나에게 보낸 편지에서 '그들은 자신들이 환경에 관심 있다는 것을 그 누구도 알기를 원치 않는 듯이 괴팍스럽고, 진부하기 짝이 없는 점증주의incrementalism에 빠져 있다'고 꼬집었다. 그러다가 2006년에 두 명의 데이비드가 등장하면서 사태가 돌변하게 되었다. 데이비드 밀리밴드David Miliband는 외무부 장관을 맡으면서 진지한 열정과 새로운 사고로 환경을 고찰하여, 노동당, 언론, 환경 관련 NGO들을 고무시켰다. 그는 미래의 지도자 감으로 부상하고 있다. 보수당의 리더인 데이비드 캐머런David Cameron, 현 영국 총리은 신속하게 녹색 문제green issue에 대한 결정을 내려 능숙하게 실행하고 있다.

녹색 정치green politics가 의회 민주주의에서 논의되려면 우선 반대에 부딪혀야 하는데, 데이비드 캐머런이 등장하기 전까지는 그런 일조차 전혀 없었다. 노동당과 자유민주당이 그래봐야 자신들에게는 어떤 영향도 미치지 않는다고 하지만, 단언하건데 사실이 아니다. 언론이 느닷없이 환경에 관한 소식을 많이 싣고, 유권자들이 과거와는 확연히 다르게 환경에 관심을 보이기 시작하자, 전체 의제의 내용이 갑자기 긍정적으로 변하게 된 것이다. 염세적인 행동가들이들 중에는 마거릿 대처(Margaret Thatcher)가 1980년대 후반의 아주 짧은 기간 동안 '녹색 정치'를 부르짖던 그 이전부터 활동해오고 있다. 나도 포함된다은 지금이야말로 목소리를 높여 환경 보호를 외칠 때라고 설득하고 있다.

일부에서는 현재의 노동당이 처음 당선되고 나서 10년이 흐르는 동안 영국의 환경 운동이 얼마나 효과적이었는가에 대해 질문을 퍼붓기 시작했다. 이전의 토리Tory 정부 때부터 우리들의 주장을 관철하기 위해 엄청난 노력을 경주했음에도 불구하고 성공적인 것으로 드러난 것은 거의 없다. 환경주의자들은 1997년 노동당의 승리에 환호하던 때에는 상상하지 못했던 좌절과 패배감에 사로 잡혀있다. 그렇다고 해서 우리가 정신을 놓아버렸던 것일까? 틈만 있으면 녹색을 떠들지만 금방 전통적인 '성장' 정책으로 돌아서는 정부에 타협적인 태도로 나온 것일까? 우리가 특히 영국이나 유럽에서 환경주의가 죽었다고 결론을 내리는 것은 아니지만, 20년간의 비체계적이고 신보수적인 경제 자유화 앞에서 전통적인 환경주의의 종언이라 해도 어느 정도 설득력이 있지 않을까 싶다.

이러한 점에서 유럽이나 미국은 같은 목적, 즉 지금까지 보수주의자들에게 빼앗겼던 진보적 기반을 되찾아오기 위해 우리가 봉착하고 있는 사회 및 환경 문제를 어떻게 재구성하느냐는 문제를 갖고 있다고 할 수 있다. 전통적 환경주의로는 그러한 목적을 달성할 수 없다는 것이 드러났다. 사명 선언이 너무 좁고, 너무 기술적이며, 반기업적이고, 강압적이며, 진부할 뿐만 아니라, 너무 많이 들어서 지겨운 느낌을 주기 때문이다. 환경주의가 지속 가능한 발전이 제시하는 보다 진보적이고 과격한 프레임, 즉 변화의 필연성이 당연한 프레임 안에서 재조정되지 않는 한, 지속적인 영향력의 퇴보는 어쩔 수 없지 않을까 한다. 하지만 재조정이 발생하면 분위기가 근본적으로 바뀌는 현상이 일어날 것이다.

마틴 루서 킹Martin Luther King Jr.의 연설 '나에게는 꿈이 있습니다I Have a Dream'가 유명한 것은 현실에 대한 비판이 담긴 영감적이고 긍정적인 비전을 제시했기 때문이다. 그의 연설의 제목이 '나에게는 악몽이 있습니다'였다면 역사가 어떻게 달라졌을까를 상상해보라. 문제에 대한 담대한 비전과 재고 없이 환경주의 리더들은 언론과의 인터뷰에서뿐만 아니라 제안하는 방식에서도 '나에게는 악몽이 있습니다'를 전파하고 있다. 세계의 가장 효율적인 리더들은 문제 규명 중심이 아니라 비전과 가치 규명을 중시하는 자세를 취하고 있다. 이들은 공포에 대치되는 희망, 불법에 대치되는 사랑, 무력에 대치되는 능력을 불어넣어준다. 긍정적이고 변화적인 비전은 영감적일 뿐만 아니라 도전해야 할 문제점들과 앞으로 부상할 새로운 아이디어에 대해 생각할 여유를 만들어준다. **셸렌버거와 노드하우스, 2005**

마이클 셸렌버거Michael Schellenberger와 테드 노드하우스Ted Nordhaus가 기후변화에 대해 언급한 논평으로 인해 미국 내에서의 기후변화뿐만 아니라 그 밖의 환경 이슈들에서 빠른 변화가 일어나는 것은 흥미롭다. 2006년 중간 선거에서 민주당이 승리함으로써 하원과 상원에서의 환경 의제가 변화를 보여왔다. 하원은 2007년 1월 회의를 열어, 석유 산업을 위한 150억 달러 지원 예산을 취소하고 그 돈을 재생 에너지에 투입할 것을 권고했다. 2007년 3월에는 백악관이 오랫동안 미루어왔던 보고서를 발표했다. 미국의 온실 가스 배출량이 2000년부터 2020년 사이 20퍼센트나 늘어난다는 것을 인정하는 것으로써 기후변화 문제를 방관해온 백악관의 신뢰성에 타격을 주는 내용이었다. 대통령이 2007년 국정 연설을 통해 기후변화의 중요성에 대해 처음으로 적극적인 의견을 피력했을 때에도 대부분의 공정한 관찰자들은 그가 어리석게도 미국에서의 분위기 변화를 뒤늦게 인정한 조치로 간주했다.

그러자 미국 언론계에서도 반환경주의, 즉 지난 7년 동안 백악관이 무자비하게 저질러온 부정否定을 위한 의제와 공모해왔다는 것에 대한 뒤늦은 자기 성찰이 일어났다. 나는 미국을 여러 번에 걸쳐 방문하면서 언론이 '균형의 필요성'이라는 구차한 변명에 속아 넘어가는 것에 경악을 금할 수 없

었다. IPCC가 제시하고, 앨 고어가 《불편한 진실》을 통해 밝힌 설득력 있는
모든 자료들이 석유 산업계의 허위 선전물보다 가치가 없다는 말인가. 그들
은 최신 광고 슬로건을 통해 '저 사람들은 이산화탄소를 오염 물질이라 부
르지만, 우리는 생명이라 부른다'라고 무한대의 조롱을 보내고 있다. 대기
중에 이산화탄소가 없으면 생명체가 있을 수 없다는 말은 맞지만, 그들이
말하는 생명은 그런 의미가 아니다.

   게다가 환경적 이슈들에서만 새로운 혁신 방안과 고정 관념 타파를 위한
인식적 공간이 필요한 것이 아니라는 점이 또 다른 문제점이다. 워싱턴의
신보수주의자들도 지금의 경제 패러다임의 변화, 즉 워싱턴 컨센서스에 대
해 진지하게 연구하는 것에 거부감을 표시하고 있다. 경제적 정통 이론에서
많은 부분은 공개 토론 대상이 아니다. 특히 발전은 높은 경제 성장과 개인
소비를 통해 가장 잘 이루어진다는 간단명료한 이론은 불가침 영역이다. 이
러한 현상은 지속가능한 발전에 관한 토론의 질과, 전통적인 경제 정책과
경제 실천에서의 의미에 지대한 영향을 미치고 있다. 세계적으로 정부와 산
업계에 몸담고 있으면서 너무나 행복한 나머지 지속가능한 발전의 개념을
경제 성장에 관한 토론과 상관이 없다고 생각하는 사람들이 너무도 많지만,
실상은 그럴 수 없는 것이다.

   경제 성장의 본질, 그리고 지속가능성의 추구와의 조화 혹은 부조화에 관
한 토론에 진지하게 참여한다는 것은 정치인들이 대처할 수 있다고, 혹은
대처할 수 없다고 생각하는 '관리 가능한 지구'에 관해 토론하는 것과 마찬
가지다. 그렇다면 개인적인 야망이 꺾여서 오늘날의 정치 경제의 구호에 도
전해서 잃을 것이 없는 정치인들조차 이 문제를 터부시하는 이유는 무엇일
까? 자기 위안을 위한 것일까? 아니면 지금처럼 어떤 희생을 치루고서라도
경제 성장을 우선시하거나, 아니면 1970년대 초반의 녹색으로 돌아가자는

근본주의자들이 내세우는 제로 성장에 관한 것처럼 토론이 불가능한 흑백의 영역이라는 기존의 믿음 때문일까? 대충 살펴보더라도 전통적인 GDP에 대한 의존으로 얼마나 망가졌는지 알 수 있음에도 불구하고, 경제 성장을 자극하는 '고장 나지 않았으면 고치지 말라'는 지각없는 말 때문일까? 아니면 가난한 세계가 부자들의 모임에 들어오지 못하도록 막으면서 자신들은 별 탈 없으리라는 느낌 때문일까?

경제 성장에 관한 재고

현대 자본주의의 심장에는 경제 성장이라는 개념이 자리 잡고 있다. 따라서 성장이라는 단어를 파악하지 않고서는 지속가능한 발전과 자본주의의 조화 가능성을 판단할 수 없는 것이다. 비록 1970년대보다는 그 열기가 많이 떨어지지만 아마도 이 열역학 법칙을 정치인들이 소화할 능력이 없기 때문일지 모른다 이는 여전히 중요한 논쟁거리다! 하지만 성장에 대한 오늘날의 비판은 반反성장이나 제로 성장에 관한 것이 아니다. 경제 성장은 여전히 중요하고, 전 세계의 수십억 명은 여전히 그 혜택을 필요로 한다. 그렇다면 어떤 종류의 성장이라는 말인가? 누구를 위한 성장이라는 말인가? 그리고 그 한계는? 그 기준점은? 이 장에서는 이러한 질문들에 답하기 위해 피크오일peak oil 논쟁에 불을 지펴보고자 한다. 글로벌 에너지 공급 면에서 오일과 가스 추출이 정점에 도달하기까지는 얼마나 걸리게 되는 것일까? 안전하고도 저렴하게 오일과 가스를 캐낼 수 있어서 지난 50여 년간 성장 경제를 추구할 수 있었다는 점에서 이 문제에는 많은 이슈들이 내포되어 있다.

성장의 한계

충격스럽게도 지속가능성과 경제 성장이라는 전체적인 윤곽에서 답을 찾는 문제에 대한 논의는 지난 20년 사이 시들해져왔다. 1970년대의 '성장의 한계'에 관한 논의는 환경주의자들의 기대와는 달리 다소 거칠고 양극화 성향을 띠었다. 하지만 지금은 거의 관심을 두지 않는 경제 성장에 관한 껄끄러운 논쟁의 문은 열려져 있다. 지금은 머리 북친**Murray Bookchin, 미국의 자유주의적 사회주의자이면서 환경보호주의자**처럼 담대하게 외치는 사람을 거의 볼 수 없다.

> 자본주의 시장 경제하에서 '성장의 한계'에 대해 말한다는 것은 전사들의 사회에서 전쟁의 한계에 대해 말하는 것처럼 의미가 없다. 자본주의를 향해 성장하지 말라고 주문하는 것은 인간에게 숨 쉬지 말라고 요구하는 것과 다를 바 없다. 지구를 생태적으로 환원시키는 녹색자본주의를 향한 시도는 끝없는 성장이라는 시스템에 의해 종말을 맞고 있다.　　　　　　　　**북친, 1980**

2005년 요르겐 란데르스**Jørgen Randers**와 데니스 메도스**Dennis Meadows**는 《성장의 한계**Limits to Growth**》 증보판인 《성장의 한계 : 이후 30년**Limits to Growth : The 30-Year Update**》을 새로 내놓았다**초판의 공동 저자인 도넬라 메도스(Donella Meadows)는 2001년 사망했다.** '성장과 지속가능성'이라는 어려운 문제를 호소력 있게 설명한 이 책은 1972년에 나온 초판과 다름없이 시기적절하여, 통합적이고 체계적인 관점에서 고찰하고자 하는 사람들에게는 필독서이다. 따라서 이들의 책은 여전히 지속가능한 성장에 관한 논의에 크게 기여하고 있다고 볼 수 있다.

그들의 주장이 다소 공격적으로 비쳐지는 이유는 아마도 일부 사람들이 《성장의 한계》가 생명의 종말에 관한 예언 부분을 잘못 해석했다는 집단적인 기억을 갖고 있기 때문인 것 같은데, 사실 그때의 해석은 하자가 있는 컴퓨터 모델에 의한 것으로서 성장에만 집착하는 경제학자들, 즉 오늘날에도 볼 수 있는 반대로 생각하고 주장하는 자들, 특히 미국 학자들에 의해 무시되었다. 이런 인식은 참으로 잘못된 것이다. 《성장의 한계 : 이후 30년》에도 설명되어 있지만, 원래의 책에서 탐구한 다양한 모델들은 감탄할 만치 설득력이 있고, 자연의 한계와 이러한 한계를 넘어서는 것의 위험성에 대한 핵심적 분석은 그때보다 지금이 더욱 비판적이다. 이 책은 경제 성장으로 반드시 파국을 맞게 된다는 식의 주장을 펼치지 않을 뿐만 아니라 그렇다고 제로 성장을 대안으로 지지하지도 않는다.

이 책의 분석이 막강한 영향력을 행사할 수 있는 것은, 간단하게 말해서 '지나치게 멀리 나감', '선을 넘어감', '자신들이 무슨 행위를 하고 있는지 모르면서 한계를 넘어가는 것'을 의미하는 오버슈트overshoot란 개념 때문이다. 유한한 지구에서 물리적인 성장은 운명적으로 종말을 맞게 되어 있다는 것이다. 이 지구의 상태를 잘 알고 있으면서, 경제 활동의 핵심 영역들에서 1950년경부터 전개되어온 경제 성장이 지속되리라는 생각은 환상에 불과하다는 것이다. 란데르스와 메도스는 30년간의 연구를 마감하면서 다음과 같이 결론을 내렸다.

우리는 기존의 정책들이 생태적 한계를 예측하고 대처하기 위한 비효율적인 노력으로 인해 글로벌 오버슈트가 발생하여 결국에는 파국을 맞게 될 것을 걱정한다. 인간 경제가 지금 중요한 한계를 넘어서고 있으며 그러한 오버슈트가 앞으로 더욱 가속화될 것으로 믿어진다.　　란데르스와 메도스, 2005

오버슈트는 오직 두 가지 결과만을 산출한다. 일부 대처 방안의 붕괴, 아니면 어떤 시간 틀을 선택하느냐에 따라 수반되는 고통의 정도에 차이가 있 겠지만 일련의 시정 조치들을 통한 신중하게 계획된 전환이 그것이다.

그래서 서로 반대편에 놓인 지속가능성과 자본주의 간의 잠재적 조화에 관한 진지한 분석에 그 어떤 경우보다 경제 성장에 대한 체계적인 의문을 담아야 하는 것이다. 제2차 세계 대전 이후의 두드러진 특징들 중에서 하나 를 언급한다면, 최우선 정책 목표로서 경제 성장의 구심점을 가장 중요시했 다는 점일 것이다. 세계 경제는 성장을 추구하여 놀랍게도 연간 45조 달러 규모로 불어났는데, 이는 25년 만에 두 배로 불어난 것으로서 세계 무역은 1945년 이래 열두 배나 늘어났다. 그 과정에서 수억 명의 삶이 극적이라 할 만큼 풍족해졌다.

그럼에도 불구하고 경제 활동의 극적인 증가와 물질의 풍족은 우리가 잘 알고 있는 바와 같이 세계가 안고 있는 가장 심각한 문제들, 특히 개발 도상 국에서의 만성적 빈곤을 해결하기는커녕, 그로 인한 환경 및 사회적 외연성 의 영향으로 엄청난 문제점들을 생성하였고, 환경주의자들에게 '지속가능 성과 경제 성장의 추구는 전적으로 조화를 이루지 못한다'는 주장을 개진 할 수 있는 빌미를 안겨주었다. 정말 그럴까?

여기에서 토머스 맬서스Thomas Malthus의 《인구론》을 고찰해볼 필요가 있 다. 그는 1798년 인구 성장의 영향을 분석하여, 인구 성장이 기아, 전쟁, 질 병 같은 재앙들에 필연적으로 영향을 미친다는 결론에 도달한 바 있었다. 그와 마찬가지로 사람들은 생물 물리적 체계가 인구 증가를 포용하는 데 탄 력성을 발휘한다는 사실과 인간이 고갈되는 자원을 대신한 대체 물질을 찾 아내고, 시장력market force을 통한 자원 사용의 효율성 향상을 추구하는 등 새로운 자원 확보에 경이로운 천재성을 발휘한다는 사실을 간과하는 경향 이 있다. 전통적인 경제학에서는 무언가의 가격이 그 가치를 현실적으로 재는 척도라는 사고가 유효한 동안에는 고갈되는 자원의 가격이 상승하면 자연스럽게 그 물질에 대한 사용 효율성 향상과 대체 물질 개발에 관심을 가지게 된다는 입장이다. 나중에 다시 설명하겠지만, 이는 대부분의 경제학자들이 앞으로 10년 안에 석유 생산이 최고점에 이르게 된다고 주장하는 것과 그 궤를 같이한다. 그렇다면 무엇이 문제란 말인가?

성장 수수께끼의 핵심에는 대부분의 경제학자와 정치인들의 경제 성장에 관한 사고에 심각한 착각을 일으키게 할 만한 오해가 자리 잡고 있다. 세계 경제는 시스템이기 때문에 모든 것, 즉 인류 사회, 지구와 모든 생물종이 그 속의 관련 하부 시스템 안에 들어가야 한다는 생각이다. 세계 경제를 가장 중요한 자급자족 시스템으로 간주한다면, 세계 경제는 자신의 운영 경계를 정한 다음, 이론상으로는 영구적이고도 기하급수적으로 물질과 에너지 처리량을 지속적으로 확대해나갈 수 있다는 것이다.

불행하게도 이는 이해할 수 있는 말이면서도 생물학이나 열역학적으로 무지에 가까운 말이다. 우선, 경제는 인류 사회의 하나의 하부 시스템에 불과하다. 경제라는 영역에 보다 넓은 사회적 영역들이 포함되고 있기는 하지만 인간 생활에는 경제 활동으로 가늠할 수 없는 요인들이 포함되어 있다. 그 하부 시스템은 지구 상의 모든 생물종과 생물권biosphere이 속한 전체 시스템의 일부이기도 하다. 따라서 그 어떤 하부 시스템도 자신이 속한 전체 시스템의 능력을 초월할 수 있을 만큼 확대될 수 있는 것이 아니다.

이는 독자의 지성을 자극할 만큼 너무 노골적인 주장일지 모른다. 이단적인 소수의 경제학자들과 환경주의자들이 수년에 걸쳐 똑같은 소리를 해오고 있음에도 불구하고 그들의 주장은 전통적인 신고전학파 경제학자들이 끼고 사는 규범 밖을 맴도는 신세로 남아 있다. 그로 인해 혼란만 가중되고 있다.

이는 대부분의 경제학자들이, 그리고 그들이 조언하는 대상인 정치인들이 전체 시스템에 속한 하부 시스템이 '열린 시스템'을 지향하면서도 생태적으로는 본질적으로 닫힌 시스템을 지향한다는 사실을 아직도 깨닫지 못함을 암시한다. 생태계는 경제적인 하부 시스템들이 확장되는 속도와 스케일을 물리적으로 규제한다. 결론적으로 경제 성장은 경제를 둘러싼, 성장을 뒷받침하는 생태계의 능력 이상으로 성장할 수 없다. 지구 혹은 전체 생태계는 성장할 수 없는 것이기 때문이다. 우리는 가지고 있는 것에서만 취할 수 있을 뿐이다. 따라서 어떤 일이 있더라도, 경제 하부 시스템의 스케일은 전체 생태계의 스케일, 양질의 자원을 제공하면서 최악의 쓰레기를 소화하는 능력, 생태계 안에서 서로 관련을 맺고 있는 요인들의 상호 의존성에 의해 결정되는 것이다. 환경 경영가 폴 호켄은 다음과 같이 주장했다.

> 많은 사람들의 생각과는 달리, 지구가 재질material quality을 생성하는 시간과 능력은 인간의 활동이 아니라 태양에 의존한다. 사실상 인간의 모든 활동은 재질을 깨내어 소모하는 것과 관련이 있다. 인간의 활동은 산업의 생산 방식처럼 거룩하고 중요하지만, 물질과 생물종을 소모해버린다. 자연은 쓰레기를 재활용하여 농축 상태의 물질로 새롭게 구성한다. 하지만 그 능력은 경제 이론이나 정치가 아닌 햇빛과 광합성 작용에 의해 정해진다. 오늘날 자원의 채취와 처리는 그 능력을 벗어난 상태이다. 그 처리 과정에서 쏟아지는 쓰레기가 물, 공기, 흙, 야생, 그리고 인간의 몸에 축적되고 있는 것이다.
>
> 호켄, 1993

열역학 법칙에 역행하려는 시도는 현명치 않다. 열역학 제1법칙 혹은 에너지 보존의 법칙은 에너지가 하나의 형태에서 다른 형태인 열, 빛, 운동 등으로 변화될 뿐 결코 새롭게 창조되거나 파괴되지 않는다는 것을 원칙으로 한다. 두 번째 법칙은 유용한 작업을 실행하기 위한 에너지 가용성이 변화과정을 거치면서 줄어드는 것을 원칙으로 한다. 흔히 이를 엔트로피entropy 법칙이라고도 표현하는데, 에너지가 유용한 작업을 위해 더 이상 전용될 수 없는 상태를 말한다. 닫힌 시스템 안에서의 엔트로피는 시간이 지나면서 그 정도가 심해진다. 지구가 피할 수 없는 혼돈으로 떨어지지 않는 것은 우리의 시스템이 열려 있어서 태양빛을 받아들이기 때문이다.

이러한 법칙들은 단순하면서도 아주 중요한 두 가지 결론에 이르게 한다. 첫째, 이 세상에서 완전히 사라지는 것은 없다는 것이다. 지금 우주에 존재하는 물질의 모든 분자는 빅뱅Big Bang 이후 우주에 쭉 존재해왔으며, 우주가 끝나는 날까지 우주의 일부분으로 남아 있게 된다. 모든 것은 어딘가로 흘러가며, 물질은 퍼지는 성질을 갖는다. 둘째, 에너지와 물질은 쉬지 않고 다른 형태로 변하는 성질을 가지기 때문에, 그 과정에서 품질이 떨어지고, 인간에 의한 유용성도 떨어진다는 것이다. 우리는 일상사를 통해 이 사실을 실감한다. 우리 경제를 활성화시키기 위해 채취하여 사용한 천연자원은 결국 자연으로 돌아가게 되어 있다. 철은 녹으로 변하고, 화석 연료는 연소되어지며, 나무는 썩고, 카펫은 먼지로 변한다. 그 외의 다른 길은 없다. 이러한 자원 그리고 자원으로 만들어진 상품들의 가치는 배열과 밀접한 관련이 있는데, 그 배열에 따라 에너지와 물질의 품질과 농도가 정해진다. 농도가 떨어지면 그 가치 역시 떨어진다.

따라서 우리가 사용하는 것은 물질이나 그 분자가 아닌, 그 배열인 것이다. 내연 기관을 통해 1갤런의 가솔린을 연소할 때, 우리는 탄화수소를 소비하는 것이 아니라 가솔린이 다른 형태로 변화하는 과정에서 실행하는 작업으로 인한 혜택을 누리는 것이다. 우리가 물을 마신다면, 그것은 물을 물리적으로 소비하는 것일 뿐만 아니라 물 분자의 농도를 기준으로 하여 그 품질을 소비하게 되는 것이다. 가치는 배열에 의해 정해진다. 인류의 번영을 결정하는 것은 품질의 가용성과 보존이다. 사회가 생물 물리적인 시스템을 통해 재구성되는 것보다 빨리 품질을 소비한다면, 우리는 필연적으로 부자가 되기는커녕 점점 더 가난해질 수밖에 없다.

따라서 열역학 법칙은 성장 딜레마를 이해하는 데 기본적인 사항이다. 20세기 중반에 등장한 니콜라스 제오르제스쿠뢰겐Nicholas Georgescu-Roegen 이후, 대안적 경제학자들은 주류 경제학자들을 대상으로 경제 성장과 더불어 경제 엔트로피가 늘어난다는 사실을 설득해왔다. 폴 에킨스는 다음과 같이 주장했다.

경제 활동은 자원을 고갈시키고 쓰레기를 배출함으로써 엔트로피를 증가시킨다. 지구 상의 엔트로피를 낮추는 방법은 낮은 엔트로피 자원인 태양 에너지를 사용하는 것뿐이다. 이 에너지는 자원을 소생시키고, 쓰레기를 중화시켜서 재사용할 수 있게 한다. 태양 에너지에 의해 인간 경제가 움직이는 그 한계가 바로 에너지 흐름의 한계이다. 태양 에너지를 토대로 하지 않는 물리적 생산과 처리 과정에서의 성장은 엔트로피를 상승시켜서 환경 문제를 악화시키고, 결국에는 성장을 멈추게 한다. GNP는 물리적 생산에서의 성장으로부터 벗어나는 만큼 그 한계에서 자유로워질 수 있는 것이다. 그러한 분리는 어느 정도 발생할 수 있지만, 엔트로피 법칙에 의하면 완벽한 분리는 가능하지 않다. 긍정주의자들은 물리적 생산으로부터의 분리가 근본적이고도 지속적으로 가능하다고 주장하지만 비관주의자들은 아주 회의적이다.

에킨스, 2000

낙관주의자들은 '보이지 않는 환경적인 손'을 들먹거린다. 경제 성장으로 인해 자원 생산성이 자원 소비와 인구 증가율보다 높아지면 경제 성장으로 인해 오히려 환경 오염을 줄일 수 있다는 것이다. 예를 들어서 윌프레드 베커먼 같은 경제학자는 '장기적으로 환경을 개선하는 가장 확실한 방법은 부자가 되는 것'이라 주장하고 있는 실정이다. 이에 대해 비관주의자들은 반동 효과rebound effect를 지적한다. 반동 효과란 자원 효율성 향상에 의해 생성된 환경 공간이 추가적인 소비로 상쇄된다는 의미인데, 예를 들어서 에너지를 아낄 목적으로 사무실 전구를 절전용으로 바꾸면, 에너지를 아끼고 있다는 생각에서 에어컨이나 온풍기를 더 쓰게 되어 이전보다 에너지 낭비가 심해진다는 것이다. 이들은 환경 파괴가 지속적으로 악화되고 있다는 부인할 수 없는 증거에 눈을 뜰 것을 역설하고 있다.

상황이 더욱 악화되고 있는 것은 우리가 지속적으로 성장하지 못하기 때문이 아니다. 지수적으로 성장하기 때문인 것이다. 선형적 성장linear growth, 이미 존재하는 것은 그 무엇이라도 시간이 지나면서 일정하게 성장하는 것과 지수적 성장exponential growth, 이미 존재하는 것은 그 무엇이라도 일정한 것이 아닌 비율적으로 성장하는 것 사이에는 엄청난 차이가 있다. 매년 10파운드를 생산하는 100파운드의 10퍼센트하고, 첫 해에는 10파운드를 생산하는 100파운드의 10퍼센트, 둘째 해에는 11파운드를 생산하는 110파운드의 10퍼센트, 셋째 해에는 12.1파운드를 생산하는 121파운드의 10퍼센트, 또 넷째 해에 13.31파운드를 생산하는 133.1파운드의 10퍼센트가 같을 수 없는 것이다. 이게 그리 큰 문제가 아닐 듯 보이지만 참조 1을 통해 알 수 있는 바와 같이 엄청난 결과를 초래한다. 매해 3퍼센트의 성장은 23년 만에 총량이 두 배나 늘어난다는 것을 의미한다.

따라서 폴 에킨스가 주장한 바와 같이, 다양한 성장에 대한 차이를 알아

한계를 초월하여

수세기에 걸쳐 사람들은 지수적 성장의 경이로운 결과에 매료되어왔다.

페르시아 궁전에 매우 현명한 신하가 있었다. 그는 왕에게 장기판을 선물하면서 장기판의 칸 수를 셀 때마다 두 배씩 늘려가며 자신에게 쌀을 달라고 요청했다. 첫 번째 칸으로 쌀 한 알, 두 번째 칸으로 쌀 두 알, 세 번째 칸으로 네 알……. 왕은 흔쾌히 동의를 하고는 칸을 셀 때마다 식량 창고에서 쌀을 가져오라고 지시를 내렸다. 칸 세기는 계속 이어졌다. 네 번째 칸으로 쌀 여덟 알, 열 번째 칸으로 512알, 열다섯 번째로는 16,384, 스물한 번째에는 100만 개 이상의 낟알, 마흔 번째 칸에 이르자 1억 개의 낟알이 쌓였다. 예순네 번째 칸에 이르자 더 이상 가져올 곡식이 없었다. 지상에 존재하는 모든 곡식을 다 동원해도 더 이상 쌀을 제공할 수 없었기 때문이었다.

프랑스의 한 우화도 지수 성장의 의미를 잘 나타내준다. 지수적으로 성장하면 어느 순간 갑자기 멈춰 설 수밖에 없는 한계에 도달한다는 것이다.

당신의 연못에 수련이 자라고 있다. 수련은 매일 두 배씩 늘어난다. 그냥 내버려두면 수련이 연못을 완전 뒤덮어 연못 속 모든 생물을 질식사시키는 데에는 30일이 걸린다. 오랫동안 지켜보았는데 수련은 여전히 얼마 되지 않았다. 그래서 당신은 그것이 절반 정도 덮일 때까지 신경을 쓰지 않기로 한다. 수련이 연못의 절반을 덮은 그 다음 날 어떤 일이 벌어지리라 생각하는가? 29번째 되는 날이 연못을 구할 수 있는 마지막 날이라는 것을 명심해야 한다.

출처:메도스 외, 1992

두는 것이 중요하다.

- 경제의 생물 물리적 처리량에서의 성장 열역학 법칙에 구속받는 세계에서 이런 식으로 무한대로 성장하는 것은 불가능하다.
- 처리량의 경제적 가치 면에서의 성장 생물 물리적인 처리량 수준과는 상관없다.
- 경제적인 복지의 성장 측정하기 난해할 뿐만 아니라, 비록 생물 물리적인 처리량의 경제 가

치와 동일하게 취급받기는 하지만, 사실 그 성장과는 전혀 다른 개념.

경제적인 복지의 성장이 가장 중요하다. 제10장에서 상술하겠지만, 생물 물리적인 처리량의 경제적 가치 면에서의 성장도 반드시는 아니더라도 경제적 복지 성장을 창출할 수는 있지만, 생물 물리적인 처리량 면에서의 성장 없이도 얼마든지 가능한 것이다.

행복 지수 높이기

사실을 말하자면 경제 성장은, 글로벌화 과정과 마찬가지로 인간의 마음 속에 '인간의 통제를 벗어난 것'인데, 다시 말해서 되돌릴 수 없는 운명쯤 으로 자리 잡게 되었다. 클라이브 해밀턴Clive Hamilton이 대단히 도발적인 저 서인 《성장숭배Growth Fetish》를 통해 설명한 것처럼, 모든 정부 기관들은 경 제 성장이라는 최면에 걸려 있고, 경제 성장은 진보의 개념과 동일시되고 있으며, '시민'들은 '소비자'로 변하고 있다는 것이다. 인간의 모든 욕구와 열망은 그들이 소비할 상품과 서비스란 잣대로 규정된다는 것이다.

공공 문제 연구 기관인 하우드그룹Harwood Group은 머크패밀리펀드Merck Family Fund의 위탁으로 미국 소비자의 행태를 연구하여 1995년 〈균형에 대 한 갈망Yearning for Balance〉이라는 뛰어난 보고서를 발표한 바 있다. 해밀턴 은 이 책자에서 상당 부분을 인용하여 명백한 결론들을 도출했는데, 그중에 서 가장 눈에 띄는 내용 중의 하나는 거의 대부분의 사람들이 생을 영위하 는 데 있어서 물질적인 부분과 비물질적인 부분의 균형을 맞추기 위해 필사 적이라는 것이다. "사람들은 물질주의, 탐욕과 이기주의가 점점 미국인의 삶을 옭아매는 대신, 가족, 책임과 공동체를 중요시하는 보다 의미 있는 가 치가 쇠퇴되고 있다고 생각한다."

조사에 응한 응답자의 80퍼센트는 물질에 대한 탐욕이 범죄, 가족 붕괴, 마약 중독 같은 문제의 근본 원인으로서, 자신들이 필요 이상으로 소비하고 있음을 인정했다.

그들은 물질주의가 인류 사회를 망치고 있음을 직시하면서도 자신의 행태를 의미가 있게 바꾸는 데에는 주저하고 있다. 그들은 비물질적인 욕망으로 보다 만족스러운 삶을 영위할 수 있다는 것을 알고 있으면서도 '재정적인 안정망'에 자신을 내던지고 있다   해밀턴, 2003

오늘날의 성장 딜레마의 핵심을 찌르는 말이다. 날이 갈수록 부정적인 결과들이 축적되고 있음에도 불구하고 도덕적인 문제는 간과해서라도 매해 성장해야 한다는 정치인들의 집착이 정당성을 부여받으려면 사람들이 성장으로 인해 그만큼 행복해져야 하는 것이다. 쓰레기로 지구를 더럽힘으로써 그만큼 행복해져야 하는 것이고, 소비 경제 활동으로 인해 사람들이 매해 삶에 대해 점점 더 행복감을 느껴야하는 것이다. 하지만 이러한 일은 결코 발생하지 않는다. 국가 단위에 의한 웰빙과 만족 지수에 대한 조사 결과들에 의하면 한 국가가 개발 도상국에서 선진국 위치로 성장하면 처음에는 웰빙 지수가 높아지기는 하지만, 일단 국민들의 기본 욕구가 채워지면 물질적으로 그 이상 풍족해진다 하더라도 행복 지수는 더 높아지지 않는다는 것이다.

예일 대학교Yale University 정치학과 교수인 로버트 레인Robert Lane은《시장 민주주의에서의 행복의 상실The Loss of Happiness in Market Democracies》(2000)이라는 저서를 통해 이 현상을 '단기적인 행복감을 창출하는 수입의 점차 하락하는 능력'이라 불렀다. 그는 빈곤 혹은 기본적인 욕구 수준을 넘어서기만 하면 그때부터 소득이 높아질수록 주관적인 웰빙 지수도 자연스럽게 높아진다는 '경제적 착각'에 사로잡힌 학자들과 정치인들을 비난했다.

영국의 각 정부 기관에 자문을 하는 전문가들은 경제 성장과 사람들의 삶의 질삶의 만족도의 상관관계를 조사해왔다. 닉 도너번Nick Donovan과 데이비드 핼펀David Halpern은 내각전략연구소Cabinet's Office's Strategy Unit가 2002년 출간한 보고서에 사용된 유로바로미터Eurobarometer 조사 지수를 통해 삶의 만족도에 근본적인 문제가 있음을 확인했다. 그리고 수많은 연구와 여론조사들이 이 결과를 뒷받침했다. 영국 BBC 방송은 〈행복의 공식Happiness Formula〉이라는 프로그램의 일환으로 온라인 여론조사를 통해 영국인의 행복 지수를 알아보았다. 그중에는 현재의 영국인이 1950년대보다 세 배나 풍족한 삶을 영위하면서도 그때보다 오히려 행복해하지 않는다는 사실도 포함되었다. 1957년에는 '아주 행복하다'고 답한 사람의 비율이 52퍼센트였으나 지금은 36퍼센트에 불과했다. 또한 설문 조사는 정부의 목적이 '행복의 극대화'이어야 할지 아니면 '물질의 극대화'이어야 할지를 물었다. 놀랍게도 81퍼센트가 행복이 우선시되어야 한다고 대답한 반면, 물질의 풍족화를 원하는 사람은 13퍼센트에 불과했다.

물론 이런 종류의 여론 조사 결과를 분석할 때는 신중을 기해야 한다. 영국에서 두 번째로 큰 여론조사 기관 입소스모리Ipsos MORI가 앞의 여론 조사와 거의 같은 시기에 실시한 '국제 사회 트렌드 모니터International Social Trends Monitor'란 조사에 의하면 거대한 유럽에서 영국이 삶의 만족도면에서 가장 긍정적인 면을 보이는 국가라는 것이었다. 응답자의 거의 90퍼센트가 자신들의 삶에 대해 '매우 만족' 혹은 '대체로 만족'이라고 대답했고, 절반의 사람들이 자신의 삶이 앞으로 12개월 동안 점점 더 좋아질 것이라 기대했다는 것이다. 삶의 만족도에서 가장 비관적인 태도를 가진 국가는 이탈리아와 독일이었고, 프랑스와 스페인은 그 중간이었다.

이 결과에 대해 대부분의 사람들이 의문을 품으리라 생각한다. 임상심리학자 올리버 제임스Oliver James는 2002년 출간한 《어플루엔자Affluenza》라는 저서를 통해 세계 여러 나라 국민들의 만족감이나 웰빙과 관련된 방대한 사회학적 데이터를 분석한 끝에 미국과 영국 같은 선진국 사람들이 불만족과 정서적 불안감을 가장 많이 드러낸다는 것이었다. 그가 그렇게 결론 내린 것은 미국과 영국 사람들이 '부자병 바이러스Affluenza virus, 금전 획득과 소유에 높은 가치를 부여하고, 다른 사람들의 눈에 자신이 좋게 보일 뿐만 아니라 유명해지고 싶어 하는 정서적 불안에 특히 민감한 가치들의 집합'에 특별히 더 많이 감염되었기 때문만은 아니라는 것이다. 그의 호소력 넘치는 분석에 의하면 1970년대부터 미국과 영국이 공격적으로 추구해온 자본주의 행태가 그때부터 사람들의 정서적 불안감을 상승시켜왔고, 요즘 유행하고 있는 부자병 바이러스의 근본 원인이라는 가설이 증명되었다는 것이다.

인간은 공허감과 고독감을 채우기 위해 그리고 확실하면서도 친밀한 관계들로 대체하기 위해, 소비에 의존하게 되는데, 이 현상은 경제 성장과 이익 창출에 반드시 필요한 요인이다. 인간은 불안하고 우울할수록 그만큼 더 많이 소비해야 하고, 소비하면 할수록 그만큼 더 정서적으로 불안해진다. 소비는 내면적 결핍을 외면적인 수단으로 채울 수 있다는 헛된 약속을 제시한다. 부자병 바이러스에 감염된 사람들이 그렇지 않은 사람들보다 술이나 마약 등에 중독될 위험성이 높고, 더 심각하게는 파산할 때까지 쇼핑 중독에서 벗어나지 못하며, 일중독, 섹스, 혹은 대량 소비 같은 충동에 빠지는 것은 개인적인 고통을 다른 것으로 채우려 하기 때문인 것이다. 인간은 자신의 번민을 무언가를 사는 것으로 치료받고자 하지만, 그것들을 공급하는 사

람들은 다른 치료 방법이 있다는 것을 절대 발설하지 않는다.   제임스, 2007

이 분석의 또 다른 장점은 만족도의 하락과 불평등의 관계를 규명한 것이었다. 선진국에서 소득 분배의 불평등이 높으면 높을수록, 그만큼 불만족과 소외감이 높아진다는 것인데, 흥미롭게도 싱가포르는 예외라는 것이다. 제임스의 조사에 의하면, OECD 국가들 중에서 특히 영어권 국가들인 즉 미국, 영국, 뉴질랜드, 캐나다 사람들의 정서적 불안감이 다른 OECD 국가들인 유럽과 일본 등의 국민들보다 최소 두 배가 높았다. 특히 미국은 근소한 차이로나마 정서적 불안감이 가장 심한 나라였다. 이를 있는 그대로 가설화하면, '사회가 미국을 닮아갈수록, 그만큼 더 정서적 불안감이 높아진다'고 표현할 수 있을 것이다.

그의 가설은 역사적인 트렌드를 통해서도 증명할 수 있다. 프레드 허시 Fred Hirsch는 뛰어난 역작 《성장을 위한 사회적 한계 Social Limits to Growth》 (1977)를 통해 만족감은 절대적인 부의 요인이 아닌 상대적인 부의 요인이라고 설명했다. 제2차 세계 대전 이후 개인적인 물질주의가 지속적으로 성장해오면서 인간은 다른 사람들과의 비교를 통해 자신의 위치와 부를 평가하는 버릇에 사로잡혀왔다. 우리는 이런 현상을 '토드 씨 증후군 Mr. Toad syndrome'이라 부르기도 한다. 케네스 그레이엄 Kenneth Grahame의 《버드나무에 부는 바람 Wind in the Willows》이라는 작품에 등장하는 미스터 토드는 말이 끄는 마차를 보기 전까지는 자신의 작은 보트에 단 한 번도 불만을 품은 적이 없었다. 마차를 구입한 그는 자동차를 목격하기 전까지 단 한 번도 마차에 불만을 품은 적이 없었다. 물론 요즘에도 한 번 자동차를 구입하고 나면 보다 크고, 빠르고, 화려한 다른 자동차에 관심을 가지게 되어 있다. 미국 서던 캘리포니아 대학교 University of Southern California 경제학과의 리처드 이스털린

Richard Easterlin 교수는 이렇게 말한 바 있다. "소득 증대가 사람들로 하여금 보다 많은 것을 갖게 한다는 것을 의미할 수는 있지만, 그것이 복지에 미치는 호의적 효과는 사람들이 점차 많은 것을 원하게 됨으로써 무색해진다." 보다 더 많은 것을 요구하는 인간의 욕망이 이미 가진 것을 앞지른다는 점에서, 이스털린은 이러한 현상을 쾌락의 쳇바퀴hedonic treadmill라 불렀다.

당연하게도 소비 문화의 비판자들은 X 혹은 Y라는 상품을 구입하면 누릴 수 있는 행복을 현재 누리지 못하고 있다고 설득하는 것에서 최대한 이익을 챙기는 사람들에 의한 광고와 마케팅 전략이 '상대적인 불만족감'을 창출하거나, 최소한 부풀린다고 공격한다. 그래서 수요를 창출하는 마케팅의 능력은 심한 견제를 받는다. 밴스 패커드Vance Packard가 《숨은 설득자들 The Hidden Persuaders》(1957)이라는 저서를 통해 광고업계의 충격적인 실상을 폭로한 이래, 학계와 산업계는 '불만족의 창출'이 오늘날의 소비 주도 자본주의 형성에 얼마나 영향을 미쳤는지에 대해 치열한 논박을 펼쳐왔다. 하지만 자녀들과 함께 토요일 아침에 방영되는 TV 프로그램을 시청하는 성인이라면 이러한 점에 대해 무죄인 양 거리낌 없이 마케팅을 해대는 업계의 입장에 동조하지 않는다. 옥스퍼드 대학교Oxford University 환경건축학 교수 조지 몬비오George Monbiot는 사람들로부터 동의를 구할 수 있을 만한 결론을 다음과 같이 제시한다.

엄청난 증거들에 의하면, 우리는 부자가 될수록 그만큼 우리 자신에 대해 만족하지 않는다. '필요는 발명의 어머니'라는 표현은 맞지 않다. 잘사는 나라에서는, '발명은 필요의 어머니'이다. 사람들이 필요로 하는 상품과 서비스를 모두 누리게 되면, 새로운 필요를 발견해야만 성장을 자극할 수 있게 된다. 광고는 그 필요를 채울 목적으로 우리의 삶에 갭을 창출하는 행위이다. 우리가 상품을 구입한다 하더라도 그 갭은 영원히 없어지지 않는다.

몬비오, 2002

미국 브랜다이스 대학교Brandeis University 심리학 교수인 에이브러햄 매슬로Abraham Maslow, 1908~1970가 기념비적인 저서 《동기와 성격Motivation and Personality》(1954)을 통해 사람들이 추구하는 욕구의 수준이 다르다는 '욕구 계층 이론hierarchy of needs'를 발표한 이래, 심리학자와 대안 경제학자들은 '소비 수준이 높아질수록 웰빙 수준도 높아진다'는 자세에서 벗어나 '소비는 보다 만족스럽고, 지속적인 방법으로 충족되는 인간의 욕구를 재는 변수가 될 수 없음'을 증명하려 노력해왔다. 하지만 소비는 해밀턴이 주장한 것처럼 거시경제학적으로 중요한 기능을 담당해오고 있는지 모른다.

인간이 바라는 것이 현재 가지고 있는 것을 앞지르는 한, 현대 소비자본주의는 번창할 것이다. 따라서 시스템이 재생산되기 위해서는 현재 소유하고 있는 것에 지속적으로 불만을 가지는 것이 핵심이다. 우리는 이 기이한 현상을 간과해서는 안 된다. 경제 성장은 사람들이 원하는 것을 충족시켜주어 그들을 보다 행복하게 해주는 과정이라고 말은 하지만, 그리고 경제학은 부족한 자원으로 복지를 극대화하는 학문이라고 말은 하지만, 경제 성장은 사실 인간을 불만족 상태로 남겨두어야 지속적으로 유지된다. 경제 성장은 행복을 창출하지 못한다. 불행이 경제 성장을 지속시키기 때문이다. 따라서 현대 소비자본주의가 살아남기 위해서는 불만이 지속적으로 선동될 수밖에 없는 것이다. 이런 점만 보더라도 광고 업계의 피치 못할 역할이 이해된다.

해밀턴, 2003

설상가상으로 관리 가능한 불만족 수준을 뛰어넘어 정신적인 웰빙 면으로는 사실상 악화되고 있음을 보여주는 증거들이 쌓여가고 있다. 심리학자들 사이에서는 1950년대 이후 우울증 환자가 특히 젊은 층에서 늘어나고 있다는 공감대가 형성되어 있다.

올리버 제임스는 《정신과 치료를 받는 영국Britain on the Couch》(1998)이라는 충격적인 저서를 통해 1950년 이래 자살, 폭력, 알코올 중독, 마약 중독, 물질 남용이 급속하게 늘어나고 있음을 폭로했는데, 이러한 증상들은 정신병으로 분류된다. 세계보건기구World Health Organization : WHO는 정신 건강이 급속하게 21세기의 가장 중요한 건강 이슈로 부상하고 있음을 지적했다. 열 명 중 한 명이 정신 질환자이며, 네 명 중 한 명은 평생에 한 번은 정신병을 앓는다는 것이다. 심리학자인 앤서니 스티븐스Anthony Stevens와 존 프라이스John Price는 다음과 같이 말했다.

> 다양한 신경증, 정신 병리, 의존성 약물 남용, 그리고 증가하는 범죄 통계 수치에 포함되지 않는 아동과 배우자 학대는 인류의 본질적 욕구를 충족시켜주지 못하는 서구 사회의 무능력과 관련이 없다 할 수 없다. 기본적인 욕구를 충족하지 못하는 사람의 수는 날로 늘어가고 있고, 그로 인해 정신적인 문제들이 생겨나고 있다.   스티븐스와 프라이스, 1996

이에 대해 정치가 거의 개입하지 않는 것이 불가사의하다. 삶의 질에 대해 제기된 문제들을 종합하여 파악하는 것은 참으로 어렵기만 하다. 2002년, 영양제를 생산하는 옵티멈뉴트리션Optimum Nutrition 사는 30세 미만의 영국의 도시 젊은이 2만 2,000여 명을 대상으로 설문 조사를 벌여 다음과 같은 사실을 알아냈다.

- 76퍼센트가 만성 피로를 호소한다.

- 58퍼센트가 조울증을 앓고 있다.

- 52퍼센트가 무감각하고 동기를 상실했다.

- 50퍼센트가 불안증을 호소한다.

- 47퍼센트가 불면증에 시달린다.

- 43퍼센트가 기억력 감퇴로 정신을 집중하지 못한다.

- 42퍼센트가 우울증을 앓고 있다.

옵티멈뉴트리션 연구소(Institute of Optimum Nutrition), 2002

컴퍼스Compass는 영국에서 이 문제를 정식으로 제기한 몇 안 되는 조직 중의 하나이다. 우리에게 진보 정치의 이상을 일깨워주는 중도 좌파의 입장에 선 조직 중에서 가장 설득력 있고 사려 깊은 조직일 것이다. 이 조직은 신노동당이 찰나적인 소비주의와 명성에 병적으로 집착하여, 보다 근본적인 평등에 관한 문제, 특히 젊은 층과 노년층에 관한 문제에는 해답을 내놓지 못하는 등, 영국이 전반적으로 심각한 사회적 침체 속에 빠져 있다고 판단한다. 2007년 2월 유니세프United Nations Children's Fund: UNICEF는 21개 선진국 어린이와 청소년들의 웰빙 수준을 비교 분석한 보고서를 발표하여 컴퍼스의 주장에 힘을 실어주었다. 유니세프의 보고서는 여섯 개 분야, 재정 웰빙, 건강과 안전, 교육 웰빙, 가족과 동료 관계, 사회 행태와 리스크, 웰빙에 대한 자각에 관한 데이터를 토대로 한 것이었다. 이 조사에서 네덜란드, 스웨덴, 덴마크와 핀란드는 가장 높은 웰빙 수치를 보인 반면, 미국과 영국은 바닥권이었다. 영국 아동위원회Children's Commissioner for England의 앨 앤슬리 그린Al Aynsley-Green 회장은 다음처럼 말했다.

어린이가 우리나라의 미래를 결정하는데, 이 보고서에 의하면 우리 어린이는 건강이 빈약하고, 사랑이 넘치면서 성공적인 관계를 유지해야 하는데 그렇게 할 수 없을 뿐만 아니라, 불안과 불확실성에 사로잡혀 있고, 동기 수준이 낮으며, 자신을 위험에 몰아넣고 있다. 이처럼 우리 사회가 근본적으로 위기에 처해 있다는 점에서 우리의 태도가 어린이와 청소년, 그리고 그들의 웰빙에 얼마나 지대한 영향을 미치는지에 대해 더 이상 간과해서는 안 될 것이다.

앤슬리그린, 2007

우리들의 방심을 보다 세밀하게 고발하는 증거들이 얼마나 많이 존재하는지 모른다. 2002년 11월 비영리 연구 단체인 조지프라운트리 재단Joseph Rowntree Foundation은 1958년에 태어난 1만 명과 1970년에 태어난 1만 명을 비교 분석한 보고서를 내놓았다. 이들에게 20대 중반 때의 정신 건강에 대해 물었는데, 제2차 세계 대전 직후 세대에서는 7퍼센트만이 우울증 증세를 가지고 있었다고 대답한 반면, 1970년생에서는 그 두 배인 14퍼센트가 우울증을 앓고 있었다고 대답했다. 영국의학협회British Medical Association가 2006년 6월에 발표한 보고서는 5~16세의 연령층에서 약 10퍼센트가 일상 생활에 지속적으로 심각하게 영향을 미치는 심리적인 문제를 안고 있다고 지적했다. 그렇다면 18세 이하의 연령층에서 무려 100만 명이 전문가의 도움을 받아야 한다는 의미이다. 정부가 어린이 빈곤 퇴치에 어느 정도 성공했는지는 몰라도, 설사 어느 정도 성공했다 해도 정서적인 불안마저 제거했다고는 말할 수 없는 것이다.

교육자인 수 파머Sue Palmer는 《중독된 유년Toxic Childhood》(2006)이라는 저서를 통해 이처럼 어린이에게 벌어지는 현상의 원인들을 다음과 같이 나열했다. 자신에게 중요한 성인들과 같이 보내는 시간의 대폭적인 감소, 부모가 자녀 곁에 있어 주는 것보다는 선물로 부모의 사랑을 측정하는 세태, 가족생활의 분화, 한 집에서 각자의 방을 쓰는 행위, 어린이 놀이 습관의 급격한 변화, 교통사고·깡패·낯선 사람·다양한 위험 요소들이 두려워 집 안에만 머물고 싶어 하는 심리, 정크 식품·의자 생활·스크린 기반 생활·어린이와 청소년을 자신의 브랜드에 이용하고자 하는 기업들의 광고에 대한 노출 등이 그것이다.

2006년 9월, 나는 영국의 《데일리텔레그래프Daily Telegraph》에 보내는 공동 서간에 서명을 한 적이 있었는데, 다음은 그 내용의 일부이다.

어린이는 성장하는 인간에게 반드시 필요한 것들을 필요로 한다. 가공된 정크 식품이 아닌 진짜 식품, 가만히 앉아서 즐기는 스크린 기반 오락거리가 아닌 진짜 놀이, 자신들이 살고 있는 세상에 직접 맞부딪쳐 얻는 경험, 자신들의 삶 속에서 같이 살고 있는 실제의 중요한 어른들과 정기적으로 교류하는 것들을 말이다. 그들은 또한 시간을 필요로 한다. 빠르게 움직이며 초경쟁적인 국가에 살고 있는 요즘 아이들은 역사상 유례를 찾을 수 없을 정도로 어린 나이에 학교 공부를 시작해야 하고, 지나치게 학구적인 시험 중심의 교과 과정에 시달리고 있다. 그들은 시장의 힘에 의해 꼬마 어른처럼 행동하고 옷을 입어야 하며, 전자 미디어를 통해 얼마 전까지만 해도 어린이들이 봐서는 안 되는 것으로 분류되었던 정보에 노출되고 있다.

그린필드(Greenfield) 외, 2006

이렇게 상업적인 요인들 중에서도 최악의 영향을 끼치는 것을 구별하기란 참으로 어렵다. 현대의 정보와 커뮤니케이션 기술의 경이로운 혜택에 대해 대단히 회의적인 나는 인터넷 기반의 가상 네트워크가 실제적인 물리적 공동체를 점점 더 대신해나가고 있는 현상을 우려한다. 인터넷은 비인격적인 접촉, 지나친 폭력, 포르노, 소아애 도착적인 내용을 제공한다는 점에서 글로벌 빌리지global village라기보다는 또 다른 쇼핑몰에 지나지 않는다. 예전에는 어린이들이 다른 아이들과 어울려 놀았지만 요즘에는 가정용 게임기나 컴퓨터 앞에 앉아 혼자서 논다. 인간이 서로 얼굴을 맞대면서 교류할 때의 인간미와 성실성으로부터 사회가 점차 멀어지고 있다는 증거이다. 오늘날의 기술은 냉혹하게 소외를 부추긴다. 네오러다이트Neo-Luddite, 디지털 혁명을 두려워하며 애써 거부하는 집단을 의미하며, 19세기 영국 산업 혁명 당시 기계 파괴 운동을 벌였던 기능공에 빗댄 말이다—역자 주 엘리트들이 이와 같은 거대한 사회 트렌드에 대한 논의가 전혀 이루어지지 않는다고 주장하는 것처럼, 그런 사실을 직시하는 사람이 있다면 그 즉시로 사회로부터 도태되는 실정이다.

미국에서 실시된 한 조사에 의하면 미디어·테크놀로지 소비가 미국인의 제1의 활동이 되고 말았다. 국립통계국Office for National Statistics에서 최근 실시한 조사에 의하면 영국 사람들이 평균적인 잠자는 시간보다 더 많은 시간을 TV 시청과 인터넷 서핑으로 보낸다는 것이다. 영국 어린이들은 하루에 평균 네 시간 30분을 TV 시청으로 보내고 있는데, 그중에서도 11~15세 사이는 놀랍게도 일곱 시간 30분을 TV 시청과 인터넷 서핑으로 낭비하고 있다. 영국 어린이들은 거의 대부분 자신의 방에 TV를 구비하고 있다. 생물학자이자 심리학자인 애릭 시그먼Aric Sigman 박사는 TV 시청으로 어린이들이 바깥세상에 흥미를 가지게 된다는 BBC 관계자들과 TV 프로듀서들의 주장에 정면으로 반박하면서그들에게 바깥세상에 관심을 가지게 할 수 있는 것은 바깥세상뿐이다! 나이별로 TV 시청을 제한하는 데 동의하는 사람을 국회에 보내야 한다는 캠페인을 시작했다. 그는 3세 미만은 TV 시청 전면 금지, 3~7세는 하루 30분, 7~12세는 하루 한 시간만 허용해야 한다는 것이다.

TV 시청이 폭력과 밀접한 관계가 있다는 것을 안다면 그의 제안이 그리 비현실적이라 생각되지 않을 것이다. 미국 어린이는 초등학교를 마칠 때까지 TV를 통해 8,000건 이상의 살인, 1만 건 이상의 심각한 폭력 장면을 목격한다. 이처럼 폭력에 대한 몰입은 아주 어려서 시작되는데, 어린이 프로그램을 통해서도 매시간 20~25건의 폭력 장면을 목격하는 실정이다. 컬럼비아 대학교의 제프리 존슨Jeffrey Johnson 교수팀은 17년에 걸쳐 700여 가정을 관찰한 결과, 유아기와 청소년기에 TV를 많이 시청할수록 성인이 되어서도 가정 배경, 동네 환경, 교육 수준과는 상관없이 다른 사람들에게 공격적이고 폭력적일 가능성이 높다는 사실을 밝혀냈다.

TV가 어린이의 정신에 엄청난 영향을 미친다는 조사 결과가 이처럼 축적되고 있음에도 불구하고, 놀랍게도 엔터테인먼트 관련자들은 TV 속의 폭력이 실제로 영향을 미치지 않는다는 주장을 고집스럽게 펼치고 있다. 그들의 주장은 수많은 연구 결과들과 정면으로 배치되는 것인데, 2007년 4월에 버지니아텍 대학교Virginia Tech University에서 참혹한 충격 살인 사건이 벌어지고 나서 《뉴사이언티스트New Scientist》는 사설을 통해 다음과 같이 주장했다.

과학자들은 미디어 소비와 공격성 사이에 상관관계가 존재하며, TV 시청과 컴퓨터 게임으로 보내는 시간이 길면 길수록 주의 산만, 행동과 학업에서의 문제가 발생할 위험성이 높아진다는 증거가 충분하다고 말한다. 그들은 지난 반세기 동안 미디어 폭력의 해악이 실제로 영향을 미친다는 것을 증명하는 과학적 결과들에 추호도 의심을 품지 않는다. 따라서 지금은 미디어가 현실에 영향을 미치느냐를 논할 것이 아니라 우리가 얼마나 이 문제에 관심을 가지고 있느냐를 논할 때라고 본다. 그 영향력은 아주 미묘하기 때문에

똑 부러지게 어떤 미디어 경험이 실제로 버지니아텍 대학교에서의 총기 살
인 사건 같은 행동으로 나타나는지 말할 수는 없는 것이다.

〈뉴사이언티스트〉, 2007

이처럼 특히 미국과 영국에서 그것도 치명적으로 해악을 끼칠 듯이 사회
적으로 막강한 영향력을 행사하는 미디어를 상대로 하여 '경제 성장의 정
치'에서 '웰빙의 정치'로 바꾸어야 한다는 주장은 버거울 뿐이다. 무더기
폭력물을 팔아 돈을 버는 모 회사와 사실상 한 가족인 다른 언론 매체들이
그러한 문제를 공평하게 다루리라 기대하는 것은 순진한 발상이다. 데이비
드 캐머런이 2006년 신임 보수당 당수로 취임하여 이 문제에 관심을 기울
이자, 영국 언론들은 일제히 악의적이고 조롱하는 논평을 쏟아냈다. 이런
상황에서 아무리 진지하게 현실을 고민하는 정치인이라 할지라도 인류 행
복의 토대를 파괴하는 경제 성장 방식이 아닌, 보다 직접적이고 효율적으로
웰빙을 추구하는 방법이 있다는 주장을 어찌 할 수 있단 말인가?

이와 같은 비과학적이고 무조건적인 부정은 기후변화에 대해 일방적으
로 부정했던 현상과 매우 흡사하다. 경제 성장 모델을 고집스럽게 유지한다
는 것이 사회 문제, 개인적인 불만과 정서적인 불안의 악화와 직접적으로
관련되어 있다는 사실은 정치인들이 인정하길 꺼려하는 또 다른 진실이다.
그렇다고 해서 진실이 사라지는 것은 아니다. 영국 국민 여섯 명 중 한 명은
그저 걱정하는 버릇의 수준이 아닌 우울증이나 만성적인 정서 불안 증세를
갖고 있는데, 개중에는 증세가 매우 심각한 사람들도 있다. 장애 수당 신청
자의 40퍼센트가 정신 질환을 이유로 대고 있는 실정이다.

실정이 이러함에도 불구하고, 정신 건강에 대한 예산은 빈약하기 짝이 없
다. 미국에서는 보건 예산의 7퍼센트만을 정신 건강을 위해 지출하고 있으

며, 영국에서는 13퍼센트를 지출하고 있는데 그중에서 우울증과 불안 증세를 위해 할당되는 비율은 2퍼센트에 불과하다.

영국에서는 우울증 환자 다섯 명 중 한 명꼴로 정신과 전문의로부터 치료를 받는다. 나머지는 일반 개업의로부터 처방을 받아 약을 복용한다. 영국 사람들이 스트레스에 관련된 질병으로 지출하는 돈이 1년에 70억 파운드에 달하는 것으로 추정되는 가운데, 런던정치경제대학교London School of Economics의 리처드 레이어드Richard Layard 교수는 재무성Treasury에 매해 6억 파운드의 예산을 할당하여 수천 명의 인지행동치료사를 임명할 것을 제안했다. 영국 국립임상보건연구원National Institute for Health and Clinical Excellence: NICE은 치료비가 750파운드가 들어가는, 한 번에 한 시간씩 열여섯 번에 걸쳐 실시하는 프로그램이 대부분의 환자에게 가장 효율적인 치료 방법이라고 지적했다.

하지만 직설적인 성장 주도형, GDP를 중시하는 관점에서 바라보면 그처럼 충격적인 정서 불안 수준이 그리 심각하게 받아들여지지 않을지 모른다. 경제는 결국 지속적으로 번영한다. 국민 보건 서비스의 예산을 늘리면 늘릴수록, 그만큼 GNP도 커진다. 사람이 병들고, 뚱뚱해지고, 불행해지며, 그래서 허약해지면, 그때서야 사람들은 다시 날씬해지고, 행복해지고, 건강해진 삶으로 돌아가기 위해 돈을 쓰기 마련이다. 이 모든 과정으로 인해 경제라는 수레바퀴는 흥겹게 돌아가기 마련인데, 이러한 것이 과연 참다운 발전인지 판단하기 어렵다. 칼럼니스트로서 UCLA University of California, Los Angeles 언론대학원에서 강의를 하는 리처드 리브스Richard Reeves는 《RSA 저널RSA Journal》 2002년 2월호에 다음과 같이 썼다.

지난 20년 사이 발전이라는 개념은 그 의미를 상실해왔다. 이는 현대 역사에서 서구 사회가 이끌어온 경제 성장이 더 이상 유효하지 않다는 것을 의미한다. 부자가 된다고 해서 더 나은 삶을 사는 것이 아니기 때문이다. 우리는 최소한 무엇이 우리의 본질이 아닌지를 분명히 일깨워준 냉전의 철학적 위안을 상실해왔다. 과학과 테크놀로지는 질병과 궁핍에서 우리를 벗어나게 할 방법을 제시하기보다는 눈꺼풀에 마이크로칩을 내장한 인조인간들이 득세하는 무서운 미래를 초래할 도구로 인지되고 있다. 발전을 행복이나 웰빙에 대한 평가라는 잣대로 바라본다면 인간은 지난 반세기 동안 발전했다고 할 수 없는 것이다. 　　　　　　　　　　　　　　　　　　　리브스, 2002

레이어드 교수는 참다운 행복에 관한 자료를 긁어모아 2005년《행복의 함정Happiness》이라는 저서를 발간했다. 그는 행복의 개념을 간단하게 '좋게 느끼는 것feeling good'이라 정의하고 나서, 지구 상의 모든 정부들이 행복의 정치를 하지 않는 이유 예외적으로 부탄은 국민 총행복 지수(Gross Domestic Happines)에 초점을 맞춘다, 위에서 설명한 단절의 원인들을 규명하지 않으려는 이유, 다양한 정책 개입을 통해 문제점을 취급해야 함에도 그렇게 하지 않는 이유들에 대해 의문을 제기했다. 18세기의 뛰어난 철학자 제러미 벤담Jeremy Bentham, '당신이 창출할 수 있는 모든 행복을 창출하고, 제거할 수 있는 모든 불행을 제거하라'을 멘토로 삼은 그는 '위대한 행복의 원칙'을 설명했다. 올바른 행동은 최대의 행복을 산출하는 행동이며, 좋은 법칙은 시민의 행복을 높이면서 불행을 낮추는 법칙이다. 그는 또 행복이 중요한 이유 열 가지를 들고 있는데, 다음은 그의 행복론을 정리한 것이다.

❶ 행복은 모든 경험의 객관적 척도로써 측량될 수 있는 것이다.
❷ 인간은 행복을 추구하도록 프로그램화되어 있다.

❸ 따라서 최상의 사회는 가장 부유한 사회가 아니라 가장 행복한 사회임이 분명하다.

❹ 사회 구성원이 공개적으로 행복을 원한다는 의사를 표명하지 않는 한, 우리 사회는 행복해질 수 없다.

❺ 사회적인 동물인 인간은 서로 간의 신뢰를 필요로 한다. 행복은 신뢰 수준에 크게 좌우된다.

❻ 인간은 상황, 즉 위치 혹은 신분 등에 매우 민감하여 현상 유지에 강한 집착을 보인다. 그 어떤 것이라도 상실되는 것을 증오한다.

❼ 사람은 부유해지면서 수입이 늘수록 그에 따른 행복감의 상승폭은 점점 더 좁아진다.

❽ 인간이 적응력이 매우 뛰어난 것은 소비의 중독성 때문인데 앞으로도 그럴 것이라는 보장이 없다.

❾ 행복은 외적인 환경 못지않게 내면의 삶을 중요시한다.

❿ 공공 정책은 행복을 쉽게 신장시키지는 못하지만 불행은 쉽게 제거할 수 있다.

레이어드 교수의 주장에 관심을 기울이는 이유는 그가 고용과 불평등에 관해서는 세계적인 권위의 경제학자이기 때문이다. 그는 자신의 전문 분야를 행복보다는 사람들의 구입 능력에 초점을 맞추는 대부분의 정통 경제학자들이 터부시한다는 사실을 잘 알고 있다. 그는 현대 정치를 좌지우지하는 인간의 본질을 연구하기 위한 경제학적 모델이 지나치게 제한적이라고 결론을 내리면서 이렇게 말했다. "경제학은 다른 사회 분야 학문으로부터 지식을 끌어와 통합해야 한다."

그래서 경제 성장과 지속가능한 발전의 차이가 그렇게 중요한 것이다. 생태경제학자 허먼 데일리를 비롯한 일부 경제학자들이 주장한 바와 같이, 경제 성장은 개념상 '자연 자원을 무한대로 인위적 자본으로 전환시키는' **물량적인 확장**에 불과한 것이다. 지속가능한 발전은 생태계 능력을 벗어나지 않는 선에서 경제 활동을 향상시키는 **질적인 개선**에 관한 것이다. 경제 성장을 추구하는 전통적 경제학자들은 거의 대부분 경제의 비물리적인 변수, 즉 소득, 선택, 분배, 생산성 등에 초점을 맞추고는 그에 따라 물리적인 변수들이 조정되리라 기대한다. 지속가능한 발전을 연구하는 경제학자들은 앞으로 물리적인 변수, 즉 열역학의 자원과 법칙에 초점을 맞추고, 그에 따라 비물리적인 변수들이 조정될 것으로 예상해야 한다. 신고전주의 경제학자들의 일시적인 주장에 자연의 물리 법칙을 적용해보면, 분명 승자가 떠오를 것이지만 인간은 아닐 것이다.

성장과 발전은 같은 것이 아니며, 여기에 무시할 수 없는 무언가가 존재한다는 것을 인정하는 경제학자들이 점점 더 많아지고 있다. 하지만 기존의 방식을 버리는 것은 참으로 힘든 일이다.

성장 한계의 개념은 권력 구조상의 기득권에 위협으로 작용한다. 그보다 더 심각한 문제는 삶이 투자된 가치 구조를 위협한다는 것이다. 영구 운동에 대한 믿음의 포기는 참다운 인간 조건을 인지하는 중요한 단계이다. 주류 학자들이 그 믿음을 결코 포기하지 않는다는 사실, 그리고 열역학 제2법칙에 따라 경제 정책을 수립해야 한다는 것을 인정하지 않는다는 사실이 심각한 것이다. 시장 경제에서 고위 성직자 노릇을 하는 그들이 그런 식으로 나간다면 결코 자신의 위치를 지켜내지 못할 것이다.   쿡, 1982.

경제 분야에서 고위 성직자 노릇을 하는 사람들은 자연법칙을 벗어날 방법이 있는 양 전설적인 마술사 해리 후디니Harry Houdini를 흉내 낸 갖가지 트릭을 집요하게 사용할 것이다. 우리는 인위적 자본과 자연 자본이 반드시 대용되는 것이 아니라는 진리를 무시한 채, 인간에게는 자연 자본을 인위적 자본으로 대체할 만한 창의력이 있기 때문에 갖가지 한계를 초월할 수 있다는 식의 말을 들어왔다. 어디 그뿐인가. 경제의 비물질화dematerialization of economy가 지구의 종말을 무한정 연기시켜줄 것이라는 말도 들어왔다. 에너지와 물질의 생물 물리적인 처리량을 대폭 낮출 수 있다는 점에서 그들의 반응은 의미심장하다. 하지만 그들은 지구 상의 문제점들을 골고루 치료해줄 보편적인 해결책을 제시하지 못한다. 허먼 데일리는 "우리는 먹이 사슬에서 낮은 단계에 처한 음식인 식물을 먹을 수 있지만 그렇다고 조리법에 따라 체계적으로 먹을 수 있는 상태가 아니다"라고 했다.

이러한 문제를 제기하는 것이 힘든 이유는 경제 번영을 나타내는 가장 중요한 지수인 소위 GNP라는 개념이 실제로 전개되는 현실 상황을 모호하게 덮어버리기 때문이다. 표준적인 GNP 종합 지수는 모든 시장 교환과 정부 지출의 합산을 의미하기 때문에 전체적인 생산의 경제 가치 증가를 측정한다. 따라서 이를 경제 가치 상승을 유발한 생물 물리적인 처리량 수준과 분리하여 생각할 수 없는 것이다.

우리는 인간이 의존하는 자연 서비스를 이용함에 있어서 회복할 수 있는 자연 자본과 생태계 능력을 손상시키고 있으면서도, 파괴적인 경제 활동을 유익한 경상 수지라 고집한다. 이와 더불어 우리는 수많은 소위 '예방 예산 defensive expenditure'에 의존하는데, 이러한 것들은 환경 보호, 환경 회복, 피해 보상 등과 같은 환경적인 것이든, 교통사고, 빈약한 의료, 범죄 증가 등과 같은 사회적인 것이든, 경제 성장의 외면적인 요인들을 다루기 위해 준비되는 것들이다.

제13장에서 자세히 설명하겠지만, 경제 활동을 측정하는 데에는 여러 가지 대안적 방법들이 존재한다. 하지만 정치인들은 그러한 것들에 대해 입으로만 떠들 뿐이요, 주류 경제학자들은 아예 관심조차 주지 않는다. 이는 수십 년째 지속되어온 성장 한계에 대한 제도화된 부정의 일면일 뿐이다. 앞에서도 언급한 바 있지만, 이 문제에 대한 논의는 1970년대 후반부터 거의 중단되어온 상태이다. 그때 정치인들은 경제 성장에 대한 증명된 확실성을 모른 체 할 수 없는 입장이었다. 그때부터 사람들은 '경제 케이크'가 더 커지기 때문에 더 많은 사람들이 나눌 수 있거나 적어도 빵 부스러기라도 더 많이 떨어진다는 생각에 확실한 증거가 없음에도 불구하고 '경제 성장이 모든 것을 해결한다'는 믿음에 사로잡혔다. 열역학적인 불가능성을 사람들에게 인식시킨다는 것은 정치인들에게 상당한 부담이 아닐 수 없었던 것이다. 생물 물리적인 처리량이 무한정 증가해도 문제가 없다는 유권자들의 기대치를 낮추는 정치적 불가능성에 직면하기보다는 물리적 불가능성에 순응하는 것이 훨씬 현명하다.

최근에는 환경주의자들의 근본적인 현실이 '지속가능한 성장'의 모순에 사로잡혀 있다는 악의적인 모함이 시도되고 있다. 우리가 생물 물리적인 처리량과는 동떨어진 경제 가치의 성장으로부터 얻어지는 복지 수준의 성장을 추구하기보다는 전통적으로 정해진 성장에만 시비를 건다는 것이다.

저유가 시대의 끝

현대 자본주의가 열역학 법칙에 스스로 눈을 감는 행위는 자본주의와 지속가능성의 조화를 가로막는 가장 우선적이면서도 문제가 되는 장애이다. 장애는 그것만이 아니다.

지난 60여 년 동안 폭발적인 경제 활동과 물질 번영에 대한 반응으로 사람들은 저렴한 석유와 가스에 쉽게 접근할 수 있었다. 탄화수소를 엄청나게 소비하지 않았다면 세상은 지금 달라져 있을 것이다.

엄밀히 말해서 석유와 가스는 재생이 불가능한 자원이다. 미래의 언젠가는 반드시 고갈될 것들이다. 그렇게 되면 인간의 삶은 극적인 변화를 맞게 된다. 석유를 마음 놓고 쓰던 시대에서 석유가 없는 시대로의 전환을 성공적으로 준비한다 하더라도 혼란은 극적일 것이며 또 위험 요인들을 안게 될 것이다.

이 문제에 대한 논의가 다시 가열되기 시작했다. 석유 위기 시대를 거쳤거나 경험한 정치인들 사이에 피치 못할 공감대가 형성된 것이다. 그들은 대개 1970년대의 오일쇼크Oil Shock를 거쳤고, 자신이 생존하는 동안 언제든지 석유가 바닥날 가능성에 대한 치열한 논의를 지켜보았다. 하지만 경제성장에 관해 논의할 때처럼, 그들의 우려는 말로만 나타날 뿐이었다. 지미 카터Jimmy Carter가 물처럼 석유를 소비하는 삶의 결과를 미국인들에게 열성적으로 이해시키려는 노력했고 그는 에너지 절약을 위해 '전쟁에 임하는 결연한 자세'로 임해야 한다고 역설했다, 또 그 과정에서 간혹 미숙함을 드러낸 정책을 시도한 바 있지만, 그것마저 1980년에 로널드 레이건Ronald Reagan이 대통령에 당선됨으로써 흐지부지되고 말았다. 우파 평론가들과 경제학자들은 그때를 틈타 석유 매장고가 거의 바닥났다고 주장하는 비관론자들에 맹공을 가했고, 그로 인해 성장에 대한 물리적인 한계를 걱정하는 환경주의자들의 우세한 입장이 밑에서부터 조직적으로 그 힘을 박탈당하고 말았다.

지난 30여 년을 회고해보면, 보다 지속가능한 에너지의 길로 들어서는 그때의 기회를 상실한 것이 환경 운동에 가장 치명적인 타격이었던 셈이다. 공공과 민간 부문을 가리지 않고 에너지 효율성, 재생 테크놀로지, 에너지 의존도가 낮은 인프라로 전환하기보다는 미래에 대한 생각 없이, 환경 파괴의 결과에 대한 예측도 없이 아무렇지도 않게 수십억 배럴의 석유를 태워온 것이다.

참으로 다행스럽게도 변화를 위한 새로운 움직임이 일기 시작하는 것으로 보인다. 석유의 가용성에 대한 논의가 급작스럽게 다시 불붙은 것이다. 1998년 3월 과학 잡지 《사이언티픽아메리칸Scientific American》은 지리학자인 콜린 캠벨Colin Campbell과 리처드 하인버그Richard Heinberg가 공동으로 집필한 〈저유가 시대는 끝났는가? The end of cheap oil?〉란 자극적인 제목의 논문을 실었다. 그로부터 5년 후인 2003년에는 언론인 리처드 하인버그의 '파티는 끝났다:석유, 전쟁, 그리고 산업 사회의 운명The Party's Over: Oil, War and the Fate of Industrial Societies'이라는 제목의 글을 통해 석유 고갈 시기를 전망하는 각기 다른 주장들을 총망라하여 소개했다. 우리는 1859년 펜실베이니아에서 처음으로 캐내기 시작한 석유가 고갈을 향해 나아가고 있다는 것을 다 알고 있다. 그렇다면 그때가 언제란 말인가? 그때를 짐작하게 하는 그 중요한 날은 세계의 석유 생산량이 최고조에 이르던 날이다. 미국에서는 1970년, 영국은 2000~2001년에 석유 생산량이 최고조에 도달했다. 사우디아라비아는 2015년 이후에 도달한다고 한다. 그렇다면 전 세계적으로 일시에 석유 생산이 줄어들기 시작하는 때는 언제일까?

이와 같은 거대한 논란을 안고 있는 이슈들을 측정하는 것은 쉬운 일이 아니다. 이 땅에 단 한 방울의 석유가 남지 않았을 때까지 사용할 수 있다고 한다면, 그 매장량, 다양한 석유 채굴 기술들의 중요성, 가격 메커니즘의 영향, 사우디아라비아에 석유가 얼마나 남았는지 아는 사람이 전혀 없다는 사실, 전쟁과 안보 같은 문제 등에 관한 논의가 있어야 한다. 이러한 논쟁에 대해 지질학자들은 유전 발굴의 피크는 1960년대이며, 지금 사용되는 석유 4배럴당 1배럴이 그 후 새롭게 발견된 유전에서 나온 것이라고 주장한다.

하지만 경제학자들은 석유 채굴 발굴 기술의 발전으로 유전 발굴의 피크가 2015~2020년 사이가 될 것이라 전망한다. 영국의 세계적 에너지 업체인 BP의 CEO 출신으로 현재 영국 왕립공학아카데미Royal Academy of Engineering 회장인 존 브라운John Browne은 가장 미래를 낙관하는 사람으로 2030년까지 석유 공급에 문제가 없다고 자신한다.

석유 채굴 피크가 1960년대라는 주장하는 사람들은 2015~2020년이라는 기관과 산업계에 제대로 목소리를 낼 수 없었다. 그린피스 과학자 제러미 레깃Jeremy Leggett은 2005년 출간한 《절반이나 지나가버린Half Gone》이라는 저서를 통해 석유 기업이 의존하는 가장 희망적인 가설들을 하나하나씩 세밀하게 검증했다. 그 과정에서 이 가설들에 전혀 어울리지 않는 충격적인 사실이 밝혀졌는데, 그것은 새로운 유전 발굴이 엄청나게 어렵다는 것이다. 레깃이 지적했듯이, 석유 소비보다 새로운 유전 발굴이 더 많았던 해는 1980년이 마지막이었다.

물론 석유 생산이 피크에 이르렀다고 해서 유전이 메말라간다고 단정할 수는 없다. 그 피크 후에도 얼마든지 엄청난 양의 석유를 캐낼 수 있지만 문제는 그 생산량이 가차 없이 줄어든다는 것이다. 정치인들은 앞으로 30년도 되지 않아 석유 생산량이 무려 75퍼센트나 줄어들 수 있다는 가공할 사실을 그리 심각하게 받아들이지 않는 것 같다. 콜린 캠벨은 석유 생산 피크에 관한 논문을 모은 저서 《최후의 에너지 위기The Final Energy Crisis》(2005)에서 효율성이 높고, 편리하며, 가격이 저렴한 석유와 가스에 대체할 만한 연료를 찾을 가능성이 없는 상황에서 인류가 무모하게 석유 생산이 급감하는 그 변화의 과정을 속수무책으로 기다리고 있다고 꼬집었다.

이 단계에서 비상 단추를 눌러야 하는 것인가? 정치인들이 석유 생산의 변화로 인한 부작용을 인식하여 모든 화석 연료 사용자들로 하여금 사용한

만큼 환경 정화 비용을 책임지도록 하지는 못해도 석유 생산이 75퍼센트나 줄어드는 현상이 벌어지기 훨씬 이전부터 석유 가격은 자연스럽게 오를 것이고, 그로 인해 석유를 덜 쓰게 됨으로써 석유를 사용할 수 있는 기간은 그만큼 연장될 것이라고 사람들은 생각할 것이다. 수많은 전문가들은 이러한 시장 메커니즘이 요즘 유행하는 피크오일이라는 불길한 예언에 대한 대처 방안이고, 석유 가격의 관리 가능한 변동은 시장 메커니즘이 제대로 작동하는 긍정적 증거라고 주장한다.

하지만 2005년부터 이를 다르게 보는 분석가들이 등장하기 시작했다. 석유 가격이 1배럴당 70달러 선으로 껑충 뛰어오르더니 50달러 이하로는 떨어지지 않는 것이다. 골드만삭스Goldman Sachs 사는 그 어떤 사람이 생각하는 것보다 빠른 시일 안에 배럴당 100달러 이상이 될 것이라는 보고서를 내놓았다. 특히 미국에서 뜨거운 논쟁이 벌어지고 있는데, 중량감 있는 다수의 인사들이 석유 소비를 줄이려 노력하지 않는 부시 행정부의 태만을 강력 비난하고 있다. 미국의 운전자들은 자신들이 예전보다 더 많은 돈을 주고 자동차에 석유를 넣는다는 사실을 인지함에 따라, 포드와 GM을 비롯한 대형 자동차 기업들이 연료 효율성이 높은 자동차를 개발하여 시중에 내놓지 않는 것을 의아해하고 있다. 2006년에는 석유 가격이 기록적으로 배럴당 79달러라는 사태에 직면했고, 2007년에도 같은 현상이 벌어졌다.

피크오일 가설을 오랫동안 비웃던 사람들조차 정말 심각한, 두려운 무슨 일이 벌어지고 있다는 것을 인정할 정도이다.

피크오일과 기후변화의 상호 작용

한편의 입장에 서 있는 기후변화와 또 다른 입장에 처한 '피크오일'의 상호 작용은 모든 석유 회사, 특히 쉘Shell에 지대한 영향을 미친다. 쉘을 비롯한 모든 석유 회사들은 예전처럼 용이하게 석유를 캐낼 만한 유전을 발굴하는 것이 매해 힘들어진다는 것을 인정하고 있다. 2004년 미국 증권거래위원회Securities and Commission:SEC가 석유 매장량에 관해 잘못된 보고서가 제출되었다는 스캔들이 나돌았을 때 모든 석유 기업들이 노심초사했는데, 그 중에서도 쉘은 가장 안절부절 못 했다.

그때 쉘이 취한 반응은 아주 관심을 끄는 것으로서 매우 위험한 것이었다. 쉬운 방법을 버리고 '비전통적 탄화수소'를 토대로 한 전략을 추구하기로 결정한 것이었다. 캐나다 애서배스카에 무진장 널려 있는 타르샌드tar sand, 아스팔트 성분이 들어 있는 모래로 이를 수증기로 가열하면 석유가 분리된다. 요즘에는 오일샌드(oil sand)라고 불린다-역자 주에서 석유를 정제한다는 것이다. 그에 못지않은 분량의 석유가 매장되어 있는 로키 산맥의 유혈암oil shale에도 접근을 시도하는 실정이다. 미국 증권거래위원회가 쉘의 방법이 전통적인 석유 채굴이 아닌 광산의 개념에 더 가깝다는 이유를 들어 적절한 유전으로 인정하길 거부했다는 사실은 그리 중요하지 않다. 쉘은 영리하게도 주주들이 자신들의 이익을 추구하길 원한다는 사실을 간파한 것이다. 따라서 고갈되는 천연 석유를 대신할 엄청난 대체 공급을 환영하지 않을 리 없다. 어디 그뿐이겠는가. 두 석유 생산지가 모두 에너지 안전을 가장 중요시하는 북미 대륙에 위치해 있지 않은가. 미국과 캐나다 시민은 중동이나 베네수엘라 석유에 매달릴 필요가 없게 되는 것이다.

그러한 방식에 의한 석유 생산은 전통적인 방식보다는 비용이 많이 들기는 하지만, 지금까지는 별다른 무리가 없었다. 하지만 뜻하지 않은 장애, 그것도 아주 엄청난 문제가 밝혀지고 말았다. 애서배스카 타르샌드를 정제해서 얻어진 석유가 전통적인 석유보다 이산화탄소 배출량이 두 배에 달한다는 것인데, 각종 NGO들에 의하면 무려 네 배에 달한다는 것이다. 그 석유가 본격적으로 생산되어 소비자들이 이용하기 시작하면 무시무시한 사태가 벌어질 것이 뻔하다. 그 생산 기술만으로도 엄청난 에너지를 필요로 하기 때문에 냉동된 암반을 가열하여 녹인 후 그 안에 든 석유를 빨아낸다 도저히 탄소 균형을 지킬 수 없다. 설상가상으로 생산 과정에 이용되는 에너지원이 석탄일 가능성이 아주 높다는 것이다!

쉘이 그런 식이라도 석유를 캐내고 싶어 하는 마음은 이해할 수 있지만, 그 방대한 석유 매장량 대 이산화탄소라는 딜레마는 아주 고통스러운 것이다. 쉘은 주주들의 이익을 위한다면서 높은 수준의 네 가지 판단을 이해할 필요가 있다고 주장한다.

❶ 석유 가격이 배럴당 50달러 이상을 넘어선 고공 행진을 지속한다는 사실만으로도 비전통적 석유 채취에 들어가는 추가 비용은 정당화될 수 있다. 대단히 그럴 듯 한 말이다!

❷ CCS 기술은 정유소에서 탄소를 포집하여 지하에 고효율적인 방법으로 저장하는 '최고 가치'의 탄소 포집 과정이다. 나는 대부분의 환경주의자들보다는 훨씬 CCS에 호의적인 편이지만, 사람들은 이에 대해 별로 신경을 쓰지 않는다. 하지만 '포집'이건 '저장'이건 충분한 데이터가 없는 것이 문제이다. 모든 소식통을 다 동원해도, 현재까지 제시된 방법들 중에서 1톤의 이산화탄소를 포집하여 저장하는 데 40달러 이하로 들어간다는 정보는 없었다.

❸ 이산화탄소 처리 비용은 계산 가능할 것으로 보인다. 현재 미국에서는 탄소를 처리하는 계획이 마련되어 있지 않다는 점에서, 쉘은 애서배스카와 로키 산맥에 대한 새로운 투자액을 산출하는 과정에 석유 1배럴을 생산하기 위해 배출되는 이산화탄소에 관한 개념적notional 가격과 그림자

shadow 가격을 포함시켜야 한다. 나는 1톤의 이산화탄소 처리 비용이 5~10달러 선이면 합리적이라 생각하지만, 100달러가 넘는다는 주장에는 회의적이다. 사실 2007년 스턴 보고서Stern Report는 중기적으로 100달러 선이 현실적인 비용이 될 것이라 예측했었다. 가장 중요한 요인을 사전에 계산할 수 없다고 해서, 수억 달러, 아니 수십억 달러를 소비할 것처럼 예상한다면, 투자자들은 좀처럼 이해하려 들지 않을 것이다.

❹ **기후가 앞으로 10~20년 안에 급변할 것 같지는 않다.** 이는 평균 기온과 해수면이 인간이 상상할 수 없을 만큼 극적이고 비선형적으로 상승하기보다는 이산화탄소와 온난화 가스 배출이 늘어나는 것에 따라 점차적으로 상승한다는 것을 의미한다. 내 예측이 맞았으면 하는 바람이지만, 사람들이 공개하는 데이터의 질에 대한 의문은 거둘 수 없는 입장이다.

모든 석유 기업들은 공히 이러한 딜레마에서 벗어날 수 없다. 그들은 이 점에 대해서는 권위자들과 논쟁을 벌이지 않겠다는 입장이다. 하지만 석유 기업들은 그리스 신화에 나오는 괴물 스킬라와 카리브디스를 동시에 마주하고 있는 입장이다. 즉, 투자자들은 자신들의 몫이 늘어날 수 있도록 보다 효율적으로 생산이 늘어나기를 기대하는데, 유전 지역이 아무리 위험한 지역에 위치하건, 에너지의 농도 차원에서 아무리 형편없는 질의 것일지라도 그저 발굴하여 캐내면 된다는 것이다. 하지만 기후변화에 대한 걱정이 커지는 것은 사실이다미국도 마찬가지다. 메이저급 석유 기업들조차 기업 성공을 다른 차원에서 관조하기 시작했다. 이산화탄소 배출량을 어느 수준으로 정해야 거래 혹은 이익 측면에서 동일한 경제 가치가 창출될 수 있는 것인가? 가까운 시일 안에 투자자들은 '이산화탄소 농도'를 다른 전통적 재정 요인들처럼 아주 중요한 것으로 간주하게 될 것이다. 탄소를 1톤당 100달러에 거래하는 세상을 상상해보라. 그런 세상에서는 설사 석유를 1배럴당 100달러 선에 판다 할지라도 이산화탄소 농도가 가장 높은 기업은 그 어떤 기업이라도 파산을 면치 못할 것이다.

그래서 투자자들이 미래 이산화탄소 농도에 관한 중요한 정보를 제공하는 지표인 전체 투자 자본에서 재생 에너지에 대한 투자가 차지하는 비율을 계산하기 시작한 것이다. 석유 기업들이 재생 에너지에 대해 딜레마에 빠져왔던 것은 전통적인 탄화수소 물질에 대한 투자에 견주었을 때 그 투자 수익률이 형편없이 낮았기 때문이었다. 석유 기업들은 재생 에너지 분야에 투자하는 것을 선심 쓰는 것처럼 생각한다. 그들 중에서 엑슨모빌ExxonMobil은 아주 정직하게 공공연히 재생 에너지를 조롱한다.

하지만 투자 조건이 급격히 변하고 있다. GE가 에코메지네이션 Ecomagination, eco+imagination, 친환경적 상상력이라는 신사업을 구축하기로 결정한 것에 자극을 받은 BP는 2006년 대체 에너지 사업부를 출범시켰다. 비록 가스 화력 발전에 투자하는 금액을 뺀다면 60억 달러로 줄어들겠지만, 앞으로 10년간 녹색 성장에 80억 달러를 투자하게 한다는 것이다. 하지만 이는 재생 에너지 필요성을 인식해서가 아니라 BP를 위한 대안을 찾기 위한 것일 뿐이다. 80억 달러 중에서 60억 달러는 풍력, 태양 에너지, 수소 에너지에 투자하는데, 주로 미국에 투자한다. BP의 CCS 기술 개발도 이에 포함된다. 모든 석유 회사들이 어느 부분에 얼마만큼 투자할 것인지에 대해 밝히기를 꺼리는 경향이 있어서 판단하기가 어렵지만, BP는 연간 총투자액의 약 4.5퍼센트를 재생 에너지 분야에 투자할 예정이다. 그런 점에서 녹색 성장에 대한 투자액이 비록 경쟁 회사들보다는 많은 것은 확실하지만, 그래도 엄밀히 말한다면 적은 것이다.

쉘은 결코 재생 에너지 프로젝트를 포기한 적이 없다. 제로엔 판 데르 비어Jeroen van der veer 회장은 상당한 예산을 투자하여 500메가와트급 풍력 발전소를 개발하는데, 그중에는 런던 풍력 발전소London Array offshore project도 포함되었고, 박막형 태양 전지photovoltaic를 이용한 태양 에너지 연구와 캐나다와 독일 벤처 기업들과 조인하여 바이오 연료 개발에 대한 연구를 지속하고 있다고 말해왔다.

쉘은 2007년에 바이오 연료 개발을 결정한 바 있다. 그해 쉘은 2세대 바이오 연료 전문 기업인 독일의 코렌Choren Industries과 새로운 합작 기업을 출범한다고 발표했다. 코렌은 바이오매스biomass, 양적 생물 자원를 디젤로 바꾸는 가스화 공정의 선구자 기업이다. 그렇게 해서 수억 달러를 투자하여 프라이부르크에 새로운 공장을 세운 쉘은 섬유소 쓰레기를 에탄올로 바꾸는 데 성공한 캐나다의 아이오젠Iogen 사와 또 다른 벤처 기업을 시작했다. 2세대 바이오 연료에 지대한 관심을 가지고 있는 BP는 바이오부탄올bio-butanol, 에탄올보다 농도가 짙고 경제적으로 지속가능한 바이오 대체물이다을 생산하기 위해 영국 설탕 회사인 브리티시슈거British Sugar와 합작 회사를 설립했고, 그 후에는 아프리카에서 자라는 식물로서 미래의 연료라 불리는 자트로파jatropha에 관심을 가지게 되었다. 여기에서 2세대 바이오 연료의 중요성에 대해 주목하지 않을 수 없다. 1세대 바이오 연료인 옥수수, 밀, 팜유, 콩, 유채 씨, 사탕무 등은 지속가능성의 관점에서 보면 불확실성이 농후하다. 사탕수수에서 에탄올을 생산하는, 지속가능성 혜택이 잘 구축된 브라질 같은 나라를 제외하고 대부분의 석유 기업들은 1세대 바이오 연료에 투자하는 것을 조심스러워한다.

왜 그럴까? 그린피스가 탄화수소 연료를 포기하고 바이오 연료로 완전 대체하는 것을 지지하게 된 것은 8년밖에 되지 않는다. 바이오 연료가 탄소 중립적이라는 이유에서였다. 연소할 때 발생하는 이산화탄소의 양이 농작물이 성장하면서 빨아들이는 이산화탄소량을 초과하지 않는다는 것이다.

하지만 그렇게 단순한 분석에는 의문점이 생기지 않을 수 없다. 열대 지방에서 자라는 사탕수수는 유일하게 예외적인 케이스이지만, 다양한 곡물을 에탄올로 변환시키는 비즈니스는 지속가능성 문제들을 더 많이 야기해왔다. 간단하게 생각해서 전통적인 방법으로 탄소 균형을 계산해보자. 곡물 생산 과정에서 배출되는 이산화탄소 농도를 측정한다면, 재래식 석유 1배럴이 배출하는 이산화탄소량과 바이오 연료 1배럴에 의한 이산화탄소량에 큰 차이가 없다는 것을 알게 될 것이다.

그 무엇이 미국에 어떤 스캔들을 일으키고 있는 것일까? 옥수수 에탄올은 농업에 대한 정치적 선심을 기대하는 농부들에게 엄청난 환영을 받고 있다. 부시 대통령은 기후변화에 대한 반응을 보이지 않고 있고 또 앞으로도 그럴 가능성이 없지만, 에너지 안보에 관한 조치만은 확실히 취하고 있다. 중동이나 이념적으로 맞지 않는 베네수엘라 같은 나라들로부터의 석유 수입을 줄이는 것이다. 다음 선거에서 표를 얻기 위한 것으로 보인다. 부시가 2007년 국정 연설에서 밝힌 바와 같이 수백만 톤의 옥수수를 에탄올로 변환시켜 석유나 디젤의 대체물로 사용토록 한다는 것이다.

이로 인해 벌써부터 충격적인 현상들이 나타나고 있다. 지구정책연구소 소장인 레스터 브라운 박사는 2005년의 경우 미국에서만 4,100만 톤의 옥수수가 식품이 아닌 연료용으로 전환되었다면서, 앞으로 그 규모는 1억 2,000만 톤에 달할 것이라 주장했다. 그의 계산은 2017년까지 에탄올 생산을 다섯 배나 늘려 전국의 교통수단으로 소비되는 연료의 25퍼센트를 차지하겠다는 부시의 과장된 수사가 아닌, 거대한 바이오 물결에 동승할 목적으로 새롭게 건설되고 있는 에탄올 증류 시설의 수를 토대로 한 것이다.

새로운 에탄올 증류 시설 설치의 열풍이 불고 있다. 2005년 11월부터 2006

년 5월까지 9일마다 하나씩 설치된 셈이다. 2006년 7월부터 9월 사이에는 5일, 10월에는 3일로 그 간격이 좁혀졌다. 에탄올로 전환될 옥수수 양을 계산해본다면, 2005년에는 4,100만 톤이었지만 새로운 시설들이 추가됨으로써 3,900만 톤이 더 늘어나 도합 8,000만 톤에 이르렀다. 증류 시설은 앞으로 늘어날 것이 확실하다. 그렇게 되면 1년 후에 4,000만 톤의 옥수수가 더 필요할 것이다.   브라운, 2006

유럽은 미국보다는 차분하게 같은 길을 가고 있는 중이다. 영국의 모든 석유와 디젤 공급 업자들은 2008년부터 전체 판매량의 2.5퍼센트를 바이오 연료로 채워야 한다. 그렇게 하지 못하면 1리터당 15파운드라는 무거운 벌금을 내야 한다. 2007년 2월에 열린 EU 정상 회담에서의 결정에 따라 2010년에는 5.75퍼센트, 2020년에는 10퍼센트까지 올리기로 했다. 따라서 유럽 농부들은 그와 같은 시장 변화 조치에 적극적으로 대응하지 않을 수 없을 것이다. 바이오 연료 혁명에 비판적인 사람들조차 땅의 일부, 특히 10년 이상 사용하지 않은 땅을 바이오 연료 생산을 위해 사용하지 않을 수 없다고 인정할 정도이다. 하지만 여기에는 심각한 문제가 내포되어 있다. 탄소 절약이 거의 0퍼센트일 정도로 미미하고, 바이오 연료가 비싸기 때문에 사람들의 관심을 유지시키려면 정부는 할 수 없이 바이오에탄올bio-ethanol과 바이오디젤biodiesel에 대한 세금을 낮추지 않을 수 없다는 것이다. 뿐만 아니라, 조지 몬비오가 주장한 바와 같이 땅을 연료 생산을 위해 쓸 것이냐, 식품 생산을 위해 쓸 것이냐를 놓고 뜨거운 논쟁도 피할 수 없다.

영국에서 교통수단에 들어가는 석유량은 연간 3,750만 톤에 달한다. 영국에서 연료로 사용될 수 있는 가장 효율적인 식물은 유채다. 1헥타르당

3~3.5톤의 유채가 수확된다. 유채 씨 1톤에서 바이오디젤 415킬로그램을 추출할 수 있다. 따라서 경작지 1헥타르당 1.45톤의 차량용 연료를 얻는 셈이다. 바이오 연료로 승용차, 버스, 화물 트럭을 움직이려면 2,590만 헥타르의 땅이 필요하다. 영국의 경작지를 합하면 570만 헥타르에 불과하다. 유럽이 2020년에 전체 연료의 10퍼센트에 불과한 적은 비율의 바이오 연료를 사용한다 하더라도 영국의 모든 경작지를 다 이용해야 할 판이다.

몬비오, 2004

따라서 인도네시아와 말레이시아로부터 팜유, 그 밖의 다른 나라들로부터 바이오 식물을 대량으로 수입하지 않는 한 EU의 목표는 도저히 지켜질 수 없는 것이다. 또 그 식물들로 바이오 연료를 만드는 과정은 악몽이 아닐 수 없다. 인도네시아는 바이오 연료를 위해 원시림을 야자 숲으로 개간하고 있다. 유엔환경계획은 2020년이 되기 전에 수만 가지 식물과 동물이 살고 있는 인도네시아 원시림의 98퍼센트가 사라질 것으로 예상한다. 말레이시아에는 아직 희망이 있다. 정부가 원시림 보호에 관한 법을 준수하고 있어서, 숲에 불을 놓아 경작지를 개간하는 행위를 엄격하게 금지하고 있기 때문이다. 하지만 그러함에도 불구하고, 매년 야자와 같은 농작물을 키우기 위해 말레이시아 원시림의 0.7퍼센트가 파괴되고 있는 실정이다. 관련 기업들과 RSPO Roundtable on Sustainable Palm Oil, 지속가능한 팜유에 관한 원탁회의를 창설한 NGO들의 노력과 관심이 시급하다. 산업계 전반이 참여하여 보증하는 계획을 실시하여 팜유를 과잉 생산하지 못하도록 감시해야 할 것이고, 생산자들은 보다 책임감을 가지도록 독려해야 할 것이다.

그러함에도 불구하고 현실은 매우 비관적이다. 정치인들은 매우 편리해 보이는 기술적인 해결 방법을 향해 앞으로 내달리고 있다. 화석 연료와 자동차 배출 가스가 문제라면 자연에서 탄소 중립적 연료를 얻어 사용하면 된다는 것이다. 그 어떤 시스템의 관점에서 살펴봐도, 집약적 생산 방식이 의존해온 진정한 탄소 균형에 대해서는 진지한 토론이 이루어지지 않았다. 새로운 '그린골드green gold'를 충족하기 위해 앞으로 매진하는 다른 나라들에 대한 영향력에 대해서는 구태여 언급할 필요가 없다. 네덜란드 수리연구소 Delft Hydraulics가 2007년 발간한 보고서는 팜유를 생산하기 위해 인도네시아 원시림이 불에 태워짐으로써 숲에서 뿐만 아니라 불에 그슬린 땅에서 엄청난 양의 이산화탄소가 발생한다고 지적했다. 팜유 1톤을 생산하는 과정에서 33톤의 이산화탄소가 대기로 방출된다는 것이다. 이는 석유나 디젤에 의한 방출량의 열 배에 달하는 양이다.

정치인들은 틀림없이 이 재앙을 '의도하지 않은 결과'라 표현할 것이다. 하지만 사실은 그렇지 않다. 이런 종류의 시장 변화를 감시할 적절한 시스템이 도입되었더라면 얼마든지 예측할 수 있었던 것이다. 땅을 연료를 위해 사용해야 하느냐 식물 경작을 위해 사용해야 하느냐를 놓고 순수한 마음으로 공동 연구와 분석이 실시되었더라면 바이오 연료에 대한 집착으로 인한 의도하지 않았던 사회·경제적 영향이 드러났을 것이다. 미국에서는 이미 옥수수 가격이 두 배로 치솟았는데, 이로 인해 미국으로부터 엄청난 양의 옥수수를 수입하는 멕시코는 큰 타격을 받고 있다. 식품 부족으로 인한 폭동이 잦아진 것이다. 미국은 전 세계 옥수수 수출양의 70퍼센트를 담당한다. 옥수수와 밀 비축량이 30년 이래 최저 수준이다. 지난 7년 중 6년 연속으로 곡물 생산이 수요를 따라 잡지 못하고 있다. 옥수수와 밀이 앞으로 10년 후의 가격으로 거래된다고 해서 이상할 것이 하나도 없다.

하지만 이 정도로 사태가 해결된다고 생각할 수 없다는 것이 문제이다. 농산물 가격이 치솟으면, 에탄올 생산 시설을 위한 보조금을 준다하더라도 농부들은 당연히 연료 생산보다는 식품을 위한 농사로 되돌아올 것이다. 그렇게 되면 에탄올 정류 시설을 위한 수십억 달러가 집행되지 못할 것이다. 1세대의 '바이오 연료 거품'이 도래하여 10년도 되지 않아 사라지면, 2세대 바이오 연료가 그 공백의 일부를 메울 것이다. 바이오 연료의 재료는 농작물이기보다는 농산물·삼림 쓰레기, 혹은 밀짚이나 지팽이풀switchgrass이다. 땅에 어떤 작물을 심을 것인가라는 논쟁이 있겠지만 1세대 바이오 연료 때처럼 단도직입적이지는 않을 것이고, 2세대 약진을 통해 근본적인 지속가능성의 장점을 기대할 만한 토대를 발견하게 될 것이다.

우리가 1세대 바이오 연료에서 취할 수 있는 것은 '연착륙'에 가깝다. 잠재적 요인들을 종합하면 보다 비관적인 시나리오가 제시될 뿐이다. 미국에서 밀과 옥수수 경작지가 바이오 연료 시설로 전환되는 속도가 더욱 탄력을 받으면서 세계적으로 곡물 비축량이 바닥을 드러낼 가능성, 신흥 경제 강국으로 부상하고 있는 중국 같은 나라들에서 점점 더 밀을 많이 먹게 된다는 사실, 세계 곡창으로 군림하는 국가에 기후변화로 인한 자연 재앙이 닥쳐 곡물 거래가 바닥을 칠 가능성, 그로 인해 2~3년간 곡물가가 폭등할 가능성, 또한 전 세계적으로 식품 가격이 폭등할 가능성, 그로 인해 원조나 보조형 수입으로 연명하던 가난한 나라들이 국민에게 식품을 공급해주지 못할 가능성이 그것이다. 최소한 8억 5,000만 명이 기아와 영양실조로 고통 받는 상황에서 바이오 연료라는 금광을 찾다가, 빈곤에 처한 사람의 수를 2015년까지 절반으로 줄이겠다는 유엔 밀레니엄개발목표는 사라지고 이 땅에는 다시 기근이 엄습하는 사태가 발생할 것이다.

내가 자아도취나 종말 판타지에 빠져 있는 것처럼 보이는가? 그럴지도 모른다. 유럽, 미국, 인도 같은 나라의 집권층 사람들에게 식량 확보에 관한 의견을 제시할 생각도 해볼 수 있을 것이다. 그들은 1970년대에 유행한 신맬서스주의Neo-malthusianism, 원래는 피임과 낙태를 통해 인구를 제한한다는 의미였지만, 지금은 인구가 과잉으로 증가하면 자원 고갈과 환경 파괴가 발생하여, 이로 인해 생태계 붕괴를 비롯한 재앙으로 지속가능할 수 없다는 이론-역자 주의 허구를 전혀 이해하지 못하기라도 한 것처럼, '식품 확보'를 퇴행적으로 받아들인다. 하지만 나는 아주 설득력 있는 제안이라 생각한다. 에너지 집중 생산 시스템에서부터 글로벌 공급망과 중앙 집권적 유통 시스템에 이르는 오늘날의 식품 체계는 석유에 크게 의존한다. 석유에 대한 현대 농업의 전적인 의존을 당연하게 생각하고, 석유를 미래에도 영원히 의존해야 할 대상이라 생각한다. 하지만 각국 정부들은 '피크오일'의 순간이 그리 멀지 않다는 사실, 그때부터 공급과 수요라는 시장 법칙에 따라 가격이 형성된다는 사실을 잘 알고 있다.

그렇게 되면 식량 에너지 1칼로리 생산을 위해 화석 에너지 10칼로리가 필요한 현재의 생산 시스템의 엄청난 비효율성이 드러날 것이다. 혼합 비료와 화학 제품의 가격은 급등할 것이고질소 비료는 2003년 이래 벌써 두 배나 뛰었다. 식량을 플라스틱으로 포장하는 데 드는 비용 역시 급등세를 보일 것이다. 외국에서 식품을 많이 수입하는 국가들은 물류비 상승으로 인해 난처한 상황에 처할 것이다영국에서 소비되는 식량의 3분의 1은 수입된 것이다. 영국은 EU 국가 중에서 식량 자급률이 가장 낮은 국가에 속한다.

정치인들은 문제점을 개별적으로 보는 성향을 가진다. 체계적이요, 다인적multifactoral으로 보지 못한다. 땅에 농작물을 심을 것인가 아니면 연료 생산용 식물을 재배할 것인가라는 문제, 에너지 수요가 공급을 앞지르면서 발생할 석유와 에너지 가격의 상승, 기후변화로 인해 농산물 생산에 큰 타격이 발생할 가능성 등을 지역적으로, 또 세계적으로 생각해보면 그 어떤 경우에도 동시적 실패를 피할 수 없을 것으로 보인다.

중국은 식량 안보를 가장 중요한 정치적 사안으로 생각한다. 그들은 20

세기 중국 대륙을 강타한 끔찍한 기아에 대한 기억을 생생하게 간직하고 있다. 중국 정치인들이 기후변화에 그렇게 민감한 것은 농업 생산성에 타격을 줄 가능성이 높기 때문이다. 중국에서의 곡물 생산은 이미 심각하게 줄어들기 시작하여, 1998년부터 2005년 사이 9퍼센트나 감소했다. 1파인트0.57리터에서 1쿼트1.11리터를 빼낼 수는 없지 않은가. 자연계는 한계를 안고 있다. 집중 생산 방식으로 일시적으로 많이 짜낼 수는 있겠지만, 얼마 되지 않아 장기적으로 적절한 대가를 치루지 않는 방식은 유효하지 않다는 진리를 깨닫게 된다. 한 시스템에 집중했다가 다른 시스템에 집중하게 되는 경우에도, 얼마 지나지 않아 장기적으로는 유효하지 않다는 사실을 인지하게 된다. 영국이 바이오 연료 수입을 늘리면 늘릴수록, 기록으로는 영국의 이산화탄소 배출 상황이 개선되는 것처럼 보일 것이고, 그로 인해 정치인들은 찬사를 받을 것이다. 하지만 전 세계적으로 놓고 보면 상황은 악화되고 있는 것이다.

바이오 연료가 해결책이 아니라면 원자력이 해답이라는 말인가? 기후변화의 위협을 인식하기 시작한 정치인들은 원자력 발전에 관심을 쏟기 시작한 것으로 보인다. 하지만 앞으로 수년 내에 급격한 사태 변화가 일어나지 않는 한, 원자력 발전은 과도한 비용, 특히 원자로 설계 비용, 핵폐기물 처리, 폐로廢爐 등의 문제를 떨쳐버리지 못한다. 그 외에도 두 가지 사안이 부각되고 있다. 기회비용과 안보가 그것이다.

모든 자료를 종합해볼 때 2001년 9월 11일 테러리스트들에게 납치된 여객기 중의 한 대는 충돌하기 전에 원자로를 향해 날았던 것으로 알려져 있다. 안전이 확보되지 못한 세상에서 원자력 시설의 위험성에 대한 염려를 증폭시킨 사건이다. 정부 기관들은 이런 사실이 언론이나 사회에 널리 퍼져 나가지 않도록 신중에 신중을 기했지만 잠재적 테러리스트들로부터 원자력 시설을 보호할 책임이 있는 사람들은 매우 걱정하고 있다.

용이하게 캐낼 수 있었던 화석 연료가 줄어들고, 또 인류가 배출하는 이산화탄소를 비롯한 온실 가스를 처리할 공간이 줄어들면서, 성장을 지향하는 세계에서의 원자력 발전의 장점과 단점을 별도로 상세히 설명해야 마땅할 것이다. 내 말에 동의한다면, 영국 지속가능발전위원회의 홈페이지 www.sd-commission.org.uk에 들어가 2006년 3월에 발간된 〈원자력이 해답인가?Is nuclear the answer?〉라는 제목의 보고서를 다운받아 읽어보는 것이 좋다. 그 보고서는 간단명료하게 '노No'라고 결론 내렸다. 원자력 발전은 영국에 어울리지 않고, 또 다른 나라들에도 적합하지 않다는 주장이다. 경비, 투자 불확실성, 핵 원료와 폐기물 처리, 핵 확산, 심각한 안보 문제 등을 고려하면, 원자력 발전은 미래 에너지 경제에 도움을 주지 못한다는 것이 나의 신념이다.

원자력 발전에 투자할 사람들에게 최악의 시나리오는 테러리스트가 집에서 만든 조잡한 핵폭탄을 사용함으로써 핵에 대한 신화가 완전 박살나는 것이다 얼마든지 가능하다. 소량의 고농도 우라늄만으로도 도시 하나를 폭삭 주저앉힐 수 있다. 또 러시아는 소련 정부 때부터 엄청난 양의 핵무기를 불완전한 시설에 보관해두고 있는 실정이다. 2007년 1월 FBIFederal Bureau of Investigation, 미국 연방수사국는 비밀 작전을 펼쳐, 순도 90퍼센트의 우라늄 3킬로그램소형 원자탄 하나를 만들 수 있음을 과격 이슬람 단체에 판매하려던 러시아 사업가를 조지아 주에서 체포했다고 발표한 적이 있다. 이와 같은 초대형 테러에 대한 안보 전문가들의 우려는 점점 더 커지고 있다.

그래서 재생 에너지를 사용해야 한다는 것이다. 풍력, 태양열 발전, 수력발전, 조력 발전, 바이오매스와 바이오 연료, 그리고 재생 에너지로 수소를 생산할 수 있다면 수소 등이 그것이다. 제10장에서 설명하겠지만, 이와 같은 것들은 지금까지는 의심할 여지도 없이 지속가능성 관점에서 보면 가장 탁월한 선택이다. 따라서 세계의 정치인들은 재생 에너지를 별 볼 일 없는 틈새시장 정도로 무시하지 말고, 아주 가깝게 다가온 인류의 미래를 결정한다는 마음으로, 재생 에너지에 투자해야 할 것이다. 또 사실이 그러하다.

하지만 재생 에너지 역시 유효성, 단절성, 순수 에너지 회복, 신뢰성 등 태생적 한계를 벗어나지 못한다. 재생 에너지는 어떤 상황에서도 석유나 가스처럼 쓰일 수 없다.

경제 확장에만 신경을 쓰는 정치인들에게 상당한 용기가 없는 한 이와 같은 주장을 받아들이기는 참으로 어려울 것이다. 인류의 삶의 모든 면면이 변할 것인데, 바로 그 변화가 그리 머지않았다는 것을 인정해야 하기 때문이다. 충격적인 사실은 정치인들이 그 피할 수 없는 변화에 전혀 대비를 하지 않는다는 것, 그리고 유권자들에게 그런 사실을 알려주지 않는다는 것이다.

여기에는 그럴 만한 이유들이 널려 있다. 2015년을 정치적으로 중요하게 생각한다는 사실과, 1970년대에 등장한 이 골치 아픈 문제를 제기했다가 정부가 산업계 거물들의 공격을 계속해서 받을 때에 감수해야 될 신뢰 상실, 딕 체니 미국 부통령의 "에너지 보존은 개인적인 문제이지 정상적, 종합적 에너지 정책으로는 적합하지 않다"는 말에서 알 수 있는 바와 같이 부시 행정부가 이에 대한 공개적 논의에 극렬하게 반대했다는 사실 등이 그것이다. 하지만 나는 그들이 반대하는 가장 중요한 이유로 석유 저가 시대의 종언이 지금은 아주 파괴적인 것으로 드러난 경제 성장의 종말을 의미하고, 저렴한 석유에 의한 빠른 경제 성장, 높은 생활 수준, 현대적인 삶, 이기적인 삶의 스타일을 상징하는 역사적인 시대의 종말을 의미하기 때문이 아닌가 하고 생각한다. 그런 시대가 오는 것을 두려워한다는 것이다. 어느 나라, 어느 정당이나 정치인들에게는 아주 결정적인 순간이 찾아올 것이다. 지난 60여 년 동안

전통적 경제 성장과 저렴한 석유는 짝짜꿍이 되어 행진해왔다. 하지만 앞으로 몇 년 되지 않아, 그들은 자신들의 마지막이 다가온다는 것을 깨닫게 될 것이다.

Chapter
04

○

지속불가능한 자본주의

오늘날의 긍정주의자들은 지속가능한 경제를 구성하는 데 있어서 자유 시장이 우리가 사용할 수 있는 가장 강력한 도구를 제공해주었다고 확신한다. 오늘날의 비관주의자들은 자유 시장이 오늘날의 경제와 관련하여 모든 면에서 지속불가능성과 깊이 관련되어 운영되고 있다고 생각한다. 하지만 자유 시장전혀 자유스럽지 않을 때가 많다은 자본주의 경제의 일면에 불과할 뿐이다. 자본주의 경제에는 이윤 추구, 거래, 경쟁성, 사유 재산 같은 요인들이 포함된다. 이 장에서는 자본주의의 일부 기본적인 특성들을 통해 몇 가지 가설들을 가늠해보고자 한다. 지속가능한 사회를 달성하는 데 있어서 불가피한 장애 요인은 없는지, 사람들이 '야만적 자본주의', '살인자 자본주의', '패거리 자본주의', '신자유 자본주의' 등으로 정의한 자본주의의 이 특별한 표현을 다듬고 수정하는 데에는 문제가 없는지에 대해서 말이다. 적당한 답이 떠오르지 않지만, 이 장에서는 제1부와 2부에서 연구할 내용에 대한 이론적 토대를 충분히 제공해줄 것이다.

자본주의와 지속가능성

지속가능한 발전에 관한 주류적인 정치와 비즈니스 논쟁에 접근해보면 핵심적인 의문점인 '자본주의와 지속가능성은 상호 배타적인가?'라는 질문은 거의 다루어지지 않는다. 사실 그런 걸 물어서는 안 된다는 분위기이다. 자본주의 세계에서는, 크거나 작거나 산업은 자본주의 시스템 안에서 부를 창출하며, 정치인들은 경제 안정성 확보와 경제 웰빙 극대화를 위해 그러한 자본주의적 시스템들을 운영할 책임을 진다. 넓은 의미로서의 거시경제 틀 안에서 목적으로서의 지속가능성을 성취할 수 없다면, 그것은 요즘의 정치인들과 사업가들이 자신의 모든 것을 내던져 성취할 만한 목적일 수 없는 것이다. 이러한 상황에서도 지속가능성이 궁극적으로 타협할 수 없는 절대 조건이라는 사실이 외에는 생물학적으로 '멸종'이라 부르는 지속불가능성밖에 없다은 앞으로도 지속적으로, 그리고 의도적으로 무시되거나 부인될 것이다. 심지어 영국의 진보적인 좌파와 중도 정당들, 미국의 민주당으로부터도 그런 대접을 받을 것이다.

하지만 이는 반드시 제기되어야 할 문제이다. 정치적으로 활발하게 움직이는 환경주의자이거나 사회 정의를 위해 뛰는 운동가라서 이에 대한 대답이, 자본주의는 그 정의가 어떻게 내려지건 간에 본질적으로 지속불가능하다는 상호적으로 배타적인 결론이 내려진다면, 그 사람에게는 자본주의 전복을 위해 모든 정치 역량을 동원하는 것만이 도덕적으로 취할 행동일 것이다. 자본주의 시스템에는 지속가능성이 불가능한 목표라는 것을 뒷받침할 만한 구조적, 본질적 특성이 존재하지 않고 완전히 조화를 이룰 수 있다고 생각한다면, 자본주의 시스템 안에서, 그리고 자본주의 시스템을 통해 지속가능한 발전, 즉 지속가능성의 목적을 달성하는 통로를 추구하는 것이 도덕적으로 취할 행동인 것이다. 자본주의 그 자체가 아닌, 자본주의의 특정 모델인 일정한 조건하에서나 조화를 이룰 수 있다고 생각한다면, 그때에는 지속가능성과 조화를 이루지 못하는 현재 자본주의의 특성을 변화시키는 것이 효율적인, 즉 능력 있는 환경주의자 혹은 사회 정의 운동가의 도덕적, 정치적 선결 조건인 것이다.

전통적인 녹색의 관점에서 본다 하더라도, 이와 같은 탐구에 논쟁이 따라붙는 것이 당연하다. 녹색당들, 그리고 다양한 녹적綠赤 연합을 통해 녹색 주창자들은 엄격한 정당 정치적 중립을 외치면서도 우리와는 정치적으로 공감하는 지구의 벗과 그린피스를 통해 역사적으로, 때로는 노골적으로, 때로는 묵시적으로 우파보다는 좌파 쪽으로 치우쳐왔다. 그 세월 동안 정부의 정책 수단이 넓어져서 세금, 거래제, 인센티브 등 다양한 시장 중심 메커니즘이 그 안에 반영됨에 따라, 어떤 녹색 운동가는 이에 적극적으로 적응하는 태도를 취했고, 또 어떤 이들은 그런 정부에 대한 의심을 포기하지 않았다. 모든 녹색 활동가들은 '자본주의를 괴롭히는 악마들과 술 한잔하는 자들'이라는 비난을 들어왔다. 그중에는 나도 포함된다. 네덜란드 네이메헌 대학교Nijmegen University의 정치학 교수인 마르셀 비센부르크Marcel Wissenburg 가 주장한 것처럼 의견 차이의 간격은 깊기만 하다.

경제 자유주의에 대한 녹색 진영의 비판 중에서 이해할 수 없는 것 중의 하나는, 그들 중의 일부는 경제 자유주의를 '환경적 악의 원천'이라고 보는가 하면 또 어떤 사람은 그것을 '해결책'으로 생각한다는 점이다. '좌파적인' 일부 녹색 진영은 사유 재산, 자유 시장의 조건, 자본주의와 지속적인 경제 성장 추구가 일반적으로 환경 악화의 원인일 경우가 많거나 아니면 결정적인 요인이라고 주장한다. 그와는 반대로 우파, 특히 자유주의자들은 국가 간섭으로 자유 시장이 녹색 시장으로 성장하지 못한다고 주장한다. 재산권과 재산 사용권에 대한 개념이 보다 잘 정의될 수 있다면 개인은 자연의 훼손과 남용에 대한 권리를 보다 잘 보호받게 될 것이고, 자유 시장의 메커니즘을 통해 필요한 만큼만 자연 자본을 사용할 수 있는 길이 열리게 될 것이다.

비센부르크, 1998

녹색 철학자들과 정치학자들의 과반수는 지속가능한 사회가 자유적인, 자본주의적인 사회보다는 필히 사회주의적인 사회에 가까울 것이라는 소신을 유지하고 있다. 성장을 목적으로 한 성장, 축적, 약육강식의 경쟁성, 포악한 개인주의 등 자본주의의 일부 동력 요인들이 지속가능성 성취에 결정적인 장애 요인은 아닐지라도 주요 방해 원인이라는 것이다. 이 핵심적인 가설을 연구하기 위한 시도는 거의 이루어지지 않고 있었는데, 비센부르크가 '녹색 자유주의green liberalism'란 개념으로 가장 포괄적인 견해를 밝힌 것이다.

정치적 자유주의의 핵심 이론과 글로벌 녹색 운동을 뒷받침하는 다양한 철학 이론을 비교하는 수고를 거친 비센부르크는 지속가능성과 자유주의, 특히 사유 재산과 소비에 관한 이슈들에서 발생하는 다수의 주요 갈등 요인들을 찾아냈다. 연구를 통해 그는 지속가능성의 추구와 정치적 자유가 근본적으로 조화를 이룰 수 없다는 가설에서 빠져나왔다. 그의 주장은 인간 본성을 통제하고 인간 행동을 지시하는 준準파시즘적인 사회라야 참다운 지속가능한 사회가 될 수 있다는 허위 주장에 적극적으로 대처하지 못하는, 점점 그 수가 늘어나는 지식 없는 평론가들의 생각과는 정면 배치되는 것이다. 하지만 지속적으로 늘어가는 필요·욕구와 제한적인 자원·시스템 한계의 충돌을 직시한 비센부르크는 자유주의적 입장의 한계를 들추어냈다. "기업, 어린이, 음식, 테크놀로지, 여행과 그 밖의 하찮은 것들을 추구하는 인간의 욕구는 개인적인 문제라서, 기술적으로는 가능할지 모르지만 통제는 허용될 수 없는 것이다."

허용될 수 없는 것! 이런 상황에서 90억 인구가 하찮은 것들이나 탐닉하고, 뚱뚱해지며, 툭하면 세계 여행을 하고, 슈퍼 자동차 캘리포니아 모델을 몇 대씩 소유하는 행태가 지속된다면 생태계적인 나락까지는 얼마 남지 않았다고 장담할 수 있다.

이런 점을 고려할 때, 이 시점에서 한 가지 분명한 사실을 적시할 수 있다. 오늘날 우리가 알고 있는 바와 같이, 자본주의는 애매모호하게 지속가능성을 흉내만 내는 그 어떤 것과도 조화를 이루지 않는다는 것이다. 세계 경제를 통해 지속적이고 무자비하게 자연 자본이 고갈된다는 사실이 바로 그 증거이다. 빈부 격차의 확대, 경제적 착취, 하루 2달러 미만으로 생존을 유지하는 인구가 20억 명을 넘는다는 냉혹한 현실 등 현대 자본주의로 인해 증가하는 사회적 외연성은 그러한 물리적 증거들을 몇 배로 늘려놨다.

솔직하게 이런 식의 주장을 한다고 해서 무조건 반자본주의자라고 깎아내려선 안 될 것이다. 사실 현대 자본주의에 대한 다수의 비판은 인류의 웰빙 증진을 위해서는 자본주의가 최상의 유일한 이념적 옵션이라는 강한 신념을 가진 자들로부터 비롯된 것이다. 하지만 현재 자본주의가 안고 있는 문제점들은 자본주의에 대해 회의적인 비판자들이 제기하는 진실마저 흐려놓기 시작했다. 조지 소로스는 여러 번 다음과 같은 말을 한 적이 있다.

나는 금융 시장에서 돈을 벌었지만, 지금은 자유방임적인 자본주의가 무제한적으로 강화되는 것, 그리고 시장 가치가 삶의 모든 영역으로 확산되는 것에서 개방적인 민주 사회가 위험에 처해 있다는 두려움을 느낀다. 나는 개방 사회의 최대의 적은 더 이상 공산주의가 아닌 자본가들로부터의 위협

이라 생각한다. 소로스, 1997

  자본주의의 근본적인 특성, 즉 자본주의의 모든 특성에서 찾아볼 수 있는 일반적 특성들과, '본질적으로 지속불가능한' 특성, 그리고 문제점들을 바로 잡을 수 있는 능력들에 관해서는 사람에 따라 각기 다른 의견을 가질 수밖에 없다. 다양한 나라에서 지속적으로 발표되는 비교적인 데이터에 의하면 자본주의를 대신할 수 있는 대안적 모델에 따라 주요 사회 및 경제 문제에 대해 전혀 다른 결과가 산출될 수 있음을 알 수 있다. 일례로 서턴트러스트Sutton Trust가 런던정치경제대학교의 위탁으로 2005년 실시한 사회 이동성에 관한 연구 결과는 영국, 미국, 그리고 독일이나 캐나다, 스칸디나비아반도 국가들에 관한 자료에 큰 차이가 있음을 보여주고 있다. 사회 이동성은 한 나라가 불평등을 관리하고, 기회균등성의 개입시켜 극빈자의 교육 투자를 통해 그들도 가난을 극복하여 언젠가는 물질적인 번영을 누릴 수 있다는 실행 가능한 약속을 제시하는 능력의 지표다.

  이 연구 결과는 영국과 미국의 사회 이동성이 현저하게 낮다는 것을 지적한다. 영국과 미국은 연구에 포함된 그 어떤 나라보다 신자유주의, 자본주의의 자유 시장적인 방향을 옹호하고 실행해왔다. 영국의 경우 노동당 정권이 들어서 교육에 대한 투자를 대량으로 늘리기 시작한 지 8년이 지났음에도 여전히 사회 이동성이 하락하고 있다. 미국의 사정은 더욱 좋지 않다. 부유한 가정에서 태어난 아이가 성장하여 상위 5퍼센트 부자층에 들어갈 확률이 22퍼센트인데 비해 가난한 가정 출신의 아이는 1퍼센트에 불과하다. 하지만 미국인들은 그렇게 생각하지 않는다. 정기적으로 발표되는 설문 조사 결과에 의하면 미국인의 75퍼센트가 열심히 일하면 누구라도 부자가 될 수 있다고 믿는다는 것이다.

정의定義에 의한다면, 사회 이동성에 관한 증거가 어떠하든지 간에 시장 중심 경제만이 민주주의와 조화를 이루는 경제 시스템을 제공한다는 점에서, 그리고 민주주의가 인류 지속가능성의 필수적인 전제 조건이라는 강력한 주장을 설명할 수 있다는 점에서, 지속가능한 경제는 시장 중심 경제가 되지 않을 수 없는 것처럼 보인다. 그렇다고 해서 자본주의만이 미래를 위해 지속가능한 사회를 창출할 수 있는 잠재력을 갖춘 유일한 경제 시스템이라는 의미는 아니다. 여기에서는 비자본주의 실행성을 연구할 생각이 없다. 지속가능성에 관련지어서는 그 어떤 것보다 자본주의의 생존 능력이 실용적인 탐구 영역이다.

이러함에도 불구하고 대안으로 공산주의를 추구하고자 하는 움직임이 거의 없다는 점이 흥미롭다. 예상할 수 있는 바와 같이, 예전 동구권 국가들에도 녹색 정당이 소수가 있었던 것은 사실이지만, 공산주의와 지속가능성은 마치 이념적으로 대치되는 것인 양, 자본주의와 지속가능성보다 훨씬 더 부조화적이다. 경제학자인 머리 페시바흐Murray Feshbach와 앨프리드 프렌들리Alfred Friendly가 1992년에《소련에서의 환경 파괴 : 포박당한 건강과 자연 Ecocide in the USSR : Health and Nature Under Siege》을 출간한 이래 꽤 오랜 시간이 흘렀고, 그 후에 발굴된 모든 증거들이 공산주의 시절의 러시아와 그 동맹국들에서 이루어진 환경 파괴의 규모와 심각성을 확인시켜주고 있다.

그러한 것이 인간적으로 그리고 재정적으로 미친 영향은 경악스러울 정도라서 오늘날의 글로벌 자본주의에 대한 가혹한 비판자들조차 공산주의를 전혀 대안적인 방법이라 생각하지 않고 있다. 영국 녹색당 대변인이었던 마이클 우딘Michael Woodin과 녹색당 대표인 캐럴라인 루카스Caroline Lucas는 자신들의 공저《세계화에 대한 녹색 대안책Green Alternatives to Globalisation》(2004)을 통해, 공산주의는 말할 것도 없고, 국유화와 중앙 계획 혹은 지휘 및 통제적인 사회주의로의 회귀보다는 지역화의 과정에 희망을 두는 시장 중심 경제의 규모 조정에 기대를 걸고 있음을 피력했다.

나중에 규모에 대해 상술하겠지만, 자본주의와 정말로 지속가능한 경제 확립 사이의 근본적인 불일치를 검증하기 위해서는 먼저 자본주의 시스템의 일부 특성에 대해 알아보는 것이 필요하다. 지금부터 시장, 이윤, 사유재산, 자유 무역에 대해 설명하고자 한다.

시장

시장은 자본주의가 출현하기 훨씬 이전부터 존재해왔다. 지금도 시장은 자본주의 없이도 얼마든지 존재할 수 있으며, 또 존재하고 있다. 하지만 그 반대는 아니다. 자본주의는 상품과 서비스를 교환하기 위한 주요 메커니즘인 시장 없이는 존재할 수 없다. 시장이 진정한 의미에서 완벽한 자유가 보장된다고는 말할 수 없지만 자원 분배를 목적으로 가장 효율적인 체계를 제공한다는 주장은 거의 누구라도 동의하고 있는 사실이다. 폰 바이츠제커 Ernst von Weizsäcker가 말한 것처럼 시장이 공동체나 반듯함, 아름다움, 정의, 지속가능성과 신성함을 성취하기 위한 존재는 아니겠지만, 진실로 지속가능한 거시 경제적 틀 안에서 운영되는 적절히 규제받는 시장이 자원 분배를 위해 지속적으로 가장 효율적이고 지속가능한 메커니즘이 될 수 없다고 말할 근거는 없는 것이다. 뿐만 아니라 적절히 규제받는 시장 안에서의 경쟁이 모든 자본가 경제capitalist economy들이 지향하는 독과점으로 흘러가는 것을 막아주는 역할을 한다는 것도 잘 알려진 사실이다.

일례로 진실로 지속가능한 경제의 가장 중요한 특성 중의 하나가 가장 적게 에너지와 원자재를 사용하면서 유용성을 극대화하는 것이라면, 시장 경제의 모든 면에서 '보다 적게 쓰면서 더 많은 것을 끌어내는 것more-fromless'의 실행 정착에 대해 진지한 사고가 있어야 당연하다. 모든 근거를 동원하여 생각해보아도, 지휘와 통제라는 규제로는 그와 같은 결과를 도저히 얻어낼 수 없다. 일단 효율 기준이 하달되면, 그 이상을 달성하는 것으로 인한 경제적 인센티브가 없기 때문에 지속적인 효율 향상 가능성은 사라지게 되는 것이다. 하지만 에너지와 자원 사용에 대한 참다운 가치가 반영되는 방식으로 가격이 정해진다면, 소위 공정한 경쟁의 장에서 활동하는 생산자들 간의 경쟁은 지속가능성의 추구뿐만 아니라 그와 관련된 필요한 부분들과도 조화를 이루게 된다. 나중에 상술하겠지만, 자본주의의 도구와 원리는 기업과 개인의 행태를 변화시키는 데 도움이 되는 도구들을 적절히 혼합하는 방법을 찾는 정치인들에게 엄청난 유익을 안겨준다.

하지만 사회 제도로서의 시장은 지난 25년 동안 신자유적 혁명을 지지하는 상징적 역할을 해왔다. 시장은 교환과 자원 배분의 효율적인 메커니즘일 뿐만 아니라, 국가 사회주의, 중앙 집권적인 지휘와 통제의 엄청난 공포에 대항하는 이념적 도구로 승격되어왔다. 인간 욕구가 점차 다양해지고 복잡해지는 것을 조정하기 위한 가장 효율적인 방법으로서의 시장 이념은 마거릿 대처와 로널드 레이건의 극단적 신자유주의가 퇴각하기 시작한 지 오랜 세월이 흘렀음에도 자본가 경제 안에 막강한 정치력을 유지하고 있다. 그들은 일종의 사회적 목적을 확보하기 위해 '적절히 규제받는 시장'의 의미에 관한 모든 종류의 의문에 대한 답을 추구하고 있다. 그렇다면 누구에 의해, 어떤 메커니즘을 사용하여 어느 정도의 활동 규모에서, 어떤 사회 혹은 경제 결과를 성취하기 위한 규제란 말인가? 하지만 이러한 것들은 이차적인 이슈들에 불과하다. 본질적으로 시장을 통해 상품과 서비스를 거래하는 행위는 지속가능성을 추구하는 한 문제될 것이 없다. 오늘날의 지속가능성 위기에 대해 온갖 종류의 새로운 시장 중심 해결책이 등장하는 것에서 사실적으로 드러나는 바와 같이, 탄소 거래를 위한 세계 시장을 위한 제안에서부터 시장 원리 그리고 상호 의존성과 협력의 원리에 의존하는 농부의 시장과 지역 화폐제 Local Exchange and Trading Scheme : LETS, 지역적으로 시작된 민주적인 비영리 공동체 조직으로 'LETS 크레디트'란 통화를 사용하여 멤버들 간에 상품과 서비스를 거래할 수 있도록 공동체 정보와 기록을 제공하는 시스템-역자 주 같은 지역 시스템에 관한 것까지 그 해결책은 다양하다.

이와 같은 포괄적인 접근 방법은 심지어 세계화 반대에 앞장서는 사람들의 글에서도 나타난다. 환경 운동가 조지 몬비오는 2001년 4월《가디언 The Guardian》에 게재한 글에서 일정한 조건만 지켜질 수 있다면 시장 자유가 지속 가능성 추구의 점차 중요한 부분으로 부각될 수 있다는 의견을 개진했다.

순수한 자유 시장은 힘이 있는 사람들이 마음대로 다른 사람들의 경제생활을 쥐어짤 수 있는 것이 아닌, 모든 사람들에게 자유스러운 것이어야 한다. 다시 말해서 자유의 존재 조건은 효율적인 규제라는 것이다. 이는 무정부주의자나 신자유주의자들이 주장하는 것처럼 국가가 약해져야 한다는 것이 아니라, 오히려 강해져야 한다는 것을 의미한다. 생산자와 소비자는 쓰레기를 다른 사람이나 환경에 내다 버리는 것이 아닌, 자신의 경비로 처리하도록 규제되어야 하는 것이다. 근로자·소비자·생태계의 보호, 그리고 무역 보호주의의 차이를 구분할 수 있어야 한다. 즉, WTO가 정한 합의문 같은 것은 파기되어야 하는 것이다. WTO는 인류와 환경 보호를 위해 최대한의 기준을 정하기보다는 다국적 기업들이 무역 허락을 받기 전에 준수해야 할 최소한의 기준을 마련해야 한다.   몬비오, 2001

이윤

자본가 경제에서의 부 창출의 근본 목적은 이윤을 발생시키는 것이다. 인간의 욕구 충족을 위한 생산과는 달리, 이윤을 위한 생산은 자본주의와 공산주의를 가르는 고리타분한 이념적인 요인들 중에서도 가장 단순한 것이다. 일부 사회주의자들과 과격한 녹색 운동가들은 태생적으로 파괴적 성향을 가진 자본주의의 심장 속에는 여전히 '이윤 동기'가 자리 잡고 있다고 주장한다. 이와는 반대로 다수의 주류 환경 및 공동체 개발 조직들은 1970~1980년대보다는 덜하지만 여전히 이윤이라는 개념의 정의에 신중한 편이다. 제3장에서 이미 설명한 바 있지만, 이윤 극대화를 위한 충동 때문에 일부 기업들은 법망에 걸리지 않는 한 외부에 생산 경비를 부담시키는 외부 효과를 통해 경비를 최대한 절감한다. 캐나다 변호사인 조엘 바칸Joel Bakan은 2004년에 발표한 《기업의 경제학 The Corporation》이라는 저서에서 현대 기업들이 '외부 효과 기구externalizing machine'인 이유를 설명했다. 주주들에 대한 법적인 위치와 수탁자의 의무 때문에 기업들은 법률의 틀 안에서 주주들을 위해 이윤을 극대화시킬 법적인 책임을 져야 한다는 것이다.

기업이 다른 사람들에게 해를 끼치지 않도록 자제하는 것은 도덕적인 근거를 인정하기 때문도 아니고, 또 그것에 따라 행동하려 하기 때문도 아니다. 법적인 면에서 그 무엇도 기업이 이기적인 목적을 위해 다른 사람들에게 가하는 행위를 금할 수 없다. 그래서 이윤이 발생한다면 해악일지라도 자행하고 싶은 충동을 느낀다. 우리의 이익을 위한 실정법 규정에 대한 실질적인 관심만이 기업의 포식자 본능을 저지할 수 있지만, 때로는 그것만으로는 기업이 우리의 삶을 파괴하고, 공동체에 피해를 주며, 지구 전체를 위험에 빠뜨리는 것을 막을 수 없다. 이러한 현상은 기업 활동으로 인해 어쩔 수 없이

허용할 수밖에 없는 결과인데, 경제학 전문 용어로는 '외부 효과'로 간주되
는 경향이 있다.
바칸, 2004

오직 정부만이 적절한 규제 혹은 기업법에 따라 기업들에 압력을 행사해 외부 효과를 내부 효과로 돌리도록 강제할 수 있을 뿐이다. 지속가능성과 평등을 겨냥한 기업 지배 구조 틀 안에서 지속가능한 수익 창출은 가능하다. 따라서 그러한 기업 지배 구조는 지속가능한 경제를 효율적이면서 고통을 최소화하는 방향으로 전환시키기 위한 필요조건이다. 진정한 지속가능성을 향해 지속적으로 나아가면서 동시에 합법적인 수익 창출에서 뛰어난 실적을 올리는 것은 참다운 경영 리더십을 판단할 중요한 검증 기준으로 자리 잡아가고 있다.

나중에 다시 설명하겠지만, 정부는 법률을 시행하기는커녕 경제계가 이구동성으로 반대하는 새로운 규제의 도입에 점점 더 소극적이 되어가고 있다. 부유한 국가의 정부는 시민 사회, 그리고 사람들로 하여금 돈을 쓰게 만드는 기업들 간의 조정자 역할을 하지 못하고 있다. 오히려 정부는 기업들과 짝짜꿍이 되어가고 있는데, 전 세계의 정부들은 영국과 미국의 흉내를 내어 공공 부분을 민영화와 시장력에 맡기는 현상이 짙어지고 있는 실정이다.

하지만 이보다는 축적에 관한 문제가 더 미심쩍다. 자본주의에 대한 비판자들은 자본주의의 근본 목적은 단지 이윤을 창출하는 것에 머무르지 않고, 자본을 축적할 생각으로 이윤을 창출하는 것인데, 그것도 가급적 많이, 가급적 빨리 해야 한다는 것이다. 이 문제에 대해 머리 북친처럼 설득력 있고 신뢰할 만하게 말하는 사람이 없다. 그는 40여 년 동안 미국 환경 운동에 영감을 불어넣어주던 인물이었다.

자본주의는 자연에 대한 지배라는 전자본주의적 개념 pre-capitalist notion 을 정당화시켰고, 자연에 대한 약탈을 생명을 위한 사회의 법칙으로 탈바꿈시켰다. 이런 시스템으로 그 가치를 논한다는 것은, 그리고 성장 부작용의 악몽으로 위협한다는 것은 자본주의의 기본 운용인 신진대사에 이의를 제기하는 것과 다르지 않다. 부르주아 경제에 자본 축적을 포기할 것을 요구하기보다는 나무들에 광합성을 그만둘 것을 요청하는 것이 쉬울 것이다.

북친, 1980

수익 창출은 모든 경제의 생산적 기반에 빈번하면서도 빠른 변화를 보장한다는 점에서 자본주의 시스템 가운데에 기업 성공의 핵심 지표로 자리 잡을 수 있었다. '창의적 파괴'라 불리는 이 과정으로 생산성이 낮은 부분에서 자본을 비롯한 자원을 끄집어내어 보다 생산적인 부분으로 재분배할 수 있게 되었는데, 이러한 재분배는 미시적·거시적 수준에서 발생할 수 있는 고통스러운 과정이 아닐 수 없다. 수억 명이 생계를 의존하는 연금이니 투자니 하는 수단도 결국 이윤이 발생해야 가능한 것이다.

하지만 자본주의라는 추 pendulum 가 이 시점까지 와 있는 이 특별한 순간에 이윤 추구의 긍정적인 면과 부정적인 면을 냉정하게 판단한다는 것은 참으로 어려운 일이다. 우리는 19세기 이후 제한 없는 이윤 극대화라는 아주 특별한 방종의 시대를 살아왔다. 그로 인해 기업의 스캔들과 붕괴가 절정에 이르렀고, 그에 대한 반작용으로 자본주의라는 추를 극단적인 신자유주의에서 원점으로 되돌리자는 움직임이 일도록 했다.

이를 사과 바구니 속에서 사과 하나가 썩고 있다는 식으로 받아들일 문제가 아니다. 미국의 NGO인 '공정한 경제를 위한 연대 United for a Fair Economy'는 미국의 23개 대기업들이 자행한 회계 불규칙 사례를 고발하는 보고서를

2002년 발간했다. 그에 따르면, AOL타임워너AOL Time Warner, 브리스톨마이어스스퀴브Bristol-Myers Squibb, 엔론Enron, 핼리버턴Halliburton, 케이마트 Kay-Mart, 루슨트테크놀로지스Lucent Technologies, 타이코Tyco, 월드컴WorldCom, 제록스Xerox를 포함한 기업들의 CEO들은 주식 하락으로 자산 가치의 70퍼센트인 5,300억 달러의 손실이 발생하던 1999~2001년 사이에도 14억 달러나 자신의 몫을 챙겼다. 그 당시 회계 감사를 받지 않았던 기업들의 CEO들은 1인당 평균 3,600만 달러의 연봉을 받은 반면, 감사를 받았던 CEO들은 오히려 더 많은 6,200만 달러를 받았다.

이는 개인적인 탐욕과 도에 넘치는 기업의 수입이 절정에 이르렀다는 것을 상징한다. 하지만 이는 만연한 퇴락이라는 커다란 빙산의 일각일 뿐이다. 지난 5년 사이 영국 대기업의 임원들의 연봉은 21퍼센트가 늘어났는데, 이는 보통 사람들의 임금보다 일곱 배나 높은 수치이다. 정치인들과 재계 인사들은 세계 경제에서의 경쟁성 우위 확보의 필요성을 과장된 표현으로 떠들어대지만, 이와 같은 비정상적인 연봉 상승에 대해서는 그 어떤 말로도 변명할 수 없다. 다수의 재계 인사들은 이와 같은 불공평한 처사가 재계 공동체에 얼마나 치명적인 타격을 가하는지, 그들로 하여금 그와 같은 행동을 하도록 허용하는 자본주의 시스템의 정당성에 어떠한 손상을 가하는지 이해하지 못한다. 임금 체계에 포함된 엄청난 양의 주식과 각종 혜택들은 기업 임원들에게 절대로 부당한 인센티브로 작용하기 때문에, 이들은 기업과 투자자들의 장기적인 이윤보다는 단기적인 이윤 극대화와 주가 부풀리기에만 관심을 가지게 되는 것이다.

이 가공할 만한 재산 축적을 옹호하는 사람들은 세계 경제 차원에서 살펴보았을 때 자신들의 치부가 영국의 저소득층, 혹은 세계의 빈곤층에 반드시 부정적인 영향을 미치는 것이 아니라고 항변한다. 자신들의 돈은 소비, 자선 행위, 투자 등을 통해 다른 곳으로 흘러가게 되어 있다는 것이다. 즉, 치부의 정도와는 상관없이, 반드시 트리클다운 효과trickle-down effect, 기업에 감세 같은 혜택을 제공하면, 기업은 투자 범위를 넓힐 수 있어 결국에는 보다 많은 사람들이 혜택을 입게 된다는 주장-역자 주가 발생하고, 소비 시장과 투자 시장은 그 이윤을 재순환시킨다는 것이다. 하지만 부를 소수에 집중시키면 세상이 더 좋아진다는 주장은 할 수 없다는 점에서, 지속가능한 자본주의는 부의 집중을 제한하는 방법을 반드시 찾아야 할 것으로 보인다.

사유 재산

예상한 바와 같이, 녹색 운동 안에서 사유 재산의 권리와 좋지 못한 면에 대한 정치적 의견의 배경을 찾아내는 것은 그리 어렵지 않다. 극단적인 생태학자들은 땅은 그 누구에게도 속하지 않는다고 주장한다. 인간이 개인적으로 혹은 집단적으로 땅에 대한 권리를 주장하는 것은 얼빠진 짓이라는 것이다. 사회주의적인 녹색 운동가들은 다소 낭만적인 소리인지는 몰라도 땅에 대한 집단적 소유권을 주장한다. 하지만 자유적인 사람들은 사유 재산권을 하느님이 주신, 효율적으로 작동하는 시장 경제의 타협할 수 없는 근본 원리와 다름없다고 한다.

땅을 비롯한 재산에 대한 권리에 관한 전통적인 정당화는 철학자 존 로크John Locke4와 '자원은 언제라도 넘치도록 풍부하기 때문에 누군가의 재산권으로 인해 다른 사람들이 부를 축적하는 데 전혀 지장을 받지 않을 것'이라는 당시 유행하던 가설을 토대로 한다. 이들의 말이 사실이라면 세상은 지금 아주 풍족해져 있어야 한다! 자원이 풍족하기보다는 모자란다면, 그래서 오늘날처럼 가격 메커니즘에 따라 분배된다면, 어떤 사람들은 자원 없이 살아가야 하는 것이다.

하지만 여기선 다른 부분에 대해 집중적으로 생각해보고자 한다. 사유 재산권과 지속가능성 추구 사이에는 근본적으로 부조화 요인이 존재하는 것인가? 앞에서 부의 축적과 집중에 대해 논하면서 사용한 '이윤'이라는 개념에 의한다면, 사유 재산권의 원리는 진실로 지속가능한 사회를 뒷받침하는 방법으로 적용될 수 있어야 한다. 당연히 현대 자본주의를 비판하는 사람들이 있다. 그들 중의 한 사람인 제프 게이츠Jeff Gates는 제도적 불평등을 강화하기 위한 것이 아닌 막기 위한 가장 효율적인 방법의 하나로 사유 재산의 빠른 확산을 지지했다. 적절한 정책 환경을 통하면, 재산에 대한 인간적인 소유권이 경제, 사회, 환경 같은 분리될 수 없는 영역에서 지속가능성을 진전시킬 수 있다는 것이다. 매우 가난한 자의 입장에서 '가난한 자에게 부를 부여할 것'을 강력히 주장해온 페루의 경제학자 에르난도 데 소토Hernando de Soto는 남의 땅에 불법으로 움막이나 텐트를 치고 사는 무단 거주자에게 정부가 합법적 지위를 허용할 것을 제의했다. 그들에게 자본과 신용을 부여하면, 그들의 삶이 극적으로 향상될 것이라는 주장이다.

여기서 더 나아가서, 사유 재산권의 개념을 공기처럼 전혀 관리할 수 없거나 정부 혹은 국제기구들이 제대로 관리하지 못하는 해양 수산 자원 같은 글로벌 공동 재산에까지 확대하는 것이 지속가능성 추구에 큰 보탬이 될 것이라 생각하는 사람이 많다. 나는 이 점에 관련하여 컬럼비아 대학교에서 수학과 경제학을 가르치는 그라시엘라 치칠니스키Graciela Chichilnisky와 컬럼비아비즈니스스쿨의 제프리 힐Geoffrey Heal 교수가 《네이처Nature》에 기고한, 과격하지만 흥미로운 논문에서 일부를 인용하고자 한다.

환경이 제공하는 서비스들은 의심의 여지없이 소중한 것들이다. 우리가 호흡하는 공기, 마시는 물, 먹는 음식은 환경이 제공하는 서비스들이다. 이러한 자원을 보존하면서 이 중요한 것들을 어떻게 소득으로 전환할 수 있단 말인가? 우리는 자연 자본, 환경 상품과 서비스들을 자연에서 얻을 수 있는 범위 내에서만 판매하도록 안정화시켜야 하고, 그러한 것들을 보존하는 데 있어서 시장력을 사용해야 하는 것이다. 이는 기업들에게 공공이나 대중에 의한 환경이 제공하는 서비스에서 혜택을 누리는 대가로 자연 자본을 관리하고 보존해야 하는 의무인 개별적인 기업 파트너십을 심어주는 것을 의미한다. 자연 자본과 생태계 서비스를 개인 기업에 할당하는 것은 자기 이익과 이윤 동기를 환경을 위해 사용한다는 점에서 매우 핵심적인 부분이다. 그렇게 되면 규제는 그보다 훨씬 어려운 것들에 국한하여 적용할 수 있을 것이다. 치칠니스키와 힐, 1998

이러한 자유 시장적 발상이 지역적인 사람들의 마음을 움직일 가능성이 낮은 것은, 자유 시장이 세계 여러 나라에서 찾아볼 수 있는 공동 자원에 대한 매우 성공적인 공동 소유권에 관한 수많은 사례들을 무시하는 극단적인 서구적인 입장을 대변하기 때문이다. 생태학자인 개럿 하딘Garret Hardin이 1968년 12월 31일 과학 잡지 《사이언스Science》를 통해 발표한 저명한 논문 〈공유지의 비극The tragedy of the commons〉은 풍요로운 세계의 공유지에 대한 끔찍한 잘못을 지적한 것이기는 하지만, 사유 재산 혹은 자연 자원의 상품화를 통한 지원 없이도 자원 관리와 환경 보호를 위한 매우 효율적인 시스템을 지속적으로 운영하는 사람들을 크게 무시한 것이다. 그럼에도 불구하고 '자연 자본의 안정화'는 매우 강력한 접근 방법이다.

자유 무역
19세기에 데이비드 리카르도David Ricardo가 자유 무역 이론을 창시한 이래, 국가 간의 무역은 자본주의의 필수적인 요건으로 간주되어왔다. 경제 성장과 자유 무역은 지구 상의 구석구석에 자본주의를 퍼트리는 두 가지 핵심 동력으로 남아 있고, 시장을 열어 자유 무역의 혜택을 누리게 하는 것은 여전히 IMF와 WTO 같은 주요 국제 기구들의 중심적인 이념적 교의로 작용한다.

지난 몇 년 사이, 자유 무역의 혜택을 무조건 인정하는 자세에 대해 보다 진지한 연구가 이루어져야 한다는 움직임이 일었다. 비평가들은 종말론적인 자유 무역 신봉자들에게, 국가가 다른 무역 파트너 국가들에 비해 자연적 혹은 인위적 우위를 확보할 수 있어 기업의 영역들에 자본을 할당할 수 있는 비교 우위의 원리가, 노동뿐만 아니라 자본은 국내에 한하고 오직 상품만이 국제적으로 유통될 수 있다는 가설을 근거로 하고 있음을 일깨워주기 위해, 데이비드 리카르도의 저작물들을 다시 연구해왔다.

자본 유동성이 모든 것을 변화시키고 말았다. 자본이 상품보다 국제적으로 유동성이 높다 보니, 다국적 기업들은 노동력과 자원이 저렴하고 환경과 사회 기준이 낮은 곳이라면 물불 가리지 않고 찾아가 이윤을 위해 그러한 것들을 이용하기가 아주 쉬워졌다일부에서는 합리적이라 생각한다. 지리적으로 구속받지 않는 경제 생산 영역에 대해서 말한다면, 자본은 절대적 우위를 지닌 나라들로 흘러들어가기 마련인데, 이는 국가 간의 기준 낮추기 경쟁을 부추긴다.

지속가능성의 측면에서 보면 날이 갈수록 문제점이 드러나는 현상이다. 지금까지 설명한 바와 같이, 보다 지속가능한 경제로 나아가기 위한 근본 요인들 중의 하나는 역사적으로 환경, 다른 나라 사람, 미래 세대 등의 외부적 요인들에 의존하던 비용을 내재화시키는 것이다. 사람들은 19세기에 일어난 초기 사회 개혁기를 거쳐 지난 20여 년 동안 일어난 다수의 환경 조치들의 도입에 이르기까지, 법적 그리고 회계적 메커니즘을 사용하여 소비자가 상품과 서비스를 구입하기 위해 지불하는 가격이 그것들이 시장에 나오기까지의 실질 비용을 정확하게 반영한다는 것을 확인하려고 노력해왔다. '발 없는 자본footloose capital'은 낮은 기준을 적용하는 나라들로 흘러들어감으로써 비용의 내재화를 피할 수 있다. 이와는 반대로 높은 기준을 적용하는 나라가 수입하는 상품에 보복 관세를 적용하지 않게 되면, 세계 경제 속의 경쟁은 지속적이고 왜곡된 비용 외부화 현상이 발생한다. 이에 대해서는 다음 장에서 자세히 설명하고자 한다.

이러한 문제는 국가들이 기후변화에 대응하기 위한 적절한 정책 반응을 내놓기 위해 고심하면서 더욱 복잡한 양상을 띠고 있다. 미국, 중국, 인도 같은 주요 국가들은 여전히 엄청나게 파괴적인 '약탈자' 역할을 지속하고 있을 뿐만 아니라2007년에는 IPCC를 통해 확립된 과학적 합의를 희석시키고 중화시키기 위해 상당한 예산을 소비했다, 기후변화 대응 전략 마련을 위해 뭔가를 하는 다른 나라들, 특히 EU에 대한 경쟁 우위를 확보하기 위해 온실 가스 축소에 관한 조치는 전혀 취하지 않고 있다. 조지프 스티글리츠는 2006년 출간한 《인간의 얼굴을 한 세계화Making Globalization Work》란 저서에서 EU와 미국의 일부 인사들이 강력히 밀고 있는 복잡한 무역 제도보다 훨씬 간단하면서도 매우 효율적인 정책수단으로 글로벌 탄소세global carbon tax를 옹호했다.

목표를 정하는 시스템이건 세금을 부과하는 시스템이건 그 어떤 시스템이라도 강제 조항을 필요로 한다. 협조를 거부하는 국가들에 대한 조치 같은 것이다. 지구 온난화는 특정 국가의 호의에 의존하기에는 너무나 중요한 사안이다. 미국이 지금처럼 탄소 배출 축소를 거부한다면 무역 제재를 가하는 수밖에 없다. 유럽은 불응하는 국가, 깡패 국가를 제재할 목적으로 제정한 국제 통상법을 미국에 적용하여 책임 있는 행동을 하도록 유도해야 한다. 유럽은 지상에서 가장 중요한 세계의 환경 문제를 다루기 위해 경제 세계화의 막강한 힘을 사용할 의지를 가져야 한다. 스티글리츠, 2006

스티글리츠는 여기서 더 나아가 미국 기업들에 지급되는 간접 보조금으로 피해를 보는 유럽을 비롯한 여러 나라들이 미국에서 수입되는 물품에 WTO 협정에 따라 보복 관세를 부과해야 한다고 역설한다. 경제학자들이 배출되는 이산화탄소의 1톤당 적정 비용에 대해 합의를 이룬다면, 수출 국가들이 탄소 배출에 비용을 부과하지 않아 얻는 불공정 경쟁 우위를 쉽게 계산할 수 있게 될 것이고, 그로 인해 100만 달러어치를 수출할 때마다 발생하는 이산화탄소 농도를 측정할 수 있게 되어서 잔인하지만 효율적인 조치, 그들 국가들로부터 100만 달러어치를 수입할 때마다 비관세 장벽의 일환으로 그에 상응하는 조치를 취할 수 있을 것이다. 간단하지만 WTO는 이에 호의적이지 않을 것 같다. 조지프 스티글리츠 자신은 그렇게 생각하지 않을지 모르지만 대부분의 비판자들은 WTO가 지구가 프라이팬처럼 뜨거워지는 것을 방관할지언정 자유 무역과 자본의 자유로운 이동을 억제하는 조치를 내놓지 않을 것이라 생각한다.

여기에서 우리는 유동 자본 그리고 규제받지 않는 통화의 아이디어가 아주 새로운 현상으로서 현재 시험 단계에 와 있다는 것을 기억할 필요가 있다. 경제학자 존 메이너드 케인스는 1936년 출간한 《고용, 이자 및 화폐의 일반이론General Theory of Employment, Interest, and Money》을 통해 요즘에는 전혀 환영받지 못하지만 신경제학을 옹호하는 사람들이 발 없는 자본의 영향을 연구하면서 되돌아보곤 하는 주장을 피력한 바 있다.

나는 국가 간 경제 얽힘을 극대화하는 사람보다는 최소화하는 사람들 편이
다. 국제화될 수 있는 성질의 것이라면 아이디어, 지식, 예술, 친절, 여행
같은 것들이다. 하지만 합리적이면서 형편이 되는 나라에서는 상품은 국내
에서 유통되도록 해야 하고, 특히 금융은 그 무엇보다 국내적인 것이어야
한다.   케인스, 1936

스케일

환경의 중요성을 일깨우는 작가들의 저서들 중에서, 경제학자 프리츠 슈
마허Fritz Schumacher가 1973년에 출간한 저서의 제목이기도 한 '작은 것이 아
름답다Small is Beautiful'처럼 우리의 마음을 움직이는 글귀는 없다. 이 글은 내
면 깊숙한 곳에서부터 개인적이면서도 직접적인 인간관계를 유지하기를, 이
웃과 공동체와 가까워지기를, 공급은 조금씩 부족하기를, 그래서 모든 것들
을 전반적으로 단순하면서도 관리 가능한 수준으로 유지하기를 조언한다.

나는 여기서 지난 30여 년 동안 환경 운동에 관해 치열한 논쟁을 거쳐온
것들을 재차 늘어놓을 생각이 없다. 지속가능성의 관점에서 고찰한다면, 지
방·지역·국가·국제적 차원에서 적절한 균형을 이루는 것은 매우 복잡한
문제이다. 어떤 사람은 지역적일수록 지속가능성이 높다는 신조를 갖고 있
을 것이고, 실용주의자들은 주행 중인 말을 세울 수 없다는 생각에서 다양
한 규모로 벌어지고 있는 환경, 사회, 경제적 현상에서의 혜택들에서 타협
점을 찾고자 할 것이다. 이 장을 관통하는 주요 관심 사항은 균형적인 접근
방법을 왜곡시키는, 부자가 되려면 커져야 한다고 떠들어대는, 그래서 결국
에는 인간적인 척도, 다양한 문화, 지역 차별성을 압사시키는 자본주의의
핵심에 도대체 역동성이 조금이라도 있는가 하는 것이다.

전 지구적 차원에서 말한다면, 현대 자본주의는 제3장에서 설명한 것과

같은 시스템들을 갖추고 있지 못하다는 점에서, 사회와 생물권에 관련하여 적절한 경제의 크기를 가늠하여 자기 조절이 가능한 체제를 갖추고 있지 못하다. 매우 단순하게 생각해서, 보다 큰 것이 더 좋다는 생각이 지배적이었다. 요즘의 세계는 1900년의 총생산량을 2주 이내에 생산해낸다. 세계 경제 규모는 25~30년 만에 두 배씩 늘어난다. 급격한 인구 증가와 경제 폭발의 조합으로 텅 빈 세상이 반세기도 되지 않아 가득 찬 세상으로 변했지만, 고삐 풀린 확장주의는 여전히 심각한 고민거리의 핵심이다.

생물권과 관련지어 인간의 스케일을 재는 가장 뛰어난 지수는 만물의 영장이라는 인간에 의해 사용되는 순광합성량의 비율이다. 1986년 스탠퍼드 대학교Stanford University의 피터 비투섹Peter Vitousek 교수와 그의 동료들은 지구 상에서 이루어지는 모든 광합성의 40퍼센트를 인간이 사용하고 있다고 주장한 바 있다식물, 나무, 풀 등이 사용하는 전체 태양 에너지의 양 중 자신의 성장과 재생산을 위해 사용하는 에너지의 양은 인간의 것보다 적다. 앞으로 세계 경제 규모가 두 배로 늘어나면, 인간이 사용하는 광합성량도 두 배로 늘어나게 되는데, 그렇게 되면 지구 상의 동식물이 사용할 수 있는 분량은 20퍼센트밖에 되지 않는다. 자연이 공짜로 제공하는 수많은 서비스가 사라진다면 인간이 생존할 수 없다는 것을 알고 있으면서 상대적 규모, 즉 스케일에 관한 문제를 학문적으로만 다룰 수는 없는 것이다. 허먼 데일리는 다음과 같이 주장했다.

우리에게 중앙 계획 경제의 능력이 없다는 것이 명백한 사실이라는 점에서, 생태계를 중앙 계획적으로 관리하고자 하는 지구 상의 인간들은 보다 겸손해져야 한다. 겸손은 우리에게 생명 유지 시스템의 자동 기능을 파괴하여 인간의 관리하에 두는 일이 발생하지 않도록, 인간 스케일을 충분히 낮추어 지구 관리의 필요성을 최소화하는 전략을 채택할 것을 요구한다. 자기 관리적인 생태계의 보이지 않는 손을 이용하길 원하는 사람들은 시장의 보이지 않는 손이 자원 분배로는 경이로운 수단이지만 한편으로는 거시 경제의 스케일에 한계를 정할 수 있는 능력이 없다는 점을 인정해야 한다. 데일리, 1996

그렇다면 인간 스케일을 충분히 낮춘다는 것은 무슨 의미일까? 글로벌화는 이미 하나의 현상으로 받아들여지고 있고, 이에 관한 서적도 엄청나게 쏟아져 나오고 있지만 이를 지역화 현상과 비교하여 생각하는 사람은 거의 없다. 지방 분권을 지지한다고 비굴하게 립서비스를 하지만 대부분의 주류 경제학자, 기업가, 정당들은 '글로벌 문제에 대한 지역적인 해결'이라는 아이디어를 조롱한다. 따라서 수많은 녹색 작가들과 사상가들은 탈속적, 비현실적인 인물로서 현대 정치의 토론의 장에는 쓸모없는 존재로 간주되어 왔다. 이 점에 대해서는 제16장에서 다시 설명하고자 한다.

스케일에 관한 이슈의 중심부에는 인구 성장에 관한 골치 아픈 문제들이 내재되어 있다. 단도직입적으로 말해서 인구가 성장하면, 인류에게 더 많은 음식, 주택, 각종 서비스, 교사, 의사, 직업 등을 제공해야 하기 때문에 어쩔 수 없이 경제가 성장해야 한다는 것이다. 성장론에 사로잡힌 경제학자들과 남의 주장에 따라가길 좋아하는 일부 환경주의자들은 인구 문제를 의제로 삼지 않는다는 데 생각을 같이하여, 앞으로 태어날 인간들이 지구의 제한된 능력 안에서 생존할 방법을 찾는 것이 점점 더 힘들어진다는 부인할 수 없는 현실을 호도하고 있다. 하지만 이 모든 것이 자본주의 때문이라고 비난하는 것은 합리적이지 않다. 종교, 무지, 편견, 정치적인 비겁성에도 그 이상의 책임이 있는 것이다. 이 문제에 대해서는 제5장에서 지속가능성을 위한 도전을 설명하면서 재차 언급하고자 한다.

필요와 욕구

자본주의와 공산주의의 이념적 논쟁에서 '시장을 위한 생산의 문제' 대 '인간의 욕구를 위한 생산의 문제'처럼 진지하게 다루어진 이슈는 거의 없었다. 환경 운동가와 사회주의자 간의 관계가 극도로 거북한 것이었음에도 불구하고, 1970년대에 녹색 정당들이 피력한 균형 경제에 대한 지지는 균형 경제를 실시하면 생산 계층설hierarchy of production, 심리학자 에이브러햄 매슬로의 인간 욕구 계층 5단계설을 응용한 것으로 필요의 정도에 따라 생산의 종류를 단계별로 구분 지은 것 – 역자주이 실현 가능하다고 믿는 사회주의자들에게 힘이 되어주었다. 이는 우선 합리적인 소비 욕구를 충족시켜주면, 그다음에는 자본 축적의 필요성을 완전히 버리게 되어, 미래 생산을 위해 꼭 필요한 물질을 남겨두고 다른 것으로 현재의 필요를 해결하고자 하는 '대체 수준'을 겨냥하게 된다는 것이다. 하지만 요즘에는 '인간의 욕구를 위한 생산'이라는 개념이 지속가능성에 관한 토론에서는 거의 다루어지지 않는다. 현대 자본주의에 관한 토론에서는 더욱 그렇다. 기본적인 욕구가 충족되는 나라들, 즉 OECD 회원국 국민들에게는 '인간의 욕구를 위한 생산'이라는 개념이 경제 번영의 자연스러운 부산물로 받아들여진다. 세계 인구의 절반 이상이 기본 욕구가 충족되지 않는 상황에서 트리클다운 경제가 제시하는 약속에 대한 군건한 믿음은 오늘날의 경제가 기본 욕구를 과연 충족시켜줄 것인가라는 골치 아픈 질문에 집착하지 않게 한다. 세계 경제의 혜택은 위에서 밑으로 내려가는 것이 아니라 자꾸만 위로 치솟기만 한다. 유엔개발계획의 연례 보고서인 〈인간 개발 보고서〉는 "오늘날의 불평등을 영구화하는 개발은 지속가능하지도 않고, 지속할 가치도 없다"며 오늘날의 경향을 냉정하게 분석한 바 있다.

반대하는 의견들이 지적하는 것이지만, 이 문제가 그렇게 간단하면서도 도덕적으로 명확할 수 있는 성격의 것이라는 말인가? 사실 시장에는 도덕적 관념이 개입되지 않는다. 하지만 정부는 국가의 도덕적 계율, 즉 개인에 대한 의무를 지니고 있고, 개인은 국가에 의무를 지고 있다는 의식을 실현하는 도구인 회계 및 규제적인 조치들을 이용하여, 초도덕적인 시장을 지원할 목적으로 개입할 수 있고, 또 지속적으로 개입해왔다. 2003년에 《하이 눈High Noon》이라는 저서를 펴낸 장프랑수아 리샤드Jean-François Rischard, 세계은행 유럽 지역 부회장 같은 사람들의 세련되고 시장 친화적인 청사진에서부터 시민 사회와 거대 기업들 사이의 힘의 균형을 극적으로 재조정하는 비타협적인 NGO 기반의 성명서에 이르기까지, 공정하면서도 효율적으로 작동하기 위해 시스템이 어떻게 구성되어야 하는가에 관한 시방서가 부족한 것은 결코 아니다.

자본 배본이 욕구를 충족하기 위한 것이 아닌, 수익률 극대화를 위한 것이라는 사실에 슬퍼지는 것이 과연 옳은 것인가? 부족한 자원의 유용성을 극대화하는, 자본 분배 면에서 효율성을 생성하는 그 밖의 통합적인 방법들은 존재하지 않는 것인가? 최상에 미치지 못하는 차선의 자본 분배 방식은 차선의 자원 사용 방법처럼 지속가능성에 지대한 위협이 되는 것인가? 생태적인 지속가능성과 사회 정의를 옹호하는 사람들은 기괴할 정도로 비능률적이고, 오염되고 부패한 소련 경제로부터는 별로 얻을 것이 없을 것이다. 지속가능성을 결정하는 근본적인 사회 및 환경의 결과를 추구하기보다는, 차선적인 자본 분배를 통해 근본적인 사회 및 환경의 우려 사항을 포용하는 식으로 '차선'의 개념을 새롭게 정의하는 것이 속임수가 아니란 말인가?

물론 여기에는 '필요와 욕구'의 의미에 대한 보다 깊숙한 이슈가 내재되어 있다. 지속가능한 개발에 대해 브룬틀란 보고서가 1987년에 내린 정의

이자 특히 내가 강조하는 부분인 '미래 세대가 그들의 욕구를 스스로 충족할 수 있는 능력에 손상을 주지 않으면서 현재의 우리가 우리의 욕구를 충족하는 개발'은 우리가 흔히 말하는 '욕구'의 정의와는 별로 관계가 없다. 유엔 밀레니엄개발목표가 요약한 바와 같이 수많은 빈곤 국가에서 욕구 충족이 실현되지 않고 있다는 소식들이 넘쳐나고 있고, 부유한 나라에서의 경제 활동 중 상당 부분이 빈곤 국가 사람들의 욕구를 충족시켜준다는 주장은 더 이상 설득력이 없다. 그런데 사람이 부유해지면서 필요가 욕구로 변하기 마련인데, 욕구는 보통 사람들이 가능한 한 늦지 않고, 낮은 비용에 합리적으로 얻고자 하는 최소한의 물질에 대한 권리로 이루어진다.

　여기에서 우리는 현대 자본주의의 최대 동력인 쾌락의 쳇바퀴론, 정부는 세금이 지속적으로 거둬질 수 있도록 소비에 관대하고 오히려 소비 수준을 높이라고 권고한다는 설, 기업은 삶의 목표처럼 되어버린 소비가 기업들이 제공해줄 수 있는 최고의 선물이라고 세뇌 당했을지도 모르는 개인 소비자와 집단 소비자가 영구적으로 불만을 느끼도록 유도하기 위한 교묘한 마케팅 수법을 사용하고 있다는 설 이를 반박할 수 있는 증거는 물론 지원할 수 있는 증거도 부족하다 에 대해 언급해보고자 한다. 쳇바퀴론에 의하면 개인 소비가 가차 없이 증가해도 행복감이나 성취감은 올라가지 않는다. 제3장에서 이미 살펴본 바 있지만, 개인의 물질 추구 욕구는 정신 건강을 최종적으로 좌우하는 삶에 대한 의미, 즉 생산적인 사회 및 가족 관계, 보람 있는 일, 소속감이나 공동체 의식을 생각할 여유를 남겨두지 않는다는 점에서 웰빙에 위협이 된다.

　현대 자본주의가 본질적으로 성공을 거두는 부분이 있다면, 그것은 최소한 두 세대의 정치인들과 파워브로커 power broker, 권력자를 움직여서 공작하는 사람－역자 주 들로 하여금 GDP와 1인당 소비량의 증가가 사람들의 욕구를 충족시키는 유일한 방법이라고 믿도록 유도했다는 것이다. 하지만 모든 심리학 및 사회학적 증거들에 의하면, 이 전략은 반드시 실패하게 되어 있다. 지속적인 경제 성장에도 불구하고 과반수 사람들, 특히 저개발 국가의 실질적인 욕구는 거의 대부분은 충족되지 못하기 때문이다. 칠레의 위대한 경제학자 만프레트 막스네드Manfred Max-Neef는 상품의 구입과 소비의 증가로 인간의 기본적인 욕구그는 인간의 욕구에 생존, 보호, 애정, 이해, 참여, 창의적 표현, 정체성, 자유, 그리고 '정신적인 낮잠의 습관' 즉 여유로움이 포함된다고 보았다가 충족되는 정도가 매우 적다는 것을 설득력 있게 증명하면서, 기존의 방법의 어리석음을 그 누구보다 앞장서 역설한 바 있다. 따라서 그의 주장에 의하면, 모든 행동의 이면에 자리 잡은 가짜 만족 요인pseudo-satisfier들은 주어진 시간 동안에만 헛되고, 찰나적인 만족감을 선사한다는 것이다. 욕구가 충족되지 않은 상태가 지속되면, 가짜 만족 요인에 대한 갈망이 더 치열해진다는 주장이다.

자본주의적인 부의 창출과 근본적이고 보편적인 인간 욕구 충족 사이의 체계적인 단절은 오늘날 지속가능한 자본주의를 옹호하는 사람들이 직면한 가장 골치 아픈 난제 중 하나이다. 부정한 방법만 아니라면 잘못 판단하여 비용이 많이 들더라도 소비 증가를 통한 간접적인 방법으로 욕구를 충족하기보다는 당면한 현실적인 욕구만을 충족하는 데도 부가 지속적이고 충분하게 흐르도록 보장하는 것은 가능한 것인가? 올리버 제임스는 자신의 저서 《어플루엔자》를 통해 높은 웰빙 지수를 자랑하는 덴마크가 완벽하게 지속가능한 자본주의 모델을 시행하고 있다고 주장한 바 있다.

덴마크는 행복과 삶의 만족도 면에서 지속적으로 가장 높은 점수를 기록하는 나라 중 하나이다. 1950년 이래 행복과 삶의 만족 지수가 불변하거나 떨어지기보다는 오히려 올라가는 국가는 선진국 중에서도 매우 드물다. 영어권 기준에서 보면 덴마크에서는 부자와 가난한 자의 간격은 믿기 어려울 만치 적다. 다른 사람들보다 부자가 되고 싶다는 욕구가 납세 제도와 문화에 의해 좌절되기 때문에, 부는 신분의 원천이 아니며, 또 과시적인 상품 구입으로 얻어질 수 있는 것도 아니다. 제임스, 2007

하지만 올리버 제임스가 지적한 바와 같이 이 모든 결과들은 거저 얻어진 것이 아니다. 높은 과세 정책으로 지구 상에서 가장 뛰어난 탁아소와 교육 제도를 실시하고, 사회 전체적으로 인간관계 육성이 생성되도록 유도해왔기 때문이다. 그러면서도 덴마크는 오늘날의 세계 경제 면에서 그저 상위를 차지하는 수준을 초월하여 긍정적으로 변영 중인, 예외적으로 성공적이며 경쟁력 있는 강소국의 위치를 유지하고 있는 것이다.

경쟁

어떤 자본주의 제도에서건 기업이나 국가 차원에서 '비경쟁성'은 바로 실패로 이어진다. 두말이 필요 없는 것이다. 고객을 확보하기 위한 경쟁, 자본을 얻기 위한 경쟁, 재능을 갈고 닦는 경쟁, 명성을 얻기 위한 경쟁, 그리고 브랜드 가치를 구축하기 위한 경쟁 등에서 그렇다. 이 경쟁성에 의해 자본주의는 '염소'와 '양'으로 극명하게 구분된다〈마태오의 복음서〉 25장 31~46절에서 염소는 '저주받은 자', 양은 '복을 받을 사람'으로 비유하고 있다 - 역자 주. 토니 스테빙Tony Stebbing과 고든 히스Gordon Heath가 지적한 바와 같이 경쟁은 지배적이면서 동시에 심각하게 분열적이다.

경쟁은 경제를 본질적으로 지속불가능하게 만들면서 지배와 독점을 통해 경제를 종말로 인도한다. 경제 활동의 속도가 공해를 중화시키는 능력을 앞지른다는 점에서, 경쟁 과정이 삶 속의 모든 요인들에 파고들어야 한다는 널리 퍼진 신념은 글로벌 환경을 파괴하고 있다. 경쟁은 경제 활동의 속도를 극대한 에너지와 극대한 자원의 사용으로 내몬다. 이는 경제 활동에 대한 내면적인 통제가 이루어지지 않는다는 점에서 지속불가능한 것이다.

스테빙과 히스, 2003

하지만 이미 설명한 바 있지만, 경쟁 그 자체가 반드시 딜레마라고는 말할 수 없다. 자원과 자본의 효율적인 사용에 대해 언급한다면, 에너지와 천연자원을 사용하면서 경제 가치의 극대화를 추구한다는 것은 상업상의 성공뿐만 아니라 지속가능성에도 아주 중요한 것이다. 여기에서의 문제는 경쟁 그 자체가 아니라, 지속가능성에 도움이 되는 공평한 경쟁의 장을 창출하는 데 필요한 자원에 대한 평가가 부정확할 뿐만 아니라 또 그 규제 수준이 적절치 않다는 것이다.

아마도 대부분의 사람들이 본능적으로 도달하게 되는 판단이라는 것이 있다. 허버트 스펜서Herbert Spencer부터 토머스 헉슬리Thomas Huxley에 이르는 진화론의 인기 영합적인 해석은 사람들로 하여금 자연이 '이빨과 손톱에 피를 묻히는' 치열한 생존 경쟁을 당연히 치러야 하는 것으로, 모든 생명체는 적자생존을 위해 끝도 없이 파멸적인 투쟁을 하지 않으면 안 되는 것으로 믿도록 했다. 산업 혁명 이전뿐만 아니라 이후에도 이와 같은 은유적인 틀 속으로 내던져지는 인류의 역사보다 그 무엇이 더 자연스러울 수 있단 말인가? 지난 25년 동안 신자유주의 혁명에 초점을 맞추어온 정치인들과 경제학자들은 사회다윈주의social Darwinism적 해석을 맹목적으로 추종해왔다. 모든 이론들이 실패했지만, 이 이론은 그래도 경쟁을 최우선시하는 무책임하고 사려 깊지 못한 기업 및 정치 행태의 패턴을 어렴풋이 알게 해준다는 것이 그 이유였다. 그 패턴들은 '세상은 정글이다.' '먹느냐 먹히느냐 하는 세상,' 혹은

'뒤 떨어진 놈은 귀신이 잡아먹는다' 같은 친숙한 말로 표현된다.

진화론에 대한 이와 같은 해석은 완전 조작인데, 이러한 해석이 생물체의 진화가 아닌 19세기 중반 영국에 대한 사회·정치적 왜곡 현상을 의미한다는 사실이 밝혀지면 상당한 충격이 있을 것이다. 확실한 사실은 성숙한 생태계에서의 단일 유기체가 자신의 차별적인 생태적 지위를 특화하거나 개발하여 최선을 다해 경쟁을 피하려 한다는 것이다. 자원은 효율적으로 공유되는 것이 보통이다. 동물들은 실제적 충돌을 막아주는 복잡한 행태와 관습에 의해 가능한 한 싸움을 피하려 한다. 생태학자들은 이를 경쟁적 배제 원리competitive exclusion principle로 설명하는데, 그 원리에 따르면 특정 틈새에서 경쟁적 우위를 확보한 생물은 자신의 특화의 힘으로 다른 생물을 따돌리며, 그로 인해 경쟁과 멸종을 피할 수 있다는 것이다.

엠허스트 칼리지Amherst College 생물학과 교수인 린 마굴리스Lynn Margulis와 생체 모방학의 선구자인 재닌 베니어스Janine Benyus는 거기에서 더 나아가 상호 의존성과 세련된 공생이라는 매혹적인 패턴을 밝혀낸 바 있다. 위대한 생물학자로서 뉴욕 대학교New York University 의과대학 학장이었던 루이스 토머스Lewis Thomas는 다음과 같이 주장했다.

파트너십을 맺고자 하는, 협력 관계를 추구하는 움직임은 자연 세계에서 가장 오래되고, 강력하고, 가장 근본적인 힘이다. 독단적으로 제멋대로 사는 생물은 존재하지 않는다. 모든 생물은 다른 생물들에 의존하여 살아가는 것이다.
토머스, 1980

진화의 실제 작용과 진화의 작용에 대한 사람들의 생각 사이의 차이는 시장 경제로 하여금 우리가 소중하게 생각하는 것들을 파괴하도록 허용하고 있다는 사실을 이해하려고 노력하는 사람들에게 상당한 의미를 부여하는 것이었다. 저명한 환경 운동가 도넬라 메도스는 2001년 사망 직전에 오늘날의 경제 법칙이 지구 상의 자연 법칙과 어떻게 근원적으로 충돌하는지를 설명한 뛰어난 글을 남겼다.

경제는 '경쟁하라'고 말한다. 내 자신이 호적수와 적대적인 관계에 있을 때에만 효율성을 확보할 수 있다는 것이다. 성공적인 경쟁에 대한 보상은 성장이다. 지구도 '경쟁하라'고 말한다. 하지만 정해진 범위 안에서만 경쟁하고, 절대로 다른 생물들을 소멸시켜선 안 된다. 필요한 만큼만 취해 경쟁자들이 살 수 있도록 해야 한다는 것이다. 가능하다면 경쟁하지 말고 협력하도록 하라. 다른 생물체들이 열매를 맺도록 도와주고, 그것들의 보금자리를 마련해주고, 하위 생물이 빛으로 나아갈 수 있는 굳건한 체계를 구축하도록 하라. 양분을 나누고 땅을 공유하라. 경쟁을 통해 좋은 것이 나올 수도 있지만 협력을 통해 좋은 것이 나오기도 한다. 우리는 전쟁을 목적으로 하지 않는, 공동체의 일원일 뿐이다.   메도스, 2001

물론 자연이 취하는 방법과 인간이 행동을 선택하는 방법에는 큰 차이가 있는데, 인간은 도덕적 의도를 가지고 이 문제에 접근할 수 있다고 본다. 신자유주의자들은 사람들이 이렇게 믿어주길 바란다. 시장은 도덕적으로 중립이기 때문에, 정책 결정자들이 시장 안에서의 경쟁을 위해 구태여 상이한 접근 방법들 중에서 하나를 선택하거나 도덕적 판단을 할 필요가 없다. 하지만 이러한 도덕적 상대주의moral relativism는 신자유주의의 부절제로부터 거리를 두고자 하는 자본주의의 예측할 수 있는 반발이 아닌, 자연에서의 경쟁과 협력 사이의 균형에 대한 보다 진지한 이해의 증진에 의해 도전을 받는다. 이런 점에서 자유 시장 근본주의자들에게 경쟁의 어원을 일깨워주는 것은 즐거운 일이다. 경쟁competition은 라틴어 '컴페타레competare'에서 비롯되었는데, 이는 '함께 분투하는 것to strive together'을 의미한다.

불평등

경쟁의 개념에서 바라보면, '자본주의 제도에서는 불평등이 본질적이요 불가피한 요인인가'에 대한 난해한 문제에 봉착하게 된다. 이 질문에 대한 대답은 말할 것도 없이 '그렇다'가 될 것이다. 경쟁과 협력 사이의 균형이 잘 맞추어진 상황이라 할지라도, 자본주의의 역동성은 경쟁자들보다 자본과 자원을 보다 잘 사용한 승자에 의존하게 되는데, 승자가 있다면 반드시 패자도 있기 마련이다.

철저한 인류 평등주의를 보장하지 않는 제도는 당연히 다소의 불평등의 존재를 허용하기 마련이다. 전후 자본주의 엘리트들은 불평등 관리를 위해 기본적인 요인들을 다양하게 결합하는 방식에 의존해왔다. 현실적으로는 어렵겠지만 이론상으로는 기회의 평등, 수입과 부의 극심한 불균형을 해소하기 위한 재정의 재분배, 자본주의 시스템에서 낙오한 사람들을 건져내기 위한 복지 그물망 같은 것들이 그것이다. 이와 같은 방식에서 성공을 거둔 나라도 있고 실패한 나라들도 있다. 현실세계연합Real World Coalition이 발간한 보고서 〈현재에서 지속가능성으로From Here to Sustainability〉(크리스티Ian Christie와 워버턴Diane Warburton, 2001)에 따르면, 기업가 자본주의의 가공할 역동성과 인간의 기본적인 욕구 혹은 사회 정의 사이의 조화를 이루는 데 있어서 미국과 영국은 아직도 먼 길을 가야 한다는 것이다. 유럽에서도 스칸디나비아 국가들과 베네룩스 국가들은 미국과 영국보다는 구체적인 방법으로 접근하는 것으로 보인다. 뿐만 아니라 방법을 찾는 사람들에게 희망을 주는 소식으로, 기회의 균등을 극대화하면서 착취와 불평등이라는 끈질긴 사이클을 최소화하는 방법으로 자본주의 경제를 관리할 수 있다는 뚜렷한 증거가 존재한다.

극심한 부의 불평등이 영구적인 성격을 띠고 있다는 것은 현대 자본주의를 광적으로 지지하는 사람들에게조차 걱정거리로 부상하고 있는 실정이다. 온갖 실용적인 추론을 해보아도 현대 자본주의는 본질적으로 지속불가능한 것이다. 지금처럼 불의의 수준이 심각한 상태로 인간은 얼마나 더 생존할 수 있다고 생각하는가? 하지만 사회 정의는 의심할 여지가 없이 모든 나라들의 불평등을 악화시키는, 미국 주도의 세계화 모델과는 관련이 없다. 그 이유는 개발 도상국들의 부채가 감당할 수 없는 수준에 이르렀기 때문이요.2조 5,000억 달러에 달하는 부채의 금융 비용은 매년 3,750억 달러 정도인데, 이는 모든 개발 도상국들의 교육 및 의료 예산을 합친 것보다 많으며, 해외 원조액의 20배에 달하는 것이다, 빈곤 국가에서 막강한 힘을 갖고 있는 극소수의 엘리트들만을 부유하게 만든 강압적인 개발 모델을 실행해왔기 때문이다. 개발 도상국에서는 1퍼센트의 상류층이 사유재산의 70~90퍼센트를 독차지하는 실정이다.

대부분의 사람들은 이 충격적인 현상들을 빈곤 국가들에서 이루어지는 축복의 수단인 개발과 투자로 인해 빚어지는 '유감스러운 부작용', '어두운 이면' 정도로 간주한다. 그러한 환상을 쫓아내기 위해 노력하는 전문가들이 늘어나고 있는데, 그들 중에서는 세계 경제가 미국의 대외 정책과 주도권 장악 의도의 수단으로 변질되고 있는 것이 오늘날의 불평등과 직접적인 관계가 있다고 주장하는 사람들도 있다.

미국 거대 기업들에 대해 경제 저격수 노릇을 해왔던 존 퍼킨스John Perkins는 빈곤 국가들에 대한 부유한 나라의 영향력을 노예 무역상에 비유했다.

예전의 노예 무역상은 완벽한 인간이 아닌 생물종을 거래한다는 것과, 흑인 노예들에게 기독교 신자가 될 수 있는 기회를 제공한다고 말했다. 노예 무역상은 또 노예는 자신이 속한 사회의 생존을 위해 필요한 존재로서 경제의 토대라고 말했다. 요즘의 노예 무역상들은 가난한 사람들이 전혀 돈을 벌지 못하는 것보다는 하루에 1달러라도 벌어 그만큼 나은 생활을 할 수 있게 되었다고, 그래서 그들이 세계 공동체의 일원이 될 수 있는 기회를 가지게 되었다고 떠들어댄다. 그들은 또 가난한 사람들이 자신들의 기업의 생존에 절대적으로 필요한 존재들이며, 자신들의 삶을 지탱해주는 토대라고 주장한다. 그들은 또 자신들의 위치, 삶의 방식, 그리고 그들의 삶을 지탱하는 경제 시스템이 지구 상에 어떤 영향을 미치는지, 미래의 후손들에게 어떤 충격을 가하는지에 대한 보다 포괄적인 의미를 간구하는 것을 포기하지 않는다고 말한다.

퍼킨스, 2004

미국은 여전히 지구 상에서 가장 부유한 국가이다. 하지만 불평등이 가장 심각한 국가이기도 하다. 미국에서 빈곤 상태에 살고 있는 어린이의 비율은 선진국 중에서도 가장 높은 편으로서 여섯 명 중 한 명꼴이다. 풀타임으로 일하지만 가족이 빈곤 상태에서 벗어나지 못하는 근로 빈곤층도 지난 10년 동안 꾸준히 늘어나고, 가계 부채는 1973년부터 1998년 사이 총수입의 58퍼센트에서 85퍼센트로 악화되어왔다. 1998년의 실제 평균 주급은 1973년보다 12퍼센트나 떨어졌고, 시간이 갈수록 더욱 떨어지고 있다. 미국에서 1퍼센트의 상류층이 벌어들이는 수입은 그 아래 95퍼센트1년 전에는 90퍼센트가 벌어들이는 총수입보다 더 많다. 미국에서는 10억 달러 이상의 자산가가 200여 명이 넘지만, 미국인의 일곱 명 중 한 명은 글을 읽고 쓰는 능력이 부족하여 사회생활에 지장을 받는 기능적 문맹자이다. 이론적으로는 누구라도 물질적으로 부유해질 기회를 가질 정도로 사회 이동성이 뛰어나다는 것을 근거로 하여 미국은 이 참담한 경제 실패에 관용적인 태도를 취하고 있긴 하지만, 현실은 전혀 그렇지 않다. 하위 계층 20퍼센트가 상위 60퍼센트 안에 들어갈 확률은 어느 개발 도상국보다도 적다.

나는 마거릿 레검Margaret Legum, 남아프리카 출생으로 인종 차별 정책 철폐 운동가이자 사회 개혁자이 2002년에 오늘날의 경제에 대한 대안을 제시하기 위해 출간한 저서 《이럴 필요는 없잖아It Doesn't Have to Be Like This》에서 다양한 통계를 인용하고자 한다. 그녀는 대부분의 언론에 의해 세계에서 여전히 가장 강력한 경제라는 지나친 대접을 받고 있는 미국 경제와, '정체'와 '추락'이 끝도 없이 지속되고 있는 것으로 낙인찍힌 일본 경제를 설득력 있게 비교했다. 사실 일본 경제는 선진국들 중에서도 가장 평등한 경제일 뿐만 아니라 성공한 국가 중에서도 가장 성공한 국가이다.

일본 국민은 미국 국민보다 더 높은 수입을 올리며, 예금도 많을 뿐만 아니라, 더 오래, 더 건강하게 산다. 그리고 덜 일하면서 더 많은 것을 성취한다. 미국인은 수입의 16퍼센트를 세금으로 내지만, 일본인은 12퍼센트를 낼 뿐이다. 그러면서도 일본인은 혜택을 더 많이 받는다. 의료비는 사실상 무료이다. 미국인보다 해외여행도 더 많이 즐긴다. 그러면서도 은행에 저축할 여유가 있다. 2000년의 통계에 의하면, 미국인은 수입보다 더 많이 지출하는 데 비해, 일본인은 수입의 13퍼센트를 저축한다. …… 일본에서 컬러 TV는 모든 가정이, 전자레인지는 90퍼센트가, 승용차는 85퍼센트가, 컴퓨터는 40퍼센트가, 골프클럽 회원권은 39퍼센트가 가지고 있다. 심장마비에 걸리는 비율은 미국인의 3분의 1이며, 이혼율은 절반이고, 범죄 발생률은 3분의 1, 살인 사건 발생률은 6분의 1이다. 일본의 열여덟 살 청소년의 대학 진학률은 미국보다 높다. 일본인은 미국인보다 두 배나 책을 많이 읽는다.

미국에는 집 없는 사람이 무려 70만 명에 달하지만 일본에서는 찾아보기
힘들다.   레검, 2002

운명적인 지속불가능성?

이와 관련한 **현실 정치**는 분명하다. 특정 수준에서 지속가능성은 인류를
위해 절대 타협해서는 안 될 필수 요건인 것이다. 쿠바와 북한 같은 극히 예
외적인 사례들에 대한 허용의 범위는 넓혀가고, 베네수엘라에서 우고 차베
스Hugo Chavez 대통령의 '21세기 사회주의'가 태동하여 남미 전역으로 파급
되는 상황을 부시 행정부가 속수무책으로 관망만 하는 것을 조롱하며 바라
보면서도, 자본주의가 어떤 형태로든 예측 가능한 미래를 위해 모든 것을
포용하는 이념적 틀을 제공할 수 있다는 것은 사실이다. 오스트레일리아의
정책 분석가인 톰 벤틀리는 다음과 같이 말했다.

> 지난 수 세기 동안 투쟁의 목적이었던 개인주의, 다양성과 개방형 교환은
> 현대 세계에서 중요한 요인으로 자리 잡았다. 이와 같은 요인들이 자본주의
> 의 구조에 구체적으로 구현되어 있어서 이제는 자본주의야말로 경제 구성
> 을 위한 유일의 실용적 가능성으로 인정받고 있는 것이다.   벤틀리, 2002

논리적으로 말한다면, 우리가 좋아하든 말든 지속가능성은 모든 것을 포
괄하는 자본주의 틀 안에서 실행될 수밖에 없다. 자본주의보다 더 포괄적인
대안적 이념이 등장하기를 기다릴 여유가 없다.

지금까지 설명한 자본주의의 다양한 기본적 특성들을 개별적으로 다루
기 위해서는, 자본주의와 지속가능성의 양립성에 관해 최종적 판단을 내리
기 전에 지속가능성의 측면에서 보다 심도 있는 분석이 필요하다. 지금과는

다른 형태의 자본주의를 통해 진실한 지속가능성을 추구할 여유는 있는 것인가? 생물 물리적인 지속가능성 달성을 위한 비타협성의 절대 필요조건과 글로벌 평등과 사회 정의를 포용할 수 있는 자본주의 모델은 과연 존재하는 것인가?

나는 여기에서 이 모든 문제들을 단 한 번에 해결할 수 있다는 식으로 말하고 싶은 생각이 없다. 지금 단계에서 할 수 있는 것이라곤 문제점들을 잘 구성하여 지속가능성을 연구하는 커뮤니티에 공개하고 활발한 논의가 일어나도록 유도하는 것뿐이다. 그 과정을 통해 얻어진 분석을 토대로 하여, 적어도 지속가능한 경제 달성을 위한 최소한의 필요조건에 반하는 현대 자본주의의 기본적인 역기능들을 파악할 수 있어야 지속가능한 경제와 현대 자본주의의 간격을 채우기 위해 필요한 정치·경제·재정의 혁신을 추구할 수 있는 것이다.

이와 같은 현상은 다양한 자본주의 모델들을 비교하는 연구들을 통해 부분적으로나마 이루어져왔다고 볼 수 있다. 찰스 햄든터너Charles Hampden-Turner와 폰스 트롬페나스Fons Trompenaars는 《기업문화혁명 The Seven Cultures of Capitalism》(1993)이라는 저서를 통해 일곱 가지 문화를 훌륭하게 분석해냈고, 윌 허턴은 《우리가 처한 상황 The State We're In》(1995)이라는 저서를 통해 이해 관계자 자본주의stakeholder capitalism와 주주 자본주의shareholder capitalism를 비교 분석한 바 있다. 세계 최대 전기 및 에너지 기업이었던 엔론이 2001년에 파산한 것을 비롯하여 지난 수년간 주요 기업들에 관한 스캔들이 연이어 발생하자, 1980년대와 1990년대에 자리 잡은 오늘날의 자본주의 패러다임에 대해 보다 진지한 분석이 이루어져야 한다는 움직임이 본격화되었다. 하지만 자본주의 패러다임을 비교하는 '성공 기준'으로는 긴요한 자연 자본의 확보를 위한 비타협성의 절대 필요조건을 적절히 설명할 수 없을 뿐만 아니라, 새로운 사회 자본의 보호와 구축의 중요성을 간과하기 일쑤다.

이와 같은 경제적 분석 차원을 초월하여, 자본주의와 지속가능성의 단절성을 연구하는 데 있어서 많은 사람들이 중요하다고 생각하는 보다 도덕적이고 철학적인 문제들을 탐구할 필요가 있다. 자본주의 시스템 안에서 지속적인 경제 성장의 **가능성**보다 더 중요한 것은 그것이 과연 **바람직하냐**는 것이다.

보다 추상적인 차원에서 자본주의 모델들이 다양함에도 불구하고, 금전은 그중의 공통분모이자 가치 척도라는 것을 명심할 필요가 있다. 가격은 공급과 수요를 규제하며, 소비자를 위한 정보 중에서 가장 중요한 요인이다. 그러한 시스템 안에서 가치가 있는 모든 것들은 가격을 필요로 한다. 효율적인 시장들은 가격 메커니즘의 투명한 사용에 의존한다. 하지만 모든 것에 금전적 가치를 부여하다 보니 정말로 중요한 것을 판단하는 능력에 손상을 입히는 것은 아닐까?

모든 것에 금전적 가치를 부여하다 보면, 아무리 겉만 보고 정한다 할지라도 환경을 고려하면서도 금전적 가치를 찾는 것뿐만 아니라, 철학적으로 의미가 없거나 '전혀 가치가 없는 쓰레기'로 취급하는 것 사이에서 하나를 선택하도록 하는 계획, 발전적 평가, 비용 편익 분석 같은 정책 결정 과정은 그 틀 안에서 환경을 보호하려는 사람들에게 점점 더 엄청난 부담을 안겨주게 된다.

모든 환경적인 요인들을 일반 상품처럼 사고팔 수 있는 하나의 상품에 모두 이식시켜야 한다는 압박감이 지나치게 크게 느껴지는 경우가 흔하다. 사정이 이렇다 보니 보다 심오하고 지혜로운 가르침과 영적인 가르침을 토대로 하지 않는 한, 그리고 무언가의 가치를 가격만으로 결정하지 않는 한,

그 어떤 자본주의 시스템에서도 자연을 적절히 평가할 수 없는 것처럼 느껴진다.

근 30여 년 전에 E. J. 미샨Mishan과 프레드 허시는 18세기 스코틀랜드의 도덕철학자 애덤 스미스가 '경쟁의 보이지 않는 손'에 대한 글을 쓰기 시작했을 당시의 사람들은 도덕성, 종교, 관습과 교육을 통해 습득한 자제력만으로도 자신들의 이익을 위해 공동체에 해를 끼치지 않는다는 믿음이 있었다고 지적하면서 경제 성장의 보이지 않는 사회 및 도덕적 비용을 강조한 바 있다. 하지만 이와 같은 현상은 지금처럼 세속적이고 상대론적인 세상에서는 더 이상 찾아볼 수 없다. 이에 대해 최근 들어서 허먼 데일리가 보다 심도 있는 분석을 발표한 바 있다.

경제 성장을 촉진하는 동력들은 경제 성장의 목적과 방향을 제시하는 사회 질서의 도덕적 기반을 붕괴시키는 역할을 한다. 시장의 수요 측면에서 보면, 자기 이익에 대한 미화와 '무한대의 욕구'에 대한 추구는 사치품과 필수품 사이를 판단하는 도덕적 구분을 약화시킨다. 쓰레기 제품이 팔려야 성장이 촉진된다는 점에서, 쓰레기 제품에 대한 수요를 제한하는 도덕적 한계는 성장 경제에서 불편한 존재이다. 따라서 성장 경제는 정직, 절제, 신뢰처럼 경제가 의존해야 하는 가치들의 부식을 조장한다. 공급 측면에서 보면, 과학을 바탕으로 한 기술의 무한대의 힘으로 모든 생물 물리적인 한계를 극복할 수 있을 것 같다. 하지만 이 엉터리 가설이 사실이라 가정한다 하더라도, 과학주의에 대한 세상의 평가는 초월적 가치를 토대로 하는 개념에 대한 공격으로 이어지고, 시장 사회가 전제로 하는 사회 응집성의 도덕적 기반을 약화시키게 되어 있다. 데일리, 1996

의문스러운 실행 가능성과 미심쩍은 도덕적 바람직함을 종합하면 자본주의가 종말을 맞을 수밖에 없음을 예측하게 된다. 주류 정치인들이 이와 같은 종말론적 예측들을 무시하곤 하지만, 그들 중에서도 멀리 내다보는 사람들 조차 자본주의의 단층선이 점점 더 분명하게 드러나고 있음을 솔직하게 밝히기보다는 점점 더 걱정스러워만 하고 있는 것이다.

Chapter
05

글로벌 거울로 바라본 세상

자본주의 그 자체가 문제의 원인이 아니라면 세계화가 문제인가? 그것도 아니라면 세계 곳곳, 심지어 전혀 반기지 않는 곳까지 파고들어 자유 시장과 다국적 기업의 영향력을 확장시키는 '세계화 비슷한 것'이 문제를 일으키는 것인가? 연구를 계속하다 보니 소위 반세계화 운동조차 '자신들이 올바른 세계화'라고 판단하는 것에 매우 강한 집착을 갖고 있다는 것이 밝혀졌다. 이는 논쟁의 소지가 농후한 이념적 입장이라 하지 않을 수 없다. 모든 사람들이 옳다고 생각하는 '자유'와 '민주주의'의 개념조차 테러와의 전쟁에 관한 말싸움에 이용되는 실정이다. 지난 30여 년 동안 워싱턴 컨센서스를 옹호해온 세계은행과 IMF 같은 공공 기관뿐만 아니라 민간 부분의 다국적 기업들이 환경을 파괴하고 가난한 사람들을 더욱 가난하게 만든다는 비난이 집중적으로 제기되었지만, 정치인과 재계 인사들은 이를 부인하는 입장이다. 그렇다면 '지속가능한 자본주의'는 지난 20여 년 동안 매우 강력한 존재로 부상해온 거대 글로벌 기업들의 종말을 의미하는 것인가? 글로벌 기업들도 '리엔지니어링re-engineering'이 가능한 것인가? 글로벌 기업들은 이윤을 창출하는 세대를 위해 지속적인 엔진으로서만 아니라 진실로 '영구적인 동력force for good'으로 자리 잡을 수 있을 것인가?

민주주의와 세계화

앞장에서 다루어진 자본주의의 필수 요건들은 세계화 현상을 통해 한결같이 또 다른 문제들을 드러내왔다. 국제 무역과 해외 직접 투자가 몇 배로 불어나고 비즈니스가 점점 글로벌 차원에서 이루어지다 보니, 세계화는 세계 문제의 해결책으로 찬사를 받다가 지금은 자본주의하에서 모든 것을 지속불가능하도록 촉진하는 주요 원인으로 지탄을 받고 있다. 많은 사람들은 자본주의 중에서도 세계 경제를 주도하는 방식의 세계화 모델이 문제의 원인이라고 생각한다. 캐나다 출신 작가인 나오미 클라인Naomi Klein은 반세계화 운동에 대해 다음과 같이 평했다.

> 이 새로운 운동이 무언가를 반대하기 위한 것이라면 그것은 비즈니스에 좋은 것, 즉 규제 완화, 이동성 강화, 접근성 강화가 모든 사람들에게도 좋은 것이라는 논리를 반박하는, 반기업적인 것이어야 한다. 세계화 운동가들의 네트워크는 글로벌 기업과 그들이 전 세계에 미치는 영향력에 초점을 맞춤으로서 가장 국제적인 마인드를 가진, 그 어느 때보다도 국제적으로 연결된 조직으로 성장하고 있다. 반대자들이 세계화의 해악을 큰소리로 고발하게 되면, 더 많은 사람들이 편협한 민족주의에 대한 의존을 주장하기보다는 세계화의 한계 확장, 무역과 노동권의 연결, 환경 보호와 민주주의를 외치게 될 것이다. 이 네트워크는 자본주의만큼이나 세계적이다. **클라인, 2002**

'반세계화 운동'의 일환으로서 빈곤, 개발 도상국가의 부채, 인권 침해,

부패, 환경 오염, 공공 자산의 사유화, 가장 심각한 문제인 다국적 기업들의 무책임성에 대해 문제를 제기하는 운동을 펼치는 관련 조직이나 개인들의 어수룩한 방향 설정은 아주 잘못된 것이다. 날로 심각성을 더해가는 위기에 대한 유일한 해결책으로, 독재적이며 자급자족 공동체로 신속하게 돌아가는 것뿐이라 생각하는 극히 소수의 운동가는 있을 수 있다. 하지만 그들이 오늘날의 기업 세계화에 반대 운동을 펼치는 다수를 대표하는 것은 아니다. 그들은 의심할 바 없이 반기업적인 자세를 취하고 있고, 그보다는 적은 수이지만 반자본주의를 표방하는 이들도 있다. 하지만 그들은 국가 간의 글로벌 커뮤니케이션, 인터넷 환경, 그리고 이해가 증진되면 세상이 보다 좋아질 것이라는 주장하며, 책임 있는 세계적 선도 조치와 기구를 통한 중재로 글로벌적인 해결이 필요하다는 데에는 생각을 같이한다.

반세계화 운동이 균일적이고 통일화된 것이 아니라는 주장이 사실이긴 하지만, 그렇다고 해서 사람에 대한 침해와 지구 오염에 대해 끝도 없이 미사여구를 늘어놓으면서, 실제 벌어지는 현상에 대해서는 의견 일치를 보지 못한다는 비판은 더 이상 옳다고 할 수 없다. 세계사회포럼World Social Forum 같은 모임에서 이루어지는 가짜 의견 일치는 바람직하지 않은 것이며, 역동적인 다양성과 일탈은 긍정적으로 바라볼 필요가 있다. 우리 모두가 인정하는 의견 일치의 범위는 점점 더 뚜렷해지고 있다. 그것은 권력 분산의 확대, 대기업들에 대한 세계적 및 국가적 규제, 국제 무역의 보완책으로 커뮤니티 중심의 지역 기업, 성장으로서의 개발이 아닌 자유로서의 개발에 대한 열정적 신념을 강화하고, 아마르티아 센이《자유로서의 발전》에서 밝힌 철학으로 돌아가는 것이다.

이와 같은 혼란이 생기는 원인은, 한쪽에서는 민주주의와 자유를 보호하기 위해 '반세계화' 운동을 전개해야 한다고 주장하는 반면, 또 다른 쪽에서는 자유 무역과 글로벌 무역을 위해서라도 민주주의와 자유를 지켜야 한다고 서로 각기 다른 주장을 펼치기 때문이다. 신자유주의자들의 주장은 '무역을 통한 민주주의' 설을 근거로 하는데, 이는 자유 시장이 사람들을 자유롭게 한다는 가설을 토대로 한 것이다. 조지 부시는 "개방 경제에서 활동하는 사람들은 결과적으로 보다 개방적인 사회를 지향하게 된다"고 주장한 바 있다. 미국의 신자유주의자들이 오늘날의 세계화 패턴으로 인해 민주주의가 함양될 것이라고 믿는다는 것에는 의심의 여지가 없다. 그러한 확신은 보통 다음과 같은 합리적인 추론을 토대로 한 것이다. '시장 중심의 경제가 민주 사회의 필수적 요건이라는 점에서, 시장이 크면 클수록 보다 개방적일 가능성이 높으며, 세계화 정도가 크면 클수록 민주주의를 지향하는 과정과 기구가 강화된다.'

이와 같은 주장은 2001년 9월 11일 이래 기업 세계화를 선동하기 위해 더욱더 독설적인 정설로 자리 잡아왔다. 이제는 미국이 이라크에 대한 불법적이고, 비도덕적이며, 전혀 불필요한 전쟁에 대한 동의를 얻어내기 위해 전 세계 국가들에 강요한 '우리 편이 아니면 우리의 적'이라는 논리의 토대가 되었을 정도이다. 따라서 테러와의 전쟁은 미국의 군사력뿐만 아니라 WTO의 강압적인 의사에 의해 진행되고 있다. 부시 행정부의 왜곡된 논리에 의하면, 특정 세계화 모델에 반대하는 사람들조차 알카에다Al-Qa'eda와 세계 테러 지지자들이라는 것이다.

이와 같은 분석에는 강력한 종교적 기조가 깔려 있다. 자유 무역과 민주주의가 전통적으로 기독교적 가치와 행동을 기반으로 한 국가들에서 번성한 것과는 달리, 이슬람 국가들은 전통적으로 비민주적이며, 억압적인 분위기가 농후하고, 미국이 주도하는 세계 경제에 거부적인 자세를 취한다는 것이다. 따라서 자유 무역은 폐쇄된 국가를 개방시켜 그 백성에게 자유를 준다는 종말론 시대의 십자군의 구호가 되고 말았다. 아프가니스탄과 이라크에서 실제 그런 일이 벌어지고 있다. 사실 일부 이슬람 국가들의 정치 체제는 혐오스럽다. 그들은 반자유적이며, 반여성적이고, 부패했고, 억압적이며, 국민 권익과 정치 자유의 확대에 거부감을 드러낸다. 그런 나라들에서는 민주화가 속히 이루어지지 않을 것이다. 하지만 민주화를 위한 유일한 방법이 기업이 이끄는, 미국이 주도하는 세계화를 이행하는 것이라는 사고는 극히 잘못된 것으로, 미래 세계를 위해 평화를 구축해야 한다는 시각에서는 매우 위험하기까지 하다.

도덕철학자인 로저 스크루턴Roger Scruton은 2002년 발간한《서구와 그 외의 국가들 : 세계화와 테러리스트의 위협The West and the Rest : Globalization and the Terrorist Threat》(2002)이라는 저서를 통해 이와 같은 지리적 차별의 잠재적 결과에 대해 매우 뼈아픈 견해를 제시했다. 그는 이슬람권과 서구권은 시민권, 공동체, 법, 종교가 시민과 정부에 미치는 영향에 대해 전혀 다른 시각을 갖고 있다면서, 이슬람권의 입장에서는 서구의 진보적 역동성, 기업 중심의 세계화가 이슬람적 가치, 문화, 도덕성에 큰 위험으로 비치기 때문에, 그들의 두려움에 서구가 무감각하다는 것은 비난받아 마땅하다는 것이다.

여기에서 스크루턴은 이기적인 개인주의, 도덕적 상대주의, 소비 증진을 통한 발전, 물질주의, 호혜적 책임에 우선하는 개인적 권리 등과 같은 세계화를 뒷받침하는 서구의 가치들이 전 세계 사회와 공동체가 보다 나아지는 데 부정적으로 작용한다고 믿는다. 그는 빈 라덴Osama Bin Laden 그리고 빈 라덴이 가르치는 이슬람의 왜곡된 교리를 혐오하지만, 서구가 주도하는 세계화의 중심에 자리 잡은 퇴락과 부패에 대해 이슬람이 전율하는 것이 뜻을 같이한다.

스크루턴의 논리는 한 가지 엄연한 결론에 도달한다. 그것은 우리가 지금처럼 획일적인 글로벌 방식을 고집하게 되면 결국에는 문명의 충돌을 피할 수 없게 된다는 것이다.

현재와 같은 미국 행정부의 과격한 경제적 신자유주의와 제2장에서 설명한 왜곡된 천년 왕국설 같은 신념의 결합은 미국 내의 사회적 통합, 그리고 세계 안전 가능성의 축소에 심각한 영향을 미친다. 종교적 우파들은 미국 안에서 살고 있는 모든 사람들이 평등하게 창조되었다는 사실이 헌법에 명시되어 있다고 말하면서, 세계가 신에 의해 선한 쪽과 악한 쪽으로 나누어졌다는 것은 자신들의 견해가 아니라고 주장하지만 현실이 그렇지 않다는 것이 문제이다. 관념적으로 말해서 미국 행정부는 미국 내에서, 그리고 부유한 나라와 가난한 나라들 간의 극단적인 불평등과 사회 분열을 반기고 있을지 모른다. 마이클 노스콧은 《천사가 폭풍을 지시한다 : 종말론적 종교와 미국 제국》에서 이와 같은 현상을 '인간의 삶과 관계를 왜곡하고 공동체를 파괴하는 변질된 종교의 힘을 보여주는 비극적인 사례'라고 지적하면서, 신보수주의 경제와 전천년근본주의 사이의 유해한 시너지 효과에 대해 다음과 같이 절망적으로 표현했다.

전천년주의자들은 앞으로 다가올 아마겟돈이라는 대환난 직전에 의인들은 잠을 자다가 혹은 일을 하다가 하느님의 손에 이끌려 안전하게 휴거될 것이라 확신한다. 자유시장주의자들은 보이지 않는 시장의 힘에 의해 개인들이 보상을 받을 것이라 확신한다. 이 두 가지 사례에서는 집단 행동이 개인에 어떤 영향도 끼치지 않는다. 최근 들어 점차 잔인해지고 자기 이익만 추구하는 미국 제국의 힘이 세계 곳곳에서 더욱 기승을 부리고 있다는 점을 상기한다면 이와 같은 현상이 더욱 잘 이해될 것이다. 미국 기업 엘리트들

은 인류의 번영과 생존, 그리고 인류 역사가 미국을 마지막으로 해서 종결
되도록 하기 위해 자신들이 전 지구적인 전쟁에 참전하고 있다는 식으로
생각한다.   노스콧, 2004

워싱턴 컨센서스와의 대립

IMF, 세계은행, WTO 같은 국제기구들에서처럼, 미국이 망하면 인류 역
사가 끝난다는 미국적인 시각을 갖고 있는 곳은 없다. 운동가들은 워싱턴
컨센서스가 민주주의의 친구가 아닌 원수라고 습관처럼 외쳐댄다. 사실을
증명할 수 있는 문서들이 산더미처럼 구축되어 있지만, 역사적으로 IMF의
SAP Structural Adjustment Programme, 경제 구조 조정 프로그램는 지난 20여 년 동안 세
계 각국 정부들에 각국의 사회 및 경제 우선순위를 포기하고 IMF의 조건을
받아들이라고 강요해왔다. 세계은행 부총재를 지낸 조지프 스티글리츠 박
사는 다음과 같이 말했다.

> 이론상으로 IMF는 자신이 돕는 나라들의 민주적 기구들을 지원한다. 현실
> 적으로 IMF는 자신의 정책을 강요함으로써 민주적 절차를 훼손시키고 있
> 는 것이다.   스티글리츠, 2002

세계은행과 IMF는 공히 주권 국가들을 대상으로 자신들의 원래 목적과
위임 사항을 뛰어넘어 개입의 도를 강화시켜나가고 있다. 집중적으로 비판
을 받는 SAP는 빈곤 감소 전략Poverty Reduction Stratey으로 대체되어왔지만,
수많은 활동가들은 현실적으로 여전히 개선해야 할 점이 많다고 주장한다.
세계은행은 워싱턴 컨센서스를 알리는 기구들의 얼굴마담 노릇을 한다.
제임스 울펀슨James Wolfensohn의 지도하에 세계 빈곤 퇴치 운동을 전개했으

나 결과는 매우 혼합적이다. 서구 기업들에게는 개발 도상국을 도우라면서 3달러를 지원한다면, 막상 자금이 필요한 개발 도상국에는 1달러를 지원하는 꼴이었다. 지구 상에서 가장 가난한 나라들이 전혀 적절하지 않는 메가 프로젝트를 추진한다거나, 수출을 위한 제조업 기반을 다진다거나, 현금 작물 농업 체계를 조성한다고 하면 대출을 해주는 일이 많았다. 커피에 대한 대실패 사례는 세계은행이 수출 주도 개발에 집착했다가 경험한 참혹한 결과였다. **커피 생산국들에 수출용 커피 생산 시설에 대한 투자를 확대할 것을 독려한 결과로 인해 커피가 과잉 생산되어 가격 체계가 붕괴되고 말았다.** 이와 같은 개입은 환경 파괴, 시골 사람들의 이전과 노동자들을 착취하는 일거리의 확충을 불러일으킨다. 이로 인해 많은 서구 기업들은 이득을 얻지만 개발 도상국에는 더욱 비참한 결과만 초래될 뿐이다.

각국 정부는 WTO에 효과적으로 대처할 수 없다. 주요 공공 서비스를 국유화하면 외국 기업들에 대한 차별이라고 해석한다. EU가 성장 호르몬으로 생산된 미국 쇠고기의 수입을 금지한 것 같은 민주적인 결정은 극렬한 항의에 부딪히고, 또 다른 무역 전쟁의 빌미로 이용된다. 각국 정부가 보다 높은 수준의 환경, 혹은 사회 기준을 실시하고 싶어도 비관세 장벽의 기미가 조금이라도 포함되었다 싶으면 이행하기 어렵다. 시장 개방과 보조금 폐지의 중요성을 역설하는 선진국들로부터 수십 년째 허구적 수사만을 들어온 개발 도상국들은 자신들의 지역에서 아무것도 할 수 없다는 데 질린 나머지, 2003년 멕시코의 칸쿤에서 열린 재앙적인 WTO 회의에서는 선진국들의 뜻에 따른 칸쿤 선언문에 딴지를 걸어 채택되지 못하도록 했다. 그 결과 회의는 완전 무질서로 치달았다. 그 이후 증오로 인한 교착 상태가 지속되는 바람에, WTO가 작금의 사회 및 경제 문제에 대한 지속가능한 해결책의 일부분이 되기 위해 어떻게 변해야 하는지에 대해서도 전혀 토론할 수도 없었다. 2007년 말까지 도하 무역 협상에서 타협을 본다는 약속만 했을 뿐이었다. 글로벌 기구들은 논외로 한다 해도, 일부 세계적인 다국적 기업들은 비양심적으로 해외 직접 투자자 자격으로 교섭력을 사용하여 더 큰 경제적 목적이라는 틀 안에서 지역민 혹은 지역 전체의 소망을 깡그리 무시하기도 한다. 다국적 기업들은 자율 규제를 내걸었고, 그로 인해 경악할 정도로 자신들에게 유리한 무역 조건을 얻어냈다. 다국적기업 ABB Asea Brown Boveri의 전 회장 퍼시 바너빅 Percy Barnevik 은 세계화를 이렇게 정의했다. "근로자의 권익과 사회적 관습에 관한 제약을 가급적 적게 받으면서 필요한 곳에 공급하여 팔 수 있는 물품을 생산하기 위해 투자를 반기는 곳에 우리 그룹이 투자를 할 수 있는 자유." 나오미 클라인도 말한 바 이지만, 세계 경제를 통한 무역을 느닷없이 자유와 민주주의를 전달하기 위한 위대한 도구라고 치켜세우는 것은 지나친 비약이 아닐 수 없다. 클라인은 다음과 같이 주장한다.

세계로 번져나가는 민주주의에 대한 토론 과정에서 내가 가장 싫어하는 것은 투표권이든, 땅을 사용할 수 있는 권리든, 노동조합의 결성이든, 각자의 나라에서의 참다운 민주적인 변화를 위해 투쟁했거나 여전히 투쟁하고 있는 사람들을 모욕하는 것이다. 민주주의는 시장이나 보이지 않는 손의 작품이 아니다. 실제 손들의 작품이다. 흔히들 NAFTA North American Free Trade Agreement, 북미자유무역협정가 멕시코에 민주주의를 갖다 주었다는 식으로 말한다. 하지만 사실을 알고 보면 근로자, 학생, 원주민 집단, 그리고 급진적 지성인들이 멕시코의 배타적인 엘리트 집단에 서서히 민주 개혁을 강요했던 것이다. NAFTA는 빈부의 격차를 더 벌어지게 해서 그들로 하여금 보다 과격하고 저지할 수 없는 사람들이 되도록 유도한 셈이다. 클라인, 2002

경제학자들은 남아 있는 최악의 무역 장벽들을 제거하면, 개발 도상국들에 매년 1,000억 달러를 초과하는 어마어마한 소득을 안겨주게 된다고 예측한다. 이는 개발 도상국을 겨냥한 원조 금액의 세 배에 달하는 규모이다. 하지만 무역 자유화로 인해 반드시 경제 목적을 이루는 것이 아니라는 사실이 점점 더 분명해지고 있다. 이미 막강한 부를 가진 나라들에 국경을 개방하는 것은 성공적이지만, 그렇다고 가난한 나라가 자신들이 베푼 만큼 그 부유한 나라에서 기회를 찾는 것도 아니다. 유엔무역개발회의United Nations Conference on Trade and Development: UNCTAD는 가난한 나라들이 1990년대 취한 무역 자유화로 인해 자신들을 부유하게 하는 데에 실패했다는 사실을 발견했다. 오히려 빈곤이 악화되었으며, 자유화 조치의 범위가 큰 곳일수록 더 가난해졌다는 것이다.

우리는 여기서 다시 한 번《자유로서의 발전》을 통해 '성장으로서의 발전'이라는 개념에 비판을 가한 아마르티아 센의 주장이 떠오른다. 그에 의하면, 세계적인 다국적 기업들의 자율적인 확장을 통한 '성장으로서의 세계화'는 위에서 말한 비판에서 벗어날 수가 없다. 자유를 통한 세계화는 전혀 다른 무언가를 제공한다. 그 점에 대해《요하네스버그 비망록》에는 다음과 같이 기록되어 있다.

포괄적으로 이야기해서, 최근의 논란에서 가장 많이 언급되는 세계화에는 두 가지 개념이 존재한다. 기업 세계화는 세계를 하나의 경제의 장으로 전환시켜 글로벌적인 부와 복지를 증진시키기 위해 제약 없이 경쟁하는 것을 목적으로 한다. 이 특별한 개념은 18세기 영국에서 태동한 자유 무역 사상에서 비롯되어, 그 후로 수많은 변화를 거쳐 20세기 후반 세계 정치에 지대한 영향을 미친다.

그와는 반대로 민주적인 세계화는 다양한 문화가 꽃피고, 모든 세계인의 기본권이 인정받는 세계를 꿈꾼다. 이 개념의 뿌리는 코즈모폴리턴 정신으로 세계를 인식하는 유럽의 계몽주의 철학을 거쳐 고대 그리스 철학까지 거슬러 올라간다. 정의와 지속가능성의 원인을 민주적인 세계화의 틀에 각인시키지 않는다면 물에 쓸려가는 모래에 기록한 것처럼 금방 사그라질 것이다.

요하네스버그 비망록, 2002

이야기를 꺼내기 시작하면 독설만 퍼부을 것 같은 논제가 있다. 나는 극도로 복잡하고 변화가 심한 현상에 대해 전체적으로 균형적인 시각을 갖고 있는 척할 생각이 없다. 빠른 세계화를 지지하는 사람들 중에서 요한 노르베리Johann Norberg는 《세계 자본주의의 방어In Defence of Global Capitalism》(2001)을 통해, 마틴 울프Martin Wolf는 매우 자극적인 저서 《왜 세계화인가Why Globalization Works》(2004)를 통해 세계의 많은 지역들이 번영하고 있다는 주장을 통계를 이용하여 펼쳤다. 이들은 동아시아 지역의 극빈층이 1975년 이래 절반으로 줄었다고 주장했다. 특히 중국이 1980년대에 세계에 문호를 개방하고 나서 3억 명이 극빈층에서 벗어났다는 것이다. 노르베리와 울프는 세계화가 가난한 사람들에게 유익을 주고, 환경과 기술 이전에도 아주 좋다고 주장한다. 중국과 인도가 표준적인 모델을 무시하고 표준적인 워싱턴 컨센서스 모델은 안중에도 없이 '선택적 보호주의'와 '경제에 대한 국가의 개입' 등을 포함하는 자신들의 글로벌 자본주의를 구축했다는 그들의 지적은 옳다고 본다. 한국, 타이완, 말레이시아가 세계 경제에서 무시 못 할 위치로 부상할 수 있었던 것도 바로 자신들만의 세계 자본주의 모델을 적용했기 때문이다.

전통 경제학자들의 주장과는 달리 중국과 인도는 극히 중요한 예외로 인정하더라도, 세계화가 상대적 소득 불균형을 대폭 줄여준다는 증거가 없다. 세계화의 좋은 점에 대한 억측이 절정에 달하던 1970년대에서 2000년대 사이에 오히려 사태가 악화되었다. 1960년에는 세계에서 다섯 번째로 잘 사는 나라의 소득과 다섯 번째로 못사는 나라의 소득의 비율은 30대 1이었다. 하지만 1990년에는 60대 1, 1998년 78대 1, 2004년에는 108대 1로 벌어졌다. 이와 같은 상황에서 소득의 간격이 좁혀질 때를 예상한다는 것은 참으로 어려운 일이다.

물론 지금 당장 그 인과 관계를 캔다는 것도 어렵다. 하지만 가난한 사람들이 불리하게 되어 있는 세상에서 현재 우리가 파악하고 있는 글로벌 자본주의는 생태적 지속가능성이나 사회 정의와는 근본적으로 조화를 이루지 못하는 것처럼 보인다. 현재의 위치에서 생태적으로, 사회적으로 지속가능한 세계화로의 여행을 개념화하는 데에는 상당한 상상력을 필요로 한다. 이와 같은 '재개념화 도전reconceptualization challenge'에 앞장선 조직 중의 하나가 영국의 신경제재단New Economics Foundation인데, 이 조직은 수년 동안 자매조직들을 연결하는 막강한 글로벌 네트워크를 개발해왔다. 남아프리카의 신경제재단을 이끌었던 마거릿 레검은 워싱턴 컨센서스가 매우 상이한 각종 컨센서스들로 이어지는 것을 확인할 목적으로 네트워크가 수행한 다양한 캠페인의 '전후 효과before and after effect'를 연구했다. 이 책의 제3부에서 워싱턴 컨센서스의 대안적 시나리오들에 대해 설명하고자 한다.

미국 주도의 기업 세계화에 대응하는 오늘날의 운동에 변이가 있을 수는 있지만, 한 가지 문제에 대해서는 의견 일치를 보고 있다. 다국적 기업이 세계 경제에서 행하는 역할이 문제의 핵심이라는 것이다. 좋든 나쁘든 오늘날의 다국적 기업들이 현재의 상황에 기여하는 것을 언급하지 않고서는, 역기능들에 대한 의문점, 그리고 '자본주의와 지속가능성이 조화를 이룰 수 있는가?'라는 질문에 대답할 수 없을 것이다.

다국적 기업들에 맞서기

다국적 기업에 대해 처음으로 반대 캠페인을 벌인 사람이 1776년에《국부론》을 펴낸 애덤 스미스였다는 사실에 나는 기분이 좋다. 그는 매니저는 다른 사람들의 돈을 관리할 만큼 믿을 만한 사람이 될 수 없다면서, 그랬다간 '태만과 혼란'만 초래될 뿐이라고 경고했다. 현재의 기업은 예전의 영국 제국주의의 작품이다. 그 근원은 처음에는 영국 왕실이 기업 헌장을 정했지만 나중에는 영국 의회에 의해 투자자 그룹까지 고려한 기업 헌장을 갖게 된 동인도 회사East India Company, 1600년에 설립까지 거슬러 올라간다. 각 헌장은 조금씩 다르지만, 왕실에 돌아갈 이윤의 몫도 포함한 공공의 목적에 이바지하기 위해 투자자들의 책임과 손실의 한계를 정할 수밖에 없다는 것이었다. 기업들은 동인도 회사와 허드슨베이Hudson Bay 회사가 그랬던 것처럼 특정 지역 전체 혹은 특정 산업에 대해 점차적으로 독점권 갖게 된다.

17세기에서부터 18세기 사이, 영국 의회는 자신들의 독점 이익을 확대하기 위한 새로운 법률들을 통과시켰다. 이로 인해 점차 기업의 힘이 커지자 애덤 스미스는 몹시 괴로워했다고 한다. 그는 국가와 기업 사이의 영향력이 연계하여 시장의 경쟁 기능에 극히 유해할 정도로 부상한다는 사실을 간파했다. 하지만 19세기로 접어들면서 다국적 기업의 기반은 미국으로 옮겨가게 된다. 미국에서는 기업들이 주 법률을 좌지우지 할 정도로 성장하여 자신들에 관한 규제, 권리와 책임 간의 균형에 관한 조항을 개정할 수 있도록 압박을 가하는 행동을 취했고, 그로 인해 기업에 대한 적대감이 점차 수그러들었다. 19세기 중반에는 유한 책임개인 투자자의 손실, 기업의 붕괴 등과 같은 일이 벌어질 때 책임의 범위를 전체 손실 규모가 아닌 각자의 투자 규모에 국한하는 제도에 대한 최종 합의가 이루어졌는데, 이는 주식 시장에 중산층까지 끌어들이기 위한 것이었다. 그리고 1886년 미국 연방대법원은 민간 기업은 미합중국 헌법에 의해 '자연인'으로 간주되기 때문에 권리 장전Bill of Rights에서 보장된 모든 보호를 받을 자격이 있다고 판결했다. 이에 대해 하버드 비즈니스 스쿨의 교수였던 데이비드 코튼David Korten은 다음과 같이 지적했다.

> 따라서 기업들은 시민으로서의 많은 책임과 의무를 면제받으면서 개인으로서의 권리를 완전히 누리게 될 것을 요구하기에 이르렀다. 그것에 만족하지 않고 기업들은 개인처럼 자신들의 이익을 위해 정부에 영향력을 행사할 권리를 요구함으로써, 엄청난 재정과 의사 표현 능력을 갖춘 기업들에 대항하는 시민을 위험에 빠뜨리고, 중요한 이슈에 관련된 정치적 논의에서 모든 시민이 동등한 목소리를 낼 수 있음을 보장한 헌법 정신을 조롱한다.
>
> 코튼, 1995

그의 글에는 수많은 활동가들이 '기업 시민권corporate citizenship'의 개념을 여전히 불신하는 이유들 중의 하나가 나타나 있다. 역사를 회고해보면, 존 록펠러John Rockerfeller, 코르넬리우스 밴더빌트Cornelius Vanderbilt, 앤드루 카네기Andrew Carnegie, 제임스 멜론James Mellon 같은 이들이 자신들의 기업을 위해 자신들이 취해야 할 호혜적인 '공공 서비스' 의무는 도외시한 채 시민으로서의 권리와 자격만을 주장했다는 것을 알 수 있다. 기업은 시민이 아닌 것이다. 기업에 대한 시민권 개념의 적용은 잘못된 것으로 결코 도움이 되지 않는다.

그렇다면 이러한 것들이 모든 법률적 특혜를 전통적으로 누려온 다국적 기업들과는 어떤 관계가 있단 말인가? 일부 사상가들은 특히 지난 30여 년 동안 다국적 기업들이 지금은 세계 어느 곳에서든지 막강한 사회 기구로 자리 잡을 정도로 자신들의 능력과 규모, 영향력을 확대해왔다고 주장한다. 데이비드 코튼은 1995년에 출간되어 이미 고전으로 인정받고 있는 《기업이 세계를 지배할 때When Corporations Rule the World》를 통해 기업이 힘을 축적하고, 정치와 사법 체계에서 자신들의 영향력을 늘려가는 현실과 미국이 가장 심각하고, 세계 곳곳에서 같은 현상이 빚어지고 있다. 이와 같은 현상들이 정부의 효율성, 즉 부의 보다 균등한 분배에 얼마나 지장을 초래하는지, 지속가능성을 토대로 한 세계 경제 구축의 시도는 없었는지 등을 명쾌하게 분석한다. 다국적 기업들이 이와 같은 행태를 지속할 수 있었던 것은 우리 시민들이 사람과 지구를 희생하여 부를 창출할 수 있는 자격을 기업들에게 부여하는 정권을 선택했기 때문이다.

이와 같은 현실에 대해 극단적인 비판을 전개하는 측에서는 개혁 형식의 합의 채택은 시간 낭비일 뿐이라는 것이다. 헌법이 정한 의무에서 벗어난 다국적 기업들은 사회적 책임에 대해 동조하는 말을 하기는커녕, 자신들은 사회에 아무런 빚이 없으며, 오직 주주들에게만 책임을 지기 때문에 무슨 수를 써서라도 이윤을 극대화해야 한다는 생각을 갖고 있다는 것이다. 인류 사회에서 '극히 소수의 사람들이 자신들의 이익을 위해 힘을 행사하는 것이 다수의 이익을 위해서도 좋은 것이며, 이 세상의 그 어떤 방법보다 좋은 것이라는 생각'을 얼마나 많은 사람들이 갖고 있는지 모른다. 기업이 지배하는 광고 수입에 생존을 의존하는 언론은 실제 벌어지는 일을 사람들에게 알리지 않는다. 우리 주변에서 벌어지는 실제의 삶과 활동을 알리는 대신에 오히려 선동의 기구가 되어 사람을 소비주의로 유혹하여 넋이 나가게 한다. 놈 촘스키Noam Chomsky로부터 영감을 받은 일리노이 대학교University of Illinois 교수 로버트 맥체스니Rovert McChesney는 다음과 같이 주장했다.

주류 언론 매체가 생존을 위해 광고에 의존하는 비율이 늘어나면서 사회적으로는 점점 더 반민주적인 모양을 취해왔다. 전 세계 상업 언론 시스템은 저널리즘을 훼손하는 것과는 상관없이, 글로벌 시장의 타당성, 그리고 가장 중요한 것과는 관련 없는 문화와 상업적 가치를 전파해왔다. 맥체스니, 1999

맥체스니의 주장은 강력하면서도 희망의 빛이 전혀 보이지 않는 절망적인 가설인가? 이제는 되돌아갈 수 없단 말인가? 물론 주주의 이익이 가장 중요하기는 하다. 법적 및 수탁 의무자로서 당연히 그래야 한다. 하지만 그렇다고 해서 기업이 환경을 파괴하고, 근로자를 혹사시키며, 지역 공동체를 망가뜨려도 된다는 의미는 아니다. 제14장에서 설명하겠지만, 기업에 있어서는 환경적, 사회적, 윤리적으로 책임을 져야 한다는 철학이 대부분의 사람들이 인정하는 철학보다 더 중요한 것이다.

하지만 대부분의 운동가들이 엑슨모빌과 BP, 네슬레Nestlé와 유니레버Unilever를 구분할 방법이 없다는 듯 다국적 기업들을 겨냥한 비난의 강도는 이미 진행 중인 다양한 변화를 가속화하기 위해 노력하는 기업들과 협조하는 미래를 위한 포럼 같은 조직들에 일종의 충격으로 다가온다. 일례로 영국 왕세자 비즈니스 및 환경 프로그램이 존재해온 14년간, 우리는 미래를 위한 포럼 같은 조직에 관련된 거대한 다국적 기업들의 태도와 행태에 의미 있는 변화가 초래되고 있음을 목격해왔다. 일주일간의 세미나를 마친 1,500여 명의 개인 혹은 기업 고위 임원들은, 일부 운동가들이 자신들을 비난하는 이유인 세상과 인류가 처한 상태에 대해 걱정한다. 하지만 그들은 직장 상사, 기업의 타성, 관료주의, 자본 시장의 힘, 구매력을 보다 지속가능한 방법으로 사용하는 데 있어서, 소비자와 투자자가 보여주는 열정의 제한, 갈피를 잡지 못하고 질질 끌기만 하는 정치인들로부터 자유롭지 못하다.

여러 가지 원인들로 인해 CSR의 개념에 대한 오늘날의 무제한적인 열정을 극도로 조심하는 이유가 있다. 이는 현대 자본주의가 완벽한 역할을 해내지 못한다는 《이코노미스트》의 주장과는 거의 관련이 없다. CSR 개념을 채택하면 사람들이 자신들의 핵심 비즈니스 모델에 시비를 걸지 않을 뿐만 아니라 자신의 기업을 오히려 좋게 생각한다고 판단하기 때문인 것이다. CSR에 대한 열정 때문에 현실적으로 진짜 골치 아픈 이 문제들이 결코 최우선 과제로 부상하지 못한다는 사실이 이를 증명해준다.

과세와 이전 가격 조정transfer pricing arrangement을 보면 오늘날의 다국적 기업들이 형평성과 투명성에서 문제를 드러낸다는 것을 알 수 있다. 기업들이 주주들에게 지는 전통적 신탁 의무를 좁게 해석한다면, 법이 허용하는 범위 내에서 정부에 내는 세금은 최대한 줄이고, 거래하는 모든 시장에 걸쳐서 조작된 가격, 소득 및 통화 교환을 통해 얻어지는 금전적 이득을 극대화시키기 위해 무슨 짓이든 다 해야 한다는 것을 의미한다. 이렇게 되면, 기업들은 가난한 나라들에 일자리 창출, 세금 납부를 통해 지역 경제에 이바지하는 승수 효과multiplier effect를 일으키는 선한 일을 하면서도, 법이 허용하는 한 최대한 납부할 세금을 줄이기 위해 법률 비용으로 수천만 달러를 쓰는 짓을 하게 된다. CSR에 회의를 품고 있는 사람들은 기업들이 세전 수익pre-tax profit의 일부를 과시적으로 뿌리는 유사 선행 행위에 의존하기보다는 차라리 그 나라에 세금을 곧이곧대로 납부하는 것이 '선의를 위한 힘force for good'이 될 수 있다고 지적한다. 변호사이자 작가인 조엘 바칸은 CSR의 잠재적인 중요성을 평가하는 데 있어서 조심할 필요가 있다고 강조한다.

오늘날의 재계 인사들은 자신들은 손익 계산보다 사회에 더 많은 관심을 가지고 있으며, 자신들의 주주들보다는 사회 전체에 대해 더 큰 책임감을 느낀다고 말한다. CSR은 탐욕으로 점철된 이전의 목표를 의도적으로 수정하기 위한 새로운 신조이다. 이러한 변화가 불고 있음에도 불구하고, 기업의 본질은 달라지지 않았다. 19세기 중반에 현대 기업들이 세워지기 시작했을 때처럼, 기업은 자기 이익에 안정을 취하면서 도덕적 문제에는 관심을 기울지 않는, 법적으로 허용된 '개인'과 다름없는 존재로 남아 있다. 대부분의 사람들은 기업들을 성격적으로 혐오스럽고 정신병자 같다고 생각하면서도 호기심 어린 시선으로 오늘날 사회에서 가장 막강한 힘을 가진 조직으로 인정하려 한다. 바칸, 2004

이와 같은 반기업 정서는 수많은 기업인들에게 큰 상처를 안겨준다. 하지만 조엘 바칸이나 데이비드 코튼 같은 비판자들이 공격하는 목표는 기업의 인격이지 기업 속의 사람들이 아니다. 바칸은 정신과 의사들이 예상하는 정신 질환자들의 특성을 나열했다. 모든 것과 모든 사람을 조정하고 싶은 욕구, 감정 이입의 결여, '최고'가 되는 것에 대한 집착, 자신의 행동에 대한 책임 회피, 죄책감이나 양심의 가책을 느끼지 못하는 것이 그것이다.

게다가 점점 더 많은 재계 인사들이 외부에서 생각하는 것보다 자신들에게는 기업의 미래를 끌고 나갈 능력이 없으면서, 단기적인 이익의 극대화라는 깨질 수 없는 법칙에 갇혀 있다고 하소연하는 실정이다. 나는 한 최고 경영자로부터 주주들의 압력에 시달리고 있다는 한탄 섞인 말을 듣고 다음과 같은 십계명을 들려주었다.

너는 경제 성장을 극대화할지니라.
너는 모든 경비를 외부에 돌려 그들로 하여금 물게 할지니라.
너는 납부할 세금을 최소화할지니라.

너는 미래를 너무 기대하지 말지니라.

너는 자연의 한계 따위는 무시할지니라.

너는 부를 소수의 사람들에게 집중적으로 던져줄지니라.

너는 공공 이익보다는 개인의 이득을 더 중요시할지니라.

너는 규제에 당당히 맞설지니라.

너는 인정사정 보지 말고 공급을 쥐어짤지니라.

너는 경쟁자들을 때려 눕혀 사라지게 할지니라.

CSR이 조금이라도 이와 같은 기업의 십계명을 완화시키는 데 도움이 된다면, 우리는 CSR과 관련된 모든 행동에 방해가 되어서는 안 될 것이다. 하지만 이 모든 부작용을 고칠 책임이 기업에 있다는 생각은 착각에 불과하다. 만약 사회가 주주들의 이익과 그 밖의 이해 관계자들, 즉 근로자, 지역 공동체, 환경 단체 등의 이익의 균형을 도모하길 원한다면, 사회는 정부를 통해 각자의 책임감을 새롭게 정립하지 않으면 안 된다. 시장력의 구성에 개입할 수 있는 민주적 권한은 기업이 아닌 정부가 가진다. 대중이 기준의 상승과 최고의 실행을 원한다는 것을 알게 되면, 정부는 자신들만 위하는 기업들에 한도 끝도 없이 금전 지원을 하는 일 없이 공공 이익을 확보하는 데 단호하게 개입하지 않을 수 없다.

하지만 어느 정부든 혼자서는 행동할 수 없다. 그래서 대표적으로 '지구의 벗 국제본부Friends of the Earth International'가 '지속가능한 발전을 위한 정상회의World Summit on Sustainable Development에 관여한 것과 같이 NGO들이 기업 책임에 관한 글로벌 총회Global Convention on Corporate Accountability를 요구하는 것이다. 대부분의 NGO들은 다국적 기업들이 자발적인 차원에서 많은 것을 성취했다는 점을 인정하면서도 충분하다고는 생각하지 않는다. 새로운 총회에서는 다국적 기업들로부터 침해를 당하는 이해 관계자들을 위한 보상책을 논의할 제도를 갖춰야 한다. 개인이든 조직이든 이해 관계자들에게는 자신의 나라에서 기업들에 도전할 수 있는 법적 권리가 주어져야 한다. 총회에서는 기업의 사회 및 환경에 관한 의무를 분명히 해야 하는데, 그 안에는 증명 가능한 방법으로 환경 및 사회에 대한 행동에 관한 보고, 관련 공동체로부터의 사전 통보 승인, 기업이 운영되는 곳이라면 세계 어디서든 일관된 높은 수준의 행동 기준에 대한 정의가 포함되어야 한다. 이러한 규칙들은 환경, 사회, 인권에 관한 국제 협약을 토대로 해야 할 것이다.

이미 살펴본 바와 같이, '다국적 기업들의 개혁 가능성'에 관한 다양한 견해들은 아주 폭 넓은 스펙트럼으로 설명할 수 있다. 스펙트럼의 한쪽 끝에는 다국적 기업의 '완전 폐쇄'를 외치는 강경한 목소리가 있을 것이고, 그 반대편으로는 대부분의 유럽 정부들이 선호하는 다양한 단계의 과격과 온건적인 입장을 거치면서 점차적으로 변화를 주자는 주장이 자리 잡을 것이다. 하지만 많은 전문가들은 이와 같은 논의에 핵심이 빠져 있다고 주장한다. 거시 경제적인 기업들이나, 기업이 운영하면서 의존해야 하는 재정 시스템이 핵심 문제가 아니라는 것이다. 데이비드 코튼은 다음과 같이 주장한다.

여러 세력들이 한때는 도움을 주던 기업과 금융 기관들을, 전 세계에 암처럼 마구 자신의 영역을 넓혀나가고, 지구 상의 생물들을 속박하고 파괴하며, 사람들을 원래의 생활 터전에서 다른 곳으로 이주케 하고, 민주적인 기구들을 허수아비로 전락시키며, 돈을 벌 목적으로 마구잡이로 생명체를 희생시키는 전제적 시장의 도구로 변화시켰다. 우리의 경제 시스템이 본래의 자리에서 이탈하여 민주 제도보다 더 중요한 것으로 취급됨에 따라, 세계에서 가장 막강한 기업들조차 참다운 부의 창출과 돈의 창출과의 관련성을 끊어버리고, 쥐어짜면서 과잉 생산을 위해 투자하는 것을 장려하는 세계 경제 시스템의 힘에 좌지우지되는 존재가 되고 말았다. **코튼, 1995**

다국적 기업들을 상대적으로 무력하게 만들어야 한다는 주장은 운동가들에게 환상적이라고까지는 할 수 없지만 그래도 어느 정도 받아들여지고 있다. 자본 이동에 관한 제약이 없어서, 투자자가 적은 이익이라도 바라보며 잠재적 이득을 위한 초단기적인 투자를 목적으로 스피드하게 돈을 움직이는 데 있어서 무한대의 기회가 펼쳐진 이 세계에서, 다국적 기업들이 과거처럼 주도권을 쥐는 사태가 벌어져선 안 된다는 것이다. 이 점에 대해서는 제11장에서 다시 부언할 것이다.

인구 증가에 대한 대처

비록 소수이긴 하지만 캠페인을 벌이는 조직이나 개인들이 완벽하게 동의하는, 전 세계적 문젯거리가 존재한다. 인구 증가 바로 그것이다. 너무나 압도적으로 합의를 본 사항이면서도 기가 막힐 정도로 엄청난 문제라서 입을 꼭 다물고 행동을 전혀 취할 수 없다.

나는 녹색당에 가입한 1970년대 중반 이래 이 특이한 방식의 부정에 매료되어왔다. 2000년에 〈섹스, 죄악 그리고 생존 Sex, sin and survival〉이라는 TV 다큐멘터리 프로그램을 제작하고, 필리핀, 이집트, 콜롬비아 등지에서 적절한 가족계획의 실패로 인한 끔찍한 결과를 두 눈으로 목격한 이후 인구는 내가 개인적으로 집중하는 문제가 되었다.

역설적으로 인구는 부인할 수 없을 정도로 너무나 명확한 사실적인 것만

논하는 세계 정치가 다룰 문제이다. 유엔은 2007년 3월 세계 인구가 현재의 65억 명에서 2050년 91억 명으로 증가할 것이라는 연구 결과를 발표했다. **매해 8,000만 명이 늘어나게 되는 셈.** IPCC 역시 미래에 대한 예상 보고서를 발표한 바 있는데, 그 안에 담긴 통계치에 대해 이의를 제기하는 사람은 거의 없었다. 사실 침묵을 지켰다는 표현이 더 적합하다.

이는 유엔의 예상이 대단히 신뢰할 수 있다고 생각하기 때문일 것이고, 또 현재의 인구 증가 추세만을 놓고서도 2050년에는 인구가 90억 명을 돌파하는 것이 당연하다고 생각하기 때문일 것이다. 사실 오늘날의 우리들은 비정상적인 일들이 벌어지고 있음을 목격한다. 65억 명의 절반이 25세 미만이며, 놀랍게도 12억 명이 10~19세 사이이다. 그들 중 과반수가 개발 도상국의 대도시 빈민가에서 살고 있다.

젊은 층의 인구 폭발은 지진 발생 못지않게 치명적이다. 젊은 사람들이 산아 제한에 관심을 기울이지 않는다면 2050년의 인구는 91억 명을 훨씬 초과하는 공포가 불어 닥칠 것이다. 지금 당장 보더라도, 아기를 가질 수 있는 커플의 3분의 1에 해당되는 3억 5,000만의 커플이 가족계획 서비스를 이용하지 못하는 실정이다. 통계에 의하면 매해 사망하는 50만 명의 여성 중에서 50퍼센트가 비위생적인 낙태 시술, 임신과 출산 과정에서 생명을 잃고 있다. 피임만으로도 얼마든지 살아날 수 있는 사람들이다. 1분마다 380여 명이 임신을 하는데, 그중 190여 명에게는 원치 않는 임신이다.

여기에서 나는 선택을 제한하고, 강압적인 의제에 의한 '인구 통제'를 논하고 싶은 생각이 없다. 중국의 악명 높은 '한 가정 한 자녀' 정책이 시행되는 것은 그것만이 인구를 줄이는 유일한 방법이라 생각하기 때문이다. 진실만이 존재할 뿐이다. 멕시코, 스리랑카, 한국, 모로코, 타이완, 타이, 베트남, 코스타리카, 인도의 케랄라 등지에서는 중국 못지않은 인구 조절 정책에 성공하여 출산율 2.1명이라는 인구 대체 수준에 근접해 있다. 이란에서는 정치인과 종교 지도자들의 결심으로 가구당 출산이 1988년 5.2명에서 1996년 2.6명으로 줄어들었다.

중국이 1979년에 강압적인 산아 제한 정책을 실시하지 않았다면 어떤 일이 벌어졌을지 충분히 상상할 수 있다. 중국 정부는 28년 동안 최소한 1억 3,800만 명이 더 태어났을 것으로 추산한다. 다음 장에서 설명하겠지만, 중국은 매년 한 사람당 3.5톤의 이산화탄소를 배출한다. 따라서 중국은 그 산아 제한 정책으로 매년 5억 톤의 이산화탄소를 감소해 지난 28년 동안 무려 140억 톤이나 감소시켰을 것으로 추산한다. 그럼에도 불구하고 그동안 중국이 배출한 이산화탄소의 총량은 놀랍게도 3,300억 톤에 달한다.

여러분은 기후변화에 정치적 관심이 쏟아지도록 열정적으로 캠페인을 벌이는 환경 조직들이 평균 출산율 감소의 중요성에도 역시 초점을 맞출 것이라 생각할 것이다. 또 부유한 나라들에 도움을 요청하면서도 실제로는 아무것도 얻지 못하는 가난한 나라들에 특히 관심을 기울일 것이라 생각할 것이다. 하지만 그렇지 않다. 정치적으로 올바른 환경 운동은 좀처럼 가난한 나라poor country의 'p'라는 글자에 공포를 느껴 입 밖에 꺼내지 않으려 한다. 하지만 이는 매우 비합리적인 태도이다. 여기서 간단한 계산을 한번 해보자. 오늘날 65억 명이 대기권에 배출하는 이산화탄소량은 1년에 약 300억 톤이다. 한 사람당 4.6톤이다. 배출량을 2050년까지 60퍼센트 선으로 낮춘다면 180억 톤이라는 계산이 나온다앞으로 어쩔 수 없이 강력한 제재를 취하지 않을 수 없다. 하지만 2050년에는 세계인구가 90억 명을 돌파하게 된다. 따라서 한 사람이 배출할 수 있는 이산화탄소량은 1년에 2톤을 넘어설 수 없다. 세계 인구가 75억 명이라면 개인당 배출량은 2.4톤, 60억 명인 경우에는 3톤이어야 한다. 하지만 인구를 줄이는 것이 기후 변화의 해결책일 수는 없다.

아무튼 국제회의장에서 떠도는 말들을 들어보면 오늘날의 개발 조직의 지도자들은 환경주의자들보다 인구 증가 억제에 대해 적대적이다. 밀레니엄개발목표는 인구를 논하지 않는다. 지속불가능한 인구 성장으로 아프리카가 뿌리 깊은 빈곤의 늪에서 영원히 탈출할 수 없음에도 불구하고, 토니 블레어의 아프리카 위원회Tony Blair's Commission for Africa는 인구에 대해 일언반구도 없다. 정치인들의 그런 생각이 과연 바뀔 것인가라는 의문이 든다. '인구, 발전과 생식 건강Population, Development and Reproductive Health'에 대해 영국 의회의 모든 정당원으로 구성된 상하원공동위원회All-Party Parliamentary Group: APPG가 2007년에 2월에 발간한 보고서는 인구가 지속적으로 성장하기 때문에 밀레니엄개발목표를 달성하기가 날로 어려워질 것이라 전망하고 있다. 이에 대한 증거 자료로 세계보건기구는 밀레니엄개발목표의 세 번째 목표인 산아 관리와 남녀평등의 신장 관련성을 설명한다. 세 번째 목표는 다음과 같다. "여성 스스로가 임신 여부를 통제하는 능력만으로는 여성의 완벽한 권리와 남녀평등을 이루기에는 충분하지 않지만, 그 능력이야말로 처음이자 중요한 단계이다." 실증적인 관련성도 뚜렷하게 드러난다. 피임 도구가 많이 사용되는 나라일수록, 고등학교를 졸업하는 소녀의 비율이 높았다.

아프리카의 사정은 너무나 절망적이다. 예를 들어서 우간다의 현재 인구는 3,000만 명이지만 2025년이면 5,500만 명으로 늘어난다. 현재와 같은 추세대로라면 우간다는 1억 3,000만 명이라는, 세계에서 열두 번째로 인구가 많은 나라가 될 것이다. 무세베니Yoweri Kaguta Museveni 대통령은 그렇게 늘어날 인구가 나라의 큰 자산이 될 것이라 주장했지만, 대부분의 의식 있는 사람들은 참혹한 재앙으로 생각한다. 가난한 나라들에 좋은 가족계획을 확장시키자는 주장이 부유한 나라들의 엘리트주의적인, 반자유적인, 억압적인 것이라는 사고는 무지하고, 반인류적이며, 여성의 권리를 파괴하자는 말이나 마찬가지다. 머지않아 가장 가난하고 가장 많이 이용당하는 사람들에 의해 이 중요한 인간의 기본권이 지속적으로 무시되어왔다는 사실이 문제로 제기될 것이다.

환경과 발전 운동의 도그마, 그리고 '정치적으로 올바른 시각'만으로는 충분하지 않다면, 점차 다수의 정부 내에서 힘을 얻어가며 새롭게 부상하는 민족주의자들과 맞서야 한다. 그들은 총출산율이 대체 출산율 커플 당 2.1명에 미치지 못하는 것을 우려하여 감언이설과 뇌물을 써가며 여성들에게 보다 많은 아이를 낳으라고 설득한다. 프랑스 여성들은 세 번째 아기를 낳기 위해 출산 휴가를 받는 동안 매달 670파운드를 받으며, 오스트레일리아에서는 몇 번째 아이냐에 상관없이 임신만 했다 하면 900파운드를 받는다. 이는 인구 감소가 경제에 부정적인 영향을 미쳐 결과적으로 사회 분리라는 매우 심각한 현상이 발생한다는 가설에 의한 것이다. 하지만 이와 같은 '인구 시한폭탄demographic time bomb'은 지나치게 과장되어왔다. 사람의 수명이 늘어나고, 더 오랜 세월 동안 일하며, 또 건강을 유지하는 시대에 65세가 되면 일시에 생산을 멈추고 소득을 올릴 수 없다는 생각은 낡은 것이다. 늘어나는 노인의 복지를 위해 젊은 사람들이 기여하는 것이 과연 공정한가라는 차원에서 연금을 둘러싸고 문제가 발생하게 된다는 주장은 의심하지 않지만 인구의 변화로 서구 사회가 망가진다는 생각은 터무니없다고 본다.

여기엔 종교적인 측면도 중요하게 작용한다. 27개국으로 구성된 EU가 창설 50주년EU가 결성된 것은 1993년, 그 전신인 유럽경제공동체(European Economic Community : EEC)는 1946년 설립되었다. 여기에서는 유럽경제공동체 결성을 EU의 시작으로 보았다－역자 주을 맞기 27일 전에 로마 교황은 지금과 같은 저출산율이 지속된다면 유럽인은 멸종된다고 경고했다. "인구적인 측면에서 바라본다면, 유럽은 역사의 무대에서 완전히 사라지는 길로 접어든 것으로 보인다." 유럽은 미래에 대한 믿음을 상실한 상태였다. 교황이 내세우는 이유에는 의문을 품고 있지만 교황의 과장 어법을 감안해도, 현재 일어나고 있는 극적인 인구 변화에 관심을 기울이는 것은 당연하다고 본다. 2050년이 되면 잘사는 나라들의 인구는 지금과 비슷하게 12억 명 정도가 될 것이다. 유럽의 전체 인구는 5,000만 명 정도 줄어들 것이다. 하지만 가난한 나라들의 인구는 현재의 53억 명에서 78억 명으로 늘어날 것이다.

이는 특히 미국, 유럽, 오스트레일리아와 뉴질랜드에 시사하는 바가 크다. 2005년의 경우 멕시코의 리우그란데를 넘어 미국으로 불법 입국하려다가 미국의 국경 순찰대에 체포된 멕시코인의 수가 100만 명을 넘는다. 국경을 차단하는 거대한 담벼락을 수백 마일 연장하고 있지만, 그것으로 질식할 것 같은 가난을 피해 모든 위험을 무릅쓰고 결사적으로 미국으로 넘어가려는 사람들을 저지할 수 있을 것이라 생각하는 사람은 거의 없다.

남부 유럽과 북부 아프리카가 국경을 마주하는 유럽의 상황도 그리 다르지 않다. 프랑스의 인구학자 폴 드므니Paul Demeny는《인구와 발전 리뷰 Population and Development Review》2003년 3월호에 기고한 글을 통해 실상을 적나라하게 밝혔다. 1950년 유럽의 이웃 나라들의 인구는 유럽의 절반이었다 1억 6,300만 대 3억 5,000만 명. 그랬던 것이 2000년에는 유럽의 인구보다 4분의 1 가량이나 많다5억 8,700만 대 4억 5,100만. 최근 유엔이 발표한 예측 보고서에 의하면, 2050년에는 유럽 이웃 나라들의 인구가 유럽의 세 배에 달하게 된다는 것이다13억 대 4억 100만.

이는 물론 프랑스의 극우 정당 국민전선Front National을 설립한 장마리 르펜Jean-Marie Le Pen 같은 인사들, 그리고 유럽 전역에서 흔히 만나볼 수 있는 외국인을 혐오하는 우익들이 집착하는 전망이기는 하다. 아프리카 대륙에서 굶주리고, 피부가 검으며, 무슬림이고, 쓸모없고, 불법인 **각자가 모멸적인 단어를 얼마든지 끼워 넣을 수 있을 것이다** 이민자들이 끝도 없이 쏟아져 들어오는 장면을 상상하며 가혹하고 인종 차별적인 정책 제안을 합리화하려 한다. 지난 수년 사이 유럽에서 가장 진보적이라는 사람들조차도 상대적으로 잘사는 유럽 이웃 나라들에 손을 내미는 불쌍하고 빈궁한 나라의 사람들에게 적대감을 품기 시작했다. 유럽만의 문제가 아닌 이와 같은 상황은 더욱 악화될 수 있다. 미국은 남부 국경에서 같은 현상이 벌어지고 있고, 오스트레일리아의 경우에는 세상에서 가장 가난한 티모르인들이 티모르 해Timor Sea를 통해 불법으로 입국하고 있다. 여기에서 다시 토머스 호머딕슨의 말을 인용해보자.

> 빈곤 국가군의 인구 증가율이 부유한 국가군을 훨씬 앞지르면서 빈곤층의 비율이 빠르게 상승하고 있다. 1950년에는 부자가 한 명이라면 가난한 사람은 두 명꼴이었는데, 지금은 네 명이나 된다. 인구가 80억 명을 돌파하는 2025년경에는 부자 한 명에 가난한 사람은 무려 여섯 명에 달할 것이다.
>
> 호머딕슨, 2006

우리 시대의 가장 심각한 문제가 아닐 수 없다. 사정이 이러함에도 불구하고, 대부분의 유럽과 미국의 진보적인 인사들은 점차 우익의 입장에 동조하거나, 겉으로는 관용적이고, 포용적이며, 동정적인 것처럼 보이면서도 내면적으로는 가혹한 정치적 주장이나 견해를 펼치는 입장에 서기도 한다. 뿐만 아니라 우익이 점하고 있는 언론에 의해 외국인 혐오적이고 '방어적'인 정신 상태를 배양해야 함을 교묘하게, 영국에서는 보다 노골적으로 부추길 것을 강요받는다.

이와 같은 이유에서 좌파에 속해 있으면서 훌륭하다는 소리를 듣는 일부 환경주의자들과 진보적인 인사들이 인구에 대해 언급을 회피하는 것이다. 국가 간 사람들의 이동에 대한 언급 없이 균열이 가고 있는 오늘날의 세상에서 인구에 대해 논하기가 만만치 않기 때문이고, 인구에 대해 언급을 해 보았자 영국국민당British National Party: BNP, 프랑스의 국민전선의 하수인이거나, 우익 혹은 미국의 백인 우월주의자란 소리를 들을 염려가 있기 때문이다. 이와 같은 현상은 OECD 국가 중 외국 이민자로 인해 인구가 성장하는 유일한 국가인 미국과 영국에서 특히 심각하다.

영국 정부가 발표한 '인구 동향Population trends'에 의하면, 영국의 인구는 현재의 6,000만 명에서 2031년에는 6,700만 명으로 늘어나게 되는데, 늘어나는 인구의 50퍼센트는 높은 출산율이나그래봐야 EU 평균인 1.8퍼센트보다 약간 높을 뿐이다 수명이 늘어나기 때문이 아닌 외국 이민자 때문이라는 것이다. 따라서 나는 영국의 싱크탱크인 '적정 인구 트러스트Optimum Population Trust'에서 주장하는 바와 같이, 영국을 떠나는 사람의 수인 1년에 약 35만 명만큼만 이민을 받아들여야 한다고 생각한다. 그 범위 안에서 제일 먼저 망명을 요청하는 사람을 받아들이고, 그다음에 경제적 이주민과 영국 시민의 가족 순으로 이민을 허용해야 할 것이다. 출산율이 떨어진다는 것은 시간이 지나면서 인구가 서서히, 하지만 지속적으로 줄어든다는 것을 의미한다. 인구가 더욱 빨리 줄어들기를 원한다면 이민자 허용률을 낮추는 수밖에 없다.

그래서 하는 말이지만, 이민자의 수를 줄이는 것이 어떻게 해서 문제가 된단 말인가? 국제적인 의무를 다하지 않는 것이라는 말인가? 나는 그렇게 생각하지 않는다. 세계에서 가장 인구 밀도가 높은 나라는 당연히 이민자 축소 정책을 펼쳐야 한다고 본다. 이민자의 수를 줄이면 이민을 와서 살고 있는 사람들과 소수 민족들이 소외된다는 주장에는 동의하지 않는다. 이민이 지나치게 많다는 인식은 이미 사회 통합에 부식 효과corrosive effect를 일으키고 있고, 영국국민당과 일간지 《데일리메일Daily Mail》이 이민자에 대한 두려움과 걱정을 부채질하면서 사정은 더욱 악화되고 있다. 단적으로 말해서, 나는 이민에 대해 엄격하고 공평한 제약을 가하는 것이 절대적으로 필요다고 생각한다. 그렇게 하는 것이 다수의 국민이 자랑스러워하고 번성하길 바라는 생동적이고 단합적인 다문화 사회의 선결 조건인 것이다.

하지만 나에게 그 정도는 시발점에 불과하다. 유럽과 미국에서의 불법 이민에 대해 엄격한 정책을 시행하고자 한다면, 불법 이민의 원인에 대해서도 엄격한 잣대를 들이대야 한다. 이는 아프리카와 중남미 국가들과 좋은 관계를 유지하기 위해서는 전혀 다른 접근 방법을 취해야 한다는 것을 의미한다. 신자유주의 생태계에 무지한 1990년대 경제 원리 **특히 NAFTA와 아프리카 개발을 위한 신파트너십(New Partnership for Africa's Development : NEPAD)** 같은 것들을 던져버리고, 지구 상의 가장 가난한 나라들을 위해 정말로 지속가능한 미래를 성취할 수 있는 새로운 파트너십을 끌어들여야 한다. 이와 같은 파트너십은 물질과 인간의 안전을 구성하는 일곱 가지 골격을 토대로 해야 한다. 재생 가능한 에너지, 깨끗한 물과 위생, 기후변화에 대한 적응, 지속가능한 농업과 토지 이용, 모든 어린이를 위한 기본 교육, HIV/AIDS 예방과 치료에 관한 것을 포함한 건강 관리 서비스의 비약적인 향상, 평균 출산율을 낮추기 위해 전 세계적으로 피임 도구와 방법을 쉽게 확보하기가 그것이다. 시작한 지 얼마 되지 않았지만 벌써부터 달성하기 어렵게 느껴지는 밀레니엄개발목표를 새천년에 보다 적합하도록 수정할 필요가 있다. 이 목적의 달성을 위해, OECD 국가들은 유권자들에게 구시대적인 박애주의적식 원조가 아닌, 자신의 나라의 안전과 웰빙을 위해서라도 관련 예산을 GDP의 0.7퍼센트에서 1퍼센트로 늘려야 한다고 설득할 필요가 있다.

비현실적, 비상식적이라고 들릴지 모른다. IPCC가 2007년 발간한 제4

차 평가 보고서의 2부를 읽고 나서 정치인들과 유권자들이 적절하다고 생각하는 방안들이 무엇인지 궁금해진다. 특히 아프리카에서 예상되고 있는 황폐화 수준이 앞으로 20년 안에 현실화된다면, 그로 인한 충격은 가장 비관적인 전망보다 더 빨리 우리에게 다가올 수도 있을 것이다. HIV/AIDS의 지속적인 창궐, 높은 출산율, 석유 생산량의 최고점에 도달했거나 혹은 그 시점을 지난 상태에서의 어려운 경제 현실 등을 종합하여 고려해보면, 도저히 절망감에서 벗어날 수가 없다. 미국의 사회 비평가인 제임스 하워드 쿤슬러James Howard Kunstler는 《뉴스테이츠먼New Statesman》 2005년 8월호에 이 책 제2장에서 다룬 동시 다발적인 실패와 정확히 궤를 같이 하는 충격적인 글을 실었다.

영국의 시골 목사였던 토머스 맬서스는 지난 200여 년 동안 이상주의자와 기술낙관주의자·techno-optimist, 과학 기술의 발전으로 모든 문제를 해결할 수 있다고 믿는 사람—역자 주들로부터 집중적인 비판을 받아왔다. 그는 자신의 유명한 논문 《인구론》을 통해 식량 공급은 산술적으로 증가하는 반면 인구는 기하급수적으로 늘어나기 때문에, 인구 성장은 결국 엄밀하면서도 불가피한 자연적 한계에 봉착할 수밖에 없다고 주장했다. 나는 맬서스의 주장이 옳다고 생각한다. 하지만 인류는 수억 년간 재생 불능한 태양 에너지를 마음껏 사용해 오면서도 저렴한 석유 덕분에 지난 수백 년간 그 방정식을 피해올 수 있었다. 농업에서의 녹색 혁명은 작물 유전에 관한 과학적 혁신에는 관심이 없고, 풍부한 석유와 가스를 이용한 관개 시설을 엄청나게 크게 조성하는 것에서 더 나아가 화석 연료를 재료로 한 비료와 살충제를 농작물에 쏟아 붓는 방식을 택해왔다. 저유가 시대는 인간의 수명에 불과한 한 세기 동안 풍족이라는 가공의 거품을 창출해왔다. 그 안락한 거품에 갇혀 있는 동안에는 불평이나 해대고 남의 즐거움을 배 아파하는 사악한 미치광이들이나 인구 증가를 문제로 인식한다는 생각에서 인구 증가를 이슈화하는 것을 점잖지 않은 것으로 취급했다. 나는 그러한 위험을 무릅쓰고 단언하건데, 저유가 시대가 끝나고 석유 매장량이 고갈되어가면서, 우리는 지구 생태계가 버텨내지 못할 정도로 인구 초과라는 심각한 문제에 봉착하게 될 것이다. 산아 제한을 정치적으로 다루려 해도 소용없을 것이다. 인구 과잉은 이미 현실이기 때문이다.   쿤슬러, 2005

요즘에는 그 사악하다는 토머스 맬서스의 주장을 옹호하는 사람들이 자주 등장하곤 한다. 나는 지속가능한 발전을 위한 운동가로 활동해오는 동안, 악의적인 의미에서 신맬서스주의자라는 비판을 들어왔다. 나는 위에서 인용한 쿤슬러의 종말론적 결론에는 동의하지 않지만 인구 성장에 대해 낙관적이고 지적으로 부패한 도피주의로 온 인류를 속이는, 풍족하면서도 정치적으로 편향적이지 않다는 '기술낙관주의자'들에 대한 신랄한 고발에 생각을 같이하는 바이다.

현실에 대한 인식

이처럼 해결하기 힘든 문제들을 앞에 두고 납득할 수 있는 반응들이 없는 것은 아니지만 그렇다고 그 모든 것이 도움이 되는 것은 아니다. 지금과 같은 자본주의가 생태적인 측면만을 놓고 보더라도 그리 오래 지속되리라 생각하는 사람들이 날로 줄어들고 있는 실정이다. 현재의 자본주의는 지구 상에 세계화를 강요하는 소수의 거대한 이익 집단에 의해 좌지우지되고 있다. 세계화는 수억 명의 빈곤층을 소외시키면서 이미 막대한 부를 누리고 있는 소수 계층의 주머니를 더욱 불려주고 있고, 그 과정에서 지구의 생명 시스템을 망치고 있다.

이처럼 지난 20여 년 동안 진행되어온 현상을 주목해온 사람들은 주류 언론들이 파악하고 있는 시스템상의 가시적 균열과 허점이 생각보다 훨씬 심각하다고 주장한다. 이를 동구권의 중심 국가인 소련의 붕괴에 비유하기도 한다. 그와 같은 붕괴 가능성이 다시 일어날 가능성은 아주 희박하지만, 상당수 열성적 자본주의자들로 하여금 의제를 보다 의미 있는 방향으로 개정해야 한다는 마음을 가지도록 자극하고 있다. 하지만 그들이 옳은 방향을 추구하고 있는 것인지에 대해서는 의문이 든다.

제2부인 '지속가능한 자본주의의 구성'에서는 자본주의의 대안적 모델에 대해 심층적으로 연구하고자 한다. 지금까지 설명한 바와 같이, 현재의 자본주의 모델로는 우리가 나아갈 방향을 설정할 수 없기 때문이다. 충분히 공평하고, 정당하며, 건강한 사회에서 지구의 자연적 한계를 벗어나지 않고 90억 인구가 생존할 수 있어야 하는 것이다.

지속가능한 자본주의 모델이 하루아침에 불쑥 나타날 수 없는 법이다. 비교적 안정적인 상태인 지구가 갑자기 보다 안정적인 상태로 도약할 수는 없는 법이다. 그렇게 되기까지에는 성가시고, 순차적이며, 논란의 여지가 많은, 매우 어려운 과정을 거쳐야 하는 것이다. 하지만 변화는 이미 진행 중이다. 기후변화에 대한 마지못한 반응, 채무 해결과 원조 필요성을 일깨우기 위해 2005년 시작된 '빈곤의 역사를 날려버리자Make Poverty History' 캠페인, 모든 나라와 국민들이 서로 연결되어 있다는 사실에 대한 인식의 증가, 인류가 봉착한 기술적인 문제들에 대한 이해의 향상 같은 현상들이 일어나고 있다.

이 부분에서의 문제점은 변화가 얼마나 빨리 일어날 수 있느냐 하는 것이다. 나는 우리가 의존하는 생명 유지 시스템으로는 대안이 별로 없다는 판단하에서도, 자본주의 범주 안에서는 본질적으로 지속불가능하다는 절대적인 부정도 성립되지 않는다는 가설을 내세운 바 있다. 절대적인 부정은 그 어떤 자본주의 경제를 취하더라도 결코 지속가능한 사회를 조성할 수 없다는 말이 되기 때문이다. 지속가능한 성장을 위해 과격한 운동을 펼치는 사람들은 이러한 가설들을 쓰레기 취급을 한다. 자본주의로는 아무리 조정을 하고 변화를 추구한다 하더라도 가능성이 없다는 것이다.

이 책을 쓰는 목적에는 그와 같은 논쟁에 불을 지피는 것도 포함된다. 이 골치 아픈 세상에서 지도자가 되려면 절망적인 상황에서도 희망의 메시지를 전달할 수 있어야 한다. 기업인들을 위한 새로운 기회, 경제 번영을 위한 새로운 원천과 일자리, 높은 수준의 삶의 질, 안전하고 확고한 공동체, 일과 생활 간의 균형 등에서 변화를 통해 긍정적인 혜택을 누리는 안을 제시할 수 있어야 한다. 즉, 진보 정치의 핵심인 지속가능성을 추구하는 동시에 세계적으로 뿐만 아니라 개인적으로 웰빙에 관한 이슈를 고조시켜야 하는 것이다. 필요와 바람직함, 지속가능성과 웰빙의 강력한 결합만이 변두리에 머물고 있는 지속가능한 성장의 정치를 주류 속으로 끌고 갈 것이다. 이에 대해서는 제3부에서 논하고자 한다.

여기에서는 그 결합의 한 사례를 간략하게 소개한다. 영국은 기후변화 때문에 이산화탄소 배출량을 2050년까지 60퍼센트 줄인다는 장기적인 목적을 세웠다. 하지만 사람들은 전혀 실감하지 못한다. 대부분의 사람들이 이산화탄소의 근원을 이해하지 못하는데 무슨 수로 그 목적을 달성한다는 것인가? 우리는 이 문제를 개인에 적용해서 설명할 필요가 있다. 안정적 배출, 노출의 한계 같은 변수들을 고려하여 대기권의 이산화탄소 농도를 계산해보면 단 한 줄의 결론에 도달한다. 2050년이면 지구 상의 인구는 90억 명에 도달하게 되는데, 그때에는 1인당 이산화탄소 배출량을 연간 1톤으로 줄여야 한다는 것이다.

예를 들어서 미국 시민이 1인당 매년 7톤의 이산화탄소를 배출하는 현실에서 이는 실현하기 어려운 목표이다. 진지한 생각, 지속적인 희생, 그리고 물질적인 웰빙을 대폭 줄여 검소하게 살 것을 주문한 환경주의자들은 사람들이 자신들의 말을 들은 척도 하지 않자 의기소침한 상태이다. 하지만 설명을 이렇게 바꿔 보면 어떨까? 1인당 이산화탄소 배출량이 연간 1톤으로 줄어들면 돈의 가치가 높아지고, 전기와 가스를 덜 쓰게 되며, 보다 건강한 음식을 먹게 되고, 직장에 출퇴근할 때 덜 고생하게 되며, 건강이 좋아지고, 미래 지향적인 최첨단 직장이 많아지며, 공기가 깨끗해지고, 가족과 함께하는 시간이 많아지며, 자연을 즐길 시간도 늘어나게 된다. 이산화탄소 1톤의 세상은 얼마나 멋진 미래인가?

지속가능성을 그런 수준으로 끌어올리려면 앞으로도 갈 길이 멀다. 지속가능성의 정치를 제대로 구현하려 해도 역시 갈 길이 멀다. 여기에서 주장하고자 하는 것은 지속가능한 미래에 관심을 가진 사람들은 자본주의에 대한 논의에 익숙해질 필요가 있으며, 그 논의를 이념적으로만 보지 않아야 한다는 것이다.

Capitalism as if the World Matters

지속가능한 자본주의의 구성 2

CAPITALISM AS IF THE WORLD MATTERS

주주를 '투자자'로 부른다는 것은 가당치 않다. 그들은 착취자들이다. 주식을 산다는 것은
기업에 자금을 대주는 것이 아니라 기업에서 부를 착취할 수 있는 권리를 사는 것이다

다섯 가지 자본

자본주의의 개념의 이면에는 **자본**의 개념이 도사리고 있다. 경제학자들은 인간이 수입이나 수익을 끄집어낼 수 있는 물리적 혹은 실제적인 그 무엇의 근간을 이러한 개념과 연결 짓는다. 다수의 환경주의자들과 사회 정의를 외치는 운동가들이 자본주의의 실천과 이론에 깊이 개입하기를 꺼려하는 것이 사실이지만, 다섯 가지 자본의 사고의 틀은 자본주의의 시각, 도구 및 동력 원인들을 수용하지 않고서 자본주의를 개혁할 수 없다는 것을 전제로 한다. 하지만 예를 들어서 진보 좌파 측의 요즘 '개혁 의제'에서는 제1부에서 다루어진 이슈들을 정면으로 다루는 것을 싫어하는데, 결국 타협이 불가능한 생물 물리적 한계 안에서 생존하는 법을 배울 수 없는 것이다. 수많은 이론에서도 마찬가지다. 이 장에서는 세계 최대의 경제 대국이자 세계에서 가장 끔찍한 생태계 재앙을 초래할 수 있는 중국과 같은 나라를 사례로 들면서 다섯 가지 자본이 어떠해야 하는지에 대해 간략하게 설명하고자 한다.

자본의 개념과 씨름하기

오늘날의 주류 자본주의 패러다임을 비판하는 사람들의 대부분은 질색하겠지만 제1부에 소개된 내용을 분석해보면, 지속가능한 사회와 영구적으로 어울리면서, 고유하고, 고착적이며 현대 자본주의라는 특정의 형식이 아닌 일반적으로 비타협적인 자본주의 모델은 있을 수 없다는 그럴 듯한 가설이 떠오른다. 어디 그뿐이겠는가. 생물 물리적인 지속가능성이 점점 더 압박을 가해와도, 변화무쌍한 적응성을 가진 탄력적이며 성공적인 문화 현상인 자본주의가 결국 체면을 차리게 될 것이라는 가설도 등장할 만하다.

그렇게만 된다면, 앞에서 설명한 '내부로부터의 개혁' 전략도 지적으로나 윤리적으로 구체화될 수 있으리라 생각한다. 그러려면 정부 간섭, 소비자 선호의 규제, 국제 외교, 교육 등 지속가능성에 가장 큰 장애가 되면서 틀에 박힌 통로를 통해 변화를 추구하는 현대 자본주의의 성격을 규명할 필요가 있다. 이와 같은 생각은 지난 수십 년 동안 개혁 방안을 연구해온 사람들에게 결코 만족스러울 수는 없을 것이다. 하지만 우리가 개혁하기를 원하는 시스템에 가장 기본적인 변화조차 수용할 수 없다면, 우리는 현재의 시스템이 얼마나 더 망가져야 개혁 의제를 서둘러 마련하겠는가.

그렇다면 우리는 도대체 어떤 종류의 개혁 의제를 논하고 있는 것인가? 환경 보호와 지속가능성 사고思考에 관한 공표, 선언, 최고 수준의 성명 따위는 이미 수백 번 반복되어왔다. 개별적인 사인들을 놓고, 수를 셀 수 없을 정도로 많은 조직이나 사람들로부터 개혁안의 캠페인, 주제, 특정의 정책 영역과 방향이 쉬지 않고 쏟아져 나온다. 하지만 가장 중요한, 그러면서도 불가피한 것은 증상 중심으로 방향을 정해, 현재 우리가 살고 있는 세상과 어울리지 않는 경제 시스템의 하향적 외부 요인들과의 충격을 해결하는 것이다. 자본주의라는 경제 시스템에 대한 보다 체계적인 접근 방법에서 이와 같은 하향적 외부 요인들을 규명하고자 하는 시도는 거의 없었다.

　지금까지 고찰한 바와 같이, 자본주의는 다른 경제 시스템에서는 찾아볼 수 없는 독특하면서도 중요한 특성을 상당히 많이 가지고 있다. 예를 들어서 생산 방법에 관한 개인 소유권, 시장을 통한 상품과 서비스의 배분, 자본 축적의 욕구 같은 것들이다. 하지만 자본주의의 핵심 개념은 그 단어에 내포한 **자본**이라는 경제적인 개념이다. 자본은 인간이 값을 매기는 유익의 흐름을 발생시킬 능력을 지닌 그 무엇의 축적이다. 자본이 자산으로 가치가 있는 것은 유익, 즉 사람에게 보탬이 되는 상품과 서비스의 흐름 때문인데, 자산의 가치는 흐름이 발생한 곳에서 얼마나 유익을 거두느냐로 평가된다.

　이러한 의미에서 자본을 고찰한다면 보통 땅, 기계, 돈이 자본과 밀접한 관계가 있을 것이라 생각한다. 하지만 우리가 다루고자 하는 다섯 가지 자본의 틀 안에서 자본의 기본 개념은 지속가능한 자본주의의 가설적인 모델을 토대로 한다. 이 모델은 자본을 다섯 가지로 분류한다. 자연적인, 인간적인, 사회적인, 제조와 금융적인 것이다 참조 2.

　다들 아는 바와 같이 이 다섯 가지 자본에 대한 지식의 정도는 사람에 따라 다르다. 금융 자본에 대해서는 각자가 재정 상태를 건전하게 유지하기 위해 분투하는 과정을 통해 알아가기 마련이고, 제조 자본은 새로운 자산을 구입하여 사용하는 동안 회계를 통해 그 감가상각을 파악한다는 점에서 사업하는 사람들과는 떼려야 뗄 수 없는 개념이고, 인간 자본은 보다 우리에게 친숙한 인적 자원이라는 낱말을 변형한 것이고, 사회 자본의 개념은 지난 20년 이상 특히 학계로부터 주목을 받아왔지만 정치권에는 별다른 영향을 미치지 못했고, 자연 자본은 인간이 자연계를 어떻게 이용해왔는지를 설명하기 위해 오랫동안 써온 함축적 표현이다. 이와 같은 개념에 대해 의문을 제기하는 경우는 흔치 않다. 하지만 방대한 자연계를 자연 자본으로, 인간의 독자성과 기술을 인간 자본으로, 각종 사회를 한데 묶는 정교한 네트워크, 기관과 인간관계의 복잡한 패턴을 사회 자본으로 그 의미를 축소하는 것에 혐오감을 드러내는 사람들이 많다. 그들은 자본의 개념이 특정의 서비스를 통해 유형 혹은 무형의 유익을 끌어낸다는 사실과 연결 지어 사용된다는 점에서는 다소 위안을 삼는다. 일례로 해변의 모래는 관광 수입 발생과 간접적으로 관련이 있다는 점에서 잠재적 자연 자본이지만, 사막의 모래는 해변의 모래와 같은 가치를 갖고 있지 못하거나 전혀 가치가 없다는 점에서 자본이라 할 수 없는 것이다. 하지만 기술의 변화를 통해 사막의 모래가 반도체 재료로 사용될 수 있다면 그때는 자본으로 간주될 것이고, 그 가치는 반도체의 시장 가치와 연결 지어 정해질 것이다.

이와 같은 생각을 한다고 해서 환경주의자들의 걱정이 줄어드는 것은 아니다. 하지만 자본주의를 지속가능한 형태로 변형시킨 개념이 등장한다면, 그것을 이미 사람들에게 친숙한 개념적이고 언어적인 테두리 안에서 발전시킬 필요가 있다고 본다. 자본의 개념은 자본주의의 생산적인 능력을 설명할 뿐만 아니라 지속가능성의 환경을 설명하는 뚜렷한 방법을 제시해준다.

역사적으로 고찰한다면, 첫 번째로 꼽을 자본은 의심할 여지없이 우리가 알고 있는 것보다 훨씬 복잡한 생명체와 생태계를 강화시켜주고 지속가능하게 해줄 수 있는 태양 에너지를 사용토록 해주는 생물권의 능력인 자연 자본이다. 모든 생명체는 생물권의 지속적인 능력에 의존한다. 인간도 마찬가지다. 하지만 인간은 자연계가 지속적으로 제공하는 물질과 서비스를 전혀 다르게 사용한다. 인간은 기나긴 세월에 걸쳐 호모 오스트랄로피테쿠스 homo australopithecus에서 지금과 같은 모습으로 진화하는 동안 생산적 능력을 개발해왔고, 그 과정에서 엄청난 인간 자본을 축적해왔다. 그 능력에는 각기 독립적인 요인들이 포함되지만, 간단하게 표현한다면 '개인의 물리적,

다섯 가지 자본

❶ **자연 자본**Natural capital, 환경적인 혹은 생태적인 자본이라고도 한다은 가치가 있는 상품과 서비스를 발생하는 무언가의 축적, 에너지와 물질의 흐름이다. 이 자본은 다시 몇 개의 범주로 구분된다. 그중에는 자원resource이 포함되는데, 자원에는 목재, 곡식, 물고기, 물처럼 재생 가능한 것이 있는 반면, 화석 연료처럼 재생할 수 없는 것도 있다. 수채, 시궁창, 소택지 같은 것을 의미하는 싱크sink는 쓰레기를 흡수, 중화시키며, 기후 조절 같은 서비스를 제공하기도 한다. 자연 자본은 생산뿐만 아니라 생명의 원천이다.

❷ **인간 자본**Human capital은 생산적인 활동에 모두 필요한 것들인 건강, 지식, 기술 그리고 동기뿐만 아니라 개인적인 감정과 영적 능력을 포함한다. 교육과 훈련에 대한 투자를 통해서 인간 자본을 향상시키는 것은 경제 번영에 가장 중요한 요인이다.

❸ **사회 자본**Social capital은 구조, 기구, 네트워크, 인간관계 같은 형식을 취함으로써 개인으로 하여금 다른 사람들과의 파트너십을 유지 혹은 개발토록 하고, 독립적일 때보다 생산적이도록 유도한다. 구체적인 사회 자본의 형태로는 가정, 공동체, 사업체, 노조, 자원봉사 단체, 법조 및 정치 시스템, 교육 기관, 의료 기관 등이 포함된다.

❹ **제조 자본**Manufactured capital은 도구, 기계, 건물 등 각종 기반 시설을 의미한다. 이 자본은 생산 과정에 기여하지만 생산품에는 포함되지 않는다.

❺ **금융 자본**Financial capital은 다른 형태 자본들의 생산적인 능력을 수치로 드러낸다는 점에서 아주 중요한 경제적 역할을 한다. 인간은 금융 자본을 통해 다른 자본을 소유하거나 거래할 수 있다. 하지만 다른 자본과는 달리 이 자본에는 내재적 혹은 본질적 가치가 없다. 주식, 채권, 수표에 적힌 금액의 숫자는 자연, 인간, 사회, 제조 자본을 표시하는 것에 불과하다.

출처: 미래를 위한 포럼, 2000

지적, 정서적, 영적 능력'이라 할 수 있다.

1만 년 전에 농업 혁명이 일어나면서, 인간은 인간 자본을 자연 자본의 개발에 적용하기 시작하여, 인간의 유익을 위한 농업과 목축에 자연의 흐름을 이용하게 되었다. 물론 그 이전부터 제조 자본을 창출하기 위해 인간 자본을 자연 자본에 적용하기는 했었다. 인간의 기술을 이용하여 자원에서 만들어낸 가공품으로 인간의 생산 능력을 더욱 발전시킬 수 있었던 것이다.

도구를 창조하고 사용하기 훨씬 이전부터 인간은 아마도 본능적으로 어떻게 해야 자신들이 최대 능력을 나타낼 수 있는지를 알고 있었던 듯싶다. 독자적으로 사는 것보다 무리를 지어 살면 보다 생산적일 수 있다는 것이다. 물론 인간이 아닌 동물 중에서도 무리를 지어 사는 동물이 있는데, 그중에는 아주 복잡한 체계를 이루는 종도 있다. 하지만 인간의 조직은 기능이나 복잡성 면에서 그 차원이 다르다. 정치, 법률, 금융 시스템, 보다 전문적이고 분화된 노동 분업이 가능한 작업 형태, 스포츠·엔터테인먼트·예술을 위한 문화 기구 같은 것들을 개발함으로써 질적·양적으로 엄청난 발전을 이룰 수 있었다. 그것이 바로 사회 자본인 것이다.

그리고 사회 자본 중에서 현대 산업 자본주의에 가장 직접적인 영향을 미치는 형태가 금융 자본이다. 돈은 그 자체에 그만한 가치를 지니기보다는 가치의 표현으로서, 돈에 부여된 신용에 따라 생산 혹은 소비의 능력을 가진다. 현대 자본주의는 매우 복잡해서 신용을 지배하는 비교적 복잡한 금융 시스템 없이는 제대로 작동하지 않는다.

기업가들이 적절하게 사용한다면, 이 다섯 가지 자본은 현대 산업 생산의 필수 요인이다. 현대적인 복잡성에도 불구하고, 자연 자본은 생물권의 기능을 유지하고, 경제에 자원을 공급하며, 쓰레기를 처리하는 데 있어서 여전히 필요한 존재이다. 인간 자본은 제조 자본을 창출하여 그것을 효율적으로 운영하기 위한 지식과 기술을 제공한다. 사회 자본은 경제 활동 안에서 경제 활동을 통해 발생할 수 있는 안정적 환경과 조건을 제공하는 기구를 창출하여, 개인들로 하여금 보다 생산적이도록 인도한다. 금융 자본은 전체 시스템의 원활한 운영을 위한 윤활유 역할을 한다.

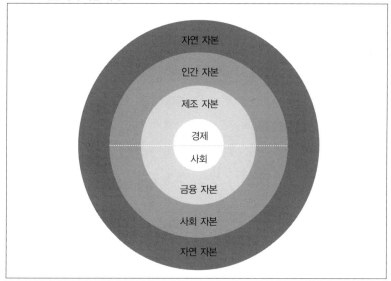

출처: 미래를 위한 포럼, 2000

다섯 가지 자본 체계에 관한 도형을 보면 각 자본에 대한 의미를 알 수 있다. 여기에서 가장 중요한 것은 각기 다른 자본 간의 관련성과 의존성을 이해하는 것이다도표 2 참조. 말할 나위도 없이 자연과 인간 자본이 가장 중요하다. 사회와 제조 자본은 자연과 인간 자본에서 파생되는 것이다. 금융 자본은 다른 자본들을 교환하는 수단이다. 도표 2에서의 '경제'라는 단어는 원래 가정 혹은 가구의 관리를 말하지만 여기에서는 지구의 관리를 의미한다.

그림이 어떤 식으로 그려지든 제1장에서 설명한 자연 자본의 전제 조건들을 의미하는 것이어야 한다. 하지만 이 중요한 시스템 안에서는 분명한 경계선은 존재하지 않는다. 인간 자본과 사회 자본 간의 상호적인 흐름을 생각하면 더욱더 그러하다. 따라서 모든 구분은 임의적이다. 오늘날 세상에서의 부는 현실적으로 오직 두 종류만 존재할 뿐이다. 태양 빛으로 힘을 발휘하는 세상의 자원과 생태계**자연 자본**의 사용으로 인한 부, 그리고 인간의 손, 머리와 정신**인간 자본**을 사용하여 얻어지는 부이다. 그 밖의 돈, 기계, 기구 같은 것들은 자연 자본과 인간 자본의 파생물이다.

모든 것을 하나의 테두리 안에 넣고 보면, 인간은 지구 자연 자본을 구성하는 극히 찰나적인 하나의 요인일 뿐이고, 자연 자본은 측정 불가능한 우주의 먼지 같은 존재일 뿐이다.

이 장의 나머지 부분에서는 다섯 가지 자본을 개별적으로 보다 상세하게 설명할 것이다. 하지만 자본들을 이론으로 연결하는 것이 매우 중요하다.

> 지속가능성은 특정 자본들을 유지하고, 가능하면 축적을 늘려나가는 것에 의한다. 그래야만 우리 인간이 축적된 자본을 고갈시키지 않고서 자본의 흐름, 즉 수입에 의존하여 살 수 있는 것이다. 소비가 투자를 유발하고, 자본 축적의 감소를 불러올 정도로 순자본의 고갈을 초래한다면, 그러한 소비는 지속가능한 것이 아니기 때문에 미래에는 줄어들 수밖에 없는 것이다.
>
> **미래를 위한 포럼, 2000**

중국의 도전

지속가능한 발전에 대해 토의를 하다 보면 으레 이런 질문으로 끝을 맺기 마련이다. "지속가능성에 대해 의논하는 것은 좋은데, 중국은 어떻게 해야 하나?" 적절한 질문이다. 중국과 인도의 인구를 합치면 24억 명이다. 2050년이 되면 30억 명으로 늘어나게 되어, 전 세계 인구의 3분의 1을 점하게 된다. 두 나라의 경제 성장률은 성숙 단계에 이른 OECD 국가들을 훨씬 앞질러 7~10퍼센트에 달한다.

그들의 소비 수준도 빠르게 상승하고 있다. 하지만 두 나라는 유럽이 봉착하고 있는 심각한 문제들에 똑같이 봉착하게 될 것이다.

중국이 전 세계 탄소 배출량의 18퍼센트를 점하고 있고, 2009년이면 22퍼센트를 배출하는 미국을 앞질러 세계 최대 탄소 배출 국가로 등극하는 상황에서 기후변화에 대한 영국의 역할에 대해 회의적인 시각이 제기되자, 토니 블레어 총리는 포기하듯 대답했다. "영국이 탄소 배출량을 하룻밤 사이에 0으로 줄인다 해도, 중국이 2년 만에 그 공백을 채울 것이다." 그런데 영국 인에게 균형적 시각을 제시하는 가장 적절한 방법은 아니지만 영국인은 1인당 7톤의 탄소를, 중국인은 3.5톤을 배출한다는 것을 알아야 한다.

제5장에서 설명한 바 있지만, 인구와 기후변화와의 상관관계에 대한 논쟁은 점차 가열되고 있다. 중국은 지난 30여 년 동안 한 가구 한 자녀 정책의 시행으로 적어도 1억 3,800만 명의 아기가 덜 태어났을 것으로 판단한다. 그래서 세계가 당면한 극히 위험한 기후변화를 늦추는 데 가장 크게 기여했다는 것이다. 그런데 중국에서는 탄소를 특히 많이 배출하는 중산층의 비율이 높아지고 있다. 2020년에 이르면 중산층이 현재의 2억 6,000만 명에서 미국 인구의 두 배에 달하는 5억 3,000만 명으로 늘어날 전망이다!

그렇다고 해서 중국이 국제적 책임 면에서 세계에 빚을 지고 있다고 공격하는 것은 옳지 않다. 나는 이미 충분히 깨달았다고 생각하지만, 지속가능한 성장은 환경주의와 같은 것이 아니다. 다른 이름을 붙여야 한다. 지속가능한 성장은 불균형을 이루고 있는 경제, 사회, 환경 우선을 균형으로 돌려놓자는 것이다. 중국이 이 다섯 가지 자본을 관리하는 데 있어서 최적의 지속가능한 결과를 얻고자 할 때 마주칠 도전과 기회를 이해하고자 한다면, 재앙 수준의 빈곤과 결핍에 대해 어떻게 말했는지 알아보는 것이 순서이다. 《이코노미스트》는 다음과 같이 주장했다.

덩샤오핑鄧小平이 개방 정책을 실시한 1978년 이래, 중국은 인류 역사상 유래를 찾아볼 수 없을 만큼의 극적인 부를 창출했다. 1인당 소득은 일곱 배로 늘어났으며, 4억 명 이상이 극빈상태에서 벗어났다.　《이코노미스트》, 2004

이로 인해 중국이 진정한 경제 강국으로 부상했다는 사실이 훨씬 중요하다. 중국은 2002년에 곡식, 육류, 석탄, 철강, 비료, 휴대폰, TV 세트, 냉장고, 시멘트, 식량의 소비량에서 미국을 앞질렀다. 미국은 석유, 컴퓨터, 자동차 부분의 소비에서만 세계 1위를 지키고 있다. 2005년 중국의 소비율을 보면 세계 원유의 26퍼센트, 쌀 32퍼센트, 목화 37퍼센트, 시멘트 47퍼센트를 점한다. 사회적 이득도 엄청나다. 보다 지속가능한 삶의 열매를 먹으려면 우선 살아 있어야 한다. 1950년에 중국인의 평균 수명은 35세에 불과했다. 그랬던 것이 2002년에는 71세로 뛰어올랐다. 지구 상의 어느 국가도 인간의 웰빙 면에서 이처럼 비약적인 신장을 이루지 못했다.

따라서 서구 사회가 250여 년에 걸쳐 도달한 수준지구를 쓰레기장으로 만드는, 생태계에 전혀 무지한, 죽기 살기로 매달린 성장의 250년이었다을 30여 년 만에 따라잡겠다는 중국을 향해 인류를 위한 지속가능한 발전에 최대 위협이 된다고 공격하는 것은 사리에 맞지 않다. 그렇다면 중국에 적절한 대안적 성장 모델은 어떤 것들인가? 지구 상의 어느 부유한 나라가 자연 자본을 함양하고 오염을 허용치 이상으로 발생시키지 않으면서, 공정하면서도 공평하게 부를 나누고 생활의 물질 수준을 높였던 적이 있었던가? 사람들이 중국에 대해 말하는 모양새는 자신의 눈의 들보는 보지 못하면서 남의 눈 속의 티를 비아냥거리는 식이다.

하지만 문제가 되는 것은 우리가 250여 년에 걸쳐 자행해온 성장, 부정과 생태계 파괴를 중국이 30년도 안 되는 동안 몰아서 반복하고 있다는 점에 있다. 지구 상의 그 어떤 나라도 중국처럼 지속가능성을 급격하게 절벽으로 밀어붙이지는 않는다. 중국의 고도성장은 자연 자본의 파괴를 불러온다는 점에서 틀림없이 충격적인 대가를 치르게 할 것이다. 중국 정부의 자체 평가에 의하더라도 25년간의 가파른 성장과 그로 말미암은 자원 고갈로 인해 생태계 파괴가 진행되어 그 현상이 사람들의 삶과 건강에 치명적인 영향을 미치고 있음을 보여주는 초기 증상들이 나타나고 있다. 사실 지난 3년간 중국인의 평균 수명은 떨어졌다. 주요 원인은 공기와 물의 오염이었다. 세계은행은 중국이 1조 4,000억 달러에 달하는 연간 GDP 중에서 8~12퍼센트를 환경 파괴로 인한 건강 의료비, 농업 생산 손실비, 환경 정화비에 쏟아붓는 것으로 계산한다. 후진타오胡錦濤 주석과 원자바오 총리가 심각한 자연 자본의 손실을 막기 위해 경제 성장률을 내려야 할 것이라 경고하고 있으며, '녹색 GDP 지수'인 '균형 성장'이라는 개념이 새로운 희망으로 떠오를 지경이다. 하지만 2002년에서 2020년 사이 GDP를 네 배나 올리겠다는 목표를 포기했는지는 알 수 없다.

판웨潘岳 국가환경보호총국 부국장은 다음과 같이 솔직한 의견을 내놓고 있다.

중국의 경제 기적은 머지않아 끝을 고하게 될 것이다. 환경이 더 이상 버틸 수 없기 때문이다. 세계에서 가장 많이 오염된 열 개의 도시 중 다섯 개가 중국의 도시이다. 산성비가 중국 땅의 3분의 1에 해당되는 지역에 떨어지고 있으며, 일곱 개의 큰 강에서 절반의 물은 전혀 쓸 수가 없을 지경이고, 우리 국민의 4분의 1은 식수마저 부족한 형편이며, 도시 인구의 3분의 1은 오염된 공기로 호흡하고 있고, 도시의 쓰레기 중 환경적으로 지속가능하게 처리되는 비율은 20퍼센트도 되지 않는다. 《슈피겔(Der Spiegel)》, 2005

건강에 미치는 영향은 심각하다. 생활이 윤택해짐에 따라 사람들이 육류를 더 많이 소비하고, 자동차를 많이 사용하면서 그 반대로 운동을 적게 하는 바람에 비만 환자가 급증하고 있다. 중국 정부가 2002년에 실시한 '국가 영양 및 보건 조사'에 의하면 당시에는 과체중인 사람의 비율이 14.7퍼센트, 비만은 2.6퍼센트 정도였다. 전체 인구의 3분의 1이나 비만인 미국에 비하면 아주 양호한 성적이었다. 하지만 과체중과 비만 인구의 비율이 건강 전문가들을 충격에 빠트릴 정도로 급상승하고 있다는 것이 문제이다. 7~18세의 인구 중 과체중과 비만 인구의 비율이 1985~2000년 사이에 무려 28배나 늘어났다. 상하이 지역을 대상으로 실시한 조사에 의하면, 3~6세의 어린이 중에서 8퍼센트나 비만이었다.

중국 경제 성장의 방대한 규모와 속도를 놓고 보았을 때, '성장과 지속가능성'의 문제를 세계적인 관심사로 다루어야 할 필요성이 대두되고 있다. 중국에서 발생하는 부작용이 전 세계에 미칠 영향은 엄청나다. 중국에는 세계 총경작지의 7퍼센트 정도의 경작지가 있어 세계 인구의 20퍼센트에 달하는 사람들을 먹여야 한다. 중국은 2004년 역사상 처음으로 식량 순수입국이 되었다. 도시 팽창과 산업 개발로 연간 60만 헥타르의 농지가 사라지는 바람에 지도자들이 '그린필드 개발green field development'의 연기를 선언할 지경이었다. 사실 우리도 2004년에 그렇게 할 것을 조언한 바 있다.

그렇다고 해서 그와 같은 선언으로 급격하게 말라가는 지하수와 긴 세월 동안 식물을 타들어가게 한 식물을 타들어가게 한 가뭄으로 망가진 북부 곡창 지대를 살릴 수는 없는 것이다. 사막화는 가공할 정도로 심각해서 고비 사막이 베이징에 240킬로미터까지 접근한 상태이다. 기후변화로 악화된 가뭄의 직접적인 영향으로, 거대한 모래 폭풍이 정기적으로 북부 도시를 공격하는 것에 그치지 않고, 동부와 심지어 한국과 일본에까지 피해를 입히고 있다. 영국 《가디언》의 마크 라이너스는 2004년 출간한 《지구의 미래로 떠난 여행》에 내몽고와 중국의 서부를 방문했다가 모래가 섞인 '붉은 구름'을 목격하고 얼마나 충격을 받았는지를 써놓았다.

어쨌든 중국에서의 물과 에너지 문제는 경작지 문제보다 훨씬 심각하다. 베이징을 포함한 북부 지역에서는 지하수가 얼마나 빨리 고갈되고 있는지, 지금은 땅속으로 1킬로미터를 파고 들어가야 물을 찾을 수 있는 형편이다. 세계은행은 물 사용과 공급의 균형을 맞추지 않는다면 미래에는 재앙적인 결과가 초래될 것이라 예상한다. 에너지 측면에 관한 국제에너지기구 International Energy Agency의 예측에 의하면, 2020년이 되면 중국은 전 세계 석탄 소비량의 40퍼센트, 석유 10퍼센트, 전기 20퍼센트를 사용하게 될 것이고, 에너지에 의한 이산화탄소 배출량의 20퍼센트를 배출하게 된다고 한다. 중국은 2030년까지 석탄 화력 발전소를 무려 550개나 건설한다는 목표를 세워놓았다. 열흘에 하나 꼴로 세워지는 셈이다. 자동차는 2002년에만 100만 대가 제조되어 중국 땅에서 팔렸다. 2012년에는 전 세계 총 자동차 판매량의 20퍼센트가 중국에서 소화된다는 것이다. 베이징에서 돌아다니는 차는 매일 1,100대 이상씩 불어난다.

2007년 독일에서 열린 G8 +5 정상 회의에서, 중국의 주석은 기후변화를 극복하는 것보다 경제 성장이 더 중요하다는 것을 분명히 했다. 1인당 연간 이산화탄소 배출량이 20톤에 달하는 미국과 비교하면 중국 1인당 배출량 3톤은 이해할 만한 수준이지만, 거대한 인구를 가지고 있다는 점에서 중국은 막중한 책임을 져야 하는 것이다. 국제에너지기구는 2007년 4월 세계를 깜짝 놀라게 하는 보고서를 발표했다. 2004년에는 2025년이 되기 전에, 2006년에는 2010년이 되기 전이나 심지어 2007년이 끝나기 전에, 중국의 이산화탄소 배출량이 미국의 59억 톤을 넘어서 60억 톤 이상이 될 것이라 발표했다. 중국의 이산화탄소 배출량의 상당 부분이 선진국에 수출할 물건40퍼센트를 미국에 수출한다을 제조하는 과정에서 발생한다는 주장은 설득력이 없다. 그 정상 회담에서 토니 블레어 총리가 기후변화에 관한 국제 외교의 성패가 중국과 미국이 어떻게 책임질 것인가를 정하는 것으로 판가름 날 것이라 지적한 바 있는데, 아주 옳은 말이 아닐 수 없다.

외환 보유고가 4,700억 달러를 넘어 계속 증가하고 있는 중국은 달러를 쏟아부어 부족한 자원 확보의 길을 얼마든지 열어놓을 수 있다. 그래서 석유전 세계 공급량의 40퍼센트, 식량, 목재, 철강, 화학 연료 등의 자원 확보에 혈안이 되어 있는데, 그로 인해 세계 시장에 지각 변동이 일어나고 있다. 하지만 비옥한 표토, 신선한 공기와 깨끗한 물은 사들일 수 없는 것이다.

중국이 구태여 수입할 필요가 없는 대표적인 자원은 석탄이다. 최근의 자료에 의하면 1,900억 톤이 매장되어 있다고 한다. 그래서 중국은 석탄을 사용하여 미래의 에너지 부족, 즉 석유 고갈을 해결할 계획이다. 중국은 석탄을 액체 연료로 만드는 CTLCoal to Liquids 기술의 선두 주자이다. 석탄 액체는 교통 연료로 사용한다. 석윳값이 배럴당 50달러를 상회하는 한, CTL은 충분히 경쟁성이 있기 때문에 중국은 제11차 5개년 계획 동안에 88개의 CTL 프로젝트를 추진할 계획이고, 그 외에도 상당수의 프로젝트를 수립 중이다.

이와 같은 계획이 환경적으로 타당한가의 여부는 별개의 사안이다. 어떤 기술을 사용할 것인가가스를 기화하지 않고 곧바로 액체화하면, 이산화황 같은 오염 물질을 많이 포함한 탁한 연료가 생산된다, 최종적으로 어떤 연료를 생산할 것인가현재로서는 메탄올이 가장 많이 생산된다에 따라 환경에 미치는 영향력이 확연히 달라진다.

CTL 옹호자들은 대기권으로 방출되는 이산화탄소를 쉽게 포착할 수 있다고 주장한다. 하지만 중국이 추가 비용을 들여 CCS 시설을 설치할 기미가 전혀 보이지 않는다.

중국의 에너지 제한으로 공격적인 혁신 프로그램들이 마련될 것이 확실하다. 쉘과 아프리카 대표적인 에너지 화학 업체 사솔Sasol이 인간에 대한 애정 때문에 중국에 투자하는 것은 아니다. 중국은 당연히 그와 같은 기업들로부터 관련 기술을 수입해야 하는 것이다. 하지만 비평가들은 에너지가 사용되는 모든 분야를 점검하여 만성적인 부족이 발생하는 부분에 초점을 맞추는 것이 현명한 처사라고 주장한다. 중국이 일본과 같은 수준의 성과물을 산출해내는 데 사용하는 에너지의 양은 일본의 일곱 배, 인도와 같은 수준의 성과물을 산출해내는 데 있어서는 인도의 세 배에 달한다. 따라서 중국은 가장 비효율적으로 에너지를 사용하는 국가이다. 물론 중국 정부도 이 사실을 잘 알고 있다. 따라서 신 5개년 계획에서는 2010년까지 에너지 원단위를 20퍼센트까지 낮춘다는 목표를 세워놓았다. 그러려면 매년 4퍼센트의 효율 향상을 보여야 한다. 2006년 중국이 기록한 연간 효율 향상률은 1퍼센트에 불과했다. 영국과 중국을 포함한 수많은 국가 정부들은 원대한 목표는 잘도 세우는데, 그걸 제대로 실행하지 못하는 것이 문제이다.

중국은 여전히 인구가 늘어나고 있다. 매년 800만~1,000만 명이 새로 태어난다. 지금과 같은 추세라면 2030년에는 절정에 달해 14억 6,000만 명에 달할 것으로 추산된다. 도시가 날로 비대해지면서 **2020년까지 약 3,000만 명의 시골 사람들이 도시로 이주할 것으로 보인다**. 중산층의 구매력이 높아질 텐데, 정말로 심각한 문제가 아닐 수 없다. 《이코노미스트》가 직설적으로 표현한 바와 같이, 문제는 중국이 오염되는 수준을 따라잡고, 중국 땅을 정화시킬 수 있는 수준까지 얼마나 빨리 경제력을 구축하느냐 하는 것이다.

중국 지도자들이 거대한 차원에서 갈등하는 전제 조건들을 놓고 저울질하는 사이, 이와 같은 소극적인 표현은 가뜩이나 복잡한 정치 문제들을 더욱 꼬이게 한다. 중국의 자연 자본이 악화되면, 경제만 나빠지는 것이 아니라 사회 안정성마저 나빠진다. 중국 전역에서는 공해, 농지 착취, 부적절한 개발에 항의하는 시위가 매년 수만 건씩 벌어지고 있다. 사회 부적응자와 불만을 품은 사람들이 더욱 그러하기 때문에, 보다 위험한 상황이 발생할 수 있다. 원자바오 총리는 2007년 의회에 보낸 연례 보고서에서 관례를 깨고 국가 정책과 목표를 제대로 실행하지 못한 지방 성장省長과 관리들을 꾸짖었다. 5개년 계획은 전례 없이 새로운 목표 실행을 우선시하는 것이었는데, 중앙 정부는 지방 정부들과 관리 체계를 강화하여 그들이 목표를 진지하게 실행할 수 있는 방법을 모색하고 있다.

전 세계는 중국에서 벌어지는 상황을 보고 머지않아 우리에게 어떠한 자원 제약과 자연 자본의 딜레마가 닥칠 것인지를 파악할 수 있다. 우리는 대부분이 전문 기술자 출신인 중국 지도자들에게 다양한 자본 자산을 통합적이고 지속가능한 방법으로 균형화시킬 기술이 있었으면 하고 바랄 뿐이다.

중국만이 골치 아픈 균형화의 딜레마를 갖고 있는 것은 아니다. 경제적 이익을 위해서는 환경과 사회 비용을 감수할 수밖에 없다는 전통 방식의 발전은 정부나 민간 기업 모두 택해서는 안 될 방법이다. 다음 장들에서 설명하겠지만, 정책 결정자들은 보다 통합적인 정책을 수립하지 않을 수 없다. 제약으로서의 지속가능한 발전이 아닌 기회로서의 지속가능한 발전의 개념을 근거로 한 핵심 방법론적 원리, 즉 야만적인 수지 타산이 아닌 환경, 사회 및 경제적인 면에서 최적의 결과를 얻겠다는 아이디어는 정치인이나 사업가들에게 최상의 결과를 안겨다 줄 것이다. 제3부로 넘어가기 전에 우리는 먼저 다섯 가지 자본에 대해 알아보고자 한다.

◯

자연 자본

현재 전 세계 인구의 약 절반이 도시에 산다. 2040년이 되면 80퍼센트가 도시에서 살 것이다. 우리는 날이 갈수록 흙과 멀어지는 삶을 살다 보니 에너지, 자원, 식품, 섬유, 물 등을 전적으로 자연에 의존한다는 사실을 망각하고 있다. 자연으로부터의 선물을 '자연 자본'이라 하는데, 우리가 자연 자본을 관리하는 방식이 어떠하냐에 따라 인류의 삶이 보다 아름다워질 것인지 아니면 모진 것이 될 것인지 판가름 날 것이다. 유감스럽게도 대부분의 정치인들은 우리가 앞으로도 자연 자본에 의존해야 한다는 사실을 모른 채, 자연을 제대로 평가하지 않는 경우의 위험성을 수십 년에 걸쳐 경고해 온 선구자적인 경제학자들을 무시해왔다. 생물종과 서식처 보호의 분명한 경제 가치를 평가한다는 점에서 이와 같은 정치적인 눈가리개를 제거하여, 환경을 최우선시하는 효율적인 방법의 실행, 그리고 효율적인 환경 규제와 계획 시스템의 중요성을 재확인하는 방대한 작업이 진행 중이다.

자연 자본의 정의

자연 자본은 인간이 이용하거나 유익을 취하는 자연계의 일부이다. 따라서 경제 용어로 정의를 내리자면, 가치 있는 물질과 서비스를 산출하는 에너지나 물질의 축적 혹은 흐름인 것이다. 자연 자본에는 여러 종류가 있다. **자원**은 목재, 곡식, 물고기, 물과 같이 재활용할 수 있는 것과 화석 연료와 같이 재활용할 수 없는 것으로 나누어진다. **싱크**는 쓰레기를 흡수, 중화 혹은 재순환시킨다. 그 외에 **서비스**는 기후 규제 같은 것이 이에 해당된다. 따라서 자연 자본은 자연 그 자체가 아니라, 인간 경제에서의 모든 생산의 기초로서 인간이 가지지 않으면 결코 생존할 수 없는 서비스를 제공한다.

환경 위기의 중심에는 적정 수준의 인구를 유지할 수 있는 능력에 심각할 정도의 의문이 들 정도로, 현재의 소비와 생산 패턴이 우리의 자연 자본을 지속불가능하게 고갈시키고 있다는 것이다.

지난 50년간 자연 자본에 대한 논의가 점차 복잡해져 왔음에도 불구하고, 그 본질은 결코 착각하지 않을 만큼 단순하며 접근하기 용이하다. 자연 세계와 인간의 관계는 각기 다른 다수의 수준들에서 형성되고 있지만, 하나의 생물종으로서의 인간의 진화적 성공의 핵심은 인간의 필요와 웰빙을 만족하기 위해 자연 자본을 물질과 서비스로 변화시키는 능력이었다. 이와 같은 자연 자본은 우리가 직간접으로 사용하는 수많은 자연 기능들을 제공하는데, 그중에는 자연 자원을 경제에 투입하는 흐름의 기능, 경제의 부산물인 쓰레기를 흡수하는 기능, 인간 경제뿐만 아니라 지구 전체 생물을 지탱케 해주는 결정적으로 중요한 환경 서비스 기능이 포함된다. 이와 같은 관점에서 생물 물리적 지속가능성biophysical sustainability은 핵심적인 환경 기능의 유지에 대한 의존이라 정의하는데, 환경 기능은 자체적인 탄력성과 회복성을 기본으로 한다.

시간이 흐르면서, 자연 자본을 변화시키는 과정은 상상할 수 없을 정도로 빨라졌다. 전체적인 생물권과 인간 경제의 하부 구조 사이의 관계에 근본적인 변화가 초래될 정도로 인구가 늘고 기술적 생산성이 향상되었기 때문이다. 환경에 관한 논란이 지속되는 이유 중의 하나는 그와 같은 변화의 의미에 대해 다양한 의견들이 상당히 많이 제기되기 때문이다. 덴마크의 환경 전문가 비외른 롬보르와 옥스퍼드 대학의 윌프레드 베커먼 같은 이단자들은 핵심 환경 기능들의 대부분이 여전히 온전하며, 그와 반대적인 의견들은 과장되었거나 근거가 없는 것이라 주장한다.

하지만 이미 앞에서 소개한 것처럼, 대다수의 환경 과학자들은 인간의 하부 구조가 발전하면 할수록 생물권 즉 전체 시스템이나, 그것이 아니라도 최소한 상당 부분이 기능적 생존 능력에 위협을 받는다고 주장한다. 이 주장을 쫓다 보면 이단자들이 끔찍이도 싫어할 새로운 명제와 부딪히게 된다. 그것은 인간이 만든 자본인 인간 자본, 제조 자본, 금융 자본이 제한 요인으로 취급받는 시대에서, 자연 자본 중에서 남아 있는 것이 제한 요인으로 취급받는 시대로 옮겨가고 있다는 것이다.

자연적 부가 가치

우리가 현실을 더 이상 회피할 수 없는 이유를 이해하려면, 이와 관련된 과학으로 다시 돌아갈 필요가 있다. 제3장에서 이미 살펴본 바와 같이, 자연 자본의 손실은 성장과 국가 재정의 혜택을 감안하더라도 경제 성장 때문이 분명하다. 대부분의 국가들이 자연 자본의 손실과 성장 혜택의 균형이라는 소박한 목표를 달성하는 데 실패하고 있지만 이는 비교적 이행하기 쉬운 편에 속한다. 보다 의미심장하게 말해서, 우리는 자연 자본의 특성이나 유용성을 충분히 활용하지 못하고 있다. 이런 사실을 이해한 경제학자 중의 하나였던 앨프리드 마셜Alfred Marshall은 다음과 같이 말했다.

인간은 물질을 창조할 수 없다. 노력과 희생으로 자신들의 욕구가 보다 충족할 수 있도록 물질의 형태나 배열에 변화를 줄 뿐이다. 인간이 생산하는 물질은 새로운 유용성을 제공하는 물질의 배열에 지나지 않는다. 따라서 물질의 소비는 물질의 유용성을 파괴하는 행위인 것이다. **마셜, 1959**

현대 경제학 용어를 사용해서 말한다면, 소비되는 것은 '부가 가치', 즉 우리 인간이 인간 자본, 제조 자본, 금융 자본을 통해 자연 자본에 부여하는 구조structure인 것이다. 이는 물건이 소비되기 전에 새로운 구조가 부여된다는 것을 의미한다. 따라서 '부가 가치'에 대해 열성적으로 알고자 하는 경제학자와 기업가 들이 어떤 가치가 부여되느냐에는 별로 관심이 없다는 것은 충격이 아닐 수 없다. 허먼 데일리가 지적했지만, 우리는 두 가지 요인이 부여된다는 것을 인식하지 못한다. 하나는 인간이 부여하는 가치요, 나머지 하나는 자연이 부여하는 가치이다. 예를 들어서 지구 표면에 골고루 퍼져 있는 구리의 원자는 인간에게 경제 가치를 부여하지 않지만, 인간의 방식으로 자원에 가치를 부여하기 시작한 농축 구리는 우리 인간에게 훨씬 쓸모가 있는 것이다. 이와 마찬가지로 대기권에 흩어져 있는 탄소 원자는 엄청난 양의 에너지와 다른 물질들을 투입할 때에만 부가 가치를 인정받을 수 있겠지만, 나무 속의 탄소 원자들은 그보다는 용이하게 전위할 수 있다.

사실, 자연이 앞장서서 일을 많이 하면 할수록, 인간은 자신들의 삶을 가치 있게 해주는 경제적 가치를 부여할 기회가 그만큼 줄어든다. 하지만 우리는 자연으로부터의 기여를 공짜 선물이나 보조금처럼 전혀 가치가 없는 것으로 무시하면서도 인간의 창의성, 기술, 금융 자원에는 엄청난 부가 가치를 부여한다. 인간은 부가 가치를 소비하면, 그 나머지 것을 자연계에 버리는데, 이는 열역학적으로 우리가 우선적으로 부가 가치를 부여하는 낮은 엔트로피 물질이나 에너지를 얻는 대신에 높은 엔트로피 물질이나 에너지를 버린다는 것이다.

그렇다면 인간 문명이 물질 구조와 질의 상실에 흔들리지 않는 이유는 무엇인가? 이유는 간단하다. 지구가 물질적인 시각에서는 폐쇄된 시스템인 반면 지구는 46억 년 전에 창조될 때 보유하던 원자를 현재도 그대로 간직하고 있다. 중력은 원자가 지구를 떠나는 것을 허용치 않는다, 에너지 시각에서는 개방된 시스템이기 때문이다. 인류가 사용하는 에너지의 1만 배가량의 태양 에너지가 지구로 흘러 들어온다.

식물은 광합성 작용을 통해 지속적으로 지구로 쏟아지는 태양 에너지를 사용하여 분산되어 있는 물질을 수집해 새로운 구조로 정비한다. 식물의 특이성은 외부에서 에너지를 취한다는 데 있다. 태양 에너지가 자연 사이클에 연료를 공급하지 않는다면 자연계는 지속가능하게 유지될 수 없다. 시간이 흐르는 동안 자연은 복잡성과 다양성의 경이로운 조합으로 식물과 동물을 지원하기 위한 필요조건들을 창출할 수 있도록 진화되어왔고, 그로 인해 오늘날 우리가 알고 있는 살아 있는 세계의 발전이 가능했던 것이다.

궁극적으로 자연 자본의 중요성에 대한 이해의 증진이 당국의 규제와 지방의 계획 관료들의 결정으로 이어져야 하는 것이다. 다섯 가지 자본의 틀은 잠재적 경제, 환경과 사회의 이득, 그리고 부유층과 빈곤층 영국에는 두 계층이 다 존재하고 부유한 나라와 가난한 나라 사이도 그러하다, 현재 세대와 미래 세대 사이의 균형을 달성할 수 있는 틀의 하나이다. 이는 모든 규제 당국자와 기획자들을 위해 분명해야 하고 또 절대적 순서가 정해진 것이어야 한다. 그중의 첫째는 어떤 상황에서도 중요한 자연 자본을 보호하는 것이다. 그다음에는 가능하다면 시간이 지나면서 경제, 사회, 환경의 유익을 상호적으로 강화시킬 최적의 방법을 찾는 것이다. 그것이 가능하지 않을 경우엔 환경, 사람, 인류 공동체에 대한 잠재적 손상을 최소화시킬 방법을 찾는 것이다. 그러고 나서야 회피할 수 없는 사회 및 환경 비용 손실을 상쇄하고도 남을 잠재적 유익을 얻을 수 있는 것이다.

현재 상황을 말하자면, '시간이 지나면서 경제, 사회, 환경의 유익을 상호적으로 강화시킬 최적의 방법'을 진심으로 찾고자 하는 나라는 거의 없다. 비용 편익 방법은 여전히 조악하기 짝이 없어 신뢰에 큰 손상을 받을 정도로 정치 남용political abuse, 명시적 혹은 묵시적 정치 가설은 분석의 근거를 왜곡한다에 취약하다. 이보다 더 고약한 것은 인류에게 자연 자원이 얼마나 중요한지를 새삼 깨닫기 시작할 무렵인 현대에 들어와 규제 해제가 공격적으로 자행되어 왔다는 사실이다. 요즘 들어서는 많은 국가들이 직접적인 규제 개입을 피하고 자원적인 접근 방식, 기업들과의 협상 규약이나 유사 법적 협의를 통해 영향을 미치려 한다. 무역 협회나 비즈니스 조직들은 국가 및 지역 경쟁성 제고를 위해, 규제로 인한 비용 부담과 책임을 철폐해야 한다는 목소리를 높이고 있다.

하지만 미국과 유럽에서 발표된 연구 결과들에 의하면 비즈니스 조직들이 준비한 비용 산정 내용이 환경 규제의 추가 부담 부분을 지나치게 체계적으로 과장했다는 것이다. 영국산업총연합회 Confederation of British Industries : CBI는 비용 견적을 가장 악랄하게 과장한 조직의 하나이다. 일례로 2003년에는 EU 환경배상책임지침Environmental Liability Directive이 영국 비즈니스계가 부담할 액수를 18억 파운드약 29억 3,000만 달러라 계산했다고 하는데 이 주장이 사실이라면 영국 제조업계는 모조리 관 속에 처박혀야 하는 것이다. 2005년 영국 정부는 그 비용이 5,000만 파운드약 8,100만 달러가 넘지 않을 것이라 발표했다.

대부분의 유럽 정부들은 환경 규제에 관한 새로운 전략적 방법 개발에 대책 없이 혼란스러워하는 것 같다. 환경 상품과 서비스가 유럽에 어마어마한 가치를 부여할 것이라 앵무새처럼 떠들면서도 현재는 항공과 약품 산업과 맞먹는 5,150억 달러 규모의 시장을 형성하고 있지만 2010년이 되면 6,800억 달러 규모로 커질 것으로 예상, 한편으로는 중국, 인도를 포함한 개발 도상국들로부터의 경제적 위협에 대해 설명하는 보다 현실적인 경쟁력 의제에 대해서는 터무니없이 태만하다.

어떤 면에서는 이는 유럽 핵심부의 불화에서 빚어진 것이었다. 프랑스와 네덜란드가 새로운 헌법 초안을 부정한 후 2005년 유럽을 휩쓴 위기는, 헌법도 헌법이지만 앞으로 추구해야 할 경제의 유형에 관한 문제이기도 했다. 구체적으로 말해서 프랑스와 독일이 선호하는 내정 간섭적인 '사회적 시장 경제', 그리고 영국이 찬성하는 규제 철폐와 경쟁에 초점을 맞추는 '자유 시장 경제'에 관한 이견이었다. 사유화, 시장화에 대한 영국의 이념적 집념은 EU 집행위원 피터 만델슨Peter Mandelson의 주장에 잘 반영되어 있다. 그는 환경적 지속가능성, 사회 통합, 보다 양호한 근로 조건의 중요성을 깎아내리면서, 그 밖의 다른 요인들에 대해 치열한 토론을 거치기도 전에 EU 경쟁성을 우선적으로 부각시켰다.

그로 인해 EU 유권자들은 정치인들로부터 귀에 못이 박히도록 미래를 낙관하는 수사적인 말을 들었음에도 불구하고, 결국에는 혁신적인 신시장 창출에 절대적으로 필요한 규제적, 재정적, 경제적 간섭을 바로 그 정치인들이 약화시키는 모습을 보게 될 뿐이었다. 그 증거로 토니 블레어 전 총리의 말을 인용해보자.

우리는 기후변화의 숙제를 정면으로 맞서 해결하기 위한 신기술을 발전시킬 새로운 녹색 기술을 개발해야 한다. 영국이 철도와 대량 생산의 기술을 전 세계에 퍼트린 것처럼, 영국 과학자·개혁가·기업가들은 지속가능하게 성장하고 발전할 수 있는 방법을 세계에 알릴 수 있어야 한다. 나는 비즈니스가 이 상황을 기회로 삼을 것이라 확신한다. 쓰레기를 줄이고 에너지를 아끼면 매년 수십억 파운드를 절약할 수 있다. 생산 물질의 90퍼센트가 최종 생산품에 끼지 못하고, 생산품의 80퍼센트가 한 번 사용되고 버려지는 상황에서 기회는 얼마든지 있는 것이다. **블레어, 2004**

거의 같은 시기에 영국 정부는 블레어의 이 말과 똑같은 소리를 한다. 영국산업총연합회의 어깨를 가볍게 해주기 위해 EU 탄소 배출권 시장을 통해 탄소 배출권을 보다 자유롭게 분배할 수 있도록 하자고 압박한 것이었다. 유럽의 그 어떤 나라들보다 강했던 영국의 이 주장은 2006년 EU 탄소 배출권 시장이 붕괴됨으로써 한 치 앞도 내다보지 못하는 단견임이 증명되었다. 각국 정부는 국가별 할당 계획에 따라 산업계에 배출권을 넉넉히 허용했다. 단 하나의 회사도 억지로 적절한 조치를 취할 필요가 없을 정도였다. 다른 기업으로부터 배출권을 사들일 필요가 없었기 때문에, 탄소 배출권의 가격은 2007년 톤당 0.3파운드까지 추락했다. EU 집행부는 상품이 좋은 가격으로 팔릴 수 있을 정도로 귀해야 비로소 시장의 효력이 나타난다는 중요한 교훈을 배웠다. 그래서 탄소 배출권 시장의 다음 단계는 각국의 국가 할당 계획보다 훨씬 엄격한 방법에 의해 이행되고 있는데, 다행스럽게도 이번에는 영국이 참다운 리더십을 발휘하여, 산업계로부터의 특별 요청 따위에는 일절 귀를 기울이지 않는다.

하지만 탄소 배출 제도가 일방적으로 행해진다면 탄소 배출권이 제로섬 게임으로 이행될 수밖에 없는 모순이 생긴다. 지적이고 신중하게 설계한 환경 규제가 경제 경쟁성에 유리하다는 '윈윈win-win' 가설을 처음으로 제시

한 하버드 대학교의 마이클 포터Michael Porter 교수의 혁신적인 저서 《국가

경쟁우위The Competitive Advantage of Nations》(1990)를 시작으로 하여 어데어 터

너Adair Turner, 영국산업총연합회의 회장을 지낸 터너가 오늘날 국가 경쟁성 수호를 뒷받침하는 '신화와 망

상'을 깨뜨렸다는 것은 가히 계몽적이다 위원장의 저서 《공정한 자본 : 자유 경제Just

Capital: The Liberal Economy》(2001)는 한편으로는 개혁적이고 생산적인 경제를

진작시키면서 다른 편으로는 탄력적이고 생산적인 자연 세계를 보호하는

이익을 통합했을 때의 유익을 세밀하게 설명했다.

이와 같은 분석에 대한 정치인들의 저항은 보다 깊은 문제가 있음을 암시

하는 것이다. 환경적인 문제에 어느 정도 눈을 뜬 것은 사실이지만, 서구 정

부들은 여전히 자연 자본의 본질에 대해서는 이해가 부족하다. 그들은 근본

적인 변화의 증상인 북해에서의 물고기 남획, 기후변화로 인한 충격 완화의

필요성 등등에 대해 언급하면서도 자연 자본의 선결적 중요성과 그 증상으

로 인한 체계적 현실에 대해서는 갈피를 잡지 못하고 있다.

이와 같은 현상의 원인은 여러 가지인데, 그중의 일부는 진화적 근원에

서, 또 일부는 유대·기독교적 전통에서, 또 일부는 자연에 대항하여 문명을

꽃피운 산업 혁명이 시작된 이래 지속되고 있는 발전 모델에서 그 근거를

찾는다. 하지만 요즘 들어서는 주류 경제학자들이 이 현상에 대해 철학적

혹은 역사적 요인들을 규명하기보다는 오히려 물리적 현실에 혼돈을 주었

다는 비판을 듣는다. 이는 지속가능성의 개념이 경제학자들과는 상관이 없

기 때문이 아니다. 수많은 환경주의자들은 경제와 지속가능성의 밀접한 관

계를 역설해왔다. 사실 지속가능성의 핵심적 의미는 현대 경제학의 독창적

인 저서에 소개된 바 있다.

노벨경제학상을 수상한 바 있는 존 리처드 힉스John Richard Hicks는 자신의

저서 《가치와 자본Value and Capital》(1939)에서 지금까지 사용되고 있는 '소

득'의 정의를 다음과 같이 내렸다. "하나의 공동체가 일정 기간 소비할 수 있으면서 그 기간의 끝에는 시작 때에 있었던 만큼을 유지할 수 있는 최대치." 힉스는 '유지할 수 있는' 것을 다음 해에 수익을 창출하는 동일한 능력, 즉 원금의 유지로 정의했다.

하지만 유감스럽게도 경제학자들은 자연 자본이 부족할 리 없거나, 공짜로 사용할 수 있기 때문에 시장 가치를 부여할 수 없다는 논리를 근거로 하여 지속적으로 자연 자본을 무시한 채, 인위적 자본의 다양한 측면들에만 초점을 맞추고 있다. 허먼 데일리와 영국의 철학자 데이비드 피어스David Pearce가 그런 자세가 결코 현명치 않다고 거듭 주장하고 있음에도, 지속가능성의 핵심 이슈는 여전히 공격을 받고 있다. 부의 창출은 사람들이 원하는, 그래서 가치가 있는 상품과 서비스를 생산하기 위한 다양한 자본들을 정당하게 결합하는 과정이다. 그리고 자연 자본을 인위적 자본으로 전환하는 우리 자신의 진화적 성공에 의해 증명된 것처럼, 다양한 형태의 자본들에 관한 대체의 범위가 상당히 넓다. 하지만 다양한 자본의 총액을 꾸준히 유지하는 것과 각 자본의 액수를 개별적으로 유지하는 것은 다르다. 현대 경제학의 주류를 이루는 총액을 꾸준히 유지하면 문제가 없다는 측은 특정 자본을 다른 자본으로 대체하는 것이 가능하다고 주장한다. 예를 들어서 제조 자본이나 사회 자본으로 동일한 가치를 창출할 목적으로 투자할 수 있는 한, 자연 자본을 제거해도 대개의 경우 문제가 없다는 것이다.

하지만 자본은 그 유형에 따라 개별적으로 유지되어야 한다는 측은 자연 자본과 그 밖의 다른 자본들은 보완적이고, 점차로 대체 불가능해지는 특성을 드러내기 때문에, 대체 가능하더라도 그 정도가 극히 일부분에 지나지 않는다는 것이다. 사례를 들자면, 영국 정부에서 생물 다양성을 책임지는 관료들은 이들이 속한 기관을 잉글리시네이처(English Nature)라고 한다 '환경적 지속가능성'

을 환경이 자신의 기능을 제대로 이행할 수 있도록 그 자질과 특성을 유지하는 것이라 정의 내린다. 환경의 기능에는 자원의 공급, 쓰레기의 폐기와 재활용과 밀봉, 다양하고, 살기에 적절하고, 생산적인 생물권을 유지하는 것이 포함된다. 잉글리시네이처는 환경적 지속가능성을 성취하려면 주요한 자연 자본이라 부르는 자연 자본의 특정 요인들을 절대적으로 보호하고 유지하는 것이 필요하다고 강조한다.

케리 터너Kerry Turner는 최초로 약한 지속가능성과 강한 지속가능성을 구분 지은 사람의 하나다. 그는 망설이지 않고 모든 자본에 걸쳐 완벽한 대체를 이룰 수 있는 지속가능성을 '매우 약한 지속가능성', 대체 불가능하여 모든 자연 자본을 절대적으로 보호해야 하는 지속가능성을 '어리석을 정도로 강한 지속가능성'이라고 불렀다. 일부 대체가 가능한 것이 분명하지만, 불변의 균형 과정에 허용 가능한 한계를 정하는 것에는 논란이 일고 있다. 그래서 내추럴스텝 같은 조직들이 택하는 체계적 시스템의 종류가 그렇게 중요한 것이다. 시스템에 의해 인간의 시도에 관한 엄격한 생물 물리적인 한계를 정할 수 있기 때문이다.

물론 재생 가능한 자원과 재생 불가능한 자원에는 중요한 차이가 있다. 재생 가능한 자원에 대해 말하자면, 비록 필요할 때는 실행하기가 만만치 않지만, 지속가능한 생산 관리의 과학과 경제학은 쉽게 실행할 수 있는 것이다. 농업, 신선한 물, 삼림, 어업 자원 등에 관련지어 말한다면, 이와 같은 '인위적' 자연 자본을 유지한다는 것은 연간 생산을 자연 자본의 연간 재생 능력의 수준 밑으로 제한하는 것을 의미한다. 이것은 자연 자본의 축적이 제공하는 각기 다른 모든 환경적 기능이 고려되는 과정인데, 이에는 인간이 직접적으로 금융 이득을 거두지 않는 생태계에서 기본적인 생태적 서비스를 유지하는 것이 포함된다.

자연 자본의 가치

다시 말하지만, 생태계가 인간에게 제공하는 종합 서비스에 돈으로 가치는 매긴다는 것은 지극히 어려운 일로서 자칫하면 아무것도 할 수 없다는 핑곗거리를 만들어준다. 하지만 세계의 전망이 날이 갈수록 실패를 거듭하여 우리 인간이 무기력함을 느낀다는 점에서, 우리는 이미 아무것도 하지 않아 값비싼 대가를 치르고 있다. 조지프 스티글리츠가 지적한 바와 같이, 더 이상 간과하는 것은 미친 짓이다.

> 현재와 같은 속도로 삼림 벌채가 진행된다면, 브라질과 인도네시아에서 행해지고 있는 벌채로 인해 발생하는 온실가스를 처리하기 위한 노력이 교토 의정서에서 결의한 탄소 배출량 감소 노력의 80퍼센트나 점하게 될 것이다. 어디 그뿐이겠는가. 속히 대책을 마련하지 않는다면, 경엽수림과 생물 다양성의 손실 같은 추가적인 피해를 회복할 수 없게 될 것이다. 지금 당장 문제를 해결해야 하며, 또다시 미적거리고 싶은 충동을 용납해서는 안 될 것이다.
>
> 스티글리츠, 2006

물론 대부분의 선진국들이 불법 남획과 개발을 저지하는 것은 고사하고, 남아 있는 삼림을 벌채하지 않아도 될 만한 여유가 없다는 것이 문제이다. 그린피스가 2007년 4월에 발표한 보고서 〈콩고 나눠 먹기Carving up the Congo〉를 보면, 합법적이든 불법적이든 콩고인민공화국에 대한 삼림 벌채의 압박이 얼마나 심각한지 할 수 있다. 지상에서 가장 빈곤한 그 나라의 4,000만 국민이 삼림에 의존하여 살고 있지만, 정부는 벌채를 허가하여 얻는 재정 수입으로 그들에게 필요한 공공 서비스를 제공할 수 있다는 것을 알고 있다. 하지만 이는 콩고만의 문제가 아닌 전 인류와 직접적인 관계가 있다. 콩고 삼림이 파괴되는 경우, 340억 톤의 이산화탄소가 배출되는데, 이는 영국이 1946년 이후 지금까지 배출한 양과 맞먹는 것이다.

적절한 금융 보상이 이루어지지 않는다면, 사람들은 장기적인 생태 안정성보다는 단기적 경제적 욕구를 우선시할 것이다. 아쉽게도 지금 당장에는 교토의정서가 별로 효력을 발휘하지 못한다. 나무를 심어 산소를 흡수토록 하는 것을 포함하는 청정개발체제Clean Development Mechanism하에서 이행되는 '삼림탄소상쇄제도Carbon Offset'를 허용하고 있지만, 기존의 삼림을 유지하는, 즉 가장 가난한 나라의 삼림을 손대지 않고 자연 자본 그대로 보존하는 것에 대해서는 일언반구가 없다. 다음번 교토 회의에서는 수정되리라 본다. 코스타리카, 파푸아뉴기니, 브라질을 포함하여 아마존 강이 스쳐 지나가는 국가들은 '삼림 벌채 방지'를 목적으로 한 탄소 상쇄권을 팔아야 하는 나라들을 위해 다양한 계획들을 제시했다. 이는 목재를 얻기 위해, 콩·야자수를 베거나 농사를 짓기 위해 나무를 잘라내는 대신, 나무를 적절하고 책임 있게 보호하는 대가로 삼림 1헥타르당 얼마씩 지불해달라는 것이었다. 모든 삼림에서 막을 수 있는 이산화탄소 배출량, 즉 음성 배출량negative emission을 1톤당 30달러로 가격을 매긴다면 그 비용은 1년에 1,000억 달러에 달한다. 엄청난 비용이지만 기후 온난화를 그만큼 피할 수 있는 것이다.

재생 불가능한 자원에 대해서는 엄밀히 말하자면, 지속가능한 생산 관리 같은 말은 어울리지 않는다. 지구에서 추출할 수 있는 광물이나 그 밖의 자원들의 양이 정해진 것이라면 언젠가는 완전 고갈될 것인데, 제10장에서 설명하겠지만 재생 가능한 산출이 가능하기 위해서는 자원을 재사용과 재활용할 수 있는 방법들이 존재해야 하는 것이다. 더불어 미래에 지속가능한 산출을 창출하기 위한 목적으로 재생 가능한 재고를 구축하는 데 있어서 재생 불가능한 자연 자원을 고갈하여 얻는 결과의 일부를 재투자하는 법을 배워야 하는 것이다. 이와 관련된 사항으로 영국은 북해의 재생 불가능한 탄화수소를 남용하여 수십억 파운드의 수익을 올리지만, 들어서는 정권마다 그 수익의 적절 수준을 재생 에너지 자원에 재투자하지 않고 있다. 미래를 위한 영구적인 자산을 조성하기 위해, 탄화수소로 인한 수익의 상당 비율을 재투자하는 노르웨이나 알래스카와는 현격한 대조를 보인다.

유감스러운 사실이지만, 대부분의 경제학자들은 자연계와 열역학 법칙에는 관심이 없다. 데이비드 피어스와 아닐 막칸디아Anil Markandya가 공동으로 저술한《녹색 경제의 청사진Blueprint for a Green Economy》(1989)에는 인간의 자연 세계 이용에 금전적 가치를 부여하는 중요하면서도 혁신적인 다양한 평가 기법들이 소개되어 있다. 일부 경제학자들은 '금전적 가치'를 초월하는 자연을 돈으로 평가 내리는 것을 우려하고 있지만, 이와 같은 접근 방법으로 경제학자들은 환경을 정책 결정의 핵심 변수로 이해할 수 있는 길이 열리게 되는 것이다.

지금은 훨씬 이해도가 넓어졌다. 자연 자본의 세 번째 카테고리인 '환경적 서비스' 같은 모호한 개념조차도 인류에 대한 경제적 가치 측면에서 고찰되고 있다. 버몬트 대학교University of Vermont의 로버트 코스탄자Robert Costanza 교수와 MIT Massachusetts Institute of Technology, 매사추세츠 공과대학교 교수들은 복지 생산을 위해, 제조·인간 자본을 결합한 자연 자본으로부터의 물질, 에너지, 정보의 흐름들로 형성되는 생태계의 글로벌 가치를 수량화하는 방법을 만들었다. 그들은 자연 서비스를 17개로 분류했는데, 수분 작용, 물 공급과 규제, 쓰레기의 융합, 자연에서의 식품 생산, 유전 자원, 기후 조절, 생태계와 관련이 있는 문화적·영적 가치, 예를 들어서 생태 관광, 야외 레크리에이션 활동, 풍경화 그리기 등이 포함된다.

교수들은 이와 같은 서비스를 돈을 주고 사서 쓸 마음이 있음을 의미하는 '지불 의사' 금액도 포함해 모든 평가 테크닉을 17개 생태계 서비스에 적용하여, 자연으로부터 공짜로 얻지 못하고 인간이 만든 것을 사용할 때의 비용을 추산했다. 최하 비용은 연간 수조 달러에서 33조 달러라는 계산이 나왔는데, 이는 극히 학문적 성향을 띠고 있을 뿐이고 교수들은 이를 통해 우리 인간이 얼마나 생태계에 의존하여 살고 있는지를 보여주고 싶었던 것이다. 생태계 서비스에 금전적 가치를 부여하는 혁신적인 테크닉은 제1장에서 설명한 바와 같이 밀레니엄 생태계 평가 보고서에 잘 소개되어 있다.

이와 같은 메타 계산meta-calculation이 대부분의 정책 결정자들에게 직접적 관련성이 있다고는 할 수 없지만, 초점을 조금 좁혀보면 자연 자본을 평가하는 이와 같은 접근 방식의 중요성이 확연히 드러난다. 캠브리지 대학교 University of Cambridge 동물학과 교수인 앤디 밤포드Andy Balmford는 오랜 세월에 걸쳐 연구한 결과로 생물 다양성 보존으로 인해 얼마만 한 경제적 이득을 얻을 수 있는지를 증명했다. 그는 우리가 현재 자연 보존에 연간 60억 달러를 쓰고 있지만 제대로 실행하기 위해서는 예산을 275억 달러 수준으로 늘려야 하며보호 지역을 10퍼센트 수준으로 늘려야 하는데, 그중의 절반은 특정 지구에 속하도록 한다, 보존을 위해 자신의 땅을 사용하지 못해서 손해를 보는 사람들을 위하여 적절한 보상을 제공해야 한다고 주장한다. 특정 지역을 넘어서 농지까지 생물 다양성 보존 대상으로 포함시킨다면 관련 예산은 대충 계산해도 3,000억 달러를 넘게 된다.

큰돈이지만, 그렇다고 엄청나게 큰돈은 아니다. 밤포드는 도표 3의 간단한 그래프를 통해 적절히 재정 지원을 하는 글로벌 보존 전략275억 달러와 3,000억 달러 사이과 두 가지의 다른 관련 요인들을 비교하면서 이 수치에 겁을 먹을 필요가 없는 이유를 설명한다. 첫째, 우리는 이미 납세자로부터 거둔 세금에서 엄청난 액수를 보조금 명목으로 농업, 에너지 생산업, 교통, 어업, 물 소비 등을 위해 나눠주고 있는데, 노먼 마이어스Norman Myers의 선구자적인 연구에 의하면 그 비용이 연간 9,500억 달러에서 1조 4,500달러에 달한다 는 것이다. 이 수치로 인한 더욱 충격적인 사실은 엄청난 보조금이 전 세계 자연 자본의 부식과 파괴에 직접적으로 관련이 있다는 것이다. 밤포드와 그 의 동료들은 다음과 같이 주장한다.

생물 다양성 보존을 위한 글로벌 계획은 보조금을 점차적으로 폐지하는 것 을 수반하지 않으면 안 된다. 보조금 계획을 환경 보호에 대한 투자와 연결 시킨다면, 정부 예산의 지출 면에서의 작은 변화만으로도 거대한 보존 목적 을 달성할 수 있다. 자연 보호를 위한 효율적인 글로벌 시스템은 환경에 피

■ 도표 3 보존의 상대적 비용

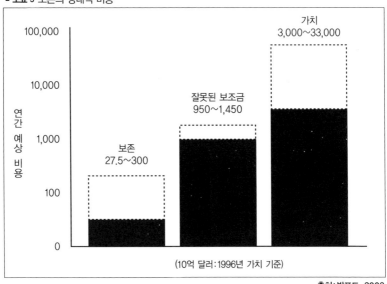

출처 : 밤포드, 2002

해를 주는 보조금의 2퍼센트에 불과한 돈으로도 잘 운영될 것이다. 모든 주요 자연 보존 요인들의 범위 안에서 생물 다양성을 실현하는 실질적이고 포괄적인 글로벌 보존 프로그램은 보조금의 20퍼센트 예산만으로도 시작할 수 있을 것이다. **알렉산더(Alexander) 외, 1999**

둘째, 이 뛰어난 칼럼의 마지막 부분은 인류가 17개 생태계 서비스로 얻는 금전적 가치가 33조 달러, 그중에서도 가장 중요한 부분에서는 3조 달러에 달한다는 코스탄자 교수의 메타 계산을 상기하게 한다. 이는 연간 3,000억 달러의 투자만으로 33조 달러어치의 자연 서비스를 얻을 수 있다는 것인데, 모든 조건들을 고려해볼 때, 그리 나쁜 투자라 할 수 없는 것이다.

여전히 추상적이라는 느낌이 든다면, 보다 쉽게 이해할 수 있는 실제 사례 수십여 개를 보면 된다. 자연 자본에 대한 투자가 어떻게 금전에 대한 가치를 창출하는지 보여주는, 확고부동한 재정 데이터로 증명할 수 있는 것들이다. 스탠퍼드 대학교 생물학 교수인 그레천 데일리Gretchen Daily와 퓰리처상을 수상한 언론인 출신으로 스탠퍼드 대학교 보존생물학 센터the Center for Conservation Biology 연구원인 캐서린 엘리슨Katherine Ellison은 《자연의 새로운 경제The New Economy of Nature》라는 흥미로운 제목의 서적을 통해 대표적인 사례들을 집약하여 결론을 내렸다.

우리는 아직도 보존을 생존이나 이익을 추구하기 위한 것이 아닌, 도덕이나 심미적인 이유를 위해 행동하는 그 무엇이라 생각한다. 하지만 역사의 기록은 자비심만으로는 보존을 성취할 수 없음을 보여준다. 그러나 인간의 이익에 부합하는 잘 짜인 호소를 곁들이면 얼마든지 성공할 수 있다. 지금의 도전은 사회의 장기적인 웰빙과 개인의 이익을 추구할 수 있도록, 환경 보호를 위해 새로운 인센티브를 생산하기 위해 게임의 규칙을 변경하는 것이다.

데일리와 엘리슨, 2002

두 사람은 가장 대표적인 사례로 1997년 뉴욕 시가 상수원 복원을 위해 15억 달러를 투자한 결정을 들었다. 당시 뉴욕 시는 미국환경보호청이 정한 기준까지 수질을 개선하기 위해 고가의, 에너지 집약적인 정수장 건립을 위해 50억 달러를 쓰기보다는 그보다 훨씬 저렴한 비용으로 캐츠킬-델라웨어 수역을 복원했다. 캐츠킬-델라웨어 수역은 2,000제곱마일의 농지 계곡과 삼림이 무성한 산으로 둘러싸여 있으며, 5만여 명의 주민이 살고 있다. 20세기 들어서 상수 시스템이 훌륭하게 운영되었는데, 1980년대부터 관광객이 증가하면서 주택 건설이 폭발적으로 활기를 띠게 되자 농경 시스템이 보다 집약적으로 변하고 하수 처리 시설에 문제가 발생하게 된 것이었다. 당연히 수질이 떨어지기 시작했다.

뉴욕 시는 그 지역의 극히 일부만 소유하고 있기 때문에 많은 노력을 기울여 지역 주민들을 토론의 장으로 끌어들였고, 뉴욕 상수원을 깨끗하게 지키도록 설득하고 때로는 돈을 주기도 했다. 이 프로그램의 성공 여부를 판단하기에는 아직 이른 감이 있지만 미국의 다른 마을이나 도시 들이 유사한 프로젝트를 고려하도록 자극하는 것은 사실이다. 일부 전문가들의 계산에 의하면, 국민에게 깨끗한 물을 공급하기 위해서는 미국의 전체 국토의 12퍼센트까지 이와 같은 프로젝트를 시행할 수 있다는 것이다. 하지만 대다수의 정치인과 경제학자 들은 여전히 이와 같은 접근 방법의 논리를 인정하지 않는다. 그들에게는 엄청난 돈이 들어가는 콘크리트 더미의, 최첨단 기술을 이용한, 에너지 집중적인 공학적 설계만이 가장 뛰어나고 안전한 방법인 것이다.

그렇다면 이와 같은 사업이 효력이 있는 것은 대대손손 유산을 증여받았고, 또 억만장자들이 즐비한 지구 상에서 가장 부유한 뉴욕이라는 땅이기 때문인가? 환경주의자들은 '녹색 혁명을 하려면 부자가 되어야 한다'는 조롱을 받는다. 물질적인 삶을 향상시키기 위해 투쟁하는 지구 상의 수십억 명의 가난한 사람들은 깨끗한 환경이라는 사치에 대해 고민할 여유가 없기 때문에, 그들에게 환경 문제는 전혀 의미가 없다는 것이다. 하지만 가난한 사람들도 대부분 자연 자원, 즉 깨끗한 물, 비옥한 땅, 건강한 숲에 직접적으로 의존한다는 점에서, 이와 같은 주장은 고려의 대상이 되지 않을 만큼 터무니없는 것이다. 보다 관심을 끄는 것은 개발 도상국의 많은 시골 공동체들에서 자신들의 자연 유산의 효율적인 사용 방법에 대해 달리 생각하기 시작했다는 것이다. 그들은 생활의 물질 수준을 향상시키기 위해 그렇게 한다고 했다.

아프리카 나미비아의 북서쪽에 위치한 한적한 마을 토라가 대표적인 사례이다. 거대한 면적임에도 불구하고, 그곳에는 소와 양 같은 가축을 먹일 풀을 얻기 위해 고생하는 가난한 농부 수백 명이 살고 있을 뿐이다. 1998년 그들은 세계자연보호기금의 지원을 받아 매우 간단한 조건으로 특별 보존 프로그램을 만들었다. 조건이라는 공동체가 관광 수입의 일부를 지급받는 대신 검은코뿔소 떼를 포함한 야생 환경을 보호하고, 사냥을 엄격하게 자제한다는 것이다. 지급받는 돈은 그리 큰 액수는 아니었지만, 마을 전체에 골고루 지급되었는데, 새로운 사업을 하기에는 충분한 것이었다.

토라는 나미비아가 1990년 남아프리카 공화국에서 해방된 후 선정한 70여 곳의 야생 보호 지역의 하나였다. 공동체 기반 자연 자원 관리를 철저히 준수하는 것을 원칙으로 하는데, 그 원칙에는 보호 지역을 공동체의 모든 구성원들이 민주적으로 운영한다는 조례가 포함되었다. 지금은 25여만 명이 관여하여 700만 헥타르의 땅을 관리하고 있다. 2004년 영국 일간지《인디펜던트Independent》의 마이크 매카시Mike McCarthy 기자는 이곳을 방문하여 이 혁신적인 접근 방법이, 급속히 늘어나는 가난한 사람들이 살기 위해 자연 생물이 멸종될 때까지 먹고 밀렵하는 것을 차마 막을 수 없는, 지상에서 가장 가난한 나라에 미친 영향을 관찰했다.

극단적인 제스처만이 문제에 대한 해답이다. 야생을 사람들에게 넘겨주어, 그들로 하여금 사용토록 하는 것이다. 지역민이 자신들의 야생 자원을 관리하고, 자신들의 예산을 스스로 알아서 사용토록 한다면, 그들은 자신들의 미래를 스스로 개척해나가게 되는 것이다. 토라의 농민들은 관광의 활성화를 고대하고 있다. 그곳을 방문하는 사람들은 결코 잊을 수 없는 위대한 아프리카의 야생을 목격하게 될 것이다. 원시적인, 거친 반半사막의 위대한 야생 동물들, 그리고 숨 막히는 아름다움. 그 외에도 또 다른 아름다움을 발견할 수 있을 것이다. 그것은 미래에는 아프리카 사람들과 야생이 서로에게 지속적인 유익을 주며 살게 되었으면 하는 희망이다. 매카시, 2004

보려 들지 않는 사람처럼 눈이 먼 사람은 없다. 대부분의 정치인들과 경제학자들이 생태계에 무지한 것은 자연계 작용에 대한 기본적인 이해가 부족하기 때문이다. 지금쯤 나타나야 할 재앙, 즉 광범위한 생태계 붕괴의 증상이 퇴색되어왔다는 사실이 그들의 무지를 부채질했다. 하지만 생태계는 적절히 재생되지 않는 경우, 미래 붕괴의 불가피성을 감춘 채, 설사 회복력이 약해지더라도 생산성을 유지하기도 한다. 이와 같은 변화를 일부 되돌릴 수 있지만, 상당 부분은 그렇게 할 수 없다. 자연의 작용에 대해, 특히 폭발적인 경제 성장이 자연에 미치는 영향에 대해, 관심을 두지 않는 상황에서 보다 경고성이 짙은 충고가 절실하다. 하지만 자연 자본을 인위적인 자원으로 변환시키는 것에서 단기적 가치의 최대화를 추구하는 사람들에게는 이와 같은 주장이 설득력 있을 리 없다.

철학적인 관점에서 본다면, 이는 소름 돋을 정도로 기계적이다. 자연 자본은 인간이라는 하나의 생물종만을 위해 직접적인 경제적 가치를 부여하는 것 이상의 역할을 하지 못한다는 식이다. 자연에 관한 저명한 저술가인 재닌 베니어스 박사는 자신의 저서 《생체모방Biomimicry》(1997)을 통해 그러한 교만이 결코 현명치 못하다는 것을 지적했다.

> 자연은 38억 년이라는 긴 세월 동안 연구와 발전을 거듭해오면서 실패들은 화석이 되고, 우리를 둘러싼 것은 생존의 비밀이라는 것을 밝혀냈다. 세상이 자연 세계의 모양새와 기능을 닮으면 닮을수록 우리는 우리 것이라 생각하는, 하지만 우리의 것만이 아닌 이 땅으로부터 더욱 환영받을 것이다.
>
> 베니어스, 1997

베니어스는 생체 모방을 '자연의 모델을 연구하여 그 디자인과 프로세스를 모방하거나 그것들로부터 영감을 얻어 인간 문제를 해결하는 새로운 학문'이라 정의한다. 그녀의 책에는 광합성, 스스로 지속가능한 생태계, 자연 의학, 자기 조립 프로세스self-assembly process 같은 최첨단 분야를 꾸준히 연구해온 과학자들의 이야기들로 가득 차 있다. 그녀는 이와 같은 방법이 수많은 과학자들과 기업인들이 자연을 지배하거나 개선시키는 것을 사명으로 생각하는 것과는 큰 차이가 있다고 역설한다. 자연을 모방하자는 그녀의 경이로운 주장은 진실을 말하자면 새로운 접근 방법이요, 혁명이다. 산업 혁명과는 달리, 생체 모방 혁명은 자연으로부터 뭔가를 빼내는 것이 아닌, 자연으로부터 배우는 자세에서 비롯된다.

생체 모방은 인간의 발전과 성장 모델을 자연의 시스템 및 프로세스에 맞추고자 하는 인간에게 지금까지 설명한 바와 같이 선택의 여지가 없다, 가장 중요한 도전을 충족하기 위한 가장 이상적인 접근 방법을 제시한다. 이 장에서는 자연을 평가하는 방법들에 대해 상당 부분을 할애했다. 하지만 철학적 색채가 짙은 이 부분의 핵심은 비용 효과 같은 도구들을 사용하여 인간과 자연계와의 관계를 다시 생각하는 경우를 분석하는 것, 예를 들어서 저명한 사회생물학자인 하버드 대학교의 에드워드 오즈본 윌슨Edward Osborne Wilson 교수의 '보다 진지한 방법으로 자연과 연합하는 것'이라는 주장을 배움으로써 도움을 받을 수 있다는 것이다. 얼마나 독창성이 있고 또 능력을 발휘하느냐와는 상관없이, 인위적으로 구축한 기술적 환경technosphere은 결코 생물권과 분리되어 작용할 수 없다. 기술은 생물권 깊숙이 잠겨 있는 것이고, 따라서 자연법칙에 순응하지 않을 수 없는 것이다.

○

인간 자본

1990년대 후반에 온 세상이 '지식 경제knowledge economy'의 유혹에 홀딱 넘어간 적이 있었다. 정치인들은 자신 있게 미래의 번영이 제조나 금융 자본보다는 기업의 지적 자본과 인적 자본에 더 의존하게 될 것이라 외쳐댔다. 하지만 그러한 주장은 점차 힘을 잃었다. 대신 전통적으로 저평가되었던 인간 자본의 관리가 새롭게 부각되었다. 지금까지 설명한 바와 같이, 다섯 가지의 자본 프레임워크는 인간 자본을 개인의 육체적, 지적, 정서적, 영적 능력, 즉 각자가 일하고, 놀고, 배우고, 또 사랑하는 관계에 투입하는 것으로 정의 내린다. 비록 인간 자본을 가장 정확하게 측정하는 방법에 대해, 그리고 과연 그렇게 하는 것이 그만한 가치가 있는가에 대한 논의가 끊이지 않고 있지만, 영리 조직이건 비영리 조직이건 모든 조직은 인간 자본을 향상시킬 방안 찾기에 혈안이 되어 있다.

인간 자본의 정의

다섯 가지 자본 틀은 자연 자본을 가장 중요시하며, 전제 조건으로서의 자연 자본을 당연시한다. 지구 상에 생물이 산 지 40억 년이나 되고, 인간이 등장한 것이 1만 년이 되는 상황에서 자연을 가장 소중하게 생각하는 것은 적절하다 할 수 있다.

하지만 우리가 알기로는 인간은 자연계에서 자신들이 차지하는 위치를 가늠할 수 있는 최초의 종이다. 그래서 인간은 특별한 것이다. 그것이 사실이라 믿는다면, 인류를 행복하게 해주기 위해 부를 창출하고, 문제를 해결하며, 우주의 별을 여행하고, 그러한 방법을 지속적으로 추구하는 인간의 능력은, 복잡한 산업 문명의 근본이 되는 자연 자본과 산업 문명을 가능케해주는 디자인, 시스템, 조립 프로세스의 결합에 의존한다.

우리가 다섯 가지의 자본 틀 안에서 사용하는 인간 자본의 정의는 단순하다. '개인의 육체적, 지적, 정서적, 그리고 영적 능력이다.' 하지만 인간 자본은 사람에 따라 다른 의미를 지닌다. 경제학자에게 물어보고, 교육자, 전문 인력 관리자에게 물어보면, 각기 다른 정의와 설명을 말할 것이다. 자연 자본의 개념도 그렇지만, '인간'과 '자본'을 붙여 '인간 자본'이라는 단어를 만들어서는 안 된다고 생각하는 사람들도 있다. 이들은 각 사람의 머리에 유사 재정quasi-financial 가치를 부여하는 것에 불쾌감을 느낀다 2001년에 발간된 영국 시사 월간지 《뉴인터내셔널리스트(New Internationalist)》는 '인간 자본'이라는 단어를 사용하는 세계은행 관계자들을 조롱했다. '세계은행의 경제학자들은 밤에 집으로 퇴근하면 잠자리에 든 아이들에게 동화책을 읽어주기 전에 그 아이들의 인적 자본 가치를 계산한단 말인가?'.

육체적 능력

사회적 측면에서 고찰하여, 건강한 삶의 방식과 건강 수명healthy life expectancy을 증진시킬 수 있는 상황에서라면 인간 자본이 크다 말할 수 있다. 조직 차원에서 건강 교육을 제공하고 스포츠나 육체 활동을 장려하는 등, 조직원의 육체적 웰빙에 투자하는 것이 곧 생산성과 정서적 웰빙에 기여한다는 것임이 증명되었다. 개인적인 차원에서 말한다면, 개인은 각자의 삶을 더 건강하게 이끌기 위해 시간과 노력을 투자하는 것이 보다 삶의 충족을 느끼는 방법인 것이다.

여기에서는 인간 자본의 중요한 요인의 육성을 위해 각기 다른 사회가 얼마만큼 효율적인 전략을 구사하는가를 분석할 의도는 없다. 공중 보건이 지속가능한 발전에 크게 기여하고, 지속가능한 발전이 공중 보건에 크게 기여한다는 인식이 높아지고 있다. 공중 보건의 많은 부분에서도 그러하지만, 이는 건강 관리healthcare의 의미에 대한 패러다임이 변하고 있음을 말해 주는 것이다. 공중 보건 전문가들과 지속가능한 발전을 위해 활동하는 사람들은 '공중 보건'과 '지속가능한 발전'은 동전의 양면 같은 것이라 주장한다. 파괴성이 덜한 경제 발전 패턴을 추구하여 건강 증진이라는 결과는 얼마든지 성취할 수 있는 것이다. 그리고 자원을 보다 효율적이고 전략적으로 사용하고, 질병을 원천적으로 봉쇄하는 방법으로 건강 불균형성을 줄여나감으로써 보다 지속가능한, 그리고 공평한 사회를 구축할 수 있는 것이다. 1970년대 중반부터 1990년대 중반 사이의 20년 동안, 영국에서는 부유층과 빈곤층의 기대 수명의 차이가 5년 6개월에서 무려 9년 6개월로 늘어났다. 사람들이 좀처럼 지적하고 싶어 하지 않지만 이는 마거릿 대처 총리가 남긴 유산의 일면이다. 영국 지속가능발전위원회의 안나 쿠트Anna Coote 건강 부분 위원장은 다음과 같이 정리했다.

증거에 의하면 사회적 소외감, 빈약한 교육, 범죄에 대한 두려움, 가정 생활의 붕괴, 불행감이 건강에 해롭다는 것이다. 행복한 사람들은 불행한 사람들보다 평균 7년을 더 산다. 뿐만 아니라 빈곤, 실직, 무력감, 경제적 불안

정도 건강에 악영향을 끼친다. 물론 이와 같은 요인들은 지속가능한 발전의 사회 및 경제 척도들이다. 어디 그뿐이겠는가. 환경 파괴도 건강에 해롭다. 공기 오염, 더러운 물, 식량 부족, 교통 체증, 무질서한 지역, 형편없이 설계된 빌딩 등도 환경 파괴 요인에 들어간다. 문제가 심각한 것은 이와 같은 건강 위험 요인들이 건강에 관한 통계에 직접적으로 반영될 만큼 가난하고 박탈된 사람들의 삶에 축적된다는 사실이다. 가난한 사람들은 윤택한 사람보다 병에 잘 걸리고, 또 훨씬 일찍 죽는 경향이 있다. 쿠트, 2005

좋은 건강이 자연에 대한 접근성과 상관이 있다는 사실이 표면 아래에서 다양한 방법으로 거품처럼 피어올라 지금은 폭발되기 직전이다. 미국의 울리히Ulrich 교수가 쓸개 수술을 받은 환자들을 대상으로 실시한 연구 결과에 의하면, 병실 창문을 통해 녹색 나무와 하늘을 보는 환자가 벽돌만 볼 수 있는 환자보다 빨리 회복한다는 것이다. 영국에서는 브리티시 트러스트 자원 보존 봉사단British Trust for Conservation Volunteers을 통해, 육체적 혹은 정신적인 질병에 걸렸지만 특별 자연 보전 프로젝트에 가담하여 활동하는 경우 회복 속도가 측정 가능할 정도로 엄청나게 빠르다는 것이 증명되었다. 따라서 요즘에는 치료의 일환으로 자연 보존과 야외 활동을 처방하는 의사들이 증가하고 있다. 잉글리시네이처 같은 기관도 '자연과 심리적인 웰빙'에 관한 연구를 실시하여 그 결과를 구축해오고 있다.

우리가 여기서 논의하고자 하는 것은 부유하고 도시화하는 세계의 전반에 걸쳐 발생하는 자연 결핍 장애가 널리 확산되고 있으며, 또 그로 인한 피해가 날로 심각해지고 있다는 것이다. 이는 캘리포니아 주립대학교California State University의 역사학 교수 겸 생태심리학연구소 소장인 시어도어 로작 Theodore Roszak에게는 전혀 놀랄 만한 일이 아니다. 그는 자신의 저서《지구의 외침The Voice of the Earth》(1993)을 통해 미국의 정신 질환자 시설을 통박했다. 자연으로부터의 고립이 정신 질환과 관련 있다는 사실을 외면함으로써 오히려 환자들의 상태를 악화시키고 있다는 것이다. 장기적인 치료와 요양 과정의 일부로 사람들로 하여금 자연을 접촉토록 하는 것이 해결책이라고 말했다.

치료의 일환으로 '자연을 처방한다'는 것은 무슨 의미일까? 경력 때문에, 또 은행 거래 때문에 도시를 떠날 수 없는 의사들은 도시가 아닌 다른 곳에서는 환자를 치료할 생각조차 하지 못한다. 번민하는 자아에 갇혀 고통 받는 영혼들은 거대하고, 고귀한, 귀족풍의 시설들을 둘러본다고 해서 위로받지 않는다. 자연은 그들로 하여금 영원한 것들을 관조토록 한다. 우리들의 경험에 의하면 강이나 해변가를 혼자서 산책하고, 숲에서 서너 시간 지내다 보면 생기가 돌게 되고, 그래서 전문가들의 처방보다 우리들의 동기에 대해 훨씬 심오한 통찰력을 갖게도 되는 것이다. 잠자리에 들어 꿈나라로 가기 전에 밤하늘을 쳐다보며 조용히 사색에 잠기는 것이 강압적으로 일대기를 파헤치는 식으로 몇 주, 몇 개월, 수년을 치료받는 것보다 훨씬 뛰어난 치료 방법으로 정신을 감쌀 수도 있는 것이다. 로작, 1993

이와 같은 주장이 별다른 생각 없이 사는 중산층에게 환경주의를 표방한 도피주의로 잘못 비쳐지지 않도록 해야 한다. 그런 점에서 환경 운동가들이 빈곤 지역에서의 건강 불평등과 환경 불평등의 관련성을 찾기 위해 오랫동안 힘들게 노력해왔다는 사실을 명심할 필요가 있다. 환경 부정의environmental injustice, 조악하고, 유독성이 강하고, 오염되었으며, 황폐된 환경로 고통 받는 사람들이 상당히 많은 건강상의 문제들에 취약하다는 증거는 얼마든지 있다. 이

보다 더 중요한 것은 수많은 전략들을 적용해서 실패한 곳일지라도 자신들의 환경을 개선하기 위해 노력하는 긍정적인 지역 공동체라면 성공을 거둔다는 경험이 점차 확산되는 것이다.

하지만 개발 도상국들은 이와 같은 문제들을 대수롭지 않게 생각한다. 일부 사람들은 개발 도상국들 문제의 심각성, 그리고 그곳들에서의 질병과 만성적으로 허약한 건강 상태를 대하곤 현실이 어떠한지, 앞으로 어떻게 될 것인지에 대한 의견을 피력한다.**국제 회의가 열릴 때마다 이에 대해 불길한 공포심이 표출된다.** 노르웨이 총리와 세계보건기구 위원장을 지낸 그로 브룬틀란Gro Brundtland 여사는 2002년 '지속가능한 발전을 위한 정상회의'에서 연설을 통해 사람들을 일깨웠다. 서구적인 기준에서 볼 때 "기본 의료 분야에 매우 적은 투자만 이루어져도 개인뿐만 아니라 전체 국가에 큰 변화를 일으킬 수 있다."

지적 능력

1912년 독일 심리학자 빌리암 슈테른William Stern은 어린아이가 성장하면서 정신 연령과 역연령曆年齡, Chronological age 간의 간격이 벌어진다 하더라도 정신 연령과 역연령 간의 비율은 변하지 않는다는 사실을 알게 되었다. 그는 이 비율을 지능 지수Intelligence Quotient : IQ라 불렀다. 그때부터 IQ 테스트는 인간의 지적 능력을 측정하기 위해 가장 많이 사용되는, 그러면서도 논쟁의 여지가 있는 도구였다. 하지만 인간의 정신 능력은 수치로 잴 수 있는 것이 아니다. 지적 능력에는 지식, 창의성, 언어 능력 등 수많은 능력들이 포함된다. 하지만 IQ 테스트는 특정의 지적 능력, 즉 특정의 논리적 문제를 해결하는 데 가장 적합한 논리성인 선형적 지능만을 측정한다.

인간 자본의 이 특별한 부분만을 연구하기 위해 지난 수십 년 동안 엄청난 자금이 투자되었다. 사회학적 측면에서 보더라도, 인간 자본은 정부 같은 기관들과 거의 독점적으로 연결되어 개인들이 공식 혹은 비공식 학습이나 교육을 받을 수 있도록 사생활에 개입하게 하였다. 따라서 지속가능한 발전 면으로 성장을 보이도록 설계된 거의 모든 요인들에서 뛰어나도록 하는 정식 교육을 통해 개인의 지적 능력을 신장시키려는 노력은 전적으로 적절한 것이다.

비즈니스 측면에서는 직원들이 훈련이나 그 밖의 교육받을 기회에 대한 접근성을 촉진하는 데 기업이 개입하는 것을 중요시 생각한다. 특히 요즘 들어서 **지적 자본**intellectual capital에 지대한 관심을 갖고 있다. 이 단어가 처음 만들어진 것은 1969년 경제학자 존 케네스 갤브레이스John Kenneth Galbraith에 의해서였지만, 이 단어가 널리 퍼진 것은 스웨덴의 금융 서비스 기업 스칸디아Skandia와 다우케미컬Dow Chemical 같은 기업들이 지적 자본의 흐름을 측정하고, 관리하고, 기록하던 1990년대 중반이었다. 그때부터 지적 자본에 관한 서적과 논문 들이 홍수처럼 쏟아져 나왔는데, 요즘에도 상당수의 대형 컨설팅 기업들은 이 분야에 관한 전문 컨설팅 서비스를 제공한다.

지식 경제의 성장과 더불어, 고용인과 피고용인과의 관계에 중요한 변화가 일어났다. 인간 자본은 소유하는 것이 아니라 빌리는 것이라는 생각이다. 마르크스 철학에서 본다면, 생산 수단은 노동자의 머리 안에 있는 것이다. 따라서 종업원의 지적 능력에 대한 투자는 성공적인 기업들이 가장 중요시하는 요인인데, 그로 인해 엄청난 대가가 창출되기 때문만은 아니지만 매우 중요하기 때문이다. 미국 정부가 실시한 한 연구 조사에 의하면 종업원 교육에 대한 투자를 10퍼센트 늘리면 전체 생산성이 8.6퍼센트 신장된다고 한다. 이와는 대조적으로 장비 투자를 10퍼센트 늘리면 생산성 향상은 3.4퍼센트에 지나지 않았다. 이는 지적 자본에 대한 투자가 아무리 적게 잡더라도 장비 투자의 세 배에 달한다는 것이다.

정서적 능력

정서적 능력에는 감정 이입, 갈등 관리, 인간관계 구축, 조직 인지 기술을 포함한다. 이와 같은 능력들을 갖추지 않으면, 사회 활동에 제대로 참여할 수 없고, 같이 일하고 생활하는 사람들과 효율적으로 기능할 수 없다. 정서적 능력은 창의성과도 깊은 관련이 있다. 음악가, 미술가, 공연 예술가들은 뛰어난 정서 인지 능력을 나타낸다.

심리학자 다니엘 골먼Daniel Goleman은 1990년대 세상에 널리 알려진 감성 지능emotional intelligence 이론의 대표적인 인물이다. 그는 최초로 인간 정서가 인간 지능의 중요한 요인이라는 가설을 내세웠다. 정서, 즉 감성이 건강하면서 성숙하면 어떤 IQ를 사용하건 보다 효율적일 수 있다는 것이다. 정서적 능력으로 인해 팀워크가 효율적으로 운영되고, 고객들과의 관계를 원만하게 유지하여 충성 고객으로 만들 수 있다는 점에서, 조직원들의 정서적 능력을 키우는 데 투자하는 기업은 성공한다는 것이 그의 주장이다.

정서적 능력은 특히 리더십에서 중요하다. 성공하는 리더들은 자신의 감성 지능을 활용하여 직원들이 최선을 다하도록 교육하고 동기 부여하는 작업 환경을 창출한다는 것이다. 영국의 42개 학교를 대상으로 연구한 한 조사 결과에 의하면, 교장이 뛰어난 정서적 능력을 갖추고 있는 상황에서 교사들이 긍정적인 자세를 지닌 경우 학생들의 학업 성적이 높게 나타나는 반면, 교장의 정서적 능력이 낮은 학교에서는 학생들의 성적이 낮다는 것이다. 미국 보험 회사들을 연구한 한 조사는 CEO가 정서적 능력을 많이 보이는 회사가 수익 면이나 성장 면에서 보다 뛰어난 금융 실적을 올린다고 한다.

기업의 입장에서 보면, 직원들의 지적·정서적 능력을 키우는 것의 중요성이 상당수 기업들에 의해 어떻게 지속적으로, 조직에 손상을 입힐 정도로 저평가될 수 있었는지에 대해 의문을 품지 않을 수 없다. 흥미롭게도 그와 같은 기업들에는 직원들의 인간 자본을 남용하자고 압박을 가하는 주주들에 맞서면서 지속가능한 발전을 천명한 곳들이 심심치 않게 들어 있다. 일례로 다우케미컬 사는 '지속가능한 발전 운영 계획Sustainable Development Operating Plan'에서 '포괄적 인간 전략comprehensive people strategy'을 가장 중요시한다. 이는 일반적인 인간 자본 계획을 훨씬 뛰어넘는 포괄적 전략으로서 인력 개발을 우선시하고, 회사 측과 조직원의 의무에 대해 분명한 정의를 내린다. 다우케미컬의 전 회장이었던 마이클 파커Michael Parker는 다음과 같이 말했다.

이번에는 주주와 종업원의 이익이 상호 배타적이라는 통념을 깨보자. 세 가지 기본 개념, 즉 '경제 번영', '환경 관리제', '기업의 사회적 책임'을 기본으로 한 지속가능한 발전을 토대로 하여 비즈니스 모델을 사용하면, 직원들의 '지적 자본'이 주주의 투자 자본뿐만 아니라 기업의 성공에 절대적인 요인이라는 직감적 개념을 확인시켜주는 프레임워크를 갖게 된다. 파커, 2002

영적 능력

영적 능력spiritual capacity이라는 아이디어에 대해 많은 사람들이 지적인 조롱이나 노골적인 적개심을 표출하기도 하겠지만, 다섯 가지 자본 틀에 독립 자본으로서 영적 능력 혹은 도덕 자본을 포함하여 여섯 가지 자본으로 전환시켜야 한다고 주장하는 사람들도 있다. 스티븐 영Stephen Young 박사는 저서 《도덕적 자본주의Moral Capitalism》(2003)에서, 피터 헤슬럼Peter Heslem 박사는 저서 《세계화와 선Globalization and the Good》(2004)에서 도덕 자본moral capital을 공동체나 사회를 지탱해주는 규범, 가치, 윤리 종종 종교성을 띠기도 한다로 정의 내렸다.

인간의 영적 경험을 독립된 자본이 아닌, 즉 여섯 번째 자본이 아닌 인간 자본의 하나로 다루기로 한 미래를 위한 포럼의 결정은 지나치게 세속적인 영국에서는 당연히 심각한 회의를 불러일으키기에 충분하다. 우리가 그렇게 한다고 해서 '대부분의 사람들이 특정 종교를 믿고 있다'는 사실이 변하는 것은 아니다. 경험주의적 입장에서 말한다면, 종교적 믿음은 인간이 인간다워지는 데 중요한 부분을 차지한다. 하지만 영적 자본을 언급하는 데 있어서, '영성spirituality'이 제도적 종교와는 직접 관련이 없다는 점을 강조하고자 한다. 이와 같은 맥락에서, 라틴어 **스피리투스**spiritus가 '호흡' 혹은 '영혼'을 의미한다고 볼 때, 나는 영성이 우리들의 삶을 풍족하게 해준다는 다나 조하르Danah Zohar의 주장에 동의하는 바이다.

> 영적 자본은 우리들이 공유하는 의미와 가치와 궁극적인 목적의 차원을 더해준다. 영적 자본은 인간의 의미, 인간적인 삶의 궁극적인 의미와 목적을 설명해준다. 영적 자본은 사회를 결속시키는 인간들의 궁극적인 관심사를 배양하고 공유케 한다. 자본주의 개념에 영적 자본의 의미, 가치, 목적, 높은 동기를 포함할 때에만 지속가능한 자본주의와 지속가능한 사회를 가질 수 있는 것이다.
> 조하르, 2004

오늘날 가장 시급한 지속가능한 도전들 중에서 두 가지만 들어본다면, 하나는 세계가 당연하게 받아들이는 소비주의에 어떻게 대처하느냐 하는 것이고 제15장에서 자세히 언급한다, 또 다른 하나는 보다 겸허하면서도 경건한 윤리 의식을 함양함으로써, 우리가 의존하는 자연계에 대한 합리적 존중을 넘어설 필요가 있다는 것이다. 종교적 혹은 영적인 것에서 도출되지 않은

이 두 가지 도전을 설명하는 데 있어서 지혜를 제외한다면 확실한 근거로 쓸 만한 것이 거의 없다. 극단적인 방종과 세속적 물질주의를 벗어나 자연을 존중하고 합리적으로 소비할 것을 충고하는 수많은 사람들은 그와 같은 위기적 상황이 유산으로 물려지는 것을 범죄로 생각한다. 동물학자이자 철학자 닐 에번든Neil Evernden 교수는 자신의 저서 《자연계의 이방인 : 인간과 환경 Natural Alien : Humankind and the Environment》에서 다음과 같이 주장했다.

> 본인들은 좀처럼 인정하려 들지 않지만, 환경주의자들은 자연 자원의 고갈 때문이 아닌 세속적인 의미의 고갈을 염려하여 이의를 제기하는 것이다. 나는 기회가 있을 때마다 환경주의는 지난 세기의 낭만주의처럼 사실상 가치 수호를 목적으로 한다는 점을 시사해왔다. 나는 지금 환경주의의 보다 근본적인 역할이 의미의 수호라 단언하는 바이다. 우리는 환경을 보호하기 위해 활동하는 사람들을 환경주의자라 칭하는데, 사실 그들은 자연이 아닌 코스모스cosmos, 질서와 조화를 지니고 있는 세계 – 역자 주 즉 관념의 체계를 수호하려는 것이다.
>
> 에번든, 1993

우리가 여기서 논하는 대상은 인류의 삶에 의미와 목적을 제시하는 '궁극적 목적들'이다. 사람들은 우리의 영적 능력을 함양하는 것을 점점 더 중요시하고 있다. 이와 같은 노력은 새로운 이야기를 찾고자 하는 것이다. 그 이야기는 우리를 생명이 시작되었던 40억 년 전의 진화적 기원과 연결시켜주어, 창조에서의 인간의 위치를 이해하고, 지구 상의 다른 생물들과의 상호성과 의존성의 감각이런 것들의 상실로 인해 멀지 않은 장래에 재앙이 초래될 것으로 보인다을 느낄 수 있도록 해줄 것이다.

인간 자본의 가치

인간 자본은 도덕적으로 중립적인 개념이다. 사람들이 각자의 능력을 사용하는 법에 따라 사회와 환경에 도움이 되거나 그렇지 않을 수 있다. 지능은 다른 사람들을 해치거나 환경 파괴를 가속화하는 이기적인 목적으로 사용될 수 있다. 영적 능력은 종교적 불관용과 사회 양극화를 부채질하는 데 이용될 수 있다. 심지어 좋은 건강도 그러한데, 예를 들어서 육체의 강인함을 갖고 있다면 여성을 희롱하고, 어린이들을 위협하며, 그 밖의 약한 동료들을 제압하는 데 이용할 수 있는 것이다.

하지만 지속가능한 자본주의 모델에 초점을 맞춘 인간 자본은 모든 것들에게 도움이 되는 흐름을 발생시킨다. 예를 들어서 좋은 건강은 사람들로 하여금 자신과 다른 사람들의 욕구를 성취케 한다. 육아 기술은 아이들에게 보호, 양육, 정서적 지원을 제공한다. 창의성은 미술, 소설, 시 같은 작품을 생산케 한다. 영적 수행, 동정심, 인도적 헌신, 그리고 디자인과 개혁 등에 관한 새로운 아이디어, 감정 이입의 능력도 모두 인간 자본에 의한 좋은 흐름이다. 이처럼 넓은 맥락에서 인간 자본으로부터 흘러나오는 유익한 것, 공짜 선물은 금융 개념으로 측량할 수 없는 것이다. 사실 대부분의 그런 것들은 어떤 경우에라도 수치화할 수는 없다.

1990년대 스칸디아 같은 기업들은 적절한 지적 자본 측량화 개발에 상당한 자본을 투자했었다. 그리고 수년에 걸쳐 지적 자본의 가치를 주주들에게 설명하기 위한 종합 보고서를 발간하기도 했었다. 스칸디아 보고서는 지적 자본을 이렇게 정의 내렸다. '기업이 가진 무형의 자산, 더 간단히 말해서 기업의 순수 가치와 시장 가치의 차이' 스칸디아, 1997. 《하버드비즈니스리뷰 Harvard Business Review》편집장 출신으로 2010년 현재 글로벌 컨설팅 기업 부즈앤컴퍼니Booz & Company의 최고 마케팅 책임자인 토머스 스튜어트Thomas

Stewart는《지적 자본 : 신국부론Intellectual Capital : The New Wealth of Nations》(1997)에서 지적 자본을 '기업에 소속된 모든 사람이 경쟁 우위를 제공해주리라 믿는 모든 것들의 종합'이라고 했다.

1990년대는 물론 지식이 있는 사람들이 닷컴dotcom붐 혹은 지금 우리가 아는 바와 같이 닷컴버블에 병적으로 예민하던 시절이었다. 정치인과 기업인들 모두 지식 경제, 그리고 '개인의 지적 능력의 임대 가치'를 수치화하는 것의 중요성에 고양되었다. 대부분의 기업들은 간단하게 정질적 요인동기 혹은 권한 부여 지수, 직원의 만족도 조사들과 표준 정량적 요인이직률, 근무 연한, 직원 1인당 수련비 등만을 사용한다.

물론 기업 내부의 인간 자본을 전혀 다르게 보는 방법이 있다. 비즈니스를 부와 주주들을 위한 이익의 창출을 위해서 뿐만 아니라 인류에 봉사하는 하나의 '직업'으로 간주하여 도덕 및 정서적 능력을 더 중요시하는 방법이다. 수많은 기업인들이 오늘날의 비즈니스를 이처럼 '인간 친화적'으로 바라보는 것에 거부감을 느끼지만, 비즈니스 성공을 현재처럼 다소 가차 없고 환원주의자reductionist, 생명 현상을 물리 및 화학적으로 설명하려는 시도하는 사람-역자 주의 사고로 설명하려는 노력은 결코 힘을 얻지 못한다. 다나 자하르는 자신의 비즈니스 고객들에게 다음의 강령에 동의한다는 서명을 한 다음 봉사하는 리더를 의미하는 '서번트 리더servant leader'가 되어볼 것을 권한다.

나는 글로벌 기업이 오늘날의 이 골치 아픈 세상에 큰 변화를 줄 수 있을 만한 돈과 힘이 있다고 확신하고, 그와 같은 변화를 통해 다른 사람들뿐만 아니라 자신도 돕는 것이라 확신한다. 나는 비즈니스가 시선을 더 높여 더 멀리 볼 수 있다고 생각한다. 나는 비즈니스가 수준이 높은 하나의 사명이 되는 장면을 상상한다. 그렇게 되려면, 비즈니스는 서비스와 가치에 중심을 두면서 개인 기업과 공공 기관의 자연적 차이를 배제하는 도덕적 차원을 끌어들여야 한다. 나는 비즈니스가 자신들이 사업을 하여 부를 창출하는 세계에 책임을 지는 모습을 상상한다. 그리고 나는 재계 인사들이 주주, 동료, 직원, 생산업자와 고객뿐만 아니라 공동체, 지구, 인류, 생명의 미래를 위해 봉사하는 '서번트 리더'가 되는 장면을 상상한다.　　　　　**자하르, 2004**

수많은 비영리기관들 역시 지나치게 계량적인 방법을 사용하는 것에 회의를 품는다. 전체 조직원의 수가 70여 명에 불과한 작은 교육 자선 단체인 미래를 위한 포럼은 통합적 지속가능성 관리 시스템의 한 부분으로서의 인간·지적 자본의 역동성을 이해하기 위해 지대한 노력을 기울여왔다. 하지만 우리의 접근 방법은 정량적이기보다는 정질적이다.

작업 환경을 통제할 수 없는 외부에서는 측량은 논외로 하더라도, 사람들의 인간 자본 축적을 추적하기가 한결 힘들다. 유감스러운 일이지만, 인간 자본은 잘되고 있을 때보다는 잘못되고 있을 때 더 파악하기 쉬운 법이다. 예를 들어서 스트레스 관련 질병이 창궐할 때, 마약이나 술에 중독되는 사람들이 늘어날 때, 어린이 학대와 폭력 범죄가 기승을 부릴 때, 방치되고 사랑을 받지 못한 어린이가 성장하여 무관심하고 사랑을 주지 못하는 부모가 될 때 같은 경우들이다. 다음 장에서 다루겠지만, 이와 같은 현상들은 사회 자본에 치명적인 피해를 안겨준다. 우리는 이와 같은 현상들이 개인이 자신의 잠재성을 최대한 발휘할 수 있는 환경의 창출에 실패함으로써 발생한다는 것을 명심해야 한다.

따라서 정부와 국제기구들은 최소한의 건강, 영양, 교육 및 물질적 웰빙의 확보를 기본으로 하고, 각자의 잠재성을 발휘할 수 있는 환경 창출에 초점을 맞춰야 한다. 정부는 사람들을 행복하게, 건강하게, 또 부자로 만들어줄 수 없지만, 각 사람이 자신에게 주어진 삶을 최대한 이용하도록 하는 각종 기관, 제도, 서비스에 투자할 수 있는 것이다. 정부는 개개인의 인간 자본을 육성하고 뒷받침하는 사회 자본을 체계적으로 구축할 수 있다.

○

사회 자본

질문 : 한 사람의 인간 자본은 언제 공동체의 인간 자본이 되는 것인가?

대답 : 개인의 인간 자본과 공동체의 인간 자본이 특정 지역에 사는 가장 많은 사람들에게 보다 나은 삶의 질을 보장하도록 서로 강화되고 돕는다면 시기는 중요하지 않다.

사회 자본의 개념이 정치권이나 경제계로부터 관심을 끌기 시작했지만, 공동체와 사회를 한데 묶는 것에 관한 학문적 이론의 분위기는 여전히 떨쳐 버리지 못하고 있다. 유감스러운 현상이다. 사회 자본은 여러 가지 면에서 CSR을 구성하는 짜증날 정도로 파악하기 어려운 요인들보다는 현실적이면서도 비즈니스에 의해 측정 가능한 개입의 발전에 영향을 미친다. 본질적으로 그 모든 것은 우리들의 사생활 및 직장 생활과 매우 밀접한 관련이 있는 것들로 귀착된다. 훌륭한 네트워크, 신뢰, 동기의 공유와 단결, 즉 삶의 방식이 세분화되고, 개인들이 사회, 공동체, 가정에 미치는 영향에는 전혀 관심 없이 독자적인 삶을 고집하는 상황에서, 관련 요인들을 한데 묶어 유지토록 하는 사회적 접착제 역할을 하는 것들이다.

사회 자본의 정의

인간 자본과 사회 자본은 아주 강하게 연결되어 있다. 유력 정치인들은 열정적으로 공동체의 중요성에 대해 열변을 토한다. 사회학자들은 직장을 구하는데 '친교 네트워크'의 역할을 강조한다. 황폐한 이웃을 재건하기 위해 자금을 지원하는 것은 공동체 그룹을 지원하는 것이요, 새로운 인프라에 대한 투자이다. 세계은행 같은 국제기구들은 공동체 그룹, NGO, 경제 및 사회 발전에 절대적으로 중요한 '사회의 기본 요소'들에 대한 재정 지원을 점차 늘려나가고 있다. 그렇다면 공동체와 민간단체에 관심을 기울이는 이유는 무엇일까? 관련자들은 공동체와 민간단체가 지속가능한 경제와 사회에 두 가지 면에서 중요한 기여를 한다고 주장한다. 첫째, 친구, 가족, 상호 그룹 등이 실질적인 도움을 줄 수 있는데, 예를 들어서 어린이나 노인을 돌보는 것에서부터 돈을 빌려주거나 상담을 해주는 것 등이다. 전문가들은 국가 재정이 좋지 않고 국가 기관에 대한 신뢰성이 낮은 상황에서는 그와 같은 비공식 지원이 중요하다고 말한다.

둘째, 포괄적 사회 네트워크와 시민 단체가 사람들 간의 협력을 촉진한다는 것이다. 협력을 통해 신뢰가 쌓이고, 그로 인해 삶의 질이 향상되고 또 기업가들이 사업할 의욕을 갖게 된다는 것이다. 사회 네트워크와 시민 단체들은 학교 운영 방법, 범죄 발생률 감소, 환경 보호 같은 공유된 도전들에 대해 토론하여 합의를 이끌어내는 구조를 제공한다. 이와는 반대로, 사회적으로 분산된 사회에서는 민주적인 정부에 반드시 필요한 토론이 어렵다.

전문가들은 공동 문제를 해결하기 위한 상호 지원, 신뢰, 같이 일하는 능력이 물질적 자원인 자연 및 제조 자본이나 인구의 기술, 즉 인간 자본 못지

않게 국가의 성공에 기여한다고 말한다. 그들은 이와 같은 특성들을 **사회 자본**이라 칭한다.

'사회 자본'이라는 단어가 처음 사용된 것은 1916년이다. 하지만 이를 일반화시켜 주류 정치의 장으로 끌어들인 사람은 사회학자 로버트 퍼트넘 Robert Putnam이었다. 그는 자신의 저서 《나 홀로 볼링 Bowling alone》(2000)에서 전에는 삶에 있어서 사회 구조의 지탱에 도움을 주었지만 지금은 쇄락 중인 사회 활동의 예로 볼링클럽을 들었다. 그는 방대한 자료와 연구 결과들을 검색하여, 교회에서부터 정당, 학부모와 교사의 모임, 볼링리그까지 지난 40년은 사회 구조에 대한 참여가 급격히 줄어든 기간이었다고 주장했다.

퍼트넘은 사회 자본을 이렇게 정의한다. '공유된 목적을 추구하는 데 있어서 보다 효율적으로 협력할 수 있도록 참여자들을 독려하는 네트워크, 규범, 신뢰 같은 사회생활의 특성.' 사회 자본이라는 단어는 공동체 틀 안에서 파악하는 것보다는 훨씬 많은 의미를 담고 있지만, 관련 자료들에는 그 밖의 특성들이 소개되어 있는데, 기구, 관계, 가치, 참여도, 상호성, 공동체 응집력 같은 것들이다. 퍼트넘은 사회 자본 안에서의 다양한 역동성이라는 미묘한 의미를 이해하기 위해서는 다음 두 가지를 구분할 줄 알아야 한다고 말한다.

❶ **연결하는** 또는 총괄적인 사회 자본: 이는 대외 지향적이라서 다양한 그룹들에 속한 사람들을 포용한다. 이에는 시민 운동 단체와 보편적 종교 기구들도 포함된다.

❷ **묶는** 또는 배타적인 사회 자본: 이는 내부 지향적이라서 배타적 정체성을 공고히 하려 한다. 도시의 갱단, 교회를 기반으로 한 여성 지도자 그룹, 사교 클럽 등이 해당된다.

묶는 사회 자본bonding social capital은 집단 내 충성심, 단결을 조성하고, 사정이 어려운 구성원들에게 강력한 지원을 아끼지 않는다. 연결하는 사회 자본bridging social capital은 외부 자산과 인사에 접근하는 데 유용할 수 있다. 퍼트넘은 연결하는 사회 자본과 묶는 사회 자본의 차이를 다음과 같이 정리했다. "연결하는 사회 자본이 사회학적 WD-40윤활방청제을 제공하는 반면, 묶는 사회 자본은 사회학적 초강력 접착제 역할을 구성한다."

사회 자본을 연구하는 사람들은 한결같이 사회 자본 역시 인간 자본처럼 가치 중립적 개념이라 주장한다. 사회 자본은 그 어떤 것이라도 긍정적 효과뿐만 아니라 부정적 효과를 산출하는데, 학술 논문들은 사회 자본에 부정적인 영향을 미칠 수 있는 요인들을 포괄적으로 정리해놓았다. 한 학자는 이렇게 지적했다. '티머시 맥베이Timothy McVeigh에게는 혼자서 볼링을 치러 다니는 것이 오히려 바람직하지 않았을까? 그는 같이 볼링을 즐기던 친구들의 네트워크에서 폭탄 제조법을 배워, 오클라호마시티 정부 청사 건물을 폭파시켜 168명을 살해하지 않았는가.' 퍼트넘은 사회 자본의 긍정적 영향인 상호 지원, 협동과 신뢰 못지않게 부정적 영향인 파벌주의공동체와 사회를 단합시키기보다는 분열시킨다, 자기중심주의, 부패, 사회적 포용과 사회적 이동성을 방해하는 현상이 발생할 수 있음을 인정한다. 사실 미국에서 발표된 수많은 학술 논문들은 퍼트넘이 제기한, 논쟁의 여지가 많은 가설을 뒷받침한다. 그것은 신뢰성과 시민 참여를 포함하여 인종 및 사회적 다양성이 높은 지역이 포괄적인 요인들로 구성된 사회 자본의 수준이 낮다는 것이다.

관련 학술 자료들이 축적되고 있음에도 불구하고, 사회 자본은 여전히 애매모호한, 꼬집어서 말하기 어려운, 실행하기 어려운 개념으로 남아 있다. 우세한 견해에 의하면 다음과 같은 요인들을 갖는 경우, 사회 자본의 축적이 높다고 말할 수 있다는 것이다.

- 사람들 간의 높은 신뢰성
- 시민 단체에 대한 높은 참여도
- 자원 봉사와 자선 활동에 대한 높은 참여도
- 정당을 포함한 정치 활동에 대한 높은 참여도
- 종교 단체에 대한 높은 참여도
- 비공식 사회 활동에 대한 높은 참여도

이와 같은 요인들이 충족되면, 사람들은 상호 지원하고, 공동 문제를 해결하기 위해 협조하며, 좋은 정부 시스템을 구축하고, 같이 사업을 하는 데 도움을 받는다는 것이다. 시민 단체 참여도가 높은 사회 역시 높은 신뢰성, 활발한 비공식 사회 활동, 높은 정치 참여를 기대할 수 있다.

사회 네트워크와 시민 단체의 중요성을 뒷받침할 증거들은 얼마든지 있다. 미국의 주state들의 경우엔 비공식 사회 활동, 자원 봉사 활동, 커뮤니티 그룹, 남들에 대한 신뢰도가 높은 주에서는 범죄 발생률이 낮고, 상대적으로 좋은 학교와 의료 시설 및 정부를 갖추고 있다는 것이다. 뿐만 아니라 사회관계가 좋은 사람들이 성공할 가능성이 높다고 한다. 반대로 사회 신뢰도가 낮은 사회와 국가는 경제적으로 가난하다는 것이다.

로버트 퍼트넘은 여기서 더 나아가 지난 40년간 미국의 사회 자본을 하락시킨 요인들을 규명하는 작업을 시도했다. 그는 사회 자본의 하락 요인에서 직업 패턴의 변화가 10퍼센트 작용하고, 도시 거주자가 변두리로 빠져 나가는 교외화가 진행되면서 친지 및 직장과의 거리가 멀어져 그만큼 이동하는 시간이 늘어난 현상이 10퍼센트 작용했다는 것이다. 텔레비전은 보다 소외된 엔터테인먼트를 제공한다는 점에서 25퍼센트 작용하고, 그 나머지 55퍼센트 하락 요인은 다양한 세대들의 문화에서 갈피를 잡을 수 없는 변화가 차지한다는 것이다. 예를 들어서 제2차 세계 대전 시기를 거친 사람들은 자녀들이 결코 배울 수 없는 정치 및 사회 참여 패턴을 확립하고 있다는 것이다.

여러 학자들은 미국인이 점점 더 사회적으로 소외되면서 시민 활동에 대한 참여에는 저조해지고 있다는 퍼트넘의 주장에 동의한다. 하지만 그 원인에 대해서는 다르게들 생각하고 있다. 저명한 사회학자인 아미타이 에치오니Amitai Etzioni는 서구 국가들에서 공동체가 손상되는 현상이 벌어지는 것은 사람들에게 개인의 권리를 지나치게 많이 허용했기 때문이라는 것이다. 모든 사람들이 자기들에게 부여된 적절한 의무와 책임 의식이 없이, 무료 의료 및 교육, 최저 임금, 사생활 보호, 실책에 대한 보상 등의 혜택을 받다 보니 개인주의가 팽만해졌다는 것이다.

하버드 대학교 사회학 교수로서 빈민굴 문화에 정통한 윌리엄 줄리어스 윌슨William Julius Wilson은 미국 빈민 도시들에서 공동체 붕괴 현상이 일어나고 있다고 주장한다. 신뢰는 하락하고, 시민 단체들은 위축되고 있다는 것이다. 갱단처럼 번성하는 사회 그룹들은 매우 배타적이라서 주민들 간의 협조에 거의 기여하지 않는다고 했다. 그는 이와 같은 현상의 원인으로 직장에서의 시간 압박이나 개인 권리의 문화 대신 안정된 직장을 찾아 다른 마을로 이동하는 것으로 인한 경제적 낙오를 들었다.

사회 자본의 구축

사회 자본에 대한 관심이 증폭되면서, 사회 자본을 육성하는 방법에 대해 수많은 의문들이 제기되어왔다. 신뢰를 증진하는 방법, 공동체 그룹을 지원하고 네트워크를 확장하는 방법들에 대해서도 마찬가지다. 지금까지 사회 자본을 자극한 대부분의 시도들은 제도적인 것을 기반으로 하는 것이었다.

정부 기관들은 시민 단체 역량의 강화를 목적으로 한 프로그램에 대하여 재정적 지원을 늘리는 추세인데, 회원들을 교육시키는 것이 그 안에 포함된다. 동구권에서 등장하기 시작한 민주 단체에 대한 대폭적인 국제적 지원으로 인해, 그들은 자신들만의 시민 단체들을 설립할 수 있었던 것이다. 도움의 일환으로 작은 공동체 센터에 자금을 대주어 스스로 발전하도록 한 것도 포함된다. 사회 자본 쇄락의 원인을 경제적·문화적·기술적 요인에서 찾았던 로버트 퍼트넘 같은 이들조차 사회 자본을 육성하기 위해서는 새로운 공동체와 시민 단체를 창설할 필요가 있다고 주장한다.

2002년 4월 영국 총리 미래전략처 UK Prime Minister's Strategy Unit 는 사회 자본 개념을 영국 정치를 포함한 여러 영역들에 도입하는 문제에 관한 다양한 방법들을 고찰한 바 있다. 미래전략처는 '사회 자본이 왜 중요한가?'라는 의문에 대답하는 과정에서 경제 및 사회적으로 도움이 되는 바를 다섯 가지 자본의 틀 안에서 여섯 개 영역에 걸쳐 설명했다. 다섯 가지 자본의 틀 안에서는 사회 자본이 개인들뿐만 아니라 사회 전체에 혜택을 주는 것으로 나타난다.

❶ 사회 자본은 GDP 상승을 촉진한다는 점에서 중요하다

> 시장이 효율적으로 기능하기 위해서는 재산권, 계약이나 협약을 용이하고
> 도 저렴하게 이행토록 하는 능력, 저렴한 처리 비용과 좋은 정보에 대한 개
> 념이 뚜렷하게 서 있어야 한다.   후쿠야마, 1995

이는 프랜시스 후쿠야마가 1995년에 발표한 논문 〈사회 자본과 세계 경제 Social capital and the global economy〉에 나오는 문장이다. 로버트 퍼트넘은 탄

자니아, 스리랑카, 이탈리아, 러시아에 관한 세밀한 실증적 자료를 검토한 결과 사회 자본의 축적으로 경제 발전이 가능할 뿐 아니라 진작된다는 것을 확신할 수 있다고 주장한 바 있다. 이를 반영하는 사소하지만 흥미로운 증거로서 1997년에 행해진 세계가치관조사World Values Survey에 의하면, 모르는 사람에 대한 신뢰도가 높은 나라들의 GDP가 대체로 높게 나타났다는 것이었다. 따라서 이와 같은 요인들의 상관관계들은 개발 도상국들 사이의 경제 발전의 차이를 설명하는 데 특히 중요하다고 할 수 있는 것이다.

❷ 사회 자본은 인력 시장이 보다 능률적으로 기능토록 촉진한다는 점에서 중요하다

실업의 수준과 기간은 구직 비용에 포함된다. 사회 자본을 구성하는 네트워크와 연줄은 구직의 촉진을 위해 비용 효율성이 매우 높은 메커니즘일 수 있는 것이다.
                                                            내각 미래전략처, 2002

이를 뒷받침할 증거는 확고하다. 낙후된 지역에 거주하는 사람들은 그렇지 않은 지역에 사는 사람들과 동일한 능력과 품성을 갖추고 있다 하더라도 직장을 구하기가 어려우며, 또 빈곤에서 탈출하기가 힘든 것이다. 실업자들이 정상적인 통로보다는 친지 같은 개인적인 관계를 통해 구직하는 경향이 짙다고 말하는 학술 논문들이 이를 증명해주는 것이다.

❸ 사회 자본은 교육 성취를 촉진한다는 점에서 중요하다

개인적인 차원에서, 사회 네트워크의 사이즈와 다양성으로 측정된 사회 자

본의 수준, 공동체 참여, 교육 성취도 사이에 강력한 긍정적 상관관계가 존재한다. **내각 미래전략처, 2002**

도표 4는 정규 교육과 비정규 교육을 균형적으로 고찰하여 개인의 교육성취에 영향을 미치는 사회 자본의 근원들을 설명하기 위한 것이다.

❹ 사회 자본은 범죄율을 낮춰준다는 점에서 중요하다

범죄학의 '사회 통제론'이라는 이론에 의하면, 소셜 네트워크와 주류 사회에 대한 결속력이 사람들로 하여금 범죄를 저지르지 않게 한다는 것이다. 이는 개인이나 지역을 대상으로 한 장기간의 연구들을 통해서 매우 설득력 있음이 증명되어왔다. **내각 미래전략처, 2002**

잘사는 나라건 못사는 나라건, 도시에 사는 사람들에게는 범죄 혹은 범죄

■ **도표 4** 교육 성취에 영향을 미치는 사회 자본의 근원들

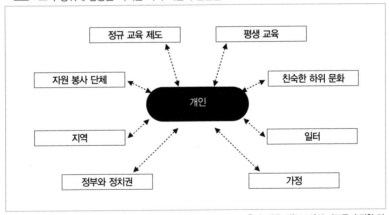

출처: 배론 외(2000)의 자료를 수정한 것

에 대한 공포가 삶의 질을 떨어뜨리는 가장 중요한 요인의 하나가 아닐 수 없다. 범죄 행위가 발생하기 전 예방적 요인 혹은 범죄 발생 이후 후원 네트워크로 기능하는 높은 수준의 사회 자본은 사람들의 웰빙에 지대한 긍정적 영향을 미친다.

범죄를 예방하기 위한 동네 파수꾼Neighborhood Watch 조직에 지방과 중앙 정부가 재정적으로 지원하는 것은 삶의 질을 급격하게 향상시키는 비용 효율성이 매우 높은 방법일 것이다. 따라서 부자들이 범죄와 반사회적인 요인들로부터 자신들을 보호하기 위해 필요 이상으로 자신들의 주위에 물리적 장막을 두르는 '외부인 출입 제한 주택지gated community'가 등장하는 것처럼 도시에서의 신뢰와 사회 자본의 수준을 떨어뜨리는 것은 없다.

❺ 사회 자본은 건강을 증진해준다는 점에서 중요하다

폭넓은 사회관계는 개인의 사회적 지위, 압박감, 사회에 대한 소속감, 일상 생활 스트레스, 안전과 두려움에 대한 포괄적인 느낌에 영향을 미침으로써 결국에는 건강에도 영향을 주게 된다. 사회 자본은 구체적인 지원과 도움을 제공하고, 소외감과 우울증을 떨쳐버릴 수 있도록 웰빙과 소속감을 창출해 준다. **내각 미래전략처, 2002**

사회학자들은 건강에 대한 인간관계의 중요성을 거듭하여 증명해왔다. 특히 어릴 때와 노년기에 그렇다고 한다. 고아가 시설에서 좋은 식사, 안락한 편의 시설 등등의 보호를 잘 받는다 할지라도, 보통 가정에서의 사랑과 신뢰가 충족되지 않는다면 성장하면서 부정적인 면을 축적할 수 있는 것이다.

환경 연구 기관 월드워치 연구소Worldwatch Institute가 2004년에 발표한 보고서 〈스테이트 오브 더 월드State of the World〉는 인간의 삶의 질을 향상시키기 위해 사회 자본이 얼마나 중요한지를 설명하고 있다.

사회적인 사람들이 그렇지 않은 사람들보다 건강한 편인데, 대개는 의미가 있을 정도로 그러하다. 오랜 시간에 걸쳐 일본, 스칸디나비아 반도와 미국 등지에서 실시된 수십 편의 연구에 의하면, 사인과는 상관없이 일정한 기간 안에 사회적으로 소외된 사람들이 사망하는 확률이 그렇지 않은 사람들의 두 배에서 다섯 배에 달한다는 것이다. 일례로 1,234명의 심장병 환자를 대상으로 한 연구의 결과에 의하면, 혼자 사는 사람들이 6개월 안에 심장병이 재발할 확률이 그렇지 않은 사람들보다 두 배나 높다. 이외에도 하버드 대학교는 건강과 불신과의 상관관계를 규명하는 연구를 실시하여, 사회적 유대가 낮았다가 높은 쪽으로 태도를 바꾸면 금연하는 것 못지않게 건강에 긍정적인 효과가 나타난다고 밝혔다. **월드워치 연구소, 2004**

❻ 사회 자본은 정부 기관의 효율성을 높여준다는 점에서 중요하다

요즘의 정부와 정치인들은 불신의 대상으로 무시당하고 있다. 유럽 국가들에서 정치인들의 신뢰도는 지위 고하를 막론하고 10퍼센트 미만의 지지를 받고 있을 뿐이다. 젊은 층의 절반 이상은 투표장에 갈 의욕조차 느끼지 않는다고 한다. 서구 사회에서는 민주적 정당성이 빠르게 소멸되고 있다. 지속가능한 성장이라는 중요한 도전을 앞둔 시점에서 정부 조직에 활력을 불어넣는 것은 중요한 숙제가 아닐 수 없는데, 사회 자본에 대한 투자로 이 문제를 해결할 수 있다고 본다.
미래전략처의 보고서는 '사회 자본 창출을 긍정적으로 촉진하기 위해'

가능한 정책 개입들을 나열해놓고 있는데, 그중에는 이미 실시된 것들도 있지만 대부분은 여전히 고려 대상으로 남아 있을 뿐이다.

지속가능성의 입장에서 고찰하면, 사회 자본의 개념은 지속가능성에 대한 고찰과 측정에 흥미로운 새 방법을 제시해준다고 볼 수 있다. 하지만 자연 자본과 환경적 지속가능성에 대한 연구 결과들이 풍부함에도 불구하고, 사회 자본과 사회적 지속가능성의 관련성에 대한 규명은 놀랍게도 거의 이루어지지 않고 있다.

그럼에도 불구하고 사회 자본의 중요성에 대한 공감대가 일어날 조짐이 보이고 있다. 세계은행의 경제학자 이스마일 세라젤딘Ismail Serageldin과 크리스티안 그르타에트Christiaan Grootaert가 사회 자본이 지속가능한 성장에 크게 기여한다고 주장한 것이다. 그들은 자연 자본, 인간 자본, 제조 자본에 사회 자본을 추가하여, 이와 같은 자본들의 축적과 흐름을 측정하는 방법을 규명하고자 하였다. 그들은 어림 계산법을 사용하여 192개 국가를 대상으로 연구한 결과, 인간 자본과 사회 자본의 가치가 자연 자본과 제조 자본을 합친 것과 비슷하거나 오히려 높다는 것을 밝혀냈다. 이 규칙이 적용되지 않는 경우는 특정의 천연 물질을 대량으로 수출하는 소수의 국가들뿐이었다. 이들은 대부분의 국가들에서 제조 자본이 부에 미치는 비중이 16~20퍼센트에 불과하다면서, 모든 경제 정책들이 사실상 제조 자본에 초점을 맞추고 있지만 실상은 부에 미치는 영향이 그다지 크지 않다고 주장한다.

환경주의자들은 세라젤딘과 그르타에트가 자연 자본을 상대적으로 낮게 평가한 것에 이의를 제기할 수도 있겠지만, 지속가능한 발전의 성취를 위해서는 경제 정책의 전면적인 분석, 그리고 다양한 자본들의 평가를 위한 보다 정교한 공식들이 필요하다는 데에는 동의할 것으로 본다. 요즘에는 여러 요인들을 종합적으로 보려는 시도가 일어나고 있다. 따라서 학자들이나 행정가들은 각자의 분야에서 지적인 부분과 정치적인 연결 고리를 강화시켜 나가도록 노력해야 할 것이다.

이 장에서는 정부가 사회 자본을 개념화하고, 사회 전 부분에 걸쳐 사회 자본이 구축되도록 정책을 수립하는 방법들이 없는지를 알아보았다. 이젠 그 단계를 뛰어넘어 사회 자본의 측면에서 보자면 무르고 일관성이 없는 CSR에 관한 의제를 민간 부분에서 재정립하는 것이 보다 중요하고, 지속적인 가치와 엄청난 혜택을 안겨주는 사회 자본의 축적을 이해하기 위해 보다 적극적인 접근 방법이 필요한 것이다. 비즈니스에 관한 문헌이나 CSR 관련자들이 좀처럼 사용하지 않는 용어라고 해서, 기업들은 사회 자본의 구축이나 고갈에 자신들이 개입되어 있다는 사실을 인식하지 못하기도 한다. 비즈니스 종사자들은 이 장에서 설명한 사회 자본의 정의를 자신들에게 보다 근원적으로 관련되는 개념으로 재정립할 필요가 있다. 즉, 합법적인 비즈니스 이익을 추구하기 위한 기업의 행동을 촉진하는 소셜 채널, 네트워크, 규범을 합친 것으로 보는 것이다.

이 주제에 대해서는 주요 기업들이 합법적인 테두리 안에서 다섯 가지 자본의 틀을 어떻게 이용하고 있는가를 분석한 제14장에서 다시 언급할 것이다. 하지만 우선적으로 사회 자본이라는 이슈에 기업들의 개입으로 어떤 비즈니스와 사회적 가치가 발생하는가를 규명한 사례 연구가 이미 수를 셀 수 없을 정도로 많다는 점을 지적하고자 한다. 특히 전통적인 환경적인 이슈보다는 사회·경제적 도전으로 압박을 받고 있는 개발 도상국들에서 사업을 하는 거대 다국적 기업들의 역할을 언급한 것이 많다. 월드워치 연구소는 2004년 발간한 보고서 〈스테이트 오브 더 월드〉에서 다음과 같이 밝혔다.

세계은행의 경제학자 스티븐 낵Stephen Knack은 낮은 단계의 사회적 신뢰가 나라들을 빈곤의 수렁에서 빠져나오지 못하게 방해하는데, 그 수렁에서는 사악한 불신의 굴레, 투자의 부진, 가난을 벗어나기 어렵다는 것이다. 넥의 연구진은 세계가치관조사에 포함된 29개 국가들을 대상으로 신뢰와 경제 성과 간의 관련성을 조사했다. 그 결과에 의하면, 신뢰 지수가 12포인트 상승할 때마다 연간 수입 성장률이 1퍼센트 올라가고, 역시 신뢰 지수가 7포인트 상승할 때마다 GDP에서의 투자 부분이 1퍼센트 상승한다는 것이었다. **월드워치 연구소, 2004**

　결론은 간단해서, 높고 안정적인 사회적 신뢰가 구축되지 않고서는 그 어떤 사회도 집단적인 욕구를 성취할 수 없을 뿐만 아니라, 기업이나 기업인들은 하루하루 경영하기가 그만큼 힘들고, 개인들은 자신의 잠재 능력을 다 발휘하기가 어렵다는 것이다.

○

제조 자본

《성장의 한계》(메도스 외, 1972)가 출간된 이래, 지속가능한 성장을 연구하는 사람들은 기술적인 혁신으로 생태계 붕괴를 막을 수 있다고 자신 있게 주장해왔다. 모든 분야에서 점차적으로 자원 효율성을 높여나가 생산 단위에 미치는 환경과 사회의 영향력을 지속적으로 낮추어야 한다는 것이다. 이는 매해 8,000만 명이 태어나는 지구의 인구 문제를 해결하거나 소비자들에게 소비를 줄이라고 설득하는 것보다는 훨씬 쉬운 방법일 것이다. 환경 효율성과 환경 혁신이 해결책이라는 것이다. 하지만 그렇다고 해서 각국 정부들이 충분할 정도의 명확성과 목적의식을 가지고 자원 생산성을 추구해왔다고는 볼 수 없다. 설사 자원 생산성을 추구해왔다 하더라도, 전 세계에 몰아닥친 소비 증가로 인해 효율성 증대가 별다른 효과를 보고 있다고 말할수 없는 것이다. '생체 모방'과 '요람에서 요람까지의 복지 창출'의 개념들에서는 보다 근본적인 접근 방법을 발견할 수도 있을 것이다. 이와 같은 개념들은 인간이 자연계로부터 분리되어 있는 것이 아니라 자연계의 중심에 그 뿌리를 두고 있다는 식으로 자연과 인간의 관계를 고찰하는 방식에 심오한 변화가 일어나는 것을 기본으로 한다. 기술만으로 우리가 함정에서 빠져 나올 수 있는 것이 아니다. 우리의 사고방식도 바꾸어야 한다.

제조 자본의 정의

앞으로 다룰 제조 자본과 금융 자본은 인간에게 가장 익숙한 자본들일 것이다. 하지만 제조 자본이 생각처럼 그리 단순한 개념은 아니다. 제조 자본은 생산 과정에 기여하는 물질로 구성되는 것이지 생산의 산물에 포함되는 것은 아니다. 제조 자본의 주요 구성 요인에는 마을, 시내, 혹은 도시와 같이 인간이 살기 적합하도록 인위적으로 만든 환경인 건축물, 교통망, 학교, 병원, 언론과 커뮤니케이션, 에너지, 상하수도처럼 사회 및 경제 생활을 지원하는 물리적 구조인 기간 시설과, 단순한 도구와 기계뿐만 아니라 정보, 기술, 바이오테크놀로지, 엔지니어링 같은 상품과 서비스를 생산하는 수단인 기술 등이 포함된다.

인류 역사를 더듬어보면 보다 쉽게 이해할 수 있다. 지구 상에 태어난 아기는 그 누구라도 동일한 진화적 배경을 갖고 있다. 자신들이 살 생태적 공간의 창출을 위해 도구를 사용하는 능력을 갖고 있는데, 그 능력은 점차적으로 발전하여 자연에서 얻은 물질로 물건, 기계, 건물 등을 만들 수 있는 단계까지 발전한다. 그리 길지 않은 인류 역사에서 자연 자본을 제조 자본으로 변화시키는 전환 과정은 일반적으로 겸허하고, 국한적이며, 또 환경에 영향을 가능한 덜 미치는 것이었다. 그랬던 것이 18세기 중반에 발생하기 시작한 산업 혁명이 생태권과 기술적 환경 사이의 균형에 변화를 초래했다. 20세기 중반부터 값싼 화석 연료를 사용할 수 있게 되면서부터 인간은 수를 셀 수 없을 정도로 많은 자원들에 더욱 의존하여 제조 자본을 마구 창출하게 되었다.

기술과 지속가능성의 역할에 관한 논의는 넓게 생각하면 제조 자본의 개념 영역을 벗어나지 못한다. 여기서 지난 40년간의 녹색 사고green thinking에 관한 석학들의 주요 주장을 요약할 의도는 없지만, 공정하고 지속가능한 사회의 성취를 위한 제조 자본의 잠재적 기여도를 분석하기 전에, 일부 환경주의자들이 기술이 문제의 핵심이라 생각한다는 점을 지적하는 것이 중요하다고 본다. 일찍이 1971년에 저명한 생물학자인 배리 코머너Barry Commoner 교수는 제2차 세계 대전 이후 일어난 생산 기술의 급격한 변화를 통탄하면서, 생태계의 피할 수 없을 정도의 요구와 보다 조화를 이룰 수 있는 생산 기술을 창출하기 위해서는 변화의 방향을 되돌려야 한다고 주장했었다.

이와 같은 맥락에서 가장 끈질기게 주장한 사람은 테디 골드스미스Teddy Goldsmith였다. 그는 사망할 때까지 자신이 창립한 《에콜로지스트The Ecologist》라는 잡지에 40여 년간 기술적 환경에 의한 생태계 파괴로 인해 인간과 자연의 연결 고리가 단절되고, 그 결과 사회가 지나친 개발과 소비라는 파괴적 열풍으로 치닫는 현상을 통탄하는 글을 실어 내보냈다. 네오러다이트족은 모욕을 참아내며 기술 반대 캠페인을 벌인다. 그들은 모든 인류 문제를 기술로 해결할 수 있다고 생각하는 오늘날의 코뉴코피언cornucopian, 인류의 당면 위기는 일시적이며 새로운 테크놀로지의 개발로 풍요로운 미래가 열릴 것이라고 낙관하는 사람 -역자 주들에게 엄청난 조롱을 받고 있다. 하지만 기술 역사학자인 에드워드 테너Edward Tenner의 《왜 사물은 침묵하고 있는가Why Things Bite Back》(1996)처럼 신중하게 쓰인 수많은 저서들이 기술에 대해 조심하는 것이 우리에게 도움이 된다는 점을 설파하고 있음에도 불구하고 일부 나라에서, 특히 미국에서는 녹색 근본주의자, 거부파라는 소리 들을 각오를 하지 않는 한 새로운 개발에 관한 주장에 반대 의견을 내기 어렵다.

기술 만능주의자들의 주장을 듣다 보면, 오직 거부파만 녹색 운동에 참여하고 있는 듯한 생각이 든다. 사실 거부파는 소수다. 기술에 대한 환경주의자들의 전반적인 태도에 대한 이미지를 보자면 영향력 있는 소수자들이지만, 그렇다고 소수자 그룹이 아닌 것이 아니라는 것이다. 지난 10년 동안 환경에 관한 논의에 참여해온 대부분의 지성들은 근본적으로 기술을 환영하는 사람들이라서 기술 발전이 줄 혜택에만 초점을 맞추어왔다. 지속가능한 성장을 옹호하는 가장 호소력 있고 영향력 있는 사람들인 레스터 브라운, 폴 호켄, 에모리 로빈스, 헌터 로빈스, 빌 맥도너Bill McDonough, 에른스트 폰 바이츠제커, 폴 에킨스 등은 제조 자본에 관한 사고방식에 전면적인 변화를 수반하는, '제2의 산업 혁명'을 통해서만 지속가능성 성취가 가능하다는 전제에서 출발한다.

단순화하여 말하자면 이와 같은 사고방식은 스탠퍼드 대학교의 생물학 교수 폴 얼리히Paul Ehrlich가 1968년 출간한 《인구 폭탄The Population Bomb》을 통해 처음으로 공표한 지속가능성 딜레마를 해결하기 위한 공식에 너무 의존하기 때문이다. 바로 $I = P \times C \times T$다. 여기서 I는 전체적인 환경의 충격, P는 인구, C는 1인당 소비량, T는 소비를 창출하는 데 있어서의 1인당 소비 충격으로 산출한 기술적인 효율성을 의미한다.

앞에서 이미 다양한 원인들을 설명한 바 있지만, 요즘의 정치인들은 거의 대부분 인구 문제에 대해 해결책을 제시하지 못한다. 지구 상에 인구가 많아질수록 각 개인에게 펼쳐질 미래의 지속가능성 역시 그만큼 희박해진다는 것을 잘 알면서 말이다. '소비가 많아질수록 행복해진다'는 주장이 허구라는 것을 인정하기보다는 소비 제한에 대한 논의조차 입에 올리려 하지 않는다. 정치의 장에서는 금기의 말이 되어 효율적으로 배제되어온 '적은 인구'와 '소비 축소'라는 두 가지 변수의 중요성이 오늘날 지속가능성이라는 이슈를 제기하는 방식에 엄청난 충격을 가한 나머지, 사람들로 하여금 제3의 변수인 기술 개발로 문제를 해결할 수 있다는 생각이 들도록 한 것이었다.

21세기 후반이 되면 세계 인구가 90억 명에 달하게 된다. 그렇게 되면 특히 현재의 개발 도상국들에서 1인당 소비가 늘어날 테고, 가동 처리되는 에너지와 원자재의 양의 측면에서 적은 것으로부터 경제 가치적 측면에서 더 많은 것을 산출해내는 문제가 중요한 이슈로 부상하게 된다. 이와 같은 문제들로 인해 현재의 우리가 환경 혁신, 자원 효율성, 비非물질화, 쓰레기 제로, 배출 제로, 탄소 중립 같은 개념의 연구에 매달리고 있는 것이다.

우리는 불확실한 나머지 것들에서 얼마나 더 쥐어짤 수 있는 것인가? 폴 에킨스는 《경제 성장과 환경 지속가능성》(2000)에서 소개한 수학적 계산을 통해, 실질적인 환경적 지속가능성을 성취하려면 1인당 소비에 대한 환경의 충격을 최소한 90퍼센트나 줄여야 한다고 주장하면서 자원 효율성에서의 '팩터 10 Factor 10, 비물질화의 성취를 위해서는, 앞으로 30~50년 사이에 자원 생산성을 열 배나 높여야 한다는 의미－역자 주'에 대해 자세히 설명했다. 다른 사람들도 이 수치가 최소한의 필요치라고 주장한다. 다음은 레스터 브라운의 생각이다.

미국처럼 중국에서 모든 가정이 자동차를 소유하게 된다면 현재 지구가 생산하는 석유 생산량보다 많은 8,000만 배럴을 매일 필요로 할 것이다. 중국에서 1인당 종이 소비량이 현재의 미국인 수준에 도달하게 된다면, 중국은 전 세계 종이 생산량보다 더 많은 종이를 필요로 할 것이다. 그렇게 되면 지구 상에서 숲은 완전 사라지게 될 것이다. 화석 연료 기반, 자동차 중심, 폐기형 경제 모델이 중국에 통하지 않는다면 나머지 개발 도상국의 30억 인구에도 통하지 않을 것이고, 그 외의 다른 나라들에도 통하지 않게 되는 것이다.   브라운, 2003

하지만 새로운 '녹색 산업 혁명'의 옹호자들은 이와 같은 효율성 변화가 안성맞춤이라 주장한다. 에모리 로빈스 역시 이 책의 서문에서 결국 우리의 책임일 수밖에 없는 효율성 혁명에 대해서는 그리 열성적인 자세를 취하지 않았다. 현재까지 축적된 제조 자본을 어떻게 하면 가급적 빨리 우리가 원하는 효율성 혁명이 가능한 건물, 인프라스트럭처infrastructure, 투자와 새로운 기술로 대체할 수 있느냐에 대해 모든 면에서 세밀하게 연구되고 있다. 제조 자본에서의 이와 같은 변화 가능성에 대해 아직 두 가지 중요한 의문이 해결되지 않고 있다. 경제적으로 얼마나 실행 가능한가? 정치적으로 얼마나 가능성이 있는 것인가? 경제적 실행 가능성에 대해서는 의견이 심각하게 갈라지는 형편이다.

긍정주의자들은 기술 변화를 통해 환경 파괴를 줄이면서 동시에 경제 성장을 이루는 윈윈 효과가 일어날 것이라 기대한다. 하지만 비관주의자들은 긍정주의자들의 시나리오는 증명할 수 없다고 생각한다. 따라서 실질적인 선택을 내릴 수 없는 상태에서 인류가 취할 수 있는 것은 지속가능한 미래로 접어들기 위해서는 그 어떤 대가라도 치러야 한다는 것이 우리의 결론이 되어야 한다. 이와 같은 맥락에서, 탄화수소에서 태양이나 재생 가능한 기술로의 변화는 참으로 관심을 끄는 분야가 아닐 수 없다.

재생 에너지

비 오는 금요일 오후에 특별히 할 일이 없으면 석탄, 석유, 가스 같은 화석 연료를 사용하지 않는 세상을 한번 상상해보자. 게다가 태양 에너지조차 저장해놓지 않았다면 인간들이 모든 면에서 이 에너지들을 사용한다는 점에서, 그리고 모든 생물체가 에너지, 특히 석유에 의존한다는 점에서 에너지가 없는 세상은 공포로 다가올 것이다. 최근 나는 캐나다 워털루 대학교

University of Waterloo의 토머스 호머딕슨 교수로부터 새로운 사실을 알게 되었다. 인간이 노동으로 세 스푼의 원유에 내포된 에너지만큼 에너지를 생산하려면 여덟 시간 일해야 하고, 자동차 연료 탱크를 가득 채울 석유만큼 에너지를 생산하려면 2년간 노동을 해야 한다는 것이다. 그런 점에서 석유는 거의 공짜로 우리를 위해 노동을 하는 노예 집단과 다를 바 없다는 석유지질학자 콜린 캠벨 박사의 말을 떠올리게 된다.

이와 같은 노예들이 존재하지 않는다면 인간의 삶의 방식은 당연히 달라졌을 것이다. 첫째는 인구가 지금과는 상대가 되지 않을 정도로 적었을 것이다. 지난 100년 사이에 인구가 폭발적으로 늘어난 것은 값싼 원유와 가스를 사용할 수 있었기 때문이었다. 수력 발전 그리고 화석 연료 없이 물에서 엄청난 양의 수소를 추출할 수 있는 기술적 문제가 해결되지 않았고, 지열 발전을 제외한다면 거의 전적으로 태양 에너지와 태양 광선을 사용 가능한 에너지를 전환시키는 식물과 나무에 의존하는 삶을 살고 있었을 것이다.

하지만 화석 연료를 발견하기 이전에도 그러했듯이, 그런 상황에서도 이 지구 상에는 온갖 종류의 문명이 꽃 피우고 있었을 것이다. 독창성화석 연료 때문에 생기는 것이 아니다으로 인간은 태양으로부터 무한대의 에너지 받아 그 사용 가능성을 얼마든지 극대화할 수 있는 방법을 고안해서 사용하고 있었을 테고, 이스터 섬처럼 인간이 자취도 없이 사라지는 재앙도 크게 줄어들었을 것이다자연의 에너지 전환 능력을 과용하여 빚어진 열역학적 불균형에 의한 것으로 보인다. 그랬더라면 우리 인간이 오랜 세월 축적해서 사용해온 지적 자본으로 엄청나게 발전된 태양 문명을 창출할 수 있었을 것이다. 인류가 1년 동안 충분히 사용할 수 있는 에너지를 한 시간 만에 태양으로부터 축적할 수 있게 되었을 것이고, 그로 인해 지구에서의 삶은 지금처럼 악화되고 있지는 않을 것이다.

지금까지 말한 것이 바로 우리가 나아갈 방향이다. 이산화탄소를 대기로 방출하지 않고 저장할 수 있는 기술을 개발할 수 있다면, 매년 사용량을 정해 화석 연료를 사용할 수는 있는 것이다. 하지만 지금은 지구 시스템에 대한 과용으로 말미암아 화석 연료 사용 비율을 급격히 낮추지 않으면 안 될 정도로 상황이 몹시 악화되어 있는 상태다. 더 늦기 전에 지금은 토양, 생물 자원, 대양을 내버려두어 자연으로 하여금 회복할 수 있는 기회를 주어야 한다. 따라서 지금은 지난 100여 년 동안 화석 연료를 쓰지 않았다면 세계 인구가 20~30억 명에 불과했었을 것이라 말하기보다는 2050년이 되면 90억 명으로 증가할 세계 인구가 생존할 수 있는 해결책이 나타나도록 변화를 이끌어야 하는 것이다.

내가 생각하기로는 그렇게 하는 것이 단순하면서도 매우 전망이 밝은 지속가능성의 해결책이다. 사실 나는 화석 연료에 대한 심리적인 의존에 머리가 둔해져서 대안을 찾으라고 하면 기껏해야 그 문제점이나 비용 따위를 지적하는 비겁한 인간들에게 신물이 나 있다. 그들은 안전 방안을 빼앗기면 겁에 질려 오줌을 지리는 '할 수 없다' 식의 운명론에 빠지고 만다. 그러면서도 웃기는 것은 반드시 대안을 찾아야 한다는 것을 그들이 알고 있다는 사실과, 원자력으로는 전체 사용 에너지의 극히 일부만을 충원할 수 있다는 사실초특급 테러 위험으로부터 안전하다는 증거도 없다, 그리고 제1부의 '붕괴 : 돌파냐? 몰락이냐?'에서 설명한 회복 불가능 지점에 도달하기 전에 문제를 해결할 수 있는 시간이 10~15년밖에 남지 않았다는 사실을 알고 있다는 것이다.

그런 사람들과는 달리 나는 다음과 같은 내용의 글을 보면 용기가 생긴다. 미래 지향적인 혁신 방안, 눈부시게 파란 하늘, 아주 저렴하게 사용할 수 있는 태양 발전 효율성의 급상승, MIT와 애리조나 주립대학교Arizona State University에서 진행 중인 태양 발전 연구 프로젝트, 식물 바이오리액터 Bio Reactor로 이산화탄소를 에너지로 전환시키는 원형 기술, 자기 부상 열차, 고효율 수소 전지, 물과 붕소의 결합으로 생성되는 수소를 사용하는 수돗물로 달리는 미래 자동차, 지붕이나 유리창을 박막형 태양 전지 패널로 사용하는 사람들뿐만 아니라 아직 태양 발전 시스템을 갖추지 못한 16억 명, 그리고 그 어떤 방식의 태양열 발전 시설을 설치할 계획이 없는 사람들에게도 골고루 에너지를 공급할 수 있는 시스템 등이 그것이다.

나는 석유에 집착하는 회의론자들로부터 이와 같은 상상이 그림의 떡이라는 소리를 많이 듣는다. 하지만 여기서 니컬러스 스턴이 기후변화를 '인류 역사상 최악의 시장 실패'로 규정한 것을 상기할 필요가 있다. 그는 OECD 국가 정부들이 화석 연료 사업들에 보조금을 제공하는 정신 나간 짓을 지적하는 것매해 약 750억 달러에 머무르지 않고, 우리가 대기로 배출하는 이산화탄소 배출에 대한 현실적인 대가를 지불하지 않는 것으로 인한 체계적인 시장 실패를 지적한 것이었다. 모든 나라들이 모든 화석 연료에 대해 전적으로 비합법적인 지원을 하는 것이야말로 오늘날의 에너지 시장을 완전 왜곡하는 요인이다. 따라서 EU의 탄소 배출권 거래 제도와, 세금 부과나 그 밖의 경제 도구들을 동원하여 이산화탄소 1톤 배출에 얼마를 내야 한다는 하는 식으로 가격을 정할 필요성이 급하게 대두되고 있다.

제1장에서 설명한 바 있지만 이 부분에 대해서 세계는 서서히 앞으로 나가고 있다. G8+5 국가 지도자들이 교토의정서를 대체할 새로운 글로벌 조약을 맺어야 한다는 것에 생각을 같이한다면, 2020년에는 반드시 이산화탄소 배출에 가격을 정해야 할 것이다. 아직은 과학에 근거한 완벽한 계산법이 없다는 점에서 특정 시기에 배출되는 이산화탄소를 1톤당 얼마 하는 식으로 정할 수 있을 것이다. 현재 영국 재무부는 30년간 1톤당 70파운드의 탄소세를 부과하는 정책을 고수하고 있는데, 이는 2007년 IPCC의 제4차 평가 보고서가 발표되기 훨씬 이전에 정해놓은 것으로, 지금은 전 세계적으

로 우선적으로나마 1톤당 100달러 정도로 정해놓는 것이 좋을 듯싶다.

앞으로 수년 안에 기후변화로 인한 영향이 가속화될 것이기 때문에 이산화탄소의 가격은 2020년이 되면 지금보다 훨씬 비싸진다는 데에는 의심의 여지가 없다. 하지만 최저가 결정은 니컬러스 스턴이 언급한 시장 실패를 수정할 수 있는 출발점으로서 투자자들이 대대적으로 투자를 준비할 수 있는 확실성을 심어줄 수 있을 것으로 사료된다. 미국에서는 청정 기술에 대한 투자액이 해마다 늘고 있다. 2006년에는 2005년보다 무려 43퍼센트나 늘어난 700억 달러였고, 2007년에는 거기에서 두 배로 늘어났다. 하지만 이와 같은 조치들은 세계 경제가 탄화수소에서 재생 에너지로 방향을 바꾸는 데 필요한 조건들의 일부일 뿐이다. 혁신적인 방향으로는 일말의 희망을 주지 못하는 가짜 기술에 눈먼 돈이 쏟아져 들어가는 것을 보고 이와 같은 변화에도 엄청난 위험이 도사리고 있다고 주장하는 사람들이 있지만어떤 사람들은 인터넷 산업을 의미하는 닷컴붐에서 대체 에너지를 의미하는 왓컴(wattcom)붐으로의 변화를 피할 수 없다고 주장한다, 오늘날 만연되어 있는 '할 수 없다'의 운명론에 비하면 이와 같은 기술에 대한 투자의 위험성은 사소한 것이라 할 수 있다.

과격한 환경주의자들은 화석 연료에 대한 의존을 연기해줄 뿐이라며 극력 반대하는 입장이지만, 1톤당 100달러의 탄소세를 부과하게 되면 CCS는 얼마든지 생존 가능한 기술로 자리 잡을 수 있을 것이다. 환경주의자들의 생각이 오해인 것이, CCS가 그리 호감이 가지 않는 기술일지 모르나 사실 매우 필요한 것이다. 그보다 더 중요한 점으로 이산화탄소 가격을 1톤당 100달러로 정하게 되면 이산화탄소와 더불어 다양한 종류의 재생 에너지를 사용할 수 있다는 것이다. 박막형 태양 전지의 예를 들더라도 가격이 너무 비싸다는 의견이 팽배한데, 이는 생산량이 늘면 가격이 급격히 하락한다는 사실을 간과한 것이다. 어디 그뿐인가. 그에 따른 혁신이 봇물처럼 발생할 것이고 그로 인해 놀라운 아이디어들이 나타나게 되어 있다. 솔라센츄리 Solar Century 사의 제러미 레깃 회장은 다음과 같이 말했다.

> 박막형 태양 전지는 개인용 컴퓨터가 메인프레임 컴퓨터 시장을 잠식했던 속도처럼 빠르게 3조 달러의 글로벌 에너지 시장을 잠식할 수 있는 파괴적 기술의 고전적 사례의 하나이다. 기존의 기업들은 자신의 시장이 잠식당하는 것을 눈치 채지 못하는 경향이 있다. 역마차를 끌던 사람들은 자동차의 등장에 조소를 보내다가 곧바로 흔적도 없이 사라졌다. IBM은 최후의 순간까지 메인프레임 시장이 벼랑 끝에 몰려 있다는 것을 인식하지 못했다. 사실 비즈니스 역사에서 위협받은 영역인 시장에 관심을 갖고 있는 기업치고 파괴적 잠식자를 상업화한 유래가 없다. 레깃, 2003

세계를 변화시킬 파괴적 기술로 박막형 태양 전지가 유일하다고는 말할 수 없다. 그렇지만 마침내 사람들은 지난 20여 년 동안 캘리포니아 모하비 사막에서 성공적으로 가동되어온 집광형 태양열Concentrated Solar Power : CSP 을 화제 삼기 시작했다. 거대한 포물면 거울이 태양 복사를 '흡수기absorber, 물, 가스 혹은 기름을 담고 있는 거대한 타워나 그릇으로서 전통적인 스팀터빈을 움직이게 하는 증기를 배출하는 열교환기 역할을 한다'에 집중시킨다. 그 잠재성은 엄청나다. 사막 1제곱킬로미터의 모래가 흡수하는 태양 에너지는 매년 석유 150만 배럴어치에 해당된다. 처리 비용은 이미 감당할 만한 수준으로 석유 1배럴어치의 태양 에너지를 생산하는 비용은 현재 석유보다 저렴한 50달러 정도인데, 일반적인 제조에서와 마찬가지로 규모의 경제가 커지면서 급격히 하락할 것으로 보인다. 이산화탄소 가격이 100달러를 넘어선다면 집광형 태양열 발전을 선택하는 것은 당연한 것이다.

이스라엘, 오스트레일리아, 미국2007년 6월 네바다 사막에서는 64메가와트 전력이 생산되었다, 아랍에미리트, 알제리, 스페인남부 지역에 11메가와트의 태양 에너지를 생산할 수 있는 발전소를 갖고 있고, 이보다 큰 시설도 속속 들어설 예정이다에서는 새로운 집광형 태양열 발전 기술이 개발되고 있는 중이다. 투자자들이 눈을 뜨기 시작했지만, 새롭게 고전압을 송출하는 직류 전력HVDC 면에서 집광형 태양열 발전이 얼마나 엄청난 잠재성을 갖고 있는지에 대해서는 아직 제대로 파악하지 못하고 있다. 독일 연방환경청이 의뢰한 한 조사 결과에 의하면, 북아프리카와 중동에 집광형 태양열 발전 시설을 설치하면 최북단 국가들을 포함하여 유럽이 필요로 하는 모든 전력을 조달하면서 이산화탄소를 2050년까지 70퍼센트나 줄일 수 있다는 것이다. 더 나아가서 이런 식으로 생산된 에너지는 수소를 생산하는 데, 혹은 현재 물 부족으로 고심하고 있고 미래에는 더욱 그 고통이 가중될 지중해와 중동 지역의 담수 시설을 가동하는 데 사용될 수 있을 것이다. 예멘 정부는 최근 수도를 물이 고갈되고 있는 사나에서 해변가의 다른 도시로 천도한다고 결정했는데, 이는 미래에 도래할 재앙을 알려주는 작은 신호에 불과하다.

이와 같은 혁신 기술을 옹호하는 사람들의 주장이기도 하지만 현재로서는 그런 기술 외에는 더 좋은 방법은 없다고 본다. 앞으로 산더미 같은 문제들이 드러날 입장에서, 특히 현재 우리가 사용하는 교류 전원 전송 시스템을 따라 새롭게 직류 전원 그리드grid를 깔아야 한다면 얼마나 끔찍한 일이 벌어지겠는가. 그로 인한 환경 파괴는 또 얼마나 심각하겠는가. 사막 생태학자들은 '사막의 공동화'라는 말만 들어도 오금이 저려온다고 말한다. 아무것도 없어 보이는 사막이 그렇게 텅 비어 있는 상태가 아닌 것이다. 사실은 너무나 섬세한 환경이라서 무언가를 집어넣어 가동시킬 수 없는 것이 사막일 수도 있다. 설사 그렇다 할지라도 현재 진행되고 있는 기후변화의 심각성을 고려하는 입장에서 바라본다면, 정치적 리더십은 논외로 치더라도 정부의 연구 개발 예산을 대폭 줄여준다는 점에서 집광형 태양열 발전을 특이한 시선으로 바라볼 필요는 없다고 생각한다.

하지만 이와는 반대되는 방향으로 2006년 11월 선진 30개국은 초기 자금 70억 파운드를 투자하여 실험적인 핵융합 프로젝트를 실시하기로 뜻을 같이했는데, 이 프로젝트를 지지하는 사람들의 말을 들어봐도, 앞으로 최소한 30년간은 상업용 전기를 생산하지 못한다는 것이다. 너무 늦지 않은가? 태양 에너지라는 이미 가장 강력한 핵융합의 혜택을 보고 있는 입장에서 우리가 전기를 사용할 때까지 30~40년을 기다려야 하는 핵융합 방식은 인간의 에너지 충족에 거의 기여하지 못할 것이다. 다수의 비평가들이 지적한 바와 같이, 핵융합은 플라즈마 물리학자plasma physicist 들에게 일자리를 주기 위한 것이 근본 목적이다. 기존의 슬프고도 신뢰성이 떨어지는 핵 파이프 nuclear pipe에 대한 꿈보다는 빈곤 국가들에게 엄청나고도 즉각적인 혜택을 안겨줄 수 있는 기술에 투자하는 것이 더 합리적인 것이 아닌가? 우리는 여기서 아프리카, 중동에서의 인구 증가, 만성적인 질병, 높은 실업률, 특히 젊은 층이 일자리가 없어서 고통 받고 있다는 사실, 그러한 것이 유럽에 안보 위험까지 불러일으킬 수 있다는 것을 명심할 필요가 있다. 고든 브라운 영국 총리와 앙겔라 메르켈Angela Merkel 독일 총리는 기후변화를 걱정하고, 유럽 안보에 대한 위협을 논하고, 분열된 세계에서의 평등 성취의 중요성을 떠들면서도 집광형 태양열 발전을 위한 정치적 모멘텀momentum을 구성하지 않는 이유는 무엇인가?

이 책을 통해 포괄적으로 드러내고자 하는 것처럼, '의심의 여지가 없다'는 이론에 환경주의자들이 지속적으로 저항하는 이유를 두고 조악한 음모론이 등장하는 것에 대해 난 항상 이의를 제기해왔다. 하지만 집광형 태양

열 발전이나 재생 에너지에 대한 음모론에 대해서는 저항할 만한 의욕을 상실해버린 상태이다. 국제에너지기구 같은 조직들은 사전에 정해진 의무라도 되는 듯, 거대 에너지 기업들이 쏟아내는 탄화수소에 관한 선전들을 덥석 삼켜버리고 있다. 인류를 '아주 위험한 기후변화'의 절벽으로 밀고 갈 화석 연료의 소비가 앞으로 30년간 지속될 것이라는 미래 에너지 예측에 대해 여전히 치열한 논의가 벌어지고 있다. 지금보다 더 빨리 재생 에너지 사업을 발전시킬 수 없다는 주장들은 새빨간 거짓말이다. 그와 같은 제도적인 거짓말로 누가 혜택을 입을지는 금방 알 수 있는 노릇이다.

이미 제3장에서 밝힌 바와 같이 2007년 현재 수십억 달러가 화석 연료에 투자될 예정이고, 차세대 원자로가 우릴 현혹하기 시작했으며미래 세대가 핵폐기물에 대해 어떻게 대처할 것인가는 나중 문제이고, 그 비용과 위험성을 지금 당장 어떻게 해결할 것인지는 막막하다, 기후변화에 대해서는 무관심한 가운데 바이오 연료 시장이 수조 달러 규모의 금광으로 등장했다이로 인해 식품비가 상승하여 수억 명의 빈곤층이 더욱 굶주리게 된다. 하지만 재생 에너지에 대해서는 거의 손을 놓고 있는 실정이다. 이 장에서 태양광 기술에 대해 초점을 맞추었지만 풍력, 조력, 소형 수력 발전, 지열 발전, 지속가능한 바이오매스 등에 대해서도 지속가능한 성장의 맥락에서 동일한 논리를 펼 수 있었다고 생각한다.

자연 자본과 제조 자본의 조화

정치적 실현 가능성을 놓고 본다면 긍정적인 생각이 쉽게 떠오르지 않는다. 우리가 사용해온 주도적인 발전 모델로 모든 일에서 만사형통할 수 없다는 사실을 보여주는 증거들이 40년이 넘도록 축적되어왔음에도 불구하고 그런 사실을 믿으려 하지 않을 정도로 생태적 무지는 여전히 심각하다. 시스템이 아닌 증상들만이 오늘날의 정치 질서로 남아 있는 것이다. 정치인들은 자연계 법칙에 대해 아는 것이 거의 없다. 열역학 법칙은 공학 전공서에만 기록되어 있을 뿐이고, 인간의 욕구에는 제한이 없다는 원시적인 가설에 기초한 개척자 정신frontier mentality, 이 개념은 세 가지 믿음을 근거로 한다. 첫째는 자연 자원의 한계는 끝이 없을 뿐만 아니라 그 회복력도 끝이 없다. 둘째는 인간은 자연에 속하지 않는다. 셋째는 자연은 정복의 대상이다은 충격적으로 끈질긴 생명력을 유지한다.

자신들의 제품이 세상에 가하는 충격을 완화하기 위해 노력하는 가장 진보적인 기업들이 바로 이런 생각들을 갖고 있다. 지속가능한 생산 시스템 쪽으로 다가가기 위해 폴 얼리히가 수립한 공식 $I = P \times C \times T$에서의 T가 제대로 작동하도록 한다는 것이다. 이와 같은 효율성 증대를 거두기 위해 기업들이 가장 많이 애용하는 방법으로 전주기 분석life cycle analysis을 꼽을 수 있는데, 이는 제조 단계에서부터 최종 처분, 그리고 재사용이나 재활용에 이르는 과정에 걸쳐 특정 제품이 미치는 충격을 평가하는 것이다. 쉬운 해결책 같아 보이지만, 우리 사회가 지금 당장 무엇이 필요한지를 깨닫게 하기에는 역부족이다. 자원 사용의 선형 모델, 즉 **제조**, **사용**, 그리고 **폐기**가 여전히 대표적인 모델로 주목받는 실정이다. 자연계의 순환적 자원 흐름이 쓰레기를 전혀 생성하지 않는 반면, 인위적인 자원 흐름은 필히 폐기물의 축적을 가져와서 결국에는 엔트로피를 증대시킨다. 인위적인 자원 흐름의 충격을 이해하기 위해 통계를 인용해보자. 2002년 미국 국민이 청량음료를 마시고 버린 캔의 수는 320억 개에 이르는데, 이를 재사용한다면 43만 5,000톤의 알루미늄을 절약할 수 있다. 전 세계에서 사용되는 모든 민간 항공기를 모두 합친 것보다 1.5배 이상을 만들 수 있는 분량이다. 어디 그뿐이겠는가. 미국 국민이 사용하고 버리는 플라스틱 병의 수는 시간당 250만 개에 달한다. 보통 심각한 문제가 아니다. 일반 소비 상품을 제조에 들어가는 자연에서 추출한 자원의 90퍼센트 이상이 쓰레기로 남고, 상품 그 자체로 사라지는 비율은 10퍼센트 혹은 그 미만이다. 일부 업체들은 상당수 제품들이 실증이 난 소비자에게 더 이상 사용되지 않거나 다른 것으로 교체되기 전에 이미 수명이 다해버린다는 식으로 계획적인 퇴화 전략 같은 방법에 의해 그렇게 오랫동안 유지되지 않게 한다고 설득할 수는 있을 것이다. 사실 미국 경제에 영향을 미치는 모든 제조물 중에서 6개월 이상 지속적으로 사용되는 것은 1퍼센트에 불과하다. 일례로 영국의 어떤 유력 DIY Do It Yourself, 개인이 특정의 일을 전문가의 힘을 빌리지 않고 할 수 있게 해주는 도구-역자 주 생산 기업은 가정용 도구를 구입하여 사용하는 시간이 10분에 불과하다고 말한다. 영국의 작가이자 여행가인 에드 더글러스Ed Douglas는 다음과 같이 주장한다.

대부분의 제품들은 가격에 어울리는 수명을 갖기 때문에 창고의 선반에 올려놓은 후 뽀얗게 먼지를 뒤집어쓰는 법이지만 그 결과가 한결같은 것이 그것이 흙으로 돌아가는 데에는 수천 년의 세월이 필요하다는 것이다. 전기 공구는 디자인을 그려 제조하고, 그다음에 포장하여 운송하고 나선 방치되는 경우가 대부분이기 때문에 그 생명이 하루살이보다 짧다고 할 수 있다.

더글러스, 2007

이와 같은 이유들로 인해, 20~30년에 걸쳐 설사 제조 자본에 대해 가장 체계적인 리엔지니어링을 한다 하더라도 인류를 위한 지속가능한 경제를 생성할 수 있느냐에 대해 회의적인 사람들이 많다. 하지만 그렇게 하는 것이 우리를 파국의 길에서 벗어나게 하는 가장 실질적이고, 이행 가능하며, 경제적으로 부담할 수 있는 방법이라면, 우리가 내세우는 지속가능성을 위한 최우선 과제들이 적어도 정치적 리더십의 부재와 비전의 결여로 흔들리는 일은 없을 것이다. 이와 같은 생각은 요즘 세대의 관련자들이 주로 취하는 것인데, 그들은 환경적 재앙을 가속화하는 사람들의 심리까지 파고 들어가야 한다는 식의 전체적인 시각에서 문제를 규명하고자 한다. 영국 브라이튼 대학교University of Brighton의 조너선 채프먼Jonathan Chapman 교수는 제품과 구입자 간에 전혀 관계가 없는 '불의의 소비'와 특별히 좋아하는 종류의 청바지나 어렸을 적에 가지고 놀던 '테디베어'처럼 제품과의 관련성을 풍족하게 느끼게 해주는 '정서적으로 지속적인 디자인'의 차이점을 비교했다.

소비와 자원 관리라는 의문점을 하나의 틀 안에 집어넣어 파악하기에는 어려운 난관이 도사리고 있다. 새로운 정책이나 새로운 경제 수단을 다듬는데 있어서 가장 신경을 써야 할 부분, 즉 가장 핵심적인 목적은 '쓰레기 감량'이어야 한다. 너무도 많은 나라에서 버리는 것을 표준적 인간 행위로 규정하는 이 시대에 그렇게 하는 것이 본질적으로 어렵기 때문인지, 총자원 흐름, 자연계와의 친화성 등의 개념으로 생각할 시도조차 하지 않는 형편이다. 우리는 '자원 재활용이 경제나 열역학적 개념으로 의미가 있느냐'는 매우 어렵지만 반드시 필요한 질문을 던지기보다는 재활용 비율만을 성공의 척도라 생각하는 경향이 있다. 재활용 비율이 의미가 없는 것은 아니지만 실상은 그렇지 않다.

물론 이는 쓰레기와 재활용 혹은 그 밖의 지속가능한 발전에 관한 이슈에 대해 영향력을 행사하고자 하는 정치인들이나 시민들에게 공히 골치 아픈 문제이다. 사람들에게 재활용이 '환경에 나쁠 때가 있음'과, 전체적으로 포기하고 싶을 정도로 심각한 위험이 도사릴 때가 있음을 알릴 필요가 있다.

이와 관련하여 가장 크게 목소리를 높이는 사람으로 친환경 디자이너이자 몽상가인 빌 맥도너를 들 수 있다. 그는 시간이 갈수록 환경에 관한 관습적 사고에 비판의 강도를 높여가고 있다. 그가 독일 화학자 미하엘 브라운가르트Michael Braungart와 공동으로 저술한 《요람에서 요람으로Cradle to Cradle》

(2002)에는 우리가 당면한 문제들을 고려할 때 '왜 덜 나쁘다고 해서 좋은 것이 아닌지', 그리고 현재와 같은 '요람에서 무덤까지'의 목표가 어떻게 해서 우리를 매우 위험한 막다른 골목으로 몰고 가는지를 설명하고 있다. 맥도너와 브라운가르트는 'WBCSD'에서 사람들이 가장 중요하게 생각하는 '환경 효율성'이라는 개념에 대해 신랄한 비판을 가했다.

> 환경 효율성은 겉으로는 훌륭하고, 고상해 보이면서, 공의로운 개념인 것처럼 보인다. 하지만 이 개념은 본질을 건들이지 못한다는 점에서 장기적으로 성공을 거둘 수 없는 전략이다. 변화에 대한 환상만 심어줄 뿐이다. 우리는 공익 보호에 관한 법안 수립과 이행이라는 선의로 일하는 사람들을 비난할 생각이 없다. 디자인이 비지성적이고 파괴적인 세상에서는 규제를 통해 직접적인 해악 효과를 줄일 수 있다. 하지만 궁극적으로 생각해보면, 규제는 디자인의 실패를 암시할 뿐이다. 사실 규제는 상해를 가할 수 있는 허가권이다. 산업계가 일정한 허용 수준에서 질병, 파괴, 죽음을 퍼뜨릴 수 있도록 산업계에 허용한다는 정부의 증명서이다. 하지만 앞으로 우리가 다룰 내용이지만, 좋은 디자인은 전혀 규제를 필요로 하지 않는다.
>
> **맥도너와 브라운가르트, 2002**

좋은 디자인을 추구하는 과제는 '지속불가능성을 낮추는 것'이 아닌 모든 면에서 '정말로 지속가능한'의 개념으로 명확하게 규명해야 한다. '환경 효율성'을 대신할 수 있는 개념을 규명하는 과정에서, 맥도너와 브라운가르트는 자연을 통해 '요람에서 요람'인 음식 제공 시스템, 전체 시스템이 의존하는 자원 흐름의 효율성을 모방할 필요가 있다고 주장한다. 쓰레기의 개념을 배제한다는 것은 처음부터 쓰레기는 존재하지 않는 것, 존재해서는 안

되는 것이라는 생각에서 제품, 포장, 시스템 모든 것을 디자인하는 것을 말한다. 그래야만 인류의 신진대사가 자연계의 신진대사와 조화를 이루게 되는 것이다.

생물권이 기술적 환경과 공존할 수 있는 유일한 방법은 기술적 환경이 이 지구 상의 모든 생물과 생물학적으로 조화를 이루는 것이다. 인간의 경제 활동은 본질적으로 생태계에 속하며, 다른 생태계와 마찬가지로 에너지와 물질을 제품으로 변환시킨다. 하지만 문제가 있는데, 자연계의 변환 방법이 순환적인 것에 반해 인간의 방법은 직선적이라는 것이다.

우리의 경제·생태계의 발전 단계 역시 매우 미성숙한 수준에 머물러 있다. 생태학자들은 유기체의 진화가 그 어떤 것일지라도 '자리를 잡아가는' 혹은 '개척' 단계에 와 있을 뿐이라는 것이다. 자연계를 사용하는 데에는 한계가 없으며, 그래서 원하는 대로 생산할 수 있으며, 또 자원 흐름을 요구할 수 있다는 가정을 신봉하여 그에 따라 행동하는 인간은 기회주의적 발상에서 모든 것을 식민지화하려 노력하고 있지만, 그랬다가 지구는 생물이 살 수 없는 황량한 벌판으로 남게 되는 것이다. 그러한 과정에서 인간은 다음 세대에 무슨 일이 벌어질지에 대해서는 전혀 관심을 쏟지 않으면서, 단기간에 취할 수 있는 것은 다 취해도 된다는 식의 무사안일한 방식으로 살아가는 것이다.

인간은 미성숙한 진화 단계에 겨우 와 있으면서 벌써 지구에 빈 공간이 별로 없을 만큼 많은 것을 지나치게 사용하여 생태계의 거의 끝자락에 와 있다고 할 정도로 벼랑 끝에 몰려 있는 상태이다. 우리는 지구 외에 갈 곳이 없다는 점에서, 즉 여기서 영원히 살아야 한다는 각오로 지금부터라도 달리 생각해야 한다. 아니라면 생태학자들이 할 만한 주장이지만, 우리는 현재의 위치에서 스스로를 개혁하는 법을 배워서라도 개척자의 단계에서 성숙의 단계로 진화해야 하는 것이다. 다시 언급하지만 재닌 베니어스는 인간이 포괄적인 방법으로 자연을 모방할 수 있는 뛰어난 방법을 규명한 바 있다.

수십억 년이라는 세월이 흐르면서 진행되어온 자연 선택은 정교하면서도 성숙한 모든 생태계가 도구로 사용한 성공 전략들을 노출시켜준다. 아래의 전략들은 생존의 신비를 풀어주는 가장 확실한 방법들이다. 레드우드 인디언의 십계명처럼 심사숙고해볼 일이다. 성숙한 생태계에 살고 있는 유기체들은 다음과 같은 경향이 있다.

❶ 쓰레기를 자원으로 사용한다.
❷ 주거지를 최대한 활용하기 위해 다양화를 추구하면서 협조한다.
❸ 효율적으로 에너지를 축적하고 사용한다.
❹ 최대화가 아닌 최적화를 추구한다.
❺ 물질을 절약하여 사용한다.
❻ 생활 공간을 더럽히지 않는다.
❼ 자원을 필요 이상으로 소비하지 않는다.
❽ 생물권과의 균형을 유지한다.
❾ 정보에 의해 실행한다.
❿ 쇼핑은 자신이 거주하는 지역에서 한다.   베니어스, 1997

제14장에서 설명하겠지만, 요즘에는 위의 십계명을 토대로 하여 제조 자본을 분산하여 집행하는 기업들이 많다. 하지만 균형 잡힌 재정적인 투자가 뒷받침된 인간 자본과 지적 자본이 없이는 결코 성공할 수 없다. 이제 마지막으로 금융 자본의 장으로 넘어가도록 하자.

○

금융 자본

경제학자들은 금융 자본을 다섯 가지 자본 모델에 포함시키는 것에 이의를 제기할 것이다. 각기 다른 종류의 자본을 교환하는 수단일 뿐 실체가 있는 자본이 아니라는 것이다. 일리가 있는 말이지만, 금융 자본의 사용은 진실로 지속가능한 사회를 구축하고자 하는 우리의 노력에 지대한 영향을 미친다. 우리들의 일상사에 드러나는 돈의 역할에서부터 오늘날의 자본 시장이 운영되는 방법에 이르기까지 영향을 미치는데, 불성실하고 방임적인 투자자를 위해 단기 이익 중심이라는 파괴적인 방법이 점차 늘어나는 실정이다. 따라서 기업들의 사회적, 환경적, 윤리적 책임을 이행하는 신뢰할 수 있고, 설득력 있는 기업 사례들이 존재함에도 불구하고, 이해 당사자들의 이익의 균형을 맞춘다는 것이 더욱 어려워질 수밖에 없는 것이다.**이에 대해서는 제 14장에서 다시 설명할 것이다.** 어디 그뿐이겠는가. 돈은 심리적 소외 현상psychological alienation의 근원이자 오늘날의 소비자 자본주의 안에서는 지속불가능한 삶의 방식인 만 가지 악의 뿌리라고 생각하는 이들이 여전히 존재한다.

금융 자본의 정의

우리는 지속가능한 경제 시스템에 필수적인 모든 종류의 자본 중에서 금융 자본의 역할에 대해서 가장 이해를 하지 못하고 있다. 사실 금융 자본은 상품과 서비스 생산에는 필요치 않을 뿐만 아니라 다른 자본들의 결과물을 교환하는 수단을 제공하는 것에 불과하기 때문에 내재 가치를 지니지 못하고, 따라서 다섯 가지 자본 모델에서 제외되어야 한다는 것이 일반적인 생각이다. 현금, 채권, 주식 같은 종이 자산들은 그 자체로는 가치를 가지지 못하는, 기본적인 제조 자본, 자연 자본, 사회 자본, 인간 자본의 파생 자본이다. 이와 같은 근본적인 의미에서 금융 자본은 다른 자본들과는 분리될 수 없는 것이지만, 다음 장에서의 설명처럼 일종의 사회 자본인 것이다.

하지만 그렇게 간단하게 말하고 넘어갈 문제가 아니다. 모든 비즈니스와 소비자가 완벽한 정보와 통찰력을 갖고 있는 세상에서는 시장에서의 교환은 간단한 문제일 것이다. 새로운 제조 자본에 투자할 돈을 구하는 비즈니스는 누가 여윳돈을 갖고 있는지 알아보는 것이 당연하고, 돈을 갖고 있거나 대여해주고 싶은 사람은 차용자 측에서 갚을 능력이 되는지를 알아보려 할 것이다. 원하는 제품이나 서비스를 생산하기 위해 제조, 인간 및 자연 자본을 적절히 결합하는 과정에서 처리 비용은 발생하지 않는다. 은행은 잉여 자금들을 끌어당기거나 한데 모을 필요가 없으며, 돈이 사용될 프로젝트 혹은 비즈니스를 선별하거나 모니터링할 필요도 없다. 사실 투자자들은 누가 필요한 신형 도구를 설치할 만한 잉여 인간 자본 혹은 자연 자본을 갖고 있는지 알고 있다는 점에서 현금, 채권, 주식조차도 필요 없을 수 있는 것이다. 하지만 세상이 그런 식으로 돌아가지 않는 이유는 정보, 정확히 말하자면 정보의 불완전성 때문이다. 불완전한 정보는 금융 자본을 구성하는 종이 자산, 시장, 기관, 그리고 가장 중요한 것으로 사회적 관습에 경제 및 사회적 가치를 부여한다.

불확실한 정보는 제품과 서비스의 생산에서 금융 자본의 역할이 언제나 중요하다는 것을 일깨워준다. 금융 시장과 기관들이 자본을 다양한 비즈니스와 사적인 차용인들에 분배하는 과정에서 불확실한 정보가 생성된다. 종이 자산, 금융 시장과 기관들이 기능할 수 있도록 해주는 사회적 관습에서도 생성된다. 로버트 퍼트넘이 사회 자본을 '네트워크', '규범'과 '신뢰'로 정의내린 것을 기억할 필요가 있다. 금융 시장과 기관들은 규범이 내재된 네트워크들이고, 그래서 '신뢰'는 금융 시장의 핵심 요인이다. 그래서 금융 시장은 '네트워크 자본'인데 이는 제9장에서 설명한 사회 자본에 대한 네트워크와 동일한 의미를 가진다.

소매 금융, 상업 은행, 투자 은행, 자산 운영사, 보험 회사 같은 기관들은 전문적인 정보, 전문 기술을 제공한다. 이들은 차용인에게 빌려줄 자원을 재산가들로부터 유치하는 방법, 대출해줄 만한 프로젝트와 비즈니스를 선별하는 방법, 돈을 회수하지 못할 수도 있는 대출을 결정하는 데 있어서의 리스크를 양도·분산·공유·다양화하는 방법에 관한 조직적이고 개인적인 정보를 구축해놓고 있다.

사회 관습은 금융 자본의 마지막 일면이다. 사회 자본과 관련이 있는 신용과 규범은 가장 중요하지 않을 수도 있겠지만 금융 자본의 중요한 요인이기도 하다. 애드미럴티 제도남서태평양의 뉴기니 섬 북쪽에 위치한 18개 섬-역자 주에서 사용한 개의 이빨, 아프리카 여러 지역에서 사용하던 조개 껍데기, 18세기에 사용되던 금덩어리, 어음이나 동전 등의 토큰, 현재 은행에 들어 있는 예금, 인터넷머니internet money, 미국에서 사용되는 타임달러time dollar 같은 것들이 모두 돈의 일종인 것이다. 중요한 것은 실물이 아니라 의심의 여지 없이 교환이나 지불의 수단으로 인정한다는 사회 규범인 것이다.

다른 종류의 자본들과 마찬가지로 금융 자본 역시 사용할수록 그 가치가 떨어지며, 남용하면 퇴화되기 마련이다. 필요한 서비스 흐름을 동일한 속도와 질로 지속적으로 제공하기 위해서는 투자와 뛰어난 관리를 필요로 한다. 따라서 비규제 주장이 아무리 강세를 보인다 할지라도, 금융 시장에 대한 정부의 역할은 결코 과소 평가돼서는 안 되는 것이다. 특히 각종 인센티브들은 개인의 이익 추구가 사회적으로 유익한 결과의 도출과 상치되지 않도록 설계될 필요가 있다. 콕스라운드테이블Caux Round Table의 글로벌 책임자인 스티븐 영은 다음과 같이 주장한다.

> 인센티브들의 적절한 설정을 위해 정부는 자신의 몫을 이행해야 한다. 재산권, 유가 수익, 지적 소유권 같은 것들은 보장되어야 하고, 계약은 이행되어야 하며, 통화는 안정이 유지되어야 한다. 부패는 예방되어야 한다. 파산법은 잘못된 판단으로 사업상 파산이 발생한 후에도 수익의 재설정이 원만하게 이루어지도록 유도해야 한다. 정확한 자산 평가와 가격 결정에 필요한 정보는 공개되어야 한다. 금융 기관들은 투기적 거품 현상에 투자가 더해지지 않도록 자제해야 한다.
>
> 영, 2003

관리 실패

기본적인 지식만으로도 금융 자본이 오늘날의 세계 경제에서 얼마나 중요한 역할을 하는지 충분히 이해할 수 있다. 많은 사람들이 금융 자본이 탈가치적이고 비정치적인 영역이라 주장하겠지만 사실은 그렇지 않다. 금융 자본의 소유권과 사용은 지속가능성의 정의뿐만 아니라 인류를 위한 '참다운 지속가능한 미래'를 설계하는 것과 직결된다. 제1부에서 설명한 바 있지만, 현대 자본주의는 많은 영역에서 지속가능성의 추구와 정면으로 맞부딪

헌다. 그와 같은 대립이 모든 자본주의 모델에 본질적으로 내재된 피할 수 없는 요인인 구조적이며 영구적인 것인지, 아니면 일시적이며 일탈적인 것이라서 결국에는 지속가능성의 추구와 조화를 이루는 다른 시스템으로 전환될 수 있는 것인지에 대한 논의가 활발하게 벌어지고 있다. 이 책에서의 근본 가설은 그와 같은 조화를 이루는 데 있어서 정치와 경제 면으로 아무리 어려운 난관이 도사린다 하더라도 이론적으로 조화를 이룰 수 있다는 것이다.

일례로 기업 윤리를 강조하는 언론인 마저리 켈리Marjorie Kelly는 자신의 저서 《자본의 권리는 하늘이 내렸나?Divine Right of Capital》(2001)에서 지금과 같은 주주 자본주의 모델로는 새로운 합의를 이끌어 낼 수 없다고 주장한다. 공급과 수요, 경쟁, 수익 추구, 자기 이익, 사유 재산, 자유 무역 등 같은 자본주의의 다수의 기본적인 속성들은 튼실하고, 건전하며, 그만한 가치를 내재한다는 점에서 문제가 없다는 것이다. 하지만 현대에 들어와 주주들에게 최대 이익을 돌려주어야 한다는 강박 관념으로 자본주의의 복잡한 전체 구조가 위협받는 점이 문제라는 것이다.

> 미국 경제의 시각에서는 자본이 부를 창출한다고 생각할 수 있지만, 개인의
> 자본을 아무리 많이 축적한다 해도 사실상 그 무엇도 창출되지 않는다는 점
> 에서 그와 같은 주장은 납득되지 않는다. 그러함에도 불구하고 자본 제공
> 자, 즉 주주들은 공기업들이 창출한 부의 대부분에 대해서 소유권을 주장한
> 다. 기업들은 주주들에게 최대의 이익을 돌려주기 위해 존재하는 것처럼 비
> 친다. 왕권신수설이 국법이었던 때와 다를 바 없다. 그와 같은 비즈니스 패
> 러다임이 주도하는 세상에서는 이의 제기가 불가능하지만, 그래도 여전히
> 이의를 제기할 수 있어야 한다.   켈리, 2001

켈리는 투자에 대한 이와 같은 접근 방법이 역기능적이라 주장하는데, 그녀의 주장은 기업의 투자를 통해 주주들이 부를 창출한다는 신화에 정면으로 배치되는 것이다. 연방준비은행Federal Reserve Bank이 발표한 자료에 의하면, 월가에서 거래되는 금액 중 실제로 기업이 수익으로 환수하는 액수는 투자 금액 100달러당 1달러에 불과하고, 나머지 99달러는 투기 목적으로 재투자된다는 것이다. 1999년의 경우를 보면, 거래되는 신주新株의 가치가 1,060억 달러인데 비해, 모든 거래 주식의 가치는 20조 4,000억 달러였다. 기업들이 주주들에게 배당하는 수익과 기업들이 자사주를 매입하는 것을 종합적으로 고찰하면 놀라운 그림이 그려진다.

1981년에서 2000년 사이 20년이라는 기간을 놓고 보았을 때 주식에 대한 순투자가 이루어진 것은 단지 5년에 불과하다. 다시 말해서 지난 20년을 전체적으로 파악한다면 주식 시장으로 돈이 들어오기는커녕 빠져나간 것이다. 1981년 이래 신주식 발행으로 인한 순누출 총액은 5,400억 달러에 달한다. 주식 시장은 기업에 돈을 대주는 것이 아니라 오히려 자금을 빼 간다. 지난 수십 년을 돌아보면 주주는 기업의 자금을 엄청나게 고갈시켜왔다. 주주들만큼 치명적인 존재들은 없다. 주주를 '투자자'로 부른다는 것은 가당치 않다. 그들은 착취자들이다. 주식을 산다는 것은 기업에 자금을 대주는 것이 아니라 기업에서 부를 착취할 수 있는 권리를 사는 것이다. 켈리, 2001

캐나다 맥길 대학교McGill University 경영학 교수이자 세계적인 경영 전문가인 헨리 민츠버그Henry Mintzberg 박사는 《패스트컴퍼니Fast Company》 2002년 6월호에 실은 〈CEO들에게 보내는 메모Memo to CEOs〉라는 글을 통해 켈리의 주장에 큰 힘을 실어주었다. 그는 CEO들에게 기업의 사명이 사회에 봉사라는 것을 상기했다. 그는 또 주주들은 기업들이 반드시 상대하지 않으면 안 되는 이해 관계자들을 쫓아내고 있지만, CEO들은 지난 수십 년 동안 주가와 주식 배당금과 점점 관련성이 깊어진 스톡옵션stock option이나 성과급을 통해 임금을 받기 때문에 의도적이든 아니든 주주들과 공모하는 셈이라고 지적했다.

대다수 주주들이 자신들이 투자하는, 즉 이론적으로 소유하는 기업에 대해 장기적으로 헌신하겠다는 자세를 갖춘다면 이해가 되지 않는 것은 아니다. 하지만 현실은 어떤가. 요즘 주식 시장은 주요 주식 목록이나 사소한 주가 변동에 따른 일일 거래자의 움직임에 따라 수백만 주를 사고파는 데 동원되는 엄청난 자금 흐름에 지배를 당하고 있다. 이사회는 자신들의 기업이 위치한 커뮤니티나 종업원들에게 관심을 쏟을 여유도 없이, 자신들의 기업, 생산품과 서비스에는 신경도 쓰지 않는 주주, 즉 기관이나 개인들에게 노예처럼 꼼짝도 하지 못한다.

수많은 전문가들은 거대한 주식 중개인을 통하기 때문이기도 하지만 엔론을 비롯한 미국의 대기업들이 파산한 이후 기업들에 대해 관련도 없고 관심도 없는 주주들에게 비굴한 자세를 취하게 됨에 따라 지난 20년 동안 벌어진 현상에 대해서는 책임이 없다는 식으로 이기적이고, 무책임하며 불법적인 행위가 더욱 심화되었다고 지적한다. 다양한 자본 간의 균형, 특히 금융 자본과 인간 자본적인 시각에서는, 공정하고도 지속가능한 결과를 확보한다는 차원에서 자본을 분산 투자하는 것은 그만큼 더 어려울 수밖에 없다. 헨리 민츠버그는 다음과 같이 주장한다.

주주 가치는 경제 성과를 창출하는 사람과 그로 인해 이익을 취하는 사람 간의 간격이 벌어지게 한다. 그것은 그 두 그룹 간의 이탈일 뿐만 아니라 각 그룹 내 개인들 간의 이탈이다. 주식으로 이익을 챙기는 사람들은 수익을 창출하는 사람들의 노력과는 상관없기 때문에 그들의 노력을 하찮은 것으로 치부하기 쉬우며, 기업을 소유한 사람들은 그 소유권을 절대적인 것으로 보지 않기 때문에 자신들의 행동과는 그리 관계가 없다고 생각한다. 그 무엇에 대한 일체감 없이 과연 우리는 튼튼한 기업, 건강한 사회를 가질 수 있단 말인가?

민츠버그, 2002

이와 같은 우려는 지난 20여 년 동안 두 종류의 금융 상품의 비약적인 성장으로 더욱 깊어졌다. 헤지펀드hedge fund와 사모펀드private equity가 그것이다. 전체 투자액에서 이 두 가지 투자 부분이 차지하는 비율은 2007년 기준 3퍼센트 정도로헤지펀드 매니저들은 약 9,900억~1조 3,000억 달러를 주무른다 상대적으로 적은 편이지만, 전례 없이 위험성이 증가하는 반면 투명성이 떨어지고 있다는 점이 문제이다. 투자 은행과 연금 기금이 빌리는 모든 자금이 헤지펀드로 투자되는 우려스러운 상황이 증폭되는 가운데, 이러한 자금에 손실이 발생하면 전체 시스템이 상상 이상의 충격을 받게 된다. 1998년에 파산한 롱텀캐피털매니지먼트Long Term Capital Management 사는 관리할 수 있는 자산의 50배가 넘은 자본을 빌렸다. 비밀주의를 고수하고자 하는 산업의 복잡성과 은밀성에 미국이나 유럽의 재정 관리들이 충분히 대처할 수 있다고 말한다면 그 누가 믿으려 할 것인가.

사실 미국과 유럽에서 엄청난 규모의 매수를 노리는 기업 주식의 공개 매입이 증가함에 따라 사모펀드 역시 상대적으로 불투명한 자세를 포기하고 완전 공개 쪽으로 방향을 틀고 있다. 노동조합, 정치인, 학자, 언론, NGO들이 똘똘 뭉쳐, 독일에서는 '자산을 갉아먹는 메뚜기 떼'라 불리는 실체가 없는 자본에 대한 비난의 도를 높여가면서 이와 같은 현상에 대해 유례없을 정도로 치열한 논의가 진행되고 있는 것이다.

그들의 주장이 지나친 감이 없지 않지만, 기업들이 공개했을 때와는 정밀한 감시를 받게 되고, 제3의 이해 관계자들로부터 높은 수준의 투명성과 책임성을 요구받게 된다 달리 비밀 주의를 유지하면 자연·사회·인간 자본의 축적이 심각하게 고갈된다는 증거 들이 속속 나타나고 있다 일례로 연구, 훈련, 개인 계발에 대한 자금 지원의 대폭적인 삭감이 있다. 영국 같은 나라에서는 사모펀드 소유자들이 세법을 성공적으로 조정하여 재무성으로부터 수십억 파운드를 갈취하려는 움직임이 있어 우려가 심화되 는 상황이다. 2007년 5월에는 사모펀드 기업의 한 거물이 자신의 최고 임 원진은 청소부 여인보다 세금을 적게 낸다는 사실을 폭로함으로써 소동이 일어난 적이 있었다.

2007년 2월에는 사모펀드의 보다 바람직한 역할이 대두되기 시작했다. 미국의 거대 사모펀드 기업인 KKR Kohlberg Kravis Roberts 과 텍사스퍼시픽 Texas Pacific 이 텍사스 주의 에너지 기업인 TXU Texas Utilities Company 에 투자하 는 조건으로 녹색 정책을 강경하게 밀어붙인 것이다. TXU는 그 조건을 받 아들여 건설 추진 중인 열한 개의 석탄 화력 발전소 중에서 일곱 개를 취소 했고 그렇지 않으면 매해 대기 중으로 7,800만 톤의 이산화탄소가 더 배출되었을 것이다, 탄소 배출 거래 프로그램을 따르기로 했을 뿐만 아니라, 에너지 효율성 추구 프로젝 트에 거금을 투자하기로 했다. 이에 대해 환경 단체들은 자본 시장과 사모 펀드 관계자가 적어도 이산화탄소 규제에 눈을 뜨기 시작한 신호라고 환영 했다.

이는 좋은 현상이기는 하지만, 보다 세계적 차원에서 카지노 자본주의 casino capitalism 의 확대가 지속가능성에 도움이 되기는커녕 세계 경제에 탄력 을 주기는 어렵다. 사실 우리는 황금기인 지난 20년을 자본주의를 쫓다가 만신창이가 되었다. 우리를 생존하게 해주는 생명 지원 시스템을 파괴하고 장기적으로 사회 통합에 지장을 주는 '불평등의 격차'를 넓혀야만 성공했다고 할 수 있는 모델을 말이다. 인류가 그러한 시스템에 더 이상의 관용을 베푼다는 것은 있을 수 없다. 존 케네스 갤브레이스, 로버트 하일브로너 Robert Heilbroner, 프레드 허시 같은 저명한 경제학자들이 특정 자본주의 모델의 실패를 선언한 지 20여 년이 흐른 지금 냉정한 사고가 대두되고 있는 것이다.

특정 자본주의 모델의 만성적 역기능은 세계 자본 시장의 역할에 어둠의 장막을 덮어씌워서, 기존 시스템 안에서 보다 지속가능한 자본 이용 방법을 추구하고자 하는 노력을 왜곡한다. 다수의 매우 비도덕적인 기업 임원들이 자신들을 생존하게 하는 기업과 부를 창출하는 전체 시스템에 손해를 끼치면서까지 주머니를 불리려는 반면, 또 어떤 사람들, 예를 들어 재계 인사, 학자, 진보적인 NGO가 보다 지속가능한 부의 창출 방법을 추구한다는 것은 아이러니가 아닐 수 없다.

비즈니스 사례

소위 '지속가능한 성장을 위한 비즈니스 사례'의 진화는 '보다 성공적인 자본주의'로의 흥미로운 방향 전환을 암시함으로써 지난 수년 사이 꾸준한 관심을 받아왔다. 비즈니스 사례의 핵심은 간단하지만 강력한 제안을 내포한다. 자신들의 사회, 환경, 윤리적 성과를 급격히 향상시키기를 추구하는 기업들이 장기적으로 주주들의 이익을 최대한 제공할 수 있게 된다면, 그때부터는 자본을 다양한 기준에 따라 배분할 수 있을 뿐만 아니라 자본주의를 근원적으로 파괴하는 단기적인 수익 최대화가 추진력을 상실하게 된다는 것이다. 다시 말하자면, 이와 같은 이유에서 지속가능한 성장을 위한 비즈니스 사례가 몇 개의 에너지 절약 전구를 설치하여 소액을 절약하는 차원보다 훨씬 관심을 끄는 개념이라는 것이다.

이와 같은 가설에 신중하게나마 긍정적인 시각을 가질 수 있다고 본다. 2002년 협동조합보험협회Cooperative Insurance Society의 위촉을 받아 '지속가능한 투자를 위한 미래 센터 포럼Forum for the Future's Centre for Sustainable Investment'이 브라이언 피어스를 중심으로 하여 실시한 연구에서 1970년대 와 1990년대 사이에 이루어진 연구 결과들의 거의 대부분에서 환경적이고 사회적으로 책임 있는 비즈니스 사례와 재정 성과 사이에 긍정적인 상관관계가 존재할 수도 있다는 증거를 발견했다. 이는 수많은 사람들이 고대하는 결정적이고 의미가 있는 상관관계는 아니지만, 환경적인 투자와 보다 사회적으로 책임 있는 비즈니스 행위가 반정부적이고 경쟁력을 구속하는 것으로 치부되던 시절을 기억하는 사람들에게는 지난 10년간에 이루어진 상당수의 연구들로 확증된 이만한 발견도 상당한 의미가 있는 것이다.

물론 이 부분에도 난제는 있다. 이와 같은 집단적인 체험에서 이익 추구와 진실한 지속가능성 성취 간에 조화가 있을 가능성을 최소한이나마 찾은 것이 사실이라면 정치인들이 그와 같은 통합을 가속화할 수 있는 정책 수단들에 대해 미적거리는 이유는 무엇이라는 말인가? 그리고 적어도 평균 수익률과 추가 프리미엄을 창출하는 선도 기업에 대한 투자로 가장 중요한 주주들의 이익에 위협이 되지 않는데, 세계 금융 시장은 어째서 자본 분배에 있어서 지구 생명 지원 시스템 확보를 고려하기를 지체할까?

지속가능성과 기후변화에 관한 기업 전략 연구소인 에코스 사Ecos Corporation의 폴 길딩Paul Gilding을 비롯한 연구원들은 이와 같은 문제가 발생하는 원인으로 도덕적 명령, 가치와 윤리에 대한 부적절한 호소에 과도하게 의존하는 비즈니스 사례를 추켜세우는 사람들의 잘못된 옹호에 있다고 주장한다. 길딩은 기업의 지속가능성 전략을 설계하고 실행하는 데 있어서의 경제적 가치에 초점을 맞추어야 한다는 것이다.

제14장에서 설명하겠지만, 사실 많은 기업들이 주주들을 위해 경쟁력 있는 비즈니스 사례를 정의하는 데 있어서 실제적인 접근 방법을 모색하고자 한다. 하지만 그와 같은 방법으로는 비즈니스 운영의 가치적 측면에서 문화적 효력을 발생시키지 못하는 기업들이 있다. 그런데 마쓰시타는 창업자 마쓰시타 고노스케松下幸之助의 교훈인 '기업은 사회의 공익 조직'이라는 말을 여전히 신봉하고 있다. 그 교훈의 관리 목표인 "우리는 산업 인력으로서의 사명을 인식하면서 사업 활동을 통해 사회의 발전과 성장, 그리고 사람들의 복지, 더 나아가 전 인류의 삶의 질을 향상시키는 데 헌신하고자 한다"에는 주주들에 대해서는 일언반구가 없다. 대부분의 기업들이 기업 책임과 지속가능한 성장에 대해 고리타분한 목표를 설정하는 것과는 극히 대조적으로 세계를 빈곤에서 구출하여 '물질적, 영적으로 번영케 한다'는 마쓰시타의 야심은 신뢰를 받고 있는 것이다.

어떤 식으로든 대부분의 기업들은 주주들의 수익·요구와 그 밖의 이해 관계자들에 대한 책임 사이에 균형 맞추는 것에 관심을 쏟고 있다. 하지만 그러함에도 불구하고 덴마크 제약 회사 노보노디스크Novo Nordisk처럼 자신들의 책임을 체계적으로 고찰하는 기업은 그리 흔하지 않다. 이 회사는 연래로 발간하는 지속가능성 보고서를 통해 자신들의 전략이 왜 자신들에게 적절하게 들어맞는지를 감탄스러울 정도로 잘 요약해놓고 있다. 흥미롭게도 노보노디스크는 자신들의 재정 성과와 전반적인 경제 성과의 간격을 없애기 위해 노력하는 몇 안 되는 세계적 기업의 하나이다. 제2장에서 설명한 바 있지만, 너무도 많은 기업들이 지속가능한 경영의 3대 축에서 재정 요인을 수익, 순 현재 가치, 생산성, 투자 수익 등의 재정 요인으로만 분석하려한다. 하지만 GRI Global Reporting Initiative, 지속가능 보고서에 대한 가이드라인을 제시하는 국제

기구가 발간하는 최신 〈지속가능성 보고 가이드라인Sustainability Reporting Guidelines〉에 명료하게 설명되어 있는 바와 같이 경제 성과는 재정 성과와 같지 않다. 요즘 기업들은 자신들이 어디에서 수익을 창출하는지, 세금은 어떻게 내고 있는지, 이해 관계자들은 자신들의 행동으로 어떤 혜택을 받는지, 자신들이 끼치는 경제 파급 효과는 어떠한지에 대해 정보를 제공할 의무가 있다고 본다.

이와 같이 긍정적이든 부정적이든 사회적, 경제적, 환경적인 외부 요인들의 중요성을 깨달으면 기업들은 자신들의 금융 자본을 어떻게 관리해야 하는지를 보다 잘 파악하게 된다.

2003년 NGO가 더욱 압박하자 에이비엔암로ABN AMRO, 뱅크오브아메리카Bank of America, 바클레이즈Barclays, 씨티그룹Citigroup, HSBC Hongkong and Shanghai Banking Corporation, 홍콩상하이은행, 스탠다드차타드Standard Chartered, 스코틀랜드왕립은행Royal Bank of Scotland 같은 세계 굴지의 금융 기관들은 자본 비용이 5,000만 달러 이상이 되는 새로운 프로젝트에 대한 환경적, 사회적 충격을 관리하기 위해 새로운 프레임워크를 개발했다. 적도 원칙Equator Principles, 대규모 개발 프로젝트가 환경 파괴를 일으키거나 해당 지역 주민이나 사회적 약자들의 인권을 침해할 경우 자금 지원을 하지 않겠다는 금융 회사들의 자발적인 행동 원칙 -역자 주은 해외 직접 투자가 '단기적 경제 수익'이 아닌 '장기적 최적 혜택'을 확보할 수 있는 방향으로 관리되도록 하는 데 있어서 상당한 영향력을 발휘해오고 있다. 하지만 수많은 NGO들은 그들의 행위가 과연 얼마나 개선되었는지에 대해서는 여전히 회의적이다.

그렇다면 그러한 비즈니스 사례를 가장 강력하게 강화할 수 있는 방법은 어떻게 정할 것인가? 나는 자연 자본의 측면에서 내추럴스텝이 제시한 것처럼, 어떤 투자가 자연 자본을 유지해주거나 증가시켜줄지 판단하는 소수의 권위 있는 방법의 하나라고 주장한 바 있다. 금융 자본 측면에서 보자면, 투자 결정뿐만 아니라 이 경우에도 적용할 수 있는 친밀한 방법들, 즉 투하 자본 수익률, 경제적 부가 가치, 가중 평균 자본 비용, 현금 흐름 할인법이 존재한다.

지난 수년 사이 지속가능한 성장을 위한 비즈니스 사례에 대해 수많은 토의가 있었다. 하지만 진지하게 그 정도를 측정하고자 하는 구체적인 노력은 부족했다. 제14장에서 설명하겠지만, 코업은행 Co-op Bank과 BT는 자신들의 윤리적이며, CRS에 관한 정책이 주주들에게 미치는 가치를 측정하는 데 상당한 심혈을 기울여왔다. 하지만 그 결과가 일반적으로 미미한 것이라서 분석가들은 결과가 나올 때마다 "그래서 어쨌다는 것인가? 당신의 보고서에는 당신 기업을 성공으로 이끄는 진짜 요인이 전혀 담겨 있지 않은 것이 아닌가?"라는 반응을 보인다. 지금은 환경 효율성, 비용 절감, 그린 프리미엄 green premium에 대한 평가에 초점을 맞추는 바람에 아주 좋은 기회들을 놓치고 있는 실정이다. 지속가능성의 참다운 비즈니스 가치는 지속가능성이 특정 기업을 위해 창출하는 부가 가치, 기업의 전략적 자산을 보호하고 개발하는 방식, 다섯 가지 자본의 책임 있는 사용에서 비롯되는 경쟁 우위에서 발생하지 않으면 안 되는 것이다.

지구에 대한 금융 자본의 투자

기존의 경제적, 재정적 구조의 범위 안에서 보다 환경적이요 사회적으로 책임 있는 행동을 도모한다는 차원에서 모든 것을 토론의 범위에 포함시키는 것이 바람직하다. 하지만 기존의 구조가 역기능적이요 지속가능성을 이행하기 불가능한 것이라면 변화보다는 차라리 피해의 최소화에 대해 이야기하는 것이 좋을 것이다. 이와 같은 상황에서는 금융 자본을 창출하여, 분배하고, 소유하여 사용하는 방법에 관한 보다 급진적인 제안의 필요성에 대한 논의를 미루어서는 안 된다. 하버드 비즈니스스쿨의 데이비드 코튼 교수는 인류가 직면한 문제의 근본 원인을 직설적으로 파헤친다.

> 문제는 이미 상당한 부를 축적하고 있는 사람들을 위해 더 많은 돈을 벌 기회를 창출해야 한다는 이 한 가지 강박 관념에 의해 움직이는 포식자 같은 세계 금융 시스템이 순자본을 빠르게 고갈하고 있다는 것이다. 우리의 웰빙을 좌우하는 인간 자본, 사회 자본, 자연 자본, 심지어 제조 자본 같은 것들이 그 대상이다. 상업을 촉진하는 수단으로 한때 편리함을 주었던 돈이 개인이 가진 삶의 목적과 사회를 규정하기 시작하면 경제 시스템은 병들기 시작한다. 여기에서 진짜 심각한 부분은 돈이 생명을 죽이기 위해 벌이는 전쟁에 우리가 자진해서 가담하려 한다는 것이다. 이런 상황은 돈이 곧 부가 아니라는 것을 인식하지 못하는 점에서 비롯된 감이 없지 않다. 이런 혼돈 속에서 우리는 아름다운 삶을 유지하게 해주는 것들을 무시한 채 돈에만 집중하고 있는 것이다.　　　　　　　　　　　　　　　**코튼, 1997**

그렇다면 이대로 손을 놓고만 있어야 하는 것인가? 제8장에서 소개한 바 있지만 어떤 사람들은 인간의 삶에서의 가치와 균형 사이의 적절한 감각을 회복하기 위해서는 프리츠 슈마허가 주장한 것처럼 오랜 시간에 걸쳐 형이상학적 재구성이라는 과정이 필요하다고 말한다. 또 어떤 사람들은 정치인들로 하여금 엘리트들과 여전히 우리의 삶을 주도하고 있는 과잉 평가된 경제 정설을 배격하도록 압박을 가할 수 있을 만한 충분한 힘을 축적하기 위해 세계적인 거대한 움직임이 일어야 한다고 말한다. 대부분의 운동가들은 심각하게 손상된 시스템에 보다 급진적인 개혁이 일어날 틈이 언제나 나타날까 노심초사하고 있다. 하지만 주류 언론이 재정만을 추구하는 상황에서 일반 사람들이 현재 벌어지는 상황을 충분히 숙지한다는 것은 거의 기대할 수 없는 것이다.

그렇다면 우리가 금융 개혁이라는 문제를 놓고 왜 보다 창의적으로 생각하려들지 않는 것인가? 그리고 오늘날의 금융 시스템이 지속가능성의 추구에 미치는 영향에 대해서는 왜 고민하지 않는 것인가? 사회 정의를 추구하는 운동가들은 보다 유익한 글로벌 금융 시스템의 구축 방안을 위해 채무, 원조와 무역에 대한 문제점에 관심을 기울인다. 하지만 금융 시스템 그 자체에 대해서는 의혹을 품지 않는다. 환경 보호 운동가들은 납세, 부당한 보조금, 향상된 회계 시스템 등에는 관심을 기울이면서도, 그들이 관심을 기울이는 인구 증가만큼이나 중요한 금융 개혁에 대해서는 무관심하다.

제임스 로버트슨James Robertson은 1978년《온전한 대안The Sane Alternative》을 출간한 이래 급진적인 아이디어를 개진해오고 있다. 존 M. 번즐John M. Bunzl과 공동으로 집필한 최근 저서《금융 개혁의 현실화Monetary Reform : Making it Happen》(2003)에서는 거의 모든 나라들에서 자행되고 있는 자의적의 통화 공급이라는 비정상적인 방법에 초점을 맞추어 분석하고 있다. 일례로 영국에서는 아무런 근거도 없이 상업 은행이 통화 공급의 97퍼센트를 담당하여 이익을 창출하고 있고, 이익을 창출하지 않는 나머지 3퍼센트는 은행권bank note이나 동전을 발생하는 잉글랜드은행Bank of England과 왕립조폐국 Royal Mint이 담당하고 있다. 영국의 은행들은 이와 같은 구조로 인해 매년 200조 파운드 이상을 벌어들이고 있다.

거의 모든 사람들이 부채와 경제 성장과 지속가능성 간의 관계를 이해하지 못한다. 하지만 국가 채무에서부터 기업의 부채, 더 나아가 일반 시민의 부채를 당연시하는 경제에서는, 부채에 대한 이자를 갚기 위해서는 경제 성장이 필요하다는 경제 성장 절대론이 힘을 받고 있다. 유럽에서 부채가 가장 많은 영국에서는 개인의 빚이 1조 3,000억 파운드에 달하는데, 어떤 일로 경제가 하강 곡선을 그리는 경우엔 그 즉시로 100만 명 이상의 시민이 지불 불능이라는 벼랑 끝에 몰릴 것이다. 영국의 은행들은 벌써부터 부채가 불어나는 입장인데, 이로 인해 움직이는 모래밭에 경제를 건설한다는 생각, 즉 '빌린 돈으로 일으킨 경제는 시간을 빌어 세운 경제'라는 생각에 의문을 갖는 정치인들이 많아지고 있다.

이는 거의 모든 국가들에서 벌어지는 현상으로서 어떻게 이렇게 되도록 방치할 수 있었는지 의문이 아닐 수 없다. 1975년 존 케네스 갤브레이스는 이렇게 말했다. "은행이 돈을 창출하는 과정은, 중요한 무언가가 개입했을 것 같고 그래서 신비감이 더해야 고상하게 받아들여지는 상황에서는 사람들이 믿으려 하지 않을 정도로 단순하다." 지금과 같은 통화 공급의 창출은 실제 자원, 국가 경제에서의 물품이나 서비스의 거래와는 관련이 없고, 은행으로부터 개인이나 기업이 돈을 빌려 갚을 수 있는 능력이 있느냐는 판단에 의한 것이다. 따라서 통화량이 불어나면 그만큼 부채가 늘 수밖에 없고, 통화 공급이 늘어나면 그만큼 국가 부채도 늘게 되는 것이다.

시간이 가면서 전문가들에게 지지받는 로버트슨의 주장은 단순하지만 포괄적인 해결책이다. 상업 은행들로부터 통화 공급 권리를 빼앗아서 잉글랜드은행에 돌려주면, 잉글랜드은행은 이자를 붙이지 않고 정부를 통해 돈을 유통시키게 한다는 것이다. 그렇게 하면 단 한 번에 모든 것을 해결할 수는 있다. 세금이 줄거나 공공 지출이 근원적으로 늘어갈 테고, 통화 공급에 이자가 붙지 않기 때문에 공공이나 개인의 부채가 줄어들 것이며, 그래서 경제는 안정될 것이고, 잉글랜드은행은 보다 용이하게 인플레이션을 조절할 수 있을 것이며, 결과적으로 환경적인 스트레스도 많이 완화된다는 것이다. 요즘에 사용되는 대부분의 돈은 빚이다. 그래서 사람들은 그 빚을 갚기 위해, 이자가 붙지 않는 돈이 유통되는 경우보다 더 많이 상품을 생산하여 팔아야 하는 것이다.

요즘에는 많은 사람들이 이와 같은 금융 개혁이 없이는, 선진국에서 시행되는 혜택과 복지 시스템에 장애가 되는 산적한 난제들을 해결할 수 없다고 생각한다. 십수 년 전부터 이처럼 복잡하고, 비용이 많이 들며, 또 근본적으로 형평성이 떨어지는 급여 시스템을 기본 소득, 사회적 배당금, 역소득세 negative income tax라고도 하는 일종의 시민 소득으로 대체하자는 주장이 꾸준히 제기되어왔다. 가장 앞장서서 이와 같은 주장을 개진해온 경제학자 클라이브 로드Clive Lord는, 급진적인 개혁 중에서 무시되고 있지만 중요한 부분에 대해 설명하고 있는 《시민 소득 : 지속가능한 세계를 위한 조건A Citizens's Income : A Foundation for a Sustainable World》(2003)이라는 소책자를 통해 영국의 주류 정당들에 도전하는 입장을 취했다.

> 시민 소득은 모든 사람이 식품, 연료, 의복과 거주란 기본적인 조건을 충족할 수 있을 만큼의 돈을 매주 받아야 한다는 원리를 토대로 한 것이다. 이는 무세금이어야 하며, 각 시민에게 지급되어야 하며, 무조건적이어야 한다. 일하는 사람이든 아니든, 필요로 하든 아니든, 모든 사람들에게 지급되어야 한다. 능력 있는 사람들에게는 시민 소득이 기존의 모든 사회 보장 혜택, 소득세 공제 같은 효력을 발휘하게 될 것이다. 단적으로 말해서, 시민 소득은 공동체 사람들이 능력에 따라 납부하여 조성한 공동 자금에서 모든 사람들의 기본적인 필요 요건을 충족시켜주기 위해 무조건적으로 각 사람에게 제공되는 자금이다.
>
> 로드, 2003

다시 말하지만, 이 문제에 대해서는 대부분의 환경주의자들이 그리 관심을 기울이지 않아왔다. 보다 공정한 사회의 구현을 위해 투쟁하는 운동가들조차 그러하다. 하지만 지난 수년 사이 개혁의 중요성에 생각을 같이하는 저명한 경제학자들이 급증하고 있음에도 불구하고 정치적인 개입에는 차이를 보이고 있다. 극단적인 예로 밀턴 프리드먼Milton Friedman은 정부의 역할 축소와 자유 시장 확대를 주장한 반면 갤브레이스는 공공의 이익을 위해 정부의 개입과 역할을 지지한다는 것이었다. 마거릿 레검이 2002년에 출간한 저서 《이럴 필요는 없잖아》를 통해 시민 소득 혹은 기본 소득의 혜택에 대해 뛰어난 설명을 제공한 이래, 지금은 영국을 포함하여 네덜란드, 아일랜드, 스페인, 스웨덴, 프랑스, 독일, 뉴질랜드, 오스트레일리아, 브라질, 캐나다, 미국 같은 나라들에서 레검의 주장과 유사한 방법을 활발하게 연구하거나 선포하는 조직들이 늘어나고 있다.

> 브라질이 선두 주자이다. 일부 지방 정부에서는 개인이 아닌 가족별로 매월 기본 소득 형식의 돈을 지급해주고 있다. 이에 관한 연구에 의하면 가족 보조금이 정착되면서 취업률이 증가하고 범죄율이 떨어진다는 것이다.
>
> 레검, 2002

소유권 문제에만 초점을 맞추다 보면 우리는 또다시 결과가 뻔한 틀에 갇히고 말 것이다. 제4장에서 잠시 살펴본 것처럼 사유 재산권이 자본주의의 가장 기본적인 특성의 하나라면 사람들이 땅을 비롯한 자산에 용이하게 접근할 수 있느냐를 검토하는 것이 중요하다. 앞에서 소개된 페루의 경제학자 에르난도 데 소토는 《다른 길The Other Path》(1989)이라는 저서를 통해 개발 도상국에 사는 가난한 사람들이 재산권 보호를 받지 못함으로써 얼마나 심각하게 경제 성장이 저해받는지 상세히 설명하고 있다. 그의 계산에 의하면 가난한 사람들이 점유하여 살고 있는, 주인 없는 땅의 가치가 전 세계적으로 9조 달러에 달한다면서, 이들이 법적인 보호 없이 무단 점유 형식으로 살고 있기 때문에 자립적인 기업가 정신을 발휘할 수 없다는 것이다. 그는 자신의 주장을 설명하기 위해, 리마 변두리의 무허가 판자촌 사람들에게 그 주택에 대한 소유권을 부여하자 주택 개량 사업에 대한 투자가 무려 아홉 배나 증가했다는 점을 들었다. 남미 대륙에서는 소유권이 확립되지 않는 땅으로 소작농들이 영주할 의사도 없이 몰려든다. 따라서 확고한 권리를 인정하지 않는 한 '땅 관리권' 같은 것은 쓸데없는 것이다.

변호사이자 시민 운동가인 제프 게이츠는 다양한 소유권에 대한 접근성을 확대하는 것이 보다 지속가능한 경제에 직접적으로 도움이 된다는 것을 끈질기게 설명해왔다. 그는 자신의 저서《오너쉽 솔루션The ownership solution》(1998)을 통해, 오늘날 자본주의의 진짜 문제는 실행하는 자본주의자들의 수가 아주 적다는 점에 있다고 주장한다. 자산의 소유권은 극히 소수의 사람들에게 몰려 있는데, 그들은 쉬지 않고 불평등과 불의를 조장하고 있다는 것이다. 그는 종업원 사주 제도나 협동조합 같은 잘 알려진 개념을 토대로 하여 개인, 경제, 시민의 참여를 끌어들이는 포괄적인 네트워크로 거듭날 수 있는 실용적인 소유권 전략에 대한 다양한 방법을 비교 평가했다.

일부 대안적인 방법들은 대중들이 의식하지 못하는 사이 차분히 자리를 잡아왔다. 영국에서는 존 루이스 파트너십John Lewis Partnership, 노동자도 경영에 참여한다이 잘 알려져 있고, 미국에서는 유나이티드항공United Airlines의 사례가 대표적인데, 이들은 소유권의 55퍼센트를 노동자에게 돌린다. 나는 스콧베이더커먼웰스Scott Bader Commonwealth 사의 전략을 가장 좋아하는데, 이 회사는 1921년에 설립되어 1951년에 공익 신탁으로 재구성되었다. 설립자인 어니스트 베이더Ernest Bader는 자본이 노동력을 고용하는 세상은 지속불가능하기 때문에 개인의 장점을 인정할 수 있게끔 노동이 자본을 고용하는 세상이 되어야 한다는 철학을 제시했다. 다양한 기업과 파트너십을 운영하고 있는 스코베이더 커먼웰스는 단 한 번이라도 자신의 기업에서 일한 사람들에게는 멤버십을 발급한다. 이로 인해 스콧베이더 커먼웰스는 성공 가도를 달려왔는데, 멤버십이 가장 도움을 준 사례가 아닐 수 없다.

하지만 자본주의의 미래를 걱정하는 사람들에게는 이 정도로 만족할 수는 없다. 제프 게이츠는 이렇게 말했다.

> 오늘날의 자본주의는 기묘하고 위험한 모순을 드러낸다. 개인 사유화를 적극 권장한다. 자본이 개입한다고 해서 자본주의라 부르면서, 그렇게 부르는 사람은 고려하지 않는다. 도무지 이해가 되지 않는다. 현대 자본주의는 자본가를 탄생시키기보다는 금융 자산 창출을 목적으로 한다. 정치력을 발휘하지 않는다면 전혀 다른 목적을 가진 요인들은 결코 끌어들일 수 없을 것이다. 참여자본주의로 갈수록 오늘날 팽배한 배타적이고, 분리적이며 사회적으로 소모적인 소유권 패턴은 점차 사라지게 될 것이다. **게이츠, 1998**

얼마나 많은 사람들이 서구, 특히 뉴욕과 런던에 있는 자본주의자들의 무지를 걱정하고 있는지 모른다. 자본주의자들은 특정 자본주의 모델의 우수성에 대해 지치지 않고 선전해댄다. 사실 우리는 서구로부터 배워 간 나라들로부터 배울 것이 많다는 점을 인정해야 한다. 특히 방글라데시의 그라민은행Grameen Bank은 지적 자본이 역류한 대표적인 사례이다. 미소 금융Micro-Credit 운동의 주도적인 역할을 하는 그라민은행은 전통적인 방식으로는 담보물이 없어서 돈을 빌릴 수 없는 여성들에게 소액을 대출해준다. 각 그룹에 속한 여성들은 채무자가 돈을 갚는 것에 대한 공동 책임, 신뢰와 비공식 네트워크를 기반으로 한, 결정적으로 중요한 사회 자본을 제공한다.

미소 금융 운동의 성공은 자본이 얼마나 다양하게, 유용하게, 자산 재분배 차원에서 이용될 수 있는지를 보여주는 최고의 사례이다. 하지만 이는 오늘날의 글로벌 자본 시장에 아무런 영향을 주지 못하고 있다. 시장을 통제하고 관리하는 사람들이 대부분 지구 상에서는 가장 탐욕적, 자기중심적이며, 또 생태적으로 무지하기 때문이다. 지구와 인류가 처한 실상에 대한 그들의 부정이야말로 현실의 난제를 극복하는 데 가장 큰 장애가 아닐 수 없다.

Capitalism as if the World Matters

보다 아름다운 세상에서
보다 아름다운 삶을

3

CAPITALISM AS IF THE WORLD MATTERS

벌이 멸종되면, 머지않아 인류도 그 뒤를 따르게 된다

○

현실 부정에 대한 대처

지속가능한 경제의 성취를 위해 현대 자본주의의 방법들을 이론적으로 바꿀 수 있다는 가설에 집착하면, 그와 같은 변혁적 과제를 정의 내리는 것이 어렵다는 사실에 봉착하여 어쩔 수 없이 '부정'이라는 불안하면서도 만연된 현상으로 회귀하게 된다. 제1부에서 설명한 바 있지만, 생명 유지 시스템이 급격하게 저하되고 있다는 사실을 무시할 수 없는 상황임에도 불구하고 정치인들은 필요한 변화의 폭이 엄청나다는 것에 충격을 받아 정신을 차리지 못하는 것 같다. 그들은 기후변화에 관심을 기울이기 시작했음에도 불구하고 인간이 전적으로 자연계에 의존하여 산다는 사실을 제대로 실감하지 못하고 있다. 이는 우리가 안전에 대해 얼마나 이해하고 있느냐에 대해 처음부터 다시 생각해야 함을 의미한다. 우리가 무기와 군사 안보에 쏟아붓는 수십억 달러는 '테러와의 전쟁'의 비용도 날이 갈수록 증가한다 인간의 장기적 안보를 사실상 결정하는 생태 환경과 사회 환경을 체계적으로 파괴한다. 미국이 전혀 지속불가능한 석유, 특히 중동의 석유에 지속적으로 의존한다는 것은 개발 도상국의 만성적인 빈곤과 붕괴 중인 자연계에 대해 이슈화하는 것을 방해할 뿐만 아니라 미국 시민들과 전 세계 인류에 직간접적으로 막대한 피해를 주는 것이다.

부정할 수 있는 능력

제2부에서 설명한 다섯 가지 자본 틀은 경제학, 생태학, 사회학, 심리학 등 다양한 분야에서 취합한 아이디어들을 토대로 수립한 것이다. 자본주의를 위한 완벽한 개혁 의제는 아니지만 자본주의와 지속가능성의 조화라는 매우 중요한 질문에 답할 수 있는 골격을 제시한다. 하지만 나는 여전히 정치인들을 납득시키지 못하는 것이 아닌가 하는 두려움에 사로잡힌다. 실증적인 환경과 사회 자료까지는 아니더라도 지금은 부정할 수가 없다 자료 해석에 대해서는 강하게 부정할 정도로 그들의 태도는 여전히 완강하기만 하다. 규모가 커지는 세계 경제에서의 중단 없는 성장을 통해 확립된 성장을 위한 기본 모델은 여전히 건재해서 환경을 위해서는 시장 중심으로 약간의 수정만 필요로 하고, 가난한 나라의 빈곤을 극복하기 위해서는 보다 집중적인 노력을 기울여야 한다는 것이다. 하지만 일부에서는 성장 모델에 대해 의심을 품거나 믿으려 하지 않는 움직임이 보이기 시작했다. 특히 당장의 편안을 위해 지구를 쓰레기장으로 만드는 종말론적인 파우스트식 거래에 대한 불신은 날이 갈수록 가중되고 있다. 그런데도 이 사람들이 정치권이나 언론에 목소리를 높여 개혁을 요구하지 않은 것은 무슨 이유 때문일까?

인지심리학에 의하면 가장 적절한 시기에서도 인간은 불확실성과 복잡성을 대처하는 데 어려움을 겪는다고 한다. 그러한 것들에 압도당하는 경우에는 익숙한 주먹구구식으로 되돌아가 기존의 습관대로 방어적인 태도를 취한다는 것이다. 인간은 기존의 세계관과 자신들에게 익숙한 생활 방식을 유지하려는 반면, 그러한 태도가 자신들을 위기로 끌고 가는 것들이라면 막으려 한다는 것이다. 정서적으로 우리의 웰빙이나 우리가 사랑하는 것들에 대한 큰 위협에 대처하는 것이 더 힘들다. 특히 대처 수단이 없을 것 같을 때에는 무력감을 느끼는데, 억압감, 부인하고 싶은 마음, 고립감, 절망감 혹은 분노가 들 때는 될 대로 되라는 심정을 갖기 쉽다. 부정이 효력을 발휘하기 위해서는 엄청난 모략을 필요로 하는 것이 아니다. 세상 돌아가는 대로 살고자 하는 보통 사람들에게라면 얼마든지 부정이 영향력을 발휘한다. 환경적인 재앙이 다가온다는 무서운 이야기들이 나도는 현실에서 토머스 호머딕슨은 사람들이 취하는 방어 3단계를 다음과 같이 설명한다.

첫째는 **실존적 부정**이다. 이와 같은 경우에는 논란이 되고 있는 환경 문제, 예를 들어서 기후변화 같은 것은 존재하지 않는다는 것이다. 하지만 증거가 부인할 수 없을 정도로 축적이 되는 경우에는 **결과적 부정**으로 넘어간다. 이 단계에서는 문제가 존재한다는 것은 인정하지만, 그것이 그리 문제될 것이 없다는 식으로 말한다. 마지막 단계로 문제의 존재와 그 결과를 동시에 부정할 수 없으면서도 해결 방법이 없을 때에는 **숙명론적 부정**으로 넘어간다. 완고한 환경적 회의론자들에게 숙명론적 부정은 심리적 최후 방어선이자 결코 물러설 수 없는 마지막 장벽이다. 　　　　　호머딕슨, 2006

이와 같은 부정의 단계는 불확실성이 농후한 상황인 '모든 문제가 결국에는 사라지고 말 것'인 경우나, 논란이 지속되는 상황인 '그러리라 믿고 또 해결될 것을 신뢰하면 만사는 오케이'라는 경우, 심지어 논란의 상당 부분이 사람들로 하여금 부정적인 자세를 갖추도록 유도하는 사람들이나 조직에 있다는 것이 밝혀지는 경우에도 오히려 공고해질 수도 있는 것이다. 이런 자세는 변화를 추구하는 학자와 전문가들에게 곤혹스러운 문제가 아닐 수 없다. 보다 근원적인 '가치 기반' 차원으로 증거를 확립하지 않는다면, 아무리 권위가 있고 객관적으로 설득력 있는 과학적 증거라 하더라도 태도와 행위에 변화가 일어나도록 자극을 줄 수는 없는 것이다. 서리 대학교University of Surrey의 물리학 교수 이안 크리스티의 말을 들어보자.

> 우리는 일련의 '문화 전쟁'에 직면해 있다. 기후 논쟁은 두말할 것 없는 문화 전쟁이다. 지속가능한 성장에 대한 포괄적인 투쟁도 마찬가지다. 인간과 지구의 관계에 대한 기본적인 믿음, 인간 사회와 노력을 뒷받침하는 가치, 화폐 경제가 인간의 삶에서 차지하는 위치가 위험에 처해 있는 것이다. 지속가능성을 문화 전쟁으로 간주한다면 지속불가능한 성장에 관한 증거가 산더미처럼 쌓여도 정치와 비즈니스에 거의 영향을 주지 못하는 이유를 간파하게 된다. 뿌리 깊은 문화적 요인들로 인해 지속불가능성을 부인하기 쉬운 것이다. 크리스티, 2004

하지만 과학적인 증거가 없이는 이 특별한 현시가 무엇을 의미하는지 이해할 수 없다. 따라서 우리는 보다 긍정적인 관점에서 현실을 바라보기 전에 수많은 사람들이 그 중요성을 부인하고자 하는 완벽한 증거들을 검토할 필요가 있다.

자연에 대한 부정

오늘날의 생태적 위기의 규모와 속도에 관한 논의를 끌고 나가는 것은 그리 쉽지 않은 일이다. 일시적이고 부적절한 감이 있지만 30여 년 이상 어렵게 논의가 지속되어왔다는 점에서 지금쯤이면 걱정하는 것에 대해 완전히 파악하고 있어야 하지 않느냐 하는 공감대가 사회 전반에 퍼져 있다. 오존층을 파괴하는 화학 물질 사용을 20여 년 전에 신속히 제한하는 행동을 실시하면서부터 서서히 오존층이 복원되고 있듯이, 이미 제1장에서 주장한 바 있지만 사태를 해결할 행동이 필요하다. 하지만 오존층이 원래 상태로 회복되려면 앞으로도 최소한 40여 년이 필요하다는 사실은 성공 스토리에 가려 있는, 우리가 조심하지 않으면 안 될 주의사항이다. 그러면서도 유엔환경계획이 오존층을 파괴하는 화학 물질 밀수에 관해 최근 발표한 문서에 의하면 앞으로 계획대로 될 것이라는 희망을 품기 힘들다.

선진국들만 놓고 보자면, 지난 30여 년 동안 환경 파괴를 규제하는 정책이 실시되고 나서 식수와 용수의 질이 현저히 좋아졌고, 독극물 사용을 규제하면서부터는 많은 지역에서 공기가 상당히 깨끗해졌다.

하지만 지구의 무한 능력과 자기 치료 능력을 믿는 풍요로움을 추구하는 자들로 하여금 환경주의자들을 절박한 문제에 대해 어떤 해결책도 내놓지 못하면서 미래에 대해 공감을 일삼는 카산드라나 예레미야 같은 예언자 무리로 무시하게 만드는 성공 사례들이 널려 있다는 것이 문제이다. 풍요로움의 모순에 빠진 대표적인 인물 가운데 하나인 비외른 롬보르는 《회의적 환경주의자The Skeptical Environmentalist》(2001)라는 저서를 통해 자연계가 붕괴 여부를 말할 필요가 없다고 강조한다.

전 세계를 주도하는 우파의 입장에서 보면, 자신들의 자기만족과 거대 기업에 대한 비굴성을 끈질기게 공격하는 세계 환경 운동에 대해 그동안 쌓인 감정을 털어낼 수 있다는 점에서 롬보르는 축복의 선물이다. 하지만 참으로 유감스럽게도, 그들의 스타인 롬보르는 밀랍으로 만든 날개를 퍼덕여 태양에 접근했다가 날개가 녹는 바람에 추락한 이카로스를 닮았다. 덴마크 과학적 부정직성에 관한 위원회Danish Scientific Dishonesty Committee는 롬보르의 책에 대해 이렇게 결론을 내렸다. "검증된 과학 사례의 기준에 정면으로 배치된다. 객관적으로 말해서 이 책은 과학적 부정직 사례에 포함된다고 판단된다." 그렇다고 해서 사실과는 반대되는 주장으로 언론으로부터 각광을 받고자 하는 사람들의 기가 꺾인 것은 아니다. 이들은 언론이 뜨거운 논쟁을 좋아한다는 사실을 이용할 줄 안다. 오늘날의 생태계가 심각한 위기에 처해 있다는 것이 세계적 공감대인 상황에서, 제1장에서 소개한 바와 같이 그에 반대되는 주장을 하는 사람들은, 더욱 극단적이고 기후변화에 관한 데이터를 무시하는 주장을 펼쳐 관심을 끈다.

하지만 변화가 긴급하게 필요하다는 의식이 우리에게 자리 잡으려면, 수많은 정책 결정자들의 마음속에 기후변화의 심각성이 고착될 필요가 있다. 지금도 발생하고 해가 갈수록 더 많이 발생하는 이상 기후도 '이상적인 현상이지만 자연적인 현상'으로, '예전에도 많이 발생한 자연 현상'으로 치부하는 경향이 있는데, 이런 식의 부정에 대처하는 방식은 날이 갈수록 어려워지기만 한다.

그 밖에도 많은 문제들이 도사리고 있지만 그것들을 모두 의제로 삼지는 못한다. 일례로 전 세계 특히 인도네시아를 비롯한 동남아시아의 보고에 의하면, 현재 진행되고 있는 삼림 파괴 속도가 지구의 벗이 삼림 파괴를 세계적 이슈로 제기했을 때인 1980년대 중반보다 훨씬 빠르다는 것을 알 수 있다. 그로부터 20년이 지난 지금 삼림의 규모는 급격하게 줄어들고 있는 것이다. 어스워치 연구소Earthwatch Institute, 지구감시망기구의 권위 있는 보고서 〈스테이트 오브 더 월드〉가 지적한 대로 세계적 이슈로 삼을 만한 문제들은 날이 갈수록 늘어만 가서 이제는 감당하기 힘들 정도이다. 우리는 지구가 나빠지는 속도를 늦출 수 있을지 모른다. 하지만 지구의 건강도를 나타내는 모든 주요 지수들은 여전히 나쁜 쪽을 향하고 있다. 예를 들어서 기후변화도 중요하지만 생물 다양성의 파괴가 우리의 집단적인 이익에 얼마나 직접적인 피해를 입히는지에 대한 인식이 현저히 뒤떨어져 있다. 제7장에서 설명한 바 있지만, 우리는 자연계의 정상적인 가동으로 얻는 직간접적 혜택을 실감하지 못하고 있을 뿐만 아니라, 자연계가 고장 날 시 인류의 미래에 미칠 직접적인 위험을 인식하지 못하고 있다. 벌꿀의 예를 들어보면 내 주장이 얼마나 설득력이 있는지 알게 된다.

새나 곤충 같은 꽃가루 매개자들이 인간을 위해 일해주고 있다. 꽃가루 매개자가 없다면, 식물은 씨를 생산하지 못한다. 그렇게 되면 식물은 물론 인간도 살 수 없다. 지구 상에 존재하는 25만 종류의 꽃식물 중에서 90퍼센트는 새, 박쥐, 도마뱀 같은 동물을 통해 수분 작용을 하기도 하지만 사실은 거의 대부분 곤충을 통해 이루어진다. 지구 상에 존재하는 농산물 중에서 80퍼센트는 야생 혹은 반야생 꽃가루 매개자를 통해 수분 작용을 한다. 계산에 의하면 꿀벌이 수분 작용을 도와주는 가치는 꿀을 생산하는 것의 60~100배에 달한다는 것이다. 농업에 대한 기여도를 돈으로 따지면 매년 수천억 달러에 달하는데, 꿀벌 같은 곤충이 없으면 모조리 인간이 부담해야 할 몫이다. 실상이 이러함에도 불구하고 대부분의 농부들은 경제 가치의 숨어 있는 공로자를 인정하지 않는다. 꽃가루 매개자가 음식으로 취하는 식물을 죽이는 살충제나 제초제의 사용은 치명적이다. 그것들의 서식지 파괴는 곤충의 수를 감소시키는데, 지구 상의 상당 부분에서는 꿀벌에 대한 인간의 위협이 몹시도 심각하다 일반적인 상식과는 달리 주요 농산물 중에서 인간이 키우는 꿀벌에 의해 수분 작용이 이루어진 비율은 15퍼센트에 지나지 않는다. 우리는 "벌이 멸종되면, 머지않아 인류도 그 뒤를 따르게 된다"는 알베르트 아인슈타인Albert Einstein의 말을 명심해야 한다.

여기에서 수많은 환경 문제의 핵심을 차지하는, 인간의 주요한 지적인 실패를 재차 언급하고자 한다. 그것은 시스템 인식의 실패요, 시스템 안에 존재하는 유기체들 간의 다중적이고 미묘한 관계의 중요성을 인식하지 못하는 것이다. 특정 생물종을 개별적으로 본다는 점에서 우리는 그 생물종에 가하는 피해가 다른 생물종들에게도 피해를 입히게 된다는 생각을 하지 못한다. 시스템이 반발력이 있어서 어느 순간에 도달하면 우리의 마지막 타격으로 인해 전체 시스템이 완전히 붕괴될 수도 있는 것이다. 폴 얼리히는 이 마지막 순간을 비행기 날개에 나사들이 튀어나온 것에 비교했다. 나사가 여러 개 튀어나와 있어도 비행기는 정상적으로 날 수도 있겠지만, 방치하면 한꺼번에 많은 수의 나사가 튀어나오는 순간이 다가올 것이고, 그렇게 되면 추락하게 된다. 토머스 호머딕슨은 자연 시스템에 대해 우리가 얼마나 엄청난 착각에 사로잡혀 있는지 일깨워준다.

> 문제의 핵심은 경제는 자연과 별개이고 기계처럼 돌아간다고 생각하는 데 있다. 기계의 행위는 직선적이고 예측 가능하며 취소할 수 있어서 경제학이라는 불가사의한 학문을 공부한 중앙은행원이나 정부 관료 같은 지구 상의 모든 기술 관료에 의해 조작이 가능하다는 것이다. 하지만 대안적인 이론은 경제는 본질적으로 자연 및 자연 에너지 흐름과 관련이 있다는 것을 인정하는 것을 기본으로 한다. 이처럼 보다 포괄적인 경제·생태 시스템은 기계처럼 돌아가지 않는다. 이 포괄적인 시스템의 행위는 문턱 효과 **threshold effect, 일정한 수준에 이르러야 그다음 단계로 넘어갈 수 있다는 뜻으로, 일정한 수준에 도달하기는 어렵지만 일단 그 수준에 도달하면 앞으로 나가기가 쉽다는 의미도 포함 − 역자 주**를 발생하며, 예측이 불가능하고 통제할 수 없는 것이 보통이다. 또한 대안적인 견해는 자연이 우리에게 주는 소중한 것인 생물 다양성과 온화한 기후는 그 무엇으로도 대체할 수 없다는 것을 전제로 한다. 　　　　호머딕슨, 2006

재러드 다이아몬드는 《문명의 붕괴》(2005)에서 자연 자원을 적절히 관리하지 못해 지구 상에서 사라진 마야 같은 고대 사회와 문명에서 행해진 자연에 대한 부정 현상을 분석했다. 그는 인간의 미래에 대한 최악의 시나리오로 자연을 남용하여 스스로 파멸한 이스터 섬을 예로 들었다. 이스터 섬의 문명은 어떻게 파멸되었던 것일까? 다이아몬드 교수의 한 학생이 던진 질문이기도 하지만, 이스터 섬에 남았던 마지막 나무를 자르던 사람은 자신에게 무슨 질문을 던졌을까? 그 섬에 급격한 기후변화가 없었고, 또 호전적인 집단으로부터 침략을 당하지 않는 상황에서, 그 사람들은 어쩌자고 자신을 파멸시키면서까지 환경에 대한 학살을 자행한 것이었을까?

다이아몬드는 다양한 문명의 붕괴 혹은 몰락의 사례를 들어가며 이스터 섬의 멸망에 대해 설명한다. 그의 설명은 인류가 안고 있는 생태계 위기와 직접적인 관련이 있다. 미래에 일어날 현상을 예측하지 못하는 것, 세월이 흐르면서 사람들이 걱정하지 않을 정도로 아주 조금씩 진행되는 잠행성 정상 상태이면 트렌드를 읽거나 보지 못하는 것, 특히 다이아몬드가 자연 자본을 관리하거나 사용하는 사람들의 행동을 '합리적이지만 나쁜 행위'라 명명하는 것을 찬성하거나 심지어 지지할 때 드러난 소외된 엘리트들에게 부여된 보잘것없는 힘 등이 생태계 위기와 직접 관련이 있는 것들이다.

제14장에서는 보다 지속가능한 세계를 홍보하는 다국적 기업들의 긍정적인 영향에 초점을 맞추고자 한다. 하지만 그렇다고 해서 원조해준다는 핑계로 수십여 개발 도상국들에 진출하여 지속적으로 환경적, 사회적, 경제적으로 엄청나게 끔찍한 유산을 남긴 이유만으로도, 그들이 지난 40여 년 이상 행한 합리적이지만 나쁜 행위를 간과하고 넘어갈 수는 없는 것이다. 우리는 결코 이 비계발적인 기업 역사를 망각해서는 안 될 것인데, 그 중에서도 주목해야 할 부분은 기업이 합법적으로 오염시키고, 퇴화시키고,

남용하고, 회복할 수 없을 정도로 생태계를 파괴하여 사회적 참화를 지속시키는 기준을 정부가 너무 낮게 평가하여 결과적으로 '합법적 비용 외부화' 현상을 초래케 한 것을 잊어서는 안 될 것이다.

이와 같은 '합리적이지만 나쁜 행위'의 사례는 요즘 얼마든지 찾아낼 수 있다. 앞부분에서 소개한 바 있지만, 로버트 케네디 주니어는 자신의 저서 《자연에 대한 범죄》(2004)에서 기업의 탐욕과 불법 행위들을 적나라하게 까발린다. 존 퍼킨스는 《경제 저격수의 고백Confessions of an Economic Hit Man》에서 자산을 탈취하는 '기업가 정치corporatocracy'에 개입하는 사람들의 왜곡된 심리를 심도 있게 분석하면서, 제국주의적인 미국의 정부와 기업들이 국가 이익을 최우선시하여 전 세계에 걸쳐 엄청난 개발과 인프라 계약을 확보하기 위해 손을 잡고 있다는 사실을 세밀하게 폭로한다.

'기업가 정치'가 음모인 것은 아니지만, 그런 것을 하는 사람들이 공통 가치와 목적을 결정한다는 것이 문제이다. 기업가 정치의 가장 중요한 기능의 하나는 기업가 정치 시스템을 영구화하면서 강화하고 확장시키는 것이다. 성공한 사람들의 생활 방식과 그들의 맨션, 요트나 자가용 비행기 같은 사치품들은 모든 사람들에게 '소비하라, 소비하라, 또 소비하라'를 부추기는 모델로 비친다. 기회가 있을 때마다 물건을 구입하는 것이 시민으로서의 도리요, 지구에 대한 약탈은 경제와 인간의 수준 높은 이익을 위해 당연한 것임을 설득하려 한다. 퍼킨스, 2004

개인 차원에서 본다면, 대개는 그러한 행위가 개인적인 부정의 매우 비도덕적인 사례이면서도 합리적인 사례라 생각할 것이다. 지금까지 설명한 것처럼 이와 같은 부정은 초도덕적인 기업의 신화와 비즈니스를 할 때의 행위와, 집에서 아버지나 어머니로서의 역할을 하거나 지역 공동체의 유지로서의 역할을 달리하는 '기능의 분리'에 부분적으로나마 그 근원을 둔다. 이와 같은 심각한 불합리성은 경제 전쟁이라는 모델이 생태적으로나 사회적으로 전혀 지속불가능하다는 증거들이 산더미처럼 축적되고 있음에도 불구하고, 왜곡된 이념적 이유를 위해 이와 같은 행위를 두둔하는 사람들과 주변에 널리 퍼져 있는 만성적인 실패의 증상들은 외면한 채 그와 같은 정부를 선출하기를 지속하는 사람들에게서 나타난다.

재러드 다이아몬드는 붕괴나 와해 상태의 범위를 조사하면서, 부정의 '비합리적인' 증후 분석에도 상당한 시간을 할애하여 분석한다. 그가 분석한 상당수의 붕괴 사례들에서는 단기적인 만족 추구와 후손을 위한 장기적인 이익의 보호가 대립적으로 충돌하는 현상이 종종 나타나는데, 여기에서 '세대 간 정의'의 개념은 오늘을 사는 우리와 마찬가지로 오래된 사회들에서도 환영을 받지 못한다. 뿐만 아니라 사회의 핵심 가치를 위해 필요한 변화의 수준이 높을수록 체계적이면서 거짓 만족을 주는 부정으로 빨려 들어가기 쉽다. 다이아몬드는 자신의 기본 가설인 '과거 속의 수많은 문화와 문명이 경험한 붕괴는 오늘날의 사회에서도 얼마든지 발생할 수 있다'에 대한 다양한 비판을 기대하면서 이미 여러 나라들에서 붕괴의 조짐이 목격되고 있음을 경고하고 있다.

과거와 마찬가지로, 오늘날에도 환경적으로 스트레스를 받는 나라나 인구가 많은 나라, 혹은 두 가지 요인을 모두 갖고 있는 나라는 정치적인 스트레스를 받고, 그래서 그 정부가 붕괴될 위험이다. 사람들이 자포자기하거나 굶주려 희망마저 잃게 되면, 국민에 대한 의무를 갖고 있으면서 아무런 해결책을 찾지 못하는 정부를 원망하게 된다. 그들은 어떤 희생을 치르는 한이 있더라도 해외로의 탈출을 시도한다. 땅을 놓고 싸우고, 서로 죽이기도 한다. 내란을 일으키기도 한다. 잃을 것이 없다는 생각에서 테러리스트가 되거나 테러리즘을 지원하거나 최소한 묵인하기도 하는 것이다.

다이아몬드, 2005

우리들은 대부분 막연하게나마 요즘 사회에서 이와 같은 현상들이 서서히 나타나고 있음을 감지할 수 있다. 수십 년 전부터 시행되어온 정책들이나 이벤트들에 의해 촉발된 총체적인 결과들이 벌써부터 나타나고 있을 가능성이 높은 것이다. 2003년 런던에서 100만 명이 넘은 시민들이 이라크 참전에 반대하는 시위를 벌인 것은 전 세계적으로는 수백만 명이 참가했을 것이다 워싱턴 정부와 우방국 정부들이 획책하는 지정학적 게임에 말려들지 않는 사람들이 아직도 많다는 것을 말해주는 것이었다. 하지만 우리는 무시당하기 십상인 역사의 교훈을 통해 '알고 당하는 고난이 모르고서 당하는 고난보다 낫다'는 사고방식에서 적잖은 위로를 받는다.

부정적인 미래에 대해 인간이 할 수 있는 것이 그리 많지 않다는 숙명론과 결합된 지속적이면서도 불안한 움직임은 지정학적 수준에서뿐만 아니라 개인적으로도 영향을 미친다. 선진국과 개발 도상국을 망라한 전 세계 국가를 대상으로 한 조사에서 사람들이 특히 자신이 살고 있는 지방의 환경 상태에 관심이 있다는 것이 밝혀졌다. 경제 발전을 위해 환경 파괴를 당연시했던 경험이 있는 지역일수록 불가피한 그와 같은 거래에 거부감을 나타낸다. 우리는 왜 경제 발전과 안전하고 건강한 환경을 동시에 누릴 수 없단 말인가?

하지만 인간이 번성하는 대가로 지구가 훼손될 수밖에 없다는 식의 물리적인 거래가 합리적, 합법적이면서 도덕적으로도 그리 문제가 될 것이 없다고 생각하는 학파도 있다지배적인 의견이지만 보다 과격한 학파인 신보수주의 이념과는 깊은 관련이 없다. 그렇게 생각하는 사람들에게, 지금 세대가 미래 세대에 빚을 진다는 세대 간 정의의 개념은 철학적으로 결점이 있고, 또 현대와 미래에 상관이 없는 개념으로 비칠 것이다. 우리가 미래 세대를 걱정한다면 소비에서 그 우려를 반영해야 하며, 우리 후손들의 유익을 걱정한다면 정부가 현 시대의 사람들의 이익을 위해 시장을 왜곡해주기를 기대해서는 안 된다. 인류의 완벽한 능력이라는 계몽주의 사상에 비추어보면 실망스러운 감이 없지 않지만, 정치란 이와 같은 점들을 고려하여 인간의 단기적 만족을 극대화해서는 안 되는 것이다.

정의에 대한 부정

결산일이 다가와서 우리가 지금까지 자연 자원을 체계적으로 남용한 대가를 치러야 할 때가 되면, 부자보다 가난한 사람들이 더 많이 지불해야 한다는 것은 참으로 잔인한 아이러니가 아닐 수 없다. 앞에서 설명한 바와 같이, IPCC의 제4차 평가 보고서는 매우 충격적인 사실을 직시하고 있는데, 그것은 기후와 해수면이 상승하게 되면, 그에 대비할 자원이 있는 나라들보다는 그렇게 하지 못할 가난한 나라들이 훨씬 가혹한 피해를 입게 된다는 것이었다.

설사 이와 같은 심각한 문제점들을 고려하지 않는다 하더라도 세계 여러 지역에서의 빈곤의 범위와 그 빈곤의 대물림에 당황하기 십상이다. 2005년의 '빈곤의 역사를 날려버리자' 캠페인이 이룩한 성과 중의 하나는 모든 신新에너지가 요즘 제시되고 있는 채무 탕감이나 무역에 관한 이슈와 관련이 있을 뿐만 아니라, 빈곤에 대해 아직도 우리가 할 수 있는 일이 있다는 것을 지속적으로 각성해주었다는 점이다. 시간이 지나면서 너무도 많은 사람들이 빈곤 문제에 대해 숙명론에 빠져들고 있다. 이에 대한 가장 그럴듯한 설명은 이런 식이다. '빈곤은 불행하고 불안한 것이지만 대개는 피할 수 없는 것이므로 가난한 나라는 항상 있기 마련이다. 빈곤이 만성적 부패나 무능한 정치, 인구 증가의 문제를 해결하지 못한 데서 비롯되기 때문에 상당 부분 그들 자신의 문제에서 기인된다고 본다면, 인간에 의한 해결책이 거의 없는 현실에서 우리가 하는 일이 정말로 뭔가를 변화시킬 수 있다고 보는 것이 타당한가? 그리고 밀레니엄개발목표에 제시된 가장 기본적인 선언들을 실현할 가능성이 정말로 있는가?' **참조** 3

개발 기구들과 성장하는 세계 자선 단체들은 비관적이고 때로는 의도적으로 왜곡된 세계관들에 맞서 싸울 수 있어야 한다. 따라서 제2차 세계 대전의 상흔의 고통 속에서 세계 지도자들이 모여 빈곤을 퇴치하고 갈등을 억제할 목적으로 새로운 국제 질서를 수립하기 위해 토의를 하는, 인류 역사에서 보기 힘든 일이 벌어진 이후의 60여 년 동안 국제 개발 운동의 대차대조표를 따져보면 그리 좋은 성과를 봤다고 말할 수는 없다.

반세기라면 시스템이 자리를 잡고 또 세상이 모두 알 만한 성공 스토리 몇 편 정도는 생산될 만한 충분한 시간이다. 하지만 번영 혹은 안전 면에서는 그런 사례가 들려오지 않는다. 13억 명이 하루에 1달러 미만으로 살아가는 절대적 빈곤이라는 상처를 안고 있는 이 세상에서 국내뿐만 아니라 국가 간의 불평등은 날로 심해지고, 그로 인한 인종 간 갈등은 악화되고 있다. 모든 나라들이 해외 원조를 줄이는 형편인데 이에 대해서는 이념에 관계없이 걱정들을 하고 있다. 냉전의 종식으로 많은 사람들이 국제 협력이 활기를 찾을 것이라 희망했지만 그렇지 않았고, 분쟁 지역에 대한 군사 개입에 대한 지원은 소말리아와 발칸 반도에서 실패를 경험한 후 오히려 줄어들고

참조 3

유엔 새천년정상회의Millennium Summit에서 합의된 목적과 목표

- 현재 하루에 1달러 미만으로 살아가는 12억 명의 인구를 2015년까지 절반으로 줄인다.
- 초등학교에 다니지 못하는 1억 1,300만 명의 어린이를 포함한 전 세계의 모든 어린이들이 2015년까지 초등 교육의 혜택을 받을 수 있도록 한다.
- 문자 해독, 난민 및 고용에 있어서 성에 의한 차이를 줄이는 등의 방법으로 2015년까지 성에 의한 불평등을 제거한다.
- 현재 1,100만 명에 달하는 다섯 살 이전 사망 어린이의 수를 3분의 2가량 줄이도록 한다.
- HIV/AIDS, 말라리아와 기타 질병들을 퇴치한다.
- 환경 자원의 손실을 방지토록 하고, 안전한 식수를 제공받지 못하는 인구의 수를 2015년까지 절반으로 줄인다.
- 성장을 위한 세계적 파트너십을 구성한다. 이에는 올바른 관리 체제의 감시를 받는 투명한 상업 및 금융 시스템, 성장과 빈곤 감소, 채무 문제의 해결 노력, 개발 도상국에서의 청소년을 위한 근무 조항과 저렴한 비상약 제공, 정보 및 커뮤니케이션 기술 같은 신기술의 혜택 등이 포함된다.

출처 : 유엔, 2000

있다. 유엔을 비롯한 국제 관료 조직들은 지속적인 위협에 처해 있다. 개발 도상국들의 희망인 NGO에 대한 지원은 더 이상 확대될 기미가 보이지 않는다. 남을 돕는 국제 운동은 심각한 위기를 맞고 있다. 에드워즈, 1999

이 요약문은 마이클 에드워즈Michael Edwards가 성장 문제를 현실적이며 통찰력 있게 분석한 저서 《미래 긍정 : 21세기의 국제 협력Future Positive : International Co-operation in the 21st Century》에서 인용한 것이다. 이 책이 출판된 1999년 이후 해외 원조는 GDP 대비로 다시 증가세를 타는 듯했다. 하지만 OECD가 2006년 발간한 연례 해외 원조 보고서인 〈원조에 대한 연례 보고서〈Annual Review of Aid〉에 의하면 2006년 들어서 1997년 이래 처음으로 해외 원조가 하락세로 들어서서 전년도에 비해 5퍼센트 줄어든 1,040억 달러라고 보고했다〈인플레율을 감안한 것임〉. 개발 기구들이 원조 예상에 포함시켜선 안 된다고 주장하는 부채 탕감 부분을 제외하고, 아프리카에 대한 원조 역시 5퍼센트 줄어들었다. G8 국가 원수들이 2005년 글렌이글스 정상회의에서 2010년까지 매년 500억 달러 추가 원조를 약속한 상황에서 이런 일이 벌어진다는 것은 충격이 아닐 수 없다. 하지만 2007년 G8 의장을 맡게 된 독일이 지속적인 회유와 압박을 견뎌낸 토니 블레어 총리 이상으로 세계 지도자들로부터 더 많은 실행 방안을 얻어내지 않는다면, 2007년의 원조 규모는 더 떨어질 것으로 보인다. 팝아티스트이자 시민 운동가인 밥 겔도프Bob Geldof는 이와 같은 지도자들의 태도를 '우스꽝스러운 책임 포기'라고 몰아붙였다.

개발 기구들은 이와 같은 부침에 이골이 났다. 2006년에는 부정적이었고, 2005년에는 긍정적이었는데, 역설적이게도 이 해는 자연 재해가 심각했던 해였다. 2004년 12월 26일 인도네시아 수마트라 섬 해저에서 발생한 강력한 지진의 여파로 발생한 쓰나미가 육지를 덮치는 장면을 TV를 통해 보고 세계는 경악했다. 30만 명 이상이 죽었고, 500만 명 이상이 집을 잃었다. 경제적 피해를 미국 달러화로 계산한다면 전대미문의 가공할 수준에 달한다. 이때 선진국들로부터의 반응은 예상을 벗어난 것이었다. 영국인은 이재민이 고통받는 장면을 보고 단 2~3주 만에 수억 파운드의 성금을 모았다. 재해에 무덤덤한 편인 전문가들은 세계의 많은 사람들이 자신들이 피해 당사자이기라도 한 것처럼 엄청나게 그리고 집중적으로 지원하는 것에 충격을 받으면서도, 한편으로는 전 세계적으로 널리 퍼진 만성적 빈곤이라는 위급한 상황에 대해서는 여론이 뜨겁지 않는 것에 실망감을 피력했다.

그로 인해 영국에서 시작된 '빈곤의 역사를 날려버리자' 캠페인은 매우 만성적인 틀에 빠진 개발 운동에 재차 활력을 불어넣으려 노력해왔다. 자크 르네 시라크Jacques René Chirac 프랑스 대통령은 국제 자본 거래에 토빈세Tobin Tax를 부여하거나, 국제 항공 여행에 과세하여 개발 투자금을 늘리기 위한 캠페인을 이끌어 미국과 영국을 크게 자극했다, 그 캠페인의 영향력을 확대해왔다. 영국의 제임스 고든 브라운 총리가 제안한 최빈국에 대한 채무 면제를 위한 캠페인은 국제금융협회International Finance Facility : IFF의 협조를 받아 대부분의 G8으로부터 지원받을 수 있었고, 그로 인해 위기에 처한 수백만 명의 사람들의 실제적인 삶이 지속적으로 개량될 수 있는 희망을 갖게 되었다.

이러한 문제들에 대해서 영국이 앞뒤가 맞지 않는 말을 한다고 해서 그 누구도 비난해서는 안 될 것이다. 영국의 해외 원조 예산은 2006년에만 13퍼센트가 증액되었는데, 이로 인해 영국은 2010년까지 GDP의 0.7퍼센트까지 해외 원조를 높이자는 유엔의 목표치에 도달했다. 재차 지적하는 바이지만 가장 비협조적인 나라가 바로 미국이다. 미국은 세계에서 가장 부강한 나라라는 신분을 망각한 채 GDP의 0.17퍼센트만을 해외 원조에 할당함으로써 빈곤 퇴치를 위한 국제적인 움직임에 막대한 지장을 입히고 있다. 물론 전 세계의 GDP와 개인 소득의 차이에 대한 문제점들을 고찰하고자 한다면 원조는 큰 그림의 일부분에 불과할 수 있다. G8은 채무 면제에 대해 비약적으로 진보적인 안에 합의하여 19개의 세계 최빈국들이 100퍼센트 채무 면제를 받았으며, 앞으로도 44개의 국가가 면제받을 것으로 보인다. 지난 수년간 표면적으로는 별다른 진전이 없었지만 무역 개혁 역시 개발 도상국들에 대한 해외 직접 투자처럼 엄청난 효력을 발휘한다. 뿐만 아니라 해외 노동자들이 고국에 보내는 송금도 그 중요성이 더해지고 있다. 예를 들어서 미주개발은행Inter-American Development Bank : IDB이 2007년 3월에 발표한 자료에 의하면, 남미가 아닌 세계 곳곳에서 일하는 2,500만 명의 남미인들이 고국에 송금한 액수는 500억 달러에 달하는데, 이는 이 지역에 대한 해외 투자액을 훨씬 초과하는 액수라는 것이다. 그중에서도 가장 가난한 카리브 해 주변 국가들과 중남미 국가들의 경우 해외에서 자국민이 보내오는 금액은 전체 GDP의 10퍼센트 이상을 점한다.

그럼에도 불구하고, 지난 반세기 동안 세계화를 주창하며 이루어진 수많은 약속들은 속빈 강정일 뿐이다. 세계 경제를 통해 빈곤국들이 가까워지고 상품·서비스·자본의 흐름이 증가하게 되면, 빈곤국들에게 큰 혜택에 돌아가게 되어 결국에는 전 세계의 생활 수준이 향상된다는 것이 원래 취지였다. 하지만 세계화가 그와 같은 약속을 지키지 못했다는 것은 너무도 많은 증거들로 인해 명약관화해지고 말았다. 정치적 의제를 통해 오늘날의 세계화의 기본 조건들을 재구성하면 해결된다고 믿는 사람들이 상당히 많은 것으로 알고 있지만, 사실 그들이 제시하는 모델 자체가 그 어떤 때보다 심각하게 의심을 받고 있는 것이다.

2004년 WCSDGWorld Commission on the Social Dimension of Globalization, 세계화의 사회적 측면에 관한 세계위원회가 발간한 자료에는 실패에 대한 인식이 얼마나 깊은지를 알려주는 충격적인 내용이 들어 있다.

현재와 같은 세계화 추세는 국가들 사이뿐만 아니라 국내인 사이에서도 불균형적인 결과를 초래케 하고 있다. 부가 창출된다고 하지만 그 혜택을 공유하는 국가와 사람의 수는 너무도 적다. 가난한 나라와 사람들은 세계화 과정을 구상하는 데 참여하기도 힘들고 또 목소리를 낼 수도 없다. 대다수 사람들은 세계화를 통해 좋은 직업을 가질 수 있다는 희망을 갖기 어려울 뿐만 아니라 자신의 아이들에게 밝은 미래가 펼쳐진다는 희망조차 가질 수 없다. 그런 사람들의 대부분은 정당한 권리를 누리지도 못한 채 비공식 경제의 변방, 세계 경제의 끝자락을 잡고 위태롭게 명맥을 유지하는 가난한 나라들에 몸을 담고 살아간다. 그럼에도 불구하고 세계적 커뮤니케이션의 혁명으로 말미암아 사람들은 가진 자와 못 가진 자 간의 괴리에 대한 인식을 고조하고 있다. 이와 같은 세계적 불균형은 도덕적으로 용인될 수 없는 것이며 정치적으로도 지속불가능한 것이다.　　　　　WCSDG, 2004

WCSDG 보고서는 불균형이 심화되고 있는 지역에 살고 있는 인구의 비율이 59퍼센트인 반면, 불균형이 해소되는 지역에 살고 있는 비율은 5퍼센트에 불과하다고 지적한다. 가장 잘산다는 나라들에서조차도 부자는 더욱 부유해지는 반면, 가난한 사람은 간신히 현상을 유지하는 실정이다. 미국 인구조사국Census Bureau이 2002년 출간한 보고서는 인구를 다섯 단계의 소득군으로 나누고 거기에 상위 5퍼센트군을 더하여 소득의 추이를 분석한 결과를 소개했다 도표 5 참조.

세계은행 전 수석 경제학자였던 조지프 스티글리츠는 한때 WCSDG 회원으로서 세계화에 대해 처음부터 다시 생각할 것을 강력하게 호소한 바 있다. 《인간의 얼굴을 한 세계화》(스티글리츠, 2006)는 IMF, WTO, 세계은행 같은 국제기구들이 다수의 나라들에 워싱턴 컨센서스라는 전략을 서투르게 강요한 것이 섬뜩할 정도로 엉터리였음을 강도 높게 비판한다. 특히 IMF의 발톱에서 벗어나 말레이시아, 인도네시아, 한국, 중국, 싱가포르, 인도처럼 세계 경제 시대에 가장 번성한 나라들은 각자의 속도에 맞게 경제를 운영하고 있고 있을 뿐만 아니라 자신들에게 적당한 핵심 사업을 보호하고, 세계 시스템에 전적으로 의존하기보다는 자신들이 원하는 부분만

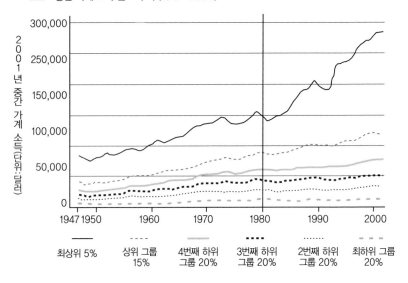

■ **도표 5** 중간 가계 소득 분포 추이 (1947~2000)

2001년 중간 가계 소득(단위:달러)

최상위 5% ---- / 상위 그룹 15% / 4번째 하위 그룹 20% ■■■■ / 3번째 하위 그룹 20% / 2번째 하위 그룹 20% ········ / 최하위 그룹 20%

출처: 미국 인구조사국 2002

채택하는 정책을 취해왔다.

대부분의 가난한 나라들은 무지하게 운도 없다. 스티글리츠의 주장을 인용해보자.

세계는 경제 성장 추구와 인구 증가 억제를 동시에 해결해야 할 입장이지만, 현재로서는 경제 성장이 인구 증가를 따라잡지 못한다. 빈곤층의 비율이 떨어진다고는 하지만 그 절대 수치는 오히려 증가하고 있다. 중국을 제외한 그 밖의 개발 도상국의 빈곤자 수는 지난 20여 년 동안 꾸준히 늘어났다. 세계 인구 65억 명 중에서 40퍼센트가 빈곤층인데**1981년에는 36퍼센트였다.** 특히 세계 인구의 6분의 1인 8억 8,000명가량은 극빈층에 속한다. 가장심각한 아프리카 대륙에서는 극빈층의 비율이 1981년 41.6퍼센트에서

2001년 46.9퍼센트로 늘어났다. 이는 인구 증가를 고려하면 20년 사이 아프리카 극빈자의 수가 거의 두 배로 늘어나 1억 6,400만 명에서 3억 1,600만 명이 되었다는 의미이다. 스티글리츠, 2006

《인간의 얼굴을 한 세계화》는 만성적이면서 지속적인 실패를 지적하여 독자들의 마음을 불편하게도 하지만, 한편으로는 세계화를 제자리로 돌려놓아 자신들의 정치적 파워와 제국주의적 이익을 늘리기 위해 세계화라는 권력을 사용하는 미국 내 신보수주의 이데올로기들로부터 구출해내기 위한 창의적이고 솔직한 아이디어들을 소개한다. 하지만 흥미롭게도 스티글리츠는 유럽과 미국에서는 기본적으로 개혁이 불가능하여 새로운 국제기구들이 탄생할 수 있도록 해체되어야 한다고 주장하는 NGO들이 늘어나고 있는 상황에서 기구 개혁 방안에 대해서는 소극적이다. 시민 단체인 세계개발운동World Development Movement : WDM이 2006년 발간한, 시간이 없다는 의미의 제목을 붙인 〈아웃 오브 타임Out of Time〉이라는 보고서는 '처음부터 다시 시작하기starting over'를 위한 강력한 사례가 아닐 수 없다.

그럼에도 불구하고 WTO는 지속적으로 존재하게 될 것이며 세계 경제에 대해 심각한 문제를 내포한 영향력을 계속해서 행사하게 될 것이다. WTO가 개발 도상국의 심각한 빈곤을 단기적·장기적으로 해결하는 모델이라고 믿는 사람들과 실상은 OECD 국가들의 모델일 뿐이다, WTO가 세계를 황폐화시키는, 세계 경제의 가장 위험한 제도적 구현이라 생각하는 사람들 간의 입장 차이는 견고하다.

자유 무역의 훈령, WTO의 권위와 지배력의 확대는 개발, 사회 정의, 환경에 치명적인 위협이다. 거대한 무역 강대국들과 기업 엘리트들이 자신들의 욕심을 채우려 한다는 점에서 우리는 어떠한 희생을 치르는 한이 있더라도 그들의 목적을 반드시 저지해야 하는 것이다.　　　　　벨로, 1999

필리핀 정치인이자 지금과 같은 세계화 모델에 반대하는 영향력 있는 인물 중의 하나인 월든 벨로Walden Bello는 세계화에 반대해야 할 이유를 적절히 파악하고 있다.

도하 라운드Doha Round, 2001년 카타르 도하 각료 회의에서 합의된 WTO 제4차 다자간 무역 협상-역자 주가 지속적으로 난국을 헤쳐 나오지 못하기 때문에, WTO에 대한 개혁 의제는 시급한 문제이다. 하지만 WTO는 기후변화, 누구도 부인할 수 없는 생태계 붕괴, 불평등의 악화, 불법 지원금 제공, 거의 무제한적으로 이루어지는 오늘날의 기업가 정치 같은 현실적인 문제들을 다루기에는 너무나 능력이 모자라다. 어떤 개혁 과정을 거쳐야 이와 같은 제도적인 괴물을 분해하여 실제 문제를 해결할 수 있는 능력을 갖게 할지 의문이 들 정도이다. 여기에서의 문제점은 WTO와 엘리트들로 구성된 각국 정부와의 단절이 아니라 WTO와 세계가 연결되어 있지 않다는 것이다.

대부분의 사람들은 이와 같은 고민거리에 대해 관심이 없다. 그들에게는 무역과 경제 발전 간의 균형, 지속가능성과 사회 정의 간의 균형은 무의미한 추상적 개념일 뿐이다. 세계의 빈곤 국가 사람들의 웰빙을 증진시키기 위한 치열한 노력은 현실에 근거하지 않으면 안 되는 것이다. 나는 복잡한 현상을 이해하기 위해 하나의 예를 제시하고자 한다. 영국인들은 케냐에서 생산한 장미꽃의 열정적 고객이다. 특히 밸런타인데이2월 14일 같은 날에는 엄청나게 사들인다. 하지만 푸드 마일food mile : 식품 수송 거리을 응용한 개념인 로즈 마일rose mile, 장미 수송 거리이 걱정거리다. 케냐에서 생산된 장미를 영국까지 비행기로 실어 나르는 과정에서 엄청난 양의 이산화탄소가 발생하기 때문이다. 하지만 영국 국제개발청State for International Development 장관이라는 사람은 아프리카 전체에서 비행기로 꽃이나 식품을 실어 나르는 데 발생하는 이산화탄소량은 영국의 전체 발생량의 0.1퍼센트에 불과하고, 또 케냐에서 꽃을 키우는 과정에서 발생하는 이산화탄소의 양은 네덜란드가 온실에서 꽃을 재배하는 과정에서 발생하는 이산화탄소량의 5분의 1밖에 되지 않기 때문에 걱정할 필요가 없다는 말로 로맨티스트들을 안심시키려 한다.

지금까지는 좋았다. 그리고 그와 같은 문제가 있다고 해서 아프리카와 모든 거래를 중단한다는 것은 웃기는 일이다. 그와 같은 거래에서도 경제적 이득이 발생하기 때문이다. 하지만 우리는 특정 거래 부분에 대해 보다 깊이 연구하여 그 거래가 미친 영향을 파악할 필요가 있다. 예를 들어서 반드시 봐야 할 명승지로 손 꼽혔던 나이바샤 호수는 지금 생태계 파괴와 사회 불안이라는 몸살을 앓고 있다. 장미 산업에 일손이 필요한 관계로 이 지역으로 사람들이 몰려들어 지난 25년 사이 인구가 무려 열 배나 증가했고 또 호수의 수량은 25퍼센트나 줄어들면서 심하게 오염되었다. 어디 그뿐이겠는가. 장미 산업을 위해 필요한 숯을 만들기 위해 마구잡이로 땔감을 조달하기 때문에 호수를 감싸고 있는 산들은 완전 민둥산으로 변하고 말았다. 물고기도 완전 고갈되었다. 장미를 유럽 사람들에게 저렴하게 제공하기 위해 노동자들에게 지불되는 임금은 비참한 수준이며, 양심 불량의 기업들은 정부에 세금조차 내지 않는다. 주변 마을들은 더럽고 폭력이 난무하는 곳으로 변하고 말았다.

한 지역이 세계 무역이라는 파쇄기에 빨려 들어가면 생명은 서서히 파괴되어가는 것이다. 지역 환경주의자들은**이들 중의 한 명은 최근 살해당했다** 탐욕가들이 앞으로 10년간 더 나이바샤 호수 지역을 짜낼 수 있을 것이며, 그렇게 되면 호수는 완전히 망가질 것이라 주장한다. 그렇게 되면 화훼 산업은 다른 지역으로 이전할 것이고 그곳에서 똑같은 일이 벌어지게 되는 것이다. 닥터 수스Dr. Seuss가 생각 없이 단기간에 환경을 파괴한다는 내용의 매우 뛰어난 동화 《로랙스The Lorax》를 출간한 지 40여 년이 흘렀다. WTO나 국제 개발이라는 부분에 관련되어 있는 사람들은 반드시 읽어야 할 작품이다.

이기주의를 부채질하는 세상

세계가 얼마나 가졌는가로 갈라지고, 가난한 사람들의 대부분은 빈곤에서 헤어날 수 없는 가운데 가진 자는 더욱더 부자가 되어간다. 유엔 산하 기관인 세계개발경제연구소 World Institute for Development Economics Research:WIDER가 2006년 12월에 발간한 보고서에 의하면 최상위 1퍼센트의 부자가 세계의 부를 40퍼센트를 보유하고 있는데, 그들 중에서도 최상위 10퍼센트 안에 드는 사람이 그 부의 85퍼센트를 소유한다는 것이었다. 그와는 반대로 하위 50퍼센트 안에 속한 성인 인구가 가진 부는 1퍼센트에도 미치지 못한다는 것이었다. 이와 같은 결과는 투자 은행인 메릴린치 Merrill Lynch가 해마다 출간하는 〈세계 부富 보고서World Wealth Report〉의 내용을 뒷받침하는 것이다. 2006년 보고서에는 2005년 말 기준 100만 달러 이상을 가진 고액 자산가의 수가 870만 명 정도였는데, 이는 2004년보다 6.5퍼센트나 늘어난 수치라고 적혀 있다. 이들 870만 명의 재산을 모두 합치면 그 규모는 33조 달러에 달한다. 이 안에는 10억 달러 이상의 자산가가 800여 명 포함되는데, 이들만의 재산을 합치면 그 금액은 2조 6,000억 달러에 달한다. 거액 자산가의 급증은 미국에서만이 아닌, 러시아, 인도, 한국, 브라질 등에서도 일어나는 현상이다. 그로 인해 대재앙이라는 대가를 치러야 하는 것이다.

영국은 인구수를 고려한다면 상당한 부를 축적하고 있는 셈이다. 지상에서 가장 부유한 사람의 37퍼센트가 미국인, 27퍼센트가 일본인인지만, 6 퍼센트는 영국인이다. 그런데 2000년부터 2005년 사이 고액 자산가의 수 는 7퍼센트, 즉 약 45만 명이 늘어났다. 이들 중의 상당수는 부동산 가격의 폭등으로 고액 자산가가 될 수 있었는데, 영국에서는 단 몇 년 사이에 집값 이 세 배나 뛰어 이미 부동산을 가진 사람들에게 2조 5,000억 파운드나 되 는 부를 추가로 안겨주었고, 상당한 고소득을 올리는 사람들에게 190억 파 운드라는 상상할 수 없는 보너스를 안겨주었는데, 이는 2004년보다 16퍼 센트나 많은 것으로서 앞으로는 더욱더 많아질 것으로 예상된다. 영국에서 는 상위 1퍼센트의 사람이 영국 전체의 부의 25퍼센트를 소유한다. 영국 시민의 평균 자산은 6만 4,000파운드, 즉 10만 달러 정도이다.

하지만 그 이면에는 어둠이 도사리고 있다. 하위 50퍼센트의 시민이 가 진 재산을 모두 합치면 영국의 전체 부의 겨우 6퍼센트를 가지고 있을 뿐 이기 때문이다. 21세기에 들어서 2006년은 처음으로 영국이 더욱 가난해 진 해다. 평균 소득의 60퍼센트_{한 사람이 생활하는 데 필요한 217파운드를 기점으로 상대적 빈} _{곤을 평가하는 선}에도 미치지 못하는 사람의 수가 1,210만 명에서 1,270만 명으 로 늘어났다. 빈곤 가정에서 생활하는 어린이의 수는 20만 명이나 불어나 380만 명에 달하는데, 이는 2010년까지 빈곤 아동 수를 100만 명 줄이겠 다는 고든 브라운의 공언에 지대한 타격이 아닐 수 없다. 연금 수급자 빈곤 율은 다소 떨어졌지만 노동당의 공약과는 달리 이 부분의 전망도 그리 밝 지 않다.

총리가 이 문제를 해결하게 위해 노력하고 있다는 것, 그리고 노동당 의 원들의 대부분이 그럴 만한 충격을 받을 때에만 부의 재분배에 자신들의 운명이 걸려 있다고 주장하는 것을 의심하지는 않는다. 하지만 노동당은 1997년 집권한 이래 빈곤층을 희생시키는 토리당의 18년간의 끔찍한 경제 정책의 퇴행적 효과를 제거하지 못한 책임에서 벗어날 수 없다. 진보적인 인사들은 이들 중의 상당수는 컴퍼스라는 중도 좌파 그룹으로 활동한다 세계가 나날이 경쟁이 치열해지는 가운데 어디서나 일할 수 있는 모바일 탤런트mobile talent를 보유하기 위해서는 최고 위치에 있는 사람들에게는 천문학적인 임금과 보너스를 제공해도 되고, 그 반대되는 사람들에게는 저비용 생산자와 정부의 엄격한 임금 제한 정책에 반하는 것이지만 비참할 정도의 임금을 지불하는 것을 당연시하는 세계 경제에서 성공을 거두기 위해서는 불평등의 악화라는 대가를 치러야 한다는 문제에 대해서는 점차 관심을 놓고 있다.

하지만 지금은 치열하게 세금 반대를 외치는 시대이다. 점진적 사회주의 단체인 페이비언협회Fabian Society가 '공정하고 적절한 조세의 사회적 가치' 운동을 지속적으로 전개하면서 드러난 사실이지만, 지난 25년 이상 점차 세금을 올려 거두어 그걸 사용한 유산은 심각한 지적 손상을 초래케 했다. 심지어 요즘에는 재분배 세금 정책에 대한 정부의 소극적 자세에 대해, 영국의 우익 언론들이 주도하여 끊임없이 제기되는 세금 반대 선동을 부채질하는 실정이다. 따라서 세금에 대한 공공의 적대감이 고조되어 있는 상황에서 고차원의 조세 제도에 대해 능력 있는 정치인이건 경제학자이건 간에 감히 입을 열 수가 없는 것이다. 하지만 다수의 정치 평론가들은 정부가 세금을 올리지 않고서도 개발 도상국을 돕고 세계 환경을 보호하며 전쟁과 갈등으로 황폐화된 나라에 안전을 제공하기 위한 필요조건을 제시하는 것은 고사하고, 영국인의 건강과 교육 서비스를 향상시키고 교통 인프라를 복원하며 자연과 인공적인 삶의 환경을 향상시킬 상상을 할 수 있는지를 의아스럽게 받아들인다. 하지만 조세 제도에 대한 논의는 여전히 엄격하게 제약받는 실정이다. 고든 브라운 총리는 2007년 예산안을 발표하면서 소득세 표준 세율을 2퍼센트 내리고, 그 부족분을 환경세 같은 부분을 올려 충당토록 한다는 안을 제시하여 환경주의자들로부터 조롱을 받았다. 보다 과격한 조치를 취하지 않는다면 평등 격차는 더 벌어질 수밖에 없을 것이다. 그 이유는 세금을 올리면 특히 부동산 소유자들은 부동산 가치를 올리는 방법으로 인상된 세금분을 충당할 수 있기 때문인데, 이는 월세로 사는 가난한 20퍼센트의 사람들은 도저히 누릴 수 없는 숨겨진 또 다른 혜택인 것이다.

이와 같은 이유로 인해 토지세를 부과해야 한다는 주장이 야기된 것이다. 토지세 아이디어는 200여 년 전에 애덤 스미스에 의해 처음 제기되어 덴마크, 스웨덴, 오스트레일리아 같은 나라들에 의해 다양한 방법으로 채택되어왔다. 이와 같은 제도는 지방세council tax, 영국에서 주택의 가치에 따라 주민에게 부과되는 세금나 소득세를 낮춘다면 전체 조세 부담을 높이지 않고서라도 얼마든지 도입할 수 있는 것으로서 아무리 쟁쟁한 세무 전문가들의 도움을 받는 갑부들이라도 피할 수는 없을 것이다. 그럴 수 없다면 연소득이 10만 파운드가 넘는 사람들에게 최고 세율을 적용하든가 새로운 세금을 제정하여 부과하는 안에 찬성하는 사람들은 많을 것이다. 자본주의의 변화를 고려한다면 공정하고도 적절한 조세 제도를 통해 사회, 인간, 자연 자본의 유지와 증강이라는 주장이 보다 쉽게 이해될 수 있다. 한마디 덧붙이자면, 보다 공정한 사회 혹은 국제 사회를 위해 도덕적일 필요가 있다는 주장이 유권자들에게 먹히지 않는 경우에는 계몽된 자기 이익enlightened self-interest 모델이 오늘날의 우리에게 보다 설득력이 있을 것이다.

안전에 대한 부정

계몽된 자기 이익은 '테러와의 전쟁'이라는 시기적절한 분위기 덕분에 국제 무대에서 보다 설득력 있는 주장으로 반향을 일으키기 시작했다.

2001년 9월 11일 아랍 테러리스트들이 비행기로 세계무역센터와 충돌하여 3,000여 명을 죽게 한 사건이 기억에 생생한 가운데, 《뉴인터내셔널리스트》는 그해 11월 발간한 잡지를 통해 다소 신랄하게 비교하여 그와 같은 사건에 대해 적절한 시각을 갖는 것이 얼마나 힘든지 자극적인 논평을 내놓았다.

제5장에서 이미 설명한 바 있지만, 이와 같은 심각한 문제들에 대한 세

참조 4

종합적인 배경 안에서의 테러와의 전쟁

지속되는 각종 테러

- 2001년 9월 11일, 세계무역센터에 대한 테러로 사망한 사람의 수는 3,000여 명.

  기아로 죽은 사망자의 수는 2만 4,000여 명.*

  설사병으로 사망한 어린이의 수는 6,020여 명.*

  홍역으로 사망한 어린이의 수는 2,700여 명.*
- 개발 도상국에서 영양실조로 사망한 어린이의 수는 1억 4,900만 명.
- 안전한 식수를 마실 수 없는 사람의 수는 11억 명.
- 적절한 위생 시설을 이용할 수 없는 사람의 수는 24억 명.
- 하루 1달러 미만으로 살아가는 사람의 수는 12억 명.
- 15세 미만의 아프리카 어린이로 HIV 보균자의 수는 110만 명.
- 기본 교육을 받지 못하는 어린이의 수는 1억 명.
- 글자를 모르는 성인의 수는 8억 7,500만 명.
- 임신 혹은 출산 중에 사망하는 여인의 수는 51만 5,000여 명.
- 가뭄과 기아로 죽는 평균 사망자 수는 매년 7만 3,606명(1972~1996년 사이의 평균).
- 분쟁으로 죽는 어린이 평균 사망자 수는 매년 20여만 명(1990~2000년 사이의 평균).
- 분쟁으로 집을 잃고 떠도는 평균 어린이 수는 매년 120여만 명
  (1990~2000년 사이의 평균).

주: *연간 사망자 수를 365일로 나눈 수.　　　　　　　　출처: 뉴인터내셔널리스트, 2001

계의 기본적인 반응은 시장 자유화의 가속화와 서구 가치를 퍼트리자는 것이다. 이로 인해 일부 국가에 사는 소수의 사람들은 물론 도움을 받는 것이 사실이다. 하지만 '지속적인 테러'에 대항하는 이와 같은 보편적인 모델은 아무리 좋게 말해도 '절망적으로 부적절하다' 고밖에는 달리 표현할 수 없는 것이고, 나쁘게 말한다면 사태를 악화시키기 십상인 경제적인 치료법이나 다름없는 것이다. 철학자인 로저 스크루턴은 자신의 저서 《서구와 그 외의 국가들》(2002)에서 현재의 세계화 모델을 대폭 수정하지 않는다면 기업 세계화 모델의 강요로 인해 이슬람 극단주의를 자극하게 되어 결과적으로 '문명의 충돌' 이 발생할 가능성이 높다고 강력하게 주장한다.

이런 맥락에서 이미 앞에서 여러 번 설명한 바 있는 '급진적 불연속들' 이 시너지 효과가 일어나는 식으로 한군데로 집중되어 발생하면 매우 위험하게 작용하게 된다. 일례로 석유에 대한 중독은 환경적으로 지속불가능할 뿐만 아니라, 모든 종류의 중독이 그러하듯이, 각자의 욕구를 충족시키는 과정에서 분별없으면서도 폭력 가능성이 농후한 행동을 필히 유발하게 되어 있다. 이라크에 대한 서구의 전략을 석유에 대한 욕심 외로 돌리는 것은 가당치 않다. 사우디아라비아 사막에 머리를 깊숙이 파묻지 않는 한 그와 같은 이익의 합일점을 눈치채지 못할 리 없는 것이다. 미국의 딕 체니 부통령에 대해 각자 생각이 다르겠지만 나는 그의 정직성만은 높이 사고자 한다. 그는 당시 국방부 차관인 폴 울포위츠Paul Wolfowitz 같은 부류의 인사들과 더불어 1998년 이라크의 사담 후세인Saddam Hussein 정부를 전복시킨 이유가 미국에 대한 석유 공급원을 늘리기 위해서였다는 사실을 공개적으로 밝힌 바 있었다.

유럽과 미국은 석유와 가스 수입에 점점 더 의존한다는 공통점을 갖고 있는데, 그것도 거의 대부분을 서구를 좋아할 만한 털끝만큼의 이유도 없는, 정치적으로 매우 불안정한 지역에서 수입한다는 것이다. 미국은 알래스카 주를 비롯한 여러 지역에서 맹렬하게 석유를 탐사하고 있지만, 2025년까지는 석유의 70퍼센트 이상을 중동에 의존할 수밖에 없는 입장이다. 이와 같은 중동에 대한 심각한 의존도로 말미암아, 빈 라덴이 미제국주의자들에 대해 전쟁을 선포했다는 그럴듯한 핑계를 붙여, 사우디아라비아와 이라크에 군대를 주둔시키고 있는 것이다. 석유를 필요로 한다는 사실이 우리를 불안하게 하는 것이다. 2007년 3월 이란과 영국 사이에 발생한 사소한 외교적 마찰만으로도 15명의 영국군이 불법적으로 나포되었다가 일주일 만에 풀려났다 석유값은 배럴당 10달러나 올랐다.

따라서 진정한 자립은 화석 연료에서 과감히 돌아서서, 인류에 엄청난 발전을 가져다줄 재생 에너지 사용과 열 효율성 향상에 달려 있다는 사실을 빨리 깨닫게 되기를 희망한다. 에너지 분야의 구루인 애모리 B. 로빈스는 효율성 향상이야말로 '빠른 배치 에너지 자원the rapid deployment energy resource'이라고 부른다. 왜냐하면 새로운 유전을 찾아내는 데에는 몇 년이 걸리지만, 새로운 유전에서 기름을 퍼 올리기 전에 기존의 유전으로 충분하도록 에너지 효율성을 높이는 데에는 몇 달이면 되기 때문이다.

로빈스는 《탈석유 전쟁에서 승리하기》(2005)에서 석유에 대한 의존이 어떻게 해서 미국의 안보를 위태롭게 하는지, 직접 경비와 간접 비용 측면에서 미국 납세자들에게 어떻게 큰 부담을 지우게 되는지를 종합적으로 설명했다. 미국이 석유에 대한 의존도에서 벗어나고자 한다면 지금이야말로 그때다. 미국이 사용하는 석유 중에서 수입이 차지하는 비율은 현재의 50퍼센트에서 2025년에는 70퍼센트로 늘어나게 되는데 EU는 66퍼센트, 정책가들은 지금의 비율조차 1973년 OPEC Organization of Petroleum Exporting Countries, 석유수출국기구 소속의 여섯 개 산유국들이 원유 가격을 17퍼센트 올려 촉발된

제1차 오일쇼크 때보다 두 배나 높은 것이라는 점을 잘 알고 있다. 2000년을 예로 들면, 미국은 무려 1,090억 달러어치의 원유를 수입했는데, 이는 미국의 전체 적자의 25퍼센트에 해당되는 규모이다. 이로 인해 달러 가치가 떨어지고, 그로 말미암아 원유가가 상승하는 부작용이 연이어 발생하고 있는 것이다.

하지만 로빈스는 직접 비용보다는 간접 비용이 더 문제라는 점을 강조한다. 미국의 수입량의 4분의 1을 OPEC 회원국들로부터 수입하는데, 전체 수입량의 7분의 1을 아랍에 있는 OPEC 국가들로부터 수입한다. 불안정한 공급원에 대한 의존은 중동에 배치되어 있는 기본적인 미군을 보호하고 유지하는 데에 엄청난 비용이 든다는 것을 의미한다. 로빈스는 미국 국방성 자료를 분석한 결과 1990년대에 중동의 미군을 보호하기 위해 미국 납세자들이 낸 세금이 540억 달러에서 860억 달러에 달한다고 결론지었다. 이는 걸프 지역으로부터 돈 주고 원유를 사들이면서, 걸프 지역에 여차하면 개입할 수 있는 미군을 주둔시키기 위해 두서너 배의 돈을 더 지불한다는 뜻이다.

여기서 주목할 것이 있는데 그와 같은 규모는 세계 전체 군비에 비교하더라도 엄청난 것으로서, 그것도 테러와의 전쟁이 발발하면서 가파르게 늘어나고 있다는 점이다. 2003년에는 9,560억 달러였고, 2005년에는 1조 2,000억 달러를 넘어섰다. 군사 전문가인 크리스 랭글리Chris Langley 박사는 그와 같은 만성적인 '자본의 잘못된 배분'이 초래할 파괴적인 영향에 대해 다음과 같이 주장한다.

이와 같은 군수품 조달과 군사력 개발에 들어가는 경제, 사회, 환경 비용은 가공할 정도이다. 그 비용의 상당 부분은 아프리카, 중동, 남미의 가난한 국가들이 부담하는데, 그 가난한 지역에서 대부분의 전쟁이 발발하고, 또 그곳에 엄청난 무기들이 집중되어 있다. 이 세 지역 국가들이 매해 무기 수입으로 쓰는 돈은 220억 달러나 되는데, 거의 대부분을 미국이나 영국 같은 G8으로부터 수입한다. 그 결과는 의심의 여지도 없이 불안정성으로 이어지는데, 무기를 수출하는 국가들은 그것을 애써 무시하는 경향이 있다. 군사력에 관한 연구 협력에서 가장 부족한 부분은 갈등 해소와 평화 구축 전략에 관한 부분이다. 2004년 영국의 국방비를 보면 오직 6퍼센트만이 갈등 해소 부분에 할당되었다.

랭글리, 2005

세계의 안보가 좋아진다는 심증이 있다면 그와 같은 군사비를 사용한다 하더라도 이해할 수 있는 측면이 있을 수 있다. 하지만 세계의 불안정성이 깊어가는 근본 원인은, 무기 구입에 들어가는 돈이 늘어날수록 그만큼 상황이 악화되기 때문이라는 주장이 얼마나 많이 제기되어왔는지 모른다. 월드워치 연구소가 2005년에 발표한 보고서 〈스테이트 오브 더 월드〉는 전통적인 시각에서 바라본 안보 이슈와 오늘날에 대두되고 있는 환경, 자원, 사회 이슈를 연결지어 분석하는 데 전부를 할애했다. 다음은 그에 따른 비용을 요약한 것이다.

놀라운 사실이지만 보건, 교육, 그리고 환경 보호에 대한 소액의 투자만으로도 가난에 발목 잡힌 엄청난 인간 잠재력을 자극할 수 있을 뿐만 아니라 지구 상의 거대한 지역을 불안하게 하는 악의 사슬을 끊게 할 수 있는 것이다. 각종 추산에 의하면, 깨끗한 식수와 하수도 시스템을 제공하는 데 연간 370억 달러, 세계 기아를 반으로 줄이는 데 240억 달러, 토양 침식을 막는 데 240억 달러, 지구 상의 모든 여성에게 생식 건강을 제공하는 데 120억 달러, 문맹 퇴치에 50억 달러, 개발 도상국의 모든 어린이들에게 면역 접종을 제공하는 데 30억 달러가 들어간다고 한다. 세계의 HIV/AIDS 프로그램에 매해 100억 달러, 사하라 남부 아프리카에서 말라리아를 퇴치하는 데 30억 달러를 투자하면 수백만 명의 목숨을 구할 수 있다. 이 모든 돈을 다 더해봐도 2004년까지 이라크에서 전쟁을 치르거나 사용한 전비 2,110억 달러의 겨우 절반을 넘어설 정도이다. **월드워치 연구소, 2005**

'기회비용 분석'에 대한 비판자들은 이런 생각들이 순진하기 짝이 없는 것이라 몰아붙인다. 미국이 국방비로 하루 지불하는 비용으로 5년간 수백만의 어린이를 말라리아로부터 구해주는 모기장를 충분히 살 수 있는 상황에서, 예정된 전비를 전쟁에 투입한다고 해서 문제될 것이 없다는 것이다. 즉, 모기장을 살 수 있는 돈은 소액이기 때문에 어디서든지 구할 수 있다는 의미이다. 그럴듯한 말이다. 그러나 OECD 국가들의 모든 공공 예산은 지속적으로 빠듯하게 짜여 있을 뿐만 아니라 잔뜩 부풀려진 국방 예산은 전략이나 안보와 관련된 방향 수정을 위해서만 사용할 수 있는 것이다.

이와 같은 근거에 의해 노동당 정부는 2007년 앞으로 20년에 걸쳐 수백억 파운드의 예산을 투입하여 영국의 핵무기 능력을 개선하는 안을 결정했는데, 이는 도덕적으로도 지정학적으로도 비난받아 마땅한 것이다. 여기에 뻔뻔스럽게도 기후변화의 충격을 완화하는 프로그램을 제대로 시동하고 또 기후변화의 영향에 적응하기 위한 기간이 15년도 남지 않았다는 사실을 인정하면서 기후변화에 대한 리더십, 제3세계를 위한 채무 탕감과 원조 예산 증액, 아프리카를 비롯한 빈곤 지역에 대한 재정 지원 문제에 대해 바람직한 의견을 도출하는 데 리더십을 발휘했다고 자랑하는 정부가 있다. 하지만 그럼에도 불구하고 시대착오적이요 **냉전 이후 시대인 오늘날의 위협은 과거와 전혀**

다르다, 이란이 핵클럽에 가입한 것을 쌍수 들어 환영한다는 듯이, 핵확산방지조약Nuclear nonproliferation treaty: NPT에 아주 불리하게 작용할 뿐만 아니라 미국이 이미 주도권을 상실한 핵무기를 영국이 사용할 가능성이 없는 상황에서, 이미 넘쳐나는 무기 시스템을 증강하기 위해 600억 파운드를 사용한다는 것에는 전혀 이의를 제기하지 않는다.

이것이야말로 기후문제에 관한 테이블에서 자리를 지키려 하는 최악의 '힘의 정치'가 아닐 수 없다. 힘의 정치는 앞으로 수십 년 안에 지속가능한 세계를 창출해야 한다는 막중한 도전에 임하는 데 있어서, 배신의 순간을 경험하게 할 뿐만 아니라, 영국으로 하여금 효율적으로 가급적 작은 역할을 맡도록 인도할 것이다. 기후변화에 관한 테이블은 지금까지의 테이블들과는 전혀 다르지만, 심각한 세계적 열망에 관해 한 국가가 동참해야 할 가치를 지닌 유일한 테이블이기도 하다.

미국과 영국이 기후문제에 대해 매우 특별한 책임을 져야 한다는 것은 의심의 여지가 없다. 두 나라는 국제 테러주의에 효율적으로 한 방 먹이기는 것은 고사하고, 지구를 보다 안전한 곳으로 만드는 것과는 아주 동떨어진 방향으로 이라크 전쟁에 참전함으로써 중요한 전략적 목표에 정반대의 부작용을 초래해왔다. 오죽했으면 미국의 안보 전문가들조차 이라크에 대한 점거와 팔레스타인의 비극적인 곤경에 대해 지속적으로 문제를 제기하지 않음에 따라, 다수의 이슬람 국가들이 빠른 속도로 과격성을 띠어가고, 알카에다 조직이 수많은 나라로 뻗어나가면서 힘을 얻고 있다는 것을 시인하겠는가. 사례를 들면, 영국군이 파병된 이라크와 아프가니스탄에서 영국의 외교 정책이 무슬림을 세계, 특히 영국에서 고립시키는 데 크게 기여하지 못했다는 토니 블레어의 주장은 완전히 새롭고 꿈같은 평원을 개척할 의사가 없다는 것과 마찬가지다. 2006년 여름에 TV 채널 4가 실시한 여론 조사 결과는 가히 충격적이었는데, 영국의 젊은 무슬림의 3분의 1이 그해 7월 7일에 발생한 런던 폭탄 테러가 영국이 테러와의 전쟁에 참여한 것에 대한 반발이기 때문에 정당하다는 의견을 표명했다는 것이다. 물론 그 테러는 비난받아 마땅하다. 하지만 진짜 참담한 현실은 테러에 대한 부시와 블레어의 세계 전쟁이 무슬림들에게는 이슬람에 대한 세계 전쟁으로 비친다는 것이다. 두 나라 정부가 공히 주장하는 바와 같이 이를 유치한 착각이라 치부할 수는 있다. 하지만 많은 사람들은 미국과 영국이 취한 정책에 대한 그와 같은 테러를 세계 음모에서 핵심 부분을 차지하는 서구의 이익에 대한 폭력적인 반대 의사를 한데 뭉쳐서 표현한 것으로 인식하고 있다. 만일 세계에서의 우리의 바람직하지 못한 역할에 반대하는 모든 무슬림을 하나의 동일한 적으로 간주하는 행위를 계속한다면 그들은 정말로 그렇게 되고 말 것이다.

이와 같은 어리석음은 소름 돋도록 충격적이다. 무슬림 근본주의자들이 보다 세련된 행동을 취해주기를 바라기 어려운 입장이다. 그들은 인류 역사가 이슬람에 대한 기독교와 유대교의 음모이고 또 그러한 음모가 진행되고 있다는 식으로 중도 무슬림을 설득하여 끌어들이려 한다. 그와 같은 목적 때문에 극단주의자들은 중도파를 서구에 너무나 많이 양보를 하면서 현대화를 향해 달려가기 때문에 이슬람의 정통성으로부터 분리된 자들로 간주하려 한다. 이슬람이 정의와 단결을 강조한다는 것은 다수의 무슬림이 이라크, 팔레스타인, 아프가니스탄에서 벌어지는 것에 압박감과 굴욕감을 갖는다는 것인데, 이는 충격적이게도 '공동의 투쟁을 위해 다양한 전선을 펼친다'라는 전략으로 표출되고 있다.

이러한 상황에서 중동은 계속해서 수직 낙하하는 중이다. 환경 파괴와 사회 불의가 서로 영향을 미쳐 상황을 나쁜 쪽으로 이끄는 가운데, 높은 출산율과 청년층의 높은 실업률이 상황을 악화시키고 있다. 환경 관리에 관한 공부를 하지 않고서도 가자 지구의 피난민 캠프가 도저히 견뎌낼 수 없는 지속불가능성의 객관적인 교훈이라는 것을 인식할 수 있을 것이고, 그리고 아프리카와 아시아 전 지역에서 일어나고 있는 환경과 사회 붕괴인 물 부족, 토양 침식, 기후변화와 내란 등의 이유로 정든 시골 고향을 떠나 불결한 도시 판자촌으로 밀려든다는 결론을 내릴 수 있을 것이다. 이런 사람들은 근본주의자들의 폭력적인 선동에 쉽게 넘어가기 마련이다. 마오쩌둥毛澤東의 말에 따르면, 그와 같은 스트레스로 '공감의 바다'가 채워지게 되어서, 알카에다와 같은 폭력적 무슬림 조직들이 그 안에서 마음대로 행동할 수 있게 된다는 것이다.

그와 같은 '공감의 바다'를 무력으로 고갈시키는 수는 없는 노릇이다. 군사력으로 개인 테러리스트들을 죽일 수는 있지만 그들의 후원자마저 뿌리 뽑을 수는 없다. 그 증거의 하나로, 이스라엘은 수십 번에 걸쳐 팔레스타인에 강압적인 작전을 펼쳐왔지만 오히려 무슬림의 폭력성을 더 키웠을 뿐이다. 진정으로 '공감의 바다'를 고갈시키길 원한다면, 유감스럽게도 지금까지 많이도 부족했던 결의를 품고, 불의와 파괴의 근본 원인부터 파헤쳐야 하는 것이다. 여기에 해결해야 할 또 하나의 모순이 도사리고 있다. 세계 경제로 인한 열매가 날이 갈수록 공정한 분배로부터 멀어지는 가운데 세계 경제의 혜택에 대한 속임수는 도를 더해가고 있다는 점이다. 손에 잡히지 않는, 거만한 영광 속에 자리한 서구의 소비주의를 보여주고, 부로 가득 찬 선진국 거리에 관한 유혹적인 텔레비전 영상이 비치는 가운데 피난민 캠프와 판자촌은 더욱더 늘어나고 있다. 1990년대에 전 세계에서 가장 많은 사람들이 시청한 TV 프로그램은 로스앤젤레스의 부유층 지역을 무대로 벌어지는 내용을 담은 〈SOS 해상 구조대Baywatch〉라는 드라마였다. 대부분의 사람들은 자신들과는 전혀 다른 차원에서 살고 있는 그곳 사람들의 상상할 수 없을 정도로 엄청나고, 자신들에게는 전혀 가능성이 없어서 질투심마저 일어나게 하는 부자들의 꿈을 미국과 그 우방국들이 군사력과 재정적인 힘으로 보호해준다고 생각하기 마련이다. 상황이 이러할진대, 하루 2달러 미만으로 살아가는 20억 명이 분노, 시기심, 격렬한 원한이 혼합된 감정을 표출한다고 해서 새삼스럽게 충격받을 필요가 있는 것인가? 이에 대한 반발로 서구 가치를 전적으로 배격하는 이데올로기를 받아들인 극단적인 사례인 지하드Jihad, 성전(聖戰), 열광적 활동, 목숨을 건 공격-역자 주 같은 극단적 이슬람 전사 조직에 들어가는 것에 충격받을 필요가 있는 것인가? 전 세계 은행 총재인 제임스 울펀슨은 이렇게 말한 바 있다. "부유한 세계와 빈곤한 세계가 극적인 연결 고리 없이도 공존할 수 있다는 생각은, 2001년 9월 11일 세계무역센터의 붕괴와 더불어 와해되고 말았다."

단적으로 말하자면, 지구 상의 빈곤으로부터 물리적인 안보를 분리하여 생각할 수 없는 것이다. 장기적으로 안정적인 미래를 원한다면, 폭력적 국가들뿐만 아니라 지나치게 탐욕스러운 국가들과 박탈당한 국가들 간의 간격이 벌어지는 것도 걱정해야 한다. 우리 자신의 안전을 도모하고자 한다면 가난한 사람들의 안전을 증진시키는 노력을 시작해야 한다. 이렇게 한다는 것은 환경적으로도 옳게 행동한다는 것을 의미한다. 환경 문제를 건들임으로써 극단적인 상황에서 살아가는 가난한 사람들의 삶을 파괴하는 기아와 폭풍우의 근본 원인을 밝혀낼 수 있고, 깨끗한 상수도 시설·청결한 위생 시설·무공해의 작은 재생 에너지 시설에 대한 투자로 취약한 공동체가 자신의 땅에 머물며 생활할 수 있게 되어서, 결국에는 도시 빈민가로 흘러들어가는 것보다 훨씬 바람직한 결과를 얻을 수 있게 되는 것이다. 단언하건대 무장 단체들은 지속가능한 기술을 이용한 시설을 공격하지는 않는다. 테러리스트가 풍력 발전기를 폭파시키겠다거나 도시 상공에 퇴비 구름을 터트리겠다는 협박으로 정부를 떨게 할 리가 없는 것이다. 치명적으로 파괴적인 원자력과 독성 화학물의 경우와 비교해볼 일이다. 아무리 생각해 봐도 지속가능한 세상이야말로 더욱 안전한 세상인 것이다.

세계의 안전에 대한 그와 같은 지속가능성 관련 걱정거리들은 최근에 개발된 일부 기술들에 관한 걱정들과 그 맥을 같이한다. 요즘 들어서는 환경주의자들만 경고의 음을 발하는 것이 아니라, 최신 개혁 기술의 핵심 부분에서 일하는 수많은 사람들조차 걱정하는 실정이다. 썬마이크로시스템즈 Sun Microsystems의 공동 창업자인 빌 조이Bill Joy는 가장 비관적으로 미래를 바라보는 사람의 하나이다. 그는 2000년에 발간된《와이어드Wired》에 실은 '미래가 우리를 필요로 하지 않는 이유Why the future doesn't need us'라는 제목의 글을 통해 수십 년에 걸쳐 발전해온 21세기의 근본을 뒤흔들 세 가지 기술인 유전학, 로봇공학, 나노 기술에 대해 고찰한 바 있다. 일부 기후학자들이 '막을 수 없는 기후변화runaway climate change, 자연 피드백 메커니즘이 예측할 수 없는 방향으로 가속화되는 과정과 결합하는 단계' 가능성을 제기하는 바와 같이, 빌 조이는 컴퓨터와 로봇이 인간의 통제를 벗어나 사실상 인류를 지배할 수도 있다는 '막을 수 없는 가능성runaway potential'에 초점을 맞추어 경고했다. 빌 조이는 마이클 크라이턴Michael Crichton의 소설에서 이론의 모델을 가져왔는데, 소설은 자기 복제가 가능한 '나노봇nanobot'이 지구 상의 모든 생물을, 분자 나노 기술의 선구자인 에릭 드렉슬러Eric Drexler가 최초로 제안한 '그레이구grey goo, 잿빛 덩어리-역자 주' 상태로 축소하려 한다는 것이다.

하지만 나에게는 왕실 천문학자이자 오늘날의 가장 저명한 기상학자인 마틴 리스Martin Rees의 고언이 더욱 충격적이다. 그는《우리의 마지막 세기 Our Final Century》(2003)에서 인류에게 닥칠 수 있는 모든 용융meltdown과 '최후의 심판일doomsday' 시나리오를 설명했다. 그 안에는 이전에 소련에 의한 플루토늄과 농축 우라늄의 무분별한 사용, 지구와 소행성 혹은 혜성과의 충돌, 기후변화와 입자 가속기 실험들에 의한 파멸적 대재앙 등이 총망라되어 있다. 하지만 마틴 리스가 가장 우려한 것은 바이오에러bio-error와 바이오테러bio-terror의 가능성이었다. 미생물, 병원체, 디자이너 바이러스designer virus 같은 생물체를 실수나 고의로 누출한다면 인류에 치명적인 타격을 가할 수 있다는 것이다. 미국 국립과학아카데미National Academy of Sciences는 2002년 정치인들에게 인류가 현재 얼마나 큰 위험에 봉착해 있는지를 경고했다.

전문 기술을 가졌고 또 실험실을 들락거리는 두서너 사람이 마음만 먹는다면 미국 국민 전부의 생명을 심각하게 위협할 수 있을 만한 온갖 종류의 치명적인 생물 무기를 저렴하고도 손쉽게 만들어낼 수 있다. 더욱 심각한 것은 의약품, 식품, 맥주 같은 것을 만들기 때문에 별로 관심을 기울이지 않는 상업용 기구로 그와 같은 생물체들을 생산할 수 있다는 점이다. 인간 유전자 염기 서열을 풀고 다양한 병원균 유전체에 대한 완벽한 해석이 가능해지면 대량 살상을 위한 새로운 생물체를 생산하는 데 사용될 수 있는 것이다.
미국 국립과학아카데미, 2002

이것이 문제의 핵심이다. 농업, 의료, 쓰레기 처리 등의 분야에서 대기업과 정부가 엄청난 혜택을 줄 것처럼 열정적으로 떠들어대는 바로 그 기술이 인류의 발전을 못마땅하게 생각하는 사람들에게도 이용될 수 있다는 것이다. 머지않은 미래에는 박테리아와 바이러스를 포함한 다양한 생물종의 유전자 정보가 인터넷을 통해, 노벨 생의학상 수상자인 존 E. 설스턴John E.

Sulston처럼 인종의 개량을 위해 인간 유전자를 해독하려 불철주야 노력하는 수많은 과학자들뿐만 아니라, 〈닥터 스트레인지러브Dr. Strangelove〉스탠리 큐브릭 감독이 1964년에 제작한 영화처럼 인류 패망을 각오하는 사람들에게도 흘러들어가게 되어 있다. 수십여 곳의 바이오텍 기업들은 무엇을 그리고 누구를 위해 만들려 한다는 청사진 없이 DNA 화학 성분을 이용하여 완벽한 유전 인자들을 합성하려 한다. 《뉴사이언티스트》의 열렬 독자인 나는 한편으로는 병 퇴치를 위한 연구를 위해, 다른 한 편으로는 바이오 테러리스트와 적대국들이 쉽게 사용할 수도 있는 '이중 활용 생물dual-use biology' 대한 걱정에 동참하는 바이다. 문제는 바이오 무기를 설계하는 자들에게는 전혀 도움을 주지 않으면서 좋은 쪽으로만 연구한다는 것이 거의 불가능하다는 점이다. 《뉴사이언티스트》는 2006년 10월 실험 중인 약품을 무력화할 목적으로 탄저균 독소anthrax toxin를 조작하거나, 무해한 설치류 바이러스rodent virus를 치명적인 병원체로 전환시키거나, 보툴리눔 독소Botulinum toxin의 효능을 강화하거나, 바이러스로 하여금 한 병원체에서 다른 병원체로 침투하여 결국에는 인간의 면역 시스템에 침투할 수 있도록 유전자를 전달하도록 하는 연구 프로젝트를 승인할 때 '생물 보안에 관한 미국 바이오 안보 자문위원회National Science Advisory Board for Biosecurity: NSABB'가 직면하는 어려운 점들을 나열한 바 있다. 바이오에러와 바이오테러가 우리를 공포에 떨게 하건 말건, 그러한 공포를 차단하기 위한 조치들은 실행 가능성이 높다. 이 말의 의미를 이해할 만한 초기 증상들이 이미 나타나고 있다. 2001년 9월 11일의 사건으로 미국과 영국을 비롯한 많은 나라들에서는 인권이 크게 위축되는 현상이 일어나고 있는데, 국가 안보를 우선시하여 헌법적, 법적 인권 보장 조항은 어느 순간 뒤로 밀려버린 것이다. 무엇 때문에 그래야 한단 말인가? 마틴 리스는 다음과 같이 말한다.

알카에다 같은 테러리스트들에게 조직적인 네트워크가 필요한 것은 아니다. 광적인 사회 부적응자 한 명에 컴퓨터 바이러스를 만들 수 있는 자들만 있어도 족하다. 이러한 성향을 가진 자들은 극히 소수이긴 하지만 어느 나라에서나 다 존재한다. 바이오와 사이버 기술은 단 한 사람의 힘만으로도 얼마든지 엄청난 힘을 발휘할 수 있다.　　　　리스, 2003

　　그렇다면 테러의 결과로 인한 억압에 의해 더욱 처절한 테러로 말려들어가는 사태에 대해 무엇을 할 수 있단 말인가? 마틴 리스는 보다 강력한 규제, 자발적 연기, 강압적인 감시 등을 통해 관련된 부분에서의 기술 발전의 속도를 늦추는 방법으로 가능한 처방들을 평가해 내놓았다. 하지만 그 어떤 것도 실행 가능성이 보이지 않는다. 그가 '2020년 전에 바이오에러나 바이오테러로 100만 명을 살해하는 사건이 발생한다'에 1,000달러를 걸었다는 것이 사태의 심각성을 말해준다.

　　이와 같은 상황에서 우리를 억누르는 악몽에 대한 해결의 책임을 사회와 기술의 관리 불가능성과 복잡성으로 가뜩이나 주눅 든, 갈피를 잡지 못하는 세계 지도자들에게 떠맡겨봐야 아무런 의미가 없는 것이다. 하지만 세계 지도자들로부터 경제 성장과 국제 경쟁력 강화를 위해, 보다 빠르고 열정적으로 유전자 연구, 바이오 기술, 나노 기술, 혹은 그 밖의 차기 기술에 집중할 수밖에 없다는 말이 들려올 때마다, 경제 성장이라는 거대한 신이 우리에게 엄청난 제물을 요구하는 것 같아 위축된다. 나의 주장은 이와 같은 연구들을 없었던 일로 돌리자는 것이 아니다. 이와 같은 기술의 사용으로 부분적으로나마 인류가 큰 혜택을 받는다면 구태여 그렇게까지는 할 필요가 없지 않을까? 내가 우려하는 것은 지금처럼 무슨 수를 써서라도 경제 성장에만 집착하다간 유전자 기술이 우리의 뜻과는 달리 통제 가능한 차원을 넘어설 수도 있다는 것이다.

이와 같은 상황을 고려한다면 결국에는 **상호 의존성**이라는 중요한 개념으로 돌아갈 수밖에 없다. 이는 어느 나라나 커뮤니티의 안정성은 상업적이요 문화적인 상호 연결성을 강제하는 것만이 아닌, 호혜적 의존성을 강조하여 다른 나라들과 다른 커뮤니티에 사는 사람들의 안전을 도모함으로써 성취될 수 있음을 의미한다. 녹색 미래를 도모하는 잡지 《그린퓨처스Green Futures》의 편집장인 마틴 라이트Martin Wright는 적절히 자극적인 방법으로 핵심을 찔렀다.

> 미래에 대해서는 적극적인 안전과 공유된 회복이라는 통합적 의제에 초점을 맞추어야 한다. 그러기 위해서는 한편으로는 자원 충돌, 에너지 정책, 기후변화에, 다른 한편으로는 실패한 국가, 테러리즘, 세계 정부, 빈곤 탈출 같은 이슈들에 대한 접근 방법을 놓고 두 요인 사이를 연결할 필요가 있다. 그리고 또한 이와 같은 문제들을 동시다발적으로 건들일 수 있는 방법을 찾아내는 것이 중요하다. 그렇게 되면 웰쉬 언덕에 위치한 지역 사회 풍력 발전 단지Community Wind Farm가 신분증을 발급하는 것 못지않게 대테러 전략에 큰 몫을 차지한다는 것, 영국 병원에 들어가는 식품을 영국 시골에서 조달하는 것이 바로 아프리카 마을을 보다 안전하게 하는 방법이라는 것, 학교에 다니는 어린이들의 비만 문제에 대한 해결책이 걸프 지역에서 생산되는 석유에 대한 의존도를 줄이는 방법이라는 것을 이해하게 된다.
>
> 라이트, 2005

과학에 대한 부정

제2장에서 살펴본 바와 같이, 기후변화에 관한 국제 의제 설정이 지지부진한 이유 중의 하나는 영국 행정부가 일반적인 과학적 합의를 인정하길

거부하기 때문이다. 부시는 대통령 재임 기간 동안 미국 국민이 기후변화의 현실을 제대로 인식하지 못하도록 하는 데에 최선을 다했다. 그 일면은 지난 수십 년 동안 미국이 행사해온 효력이 뛰어나면서도 구태의연한 석유 정책을 통해 엿볼 수 있는데, 딕 체니 부통령은 세계 최대의 석유·가스 생산 및 공급 회사인 핼리버턴의 CEO 출신으로 비밀주의, 기득권, 연줄, 수의 계약, 정책이나 미국환경보호청 같은 미국의 공립 기관 측면에서 과학의 조작, 석유 산업과 원자력 산업에 대한 괴기스러운 지원 등으로 베일에 싸인 인간관계 네트워크의 핵심 인물이다.

딕 체니의 역할에 대해서는 냉혹한 역사적인 판단이 따르리라는 것은 어렵지 않게 예상해볼 수 있지만, 사실 그가 근무했던 핼리버턴이 2007년 3월에 본사를 휴스턴에서 아랍에미리트의 두바이로 옮기기로 결정한 것도 상당한 비난을 받을 만한 것이다. 겉으로는 타이밍이 우연하게 잡힌 것처럼 보이지만, 많은 미국인들은 회계 부정, 통상 금지, 과잉 청구, 부패, 부당한 지불, 이라크 정부와 체결한 250억 달러 상당의 재건 사업 계약을 이행하기에는 너무나 부족한 능력 등으로 궁지에 몰린 나머지 본사 이전을 결정한 것이라 판단했다.

기후문제에 대해 이야기한다면 핼리버턴은, 세계 최대의 석유 회사로서 연간 3,500억 달러의 수익을 올리면서 매일 10억 달러 백악관과 에너지부 Department of Energy에 상대가 없을 정도로 막강한 영향력을 행사하는 엑슨모빌 못지않은 책임을 져야 한다. 2007년 미국의 '우려하는 과학자 연맹'은 엑슨모빌이 지난 20년간 기후변화에 대해 과학자들의 합의가 도출되는 것을 막기 위해 얼마나 계획적이고, 체계적이며, 비양심적인 노력을 기울여 왔는지를 탐사 전문 기자 세스 슐만Seth Shulaman이 폭로하는 보고서인 〈연기, 거울과 뜨거운 공기Smoke, mirrors and hot air〉를 발간한 바 있다. 흥미로우면서도 좌절감을 안겨주는 이 보고서는 기후변화에 대한 합의를 평가 절하하려는 선도 조직과 사이비 과학자들에게 엑슨모빌이 매해 200~300만 달러를 지원한다는 사실을 폭로했다. 조지 부시를 설득하여 2001년 교토의정서에 미국이 거부토록 영향력을 행사하고, 기후변화는 인간 때문이 아닌 전적으로 태양열 복사량이 많아지기 때문이라고 주장하는 헨릭 스벤스마크Henrik Svensmark에 대해 대대적인 지원을 아끼지 않은 엑슨모빌은 참으로 부끄러운 행위를 한 것이다.

이러한 이유로 2006년 9월 영국의 가장 권위 있는 과학 기구 로열소사이어티Royal Society의 회장은 기후변화에 대한 증거를 노골적으로 부정하고, 부정확하고도 현혹적으로 왜곡하는 수십 개의 조직을 지원하는 엑슨모빌을 공개적으로 비난하는 서한을 발표했다. 로열소사이어티가 한 기업에 대해 체계적인 과학적 부정직성을 물은 것은 이번이 처음이었고, 이로 인해 엑슨모빌에 법적 책임을 물릴 방법을 찾던 시민 운동가들에게 힘을 실어주었던 것이다. 하지만 엑슨모빌은 전혀 동요하지 않았는데, 2006년에는 로열소사이어티가 지목한 26여 단체에 약 180만 달러를 지원했다.

즉, 석유 정책은 그 전과 다를 바 없었다는 것이다! 그에 못지않게 혼란을 야기하면서도 낙태, 동성애자 권리 같은 주요 사회적 이슈에 막강한 영향력을 행사하는, 기업보다 더 다루기 어려운 복음주의적 교회들이 백악관과 밀접한 관계가 있다는 점을 주목할 필요가 있다. 제2장에서 살펴본 바와 같이 복음주의자들 중에서도 진보적인 사람들은 다수의 교회들로 하여금 기후변화가 매우 심각하다는 것, 그리고 각자에게 하느님의 창조물에 대한 청지기의 책임을 이행할 책임이 있다는 것, 더 나아가 모든 사람들에게 지구를 보다 가볍게 해줄 의무가 있다는 사실을 인정하도록 하는 일치되고 효율적인 캠페인을 펼쳐오고 있다.

하지만 이러한 노력을 기울이는 사람의 수는 전체 근본주의 기독교인에 비하면 극히 적은 수에 불과하다. 국립과학교육센터National Center for Science Education : NCSE에 의하면 초·중등학교와 대학에서 진화론을 가르치는 문제를 놓고 법적·정치적 갈등을 빚고 있는 지역은 13개 주에 이른다. 근본주의 기독교인들은 진화론을 하나의 '이론'으로 격하해, 그에 맞추어 자신들의 창조론약 6,000년 전에 하느님이 단 엿새 만에 지구와 모든 생물, 그리고 모든 화석들까지 창조했다는 믿음도 병행하여 가르치도록 하는 방법을 추구하고 있다. 1987년 미국 연방 대법원이 종교적인 관점을 학교 커리큘럼에 도입하는 것이 비헌법적이라 판결한 이후, 미국 학교에서는 창조론을 가르치는 것은 명백한 불법이다. 하지만 그 후 새롭게 전열을 정비한 종교 세력들은 '지적 설계intelligent design'를 내세워 미국 교육에서 무신론적인 과학 영역에 도전하고 있다. 지적 설계론에 의하면, 진화론을 뒷받침하는 뚜렷한 증거가 없을 뿐만 아니라, 지구 상의 복잡 미묘한 모든 생물체들은 '지적 설계자'의 의미 있는 창조 행위에 의해서만 설명될 수 있다는 것이다.

하지만 국립과학교육센터를 비롯한 다수의 단체들은 그들의 주장에 대처하기 위해 연합 전선을 펼치고 있다. 이들은 종교적인 권리를 위한 싸움에 말려들 생각이 없으면서도 어떻게 하는 것이 최선의 방법인지에 대해서는 뚜렷한 결론에 도달하지 못했다. 창조주의자들이 원하는 대로 '논쟁의 가르침'을 포용하여 지적 설계를 교실에서 가르치게 함으로써 차라리 무신론적인 과학적인 방법을 보다 잘 이해시키도록 해야 하는 것인가, 혹은 비과학적인 개입이라고 배격해야 하는 것인가? 아니면 트로이목마 바이러스가 컴퓨터에 일단 감염되면 피해를 면할 수 없다는 차원에서 비과학적인 요인은 아예 처음부터 차단해야 하는 것인가? 그렇다면 자연 선택에 의한 다윈의 진화론을 오류로 규정하는 지적 설계가 어찌해서 일부 사람들에게

나마 믿음을 주는 것인가? 《뉴사이언티스트》는 이 문제에 대해 다음과 같이 설명했다.

> 지적 설계와 진화론 간에는 과학적 논쟁이 존재하지 않는다. 두 가지를 모두 유효한 대안으로 가르치는 것은 점성술과 천문학 간의 논쟁을 가르치는 것과 마찬가지다. 우리 솔직해지자. 지적 설계는 창조설이다. 십대 학생들에게 박테리아 꼬리가 진화된 것이 아니라 '설계'된 것이라 말한다면, 그 설계자가 과연 누구란 말인가? 지적 설계는 종교적 믿음이 될 수 있을지언정 과학은 아니다. 지적 설계는 반드시 철학이나 사회학적 틀에서 가르쳐야 하지만 그것이 편히 쉴 장소는 역사가 되어야 하는 것이다.
>
> 《뉴사이언티스트》, 2006

지적 설계가 역사의 기록으로만 기억되기에는 상당한 시간이 흘러야 할 것이다. 복음주의적 기독교인들은 두 번째 전략으로 법적으로 정규 교육 제도에 접근하는 시도를 강화하고 있다. 통계에 의하면 미국에서 홈스쿨home school 교육을 받는 어린이의 수는 250만 명에 달하는데, 그들 부모 중의 75퍼센트 정도는 자녀에게 적절한 종교 및 도덕 교육을 시키기 위해 홈스쿨링을 선택했다는 것이다. 1960년대 후반에 히피 문화의 일환인 반문화 운동으로 시작된 홈스쿨링은 종교적인 권리 법규와 홈스쿨법적보호협회Home School Legal Defense Association 같은 조직들 덕분에 자리를 잡을 수 있었다. 홈스쿨 교육을 받은 자녀들은 자신들의 도덕 및 종교관과 어울리는 대학에 진학하기도 하고, 일부는 '미래의 지도자'라는 뚜렷한 목표를 갖고 그에 맞추어 대학에 진학한다. '의무교육탈출Exodus Mandate'이라 불리는 조직은 학부모들을 대상으로 자녀들을 공립 학교에서 끄집어낼 것을 설득하고 있는 중이다. 그렇게 되면 홈스쿨 교육을 받는 자녀의 수가 앞으로 수년 안에 두서너 배로 증가할 수도 있으며, 과학에 대한 무시라는 골치 아픈 현상이 악화될 수 있다. 여론 조사에 의하면 미국인 중에서 진화론을 믿지 않는 사람의 비율이 50퍼센트나 되었다. 켄터키 주 피터즈버그에 2,700만 달러를 들여 지은 창조박물관Creation Museum은 자연사가 아닌 초자연적인 내용을 담고 있으면서도 엄청난 성공을 거두게 될 것이 뻔하다.

창조론과 지적 설계가 지구의 모든 곳에서 영향력을 발휘한다고는 말할 수 없지만, 머지않아 그렇게 될 가능성도 있다. 영국 북동부에 위치한 임마누엘 칼리지Immanuel College, 기독교 근본주의자인 피터 바디(Peter Vardy)가 재정을 지원한다는 과학 시간에 진화론과 더불어 창조론도 가르치는 최초의 대학인데, 앞으로는 두 종류의 다른 과목들에서도 창조론을 가르치게 한다는 것이다. 오피니언리서치Opinion Research가 2006년 8월 영국 대학생들을 대상으로 설문 조사를 한 결과는 충격적이다. 56퍼센트가 다윈의 진화론을 믿는다고 답한 반면, 지적 설계론을 믿는 비율이 19퍼센트, 창조론을 믿는 비율이 12퍼센트나 되었다. 그 외에도 무슬림이라 답한 학생의 3분의 1, 기독교인이라 답한 학생의 4분의 1이 창조론을 믿는다는 것이었다.

리처드 도킨스Richard Dawkins와 스티브 존스Steve Jones 같은 과학자들은 미국의 기독교 근본주의의 영향과 다양한 믿음, 특히 무슬림에 관대한 영국 교사들의 정치적으로 비겁한 태도를 비난하면서 이와 같은 현상을 암흑시대로의 회귀와 다를 바 없다고 생각한다. 그들은 또 무슬림 근본주의자들에 대한 지원이 기독교 근본주의자들에 대한 지원과 복사판이라는 것이다. 파키스탄의 대학에서는 더 이상 진화론을 가르치지 않는다. 터키에서는 창조론이 교과서의 정설이다. 수녀 출신의 역사학자인 캐런 암스트롱Karen Armstrong은 2006년 기독교와 이슬람 근본주의의 유사점을 이렇게 정리했다. "그들은 현대적인 실험에 실망과 환멸을 느낀다. …… 뿐만 아니라 그들은 공포심에 사로잡혀 세속적인 실체가 종교를 말살하려 한다고 확신한다".

다행스럽게도 중용적인 기독교인들과 무슬림의 대다수는 그렇게 생각하지 않는다. 믿음과 진화론 간에는 근본적인 괴리가 존재하지 않는다고 판단한 그들은 빅뱅 이론에 따라 우주가 등장한 순간부터 창조주 혹은 설계자의 손이 일하기 시작하여, 자연 선택의 능력을 풀어놓아 지구 상의 모든 생물체들로 하여금 수십억 년에 걸쳐 진화토록 했다는 것을 믿는다. 바티칸조차 1996년 성명서를 통해 인류가 지난 6,000년 사이에 느닷없이 등장한 것이 아니라 완만한 진화 과정을 통해 나타난 것을 인정한 바 있다.

요즘 종교에 관한 수많은 주장들은 기독교와 이슬람 간의 문화 충돌을 걱정하고 있다. 하지만 다수의 주요한 지속가능성 관련 이슈들을 위해 투쟁하는 자유적이고 진보적인 기독교인들이 여성의 자유와 책임 있는 가족계획에 대해 절대적으로 도덕적 관용을 허용치 않는 가톨릭의 태도21세기에 등장할 새 교황은 한쪽 파트너가 HIV/AIDS 감염자인 부부들도 콘돔을 사용해서 안 된다는 지금까지의 진혹한 교리를 영구화할 수 있으리라 생각하는가?, 엄청난 수의 미국 기독교인들이 확신하는 시한부 종말론에 대한 맹신에 반대한다는 점을 고려할 때 여러 가지 면에서 기독교 내에서의 충돌이라 볼 수 있다.

신실한 기독교인 토니 블레어 전 총리가 시한부 종말론 근본주의로부터 강한 영향을 받는 미국 행정부와 정치적으로 밀접한 관계를 유지했다는 사실은 그를 능력이 뛰어나고 도덕적이며 인격자로 생각하는 사람들을 지속적으로 혼란에 빠지게 한다. 안보 담당 보좌관들은 그에게 새로운 아메리카 세기 프로젝트Project for the New American Century, 미국의 전 세계 지배를 관철하겠다는 신보수주의자들의 전략-역자 주, 전천년설pre-millenarian 근본주의가 미국 외교 정책에 미치는 영향의 의미, 딕 체니·폴 울포위츠·조지 부시의 생각에 대해 브리핑을 한 적이 있는가? 마이클 노스콧는 다음과 같이 강하게 비판했다.

> 현대 정치를 이성적 규약, 사회 계약, 공급과 수요의 규칙으로 설명하는 정치 경제학자들은 미제국 정치를 이끌고 나가는 종말론 정신, 미국이 떠받치는 소비주의의 우상 숭배적인 의식을 신성시하는 시민 종교를 이해하지 못한다. 기독교국의 수많은 제왕이나 군주들과 마찬가지로 부시와 그의 연설문 작성자들은 기독교 종말론을 왜곡하여 미국의 시민 종교와 결합할 뿐만 아니라 제국적 폭력을 합법화하고 신성시한다.
>
> 기독교 윤리를 그런 식으로 사용한다는 것은 세 번째 천 년의 첫 번째 10년을 사는 수많은 세속적 휴머니스트들에게는 기독교에 대한 가장 큰 죄악이 아닐 수 없다. 미국과 영국 조상들의 과격한 기독교 정신을 회복하고자 하는 기독교인이 늘어난다면, 정치 지도자들과 테러리스트들이 자신들이 저지른 전쟁을 신성시하고, 인류의 종말론을 사악하고 독선적으로 몰고 가자 하는 종교의 악용은 심화될 것이다. **노스콧, 2004**

환경주의자들에 대한 부정

대체로 이 장에서는 긍정적인 세계 전망이 보이지 않을 것이다. 이와 같은 상황에서 '배를 흔들지 말라' 라는 격언이 건전하고 현명한 조언일지 모르겠다. 하지만 흔들리고 있는 것만은 사실이다. 지난 여섯 번에 걸쳐 벌어진 G8 정상회의, EU 정상회담, 세계통상회의에서 나온 공식 성명들, 심지어 지속가능한 성장에 관한 2002년 세계정상회담에서 작성된 요하네스버그 이행 계획Johannesburg Plan of Implementation, 거지 근성이 개입된 부정의 수준을 상고해보라.

도대체 무슨 일이 벌어지고 있단 말인가? 물론 최악의 가능성이지만, 상당수의 서구 지도자들이 소수지만 막강한 힘을 휘두르는 비즈니스와 정치 엘리트들과 완전히 짝짜꿍일 수도 있다는 것이다. 이들은 자신들에게 유리한 패러다임에 대해, 설사 속으로는 의심의 여지가 있다고 여기면서도 의심조차 할 생각이 없다. 실비오 베를루스코니Silvio Berlusconi가 이끄는 이탈리아는 각종 문제점들이 집중적으로 몰려 있는 생생한 실체를 제공해준다. 선심성 공약의 남발과 부자들만 좋게 하는 감세 정치를 통해 이미 드러난 바 있지만, 미국의 부시 행정부가 엘리트 집단에게 맹목적 충성을 다한다는 것은 비밀이 아니다.

하지만 음모론을 옆으로 제쳐놓고 말한다면 정치인들에 의한 지속적이고, 심술궂은 부정의 원인은 다음과 같을 것이다. 믿기 힘들겠지만 정치인, 사업가, 공동체 지도자, 세상을 객관적으로 파악할 수 있는 언론인 같은 사람들의 **무지**, 제3장에서 설명한 것처럼 막강한 기여 요인인 제2차 세계 대전 이후 물질주의의 '드러난 진실'에 대한 독단적 집착, 요구가 많고, 복잡하고, 상호 연결되어 있으며, 점차적으로 개인화되어가는 사회에서의 관리에 대한 도전이 거의 불가능하다는 것이 그것이다.

이와 같은 분석은 현대 정치권에 대한 관심을 늘릴 것을 필요로 한다. 하지만 이처럼 명백하게 관리 불가능할 정도로 복잡한 것의 기저에, 어떤 대가를 치르더라도 기하급수적인 고속 경제 성장이라는 주도적인 성장 패러다임으로 인해 순수한 혜택 못지않게 상당한 부작용도 같이 발생하고 있다는 점을 경제인들이 깨닫지 못한다면 그 결과는 어떠하겠는가? 지속가능한 성장의 옹호자들이 생각하는 바와 같이 성장에는 혜택 못지않은 부작용이 따르는 상황에서, 현대 정치의 거대한 담론이 변하지 않는다면 정책이 실행되는 방법에서의 현대화량으로는 전혀 변화를 일으키지 못할 것이다.

이와 같은 상황에서 주류 정당의 정치인들은 적극적으로 혹은 소극적으로 '대안은 있을 수 없다'라는 숨 막히는 압박 안에 찬성을 표한다.

시장 친화적이고, 민주주의가 향상되며, 체계를 개혁하는 상황에서 대안적 접근 방법을 설명한다는 것은, 아무리 긍정적으로 생각해도 파괴적이고 매우 위험성이 높아 보이며, "모든 녹색 아이디어는 처음에는 녹색으로 시작하지만 마지막에는 짙은 적색으로 변하는 토마토와 같다"는 헬무트 콜 Helmut Kohl 독일 총리의 말같이 최악의 경우에는 혁명적으로까지 보인다는 것이다. 우리는 경제 성장과 발전을 전혀 다른 방법으로 바라보는 것이 사실상 불가능한 상황에 도달한 것으로 보인다. 그와 같은 두려움이 정당화된단 말인가? 매우 바람직한 단기적인 역동성 및 자본주의의 창의성에 생물물리학적 지속가능성의 양도 불가능한 장기적 조건을 일치시키고자 하는 사람들을 위해, 근간에 매우 간단하면서도 매우 중요한 이행 전략에 초점을 맞춘다고 해서 정치적인 고통과 선거의 위험도가 그렇게 높아진단 말인가? 정치인들은 사실 그렇게 생각한다. 그래서 환경주의자들이 지난 25년간 지대한 노력을 기울여왔음에도 불구하고 그들이 생각을 바꾸도록 유도하는 데에는 성공을 거두지 못했다.

유럽 녹색당의 운명을 보면 현실 정치를 생생하게 파악할 수 있다. 2000년 녹색당들은 15개 EU 국가 중의 다섯 개 국가에서 연합 정부들을 구성하는 데 관여했는데, 2006년에는 체코와 핀란드에서만 개입된 상태로서 2007년에는 녹색당 의석수가 18개국을 통 털어봐야 240석밖에 되지 않는다. 환경주의자들은 환경 의식과 행동의 고취, 국가들이 보다 푸르고 보다 안전한 삶을 추구하는 방향으로 나아가는 것을 보고 안도하는 경향이 있다. 하지만 사실은 그렇지 않다. 많은 지역, 특히 미국·영국·독일에서는 오히려 빠르게 퇴보되고 있다.

여기에서 우리는 정치인, 대기업, 주류 종교, 일반 대중뿐만 아니라 환경 운동에 관한 다양한 종류의 부정에 맞서지 않으면 안 된다. 우리의 부정은 모든 시도들이 상대적으로 실패했다는 증거가 있음에도 불구하고, 지난 수년간 전통적인 캠페인과 로비의 방법들을 변경시키려는 노력을 거의 하지 않았다는 단순한 사실에 그 근거를 둔다. 이에 관한 최근의 사례로 2000년의 영국 총선을 들 수 있는데, 당시 환경적인 이슈나 기후변화에 관한 문제 제기는 거의 관심을 받지 못했다. 대중이 환경적인 이슈에 대폭적인 지지를 표명할지라도 그 깊이는 아주 얕다. 정치인들은 자신들이 환경 부분에서 일을 잘못하더라도 시민들이 거리로 밀려나거나 차기 선거에서 자신들이 영향을 받는 일은 없을 것이라는 확신하에, 자신들이 뛰어들어야 할 개입을 늦추거나 그 폭을 좁히거나 희석시키면서, 반드시 해야 할 것만 마지못해 응하는 식으로 살아남은 법을 터득했다. 유럽의 녹색당들이 자신들의 지지 기반을 5~10퍼센트를 초월하여 그 이상으로 넓히지 못하는 것에서 알 수 있는 바와 같이, 환경 문제에 주목하여 투표권을 행사하는 사람의 수는 극히 적다. 유럽의 환경주의자들은 이러한 실패가 얼마나 모든 사람들의 실패에 기여하느냐를 물으면서도, 자신들의 실패에 얼마나 영향을 미칠 수 있느냐에 대해서는 좀처럼 따져볼 생각을 하지 않는다. 예를 들어 새로운 EU 프로세스에서 일시적인 승리와 점증적인 정책 변화를 일으켜 환경 조직들로 하여금 긴 세월 동안 생존할 수 있게 해주었던, '다른 일에는 관심을 두지 말고 우리가 잘하는 것에만 집착하라' 전략을 합리화해줄 만한 근간은 충분하다. 이러한 이유로 활발한 의견 교환이 이루어질 수 없는 것이며 토론은 비효율적일 수밖에 없는 것이다.

환경주의의 미래에 대해 활발한 토론이 벌어지는 미국에서는 그 정도로까지는 문제가 심각하지 않다. 마이클 셸렌버거와 테드 노드하우스는 공동으로 집필한 〈환경주의의 죽음The death of environmentalism〉(2005)이라는 논문에서 미국의 신보수주의가 환경주의를 극렬주의자와 인생 낙오자가 반미주의를 위해 택하는 특정 분야로 표현하는 데 성공한 이유에 관해 근본적으로 색다른 분석을 내놓아 논란을 불러일으켰다.

기후변화와 같은 큰 이슈의 진전을 방해하는 요인들에 대한 그들의 분석은 전통적인 환경적 사고와는 매우 다른 것으로서 이 책에서 채용한 포괄적 접근 방법과는 상당히 근접하다고 볼 수 있다.

- 영감적이면서 긍정적인 비전 구상의 실패
- 핵심적인 미국적 가치에 관련된 토론을 구체화할 만한 법안을 구상할 능력의 부재
- 미국 정부의 3권을 과격 우파가 장악하고 있다는 것
- 환경 보호를 훼손하는 무역 정책
- 돈이 미국 정치에 끼치는 막강한 위력
- 빈곤
- 인구 과잉
- 무엇이 문제이고 무엇이 문제가 아닌지에 대한 낡은 가설

셸렌버거와 노드하우스, 2005

셸렌버거와 노드하우스는 레이철 카슨의 《침묵의 봄》(1962)이 출간된 지 40년이 훌쩍 지났는데도 미국 환경주의자들의 표준 접근 방법이 그리 변하지 않았다는 사실을 들어 '낡은 가설'에 문제가 있다고 지적했는데, 우선은 하나의 문제를 유별나게 환경적으로 정의를 내린 다음, 그 특정의 환경 문제에 종합적이고 기술적인 정책 해결 방법들을 적용하고, 그다음에

는 입법부에 그러한 정책들을 받아들일 것을 설득한다는 것이다. 셸렌버거와 노드하우스의 주장은 이러한 방법이 25년 정도 효력을 보였을지는 몰라도 신보수파가 미국의 가치와 미덕을 지키는 수호자 역할을 자임하고 나서부터는 거의 성공을 거두지 못했다는 것이다. 환경을 대중이 흥미를 가지는 여러 관심거리의 하나로 비치도록 내버려둔 결과로 인해 환경주의자들은 빠져나오기가 극도로 어려운 좁은 상자 속에 자신들을 가두어놓게 된 셈이다.

> 환경주의자들에게 비전, 가치와 정책을 연결하는 것은 참으로 어렵다는 것이 증명되었다. 대부분의 환경 지도자들, 설사 가장 비전 지향적인 지도자라 할지라도 일관성이 있는 제안을 구상하는 데에는 엄청난 어려움을 겪는다. 세계 온난화 문제가 특별한 관심거리로 계속 주목을 받는다 하더라도, 환경주의가 그 문제를 해결하기 위한 능력을 축적할 수 없다는 점에서 위기가 아닐 수 없다. 이 문제를 '환경적인' 것으로 국한해서 기술적인 해결책만 찾으려 한다면, 그저 하나의 특별한 관심거리로만 남게 될 것이다.
>
> **셸렌버거와 노드하우스, 2005**

나는 이 문제를 설명하기 위해 제16장에서 소개될 '비전, 가치, 그리고 정책의 균형'으로 풀어가고자 한다. 유럽에서 환경주의자들이 언제나 비전과 가치에 앞서 기술 정책을 우선시한다는 것이 사실이 아닐지는 몰라도, 자신들이 개입된 문화와 이념 전쟁의 잣대에 관한 고지식함은 오랫동안 문젯거리가 되어왔다. 이상한 일이지만 증거라는 가정의 능력과 긴 세월을 거쳐 형성된 합리적 판단에 대한 지나친 의존, 정치 시스템을 변화시키려는 집단 이기주의는 잘못된 것이라는 사실이 증명되었다.

그래서 미국에서는 대안 찾기가 활발하게 진행되고 있는데, 이로 인해 노조, 기업가, 경제학자를 포함한 이익 단체들이 폭넓은 연합을 결성하여 기후 변화를 해결하기 위해서는 기존의 일자리를 위협하지 않고서도 재생 에너지와 에너지 효율성 분야에서 새로운 일자리를 창출하고, 보다 확고한 에너지 안보를 확보하여 장기적으로 에너지 비용을 낮추자는 움직임이 나타나고 있다. 앞에서 언급한 바 있지만 이는 애모리 B. 로빈스가 20년 동안 펼쳐온 희생적인 운동의 결과로서, 그는 최근에 펴낸 책의 부제로 그의 계획을 거침없이 드러내고 있다. 그 제목은 '수익, 직업 그리고 안전innovation for profits, jobs and security' 이다. 그는 가슴 설레게 하는 비전을 제시한다.

우리의 에너지 미래는 운명이 아니라 선택이다. 석유에 대한 의존은 더 이상 가지고 있을 문제가 아니다. 보다 저렴한 석유도 더 이상 가지고 있을 문제가 아닌 것이다. 미국의 석유에 대한 의존은 부를 창출하고, 선택의 폭을 넓히며, 공동 자산을 강화해주는 것으로 증명되는 매력적인 기술로 완벽하게 철폐할 수 있다. 이러한 목표는 아랍 산유국이 석유 수출을 금지했던 1973년부터 지금까지 흘러온 세월만큼 앞으로 더 시간이 흐른 까마득한 미래가 되어야 성취될 수 있을 것이다. 미국이 석유에 관심을 기울인 1977년부터 1985년 사이에 석유 소비가 17퍼센트나 감소되었음에도 불구하고 GDP는 오히려 27퍼센트나 증가했다. 아랍 걸프 지역 국가들로부터 미국의 석유 수입은 50퍼센트나 줄었는데, 특히 그 감소분의 87퍼센트는 1977년부터 1985년 사이에 발생한 것이었다. 이와 같은 수요자 입장에서의 막강한 시장력의 행사로 인해 OPEC은 근 10년 동안 자의적으로 석윳값을 매길 수 없었다. 지금이라도 우리가 그보다 개선된 작전을 구사할 수 있다고 본다. 무지를 통찰력으로, 무관심을 예측으로, 나태함을 활동력으로 대체한다면 우리에게 기회가 있다는 점에서 장애는 전혀 문제가 되지 않는다. 우리야말로 우리가 그렇게 오랫동안 기다려온 바로 그 사람들이라는 것을 깨닫는다면, 미국 비즈니스는 미국과 세계를 탈석유 시대, 활력 넘치는 경제와 지속적인 안보로 이끌고 나갈 것이다.　　　로빈스, 2005

애모리 B. 로빈스는 비즈니스 공동체의 역할을 아주 중요하게 생각했다. 보다 지속가능한 세계로의 변화를 위한 엔지니어링에는 기업인, 전문가, 종교인, 그리고 영적 지도자, NGO, 교육자, 언론인들의 최선의 노력을 필요로 한다. 하지만 가장 결정적인 개입을 단행하여 다른 사람들로 하여금 변화에 최선을 다하도록 유도해야 할 사람은 정치인들이다. 정부는 유권자들로부터 민주적인 위임을 받아, 일반 시민과 기업이 활동하는 법률적·헌법적 테두리를 만들고, 거시 경제적 틀을 구상하여 그 안에서 재정 및 경제 수단을 사용하며, 공개 토론의 분위기를 조성하여 논란이 심하고 의견이 심하게 갈라질 염려가 있는 이슈에 대해 주도적인 입장을 취한다.

하지만 모든 생각을 다 동원해보아도 이와 같은 정부 체계는 분명히 시대에 뒤떨어진 것이다. 일례로 세상의 모든 국가들이 일정 한도의 주권을 EU, 유엔, 혹은 WTO 같은 초국가적인 기구에 넘겨주지 않았던가. 많은 정부들은 시장에 대한 적극적인 개입을 꺼리면서, 궁여지책의 정책 도구로 규제에 의존하려 하며, 개인이나 기업의 행태를 변화시키기 위해 자발적 도구의 사용과 구태의연한 설득을 크게 선호한다. 어디 그뿐이겠는가. 정부는 비즈니스, 특수 법인, 문턱이 높은 집행 기관, 공동체 기구, 시민, 그리고 시장 등에 위험과 책임을 분산하여 나누어주는 데 물들어버렸다.

이와 같은 현상은 기업 쪽에 환경적·사회적으로 책임 있는 행동을 촉구하는 경우에 더욱 두드러진다. 부정적인 환경 및 사회적 외적 요인들을 자발적으로 줄여나가는 기업들이 점차 권위적인 능력을 갖게 된다는 것은 오늘날의 비즈니스 친화적이요, 규제 철폐를 선호하는 정부에게는 하늘에서 떨어진 만나가 아닐 수 없다. 예를 들어 시장 점유, 성과 및 주주 수익률 부분에서 '기업 책임'을 내세워서 기업들이 정말로 잘한다면, 정부는 가만 앉아서 '이름 불러 망신 주기naming and shaming' 같은 방식으로 다른 기업들에게 용기를 불어넣어주면 그만 아니겠는가?

아쉽게도 기업 책임에 대한 현재의 접근 방법은 현실적이지 못하다. 사실 일부 중요한 관점에서 본다면, 현재 접근 방법은 오늘날의 심각한 환경 및 사회 문제들이 비즈니스 공동체에 의해 심각하게 논의되고 있다는 표면적 확신을 심어줌으로써, 실상을 잘 알고 있는 사람들이 생각하는 현실에 대한 부정의 패턴을 강화해줘야 당연한 것이다. 하지만 실상은 그렇지 않다.

설사 필요한 변화를 일으킬 책임을 여러 당사자들이 공유한다 할지라도, 변화가 발생하도록 하는 핵심적 책임은 여전히 정부에게 있으며, 그래서 우리는 현재 진행 중인 보다 지속가능한 경제로 넘어가기 위한 단기적이면서도 효율적인 방법을 찾는 연구에 관심을 기울여야 하는 것이다.

Chapter

13

측정 규정 바꾸기

부정을 극복하는 최상의 방법 중의 하나는 경제 발전과 그로 인한 환경 파괴의 손익 측면에서 현재 상태를 사람들에게 정확하게 이해시키는 것이다. GDP만으로는 그런 것을 알 수 없는 것이 GDP는 처음부터 그런 것을 염두에 두지 않고 설정되었기 때문이다. GDP 이론의 선구자의 하나인 사이먼 쿠즈네츠Simon Kuznets 교수는 1934년 미국 의회에 미국 정부는 GDP를 국민 소득의 측정 도구로 사용하는 데 신중할 필요가 있다고 경고했다. "국민 소득의 수치로는 국가 복지 수준을 측정하기가 상당히 어렵다." 1962년 그는 '성장의 수치와 그 질을 반드시 분리해 생각해야 한다'라는 말로 경고의 수준을 높였다. '더 많은 성장'의 목적에는 반드시 **무엇**의 성장인지, 그리고 **무슨 목적**을 위한 성장인지가 명시되어야 한다. 쿠즈네츠는 1961년 노벨상을 받은 석학이었음에도 불구하고 그때에나 지금도 그의 고언은 무시되었다.

따라서 우리는 경제적 성공과 삶의 질을 동시에 잴 수 있는 평행 측정 방법을 개발할 필요가 있으며, 경제적 측정 방법에 대한 전적인 의존을 탈피하여 개인의 웰빙을 적절히 반영해야 한다. 그리고 기후변화에 대해 심각하게 고민하기 시작할 때가 되면 우리가 일상사를 영위하면서 내뿜는 이산화탄소의 비용, 측정, 그리고 거래의 측면에서라도 탄소에 대해 진지하게 생각할 필요가 있는 것이다. 하지만 시장 경제에서의 가장 중요한 정보 소스가 **가격**이라는 점에서 정치인들은 직업, 생계, 새로운 비즈니스 시작 등의 우리가 원하는 것에 대한 세금 부담을 줄이면서, 쓰레기, 이산화탄소 배출 등 우리가 원치 않는 것에 대해 벌금을 물리는 생태적 세제 개혁이나 다른 개입을 지금보다 훨씬 체계적으로 생각할 필요가 있을 것이다. 이 문제에 대해서는 지금까지 논의가 상당히 이루어져왔지만 정치인들은 이를 실제의 삶에 옮기도록 행동하는 데에는 용기가 없는 듯하다.

GDP

제3장에서 GDP를 경제적 성공의 주요 지수로 사용하는 것에 대해 경제학자와 시민 운동가들이 우려하는 바를 몇 가지 소개했다. GDP의 영향력이 해악을 끼치는 정도를 줄이기 위한 대안을 제시하면서 또 GDP 개념을 조종하려는 노력이 꾸준히 이루어져왔다. 이와 같은 시도에는 범죄 GDP는 사람들이 소비하는 돈을 범죄를 멈추게 하고 범죄로 인한 피해를 치유하는 과정으로 간주하게 한다, 오염 방어 지출 defensive expenditure : 오염 사고 발생 후의 정화 비용, 가계와 GDP를 계산할 때 완전히 무시되는 자발적 경제, 제7장에서 살펴본 바와 같이 자원 고갈과 자연 자본의 훼손, 소득의 분배 GDP라는 조류가 높아진다고 해서 바다에 떠 있는 모든 배가 높이 올라가는 것은 아니다, '일과 생활의 균형' 같은 삶에 관한 다수의 이슈들을 주요 요인으로 포함한다. 이와 같은 시도가 완벽하게 성공한 적은 없지만 대부분의 경제학자들은 GDP에 지나치게 의존하는 것에 대한 설득력 있는 비판에 중요한 발판을 제시했다는 사실을 부인하지 않는다.

그렇다면 급진적이고 새로운 사고로 무장한 정부가 들어선 지 10여 년이 지난 오늘날, 이처럼 한탄스러운 사태를 터놓고 밝힐 정치적 용기들은 어째서 다 사라지고 없단 말인가? 노동당 정부는 1998년 GDP에서 재생 불가 자연 자본의 고갈을 배제할 때 벌어질 상황을 파악하도록 특별히 설계된 '위성 계정satellite account'을 과감히 마련하여 2년간 시행했지만 당초 생각보다는 훨씬 복잡하다는 이유로 포기하고 말았다. 그 후에 정부가 새롭게 시도한다는 소식은 들려오지 않았다.

모든 것이 잘못된 경제 성장 때문이라면 환경적으로 지속가능한 경제를 위한 최선의 방책은 무성장 경제를 기본으로 해야 한다는 생각이 들기 마련이다. 무성장 경제는 1970년대 토론의 핵심 주제였고, 지금도 소수의 과격 녹색주의자들은 아직도 이를 신봉하고 있다. 하지만 대안 경제학자들의 대부분은 자본주의 경제가 엄청난 사회적 고통의 늪에 빠지지 않으려면 일정한 성장이 필요하다는 것에 동의한다. 모든 증거들을 놓고 판단해보면 전혀 성장하지 않는 자본주의 경제는 경제적으로 생존하지 못할 뿐만 아니라 환경적으로도 도움이 되지 않는다. 따라서 자본주의에서의 '무성장'은 환경적 지속가능성에 기여하지 않을 뿐만 아니라 오히려 인간이 손쓸 수 없을 정도로 환경을 파괴하는 쪽으로 끌고 갈 위험성이 크다.

광범위한 인류 역사의 관점에서 보자면, 자본주의가 인간의 마지막 경제 활동의 도구라는 말은 전혀 합리적이 아니다. 하지만 현재로서는 믿고 제시할 수 있는 제도로서의 자본주의에 성장이 필요하다면, 사회적·환경적 지속가능성을 위한 유일한 기회는, 경제 성장을 빼놓고 뭔가를 하는 환상적인 방법을 주문으로 불러내는 것보다는 지속가능성과 조화를 맞추는 성장을 추구하는 방법이어야 하는 것이다. 따라서 이러한 점을 생각해볼 때 지속가능한 성장이라는 개념에 고려되어야 할 주요 주장으로 '무작정

GDP를 고려하지 말자'는 사고는 만만치 않은 문젯거리가 아닐 수 없다. 아동 심리학자들이 주장하는 바이지만, 아동들이 심리적인 안정감을 얻는 담요를 부모가 강제로 빼앗는 것은 현명하지 못하다. 흥미를 돋우는 장난감이나 재미있는 놀이 등으로 관심을 돌리게 하는 것이 훨씬 좋은 방법인 것이다.

GDP의 부적절함은 '자연 자본'을 완벽하게 계산하지 못하는 회계 시스템의 실패로부터 부분적으로 기인한다. 제7장에서 설명했지만 자연 자본은 생산 과정에 투입되는 원료, 자원, 그리고 에너지를 제공하는 바다, 삼림, 산과 평지와 같은 지구 생태계의 개발 가능한 자원이라 생각할 수 있다. 뿐만 아니라 자연 자본에는 안정된 기후의 유지, 오존층, 세계 경제 때문에 점점 그 분량이 늘어나는 물질적 생산물과 오염을 분산, 중화, 재생산토록 하는 흡수 능력을 포함한 총체적인 '생태계 서비스'가 들어있다. GDP를 계산할 때 자원 고갈을 어느 정도 고려하지 않는 것은 아니지만 인간의 삶에 없어서는 안 될 필수적인 생태계 서비스인 '결정적인 자연 자본'의 고갈을 고려하는 GDP 계산법은 없다.

GDP 계산법이 허점투성이라는 증거는 넘쳐난다. 예를 들자면 정부는 삼림에서 베어내는 나무는 셀 수 있지만, 그 나무가 제공하는 생태계 서비스는 계산할 능력이 없지 않은가. 뿐만 아니라 저수량, 토질 안정, 생물 서식지 유지, 대기와 기후의 조절에도 전혀 힘을 발휘하지 못한다. 유감스럽게도 생태계가 붕괴되기 시작하면서부터 그로 인한 대가가 뚜렷하게 나타났다. 실례로 삼림이 황폐된 양쯔 강 유역에 1998년 발생한 홍수로 인해 무려 3,700여 명이 사망했고, 2,400만 헥타르의 농지가 물에 잠겼으며, 2억 2,500만 명의 이재민이 발생했다. 피해액이 300억 달러에 달하는 재난을 겪고 나서야 중국 정부는 산에서 나무를 베어내는 것을 중지하고 120억 달러를 들여 긴급 녹화 프로젝트를 단행했다.

국민 소득 계산에 생태계 서비스를 포함시키자는 주장은 매우 당연한 것이다. 국민 소득은 회계가 끝났을 때 소비자의 경제 사정이 회계가 시작될 때보다 나빠지지 않으면서, 회계 기간 동안 소비될 수 있는 총량이라 정의된다. 따라서 이와 같은 정의를 따른다면, 소비가 소비의 근간이 되는 자본의 규모에 영향을 주지 않는다는 점에서, 소득은 엄밀하게 지속가능할 수 있는 정도를 의미하는 것이어야 한다. 하지만 자본 소비를 위해 GDP로부터 공제된 규모가 자본의 총소비 규모에 충분히 근접할 수 있다면, 국민 소득에 소득의 본질적인 지속가능성이 충분히 반영된다고 볼 수 있다. 현재로서는 국민 소득은 총소득, 즉 GDP에서 자본 감가상각을 감하는 방식으로 계산한다. 제조 자본과 마찬가지로 자연 자본이 GDP 생성에 상당히 기여하다는 점에서, 감각상각을 GDP에서 공제하는 것처럼 생산으로 인한 자연 자본에 대한 부정적 효과도 당연히 공제되어야 하는 것이다.

그렇다고 해서 완벽한 계산법은 아니다. 계산은 어렵지 않게 시작할 수 있다. 하지만 재정 전문가와 회계사들이 말하는 것처럼 제조 자본에 대한 감각상각을 정확하게 계산할 수 있는 고도의 방법은 아닌 것이다.

지속가능한 경제 복지의 지표

1989년, 허먼 데일리와 존 콥John Cobb은 현재의 수많은 비평가들이 대안으로 선호하는 ISEWIndex of Sustainable Economic Welfare, 즉 지속가능한 경제 복지 지표를 제시했다. ISEW의 기준 아래에서 미국에 대한 그들의 판단은 신랄했다.

해마다 ISEW 지표상에 다소의 변화가 있었지만 1970년대 후반부터 현재까지의 장기적인 추세는 그야말로 암담하기만 하다. 소득 불균형의 심화, 자원의 고갈, 미래 경제의 지속가능성에 대한 충분한 투자의 실패 등으로 경제 복지는 적어도 지난 10년 동안 악화되었다. **데일리와 콥, 1989**

서리 대학교의 경제학자 팀 잭슨Tim Jackson은 1994년 ISEW를 영국에 적용하여 데일리와 콥의 연구와 동일한 결과를 얻어냈다. 차후에 신경제재단은 GDP의 완벽한 대안으로서의 ISEW의 가치를 홍보하는 등, 보다 포괄적인 방법으로 잭슨의 방법을 이용해왔다. 자연 자본의 상실을 조정할 뿐만 아니라, 무급의 가사 노동 같은 비교역적 혜택의 지수를 포함시키고, 공해병의 치료 같은 교역이 가능하지만 인간 복지에 기여하지 못하는 활동의 가치를 제거하고, 소득 불균형을 시정하면 ISEW는 GDP보다 훨씬 정확하게 복지를 측정할 수 있다. 그 밖의 다른 선진국들에 ISEW를 적용한 결과 복지 수준이 전체적으로 수평을 유지하거나 하락하는 것으로 나타났다. 이와 같은 결과들은 ISEW가 다양한 측정 방법들보다 유효하다는 뜻인데, 각종 방법들을 섞어놓은 잡탕에 불과하다는 ISEW에 대한 비판에 대해 부분적으로나마 반박한 것이라 할 수 있다.

GDP의 대안적 지표로서 국제적으로 가장 많이 알려져 있으면서 간단한 것이 바로 유엔개발프로그램의 인간개발지수이다. ISEW와 유사점이 많은 인간개발지수는 〈인간 개발 보고서〉를 통해 매년 인간개발지수 측정 자료를 발표하는데, 다양한 나라들에 대한 비교 분석을 포함한다. 인간개발지수는 세 가지를 기본으로 한다. 수명기대 수명으로 측정, 지식성인의 문자 해독률, 초·중등학교 취학률로 측정, 그리고 번영1인당 국민 소득으로 측정이 그것이다.

생물 물리적 지속가능성 측면에서 보자면, 핵심 사항은 보다 낮은 물질 처리량에서 보다 높은 경제 가치를 어떻게 얻어내느냐 하는 것이다. 자원 효율성에 대해 진지하게 생각한다면, 국제적인 시각에서는 GDP보다는 상대적인 경제 성공과 경쟁력이 주요 비교 요인이 되어야 한다.

폴 에킨스를 포함한 일부 학자들의 계산에 의하면 세계 인구의 증가와 물질적 번영에 대한 욕구가 지금처럼 계속된다고 보았을 때, 풍족한 사회를 구가하면서도 환경적 지속가능성을 확립하기 위해서는 소비의 환경적 강도environmental intensity of consumption, 소비 1단위가 환경에 미치는 영향를 2050년경까지 90퍼센트 줄여야 한다는 것이다. 따라서 지속가능성이 훼손되지 않을 정도로만 경제 성장이 지속된다면 소비의 환경적 강도는 지속적으로 하락하게 된다는 것이다.

사람들은 산업 국가군에서의 전체적인 자원 소비에 대한 청사진이 합리적으로 긍정적이라고들 말한다. 독일의 부퍼탈 연구소Wuppertal Institute는 영국의 전체 물질 수요가 1970~1999년 사이 12퍼센트 증가한 반면, 그 사이 GDP가 88퍼센트나 늘어났다는 것을 지적한다. 경제 성장이 자원 사용과 밀접한 관계가 없다는 것을 보여준 이 연구 결과는 영국 정부가 효율적인 쓰레기 정책 이행에 엄청난 어려움을 겪고 있는 상황에서 수많은 전문가들에게 충격을 던져주는 것이었다.

경제 성장과 자원 이용 간의 이와 같은 낮은 상관관계는, 제조에서 GDP 단위당 환경에 미치는 영향이 낮은 서비스로 그 중심이 전환되면서, 오염을 집중적으로 유발하는 활동을 해외로 수출하거나 이전하기 때문이라고도 볼 수 있다. 영국에게 유익한 이 전략이 그렇다고 세계 환경에 유익한 것은 아니다. 따라서 각국 정부들은 GDP가 자원 소비, 더 나아가 경제 성장, 일자리, 생산성 같은 경제 성장을 측정하는 전통적인 방법들과 분리된다는 사실을 진지하게 고려하기 시작했다.

웰빙은 제대로 측정할 수 있는가?

경제 복지 측정 방법에 대한 마지막 고려 사항으로 삶의 만족도, 기쁨과 행복을 어떻게 측정할 것인가라는 매우 난해한 이슈에 대해 언급하지 않을 수 없다. 오래전부터 대안 경제학자들은 지금까지 이루어진 놀라운 경제 성장과 번영으로 사람들이 정말로 행복하다고 느끼는지, 그렇지 못할 경우 제3장에서 설명한 것처럼 현실에 대해 불안해하는지를 고려해야 한다고 주장해왔다. 부유한 국가의 정책 결정자들은 경제 성장이 높으면 높을수록 인간이 의존하는 생명 지원 시스템이 악화되는 부작용이 발생하면서, 경제 성장만으로 사실 인간이 보다 행복해지지 않는다는 이중 딜레마에 빠져 있다. 특히 영국 재무성 사람들이 궁지에 몰리면 창의적인 사고가 떠오르려니 생각하겠지만 유감스럽게도 지금까지는 그렇지 못하다.

그 외에도 사실 행복, 일, 개인적인 삶, 성취 등에 대한 전반적인 만족도 같은 국가의 맥박을 재기 위한 구체적인 '웰빙 지수' 구상에 지대한 노력들을 기울여왔다. 부탄 국민들이 가장 행복하다는 것을 보여준 국민행복지수Gross Domestic Happiness : GDH라는 측정 도구는 논외로 하더라도 각국이 고려하는 웰빙 지수 방법은 국가, 사회 및 경제 지수에 초점을 맞추는 ISEW 와 상당히 흡사하다.

큰 틀 안에서 특정 순간에 보다 행복한가 혹은 불행한가라고 묻기보다 주관적인 인식을 수치화라는 것이 무슨 의미가 있겠는가라는 의문이 들기도 하지만, 인간이 살아가면서 경험하는 주관적이고 인상적인 느낌을 웰빙 지수에 포함시키지 못하는 것은 아쉽다. 수치화를 강조하다 보면 인간의 삶에 대한 느낌과 관련된 다양한 요인들의 섬세한 특성이 흐려지기 쉽다. 이스트앵글리아 대학교University of East Anglia 환경학과의 팀 오리어던Tim O riordan 교수와 나는 영국 지방 정부들이 지속가능한 공동체 전략을 개발하

■ **도표 6** 웰빙의 구성 요인

출처: 지속가능발전위원회

는 데 사용할 수 있는 '웰빙 지도wellbeing map'를 고안했다. 도표 6에 나타난 바와 같이 핵심 결정 인자들에 대한 주요 영향력을 파악하기 위한 것이다. 하지만 처음에는 각 영향 요인을 측정하기 위해 무엇을 고려해야 하는지를 생각해야 하고, 그다음에는 그 결과들을 단 하나의 요인으로 묶어서 정리해야 한다.

영국의 신경제재단은 주요 환경 및 사회적 요인, 행복에 대한 인식을 측정하는 새로운 방법의 개발에 앞장서왔다. 그중에서도 지구행복지수The Happy Planet Index: HPI는 인간의 삶과 행복, 경제가 지구의 지속가능성에 미치는 충격을 측정할 수 있는 최초의 도구이다. 하지만 '행복'이나 '지구'라는 단어가 포함된 도구의 이름은 고리타분한 느낌을 준다. 객관적으로 측정

가능한 사회적 요인들에는 소득 분포, 수명, 유아 사망률, 교육 수준 등이 포함되고, 환경적 요인들에는 재생 가능한 자원과 재생 불가능한 자원의 사용, 공기, 물, 토양 같은 자연 환경의 객관적 질을 포함한다. '행복'은 참여적인 사람이 민주주의를 어떻게 생각하느냐와 같은, 일상사에서 경험하는 것들에 관한 주관적인 질문들로 측정된다.

엄청난 생태적 발자국을 남기며 GDP상으로 부자가 된 나라들은 지구 행복 지수상으로는 매우 낮은 수치를 기록한다. 삶에 대한 만족도에서 영국은 전 세계의 108위, 미국은 150위인 반면, 오세아니아에 위치한 섬나라로 1인당 GDP가 2,800달러에 불과한 바누아투가 삶에 대한 최고의 만족도를 보이고 있다. 이 나라 사람들은 상대적으로 장수하면서, 환경 훼손을 최소화하는 지역 경제 활성화를 통해 여유로운 생활을 영위하고 있다. 뉴질랜드가 그 뒤를 잇는다.

하지만 웰빙에 대한 문제의 핵심은 웰빙을 측정할 수 있느냐가 아니라 측정할 수 없다면 웰빙을 향상시키기 위한 전략적 정책 개입을 구상하기 어렵다. 정치인들이 그 문제에 집중할 필요가 있느냐는 것이다. 토니 블레어 전 총리가 "돈이 만사가 아니다"라고 말한 바와 같이 어떻게 보면 정치인들은 당연히 그래야 할 것으로 보인다. 데이비드 캐머런 현 총리가 "국민의 주머니를 두둑하게 해줄 방법뿐만 아니라 국민의 가슴에 기쁨을 주는 것을 생각해야 한다"라고 말한 것처럼 삶에 대한 최상의 것을 제공하는 것이 경제 성장보다 훨씬 중요하다고 보는 것이다. 이와 반대되는 것으로 정부의 임무는 법규를 유지하며 효율적·경쟁적·합리적으로 공평한 경제를 운영하는 '태만하고 자유방임적인' 입장에 머물러야 한다면서도, '복지 국가' 냄새가 나는 것이라면 그 무엇이라도 편집적으로 혐오감을 드러내는 나라를 향해서는 그 나라 국민들에게 전폭적으로 지원을 해야 한다고 충고하는 것이다. '웰빙'과 '행복'이라는 개념이 측정은커녕 정확히 정의 내리기도 난해한 주관적인 개념이라고 해서 정부가 손을 놓아도 된단 말인가?

이 도식은 간단하기는 하지만 정부가 중립적인 운영자가 아니라, 보다 균형적이고 만족스러운 삶을 영위하고자 하는 사람들을 공격적으로 억누르는 경제 성장과 국민 소득의 향상에만 집중하는 것이, 사람들의 웰빙에는 부정적인 영향을 미친다는 실증적인 증거들은 나타나 있지 않다. 채무가 스트레스와 건강에 악영향을 준다는 명백한 증거가 있음에도 불구하고, 눈덩이처럼 불어나는 영국 사람들의 빚에 대해 정부가 전혀 무관심한 태도를 취하는 것은 자유방임을 지나치게 적용하기 때문이 아닐까?

이처럼 많은 요인들을 고려하다 보니 웰빙을 측정하는 방법이 지나치게 복잡해지는 것은 아닌가 싶다. 그래서 지속적이면서도 비합리적인 GDP의 절대성에 도전하려면 간결하면서도 통찰력 있는 통계적 방법을 채용해야 하는 것이다. 이와 같은 과도기에서는 자료를 표면화하는 것이 우선이고, 그다음에는 그 자료를 설명하여 정부 정책으로 전환하는 것이 중요하다. 이 과정을 흔히 '지속가능성 주류화'라고 하는데 설사 뉴스 헤드라인으로 취급하기는 어렵다 할지라도 일회적이고 임시적인 '그저 해보자'라는 식의 운동들을 수십여 개 제시하기보다는 정부의 문화와 기구들을 변화시키는 데 상당한 영향을 줄 것으로 믿어진다.

가격 신호와 조세 개혁

환경적 지속가능성으로 다가가기 위해서, 자본주의 경제는 환경적 집중 요인들에서 벗어나 환경 영향과 낮은 상관관계를 이루는, 더 나아가 환경 복원과 향상에 이바지하는 기술 분야에서의 새롭고 상대적인 비교 우위와 능력을 개발하기 위해, 구조적 변화에 의한 힘을 사용해야 한다는 것을 확실히 해둘 필요가 있다. 그러한 경제에서는 소득을 올리면서 삶에 적합한 환경을 지속할 수 있을 뿐만 아니라 생물 물리적 지속가능성 성취를 위한 새로운 요구가 제시하는 위대한 윈윈 전략의 하나인 환경 성과의 향상까지 기대할 수 있다.

가격은 이와 같은 변화를 위한 열쇠이다. 가격은 자원의 현실적인 배분과 미래의 경제 발전 방향을 정하는 데에 기본적인 역할을 한다. 하지만 앞에서 설명한 것처럼 오늘날에는 가격에 전체 환경 비용이 반영되어 있지 않다. 시장의 효율성을 위해서는, 환경세를 부과해서라도 이와 같은 비용들을 포함시켜야 한다. 폴 에킨스의 지적처럼, 환경세는 경제를 환경적 지속가능성으로 유도하여 그 안에서 유지될 수 있도록 하는 데에도 중요한 역할을 하게 된다.

- 가격 신호는 자원 사용이나 고갈에 대한 비용을 청구함으로써, 오염 물질로서의 물, 공기 혹은 흙 같은 것들을 환경적으로 공짜로 사용하던 시절은 끝났다는 것을 알려준다. 시장에서의 결핍에 대한 의식은 대체물과 효율적인 기술 개발을 위한 가장 강력한 동인이다.
- 상승하는 가격 신호는 반동 효과를 약화하거나 제거하면서 추가적 효율성 증대 효과를 위한 인센티브를 강화해준다. 성장 경제에서 상승하는 가격은 소득에 어울리게 환경을 사용하는 비용을 유지할 수 있도록 해준다.
- 환경 사용에 대해 그 비용을 청구하면, 환경적 집중 요인에서 벗어나 환경 훼손이 적은 방향으로 유도할 수 있는 구조적 변화를 촉진하게 된다.
- 환경세가 도입되면 설사 그 목적에 설득력이 약하다 하더라도 엄청난 종합적 세수를 기대할 수 있게 된다. 예를 들어서 근로세 같은 세금은 적게 부과하여 고용을 촉진하는 효과를 기대할 수 있다.

또한 이와 같은 가격 신호는 지속적인 기술 변화, 소비자의 환경 의식의 강화, 반동 효과에 대한 중화, 환경 효율성 향상을 위한 인센티브의 강화, 경제 성장의 소득 효과에 대한 상쇄 효과, 경제가 환경에 중화적인 혹은 유익하게 작용하는 요인들에 도움이 되는 방향으로 변하도록 하는 현상 등을 자극한다. 이와 같은 재정상의 변화는 자본주의에서 생물 물리적인 지속가능성으로의 전이에 필요한 현상으로서, 새로운 경제 패러다임을 찾고 있는 지구 상의 모든 국가의 조직, 특히 생태에 무지한 정부들에 필수 불가결한 요건이라 자신 있게 말할 수 있다.

하지만 정치적인 입장에서 바라보면 그렇게 간단한 문제가 아니다. 주요 자원으로 기본 욕구를 해결하는 곳에서 주요 자원의 가격을 올리는 방식으로 환경 효율성 향상을 추구하다가는 퇴행 현상이 발생하기 십상이다. 즉, 가난한 사람이 부자들보다 소득에서 더 높은 비율을 세금으로 할애하게 된다는 것인데, 이는 정치적으로 수용할 수 없는 것이다. 하지만 퇴행 효과는 정치적 의지만 있다면 보완책을 써서 얼마든지 제거할 수 있다. 그렇게 한다면 한 가지 이상의 사회적 정의를 이룰 수 있다. 현재 세대가 이와 같은 이슈들을 정면에서 다루지 않는다면 우리들의 행동에 의한 환경 비용을 제대로 지불하지 않게 될 것이고, 그 몫이 미래 세대로 넘어가 지금 발생하고 있는 퇴행 효과를 제거하지 못하는 불합리가 발생하게 되는 것이다.

하지만 환경 정책은 특히 환경세를 통해 이행되는 경우, 역진성regressivity을 추구할 필요가 없다. 빈곤층뿐만 아니라 부유층으로부터도 세금을 걷게 되면 가난한 사람들에 대해 세금을 환불할 수 있게 되기 때문에 결과적으로 역진성을 제거할 수 있다. 그 외의 방법으로 모든 가구들이 기본적인 욕구를 적절히 충족할 수 있도록 세금에서 자원의 일정 부분을 우선적으로 제외시키는, 즉 최소한의 자원 사용 권리를 보장해주는 식으로 역진성을 제거할 수도 있을 것이다. 이런 방식으로 포르투갈의 일부 지역에서는 물 문제를, 네덜란드에서는 가정용 에너지 문제를 해결하고 있다.

성공적인 정책 결정을 위해서는 환경 정책에서 역진성을 제거하기 위한 정책들은 선택이 아닌 필수 요건이다. 미래 세대를 위해 유익을 창출한다면서 혹은 의무를 이행한다면서 부자보다는 가난한 사람들을 힘들게 하는 환경 정책은 사회 정의 측면에서는 하등 의미가 없는 것이며, 오늘날의 정치 환경에서도 도저히 받아들일 수 없는 것이다. 환경 지속가능성을 성취하여 유지하고자 하는 환경 정책이라면, 당연히 사회적으로 올바른 것이어야 하고 사람들의 눈에 그렇게 보여야 한다.

'생태적인 조세 개혁' 과정을 추구하는 것이 이처럼 중요함에도 불구하고 상당수 나라에서 그 진행 과정이 너무나 느리다는 것에 실망을 금할 수 없다. 영국 정부가 보다 지속가능한 경제로의 변화를 위해 발동을 걸기 원한다면 환경세를 진지하게 고려할 필요가 있다. 환경세가 환경에 대해 관심이 없는 정부를 위한 조롱받는 세수 증대 방법으로 비치지 않도록 재정의 중립성을 보장하고, 필요한 변화의 규모를 설계하며, 기업들로 하여금 새로운 재정 환경에 적절한 투자 결정을 내릴 수 있는 시간을 주고, 속 좁고 과거 지향적인 비즈니스 이익 단체들의 투덜거림을 무시하고 앞으로 밀고 나가 해치워야 한다. 제7장에서 알아본 바 있지만, 지난 30년간을 되돌아본 연구 결과에 의하면 비즈니스가 환경 개선과 높은 표준을 위해 부담하게 될 실제 비용은 업계가 추정한 예상치의 극히 일부분에 불과하다.

영국에서는 일부에서나마 확고한 조치가 취해지고 있는데, 예를 들어서 쓰레기 매립세landfill tax는 2008년부터 1년에 1톤당 9파운드 오르게 된다. 이 인상폭은 다른 유럽 국가들보다는 현저히 낮지만 폐기물 관리 전략에 극단적인 변화가 필요함을 알려주는 신호가 틀림없다. 농약 사용 절제, 항공 연료에 대해 세금을 물리지 않는 변칙의 종료 같은 다른 부분들에서는 문제를 해결한 마음도 없으면서 말로만 떠들어대고 있다. 영국 항공여객세 Air Passenger Duty를 두 배로 올린 것이 재정적 간섭을 하지 않는 대표적인 사례인데, 정부는 그 정책을 통해 추가로 10억 파운드의 수입을 올리고도 일반적인 세수로 분류하는 바람에, 변화를 위한 인센티브를 제공하기는커녕 소비자들로 하여금 불만과 냉소에 사로잡히게 했다.

요즘 들어 상상을 초월할 정도로 항공 요금이 치솟는 바람에, 항공으로 인해 발생하는 환경 비용을 최소한 부분적으로나마 내부화하기 위한 국가적인 혹은 유럽 차원에서의 방법뿐만 아니라 지금 당장 필요한 정도의 국제 원조를 위한 추가 수입을 창출하기 위해서라도 모든 국제 항공에 세금을 부과하는 세계적 계획에 대한 토의가 활발해졌다. 프랑스는 2011년에 항공 문제를 EU의 탄소 배출권 거래 제도에서 처리하자는 2006년의 제안인 범유럽 탑승권 조세Europe-wide Airline Ticket Levy 도입에 가장 적극적이다. 이 조치가 항공에 대한 수요를 끌어내릴 것인가에 대해서는 상당한 논란이 일면서, 또 한편으로는 정부와 항공사 측에서는 이 방법을 취하면 보다 가혹한 세계적 석유세 도입을 늦추거나 피할 수 있다는 점에서 오히려 반기는 경향도 강하다.

보다 잘 알려진 아이디어로서 모든 외국환 거래의 수익에 세계적 세금을 매기자는 토빈 세는 이와는 반대로 지속적으로 상당한 지지를 얻고 있는데, 캐나다와 상당수 유럽 국가들은 이 제도의 실현 가능성을 연구하고 있다. 노벨 경제학상 수상자이자 예일 대학교 교수인 제임스 토빈이 1970년대 후반에 토빈 세를 제창한 것은 시장 변동성을 억제하고 국제 개발을 위한 자금의 조성이라는 두 가지 목적을 달성하기 위해서였다. 그때부터 외환 거래로 인한 문제들이 심각해졌다. 일일 외환 거래량을 보면 1983년에는 5,500억 달러였던 것이 지금은 2조 달러에 달해 매해 20퍼센트씩 증가한 반면, 실제 실물 거래의 증가량은 매해 5퍼센트에도 미치지 못한다. 그 2조 달러 중에서 무려 95퍼센트는 가상 경제virtual economy에서만 한 거래자에서 다른 거래자로 이동하는 투기 자금이다.

토빈 세가 엄청난 규모와 잠재성이 있음에도 불구하고 빈곤 추방을 위한 스탬프 아웃 파버티 캠페인(Stamp Out Poverty campaign)은 세계에서 가장 많이 거래되는 돈들의 거래에 0.005퍼센트의 세금만 부과해도 금융 부분의 수익에는 거의 영향을 주지 않으면서 매해 350~400억 달러의 자금을 만들어 낼 수 있다고 주장한다. 영국과 미국처럼 이 안에 적대적인 국가들이 존재하는 한, 이 아이디어가 실현되기 위해서는 앞으로도 먼 길을 가야 한다. 그 밖의 다른 개혁안들에 대해서는 희망적인데, 예를 들어서 탄소세와 그와 유사한 제도를 도입한 나라가 유럽에서 최소 8개국이나 된다는 사실이다.

하지만 여전히 수많은 나라의 경제의 발목을 붙들고 있는 폭넓은 '부당한 보조'를 철폐하는 이슈에 대해서는 거의 진전이 없다. 옥스퍼드 대학교의 노먼 마이어스 교수가 주장한 바와 같이 부당한 보조는 환경적인 측면에서, 특히 여섯 가지 부분에 손상을 입힌다.

- **화석 연료**-산성비, 도시 스모그, 지구 온난화를 악화시킨다.
- **도로 교통**-지역 및 국가적으로 공기 오염을 유발하고, 혼잡과 교통사고를 악화시킨다.
- **농업**-불필요한 생산을 야기하고, 토양 침식에서부터 생물 다양성의 손실에 이르기까지 우리가 상상하는 모든 환경 피해를 초래한다.
- **삼림**-지구 상의 모든 곳에서 필요 이상의 벌목이 자행된다.
- **물 사용**-농업과 산업에서 비효율성을 초래할 뿐만 아니라 가뜩이나 부족한 수자원을 감소시킨다.
- **수산업**-생물적으로 멸종되지 않는 거의 모든 어종들이 상업적 거래 대

상인 현실에서 이로 인해 납세자들이 부담해야 하는 비용이 매년 200억
달러 정도 발생한다. 마이어스, 2002

마이어스의 주장처럼 이 여섯 가지 부분은 위태롭기 짝이 없다.

부당한 보조를 줄인다면 그로 인한 혜택은 곱절로 늘어난다. 첫째, 지속가
능한 개발에 대한 보조에 부여된 가공할 장벽이 무너지게 된다. 둘째, 다른
소스들로부터는 충당하기 어렵지만 지속가능한 개발에 신동력을 투입하기
위한 자금이 충분히 확보될 것인데, 예를 들어서 미국에서만 그 규모가 연
간 5,500억 달러에 달할 것이다. 미국 납세자 한 사람이 부당한 보조를 위
해 정식으로 지불하는 돈이 매년 2,000달러에 더하여 시장 상품의 인상된
비용과 환경 훼손으로 1,000달러를 지불한다. 마이어스, 2002

앞에서도 설명한 바 있지만, 이와 같은 역진성을 재고해야 하는 주된 이
유는 비용 내부화와 자원 생산성이 당초의 생각과는 달리 공짜가 아니기
때문이다. 얻는 것이 있으면 잃는 것도 있으며 또 그로 인한 정치적인 여파
도 피할 수 없다. 하지만 이런 우려가 상대적으로 풍요롭고 교육을 많이 받
은 사람들에게나 해당되는 것이라 생각하는 대부분의 사람들은 저렴한 에
너지, 소비자 중심 경제의 혜택을 누리면서도 그로 인해 우리 후손들이 피
해를 입게 된다는 것을 인식하지 못한다. 세대 간 형평성을 위해서는 경제
를 중시하는 기간을 제약할 수밖에 없다는 소식을 들었을 때 길거리로 쏟
아져 나와 춤을 출 만큼 기뻐할 리가 없다.
하지만 필요한 변화에 수반되는 거대한 경제 유익을 과소평가하는 것도
잘못된 것이다. 생물 물리적 지속가능성에 필요한 구조적 변화를 위해 가

장 중요한 한 가지는 화석 연료에서 재생 가능한 에너지 소스로 전환하는 것이다. EU의 추산에 의하면, 2010년이 되면 EU에서의 재생 에너지 시장의 가치가 270억 유로에 이르고, 또 날로 확대되는 세계 시장에 수출하여 추가로 170억 유로 정도의 가치를 얻는 것이었다. 세계에너지협의회World Energy Council는 재생 에너지에 대한 누적된 세계적 투자 규모가 2000년에 2,000억 달러였던 것이 2010년에는 5,000억 달러로 대폭 늘어날 것이라 전망했다. 따라서 21세기 중반쯤 되면 재생 에너지는 에너지 부분만 아니라 전체 부분에서도 최대 단일 시장으로 부상할 것으로 보인다. 이와 같은 전망은 자본주의가 보다 환경 지속가능한 방향으로 나가기 위해서는 재생 가능한 에너지로의 전환이 필수적일 뿐만 아니라, 자본주의가 만개한 이 세대에 기업가 주도로 기술 변화를 이룰 수 있는 절호의 기회임을 가르쳐 주는 것이다.

그 외에도 많은 기회들이 도사리고 있을 것이다. 오늘날의 기술 긍정주의자들은 전반적인 환경 충격을 아우르는 눈이 부실 정도로 다양한 가능성을 제시하여 주목을 받고 있는데, 환경 지속가능성을 취한 만큼 환경에 대한 충격을 완화할 수 있는 것이다. 이 가능성 중 일부는 이미 사용할 수 있는 것들로서, 비즈니스가 그런 사실을 인지하고, 정부는 비즈니스가 시장에서 완벽한 경쟁성을 갖추도록 그 가능성들을 도입하게 자극만 주면 된다. 가능성이 충족되지 않은 것들은 더욱 발전시킬 필요가 있다. 하지만 장기적이면서도 사람들이 선호하는 정책 결정의 틀 안에서 보더라도 이와 같은 가능성들이 다음 세대의 인프라와 산업 생산에 자연스럽게 포함되지 않을 이유가 없는 것으로 보인다. 탄소를 전혀 배출하지 않는 폐쇄 순환형 생산, 재료 처리부터 생산품을 버리는 데까지 신경을 쓰는 생산자 책임, 쓰고 버리는 생산품의 재사용 혹은 재활용 시스템이 일반화될 2020년의 시각에서 보면, 오늘날에 대두되고 있는 쓰레기 처리와 독성 오염이, 1880년대 말 분뇨에 의한 도시 오염이나 1950년대에 영국을 괴롭혔던 런던 스모그 현상처럼 비칠 것이다.

기후변화 측정법

기후변화로 인한 영향을 더욱 우려하는 가운데 보다 극단적 방법을 취해야 한다고 주장하는 전문가들이 늘어나고 있다. 극단적 방법 중에서 가장 관심을 끄는 아이디어가 일정한 나이가 된 사람에게 연료 사용에 따라 배출할 수 있는 온실가스의 상한선을 정하는 개인 배출권 할당제Personal Carbon Allowance다. 사람들은 수입에 상관없이 동일한 할당량을 부여받는다. 세계적 총배출량 감소 요구에 따라 그 할당량을 점차 줄여나가는 상황에서, 각 개인은 불필요한 할당 부분을 다른 사람에게 팔 수 있는 반면, 일상사가 탄소 집중적인 사람들은 다른 사람에게 할당량을 살 수 있도록 하는 것이다.

급진적인 아이디어를 이견이 심한 기후변화에 대한 토의의 장에서 다루려면 매우 다양한 수준에서 동시에 논의되어야 한다. 그래야 효력이 발생한다. 국제적으로는 교토의정서가 마지막으로 영향력을 발휘하는 2012년 이후에 대두될 관심사들에 주목하기 시작했다. 일부 국가들은 교토의정서를 개정하여 미국을 포함한 OECD 국가들에게는 지금보다 훨씬 엄격한 잣대를 적용토록 하고, 지금은 적용 대상이 아닌 개발 도상국들도 포함해 일정한 책임을 묻는 안을 찬성한다. 다른 일부 국가들은 미국이 지금뿐만 아니라 미래에도 온실가스를 줄이려는 노력을 전혀 하지 않을 것이라는 판단 아래 '만인에게 공정하게 적용되는 평등한 권리'를 보장하는 안을 선호한다. 지구 상에 존재하는 모든 개인은 동일한 양의 가스 배출권을 갖게 될 것이므로, 각 나라에 할당된 탄소 배출양은 개인의 배출량에 인구수를 곱하면 된다는 것이다.

이와 같은 접근 방법들은 지난 10년간 인류공동자산협회Global Commons Institute에 의해 치열하게 펼쳐진, 가난한 나라는 1인당 배출량이 일정한 수준에 도달할 때까지 탄소 배출량이 증가하는 것을 허용하는 반면 선진국은 일정한 수준에 도달할 때까지 낮추도록 하자는 '계약과 일정한 수준으로의 접근contract and converge'이라는 아이디어를 기본으로 한 캠페인에 의해 현실적으로 신빙성이 있다는 것이 밝혀졌다. 뿐만 아니라 브라질, 인도네시아, 아르헨티나 같은 개발 도상국도 기후변화의 영향을 절감했기 때문이라도 자신들에게 할당될 탄소 배출 목표량을 받아들일 태세를 갖추기 시작했다.

이 접근 방법의 최대 강점은 부유한 나라가 가난한 나라로부터 추가로 탄소 배출권을 구입해서 사용하도록 한 거래 제도를 토대로 한다는 점이다. 이 제도는 세계 경제 정의를 구현하기 위해 캠페인을 벌이는 사람들에게 크게 어필한다. 세계적 탄소 거래 제도는 낭비가 심하고 생활 스타일이 탄소 집중적인 부유한 나라들이 탄소 배출량이 낮은 나라들로부터 추가 탄소 배출권을 구입하지 않을 수 없게 됨에 따라 상당한 자원이 부유한 나라에서 가난한 나라로 이동하도록 유도하는 역할을 할 것이다.

이러한 방식으로 개인 할당제를 통해 모든 사람에게 탄소 배출권을 부여하는 제도를 채택하면 대부분의 사람들이 미처 모르던 사실, 즉 기후변화에 직접적인 관련이 있는 탄소 배출의 증가에 우리 모두가 공범자라는 사실을 분명히 깨닫게 된다. 탄소가 돈처럼 가치를 결정짓는 중요한 역할을 하게 되는데, 상품을 구입할 때 사람들은 본능적으로 그 물건의 가격뿐만 아니라 그 물건이나 서비스에 내재된 탄소의 양, 즉 탄소 배출 강도를 고려하게 되는 것이다. 이와 같은 탄소 측정법은 높은 수준의 물질 생활을 위해서는 환경 따위는 대수롭지 않다고 생각하는 시대에 성장한 사람들에게 사고의 범위를 넓혀줄 뿐만 아니라 기후변화가 자신들의 미래에 미칠 영향을 걱정하는 젊은이들에게 제2의 본능처럼 자리 잡게 될 것이다. 나는 젊은이들이 청바지와 CD를 사면서 휴대폰에 내장된 탄소 특정기로 그 상품에 내재된 탄소량을 측정하는 시기가 곧 올 것이라 확신한다. 요즘 들어 영국의 초대형 연쇄점 세 곳이 모든 상품에 탄소 라벨링carbon labelling, 제품의 생산 과정에서 발생된 탄소의 총량을 제품에 라벨 형태로 표기하는 것-역자 주을 실시하기로 결정한 것으로 봐서 우리가 생각하는 제도가 아득한 공상이 아닌 상업적인 현실이 되어가고 있는 중이다.

하지만 제도상의 허술한 부분이 오류, 거짓이나 이중 계산, 다양한 형태의 '탄소 사기'로 이어질 수 있다는 점에서, 세계적이든, 지역적이든, 국가적이든, 개인적이든 모든 거래 제도가 복잡해지는 것을 피할 수 없다. EU의 탄소 배출권 거래 제도는 2003~2007년 사이의 초기 단계에서 형편없는 성과를 나타냈는데, 이는 각국 정부들이 자국의 산업을 보호할 목적으로 임의대로 국가적 한계를 정해놓고 그에 맞추어 엉터리로 시행했기 때문이다. 다행스럽게도 EU 위원회가 법적 구속력이 효력을 발휘하는 2008~2012년 사이에 규제 면에서 행동을 통일하기로 결정함에 따라, 지금은 탄소 배출권 거래 제도가 자리를 잡아가는 탄소 시장에 대한 긍정론이 점차 부상하는 중이다. 이는 지정학적으로도 중요한 의미를 내포한다. 미국 의회가 자국에게 유리하고 미국의 기업들이 지지하는 형태의 탄소 배출권 거래 제도를 적극적으로 연구하는 상황에서 이와 같은 거래 제도를 기본으로 한 아이디어가 제시되지 않고서는 2012년 이후의 탄소 배출에 대한 국제 토의에 미국이 결코 개입할 리 없는 것이다.

제1장에서 설명한 바와 같이, 이와 같은 방법이 탄소의 가격을 결정하는 가장 효율적인 방법은 아닐 것이다. 대부분의 경제학자들은 모든 종류의 에너지가 경제권으로 진입하는 시점에 그 안에 포함된 탄소에 대해 대금이나 세금을 부과하기 위해서는 탄소거래 제도가 보다 단순하고, 투명하며, 또 남용의 여지가 없어야 한다고 주장한다. 각각의 상품이 소비자에게 전달되기 전까지 발생하는 추가 비용은 다양한 종류의 에너지를 사용하는 모든 사람들에게 부과되어야 당연한 것이다. 경제학자들은 또 다른 대안을 제시하기보다는 이 안에 더 기울어져 있다. 개인 배출권 할당제를 포함한 탄소거래제도는 의심의 여지가 없이 '탄소 인지도'를 높여줄 것이고 이로 인해 사회의 다양한 조직들과 개인들은 이산화탄소 배출을 줄이기 위해 더욱 노력하게 될 것이다. 가급적 최고의 경제력을 갖고 있는 극히 소수의 기업에게만 세금을 부과하는 제도가 보다 효율적인지는 몰라도, 이와 같은 방식은 이산화탄소 배출 감소에 대한 개인의 책임 의식을 흐리게 한다는 문제가 있다. 일부 전문가들은 이를 온갖 거래를 기본으로 하는 '오픈소스 open source' 탄소 경제와 '마이크로소프트 윈도우즈'가 PC 운영 체제를 독점하는 것처럼 조세를 통해 일괄적으로 처리하는 탄소 경제 간의 차이에 비유한다.

두 가지 방식이 통용되는 세상에서 개인 배출권 할당은 비즈니스 커뮤니티에 엄청난 영향을 미쳐, 결국에는 기업들이 자신들의 제품에서 탄소를 보다 많이 제거하기 위한 창의적인 방법 고안에 매진할 것이다. 이전 정부들이 체계적인 외부 비용화를 강력하게 축소하라는 요구를 거절한 대가로 생성된 역사 왜곡을 철저히 배제하여 투명하고 공정한 시장을 창출하기 위한 시도에는, 우리가 얻을 것과 잃을 것이 뚜렷이 드러나기 마련이다. 친환경주의자이며 웨스트민스터 대학교University of Westminster의 명예 교수인 마이어 힐먼Mayer Hillman, 박사는 2005년 출간한 《지구를 구하는 방법How We can Save the Planet》이라는 저서에서 탄소 경제를 통해 승리하는 측과 실패하는 측을 소개했다표 3 참조. 힐먼은 사람들에게 자연스럽게 현실을 이해시키는 방법으로 '탄소 배급제'란 개념의 사용을 선호한다.

식량 배급과 비교하자면 탄소 배급은 일상사에서 덜 관례적이고 덜 강압적이다. 사람들은 각자의 이산화탄소 배출량을 줄이기 위해 각자의 생활 양식과 에너지 사용을 선택하게 될 것이다. 하지만 탄소 배출 제한의 필요성이 식량 배급보다는 덜 절실하게 느껴질 것이다. 식품은 국가 위기나 식품

■ 표 3 저탄소 경제의 승자와 패자

승자	패자
효율성이 뛰어난 장비, 조명 기구, 자동차 등의 제조 업체	비효율적인 장비, 조명 기구, 자동차 등의 제조 업체
교통 물류와는 상관없는 건설업	교통 물류와 관계있는 건설업
재생 에너지 제조업(예) 풍력 발전, 태양열 온수 난방 등	화석 연료 발전 시설의 제조와 공급업
바이오 연료 기업	화석 연료 기업
버스와 자전거 제조업	승용차 제조업
유기농	에너지 집중 농업
국내 여행업	해외 여행업
자전거 수리업	자동차 수리업과 주유소
동네 가게와 비즈니스	지역 대형 쇼핑몰
서비스와 지식 경제	수명이 짧은 상품 경제
국제 커뮤니케이션 시스템	항공사
저에너지/저탄소 비즈니스 (예) 제로 에너지 홈	고에너지 비즈니스 (예) 가정용 냉방 시스템
초소형 열병합 발전 시스템, 전기 구동 난방 시스템, 하이브리드 자동차와 비행선	직접 난방 시스템 같은 낡은 기술

출처: 힐먼, 2005

공급 제약 시에도 공급될 수 있어야 하기 때문이다. 탄소 배급이 기후변화에 대응하는 적절하고 현실적인 유일한 방법이라는 점을 대중에게 인식시키면서 지원하기 위해서는 교육이 중요하다.   힐먼, 2005

전쟁 중일 때에나 어울리는 마음가짐과 희생정신이라는 의심이 들더라도, 교육으로 사람들의 태도와 생활 양식이라는 복잡한 심리에 변화를 주어야 한다는 힐먼의 주장은 옳은 것이다. MIT의 경제학 교수인 레스터 서로Lester Thurow는 "자본주의 사회에서 정부의 적절한 역할은 미래가 누릴 혜택을 현재의 사람들에게 가르쳐주는 것"이라고 주장한 바 있다. 하지만 세상이 즉흥적인 만족과 단기적인 수익 극대화에 중독되어 여러 가지 면에서 더욱 힘들어진다는 사실은, 미래를 위해 지금 행동해야 하는 정부뿐만 아니라 수십억 인구의 삶을 풍족하게 해야 할 책임이 있는 사람들에게 압박으로 작용하는 것이다.

○

비즈니스 우수성

기업들은 지난 30년 이상 정부에게 환경과 사회에 미치는 충격을 축소하라는 압박을 받았다. 정부는 사회에 부담시키던 비용을 더욱더 많이 내부화하도록 한 규정을 계속 강화해왔다. 하지만 요즘의 진보적인 기업들은 최소한의 규정을 뛰어넘어 주주들의 이익과 사회 이익이 합치되는 보다 장기적인 목적을 자발적으로 추구하는 경향이 있다. 하지만 이들의 행태 중에서도 심각한 것들이 있는데, 그린워시greenwash, 기업이 환경에 악영향을 미치는 상황에서도 그 영향력을 축소하기 위한 노력을 기울이지 않는 행태-역자 주와 유엔글로벌콤팩트UN Global Compact, CSR을 논의하기 위해 설정된 조약-역자 주를 통해 나타나는 블루워시bluewash, 유엔글로벌콤팩트를 준수하기로 약속한 기업과 유엔 간의 파트너십을 비꼬는 단어 같은 것들이다. 하지만 성공적인 기업들이 통합적인 경영 실무, 개선된 측정법과 회계에 이와 같은 지속가능성 실행 방안을 얼마나 고려하느냐로 이들의 진실성을 판단할 수 있다. 오늘날의 지속가능한 성장에 관한 토의에서는 그리 중요하게 다루어지지 않는 이 문제는 사실, 실제 상황을 이해하는 데 있어서 아주 중요한 사안이 아닐 수 없다.

비즈니스 사례

제10장과 제13장에서 개괄한 일종의 기회 지향적 의제를 통해, 지속가능한 성장이 정의상 반비즈니스적이요 반성장주의적일 수밖에 없다는 우파학자, 보수 싱크탱크, 그리고 방어적인 무역 협회의 주장들이 거짓이라는 것을 알 수 있다. 그들은 자신들이 그렇게 신봉하는 시장력이 지속가능한 경제로의 피할 수 없는 변화를 위한 가장 강력한 동력이 될 가능성을 두려워한다.

그렇다면 정부나 국제기구가 게임의 규칙을 개정하고, 시장을 구조 조정하며, 수익 극대화를 추구하는 주주들을 위한 단기 이익과 그렇지 않은 주주들을 위한 장기 이익을 균형 맞춰줄 때까지 비즈니스는 뒤로 물러앉아서 기다리는 것이 자신들의 역할이라는 말인가? 엄밀하게 말한다면 이 질문에 대한 대답은 '예스'가 되어야 한다. 오직 정부만이 이와 같은 방식으로 거시 경제적 틀을 바꿀 수 있는 민주적 권한을 갖고 있기 때문이다. 하지만 기업들에게는 수동적이기보다는 적극적인 자세를 취하고, 불가피한 변화를 예상하며, 보다 환경적이요 사회적으로 책임 있는 행동을 하기 위한 만반의 태세를 갖추고, 변화에 반발하기보다는 오히려 빠른 변화를 위해 정부를 대상으로 로비해야 할 책임이 늘어나고 있는 실정이다.

지속가능한 발전을 위한 구체적인 비즈니스 사례를 마련하자는 주장은 비즈니스 우선 순위를 염두에 두고 설정하여 친기업적인 언어로 설명한다 리우데자네이루에서 열린 '1992 유엔환경개발회의'의 합의에 따라 1995년에 창설된 'WBCSD'에서 처음 제기되었다. 당시의 초안은 '환경 효율성을 통해 현실적으로 가능한 선까지의 절약' 혹은 '사회에서 영업할 수 있는 허가권 획득'의 중요성에만 초점을 맞춘 투박한 것이었다. 표 4미래를 위한 포럼과 영국 왕세자 비즈니스 및 환경 프로그램서 사용되고 있는 표준적인 잠재 수익의 리스트는 당시보다 모든 일이 상당히 진척되

■ 표 4 지속가능한 발전으로 인한 비즈니스 혜택

환경 효율성	❶ 비용 절감 ❷ 회피 비용(환경과 환경 혁신을 위한 설계) ❸ 최적의 투자 전략
품질 관리	❹ 개량된 위험 관리 ❺ 변동 시장에서 대응 능력의 신장 ❻ 직원들의 동기/헌신 진작 ❼ 지적 자본의 증가
사업 허가권	❽ 납세 이용/계획 허가/허가권의 비용 절감 ❾ 거물 주주들로 인한 명성의 증진 ❿ 감시자/정부 등에 대한 영향력
시장 우위	⓫ 브랜드 강화 ⓬ 고객 선호/충성 ⓭ 자본 비용의 절감 ⓮ 새로운 상품/프로세스/서비스 ⓯ 필요한 기술을 가진 인력에 대한 매력의 증진
지속가능한 수익	⓰ 옵션 창출 ⓱ 새로운 비즈니스/시장 점유율의 신장 ⓲ 주주 가치의 신장

출처: **영국 왕세자 비즈니스 및 환경 프로그램, 2005**

었다는 것을 알려준다.

　모든 기업들은 주주 이익과 환경 및 사회 책임의 확대를 합치시키기 위한 다양한 혜택의 결합을 도모할 목적으로 자신들의 특별한 비즈니스 케이스를 평가하는 방법을 개발해왔다. 학계와 비즈니스 전문가들은 행태 변화를 자극하는 매우 실제적인 과정에 일관적인 지적 토대를 제공해왔다. 코넬 대학교Cornell University의 스튜어트 하트Stuart Hart 교수가 대표적인 예로서 그가 개발한 '주주 가치 모델 1' 도표 7을 보면 쉽게 이해할 수 있다.

　하트는 기업이 미래에 주주이익을 꾸준히 창출하기 위해서는 '주주 가치 모델 2' 도표 8 속의 네 칸을 모두 만족시켜야 한다면서, 각 칸을 특성에

■ **도표 7** 주주 가치 모델 1

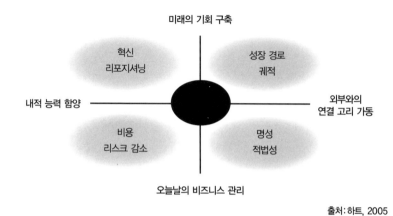

출처: 하트, 2005

■ **도표 8** 주주 가치 모델 2

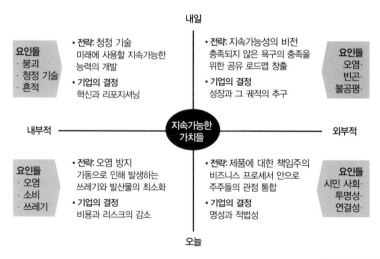

출처: 하트, 2005

따라 분류했다.

경영학자가 만든 이런 종류의 모델을 신뢰하지 않는 사람들에게는 지난 수년 사이에 이와 같은 아이디어를 실제 이용 가능하게 변화시키는 부분에 엄청난 진전이 있었다는 것은 희소식이 아닐 수 없다. 댄 에스티Dan Esty과 앤드루 윈스턴Andrew Winston이 공동 집필한 《녹색 황금Green to Gold》(2006)에는 미국 기업들이 대부분인 기업들이 자신들을 위해 만든 비즈니스 사례가 풍부하게 소개되어 있다. 이 책은 이 의제를 실행에 옮기기를 원하는 기업들이 '해야 할 것'과 '해서는 안 될 것'을 나열하면서 비즈니스 사례의 혜택을 극대화하는 유일한 방법은 이 의제를 소수의 CSR·지속가능한 발전의 전문가 그룹에 맡겨두기보다는 전체 의제를 헌신적이면서도 숙련되게 기업 주류 활동으로 끌어들이는 것임을 분명히 한다.

리우데자네이루에서 유엔환경개발회의 여기에서 WBCSD는 처음으로 지속가능한 발전을 위한 비즈니스 사례를 구체화했다가 개최된 지 20년이 흐른 지금에서야 기업 행태에 변화를 주는 재계 인사십의 특성에 대해 일부나마 결론을 낼 수 있게 되었다. 지금까지의 과정에서 어떤 기업은 큰 역할을 담당하게 되었고, 또 어떤 기업은 중도에서 낙오되고 말았다. 그중에서도 포드 자동차의 빌 포드 Bill Ford 회장이 엄청난 손실로 인해 2006년 조업 중지를 명령했던 것은, 전문가들에게 포드 자동차가 과연 장기 계획을 갖고 있는지에 대해 회의를 느끼게 해준 대표적인 사례이다. 포드가 정상에서 추락한 것이 흥미로운 이유는 그 과정에서 지속가능성이라는 개념이 중요하게 작용한 사례, 즉 지속가능성의 개념이 부족했기 때문인데, 사실 포드는 1990년대에 시장 동향을 잘못 판단하여 기름을 지나치게 많이 소모하는 SUV와, 최대 시장 점유율을 유지하기 위해 수익률이 떨어지면서도 소형 트럭을 지나치게 많이 생산했기 때문이었다. 2005년 허리케인 카트리나가 발생하기 전부터 석윳값이 치솟는 바람에 미국 국민이 연비가 높은 자동차에 관심을 돌리고 있었고, 이로 인해 SUV 판매는 곤두박질치던 시기였다. 이때 하이브리드와 친환경 기술을 자랑하던 토요타가 미국 시장에서 포드와 GM을 위협할 정도로 급부상한 것은 우연이 아니다. 댄 에스티는 포드 리더십의 실패를 다음과 같이 꼬집었다.

> 파란 바탕의 타원형 원 안에 흰색으로 'Ford'라는 글자가 쓰인 포드 사의 로고는 한때 미국 산업의 힘을 상징하는 것이었지만 지금은 근시안적인 관리의 상징으로 추락하고 말았다. 포드 사만이 비즈니스 세계를 물들인 '그린워시' 행태를 답습하는 기업이라 할 수는 없겠지만 환경에 지대한 관심을 가진 인사로 알려진 빌 포드 회장이 기업 전략에서 환경이 가장 중요한 요인이라는 것을 핵심 임원들에게 이해시키지 못하고 떠난 것은 아이러니가 아닐 수 없다. 포드 사는 생태 보존에 관한 전략을 몇 가지 수행하고 있지만 자신들의 진짜 취약점이 무엇인지를 알아내지 못했다. 자동차 시장이 친환경, 연비 효율성을 중요시하는 방향으로 기울고 있는데, 포드 사는 연료를 마구잡이로 집어삼키면서 길바닥에 오염 물질을 토해내는 포드 익스페디션Ford Expedition과 링컨 네비게이터Lincoln Navigator 같은 차종을 생산하는 오기를 부렸다.
>
> 에스티, 2006

기업 지속가능성 부분에서 실패한 지도자는 용서받을 수 없다. 영국 에너지 그룹 BP의 막강한 최고 경영자였던 존 브라운은 BP를 전 세계 석유 회사 중에서 가장 진보적이고 친환경적인 기업으로 전환하는 정책을 추진했지만 2006년 말을 정점으로 해서 자신의 권력이 기울기 시작하는 것은 알아챘다. BP가 '석유 시대를 넘어서Beyond Petroleum'라는 정책을 발표한 것은 알래스카의 송유관에서 기름이 유출되는 재앙으로 인해 그동안 내세워온 친환경 정책이 무색하게 된 시점이었다. 비판가들은 재생 에너지에 매년 4억 달러 정도로 다소 만족스럽지 못한 투자를 하는 BP의 행태와 2004년 에코매지네이션Ecomagination, 생태적 상상력이라는 프로젝트를 창출하여 포괄적인 전략을 추구하는 GE의 행태를 비교했다. 재생 가능한, 에너지 효율성이 뛰어난, 친환경적인 상품으로 2004년 62억 달러에서 2006년에는 170억 달러의 수익을 기록한 GE는 친환경 녹색 기술 시장인 청정 기술 시장cleantech market과, 특히 중국과 일본에서의 점유율을 높이기 위한 노력을 경주하고 있다. 하지만 기업 감시 단체들로부터 특별히 주목받는 기업은 월마트다. 이 기업의 리 스콧 회장이 2005년 미국의 대기업들 중에서 가장 야심적인 녹색 프로그램을 선언한 것이었다. 허리케인 카트리나의 악몽이 머리에 맴도는 가운데, 그는 월마트의 운영과 공급망에 영향을 미치는 포괄적인 도전적 목표를 설정하여 선언했다.

- 차량/운송
  - 3년 안에 효율성을 25퍼센트 이상, 10년 안에 50퍼센트 이상을 높인다 **2015년까지 3억 1,000만 달러를 절약한다.**
  - 연비를 높인다 **매년 5,200만 달러를 절약한다.**
- 상점
  - 기존 매장에서 배출되는 이산화탄소 배출량을 7년 안에 20퍼센트 줄인다.
  - 새로운 매장에서는 이산화탄소 배출량을 기존의 매장보다 30퍼센트 줄이도록 설계한다.
- 폐품
  - 플라스틱은 가능한 재활용하여 매년 2,800만 달러를 절약한다.

−고체 폐기물은 3년 안에 25퍼센트 줄인다.

• 상품

−유기농 면류는 간접비 개별 제품에 대해 직접적으로 파악할 수 없는 원가를 붙이지 않고 소비자에게 판다.

−해양관리협회 Marine Stewardship Council : MSC 의 인증을 받은 수산물을 가급적 빨리 판다.

• 운영

−월마트 임원진은 지속가능성 목표 성취와 관련하여 적절한 보상을 받는다.

−월마트에 물건을 공급하는 업체들은 지속가능성 목표 성취와 관련하여 적절한 보상을 받는다.

이 의제가 현실성이 있는 것이라면, 그리고 월마트에게는 친숙한 '쥐어짜기' 정책을 따르지 않을 수 없는 공급 업체들이 단지 가격보다는 '가격+지속가능성'에 초점을 맞추면서 자신들의 입장에서 이 의제에 대한 생각을 자유롭게 피력한다면, 크게 진보적인 것이라 하지 않을 수 없다. NGO들은 월마트가 사회적으로 미치는 영향이 국내 못지않게 심각한 세계 운영에 대해 일언반구도 없이 이 의제를 소화하기 어렵다고 생각한다. 2005년 언론인 찰스 피시먼 Charles Fishman 은 《월마트 이펙트 Walmart Effect》라는 저서를 통해, 영화감독 로버트 그린월드 Robert Greenwald 는 〈월마트 : 저가격과 고비용 Wal-Mart : The High Cost of Low Price〉이라는 다큐멘터리 영화를 통해 월마트의 성공 이야기를 추적하는 것은 물론 저임금, 종업원에 대한 나쁜 처우, 지역 공동체에 대한 경시, 노조에 대한 광적인 증오, 공급 업체들에 대한 무자비한 압박 정책 같은 치부를 밝혀냈다.

월마트가 자신의 의무를 다하고 있다는 것을 확인해주기 위해 월마트와 공동 보조를 취하고 있는 환경수호와 미국천연자원보호협회 같은 NGO들과, 구체적이지 못한 녹색 정책으로는 현재와 같은 비즈니스 모델을 운용하는 월마트가 초래한 가공할 피해를 상쇄할 수 없다고 주장하는 보다 과격한 NGO들 간의 치열한 전쟁이 미국에서 벌어지고 있는 한 월마트는 결코 녹색 전선에서 안전한 위치에 있다고 할 수 없다. 미국 지역자치연구소 Institute for Local Self Reliance : ILSR의 선임 연구원 스테이시 미첼Stacy Mitchell은 이 점에 대해 다음과 같이 주장한다.

> 월마트가 2007년 한 해에만 미국에서 새로 개장한 매장의 수는 70여 곳에 달한다. 지금과 같은 추세라면 월마트는 2015년까지 이산화탄소를 흡수하는 2만 에이커에 달하는 벌판과 삼림을 파괴하고 그곳을 상점과 주차장으로 변화시킬 것이다. 엄청나게 큰 사각형 모양의 상점을 짓는다는 것은 땅을 아주 비효율적으로 사용하는 것이다. 새로 들어설 매장에서는 에너지 효율성이 높은 시설로 인해 절약되는 것 이상의 에너지를 사용하게 될 것이다. 월마트는 기존 매장의 연료 효율성을 20퍼센트 높임으로써 2013년까지 이산화탄소 배출을 20퍼센트 줄일 수 있다고 주장한다. 하지만 2007년에 들어선 새로운 매장에서 사용되는 전기로 인해 추가로 이산화탄소 100만 메트릭톤metric tonne이나 대기를 오염시키게 되는 것이다. 미첼, 2007

월마트의 녹색 정책을 혁신으로 보든 터무니없는 그린워시로 보든, 월마트의 전략이 전 세계 소매상인들에게 엄청난 영향을 미쳐왔다는 것은 의심할 여지가 없다. 영국의 대표적인 유통업체인 테스코Tesco는 소비자를 만족시키는 것에 소극적인 자세에서 벗어나 소비자들이 생태적 발자국을 최대한 적게 남길 수 있도록 노력한다. 예를 들자면 에너지 효율성이 높은 전구의 가격을 절반으로 할인하여 파는 것으로 공조하고 있다. 하지만 5년간 2억 파운드의 비용을 들여 모든 비즈니스 활동을 변화시킨다는 막스앤스펜서Marks and Spencer 사의 '플랜 A Plan A'와는 극명하게 대비되게도 테스코 모델에는 보완할 점들이 있다. 미래를 위한 포럼이 관련이 되어 있는 막스앤스펜서 사의 100가지 사업 계획은 의심할 여지가 없는 가장 근본적인 주류 전략으로서, 이에는 대대적인 비즈니스 행태의 변화를 필요로 하는 목표인 탄소 중립을 2012년까지 달성, 쓰레기 제로와 모든 비즈니스에 지속가능한 공급망을 추구하며, 건강한 음식과 생활에 대한 목표 개입의 증가도 포함된다.

이와 같은 사례를 통해 우리는 기업 행태에 엄청난 변화가 일어날 것처럼 느낀다. 오늘날 CSR을 구성하는 실행 방안들이 머지않아 지속가능한 행동과는 동떨어져 있다는 사실이 드러나게 될 것이다. 본질적으로 지속불가능한 비즈니스 모델에 피상적인 부가적 완화 방법을 팔아 재미를 보는 CSR 산업 종사자들이 진심으로 지속가능성을 염두에 두고 있다면 자신들의 비즈니스 모델을 점검해볼 필요가 있다.

CSR의 매력적인 환상

기업들에게 있을 수 있는 공백규정된 최소 충족 조건과 비경쟁적으로 혹은 위험하게 행동하여 이해 관계자들의 이익이 위협받은 부분을 채우는 데 있어서, 오늘날 응급 처치 방식인 CSR과 진실한 지속가능성을 향한 통합적이고 전략적인 실행 간의 간격은 시간이 지나더라도 결코 넓힐 수 없는 것이다. 대다수의 기업들이 진실로 지속가능한 서비스와 상품을 생산할 의도가 전혀 없으면서도 여전히 CSR을 채택하는'S(social)'를 빼고 '기업의 책임(CR)만 채택하는 경우가 늘어나고 있다 이유는 헛되지만 매력적인 CSR이라는 환상에 대해 알 필요가 있다는 사실을 암시하는 것이다.

CSR을 이행한다는 것은 힘든 일인지 모른다. 3대 축의 개념이 그랬던 것처럼, CSR은 지속가능성에 대한 의식을 고양하고, 지속가능성이라는 높은 산을 향한 등반길의 첫 번째 캠프에 도달하는 데 큰 도움을 준다. 수많은 기업들이 CSR이라는 명제를 걸고 엄청나게 좋은 일을 많이 했고, 그로 인해 세상이 CSR을 위해서는 아주 조금 나아진 환경을 갖게 되었다는 사실조차 부정할 수는 없다. 하지만 오늘날 점차 지속불가능하게 악화되고 있는 이 세상에서 영리를 추구해야 하는 재계 인사들에 대한 보다 진지한 분석이 이루어질 때에만 CSR이 제 역할을 하리라 본다.

극단적인 사례이지만, BAEBritish Aerospace 같은 기업이 기울인 CSR 노력은 연구할 가치가 있다. 2006년 BAE가 '무연' 총알, 독극물 양을 줄인 로켓탄, 연기가 덜 나는 수류탄 등을 포함한 포괄적인 '친환경' 무기들을 개발한다고 발표하자 '무기 무역에 반대하는 모임Campaign against the Arms Trade'은 당연히 분노했다. 폭발물을 거름으로 변화시키는 실험들도 실시했다. BAE 임원진의 생각은 자신들의 고유한 비즈니스 모델인 무기를 원하는 곳이 있으면 누구에게라도 팔아서 가급적 돈을 많이 버는 것이 당연히 합법적이라는 입장을 고수하면서도, 자신들이 남기는 생태적 발자국을 조금이라도 줄이는 자신들의 노력이 옳다는 것이다.

CSR과 기업 지속가능성의 차이를 보다 잘 설명할 수 있는 방법을 찾기 쉽지 않다. 전투를 치르는 병사들이 지옥처럼 오염된 곳보다는 청결한 환경에서 죽거나 다치기를 바랄 것이라는 점에서, BAE는 자신들의 계획으로 CSR 부분에서 갈채를 받을 것이라 의심하지 않았다고 본다. 하지만 지속가능성의 어느 기준으로 보더라도 BAE의 계획은 헛소리에 불과하다. 제12

장에서 알아본 바와 같이, 무기에 투입한 세계 예산 규모는 1조 달러를 초과하는데, 비록 하찮은 것일지라도 세계 경제를 보다 지속가능한 방향으로 돌려놓기 위해 쏟아부은 인간의 노력의 근간을 훼손한 것이었다. 무기를 위한 1조 달러라는 비용은 가공할 만한 수준의 화석 연료, 원자재, 귀금속의 소비를 수반하는 것으로 끝나지 않는다. 그 1조 달러를 전 세계의 안전을 훼손하기보다는 사막화·산림 벌채에 대한 반대 투쟁, 깨끗한 물과 위생 시설의 제공, 매일 5세 미만인 3만 5,000여 명 아동의 생명을 빼앗아 가는 예방 가능한 질병 퇴치 등과 같은 안전 확보에 투입했을 때의 기회비용을 상실케 하는 것이다.

물론 파렴치한 기업에 이와 같은 부담을 지우는 것은 상당히 어려운 일이다. 하지만 담배 회사처럼 죽음을 파는 장사꾼들에게는 아무리 비용이 많이 드는 것일지라도 CSR에 대한 책임을 지게 한 다음 물건을 팔도록 하는 것이 가장 현명한 조치이다. '지속불가능성'이라는 개념의 정의에 수많은 사람들의 죽음을 재촉한다는 의미가 포함되지 않는다면, 그 개념은 사실상 쓸모가 없는 것이다.

사람들이 비즈니스 운영에 책임감이 따라야 한다고 주장하고 있음에도 불구하고 수많은 운동가들은 그 밖의 지속불가능한 요인들을 고려하려들지 않는다. 점차 심해지는 기후변화에 대해 석유 대기업들이 책임을 지는 방식에 대한 논의가 가열되는 중이다. 2004년 그린피스는 해수면 상승과 기후변화 관련 재앙으로 인한 인간의 삶의 파괴에 대해 엑슨모빌 사를 고소할 목적으로 엑슨모빌 사가 기후변화에 영향을 준 이산화탄소를 얼마나 많이 배출했는가를 계산했다. 이것은 사람들의 건강을 해치는 담배를 파는 담배 회사를 고소한 것에 근거했다. 그들의 계산에 의하면 엑슨모빌이 창립된 1882년부터 2002년 사이 배출한 이산화탄소는 탄소로 치면 203억 톤에 해당되는 것으로서 전 세계 배출량의 4.7~5.3퍼센트에 달한다는 것이었다. 영국에서의 연료 빈곤층에 대해 언급할 목적으로 지역사회봉사단 Community Service Volunteers: CSV 같은 NGO들과 협력하는 '엑슨모빌의 도전 ExxonMobil Energy Challenge' 같은 상징적이요, 부가적인 선행 사업 같은 것은 아무리 많이 시행해봐야 별 효과를 거두지 못할 뿐만 아니라 사람들에게 조롱을 받게 될 것이다.

세계자원연구소의 조너선 래시 Jonathan Lash 소장과 프레드 월링턴 Fred Wallington은 《하버드비즈니스리뷰》 2007년 3월호에 기고한 논문에서 이와 같은 법적 소송 협박은 이론을 떠나 현실이 되었다고 주장한다.

> 전 뉴욕 주 법무장관 엘리엇 스피처 Eliot Spitzer 가 기소하여 2007년 현재 연
> 방항소심법원 US Second Circuit Court of Appeals에 계류 중인 전대미문의 소송
> 을 통해 여덟 개 주와 뉴욕 시는 다섯 개의 대형 전기 회사들에 탄소 배출
> 을 줄이라고 요구했다. 미시시피 주에서는 석유 회사와 석탄 회사가 이산
> 화탄소를 대량 방출하여 온난화 현상이 악화되어 허리케인 카트리나가 발
> 생했다면서 이 회사들을 미시시피 연방지방법원 District Court에 고소한 일
> 이 있었다. 소장에 피력된 고소 내용에는 부당 이익, 미국 석유연구소
> American Petroleum Institute 를 대상으로 한 민사상 공모, 공적·사적 불법 침
> 해, 타인의 권리에 대한 침해, 과실, 기망 행위 등이 포함되었다.
>
> **래시와 월링턴, 2007**

석유 기업들은 자신들을 죽음과 파괴를 파는 담배 회사에 비유하는 것에 절대로 동의하지 않는다. 사실 석유 기업들은 자신들의 제품으로 자동차를 몰거나 비행을 즐기는 등의 혜택을 누리면서 모든 책임을 자신들에게 돌리

는 사람들의 위선에 경악한다. 사람들은 자신들이 원하는 행동을 하기 위해서는 연료통을 채워야 하며, 또 가솔린과 디젤이 담배처럼 중독성 물질이 아니라는 점을 잘 알고 있다.

사실 나 역시 이러한 현실이 슬플 뿐이다. 사리사욕을 채우는 다국적 기업들 앞에서 우리는 너무나 쉽게 자신의 책임을 포기한다. 하지만 '사회적으로 책임 있는 화석 연료 기업'과 '순수하게 지속가능한 에너지 기업' 간의 간격은 얼마나 큰지 모른다. 오늘날 사회적으로 가장 책임 있는 기업으로 인정받고 있는 BP와 쉘은 석유와 가스가 2050년까지 핵심 에너지 소스로 남는다는 가정하에 화기애애한 분위기 속에서 의견을 교환하는 중이다. 하지만 기후변화에 대한 과학자들의 합의는 기후변화에 대처하지 않고 회피만 하다가는 2050년이 아니라 앞으로 10~15년 안에 화석 연료를 쓸 수 없게 될 것이라 경고한다. 이와 같은 관점에서 석유와 가스의 개발보다는 재생 에너지에 대한 투자의 비율이 지속가능한 에너지 미래에 대해 기업이 진실하게 얼마나 관심을 쏟고 있느냐를 재는 척도로 부상하고 있다. 화석 연료의 연소로 인한 발산물이 인류의 미래를 가장 위협하는 요인이라는 것을 알고 있는 현실에서, 기존의 석유와 가스 자산을 최선을 다해 책임 있게 관리하고 또 새로운 자산을 개발한다고 해서 해결될 문제가 아니다.

재생 에너지에 대한 주요 석유 기업들의 관심은 역사적으로나 신규 투자 면에서 빈약하기 짝이 없다. BP가 앞으로 10년간 신규 대체 에너지 비즈니스에 80억 달러를 투자하기로 한 것은 지금까지 가장 큰 규모이다. 하지만 이것도 절반 정도는 재생 에너지가 아닌 석유 화력 발전에 대한 투자이고, 또 80억 달러 전부를 재생 에너지에 투자한다 하더라도 필요한 규모에는 한참 미치지 못한다. 따라서 지금은 언젠가 반드시 화석 연료를 대체하게 될 차세대 재생 에너지 기술의 개발을 거대 석유 및 가스 회사에 기대할 수 없는 형편이다. 뿐만 아니라 주요 석유 회사들은 재생 에너지에 대한 주도권을 이미 상실하고 있다. 중국이 이 부분에 투자한 금액은 2005년에만 50억 달러를 넘는다. 전 세계적으로 재생 에너지에 대한 벤처 기금이 엄청나게 늘어나고 있다.

이와 같은 시장의 변화는 지속가능성이 비즈니스 커뮤니티에 어떻게 영향을 미치느냐와 밀접한 관련이 있다. 기후과학자들은 요즘 들어서 더욱더 대기권에 점증적으로 축적된 온난화 가스가 완만한 기후변화가 아닌 극적인 기후변화를 일으키는 시점인, '비선형적 기후변화' 의 가능성에 대해 언급을 많이 하고 있다. 수십만 년의 기후변화에 관한 정보를 담고 있는 빙하 견본은 충격적인 해결책을 제시하는데, 비선형적인 기후변화라는 위협에 대처하려면 비선형적인 리더십이 필요하다는 것이다. 지금처럼 안락하고, 자기만족적이며, 점증적으로 CSR을 늘리는 것으로는 전혀 기후변화를 따라 잡을 수 없다는 것이다.

지금까지는 CSR과 기업 지속가능성을 하나의 개념처럼 취급하는 경향이었지만 앞으로는 전혀 다른 리더십이 필요한 것이다. 유감스럽게도 오늘날 대부분의 주도적인 비즈니스 모델들은 여전히 구태의연한 CSR 전략에서 벗어나지 못하고 있다. 정치인들이 사회와 환경에 대한 피해가 아무리 크더라도 본질적으로 경제 성장을 목적으로 한 지금과 같은 발전 모델로는 부족한 점이 많다는 사실을 시인하기 시작한 것처럼, 생각이 깊은 재계 인사들 역시 지금과 같은 비즈니스 모델을 포기하고 급변하는 세상에 어울릴 만한 진실한 기업 지속성을 추구하기 시작했다.

요즘에는 CSR을 늘리기 위한 수많은 자원 활동의 효율성에 대해 진지하게 의문을 제기하는 경향이 있다. 그중 가장 주목할 만한 움직임은 유엔글로벌콤팩트다. 이 협회는 전 유엔 사무총장 코피 아난Kofi Annan이 중심이 되되어 비즈니스와 사회를 좀 더 호혜적인 관계로 발전시킴으로써 좀 더 지속적이고 포괄적인 세계 경제를 창출하자는 목적으로 1999년 설립했다. 글로벌콤팩트는 세계인권선언 같은 기념비적인 협정들을 차용하여, 협정문에 서명한 기업들에 다음과 같은 핵심 가치들을 채택, 지원, 실행할 것을 요구한다.

- 국제적으로 선언된 인권의 보호를 지원하고 존중한다.
- 인권 침해에 가담하지 않는다.
- 결사의 자유를 존중하고 단체 교섭권을 인정한다.
- 모든 형식의 사역과 강제 노동을 철폐한다.
- 아동 노동을 효율적으로 철폐한다.
- 고용 및 직업상의 차별을 철폐한다.
- 환경적 도전을 위한 예방적 조치를 지원한다.
- 보다 큰 환경적 책임을 촉진한다.
- 친환경 기술의 개발과 보급을 장려한다.
- 비즈니스에는 강요 및 강탈, 뇌물 수수를 포함한 모든 종류의 부정을 개입시키지 않는다.

전 세계의 기업들 중에서 유엔글로벌콤팩트에 서명한 기업의 수는 수백여 곳에 달한다. 하지만 NGO들이 지적하는 바와 같이, 기업들이 핵심 가치들을 실행에 옮기는 정도를 측정할 메커니즘이 존재하지 않는다는 사실을 들어, 서명한 기업들 중에서 다수는 대부분의 기업들의 행태인 '그린워시'는 아니지만 유엔 배지를 달고 지속가능성을 흉내만 내는 '블랙워시'에 안주하고 있다고 주장한다.

다수의 사람들은 환경 보호를 위한 자발적인 움직임에 장애가 되는 모든 제약들을 철폐해야 한다고 주장한다. 영국에서는 코업은행이 잘 짜인 '기업의 지역사회기업 책임지수Corporate Responsibility Index of Business in the Community, 일명 BITC라고 한다' 의 참여자들을 대상으로 책임 지수상의 순위와 점수를 매기는 기준이 되는 자체 평가서 출판을 위한 운동을 적극적으로 펼치고 있지만 지금까지는 앞장서겠다는 기업이 드문 형편이다. 코업은행의 우려 사항은 2005년 초에 크게 증폭되어 노출된 바 있었다. BITC에서 가장 적극적으로 활동하는 회원으로서 2003년에 BITC 중소기업 상을 수상한 바 있는 맥주 회사 애드넘스Adnams가, 활동이 미미한 회원들에게 적극적으로 대처하지 못할 뿐만 아니라 대외 관계의 가면을 제거하여 수많은 기업들로 하여금 품위 있게 참여할 수 있는 기회를 주지 못했다는 이유를 들어 탈퇴한 것이었다.

BITC에게는 참으로 어려운 시기였다. 700여 회원들에게 공개적으로 임무를 부여하기 시작하면 재정적인 어려움에 봉착할 판이었다. 하지만 애드넘스의 주장에는 한 가지 정확한 것이 있었는데, 그것은 기업들이 서열을 깨뜨려가며 자신들과 같은 업종의 회사들의 빈약한 성과를 비판하려들지 않는다는 것이었다. "하느님의 도움이 없었다면 우리는 태생적으로 지배적이고, 위험 회피적인 태도를 취했을 것이고, 그로 인해 기업이 사회에 빚진 바를 규명하는 데 있어서 다양한 생각들을 하고 있을 뿐만 아니라 오늘날의 재계 인사들 사이에서도 이념적으로나 기술적으로도 근본적으로 다양한 사고들이 존재한다는 것을 세상은 좀처럼 이해하지 못하게 되었을 것이다."

여기에서 다섯 가지 자본의 틀로 되돌아가보자. 미래를 위한 포럼은 특권적인, 신뢰를 바탕으로 한 혜택을 누리면서 영국의 주요 기업들과 공동으로 그 틀을 개발할 수 있었다. 영국공항공단British Airport Authority : BAA과 웨섹스 상수도국 같은 기업들은 항상 완벽한 의견 일치를 이루는 결과에 의해서가 아닌 이해의 증진을 통해 자신들이 품고 있는 장기적인 비전에 이 다섯 가지 자본의 틀을 진지하게 대입하는 작업을 진행했다. 이 틀은 특정 분야에서의 지속가능한 기업에 대한 비전을 품도록 도와주는 개념뿐만 아니라 변화되는 정책의 측면에서 바람직한 전략들의 우선순위를 정하는 데 도움을 주는 실행으로도 사용될 수 있는 것이다.

  하지만 지속가능한 발전에만 관련 있는 비즈니스 사례를 설명한다는 것은 제약적이고 명확하지 못한 면이 따른다. 비즈니스 커뮤니티와 보조를 맞추는 NGO들이 겉으로는 비즈니스 친화 정책을 내세우면서 뒤로 억지로나마 지속가능성에 대해 언급하는 실정이다. 하지만 이는 전략일 뿐이다. 지속가능성은 절대 타협할 수 없는 필수 조건이라 고집을 부리는 것은 사정을 더 어렵게 만들 뿐이다. 따라서 지속가능한 발전에 점차 가까워지는 비즈니스 사례와 지속가능한 발전을 위한 사회적인 사례가 생각보다 훨씬 깊은 상관관계가 있다는 것을 증명할 필요가 있다. 이상적인 세계에서는 기업들이 상업적 성공의 규모를 넓히기 위해 취하는 모든 조치들이 자신들의 상품과 서비스를 사용하는 소비자들뿐만 아니라 전체 사회를 위한 혜택들을 생성할 수 있어야 하는 것이다.

운영 허가 범위의 확대

  정부가 이해 관계자들의 이익보다는 주주들의 이익을 체계적으로 우선시하는 정도를 보면 우리는 아직도 상호성과는 상당히 멀리 떨어져 있다고 할 수 있다. 너무나 많은 경우에서 노골적인 거래들이 여전히 성행한다. 하지만 표 5과 6을 통해 알 수 있듯이, 다섯 가지 자본의 틀은 적어도 사회를 위해 직접적인 혜택과 간접적인 혜택을 동시에 창출하는 비즈니스 환경 정부가 한 기업을 위해 투자 전략을 규제하거나 아니면 권장하는 환경을 그릴 수 있게 해준다.

뿐만 아니라 대부분의 OECD 정부들이 이 틀을 그리 신뢰하지 않겠지만, 사실 EU 문제를 해결하고자 하는 회의에서 토론을 벌여도 이 틀은 그리 위험하지 않을 뿐만 아니라 또 유효성이 떨어지는 것도 아니다. 세계 최고의 경제학자였던 조지프 슘페터 Joseph Schumpeter는 정치인들을 향해 자본주의의 진짜 동력이 기술, 기회, 정보, 지속적으로 변하는 요구를 기본으로 하는 불균형이라는 사실을 끈질기게 가르치려 했다. 그는 이런 상황을 '창의적 파괴 creative destruction'라고 불렀다. 그는 자본주의는 변화를 추구하면서 지속적으로 높은 수익을 창출해주는 가장 좋은 방법을 찾기 마련이라면서, 이런 변화의 능력에 지배를 받는 특정 분야 혹은 사적인 기업을 보호할 목적으로 정부가 시장에 개입하는 것은 바람직하지 않다고 주장했다. 우리가 알고 있는 바와 같이, 예전의 노동 집약적인 산업 경제 체계가 가치를 창출하는 전혀 다른 자본 집중적인 모델에 자리를 내어준 것처럼, 창의적 파괴의 과정에는 고통이 따르는 것이 일반적이다.

스튜어트 하트가 《교차로에 선 자본주의 Capitalism at the Crossroads》(2005)에서 지적했지만, 창의적 파괴에 관한 토론은 오늘날의 지속가능성이라는 도전에 의해 생성되는 다양한 위협과 기회에 기업들이 반응하는 방식에 직접적인 영향을 미친다. 이와는 반대로 에너지가 저렴하고 원자재가 풍부하며 물리적인 한계에 대한 인식이 미미했을 때, 핵심 비즈니스 모델을 구상한 기업들에게 용기와 안위를 불어넣어주고, ISO 14001 같은 관리 체계에서 모양을 갖춘, 조심스러우면서도 겸손한 프로세스가 개발 중이다. 한편 아무리 점진적으로 녹색화를 추구한다고는 하지만, 오래된 비즈니스 모델들을 완전히 무효화할 목적으로, '파괴적인' 기술과 프로세스의 도입에 관심을 표명하는 기업인들이 점차 늘어나고 있다. 하트는 다음과 같이 흥미로운 비유를 들었다.

자연이 일부 종들로 하여금 자연 선택과 천이를 통해 다른 종들을 압도할 수 있도록 허용하는 것처럼, 지속가능성 혁명은 보다 지속가능한 전략을 갖춘 기업들로 하여금 구태의연한 전략과 자연에 피해를 주는 기술을 고수하는 기업들을 압도하거나 결국에는 대체할 수 있도록 허용할 것이다. 아무리 녹색화를 추구한다 하더라도 앞으로 다가올 창의적 파괴라는 광풍으로부터 기업체들이 살아남지 못하게 될 것이다. 녹색화는 현재의 산업 구조를 영속화한다. 재창조나 근본적인 개혁보다는 지속적인 개량을 도모하기 때문이다. 기술 변화의 속도와 지속가능성의 중요성에 대한 인식의 고조를 고려한다면, 이와 같은 방법은 실용적인 전략이라 할 수 없다. 창의적인 파괴야말로 미래의 성장 산업뿐만 아니라 기업 생존을 위한 열쇠가 아닌가 싶다.   하트, 2005

이와 같은 딜레마가 가장 잘 나타나는 분야는 화학 사업이다. 2003년 영국 화학산업지도자협회UK Chemistry Leadership Council 회의에 참석해보니 시민사회 인사로는 나 혼자만 와 있었다. 그 협회는 영국의 통상산업부 Department for Trade and Industry: DTI 가 화학 회사들에게 현명한 혁신 및 훈련, 그리고 지속가능한 화학이라는 개념을 가르쳐서 전반적인 통찰력을 높일 수 있도록 유도하기 위해 설립된 조직이다. 그들의 목적은 화학 분야를 뛰어넘어 화학 사업에 직접적으로 관련된 이해 관계자들뿐만 아니라 제약 회사, 자동차 제조 회사, 소매점처럼 대량으로 화학제품을 사용하는 곳들과의 연계를 모색하기 위한 것이었다. NGO들과 소비자의 요구가 올라가고,

■ 표 5 다섯 가지 자본의 틀: 비즈니스를 위한 혜택

다섯 가지 자본	비즈니스 전략	직접적인 비즈니스 혜택 →	→ 간접적인 비즈니스 혜택	종합적인 혜택
자연 자본	환경 효율성 기후변화 전략 지속가능한 발전을 위한 설계 생물 다양성 행동 계획 제품에 대한 책임주의	· 비용 절감 · 미래 비용의 회피 · 혁신의 자극	· 명성이 높아짐 · 규제적인 충격의 회피 · 개선된 리스크 관리 · 정부의 주도적인 전략을 이용함	명성이 높아짐
사회 자본	기업의 지역 사회 참여 지속가능성을 위한 커뮤니케이션 주주의 적극 개입 인권 정책	· 친환경 세금의 절감 · 지역 비즈니스들과의 연계 · 지역 사회에 대한 친밀감 · 사업 승인 비용의 절감	· 운영 혹은 성장을 위한 장기간의 허가증 · 정부 기관과 함께 함으로써 명성이 높아짐 · 거래 비용의 절감 · 호의적인 커뮤니케이션	강력해진 브랜드 소비자 선호
인간/지적 자본	근로자 인권 및 자격 프로세스 개혁 품질 관리 가치를 중시하는 리더십 개인 및 전문인으로서의 발전	· 충성/직원의 동기 · 최고 능력자 고용이 쉬워짐 · 직원 생산성 · 해당 직원들의 잔류 · 건강 및 안전 기록의 향상	· 새로운 제품과 서비스 · 지식 네트워크의 확장 · 고객 서비스의 향상	시장 우위
제조/기술 자본	환경 개혁 에너지 집중도의 하락 탈물질화 폐쇄형 루프 프로세스 기상화(제품에서 서비스로 이동)	· 제품 범위에 대한 지속적인 개선 · 새로운 세금/부과금이 주는 충격의 감소 · 개혁의 활발함 · 창의성으로 인한 보상	· 새로운 제품과 서비스 · 비즈니스 기회를 조기에 포착	위험 감소
금융 자본	성과 측정 투명성 및 책임성 기업 구조에 관한 최고의 사례 녹색 회계·비용 내부화 투자 기준(연금 등)	· 자본 비용의 절감 · 원가 관리의 향상 · 보험료 절감	· 개선된 리스크 관리 · 사회적으로 책임지는 투자 분석을 중요하게 생각 · 미래를 예상함 · 처리 비용의 절감	옵션 창출 (세상의 변화에 대한 대응)

출처: 미래를 위한 포럼

■ 표 6 다섯 가지 자본의 틀 : 사회적인 혜택

다섯 가지 자본	비즈니스 전략	직접적인 사회 혜택 →	→ 간접적인 사회 혜택	종합적인 혜택
자연 자본	환경 효율성 / 기후변화 전략 / 지속가능한 발전을 위한 설계 / 생물 다양성 행동 계획 / 제품에 대한 책임주의	보다 청결하고 안전한 환경 / 인명 사상률의 감소 / 공기와 수질의 개선	생명 유지 시스템의 보호 / 좋은 취미를 추구하는 여가의 혜택 / 미래에 대한 의무감	사회/환경의 안전
사회 자본	기업의 지역 사회 참여 / 지속가능성을 위한 커뮤니케이션 / 주주의 적극 개입 / 인권 정책	참여/개입 / 인권/시민의 권리에 대한 의무 / 불평등의 해소 / 지역 경제에 대한 파급 효과	기업은 운영 허가권을 취득해야 함 / 좋은 이웃 으로서의 기업 / 커뮤니티 정신의 함양 / 문화 다양성의 존중	공동체 결속
인간/지적 자본	근로자 인건 및 지식 / 프로세스 개혁 / 품질 관리 / 가치를 중시하는 리더십 / 개인 및 전문인으로서의 발전	노동자의 권리/지식의 보호 / 훈련 및 교육받을 기회 / 작업 환경의 개선 / 보다 도전적이고 보상받을 수 있는 일을 할 수 있는 기회	보다 좋아진 '일과 삶'의 균형 / 평생 학습 / 보다 교육을 많이 받은인력/사회	삶의 질이 높아짐
제조/기술 자본	환경 개혁 / 에너지 집중도의 하락 / 탈물질화 / 폐쇄 루프 프로세스 / 기상화(제품에서 서비스로 이동)	제품과 서비스로 받아들인 돈의 가치 상승 / 예측 불가능한 위험의 감소 / 재사용과 재활용의 용이함 / 보다 영리해진 제품과 서비스	옵션 범위의 확장 / 책임 있는 소비자로서의 행동이 용이함 / 환경적/사회적 훼손의 감소	경제 기회에 대한 접근성의 확대
금융 자본	성과 측정 / 투명성 및 책임성 / 기업 구조에 관한 최고의 사례 / 녹색 회계/비용 내부화 / 투자 기준(연금 등)	가계에 사회/환경 비용을 포함시킴 / 소비자와 투자자에 대한 보다 자세한 정보 전달	경제/고용 기회의 확산 / 사회적으로 책임지는 투자 기회의 증대 / 기업과 주주들 간의 신뢰 증진	개인적인 욕망/염원의 충족

출처:미래를 위한 포럼

뛰어난 인재를 고용하기 어려우며, 화학제품의 대량 시설이 중국이나 중동으로 이전하여 날로 경쟁이 가열되는 형편으로 가뜩이나 주눅 든 화학 산업계를 대상으로 캠페인을 벌인다는 것은 이만저만 부담되는 것이 아니다.

이와 같은 움직임을 인해 산업계는 전반적으로 매우 방어적이고 반발적인 사고를 갖게 되었다. 화학 산업계의 대변인들은 이미 만반의 태세를 갖추고 있다는 입장이다. 사실 화학 산업계는 외부로부터의 압력으로 인해 고통스러운 과정을 거쳐 사회 및 환경적인 성과를 신장시켜왔을 뿐만 아니라, 생산 시설이 있는 커뮤니티와의 관계를 증진시키고, 자료 관리 및 보고 면에서도 이전보다는 훨씬 투명한 시스템을 갖추게 되었다. 다시 말해서 전 세계 40여 개의 화학산업협회들로 구성된, 자발적 이니셔티브 조직인 책임배려 프로그램Responsible Care Programme이 15년 동안 화학 분야에 영향력을 행사해온 것이야말로 최상의 '점증적 녹색화'의 사례인 것이다. 책임배려는 제한된 틀 안에서도 성과를 거두었다. 집단적인 환경 외부성과 사회 외부성을 줄이는 데 도움을 주었고, 각 기업의 주주들에게 보다 바람직한 사례를 제시할 수 있도록 도움을 주었다. 하지만 자연의 한계 안에서 사회 전반에 걸쳐 화학 물질을 안전하게 사용토록 하기 위해 무엇이 필요한지를 규명하지 않았다는 점에서 '진실한 지속가능성'에 초점을 맞추게 하는 데에는 도움을 주지 못했다고 볼 수 있다.

영국 화학산업지도자협회는 화학을 통해 다른 방법들로 부를 창출한다는 목적으로 그와 같은 문제에 도전하기로 하고, 다섯 가지 자본의 틀을 근간으로 하여 공급 사슬로 더욱 확대된 화학계를 위한 비전을 구상했다.

제품과 프로세스의 지식 내용에 초점을 맞추면서 수많은 기업들이 보다 작아지고, 빨라지며, 소비자 중심적이면서도 융통성을 발휘하는 조직으로 변하는 가운데, 화학계는 이와 같은 추세들로 인해 매우 다른 방법들로 가치를 부가하는 방향으로 나가고 있다. 이런 상황은 각기 다른 과학 분야에 종사하는 생물학자, 생화학자, 화학자, 화공 엔지니어, 유전학자, 시스템 공학자, IT 및 컴퓨터 전문가 등이 때로는 당혹감을 주기도 하는 새로운 연구나 제품 개발 구상을 위해 힘을 합치는 현상으로 인해 더욱 빨라지고 있다. 지속가능성을 성취한다는 것은 원자재를 명시하는 책임을 지닌 사람, 제품을 설계하는 책임을 지닌 사람들이 급격한 '탈물질화dematerialization'의 필요성, 물질과 에너지의 높은 효율성의 필요성에 대해 지금보다 훨씬 잘 이해하게 된다는 것을 의미한다. **화학산업지도자협회, 2005**

정부와 비즈니스가 이런 식의 사고를 하기 시작하면, 지속가능한 발전이 원천적으로 거래를 목적으로 하는 것이 아니며, 불가피한 거래를 목적으로 한다 하더라도 결과가 윈윈이기를 바라는 것이라는 인식이 더욱 공고해질 것이다. 게다가 여기서 제시되는 조합은 전통적인 3대 축이기보다는 상호 간의 연결성이 날이 갈수록 강화되는 상황에서 개인적인 비즈니스의 이익과 공동적인 사회의 이익의 조합이라 할 수 있다. 이런 관점에서 비즈니스 사례에 대한 접근 방법은 본질적으로 애덤 스미스의 주장을 재현한 것으로 보인다. 최근에는 허먼 데일리와 존 콥이 《공동의 유익을 위하여For the Common Good》(1989)에서 부의 창출은 이익과 사회적 웰빙을 동시에 최적화할 수 있도록 체계화되어야 한다고 주장한 바 있다. 하지만 이런 주장은 폴 호켄의 것처럼 과격하지는 않다. 호켄은 《비즈니스 생태학The Ecology of Commerce : A Declaration of Sustainability》(1983)에서 비즈니스의 가장 중요한 목적은 사회적 웰빙을 향상시키는 것이요, 두 번째로 중요한 목적은 이익을 창출하는 것이라 주장했다. 호켄의 주장은 자본주의 시스템의 진화 과정에서의 현 시점에서 볼 때 이념적으로 지나치게 많이 나간 것으로 보인다.

　마음에 내켜하지 않는 재계 인사들이 이와 같은 포괄적인 토론에 공개적으로 참여하는 것은 흥미로운 사실이다. 그들은 별다른 노력도 없이 구태의연한 분업에 관한 주장만 내세우려 하는데, 사실 그것은 그들이 내세울 만한 적절한 의제가 아니다. 분업은 사회, 환경, 경제적인 체계를 규제하기 위해 민주적 권한을 사용하는 정부나 감당할 수 있고, 그래야 비즈니스는 그 체계 안에서 사회가 필요로 하는 부를 창출하게 되는 것이다. 하지만 거대한 다국적 기업들 전부가 자신들의 이익과 사회 전체의 이익을 구분 짓는다는 것은 있을 수 없다는 식으로 정부를 대상으로 맹렬하게 로비 활동을 하고 있다는 것은 분명한 사실이다. 그렇다고 해서 대부분의 사례에서 그들의 주장이 투명하게 증명되고 있는 것은 아니다. 사람들이 가장 책임 의식이 없는 오늘날의 다국적 기업들처럼 시민의 권리를 악랄하게 남용한다면 기업 시민권corporate citizenship, 일반적인 시민이 권리와 의무를 균형적으로 지니듯, 기업들 역시 권리와 의무를 균형적으로 지닌다는 의미 이라는 개념은 재처럼 흔적도 없이 사라지고 말 것이다.

　이미 알고 있는 바와 같이 수많은 재계 인사들, 특히 미국의 재계 인사들은 주주들의 이익과 이해 관계자들의 이익 사이의 균형을 재조정하는 것이 재정적인 전망에 상당한 충격을 준다는 점에서, 지속가능한 발전을 신자유적인, 기업 주도 경제에 대한 심각한 위협으로 인식한다. 하지만 이에 대해 공개적으로 문제를 제기하는 사람이 거의 없는 실정이다. 네슬레 사의 페터 브라베크레트마테Peter Brabeck-Letmathe 회장은 2005년 3월 보스턴 칼리지Boston Collage의 최고 경영자 클럽에서 행한 연설에서 최고 경영자들이 혼자서 던질 수 있는, "많은 사람들을 고용할 정도로 회사를 키우는 과정에서 우리가 도대체 사회로부터 무엇을 빼앗았단 말인가?"라는 의문에 바탕을

둔 좀처럼 들을 수 없는 주장을 펼쳤다. 그는 기업은 일자리와 이윤을 창출하는 것에 더하여 사회에 책임을 져야 한다는 생각에 조롱을 퍼붓고는, 기업이 자선 사업을 한다고 하면 그것 역시 전적으로 투자자들을 위해 더 많은 돈을 버는 방향으로 써야 한다고 목소리를 높였다. 그와 같은 단호한 자세를 보니, 왜 수많은 환경 운동가들과 사회 정의를 위해 활동하는 사람들이 오늘날 네슬레를 가장 많이 비난하고, 또 집중적으로 공격하는지 이해된다.

이러한 상황을 통해 제시스미스노이스 재단Jessie Smith Noyes Foundation의 스티븐 비더먼Stephen Viederman 회장이 "기업들에게는 커뮤니티와 지역, 미래 세대, 민주주의, 평등과 빈곤의 완화에 대해 헌신하고자 하는 마음이 결여되어 있다는 점에서 기업과 지속가능한 발전은 결코 융합되지 않는다"라고 주장하는 이유가 이해된다. 제5장에서 분명하게 피력한 것처럼, 나는 '모순된 부조화'라는 말을 인정하지 않는다. 하지만 다국적 기업들이 기업 책임에 대해, 특히 기업 관리, 세금, 그리고 심지어 전반적인 고용 등과 같은 거시 경제적인 관점에 대해 매우 편협한 시각을 유지한다는 비더먼의 주장은 옳다고 본다.

이러한 점에서, 다국적 기업들이 가지고 있는 힘과 세계 고용에 대한 기여도의 사이에 상당한 차이가 존재한다는 것이 이해된다. 세계 300대 다국적 기업들이 보유한 생산적 자산의 비율은 전체의 25퍼센트를 차지하며, 500대 다국적 기업들이 거래하는 상품은 전체 거래량의 75퍼센트에 달한다. 이러한 현실에도 불구하고, 세계 경제 활동의 28퍼센트를 책임지는 세계 200대 기업들이 고용하는 인원은 세계 인력의 0.25퍼센트밖에 되지 않는다. 추산에 따라 다소 수치가 다르지만, 세계 500대 기업이 고용한 인력은 세계 인력의 1퍼센트도 되지 않으며, 지난 20년간 조금도 늘어나지 않왔다. 사정이 이러함에도 불구하고 선진국이나 개발 도상국이나 직장을 얻지 않고서는 생계를 유지하기 힘들다는 점에는 차이가 없는데, 선진국에서는 이런 현상이 더욱 짙어지고 있다. 다국적 기업들이 전체 생산적 자산 중에서 상당 부분을 통제하면서도 직접적인 고용 창출에는 거의 기여하지 못한다는 점으로 인해 수많은 사람들은 그들에게 '운영 허가권'을 발급하는 것 자체에 의문을 품고 있다. 다국적 기업들이 그만한 대가를 지불하지 않고 있다는 것이다.

피라미드 바닥 모델

세계적인 기업들은 이와 같은 이슈들로 인해 사회적인 기대를 받는 방법에 대해 점점 더 신경을 쓰고 있다. 미시간 대학교University of Michigan 로스 경영대학원Ross School of Business의 코임바토르 크리시나라오 프라할라드 Coimbatore Krishnarao Prahalad 교수와 스튜어트 하트 교수가 2002년 〈저소득층 시장을 공략하라The Fortune at the Bottom of the Pyramid〉라는 영향력 있는 논문을 발표한 이래, 지구 상에서 가장 가난한 40억 인구가 필요로 하는 것을 대변하는 도전에 점점 더 많은 관심이 모아지고 있다. 이와 같은 전략적 추진은 'WBCSD'에 의해 주도되고 있는데, WBCSD는 다국적 기업들이 이미 추진 중인 '재정 가치와 사회 가치의 결합'을 위한 다양한 방법들을 소개하는 뛰어난 책자 《가난한 사람들과 비즈니스 하기 : 안내서Doing Business with the Poor : A Field Guide》(2004)를 출간한 바 있다. 다수의 글로벌 트렌드 현상들이 벌어지는 것을 보고, 다국적 기업들이 지속가능한 생존을 위해서는 '피라미드 바닥'과 관련을 맺어야 한다는 식으로 보다 진취적으로 생각할 용기를 얻은 것이 분명하다.

- 많은 기업들이 이미 포화 상태인 기존의 성숙한 시장을 빠져나와 새롭게 떠오르는 보다 역동적인 시장에서 새로운 기회를 찾아야 할 필요성을 인식하고 있다.
- 수많은 개발 도상국들에서 법적 구조, 투자 조건, 오염 감소 등의 여러 면으로 볼 때 실현 가능한 조건이 향상되고 있다.
- 세계적 커뮤니케이션이 쉬지 않고 발전하고 있어서 비즈니스를 하기에 적절할 정도로 세상이 작아지고 편안한 곳으로 변하고 있다.
- 보다 혁신적이고 상호 융합적인 접근 방법을 시험하는 데에 적절한 파트너를 찾는 것이 점차 쉬워지고 있다.
- 해외 직접 투자를 빈곤 감소와 원조 지원의 훼손보다는 오히려 강화하는 중요한 방법으로 간주하는 국가들이 점점 더 많아지고 있다.
- "비즈니스는 실패한 사회에서는 성공할 수 없다"는 WBCSD의 주장처럼, 비즈니스는 비즈니스를 간절히 필요한 곳에서만 참다운 변화를 일으킨다는 의식이 고착되고 있다.

나는 '피라미드 바닥'이라는 개념에 대해서는 여전히 다소 회의적이다. 이 개념의 근거가 빈약해 보일 뿐만 아니라, 현실적인 빈곤 문제와 지속가능성이라는 이슈를 언급하는 것 말고 더 많은 사람들에 더 많은 것을 깨닫게 하는 새로운 방법들이 있는지 의문이 든다. 하지만 스튜어트 하트는 《교차로에 선 자본주의》를 통해 피라미드 바닥 전략에 대해 내가 알고 있는 그 무엇보다 훨씬 호소력 있고 영감적인 이론을 제시했다는 점에서, 이러한 의심에 대해 나로 하여금 재고할 기회를 마련해주었다.

지난 수년 사이, 피라미드 바닥에 거대한 미래 시장이 존재한다는 것이 점차 분명해졌다. 뿐만 아니라 그와 같은 미래 시장이 단순한 시장의 잠재성을 초월한다는 것이 뚜렷해졌다. 지금이야말로 인간이 보다 나아지고 환경을 복구하는, 즉 피라미드의 바닥을 상승시키기 위해 상업을 이용할 기회이다. 하지만 피라미드의 정점을 바닥으로 사용하려고 개조하려는 시도는 실패로 끝나게 될 것이다. 피라미드 바닥에 대한 일치된 집중을 통해서만 대기업들은 성장과 이윤이라는 전통적 동기론에 인간적이고도 심지어 행동주의적인 특성을 결합할 수 있을 것이다.   하트, 2005

이와 같은 변화가 이미 다양하게 나타나고 있음을 증명하기 위해 스튜어트 하트가 사용한 사례 연구들은 매우 자극적이다. 이 책 곳곳에 언급된 다국적 기업에 대한 비판자들이 그와 같은 사례들을 재건할 수 없고 근본적으로 지속불가능한 비즈니스 모델에 붙여 녹색 혁명을 추구하는 척하는 '녹색 베니어판green veneer'이라며 매도하지만, 특히 정부가 보다 사회적으로, 환경적으로 책임지는 비즈니스를 장려하는 역할을 이행하는 데에 보다 긍정적인 방법을 쓰다 보면 그와 같은 성공 사례들에서 결정적인 성공 기준을 추출하게 된다. 예를 들어서 전 세계의 비판자들이 멕시코의 시멘트 기업인 세멕스Cemex를 지속가능성 이슈에 대한 대표적인 모범 사례로 드는 것을 거부하고 있음에도 불구하고, 세멕스는 이와 같은 새로운 접근 방법의 중요성을 보여주는 하나의 예가 아닐 수 없다 참조 5.

스튜어트 하트의 주장에서 가장 흥미로는 점이 있다면 그것은 피라미드 바닥이 우리의 지속가능한 미래가 의존하는 보다 과감하고, 보다 파괴적인 기술을 위해 보다 환영받는 테스트베드test bed, 개발 프로젝트를 위한 시험대-역자 주임을 증명할 가능성이 있다는 것이다. 무르익은 OECD 경제권은 보다 지속가능한 경제를 지향하는 '파괴적 변이disruptive transition' 과정에서 패배할 것으로 보이는 사람들이, 자신과 이해 관계자들의 기득권을 지키기 위해 격노하여 싸울 가능성이 높을 정도로 고착된 하부 구조와, 수십 년에 걸쳐 이루어진 비효율적인 투자의 늪이라는 독특한 난관에 빠져 있다. 수많은 피라미드 바닥의 환경에서는 이와 같은 기득권이 방해 요인으로 작용하기 않기 때문에 훨씬 근본적인 창조 전략들이 꿈틀거릴 가능성이 열리게 된다. 이에 관련된 중요한 사례로 가정, 사무실, 병원, 학교나 공장에서 개별적으로 전기를 생산하기 위한 많은 기술들이 속속 개발되고 있다는 점을 들 수 있다. '분산 발전' 혹은 소형 풍력 터빈, 소형 열병합 발전소, 태양광 발전, 지열 히트펌프, 바이오매스 보일러, 바이오가스 다이제스터digester를 포함하는 '자가 발전' 기술은 계통 연계에 의존하지 않으면서 안전하고 저탄소 에너지를 얻게 해준다는 특성을 갖는다.

사실 슘페터주의적인 입장에서는 창의적 파괴라는 필요한 과정이 이보다 더 뚜렷할 수는 없다고 본다. 그런데 놀랄 일도 아니지만, 오늘날의 에너지 산업에서 버티고 있는 실력자들은 이와 같은 대안적인 기술을 시장에 내놓기 위해 필요한 연구와 개발에 투자하는 데에는 영 흥미를 보이지 않는다. 곳곳에서 분산 발전의 개척자들을 방해한다. 스튜어트 하트의 조언처럼 시각을 달리할 필요가 있다고 본다.

> 개발 도상국의 빈곤한 시골에서는 분산 발전에 반대하는 사람을 찾아보기 힘들다. 안전한 전기를 이용할 수 없는 사람들에게 전기를 보급하기 위한 전기망을 설치하려면 수십 년은 걸릴 것이다. 따라서 시골의 가난한 사람들은 밤에 불빛을 얻기 위해 초, 석유나 배터리를 구입하려고, 혹은 시간제로 들어오는 전기를 사용하려고 수입의 상당 비율인 매달 10달러를 지출하는 상황이다. 게다가 석유와 배터리로 발전하려면 1킬로와트시에 5~10달

러로 비싼 비용이 든다. 실용적인 대안책을 제시할 수 있다면 사람들은 위험하고, 오염을 발생시키며, 비싼 기술을 버리고 청결하고, 효율적이며, 재생 가능한 전력을 이용할 수 있게 된다. 하지만 분산 발전 업자들 중에서는 선진국에서 사용되는 방법과 경쟁이 되지 않는 이런 기술을 기꺼이 받아들일 사람들로 넘쳐날 거대한 시장이 존재함에도 불구하고 피라미드 바닥인 지방의 가난한 사람들을 초기 시장으로 생각하지 않는다. 하트, 2005

참조 5
_____

세멕스, 멕시코의 시멘트 기업

멕시코의 최대 시멘트 기업인 세멕스는 억제 성분을 피라미드 바닥에 도달하는 도구로 사용하는 방법에 대한 힌트를 제공한다. 1994년에 멕시코를 강타한 금융 위기는 당시 매출의 50퍼센트를 차지하던 국내 영업에 치명적인 타격을 가했다. 이때 세멕스 경영진은 중상류층을 대상으로 한 매출은 절반으로 떨어진 반면, 저소득층을 대상으로 한 매출은 별다른 변화가 없다는 사실을 알게 되었다. 빈곤층을 대상으로 한 매출이 전체 판매고의 40퍼센트를 점했는데도 그런 사실을 인지하지 못했다는 것을 깨닫게 된 경영진은 빈곤층을 대상으로 한 판매에 대한 연구를 시작했다. 1998년 세멕스의 종업원들은 팀을 꾸려 이 현상에 대해 심도 있는 연구에 착수했다. 그들은 무지의 선언(Declaration of Ignorance)을 발표하고는 자신들이 거의 알지 못하는, 멕시코 시장에서 40퍼센트를 점하는 부분에 진출하기 시작했다. 그러고는 자신들의 시멘트를 간절히 원하는 도시 빈민가와 판자촌 사람들의 필요와 문제가 무엇인지 적극적으로 파악하기로 했다. 이 프로젝트를 수행하기 위해, 그들은 6개월간 판자촌에서 살았다. 그들의 목적은 피라미드 바닥의 환경을 보다 잘 이해하기 위한 것이지 가난한 사람들을 대상으로 시멘트를 더 팔고자 하는 것이 아니었다.

처음에 판자촌은 대충 지어진 움막이 끝도 없이 다닥다닥 붙어 늘어선 것처럼 보였다. 하지만 그 안에서 몇 개월을 지내고 보니 그곳에서 사는 사람들도 주어진 제약과 환경 안에서 최선을 다해 살고 있다는 것을 깨달았다. 세멕스 사람들은 가난하고 자기 손으로 집을 짓는 판자촌 사람들이, 방 하나는 꾸미는 데 4년이나 걸리기도 하고, 또 방 네 개짜리 집을 완성하는 데 13년이나 걸린다는 것을 알게 되었다. 그들이 그럴 수밖에 없는 이유는 은행이나 기업들이 재산권이 이와 같은 사례 연구들이 세계은행과 유엔개발계획 같은 다국적 기구들에 영향을 미치기 시작했다. 2007년 4월 세계자원연구소는 국제금융공사 International Finance Corporation 와 공동으로 피라미드 바닥 시장의 잠재성에 대한 본격적인 연구에 착수했다. 그들은 보고서 형식으로 출간한《그다음의 40억 명 The Next 4 Billion》(2007)을 통해 현재 얼마나 많은 계획들이 시행되고 있는지와 대개는 미미하다는 평 얼마나 많은 계획들이 준비하고 있는지를 엄청나게 많

명확하지 않은 비정상적인 주거 지역의 주민들과는 거래를 원치 않기 때문이다. 훔친 건자재나 폐품들을 가지고 아무렇게나 집을 짓다 보면 비용이 많이 들 뿐만 아니라 위험한 상태에 몰리게 된다. 장사꾼들은 가난한 사람들을 먹잇감으로 생각한다. 그들이 협상 능력이 떨어지고, 또 불만도 좀처럼 제기하지 못한다는 점을 악용하여 그들에게 적절하지도 않은 품질이 떨어지는 물건을 대량으로 팔아치우려 한다. 세멕스 연구팀은 빈곤층 사람들의 문제점이 제거된다면, 그들도 역시 가급적 물자를 저렴하게 구입하여 빠른 시간 안에 양질의 집을 건축할 수 있게 된다는 결론에 도달했다. 가난한 사람들의 생활이 나아지면, 시멘트 회사의 매출이 늘어나는 것은 당연하다. 세멕스 팀은 자신들의 목적을 성취하기 위해 새로운 비즈니스 모델을 만들었다. 그들은 거칠게 번역하면 '오늘날의 형평성'라는 의미의 '파트리모니오 호이(Patrimonio Hoy)'라는 프로그램을 통해 간절히 집을 짓고자 하는 사람들이 주급을 받으면 거기에서 일정한 금액을 분할하여 지급할 수 있도록 하는 클럽을 만들었다. 세멕스는 가난한 사람들이 설계를 잘해서 적절한 단계를 밟아 집을 지을 수 있도록 물건 보관 창고를 빌려주고 설계에 대한 지원을 아끼지 않았다. 가난한 사람들이 좀처럼 구매하기 어려운 것이 있으면, 세멕스는 막강한 구매자의 위치에서, 그들을 대신하여 공급 업자와 그 물건에 대한 가격과 물량을 놓고 대신 흥정도 해주었다. 이 프로그램에 참여한 사람들은 보다 뛰어난 자재를 3분의 2의 가격으로 구입해 종전보다 세 배나 빨리 집을 지을 수 있었다. 파트리모니오 호이는 매년 250퍼센트씩 성장하고 있는데, 지금까지 2만여 명 이상이 회원으로 가입되어 있다. 세멕스는 회원 수를 앞으로 5년 안에 100만 명까지 끌어올릴 계획이다.

출처: 하트, 2005

다고 한다 파악하기 위해 여덟 가지 전략적인 비즈니스 분야인 의료, 전기, 물, 주택, 에너지, 음식, 재정 서비스와 교통들을 점검했다. 피라미드 바닥에 속하는 나라들의 가계 수입을 합치면 5조 달러에 달하는 상황에서, 많은 기업들이 지구 상의 다양한 지역들을 대상으로 NGO와 공무원들의 발전에 도움이 되지 않지만 적절하게 개입하는 방법을 설계하는 것에 자신감을 갖는 것은 놀라운 일이 아니다. 《그다음의 40억 명》의 저자들은 전통적인 접근 방법과 피라미드 바닥 전략의 차이점을 다음과 같이 설명한다.

빈곤 감소에 대한 시장 지향적 접근 방법과 보다 전통적인 방법 사이에는 뚜렷한 차이가 존재한다. 전통적 접근 방법은 극빈자들이 자력으로 생활을 영위해나갈 수 없고, 그래서 자선 단체나 정부로부터 도움을 받아야 한다는 가정에 충실하여 그런 사람들에게 초점을 맞춘다. 시장 주도 접근 방법은 사실상 모든 빈곤 가정도 기본적인 욕구 충족을 위해 금전을 거래하고 노동력을 제공해야 한다는 점에서, 빈곤하다고 해서 상업과 시장 과정을 배척하는 것이 아니라는 점을 인정하면서부터 시작된다. 따라서 시장 지향적 접근 방법은 피라미드 바닥이 혜택을 받을 수 있도록 소비자와 생산자 같은 사람에게 초점을 맞추고, 또 시장을 보다 효율적, 경쟁적, 포괄적으로 만들 수 있는 방법에도 초점을 맞춘다.
전통적인 방법은 직접적인 정부의 개입 혹은 보조금이나 그 밖의 지원 제공을 통해 욕구를 충족시킨다는 목표를 설정하는 방식으로 보건, 청결한 물 혹은 그 밖의 기본적인 조건에 대한 충족되지 않는 욕구에 접근하는 경향이 있다. 이 방법에 의한 목표에 그만한 가치가 있을지 모르지만, 결과는 그리 신통치 않다. 시장 지향적 접근 방법은 빈곤한 사람만이 욕구를 충족시키지 못하는 것이 아님을 인정하면서, 시장을 구성하는 모든 계층에 관심을 기울이는 것이 중요하다는 점을 강조한다. 또 새로운 상품, 혹은 물자가 돌게 해서 적절한 가격으로 서비스를 받게 해주는 새로운 비즈니스 모델의 형태에서 해결책을 찾는다.

세계자원연구소, 2007

피라미드 바닥에 대한 개입이 성공하기 위해서는 무엇보다 다음 네 가지가 우선되어야 한다. 첫째, 기업은 피라미드 바닥을 겨냥하여 기존의 상품을 채택하여 그걸 개조하여 내놓기보다는 새로운 비즈니스 모델을 완전히 새롭게 리이미징re-imaging하여 피라미드 바닥을 위한 독특한 상품, 서비스와 기술의 개발을 필요로 한다는 것이다. 둘째, 지역별 공급망을 재고하고, 가장 큰 혜택을 누릴 있는 공동체의 어디에 투자해야 능력 배양과 훈련 효과를 기대할 수 있는지 파악하는 것이 중요하다. 셋째, 성공은 제품 혹은 서비스뿐만 아니라 그에 못지않게 새로운 재정 모델의 창출에 의해서도 좌우된다. 넷째, 기술들의 적합한 혼합을 위한 조건으로 일반적인 개별적 테두리를 탈피하는 비전통적인 파트너십 협정이 필요한 경우가 많다.

이와 같은 비전을 위해서는 기존의 것과는 전혀 다른 이해 관계자 전략의 개발을 필요로 한다는 것은 두말할 필요가 없는 것이고, 특히 새로운 형식의 파트너십이 필요할 때 이와 같은 비즈니스 모델에는 파괴적인 기술뿐만 아니라 파괴적인 프로세스도 필요한 것이다. 요즘의 가장 창의적인 파트너십이라면 분야를 초월하는 것이어야 하는데, 특히 공동체 자산이나 생물 다양성의 관리를 놓고 협상하는 경우에는 더욱 그러하다. 이와 같은 파트너십을 맺는다는 것은 매우 어려운 문제다. 예를 들어서 개발 도상국에서 깨끗한 물과 위생 서비스를 제공하는 비즈니스는, 서구 국가들과 다국적 기구들이 각종 문제에 대한 해결책으로 민영화를 추구하다 보니, 지난 10년 동안 오히려 논란의 불씨가 되어왔다. 밀레니엄개발목표에서 언급된 것처럼, 문제의 규모에 대해서는 이견이 없는데, 최소한 10억 명이 안전한 물을 마실 수 없고, 26억 명이 하수도 시설이 없이 살고 있다. 2006년에 발표된 〈인간 개발 보고서〉에 의하면 깨끗한 물과 하수도 시설이 부족하여 매해 200만 명의 어린이가 죽어가고 있다고 하는데, 이 수치는 1분에 4명 꼴로 죽어간다는 의미이다. 하지만 다국적 상수도 기업들이 개발 도상국들에 과감하게 투자하는 것에 신중한 자세를 취한다는 점에서 해결 방법에 대해서는 이견이 분분하다. 상당수 투자 기업들이 빈약한 수익률, 불충분한 규제책, 높은 정치적 위험성 같은 요인들로 인해 크게 손실을 기록하고 있기 때문이다.

이러한 우울한 전망으로 인해 잉글랜드와 웨일스의 주요 수도 공급사인 템스워터Thames Water 사는 전혀 다른 프로젝트를 추진하기로 결정했다. 도시 빈민을 위한 상하수도 프로젝트Water and Sanitation for the Urban Poor : WSUP의 설립을 위해 템스워터, 할크로Halcrow, 유니레버, 케어인터내셔널Care International, 세계자연보호기금으로 구성된 국제 컨소시엄을 구성하기로 한 것이다. 컨소시엄 회원들로부터 거둔 돈을 지역 공동체 조직과 행정부와 연합하여, 필요한 프로젝트를 구성하여 개발하는 데 투자한다는 것이다.

시작한 지 얼마 되지 않았지만, 이와 같은 지원이 시스템 운영과 관리를 위한 기간 설비 사업의 프로젝트 관리, 지속가능한 지역적인 구성에 영향을 미칠 것이다. 그러면서도 지역 서비스 당국의 능력을 배양하고 서비스의 지속가능성에 역점을 둘 것이다. 현지인들이 조직의 구성을 맡게 될 것이고, 외부 지원은 필요한 경우에만 적재적소에 투입될 것이다. 다른 프로젝트 컨소시엄에 참여하고 있는 조직은, 프로젝트 시행 지역에서는 장기적으로 상업적인 사업을 할 수 없기 때문에 지역 민간 부분에 대한 진출 가능성은 갖지 못할 것이다. 3년에서 5년 정도 걸릴 것으로 예상되는 목표가 달성되면, 그 프로젝트는 지역 서비스 기구나 공동체에 이양될 것이다.

인도의 방갈로르에서 진행된 첫 번째 WSUP는 도시 슬럼가에 사는 7만여 명의 주민들에게 깨끗한 물과 효율적인 위생 시설을 제공하기 위한 것이다. 그래봤자 개발 도상국에서 쏟아져 들어오는 도움 요청이라는 거대한 바다에 한 방울의 물을 떨어뜨리는 격이지만, 지난 10여 년 동안 이 지역에서의 혁신적인 사고를 궁지에 몰아넣은 수돗물 민영화에 대한 교착 상태를 깨뜨리려는 시도 중이다. 교착 상태가 지속되면 가장 큰 손해를 보는 측은 가난한 사람들이다. C. K. 프라할라드와 앨 하몬드Al Hammond가 설득력 있게 설명한 대로, 도시 빈민층은 피라미드 정상에 위치한 소비자들의 두 배에서 많게는 스무 배까지 수도세를 내는 경우가 흔하다그 밖의 다른 기본적인 서비스에서도 그렇다. 기본적으로 가난할수록 그만큼 더 지불할 가능성이 높다는 것이다. 착취를 일삼는 지역 서비스 업체, 부패한 지역 공무원, 매정하기 짝이 없는 대출 업자들은 결합하여 지상에서 가장 가난한 사람들이 기본 서비스를 받을 기회를 빼앗기 십상이다. 착취의 연결 고리에 대항하는 본격적인 이니셔티브야말로 중요한 진전이어야 한다.

수많은 사례 연구 결과들에서 공통적으로 찾을 수 있는 특성의 하나는 어떤 프로젝트를 위한 적절한 파트너를 찾는 데 있어서 위험 부담을 별로 고려하지 않는다는 것이다. 2002년 요하네스버그의 '지속가능한 발전을 위한 정상회의'에서는 진전을 가로막는 장애를 극복하기 위한 '자발적 의지의 연합coalition of the willing'이라는 개념이 제시되었다. 사실 다수의 기업들은 다른 기구들과 연합하여, 특히 논란의 여지가 많은 부분에 대한 새로운 아이디어를 받아들임으로써 배우기도 하고, 그로 인한 위험 부담을 감당할 의사가 있다. 이것이야말로 유엔개발계획이 주도한 '빈곤 퇴치를 위한 지속가능한 비즈니스의 성장'의 이면에 숨어 있는 생각이 아닐 수 없다.

2002년 유엔글로벌콤팩트에서 코피 아난 사무총장이 제시한 '빈곤을 위한 비즈니스 중심의 기구들에 의한 해결책'은 밀레니엄개발목표의 시행을 위한 실질적인 가이드가 될 수 있다고 본다.

보다 균형 잡힌 세상을 바라보며

핵심 비즈니스 행위를 반영하지 않거나 주도적인 비즈니스 모델에 영향을 주지 못할 수도 있다는 점에도 불구하고, 그러한 프로젝트들이 비전형적일 수도 있다는 점을 무시한 채 개별적인 프로젝트에 현혹되기 십상인데, 그러한 경우에는 실패 확률이 아주 높아진다. 언론이 매력을 느낄 만한 개념이 아니라서 세상에 알려질 가능성은 낮지만, 빈곤 문제 해결을 위한 기업들의 진심을 알려면 지속가능한 발전, 기업 책임성을 추구하기 위한 관리 시스템과 사례가 얼마나 기업 전반에 스며 있는지를 세밀하게 관찰하면 된다. 이처럼 복잡한 사회 및 윤리적인 이슈들을 정확하게 파악하는 데 필요한 보다 정교하도도 균형 잡힌 상황 분석 방법을 기업들은 어느 정도까지 개발하고 있는 것인가?

많은 경우에 있어서 "측정할 수 없는 것은 관리할 수 없다"라는 격언이 적용된다. 비즈니스가 환경 및 사회에 가하는 충격이 '관리가 가능하도록 측정하라'라는 틀을 벗어난 이상, 대부분의 기업들은 연말의 수익이 외부 비용에 의존하는 능력, 자연계로부터 거대한 도움을 받는 능력, 자신들을 뒷받침하는 사회 자본에 의존하는 능력에 의해 얼마나 부풀려져 있는지를 여전히 알 수 없는 것이다.

그래서 환경 회계, 그리고 지속가능성 회계라는 포괄적 개념에 잠재된 보다 혁신적이고 통합적인 접근 방법이 그토록 중요한 것이다 참조 6.

정상적인 기업에서라면 지속가능성 회계가 표준 절차가 되어서는 안 될 이유가 없다. 지속가능성 회계는 '숨겨진 가치'를 찾아내는 메커니즘, 조직의 환경적 성과를 측정하기 위한 보다 완벽하고 투명한 회계를 통해 충격을 줄이면서 이익을 높이는 메커니즘을 제공한다. 이와 같은 환경 효율성 축적 방식은 매우 중요한 것이다. 일례로 박스터헬스케어 Baxter Healthcare 사는 일찍이 1992년에 환경에 대한 투자로 매년 8,600만 달러에 달하는 수익 및 비용 회피 효과를 거두었다고 보고했다. 2003년 12월 BP의 존 브라운 회장은 주주들에게 탄소 배출 감축 프로그램의 결과를 발표한 바 있다. "우리는 2,000만 달러를 투자하여 지난 3년 동안 6억 5,000만 달러에 달하는 효과를 거두었다." 이와 같은 사례들은 여기서 언급되지 않았지만 상당히 많다 각 기업의 임원진들에게 지속가능성에 대한 투자를 늘리고 또 좋은 사례는 전 조직에 걸쳐 실시해야 한다는 점을 강력한 메시지로 전하고 있는 것이다.

환경 효율성 저축과 리스크 관리는 지속가능한 발전을 위한 전체적인 틀 안에서 단지 두 부분을 차지할 뿐이다. 보다 큰 사회 및 환경적 책임과 관련된 무형의 효과에서 보다 큰 가치를 찾는 기업들도 있으리라 본다. 브랜드 가치와 명성, 최고의 인재들을 유치하여 붙들어두는 능력, 동기 부여되어 진취적인 인력으로 인한 높은 생산성, 새로운 시장에 대한 접근 그리고 기존 시장의 유지에 대한 영향에서도 높은 가치를 찾는다 지속가능한 발전을 위한 비즈니스 사례에 관한 무형의 혜택에 대해서는 표 5 참조. 일례로 코업은행 윤리 정책과 은행의 전체적인 수익성 간의 연관 관계를 캐는 혁신적인 조사를 실시한 바 있다. 표 8는 〈2005 파트너십 리포트 2005 Partnership Report〉를 통해 발표된 결과이다.

비즈니스 세계에서 정치적이 아닌 순수하고, 실질적이며, 장기적인 프로젝트들이 상당수 진행되고 있다고 말해도 무리가 없다고 본다. 이에 대한 증거를 찾고자 한다면, 비즈니스 커뮤니티의 지속가능한 발전·기업 책임을 분석하면서 현재 진행되고 있는 진전을 강조할 뿐만 아니라 모든 관심 사항들에 관한 수십여 개의 사례 분석을 통한 진전을 예시로 제시하는 책들이 지난 4~5년에 걸쳐 얼마나 많이 출간되었는지 확인하는 것으로 족하다. 이 중에서 가장 권위가 있으면서 손쉽게 구할 수 있는 것이라면 WBCSD가 발간한 것으로서 현실성을 중시하는 사람들에게 적극 추천하고자 하는 《말의 실천 : 지속가능한 발전을 위한 비즈니스 사례Walking the Talk : The Business Case for Sustainable Development》를 꼽을 수 있다. 비록 지속가능한 발전에 대한 사회적 척도에는 그리 큰 비중을 두지 않았지만, 댄 에스

참조 6

지속가능성 회계란 무엇인가?

회계적인 방법을 사용하면 데이터를 통해 단순한 지수들을 나열하는 것 이상의 지속가능성 고려를 발견한다. 기업은 환경적인, 그리고 결과적으로 사회적인 혜택과 비용을 금전적인 가치로 전환함으로써, 그것들이 다른 비즈니스 활동들과 조화를 이루는 방향으로 지속가능성에 미치는 기여도를 계산할 수 있게 되는 것이다. 재정 환경 회계는 재정과 환경 성과의 관련성을 추적할 수 있을 뿐만 아니라, 원원 결정에 필요한 정보를 경영에 제공할 수도 있는 것이다.
환경 회계의 세 가지 측면은 다음과 같다.

1. 프로젝트를 시행하는 기업의 혜택과 비용에 대한 분석

환경 활동의 비용은 유감스럽게도 막대하지만 그로 인한 혜택은 드러나지 않는 것이 보통이다. 다수의 프로젝트들이 환경 및 재정 혜택을 생성한다. 벌금 회피, 비용 효율성 창출, 자원 생산성 향상과 쓰레기 감소, 새로운 수익 원천으로의 유도 등이다. 조직원에 대한 동기 부여와 기업 명성의 고양으로 인해 보다 많은 무형 혜택들이 발생한다. 이와 같은 혜택들에 관심을 기울이지 않는다면, 경영진은 환경 활동을 그저 비용만 발생시키는 요인이라 착각하기 쉽다. 환경 활동의 비용과 혜택을 동시에 분석함으로서 기업은 비즈니스 사례를 구축할 수 있는 기회를 갖게 되는 것이다.

티과 앤드루 윈스턴이 공동 집필한 《녹색 황금》에도 환경 충격의 감소를 통해 성공을 거둔 수십여 편의 기업 성공 사례들이 소개되어 있다.

우수 정책 결정을 위해서는 보다 효율적인 정부·비즈니스 관계가 필요하다고 용기 있게 역설하는 새로운 재계 인사들도 같은 목소리를 내고 있다. 토니 블레어 전 영국 총리는 2004년 9월 영국 왕세자 비즈니스 및 환경 프로그램 10주년 기념식을 위한 연설에서 비즈니스 공동체를 향해 기후변화에 대해 보다 적극적으로 생각해주기를 주문했다. 그로 인해 2005년 6월 '비즈니스와 환경 프로그램을 위한 기업지도자 그룹Business and the

----

2. 외부 효과에 대한 측정

외부 효과란 거래 가격에 포함되지 않는 활동들로 인해 조직 밖의 사람들이 현재와 미래에 발생시키는 비용이다. 지금은 기업이 창출하는 기업 효과를 계산하는 것이 가능하다. 하지만 정의상으로는 시장의 가격 결정 프로세스에 포함되지 않는다는 점에서 평가가 주관적이다.

3. 환경 평가를 회피하는 기업의 비용과 혜택에 대한 분석

기업은 외부 효과를 자기 것으로 만드는 데 발생하는 재정 노출을 파악할 필요가 있다. 기업은 규제와 기후변화세(Climate Change Levy)와 쓰레기 매립세 같은 조세 혹은 브랜트스파(Brant Spa) 같은 석유 굴착 장치의 폐기와 같은 이해 관계자의 기대에 대한 변화를 통해 환경 충격을 감소시키라는 압력을 머지않아 받게 될 것이다. 환경 충격을 회피하거나 복구하는 비용을 계산함으로써, 기업은 환경에 대한 노출을 제한하고, 정책 결정과 이해 관계자들에 대한 경과보고를 향상시킨다.

출처: 미래를 위한 포럼

Environment Programme's Corporate Leaders Group'에 모인 13명의 다국적 기업의 임원들이, 비즈니스와 영국 정부 간의 새로운 파트너십을 제시하는 효과를 얻었는지 모른다.

현재 민간 부분과 정부는 기후변화에 대해서는 이러지도 저러지도 못 하는 난관에 빠져 있다. 기업들은 장기적인 정책들의 부재로 인해 대규모로 저탄소 해결책을 위해 투자할 수 없는 반면, 정부는 비즈니스의 저항을 두려워하여 탄소 감소를 위한 새로운 정책을 내놓는 데 제약을 받고 있는 입장이다.

이와 같은 난관을 극복하기 위해 우리는 정부와 파트너십을 맺고 다음과 같은 목적을 이행하고자 한다.

• 저탄소 기술에 대한 민간 부분의 투자에서 스텝체인지step change, 한 변수의 가치가 보다 높은 단계로 변할 수 있도록 그 변수에 즉각적인 변화가 이루어지도록 하는 것─

■ 표 8 코업은행의 수익에 미치는 윤리와 지속가능성 요인(세전 이윤 비율)

	윤리를 가장 중요시하는 고객에 의한 수익 기여	윤리가 중요한 요인의 하나라고 생각하는 고객에 의한 수익 기여
2001[1]	14%	25%
2002[2]	13%	24%
2003[3]	17%	29%
2004[4]	20%	34%

1) 코업은행의 2001년 7월 28일까지의 중간보고 결과에 의한 세전 수익률로서 그 액수는 6,200만 파운드.
2) 코업은행의 연간 보고 결과에 의한 세전 수익률에서 그 액수는 1억 2,250만 파운드.
3) 코업은행의 연간 보고 결과에 의한 세전 수익률에서 그 액수는 1억 3,010만 파운드.
4) 코업은행의 연간 보고 결과에 의한 세전 수익률에서 그 액수는 1억 3,200만 파운드.

출처 : 공인관리회계협회, 2005

역자 주를 발생시킬 수 있는 '전 세계적인 기후변화 정책의 틀'의 개발을 지원한다.

- 국내 비즈니스, 공공 및 정부, 그리고 국제 비즈니스 등이 추진하는 기후변화에 대한 대책을 더욱 강화하여 지원한다.
- 새로운 정책에 부응하는 일환으로 기업 등이 추진하는 저탄소 기술과 프로세스에 대한 투자를 대폭 확장한다.

영국 왕세자 비즈니스 및 환경 프로그램, 2005

그 이후 '기업지도자 그룹'은 EU 집행위원장인 조제 마누엘 두랑 바호주 José Manuel Durão Barroso와 접촉하여 EU 국가들로 하여금 다음 단계의 배출권 거래제를 엄격하게 이행하도록 설득해왔다. 앞으로는 유럽 기업들을 총동원하여 지속적으로 공세적인 입장을 취할 방침이다.

극적인 변화라 말할 수는 없지만 영국산업연맹 Confederation of British Industry : CBI의 입장과 비교해보면 지금까지와는 다른 비즈니스 리더십이 등장하고 있다는 것을 알게 된다. 미국에서는 대규모의 탄소 집중 기업들과 소수의 비즈니스 친화적인 NGO들 간의 강력한 연합인 미국 기후행동파트너십이 힘을 얻고 있다는 사실을 이미 언급한 바 있다. 이 조직은 미국에서는 비즈니스에 타격이 된다는 주장으로 부시 대통령이 고집스럽게 반대 의사를 표명해온, 정부에 의한 배출 한도 강제 설정이 포함된 탄소 배출권 교환 시스템이 도입되기를 희망한다. 2007년 5월 GM은 주요 자동차 메이커로서는 처음으로 이 파트너십에 가입했고, 기름을 하마처럼 들이마시면서 이산화탄소를 많이 배출하는 재규어 Jaguar와 랜드로버 Land Lover, 둘 다 영국 브랜드이다 사업 부분을 매각하기로 결정한 포드 역시 2007년 7월에 가입했다. 미국환경보호청이 이산화탄소를 오염 가스로 규정하여 강력하게 규제하기로 결정한다면 연방대법원은 미국환경보호청에 그런 권한이 있다고 판결했다, GM과 포드는 자발적으로 이 파트너십에 가입하는 것 이상의 조치를 취하지 않을 수 없는 것이다.

하지만 이와 같은 비즈니스 개입 사례들이 효과를 발휘하려면 오늘날 세계 경제에서의 다국적 기업들의 역할에 대한 비판들을 극복해야 한다는 숙제가 남아 있다. 제5장에서 설명한 바 있지만, 유한책임회사를 대폭적으로, 근본적으로 다운사이징downsizing 하고 재구성하는 것만이 자신들에 대한 적대감을 달래는 방법이다. 이와 같은 경계 조건을 재구성할 수 있는 것은 정부뿐이지만, 정부는 현재 부분적이고 점차적인 개혁이 아닌, 자본주의의 추를 거의 배타적인 이해 관계자들로부터 사회의 유익과 보다 넓은 이해 관계자 방향으로 밀어 넣는 조치를 단행할 용기가 없다. 개혁의 속도와 깊이는 정부가 유권자, 즉 소비자들로부터 높은 기준과 보다 지속가능한 비즈니스 사례 측면에서 보다 풍족하게 해달라는 압박을 얼마나 받느냐에 달렸다. 여기에서 우리는 정부와 유권자 양측을 어느 정도 만족시키는 방안을 고려하게 될 것이다.

Chapter
15

○

시민 사회

국가 권력을 어떤 식으로든 강화하는 것을 반대하는 자유 시장 지지자들은 진실하게 지속가능한 경제를 확보하는 유일한 방법은, 시장이 소비자 주권의 부산물로서의 지속가능한 발전을 제공할 수 있도록 충분한 수의 소비자들로 하여금 구매력을 행사하거나, 소비보다는 저축을 하여 소비를 억제하도록 만드는 것이라고 주장한다. 우리가 완벽한 정보가 흐르는 세상에 살고 있다면 이처럼 적절한 개념은 없다. 하지만 오늘날의 소비자들이 실제로는 얼마나 힘을 잃고, 조종당하며, 속고 있는 것을 안다면 진실한 비용이 정직하게 반영되지 않는 가격에 국한되는 것이 아니다, '소비자 주권consumer sovereignty'의 개념은 냉철한 분석을 받을 필요가 있는 것이다. 이와 같은 불확실성은 시장에서의 규제를 비롯한 다른 직접적인 개입의 측면뿐만 아니라, 공공 부분에서의 지속가능한 조달sustainable procurement과 '지속가능성에 대해 대화하면서 실천하는' 진취적인 측면에서의 정부의 역할에 혼돈을 남겨준다. 정부는 진보적인 좌파의 적극적인 묵시의 의사를 갖고 모든 시민을 정당의, 종합 정책의, 정치적 선택의 소비자로 규정하지 않는 것이 바람직하다. 정치의 소비 확대 정책은 유권자 이탈과 무관심 측면 같은 부작용을 초래하는 통치의 틈새governance gap를 더욱 확대해왔다.

소비자와 시민

여기에 좀처럼 듣기 힘든 또 다른 골치 아픈 질문이 있다. 제14장에서 살펴본 비즈니스와 환경 프로그램을 위한 기업 지도자 그룹의 사례에서처럼, 개화된 기업들이 보다 지속가능한 행위를 위한 공백을 메울 뿐만 아니라 정부도 행동 가능한 부분을 확대해주기를 바란다면, 그리고 정부가 진실한 목적과 지속적인 리더십으로 점차 긴박하게 다가오는 붕괴의 신호에 반응한다면, 소비자와 유권자들은 과연 그들의 계획을 따를 준비를 하게 될 것인가? 그들은 과연 구매력의 선택적 사용으로 그러한 기업들에게 보상해줄 것인가? 투표권 사용으로 그러한 정치인들에게 보상하려 할 것인가?

현대 자본주의를 위한 그 어떤 개혁 의제라도 공정하고 효율적인 시장, 건전하고 기능적인 민주적 절차들을 통해 조율된다는 점을 인정한다면, 이와 같은 질문들을 회피할 이유가 없을 것이다. 그리고 현재로서는 모질고 불쾌하게 비치는 진실들이 이와 같은 개혁 의제에 도움이 되는 것도 아니다. 여론 조사를 아무리 많이 해봐도, 대다수 사람들이 더는 행복하게 해주지는 못하지만 탐욕을 추구하는 소비 사회에 대체로 만족한다는 사실만 드러날 뿐이다. 선거를 아무리 많이 치른다 하더라도 지금까지는 거시적인 트렌드에 정직하게 대처해온 녹색당을 지지하는 사람의 비율은 소수임이 드러날 뿐이다.

이와 같은 결과가 그렇게 충격적인가? 대다수 사람들이 체계적 부정에 의존하는 삶을 지속하려 한다면, 그리고 모든 정치 지도자들과 정치인들과

부화뇌동하는 언론이 그와 같은 부정을 끈질기게 선전하길 원한다면, 이와 같은 환경 속에서 수많은 소수 단체들이 지금까지 고집스럽게 자신들의 주장을 펼쳐온 것은 기적과 같다. 우리가 선거나 수익에 대해 언급한다 해도 내 자신, 내 동료, 내 회사를 위해 무슨 유익이 있을 것이냐라는 것은 그리 충격적인 질문이 될 수 없으며, 대다수의 정치인들과 재계 인사들도 그런 질문에 만족할 리 없다. 리스크는 크고 잠재적 혜택은 주관적이다. 부정은 상업적 혹은 정치적 파멸보다는 훨씬 용이한 선택이다.

이와 같은 상황에서 오늘날의 변화를 위한 잠재적 추진 요인으로 소비자 행태를 드는 것은 논란의 여지가 있다. 환경과 억압받는 사람들을 보호하기 위해 소비자의 힘을 동원해서 성공한 사례들이 상당수 존재하는 것은 사실이다. 에어로솔aerosol에서 염화불화탄소를 제거하는 것에 초점을 맞춘 1980년대 캠페인을 시작으로 하여 공정한 통상과 유전자 조작 농작물에 반대하는 현재의 캠페인에 이르기까지 다양하다. 역사적으로 좋은 일이 벌어지는 것에 초점을 맞추기보다는 나쁜 일이 벌어지지 않도록 사전 조치를 취할 때 최상의 성공을 거둘 수 있었다. 소비자를 최대한 동원하기를 원한다면 나쁜 일이 벌어지지 않도록 하는 사전 조치에 초점을 맞추어야 하는 것이다.

환경을 걱정하는 소비자는 소수에 불과하고 지금 당장에는 그 사람들에게 의존할 수밖에 없는 상황이지만, 대다수 소비자들은 여전히 환경 파괴적인 행동과 제품에 끌리고 있다. 대량 소비 열풍에 휘발유를 뿌리는 '과시형 소비'가 우아한 목적으로 받아들여진다면, 친환경 기술이라 할지라도 세계화된, 풍족한 중산층이 점차로 기대감을 높여가고 있는 속도, 패션, 변화, 다양성과 화려함에 관한 '선택 조합choice set'을 확산시키기가 만만치 않게 될 것이다. 대량 소비가 지배적인 현실에서 소비자들은 환경 및 사회적 성과를 위해 안락, 편의성, 저렴한 가격이라는 전통적인 소비자 가치를 포기하려들지 않을 것이다. 환경적인 지속가능성과 경제 성장의 결합이 기술적으로 가능하다 할지라도 여기에서 말하는 경제 성장을 소비자들이 받아들일 준비가 되어 있다는 의미는 아니다.

자본주의의 환경적으로 지속가능한 형태는, 자신들의 지속가능성 가치를 비가격non-price 고려 요인들처럼 높게 평가할 수 있을 만큼 충분히 녹색 제품을 원하는 상당히 많은 수의 소비자들뿐만 아니라, 녹색 제품을 일상적으로 높은 가격을 주고 살 의사가 있는 극소수의 소비자들도 필요할 것으로 보인다. 뿐만 아니라 '지속가능성 베스트 바이sustainability best buy' 와 시장 실패를 소비자들에게 신뢰성 있게 알려줄 수 있는 방법도 필요할 것으로 보인다. 이와 같은 조건을 성취하는 것이야말로 자본주의자, 혹은 시장 주도인 경제를 생물 물리적인 지속가능성에 도달하게 하고, 그 안에서 특히 15파운드로 스페인 말라가행 항공 티켓을 끊거나, 과시용으로 호화찬란하게 꾸미는 부엌인 '트로피키친Trophy Kitchen' 을 마련하거나, 추운 날에 정원 뜰을 덥히는 파티오patio 난로를 설치하거나, 정원에 욕조를 마련하는 행위는 있을 수 없는 미래 경제 활동이 조화를 이루게 하는 방법이다. 이보다 더 어려운 과제로는 소위 반동 효과라는 것에 대해 지금보다는 훨씬 더 현실적인 사고를 해야 한다는 것이다. 지금까지 고찰한 바와 같이 보다 효율적인 자원 사용은 비용을 절감케 하며, 이로 인해 기업들은 자연적으로 관심을 갖지 않을 수 없는 것이다. 하지만 개인적인 효율성을 통한 절약이 소비 증가를 자극할 수 있다는 점에서 소비자의 반응은 다르게 나타날 수도 있다. 반동 효과는 특히 가정용 에너지 효율성 향상 부분을 통해 여실히 드러나는데, 적은 연료비로 이전과 다름없는 효율성을 얻게 된 소비자가 연료 사용을 줄이기는커녕 오히려 마음 놓고 실내 온도를 높이려 한다는 것이다. 연료 효율성이 떨어지는 곳에 사는 소비자들은 그 누구라도 안락한 삶을 위해 많은 돈을 지불하려 하지 않는다. 사실 효율성 증가는 이와 같은 사회 및 삶의 질적인 측면에서 얼마든지 정당화될 수 있는 것이다. 하지만 반동 효과를 다른 측면에서 고려할 수 있다. 예를 들어서 효율성 향상이 이루어진다고 해서 환경 개선에 별다른 도움이 되지 않는 것이다.

그러한 경우는 전자와 전기 제품이 대표적이다. 영국 소비자들에게 에너지 효율 제품에 대해 물어보면, 압도적인 대다수는 그러한 제품을 살 의향이 있다고 대답한다. 그중의 절반 정도는 그러한 제품은 훨씬 많은 돈을 지불한다고 해도 구입하겠다는 것이다. 하지만 가정용 전기 전자 제품들이 가공할 정도로 늘어가고, 또 그러한 제품들의 에너지 사용량이 조금씩 절약해놓은 에너지를 한꺼번에 집어삼킬 만큼 어마어마하다는 사실은 인지하지 못한다. 플라스마(plasma) TV는 일반 TV보다 무려 네 배의 전기를 더 사용한다. 에너지절약기금Energy Savings Trust의 계산에 의하면 가정용 전기 전자 제품으로 사용되는 에너지양이 1972년부터 2002년 사이에 두 배로 늘어났고, 그때부터 2010년 사이에 다시 두 배로 늘어났다는 것이다. 에너지절약기금은 2008년까지 에너지 효율성 표준의 전면적인 개정을 요구하는 캠페인을 벌이면서 특히 모든 전기 전자 제품의 대기 기능에 관한 새로운 표준이 절실하다고 주장한 바 있다. 놀랍게도 가정에서 사용되는 에너지의 5~10퍼센트는 전기 전자 제품의 대기 상태에서 그냥 낭비되고 있다.

단적으로 말해서 소비자들에게 환경을 보호하도록 자율에 맡겨두기보다는, 정부가 나서서 환경 발자국environmental footprint을 줄이도록 규제하는 것이 훨씬 쉬운 방법이다. 이에 관한 가장 적절한 사례는 에너지 효율성이 높은 전구를 개발하여 보급하는 것이다. OECD 국가들은 수년 전부터 에너지 절약 전구가 보편화되고 있어서 그에 관한 시장도 점차로 확대되고 있다. 하지만 여론 조사들은 가격이 일정한 수준을 넘어서면 구입에 부담을 느끼는 사람들이 많다는 점을 지적하고 있다. 소형 형광 램프Compact Fluorescent Lamp:CFL가 백열등보다 20퍼센트 이상 에너지를 덜 소비하면서 수명은 열 배 이상 길지만, 가격이 비싸다는 것이 장벽이다. OECD 국가들에서 조명으로 인한 전기 소비량이 전체 소비량의 20퍼센트를 차지한다는 점에서, 지난 10년 동안의 '소비자 혼란' 으로 인해 회피할 수도 있었던 수천만 톤의 이산화탄소를 대기권으로 배출해왔다는 말이 된다.

기후변화에 관한 충격적인 소식이 속속 발표되고 있는 가운데, 이와 같은 위기에서 탈출하기 위한 조치를 취한 국가는 오스트레일리아가 처음이다. 오스트레일리아는 2007년 연방 정부 차원에서 2012년까지 백열전등을 완전 없애기로 합의했다. 캘리포니아 주도 그렇게 하기로 했고, 영국도 2007년 3월 그와 유사한 결정을 내린 바 있다. 정치인들은 남들이 위험을 무릅쓰고 성공을 거두는 것을 보고서야 비로소 용기를 낸다. 나는 머지않아 상당수 사람들이 이와 같은 혁신 과제가 얼마나 빨리 효과를 거둘 수 있는가를 인식하게 되리라 확신하는 바이다. 그런데 참으로 아쉬운 사실이지만 미국은 그렇지 못한 것 같다. 40억 개에 달하는 전구 소켓에 백열전구가 아닌 형광 램프를 사용하면 이산화탄소 배출량을 1,580만 톤이나 줄일 수 있고, 그로 인한 전기 비용을 180억 달러나 절약할 수 있는데도 말이다.

이와 같은 변화는 지금 당장 우리가 성취할 수 있는 환경 발자국 줄이기 운동의 극히 일부분을 차지할 뿐이다. 폴 호켄, 애모리 로빈스, L. 헌터 로빈스는 《자연적 자본주의》(1999)를 통해 우리가 할 수 있는 수준의 90퍼센트까지를 기준으로 정해놓았다. "선진국들에서는 사람들이 원하는 서비스의 질을 떨어뜨리지 않고서도 물질과 에너지 흐름을 90~95퍼센트 정도 줄이는 것이 가능하다." 친환경 디자인이나 제10장에서 설명한 'C2Ccradle to cradle, 제품 사용 후 폐기하는 것이 아니라 재활용하기 위해 요람으로 되돌리는 것-역자 주' 사고방식에 익숙한 기업들은 현실적인 실행 방안을 구체화하기 시작했다. EU와 일본에서는 전기와 전자 제품을 분해하여 그 부품을 재활용하기 위한 매우 야심찬 새 기준을 정했지만, 일부 사람들은 환경에 대한 관심이 '정서적으로 지속적인 설계' 시대를 선도할 것이라 믿는다.

> 앞으로는 대량 생산에서 벗어나 맞춤형 제품 생산, 보다 장인 정신으로 무장하여 설계해 물건을 제조하는 시대로 변화될 가능성이 높다. 할머니들이 그러하듯 어떤 물건이라도 오랫동안 사용하길 원하게 될 것이라는 점에서, 기업들은 대량 판매보다는 제품을 서비스하고 수리하는 것에서 수익을 거둘 것으로 보인다.
>
> 더글러스, 2007

'오랫동안 사용하길 원한다'의 아이디어가 중요한 것은 이와 같은 생각이 반동 효과를 극복할 수 있는 몇 안 되는 방법이기 때문이다. 기준을 엄격하게만 설정하려는 정부, 혹은 환경적으로나 사회적으로 무책임한 제품을 제외하는 방식으로 성과를 올리려는 기업들이 모든 것을 개인들의 몫으로만 분류해버린다면, 필요한 변화의 폭을 인식하지 못하는 소비자들은 어떤 부분에서 에너지를 절약한다 해도 다른 부분에서는 오히려 에너지를 더 많이 소비하기 때문에 결국에는 극히 보잘것없는 성과를 보게 될 것이다. 나는 이런 현상을 '슈워제네거 효과'라고 칭하고자 한다. 슈워제네거는 캘리포니아 주지사로 있으면서 자신이 소유한 두 대의 허머Hummer 자동차를 하나는 바이오 연료를 사용할 수 있도록, 나머지 한 대는 수소를 사용할 수 있도록 개조한 것을 자랑스러워했다. 슈워제네거의 '근육질의 환경주의'에 설득당한 수천 명의 미국인들이 석유를 많이 사용하는 표준형 SUV를 팔아치우고 보다 크면서도 힘이 좋은 하이브리드 SUV를 구입했다. 그는 2007년 4월 워싱턴의 한 회의에 참석하여 이렇게 연설했다.

역도는 한때 기인들이나 하는 운동으로 간주되어 역도를 하는 사람들도 창피스럽게 생각하여 동굴처럼 음침한 체육관에 숨어 운동하곤 했다. 그랬던 것이 지금은 주류적인, 섹시한, 매력적인 스포츠가 되었는데, 환경 운동도 마찬가지다. 우리가 힘 좋은 자동차muscle car인 허머나 SUV를 포기하길 원치 않는 것은 그런 식으로는 결코 성공을 거둘 수 없기 때문이다. 지금 우리가 해야 할 것은 이와 같은 자동차를 보다 친환경적이면서도 힘이 있도록 개조하는 것이다.

이와는 반대로, '정서적으로 지속적인 디자인파'는 소비주의를 보다 분명한 도적적인 틀 안에서 새롭게 규명하려는 사람들로부터 전폭적인 지지를 받고 있다. 소비를 구성하는 모든 행동은 비록 아무리 작은 것이라 할지라도, 소비가 이루어지는 특정한 가치 사슬의 상층부와 하층부에 동시에 영향을 미쳐, 대개의 경우에는 드러나지 않으면서도 도덕적인 결과에 반드시 영향을 미친다. 2006년 7월 런던의 영국 성공회 주교인 리처드 샤르트르Richard Chartres는 오늘날의 교회 지도자들의 생각과는 달리 소비주의와 죄악의 관계를 직접 규명한 바 있었다.

이 지구 위를 보다 가볍게 운행하는 것이야말로 가장 절실한 것이라는 점에서 비행기를 타고 휴가를 즐기러 다닌다거나 큰 차를 사는 것은 죄악이 아닐 수 없다. 죄악이라는 도덕적 실수에 국한되는 것이 아니라 사람들이 자신들의 행동의 결과를 무시하는 식의 삶까지 연결되는 것이다.

샤르트르 주교의 말에 상처를 입은 조직들과 항공사들은 일시에 악담을 해댔다. 평소에도 말에 신중하다고는 볼 수 없는, 라이언에어Ryan Air의 마이클 올리어리Michael O'Leary 회장은 반박했다.

하느님이 주교님을 축복하시길 기원한다. 주교들은 교회당이 텅 비는 것이라는 십자가를 지고 있는 사람들이다. 사람들이 휴일에 여행을 떠나지 않으면, 교회당에 나타나 자신의 설교를 들으리라 생각하는 것 같다. 하지만 하느님은 주교가 알고 있는 온실가스 문제를 이미 다 알고 계시다.

올리어리의 이 반박은 물론 리처드 사르트르 주교의 의도를 일부러 무시하기 위한 것이었다. 그 의도란 어떤 행동의 잠재적 죄악은 그 행동이 다른 사람들에게 미치는 영향에 대해 우리가 얼마나 알고 있느냐와 비례한다는 것이었다. 오늘날의 우리가 대부분 그러하듯이 다른 사람들에게 해를 끼치는 줄 뻔히 알면서 행동하는 것은, 모르고서 행동하는 것과는 도덕적 차원에서 전혀 다른 것이다. 하지만 우리의 행동이 내포하는 도덕적 의미를 모른다는 핑계를 댈 수 없을 정도로 요즘 사람들은 그리 무지하지 않다.

그건 그렇다 치고, 위력을 과시하는 것 같은 에코퓨리터니즘Eco-puritanism, 환경청교도주의이라는 신학파에 나 자신이 불안해하고 있는 것은 사실이다. 비행기를 타고 어딘가로 날아갈 가능성을 계산하는 것조차 극악한 환경 관련 범죄라 생각하는 학파들도 있다. 2004년경만 해도 항공이 용서받지 못할 행위로 비치지는 않았지만, 지금은 공공의 적 중에서도 일순위다. 아주 빠르게 상승하고 있지만, 전 세계적인 이산화탄소 배출에 항공으로 인한 배출이 상대적으로 적은 상황에서 이해하기 힘든 면이 있긴 하다. 예를 들어서 당신이 지금까지 행해온 비행기 여행 때문에 발생한 이산화탄소로 인해 환경이 파괴된 것을 만회하기 위해 가급적 비행기를 덜 타자가 아닌 어떤 경우엔건 비행기를 타지 말라는 주장은, 예전보다 정보를 많이 알게 되어 자신의 탄소 발자국에 대해 진지하게 생각하고자 하는 사람들을 소외시키는 부작용을 낳게 한다.

지속가능한 소비

도덕적으로 현실적으로 복잡한 이와 같은 사안들은 정부가 공공 정책 측면에서 처리하기가 지극히 어렵다고 할 수 있을 것이다. 2006년 영국 정부는 지속가능 발전위원회와 전국소비자심의회 National Consumer Council가 공동으로 발표한 보고서를 환영했다. 〈당신이 한다면 나도 한다I will if you will〉라는 표제가 붙은 이 보고서는 정부가 채택할 필요가 있는 전략적 접근 방법, 즉 혼돈스럽고 기력을 잃은 소비자들의 지친 어깨 위에 지구를 구하라는 책임을 내려놓기보다는, 일상의 소비에서 부정적인 충격을 보다 쉽게 단계적으로 줄여나가기 위해 협력하는 것을 목적으로 하는 방법에 대한 중요한 통찰력을 제시한다. 아직은 적게 소비할 수는 없다손 치더라도 지금까지와는 다르게 보다 책임을 느끼면서, 윤리적으로, 지속가능하게 소비할 수는 있을 것이다.

이동의 영역처럼 가시적으로 실천할 수 있는 분야도 없을 것이다. 1950년에는 한 명의 영국인이 하루 여행하는 거리가 평균 5마일이었다. 그랬던 것이 2000년에는 30마일이나 되었고, 지금도 지속적으로 늘어나고 있다. 다른 부처들에는 기후변화, 오염 방지, 건강한 삶의 방식, 보다 안정적인 바이브런트 커뮤니티vibrant community, 모든 구성원의 기본 욕구를 충족시켜주는 공동체-역자 주를 주요 정책 결정으로 채택하도록 이론적 근거를 제공하는 중앙 정부가, 이동 거리가 늘어나선 안 된다는 사실을 인지하지 못하는 실정이다. 언론 인 사이먼 젱킨스Simon Jenkins의 말을 들어보자.

> 과다 이동hypermobility은 가족과 사회의 결속력을 떨어뜨린다. 시민의 자부 심, 좋은 이웃 관계, 깨끗한 공기에 치명적이다. 휴가용 별장, 비행기와 자 동차를 이용한 주말여행에 대한 갈망은 공동체에서 생동감을 앗아가서 결 국에는 목적지 커뮤니티destination community, 인간과 인간, 인간과 환경이 일체감을 이 루는 공동체를 파멸시킨다. 영구적인, 오염을 발생시키는 여행을 하는 이동 집단이 만들어지고 이들은 또 엄청난 에너지를 소비하게 된다. 젱킨스, 2006

하지만 평균 이동 거리 수치가 늘어나지 않고 떨어지면 영국이 보다 살 기 좋은 나라가 될 것이라 주장하는 정부 관료들은 고민에 휩싸여 있다.

이와 같은 상황에서 사람들은 소비자 중심 물질주의가 과연 길들여질 수 있는 짐승인가에 대해 생각하기 시작했다. 그렇다면 정치인들은 저소비, 자족, 참다운 삶의 질을 토대로 한 지금까지와는 전혀 다른 접근 방법을 선 택해야 이치게 맞는 것이 아니겠는가? 폴 에킨스는 자족을 핵심 정책 배경 으로 삼을 때의 유익에 대해 세밀하게 설명했다.

> 점차 소비가 확대되는 것을 목적으로 하는 사회에서는 자족을 '무언가를 하지 않는' 혹은 '무언가를 포기한다' 는 식의 희생이라 생각하기 쉽다. 하 지만 이와 같은 정의는 잘못된 것이다. 분명히 말하자면, 자족은 상대적으 로 검약한 소비, 일상사에서의 단순함을 의미한다. 하지만 검소와 단순함

은 추상적인 심미주의나 자기 부정에서 나오는 것이 아니다. 소비에서의 자족으로 인해 인간 경험의 다른 부분들이 중요하다는 인식을 갖게 되는 것에서 비롯되는 것인데, 이와 같은 행위는 소비를 할 때보다 인간적으로 더욱 보람되고 성취감을 가지게 한다. 자족은 자기 부정이기는커녕 자유를 얻는 통로이다. 소비에 대한 집착은 우리를 더욱 행복하게 해주는 다른 가치들을 추구할 때에만 사라지게 되는 것이다. 에킨스, 1998

이와 같은 생각을 받아들인 수많은 환경주의자들은 보다 책임 있게 소비하는 것이 아닌 덜 소비하는 것만이 지속가능성의 유일한 길이라 주장할 수 있게 되었다. 이들의 주장이 실현되기 위해서는 하나의 가설이 실현되어야 한다. 즉, 물질적인 안락이나 안전이 일정한 수준에 도달한 사람은 소비주의의 함정에서 벗어나서 최소한도의 생활 수준 유지, 저작업량, 일에 대한 낮은 스트레스 행태, 여가와 가정생활에 관심을 기울여야 한다.

이와 관련된 극단적인 사례라면 미국의 빌리 목사Reverend Billy, 성직자가 아닌 연극배우로서 쇼핑센터 등에서 쇼핑을 자제할 것을 요구하는 캠페인을 벌인다—역자 주와 그가 지지하는 '쇼핑 중단 교회의 합창단Choir of the Church of Stop Shopping, 지금은 '쇼핑 이후의 삶의 교회(The Church of Life After Shopping)'로 개명—역자 주'의 캠페인을 들 수 있다. 본명이 빌 텔런Bill Talen인 그는 비폭력적인 방법으로, 연극 기법을 사용하여 전 세계 번화가에 위치한 스타벅스나 그 밖의 주요 상점 앞에서 구매 방해 활동을 벌여왔고, 또 그 영상이 웹사이트를 통해 널리 알려져 있다. 빌리 일행이 제시하는 재미와 게임의 이면에는 미국 시민, 특히 사회 보수층을 일깨우는 섬뜩한 메시지가 들어 있다. 미국 땅에 끝도 없이 쇼핑몰이 들어차면서 소요되는 가공할 만한 액수의 개인적인 비용 및 사회적 비용과, 전국적으로 특히 젊은이들을 대상으로 하는 집단 최면의 위험성을 경고하는 것이다.

이처럼 반소비주의Anti-Consumerism 운동을 펼치는 사람의 수는 미국이건 유럽이건 간에 매우 적은 편이다. 하지만 지난 20여 년 동안 모든 사람들이 상식처럼 추구해온 고소득과 고지출에 염증을 내는 사람의 수가 증가하고 있다. 이와 같은 현상을 다운시프팅downshifting이라 하는데, 수입은 적더라도 집에서 자녀들과 더 많은 시간을 어울리며 높은 삶의 질을 누리며 살기 위해 그에 어울리는 일자리를 찾고자 하는 사람들이 늘어나고 있다는 사실이 이를 증명한다. 이것이 주로 중산층에서 일어나는 현상이라고 해서 그리 중요한 것이 아니라 말해서는 안 된다. 정책 결정적인 면에서 고려해야 할 사안이지 않겠느냐는 의문을 제기하기 때문이다. 개발 도상국은 말할 것도 없고 선진국들에서조차 빈곤층 비율이 만만치 않은 현실에서, 보다 전통적인 정치 패러다임에 의해 특히 젊은 층과 노년층의 빈곤 퇴치에 대한 강력한 의사가 내비치지 않는 한 경제 성장의 그 어떤 대안도 효력을 발휘하지 못한다.

저소비 경제 모델에 거시 경제적 의미가 상당히 내재되어 있다는 사실을 인정하지 않을 수 없다. 다수의 사람들이 낮은 단계의 경제 활동을 선택할 때의 필연적 결과인 경제 성장의 낮은 단계는, 낮은 조세 수입을 야기하고, 이는 교통 같은 부분에 대한 낮은 자본 지출뿐만 아니라 보건이나 교육 같은 핵심 공공 서비스에 대한 낮은 공공 지출을 야기한다. 진실한 지속가능한 발전을 옹호하는 사람들은 이런 현상이 사회와 개인의 삶에 미치는 부정적인 영향을 현재와 같은 수준의 경제 성장으로 인한 환경 피해에 미치는 부정적인 영향만큼이나 큰 걱정거리고 생각한다.

'자발적 소박함' 의 개념이 부유한 소수의 북유럽권 사람들에게는 설득력 있는지 모르지만 자신의 나라 안에서의 잔여적 빈곤에 대해서만 신경을 쓰는 OECD 국가들이나 세계적 차원에서 하루 2달러 미만으로 살아가는

20억 명의 빈곤층이 있는 가난한 나라들에는 관심거리가 아니라고 말할 수 있다. 이와 같은 상황에서 부자들이 빈곤의 의미를 토론한다는 것은 가당치 않다. 개발 도상국의 시골에서 매우 낮은 소득을 올리고 있음에도 불구하고, 지옥 같은 도시 빈민가의 주민들보다 안전하고 품위 있는 삶을 영위하는 사람들이 많다는 증거가 분명하지만, 여전히 인간의 웰빙과 행복을 나타내는 척도로 평균 소득이라는 개념을 보편적이면서도 편리하게 사용하고 있는 실정이다.

수요자 측 입장에서 본다면, 저소비를 내세우는 정치적인 대안에 대한 시민들의 지지가 매우 저조한 것으로 비치는 것 같다. 전 세계의 녹색당들은 소수이기는 하지만 소중한 유권자들로부터 지지를 받는 데 성공해왔다. 하지만 부유한 나라들에서는 그 지지율이 좀처럼 10퍼센트를 넘는 경우가 없는데, 이 나라 사람들은 '풍요의 문턱affluence threshold' 개념에 대해 보다 열린 자세를 갖추는 것이 필요할지도 모른다. 소비와 물질 생활의 기준이 풍요의 문턱을 넘어서면 그때부터는 효용 체감의 법칙이 발생하는 것으로 알려져 있다. 개발 도상국에 대해 말한다면 그런 나라들이 서구 소비주의의 추상적인 행복을 극복할 준비를 하고 있는지에 대한 증거가 거의 없다.

이와 같은 사실에 신경을 쓰다 보면 '소비 축소'에 대한 논의에 다가서지 못하게 된다. 가까운 장래에 '만족의 자제deferred gratification' 개념이 이슈화될 것 같지 않다. 열정적이고 모든 희생 위에 이루어지는 성장 모델growth-at-all-costs model과 무제한적인 소비주의를 추구한 지 50년이나 흐른 지금, 정치인들이 지속가능한 발전을 추구하는 범위 내에서 기능할 만한 심리적 여유가 없다는 것이 가혹한 현실이다. 예측 가능한 미래를 위해서는 '소비를 덜 하자'보다는 '지혜롭게 소비하자'가 토론의 핵심으로 적절하다고 본다. 그 정도로는 충분치 않다는 생각이 들지 모르지만, 자본주의 경제에서의 주류 정치적인 반응의 측면에서 보면 지금 당장이라도 관리 가능한 슬로건이다. 마르셀 비센부르크가 지속가능성과 시장 중심의 경제자유주의와의 양립성에 관한 분석에서, "경제적 자유주의는 지속가능성에 지장을 주는 수많은 요인들을 포함하는데, 이러한 요인들이 위협적인 이유는 보이지 않기 때문인 것이다"라고 결론을 내린 것처럼, 나는 이러한 요인들이 드러나기를 희망한다. 현재와 같은 상황에서 이와 같은 위협적인 요인들은 우리들로 하여금 지속가능한 세상을 향해 보다 빨리, 보다 가까이 달려가도록 도움을 준다. 하지만 지금까지는 만족할 만큼 빨리 그 모습을 드러내지 않는다.

지속가능한 소비에 대한 문제의 하나는 주류 비즈니스맨들과 정치인들이 이 특별한 부분에 관한 극히 악의적인 신화에 정면으로 도전하기를 꺼린다는 것이다.소비자의 필요와 갈망을 충족시키는 것을 목적으로 하는 시장에서 소비자는 왕으로 간주된다. 클라이브 해밀턴의 지적처럼, 이런 신화는 맞지 않는 것이다.

우리가 필요로 하는 것에 영향을 미치는 시장이 매일 우리에게 접촉을 시도한다는 점에서, 시장을 욕구 충족을 위한 메커니즘으로 특정 짓는 것은 잘못이다. 소비자의 선호는 시스템 밖에서 개발되는 것이 아니라 시스템에 의해 창출되어 강화되는 것이다. 따라서 소비자 주권은 신화에 불과하다. 문제는 개인적인 소비자 선택 대 거만한 사회공학이 아니라, 소비자 행태에 관한 기업의 조종 대 자신들의 근원적 유익을 이해하는 사회에 속한 개인들이라는 것이다. 즉, 소비 선택을 통해 자신들의 복지를 합리적으로 극대화하는 자유인들이 속한 사회가 문제가 아니라, 소비자들에게 봉사하는 것을 목적으로 하는 시장에 의해 기호, 중요한 것, 가치 시스템이 조종당하

는 복잡한 존재로서의 인간이 문제라는 것이다.   **해밀턴, 2003**

이에 대해 욕구를 충족하는 기업이 아닌 그 무엇으로 표현되는 것에 대해 극도로 적대감을 표현하지만, 자신들을 욕구 창출 기업으로 표현하는 것에는 아무렇지 않은 대부분의 기업들과 소매업자들은 해밀턴의 주장을 부인한다. 그 누구의 주장이 맞는지 모르지만, 소비라는 것은 전통적인 모델이 우리에게 가르쳐주는 것보다는 훨씬 복잡한 현상임에는 틀림없다. 다수의 전문가들의 지적처럼, 무슨 일을 하느냐에 따라 자신의 정체성을 규정하려는 현상에서 벗어나 무엇을 소비하느냐에서 자신의 정체성을 찾으려는 현상이 서서히 일어났다. 이와 같은 현상으로 인해 비즈니스 종사자들은 보다 나은 생활을 위해 자신들이 무슨 욕구를 충족시켜줄 수 있느냐보다는 소비자들이 원하는 정체성 측면에서 자신들이 무엇을 할 수 있느냐를 알리기 위한 기회 확충에 관심을 기울이게 되었다.

지금까지의 주장들을 고려해서 '지속가능한 소비'를 위한 정책 결정을 내린다는 것은 결코 쉽지 않다. 하지만 대부분의 OECD 국가들의 정책 결정자들은 '지속가능한 소비'가 소수의 시민들, 즉 사회적으로 책임이 있는 특정의 사람들에게나 어울리는 것으로 착각하여 두 손을 놓고 있는 듯싶다. '지속가능한 소비'에서의 의미 있는 일이라는 '시장에 대한 저항 bucking the market'을 암시하며, 더 나아가 소비자가 택할 수 있는 선택의 범위를 좁히는 것을 말한다현대 자본주의의 원칙에서는 경제 성장에 따라 선택이 확충되는 것을 당연시한다. OECD 국가들은 환경적인 외적 요인에서 높은 수준의 경제 활동에 의존하지 않는 방법에 대해서는 활발한 의견을 개진하면서도, 그에 못지않게 중요한 이슈인 '지속불가능한 소비를 줄이면서도 사람들의 삶의 질을 향상시키는 것에 대해서는 거의 관심이 없다. 지금까지 설명한 것처럼, 요즘에는 수많은 연구들을 통해 소비가 늘어난다고 해서 삶에 대한 웰빙의 느낌이 높아지는 것이 아니라는 사실이 증명되어왔다. 오히려 소비 증가로 인해 부채가 지속불가능할 정도로 불어나는 가정 내에 문제가 발생하기도 한다.

이와 같은 딜레마에서 탈출하는 방법은 정부가 자신들이 완벽한 통제권을 쥐고 있는 부분, 특히 공공 예산 지출에서 우선적으로 모범을 보이는 것이다. 정부가 조세로 들어온 수입을 경제 전반에 걸쳐 지속가능한 소비가 진작되는 방향으로 지출한다면 그로 인한 연쇄 효과는 엄청날 것이다. 영국 정부만 해도 매해 130억 파운드 상당의 물건과 서비스를 구입하는 등, 공공 부분에서만 직간접적으로 1,500억 파운드 상당의 예산 지출을 담당한다.

하지만 영국에서 벌어지고 있는 지속가능한 소비에 관한 토론은, 정부가 특히 교육이나 의료 같은 공공 서비스의 현대화 노력 면에서 소비자들을 위한 선택의 폭의 확대를 고집하는 바람에 더욱 복잡해지고 있다. 여론 조사들은 공공 서비스가 확충되는 상황에서 소비자 선택을 늘려봐야 대부분의 사람들에게 도움이 되지 않는다는 사실을 분명하게 지적한다. 예를 들어서 '학부모 선택parental choice'은 학교에 대한 개념적인 선택을 지역적으로만 고려하는 부모들에게는 전혀 도움이 되지 않는다는 것이다. 대부분의 학부모들이 원하는 것은 학교 간에 우열이 드러나는 상황이 아니라 모든 부모들의 합리적인 기대를 충족시켜줄 정도로 모든 학교가 능력을 갖추는 것이다. 영국 지속가능발전위원회의 안나 쿠트 건강 부분 위원장은 영국 정부가 국민건강보험제도National Health Service 부분에서 선택을 늘리는 것에만 집착하는 것이 문제라는 점을 강조한다.

'선택'은 정부의 공공 보건 전략에서 중요한 요인이다. 선택은 질병의 사회, 경제 및 환경적 원인을 다스릴 뿐만 아니라, 흡연, 다이어트, 술과 섹스 등으로 자신을 보호하는 건강한 삶의 방식을 각자가 선택할 수 있도록 장려한다. 하지만 선택에 초점을 맞추는 보건 정책은 의료 서비스를 선택하건, 건강한 삶의 방식을 선택하건, 결국 잘사는 사람들에게 유리하다. 가난하고, 불우하며, 사회적으로 소외된, 특히 건강이 극한적인 상황에 몰린 극빈자들에게는 별 도움을 주지 못한다. 선택은 이론적으로는 이상적인 요인일지 몰라도, 책임의 공유와 선택의 능력을 촉진하는 정책을 철저히 준수하지 않는 한, 정책 추진 요인으로서의 개인적인 선택은 보건 불균형을 확대시키고, 그래서 지속가능한 발전의 목적을 훼손할 뿐이다. **쿠트, 2005**

쿠트의 메시지는 영국 지속가능발전위원회가 지속가능한 소비에 관한 연구 프로젝트의 일환으로 페이비언협회로 하여금 연구하여 발행토록 한 보고서 〈선택의 보다 나은 선택A Better Choice of Choice〉의 핵심 주제이기도 하다. 이 보고서 역시 '선택이라는 것이 좋기 때문에 더 많은 선택이 반드시 필요하다'는 아이디어에 점점 더 집착하는 정치인들의 기대에 의문을 던진다. 그럼에도 불구하고 선택의 확대는 자본주의 혜택이라는 신전에서 높은 지위를 차지한다. 일부 경제학자들은 경제 발전의 전 과정을 사람들을 위한 기회를 늘리는 것으로 간주하기도 한다. 유럽의 녹색당들이 그러하듯이 정치적으로 선택을 제한하는 입장을 취하는 것은 매우 위험성이 높으면서도 정치적으로 인기 없는 전략이다. 대다수의 사람들은, 삶의 질의 향상이 선택을 확대하기보다는 제한하는 것에서 온다고 주장하는 것은 위험하다고 생각한다.

그럼에도 불구하고 개인의 선택을 늘린다고 해서 우리의 삶이 저절로 나아지는 것이 아니다. 여기에는 몇 가지 원인이 존재한다. 첫째는, 완벽하게

'자유스러운' 선택이라는 것이 없다는 점이다. 우리가 내리는 모든 선택은 조건적인 것이라서 다른 사람들이 이미 내린 선택에 의해 제약을 받으며, 이번에 내가 선택을 내리면 그다음에 다른 사람들이 선택하는 폭에 더욱 제약을 가하게 된다는 것이다. 예를 들어서 합리적인 사고의 결과로 자동차 여행을 한다고 치자. 그렇게 되면 도시는 항상 차가 밀려서 환경이 악화되고, 변두리와 각종 시설들은 자동차를 타야만 갈 수 있는 것으로 굳어진다. 그렇게 되면 누구도 원치 않고 의도치 않은 혼돈이 발생한다. 게다가 자동차가 없는 사람은 아예 원하는 곳에 왕래하기가 더욱 어려워진다. 어디 그뿐인가. 화석 연료를 불필요하게 낭비하는 습관이 생활에 젖어든다. 따라서 선택을 늘리기 위한 정책이나 결정은 제일 먼저 재고해야 할 사항이다. 정말로 중요한 것으로 인정받을 만한 선택들이 있는가? 축소되거나 배제되어야 할 선택은 어떤 것들인가? 선택되는 것이 선택을 받지 못하는 것보다 더 많은 가치를 지니고 있다고 자신할 수 있는 것인가?

언론이 이와 같은 의문들에 진지해진다면, 정부가 이와 같은 의문들을 유권자들과 허심탄회하게 의논하기 시작한다면, 과연 어떤 일이 벌어지게 될지 상상해본다.

통치의 틈새

지금까지 살펴본 바와 같이, 지난 25년간 경제적인 신자유주의와 연애한 결과는 대부분의 OECD 국가 국민들이 더욱더 시장에 의존하는 삶을 영위하게 되었다는 것이다. 정치인들은 정치 전반에 걸쳐서 불신만 사는 '명령과 통제'에 의한 개입을 점점 더 꺼리는 자세를 취하게 되었다. 이와 같은 통치는 선거를 통한 결정보다는 점점 더 개인적인 소비자 선택과 연관되는 것으로 보인다. 이와 같은 세계관은 당연히 우파 측이 선호하는 것이다. 요즘에는 영국의 데모스라는 진보적인 중도 좌파에게도 인기를 얻고 있는 견해다.

> 명령과 통제는 현대 조직 생활의 복잡하고 예측 불가능한 요구에는 적절치 못한 체계다. 앞으로의 목표는 공공 조직과 통치 제도를 공개적이고, 투명하며, 권력 분산형으로 개조하여 다양성을 바탕으로 번성하고, 급격한 변화에도 적응하며, 그러면서도 일관된 목표와 진행을 추구할 수 있어야 한다. 이와 같은 변화를 촉구하고 영향력을 발휘하는 과정에서 정치적인 개입의 근본 목적은, 제도적인 통제 혹은 기존 시스템에서의 우선순위를 강요하기보다는, 복잡하고 유동적인 환경에서 자율 관리의 개발과 지원 시스템으로 간주되어야 한다.　　　　　　　　　　　　　　벤틀리, 2002

그렇다면 현실에서 자율 관리는 무슨 의미를 지닌 것인가? 지속가능성의 측면에서, 그리고 근시안적인 개인적 만족과 기업 이윤의 최대화를 추구하는 현실에서, '자율 관리'는 어떤 영향력을 발휘하고 있는 것인가? 수많은 사람들이 자신에게 벌어지는 현상에 대한 무조건적인 부정과 보다 심각한 쇼핑으로 스스로를 위로하는 것을 대응 전략으로 삼는 곳은 어디인가? 세계 언론이 기업가 정치인 혹은 금권 정치인이라 불려지는, 투표에 영향을 받지 않는 소수의 슈퍼 부자들의 이익을 노골적으로 보호하기 위해 세계에서 벌어지는 현상을 통제하고 조작하는 곳은 어디인가? 정치인들이 오늘날의 진보 모델의 생존성에 관한 보다 지적인 토론에 참여하길 꺼리는 곳은 어디인가? 이와 같은 세상에서는, '공개적이고, 투명하며, 권력 분산형인' 시스템은 말할 것이 없고, 진실한 자율 관리에 관한 주장조차 지나치게 순진하다는 비난을 받기 십상이다.

이와 같은 현상으로 인해, 수많은 국제 NGO들이 채택하는 관리에 대한 다양한 접근 방법들이 핵심적으로는 여전히 중앙 집권적이고 '명령과 통제'의 가능성이 농후한지를 알 수 있게 된다. 현실세계연합은 〈현재에서 지속가능성으로〉(크리스티와 워버턴, 2001)라는 보고서를 통해 지속가능한 발전과 보다 나은 관리를 연결하는 네 가지 중요한 사안을 소개했다.

❶ 지속불가능한 '일상적인 비즈니스'에서 벗어나고자 하는 움직임은 민주적인 절차에 의한 동의를 토대로 할 수밖에 없다. 우리가 처한 상황에 대해 활발한 토의를 불러일으킬 시스템이 필요하다. 이는 국민으로부터 정책에 대한 재신임을 얻기 위해서는 지난 세월 공적 신뢰와 열의를 상실한 공공 기관의 철저한 개혁이 필요하다는 것을 의미한다. 이는 또한 모든 사람들이 토론에 참여하여 '충분한 정보에 의한 선택'을 결정할 만한 '도덕적 유창함moral fluency'으로 무장할 수 있도록, 시민 교육과 도덕 교육을 위한 보다 나은 시스템을 구상한다는 것을 의미한다.

❷ 지속가능한 성장이 개인 선택, 비즈니스 혁신, 자발적 행동만으로는 이루어질 수 없다는 점에서 시민과 정부 간의 신뢰 회복이 절실하다. 그렇게 되기 위해서는 변화를 위한 거시적이면서도 포괄적인 장기적인 협의, 사적인 선택과 공공재 간의 균형, 시장 체계의 변화, 공공 서비스와 새로운 기술에 대한 전략적 투자가 필요하다. 종합적으로 말해서 효율적이고, 합법적이며, 신뢰받는 국가가 필요하다는 것이다.

❸ 지속가능한 성장은 지방민주주의의 개혁을 필요로 한다. 국가와 세계의 체계는 행동을 위한 방향과 원리만을 개괄할 뿐이다. '1992 유엔환경개발회의'에서 나온 어젠다21Agenda 21이 강조한 바와 같이, 지속가능한 성장을 위한 효율적인 방법은 민주적인 지방 정부를 통해, 그리고 공동

체·공공 기관·비즈니스 간의 지역 수준의 파트너십을 통해 구상되고 이행되어야 하는 것이다.

❹ 세계화를 지향하는 현 단계에서 필요로 하는 것은 민주적인 책임성, 심의를 국제 수준으로 확대하는 것이다. 국제기구들과 기업들은 보다 개방적이고 민주적이며 책임성을 가질 필요가 있다. 민주 정부를 위한 최대의 도전은 국제기구들이 성장 전략을 보다 효율적이며, 보다 책임성이 있으며, 환경적인 지속가능성과 모든 사람들을 위한 웰빙을 도모하는 목적으로 전 세계적인 민주적 문화와 프로세스를 권장하는 방법을 모색하는 것이다. 크리스티와 워버턴, 2001

세 번째 사안에서의 '지방민주주의 개혁'이라는 다소 어색한 표현은, 역사적으로 녹색 운동의 핵심의 한 부분인 권력 분산화에 대한 열정적인 지원을 무색하게 한다. 이 부분은 다소 과격한 기분이 들지만 '개혁' 의제를 강조한 것이다. 하지만 세계화 과정을 주도하는 국제기구들과 엘리트들이 모든 사람들을 위한 세계화에는 전혀 관심이 없다는 점에서, 다수의 사람들은 세계화라는 파괴적인 폭풍을 달래는 방법을 찾고자 하는 사고를 극도로 순진한 발상이라 생각한다. 오늘날의 세계화는 이상을 초월할 정도로 집중적인 관심을 모으고 있다. 엘리트들의 눈에는 세계화가 다수의 사람들을 희생하여 소수의 사람들을 더욱 풍족하게 해주는 시스템일 뿐이다. 보다 긍정적인 방법이라면, 지방 분권화와 세계 경제를 지역 시장으로 재전환시키는 것이다. 지역화는 삶의 질과 웰빙을 향상시킨다는 측면에서 긍정적 연쇄 효과를 불러일으킬 강력한 방법이다.

대안은 한 국가 혹은 한 지역에서 모든 것이 생산될 수 있어야 한다는 것이다. 그렇게 되면 한 국가나 특정 지역에서 생산될 수 없는 상품을 장거리 통상을 통해 공급하는 행위는 줄어들 것이다. 이렇게 되면 경제에 대한 지방의 권한이 강화될 것이고, 그로 인한 잠재 혜택도 공정하게 지역적으로 공유된다. 기술과 정보는 지역 경제를 강화해주는 방향으로 흐르게 될 것이다. 이와 같은 상황에서, '남의 손실로 이익을 얻는 세계화'는 보다 협동적인 '남의 이익을 위한 지역화'로 바뀌는 방향으로 나아가게 될 것이다.

하인스, 2000

하지만 '남의 손실로 이익을 얻는 세계화'에서 '남의 이익을 위한 지역화'로 정책을 전환하기 위해서는 강심장이 필요하다. 자신의 정책에 다음과 같은 지역화 의제를 소개하는 주류 정치인들을 찾기 힘든 실정이다.

- 지역적으로 생산될 수 있는 상품이나 서비스가 수입되지 않도록 국가 및 지역 경제를 보호
- 산업 및 다국적 기업들을 대상으로 '여기서 장사하려면 여기에 머물라 Site-here-to-sell-here' 정책을 시행
- 지역에서 국가 및 세계로의 누출이 최소화될 수 있도록 공동체 경제를 재구성하여 자금의 흐름을 지역화
- 고품질의 상품과 서비스 확보를 위해 지역 경쟁 정책의 실시
- 변화를 위한 자금 확보책으로 자원의 도입과 녹색 세금의 실시
- 지역 경제와 정치 시스템에 대한 민주적 참여
- 국제 경쟁력이 아닌 지역 경제의 재구축에 초점을 맞추기 위해 통상과 원조 방향의 재설정

상상이 되겠지만, 이와 같은 보호 정책을 옹호하다간 무조건 국제 경쟁을 옹호하는 사람들에게 극히 악의적인 비난을 받기 십상이다. 하지만 이와 같은 생각들은, 제3장에서 설명한 바와 같이 기후변화와 피크오일 논쟁이 대두되는 상황에서 새롭게 두각을 나타내고 있다. 나의 주장처럼 언제 석유 생산이 석유 수요를 따라잡지 못하는 '절반이나 지나가버린' 시점에 도달하게 될지 아는 사람은 없다. 피크오일 시점이 2010년이 아닌 2030년 경일 것이라는 낙관주의자들의 예상이 맞는다 할지라도, 석유를 집중적으로 소비하는 현재의 사회를 석유가 모자라는 사회로 전환시켜야 할 때가 바로 코앞으로 다가온 것만은 틀림없다. 지금 준비하지 않는다면, 엄청난 충격으로 대혼란이 야기될 것이다. 여기에다 기후변화로 인한 충격마저 더해지는 경우, 정치인들이 그러한 시스템 쇼크system shock에 느긋하고도 정당하게 반응한다는 것은 무리가 아닐 수 없다.

따라서 인류가 위기를 극복하든지 아니면 대재앙으로 인한 파멸을 맞는 몰락의 순간이 온다는 토머스 호머딕슨의 주장은 빈말이 아니다. 지구 몰락에 관해서 정부의 통치는 물리적인 것 못지않게 중요하다. 그러한 충격에 견뎌낼 수 있으려면, 우리는 어떻게 해야 정치와 경제 시스템을 유지비가 적게 들도록 새롭게 구성할 수 있단 말인가? 불가피한 붕괴가 세차게 몰아닥칠 때 그 충격에 휩쓸리지 않기 위해 필요한 사회 및 공동체에서의 탄력성을 어떻게 키울 수 있을 것인가? 이와 같은 의문에 휩싸인 전문가들은, 우리가 지역화된 경제에서 에너지를 덜 소비해야 한다는 사실을 알게 된 것과, 더욱더 많은 사람들이 공동체의 요구, 특히 식품 생산, 에너지 공급, 기간 설비 유지 같은 부분에 직접적으로 기여해야 한다는 사실을 알게 된 것처럼, 불가피한 '에너지 하강'에 대해 입을 열기 시작했다. 저에너지와 지역 식품을 근본으로 하는 공동체의 비전은 대부분의 사람들이 예상하는 미래의 모습과는 크게 동떨어진 것이다. 그들은 저에너지와 지역 식품 시스템을 현대의 발전을 증오하는 사람들의 사리에 맞지 않는 정신 착란이라 생각한다.

기존의 관리 시스템의 전면적인 개혁을 옹호하는 데에는 두 가지 이유가 더 존재한다. 첫째는 관리를 받는 시민과 정부 간의 신뢰가 충격적으로 무너졌다는 것이다. 2002년 세계경제포럼World Economic Forum은 3만 6,000명에게 사회 보호를 위해 존재하는 17개 기관에 대한 신뢰 수준을 물었다. 그들 중의 3분의 2는 자신의 나라가 국민의 뜻에 따라 관리되지 않는다고 대답했다. 전 세계적으로는 각 나라에서 가장 민주적인 기구인 국회가 17개 기구 중에서도 가장 신뢰를 받지 못하는 것으로 나타났다. 세계적 기업과 대기업들은 국회 다음으로 가장 신뢰성이 떨어졌다.

두 번째는 보다 지속가능한 세상으로 나가기 위해 노력하는 사람들 앞에 심각한 고민이 있다는 것이다. 민주주의를 훼손하기보다는 오히려 강화하면서 지속가능한 세상을 만들어가는 방법은 없는 것일까? 환경 운동가인 사이먼 드레스너Simon Dresner는 고통스럽게 이 딜레마를 토해냈다.

지속가능성은 자연을 변화시키려는 시도는 자멸한다는 사고에 뿌리를 박고 있으면서도 사회를 변화시키고 미래 방향을 통제하려 시도한다는 모순을 안고 있다. 녹색 운동은 지속가능성이 풀뿌리에서부터 이행될 수 있도록 정책 결정의 과감한 분산을 옹호함으로써 이 문제가 자연스럽게 풀려지기를 기대한다.

하지만 지속가능성이 행동을 위한 세계적인 협력을 필요로 하는 국제 문제라는 점이 난제이다. 모든 결정을 지역 공동체에 일임한다는 것은 모든 결정을 시장에 맡긴다는 신자유적인 해결책과 다르지 않을 뿐만 아니라

무임승차와 공유지의 비극이라는 가능성마저 존재하게 된다. 드레스너, 2002

이와 같은 모순을 쉽게 해결할 방법은 없을 것이다. 하지만 지속가능한 사회를 영감적이면서도 이행 가능한 측면에서 설계해보는 것이 출발점이라 생각한다.

Chapter
16

O

비전과 가치

유토피아를 언급하는 것이 오랫동안 촌스러운 것으로 치부되는 현실에서 지속가능성 유토피아에 가장 근접한 개념인 어니스트 칼렌바크Ernest Callenbach의 《에코토피아Ecotopia》가 등장한 것은 약 30년 전이다. 이 개념으로 오늘날의 지속가능성 문제들을 극복했을 때 어떤 삶이 전개될 것인지를 설명하기 하기 위해 분투하는 지속가능한 발전의 옹호자들이 힘을 얻게 되었다. 자연법칙에 순응하면서 자본주의의 역동성과 효율성의 장점을 유지하는 것이 과연 가능한 일인가? 이 장에서는 지속가능한 사회의 가치인 상호 의존성, 공감, 평등, 개인적인 책임과 세대 간의 정의를 규명함으로써 이 질문에 대해 답해보고, 또 우리의 세상에서 살아남는 가치들이 얼마나 긍정적일 수 있는가를 탐구하고자 한다. 더불어 미국에서의 종교 세력이 미국의 꿈과 핵심적인 미국 가치에 영향을 미침으로써 환경주의와 그 밖의 진보적인 움직임을 어떻게 배척해왔는지를 설명하고자 한다.

보편적인 꿈의 정의

인류 역사에서 비전이라는 것이 선한 사람은 죽어서 천상의 어딘가에서 고결한 천사들과 영생하고, 악한 자는 지옥에서 영원히 고통받는 것밖에는 가질 수 없었던 때가 있었다. 1518년에 토머스 모어Thomas More의 《유토피아Utopia》 같은 문학적인 보물이 등장하지 않은 것은 아니지만, 대부분의 인류 역사에서 지상에서의 보다 나은 삶에 대해서는 별다른 언급이 없어 왔다. 대부분의 사람들은 그런 비전을 품지도 않았고 또 가능하다고 생각하지도 않았다. 그랬던 것이 18세기부터 지금까지는 보다 나은 세상이라는 세속적인 비전이 진보의 다양한 세속적인 모델의 일부분을 차지하게 되었다. 자본주의 경제가 점차적으로 전 세계로 퍼져 나가면서, 그 엄청난 역동성은 보다 나은 세상이라는 세속적인 비전이 자신 혹은 자손을 위한 보다 나은 삶이라는 개인적인 비전 혹은 물질적인 안전이라는 등식을 성립시켰다. 제5장에서 설명한 것처럼 아메리칸드림American dream을 추구하는 나라들이 서로 극심한 차이를 보이고 있음에도 불구하고, 아메리칸드림은 오늘날 보편적인 꿈으로 자리 잡아가고 있다. 경제와 심리적인 동인들의 강력한 결합으로 인해 그 꿈은 왕성하게 퍼져 나간다. 일부 동인은 사회 정의에 호소하는 이타적인 성격을 띤다. 부유한 나라에서의 빈곤 퇴치, 부유한 나라와 가난한 나라에서의 부의 균형이 날이 갈수록 어긋나는 현상을 해결하기 위해서는 이미 상당히 축적된 부를 더욱 효율적으로 분배하는 방법을 취하기보다는 더 부유한 세대에 의존해야 한다는 생각들을 갖고 있다. 그 외의 동인들은 아무리 허세적인 것일지라도 정당한 권리에 의해 보호를 받으며, 불안, 탐욕과 시기에 의해 전부는 아니더라도 대부분 타락했고 또한 자기중심적이다. 하지만 엄청난 부자나 지독하게 가난하지도 않은 대부분의 사람들이 천수를 누리며 살기 위해서는, 자손들을 양육하기 위해서는, 재앙이나 비극이 닥쳐와도 살아갈 방안을 마련하기 위해서는, 어쩔 수 없이 물질에 의존하는 동인을 갖지 않을 수 없다. 하여튼 보다 나은 세상이라는 개인적인 비전은 재정 상황의 향상이라는 현실로 이어지는 것이 보통이다.

이런 생각을 품고 있으면 지속가능한 자본주의를 옹호하기 힘든 딜레마에 빠지게 된다. 사람들에게 해마다 물질생활이 좋아져야 한다는 표준을 들먹일 필요가 없는 보다 나은 세상이라는 비전을 제시할 수 있단 말인가? 90억 인구가 지구의 생물 물리적인 한계 안에서 지속가능하게 사는 방법을 습득하기 위해서는 오늘날의 보편적인 꿈에서 절대적으로 필요한 요인들을 포기해야 한다는 말은 사실인가? 사실을 말하자면 90억 인구가 현재의 10억의 부유층처럼 살기 원한다면 우리는 현재의 상황에 만족하지 않는 것 같다, 지구의 다섯 배에서 일곱 배 이상의 천연자원과 서비스가 필요하다. 지구가 지나치게 과부하 된 아주 위험한 상태이지만, 우리에게는 지구 하나만 있을 뿐이다.

심각한 딜레마가 아닐 수 없다. 그렇다면 수많은 정통 경제학자들의 주장처럼 실행할 수 없다는 이유만으로 이처럼 연약하고, 또 겉으로는 사리에 맞지 않는 것처럼 보이는 지속가능한 자본주의는 이미 죽은 것이나 마찬가지란 말인가? 아무리 부정직하고 터무니없는 것일지라도 물질적인 '보편적인 꿈' 에 파묻혀서 사람들과 공동체에 영구적으로 물질적인 부를 약속하는 정통 경제는 결코 비판을 받아서는 안 된다는 것인가? 오늘날의 성숙하고, 교육이 잘되고, 그래서 일반적으로 발전된 민주주의 체제 안에서, 지속가능한 자본주의를 닮은 무언가로 진화하는 세계 경제 덕분으로 보다 나은 세상이라는 비전에 대한 지원을 받는 것이 가능하지 않다면, 우리는 어쩔 수 없이 지금과 같은 비즈니스, 즉 제1장과 12장에서 설명한 파괴적인 추세를 가속화시키는 것밖에는 하는 것이 없는, 절대적으로 지속불가능한 자본주의에 빠져 있을 수밖에 없다.

'보다 나은 세상의 비전'에 대해 구체적으로 설명할 필요가 있다고 본다. 1975년 어니스트 칼렌바크는 25년 후인 1999년의 캘리포니아를 배경으로 세상에 엄청난 자극을 가하는 《에코토피아》라는 소설을 출간했다. 캘리포니아, 오리건, 워싱턴 주는 자신들의 독립을 허용하지 않으면 뉴욕과 워싱턴 DC에 핵 지뢰를 폭파시키겠다는 위협을 가한 후 에코토피아를 구성한다. 세 개의 주가 완전히 분리된 지 20년이 흘러, 미국의 한 언론인이 그동안 에코토피아가 얼마나 발전했는지 확인하기 위해 그곳을 방문한다. 그곳에서 목격한 현상은 지금의 입장에서 보면 그리 놀랄 만한 것은 아니었다. 유기농 식품, 균형 잡힌 식단, 식품 생산에 모든 사람이 참여하는 것, 매우 효율적인 교통 체계_{대부분은 걷거나 자전거를 이용하고 자동차는 소수이다}, 엄격한 오염 방지법과 폐기물의 100퍼센트 재활용, 청교도적인 윤리로 되돌아가 보다 공평하게 물질을 공유하기 위해 '작고 서로 긴밀한 관계를 유지하는' 마을들, 개방적인 성생활, 인구 감소를 위한 역동적인 프로그램, 재생 가능하고 생물 분해 가능한 물질로 지은 집들, 100퍼센트 재생 가능한 에너지 등이 그가 캘리포니아에서 목격한 것들이다.

지나치게 파격적인 내용은 아니다. 하지만 1970년대 중반만 해도 전혀 이해가 되지 않았던 거대한 녹색 아이디어가 지금은 얼마나 당연시되고 있는지를 잘 납득시켜준다고 볼 수 있다. 그럼에도 불구하고 《에코토피아》는 요즘 사람들에게도 충격적인 내용을 담고 있기도 하다. 낮은 TV 시청률과는 상관없이 광고의 전면 금지, 주로 남성의 폭력적인 본능을 충족시키기 위한 의식적인 전쟁 게임, 여성이 주도하는 정치_{에코토피아에서는 여성의 인구가 훨씬 많다}, 소득세·판매세·부동산세 없음_{조세 수입은 생산적인 기업들로부터 거래세를 징수하여 조}

달, 농장이나 현지 생산처 같은 학교 등이 그것이다.

그 책이 출간된 이래 녹색 이론가들과 운동가들은 엄청난 시간을 투자해 가며 다양한 비전을 끝도 없이 고치고 또 고쳐왔다. 이미 만들어진 비전들은 아무런 도움을 주지 못한다. '지속가능한 사회에 대한 비전을 그리는' 과정이 정당성이나 유용성이 있으냐에 관한 토론이 치열하고도 끈질기게 지속되고 있음에도 불구하고, 지속가능한 발전에 관련된 모든 조직과 또 새롭게 관심을 가지게 된 사람들은 예외 없이 지속가능한 미래가 어떤 모습일지에 대해 스스로 연구하고 싶은 집착에 사로잡히는 것 같다. 일부 녹색 비평가들은 에코토피아가 전적으로 유치하거나, 보다 심각하게 얘기해서 녹색 운동에 전체주의적인 성향인 "우리는 어떻게 하면 당신에게 유익을 줄 수 있는지 잘 알고 있다. 우리의 방식대로 하면 당신은 훨씬 행복해질 것이다"라는 관점을 개입시킬 위험성이 있다고 생각한다.

다른 비평가들은 그와 같은 비전들이 지속가능한 발전을, 되든지 말든지 식으로 유기적인, 공정한 통상, 지식, 인권, 박막형 태양 전지, 자전거, 동물 복지, 지구 빈곤의 극복 등의 단어를 마구잡이로 섞어놓은 대책을 성의 없이 제시하는 방식으로 보이게 해, 오늘날의 실용주의적인 정치인들에게 조차 예측 가능하며, 공식적이며, 무력할 정도로 단조롭고, 흥미 없는 것으로 비쳐진다고 말한다. 페이비언협회의 전 회장이었으며 고든 브라운 영국 총리의 정치 고문을 지낸 마이클 제이컵스Michael Jacobs는 1999년에 출간한 소책자 《환경적인 현대화Environmental Modernisation》에서 이와 같은 분위기를 정확히 지적했다. 그는 이 책자에서 지속가능한 발전의 원인을 설명함은 물론, 신구를 망라하여 환경 운동에 대한 대부분의 노동당 정치인의 뿌리 깊은 본능적인 혐오감을 극복하기 위해서는 이데올로기와는 무관한, 비전으로 가득 찬, 절대적으로 실용적인 캠페인을 펼쳐야 한다고 주장한다. 그는 주류 노동당 정치인들이 인정할 만한 '환경적인 현대화 의제'를 구성하는 데 필요한 다섯 가지 사항을 소개한다.

> 첫째, 세계화에 순응하기로 한다. 둘째, 개인주의를 지향하는 트렌드를 인정하고 현대 사회에서의 소비의 역할을 이해하면서도, 환경적으로 도움이 되는 방식으로의 소비를 장려한다. 셋째, 환경적인 현대화에서 위험에 대한 인식과 과학적인 불확실성을 중시한다. 넷째, 환경적인 불평등과 배타성을 지향하는 트렌드에 저항한다. 다섯째, 환경 문제에 대처하고 또 기여하는 데 있어서의 과학과 기술의 핵심적인 역할을 인정하는 현대적인 프로젝트이어야 한다. 미래는 근본적으로 낙관적이며 환경 문제가 해결될 수 있다고 본다.
>
> 제이컵스, 1999

따라서 의미상으로는 '성장의 한계'라는 아이디어는 존재하지 않으며, 진보에 관한 전통적인 모델 안에서 구조적인 문제점이 드러나는 것도 아니며, 소비를 줄이는 것을 두려워할 만한 요인도 없으며, 근본적인 세무 개혁을 통한 수요 관리도 필요 없다. 그리고 모든 것은 세계화, 자유 시장, 지속적인 경제 성장, 기술적인 진보에 관한 주요 아이디어와 100퍼센트 합치하지 않으면 안 된다.

이와 같은 것이 지속가능한 발전에 내재된 절대적으로 근본적인 아이디어를 위한 참다운 동력을 끌어내는 최선의 방법일 수도 있다는 주장을 나는 인정하기 어렵다. 하지만 지속가능한 사회의 비전을 구상하는 데 있어서 본질적인 문제가 존재한다는 점을 인정하지 않을 수 없다. 지속가능성이 궁극적인 목표인 우리가 의존하는 생명 지원 시스템과 합치되는 '안정적인 상태'라면, 우리는 어떻게 침체를 피할 수 있을 것인가? 보다 구체적으로 말한다면, 지속가능한 자본주의의 참된 모습을 그려내는 상황에서, 인류 역사에서 가장 강력한 동력으로 간주되어온 변화와 진보를 위한 자본주의의 역동성, 창의성, 혁신성과 갈망을 어떻게 유지할 수 있을 것인가? 다소 과장된 비유일지는 몰라도 당신은 '셰익스피어William Shakespeare의 소네트sonnet'가 일정한 수의 음절을 지닌 일정한 수의 행을 만드는 것에 집착했기 때문에 그의 창의성이 발휘되지 못했다고 생각하는가? 그렇게 생각하지 않는다 하더라도, 과학이 한계를 정하는 데 있어서 다소 조작의 가능성이 있지만 생물 물리적인 '안정적인 상태'와 자본주의의 생명줄 간의 긴장은 여전히 매우 심각한 문젯거리다.

이 딜레마는 1860년대 존 스튜어트 밀John Stuart Mill이 설명한 '정지 상태 stationary state'의 개념까지 거슬러 올라간다. 대부분의 동시대 사람들과는 달리, 밀은 당시에 산업주의의 근본적인 목적을 지속적으로 탐구하는 것이 중요하다고 생각했다. 사회가 정지 상태에 이르면 어디로 방향을 잡아 진행하게 되는 것이고, 또 무슨 일이 벌어지게 되는 것인가? 사람들은 더 부유해지는 것인가, 아니면 가난해지는 것인가? 그의 주장이 때로는 고리타분하게 느껴지지 않는 것이 아니지만'나는 인간의 정상적인 상태가 성공을 위한 고투, 다른 사람들을 짓누르고, 몸을 밀치며, 또 발뒤꿈치를 밟는 것이 기존의 사회생활이며 또 인간의 가장 바람직한 현상이라 생각하는 사람들이 주장하는 삶의 이상에는 관심이 없다', 지속적인 확장과 성장의 추구와 관련된 거래에 대한 그의 생각은 오늘날이라고 해서 의의가 줄지 않는다.

> 만일 부와 인구의 무제한적인 증가로 인해 지구가 망가져 상쾌함을 상당 부분 상실하게 된다면, 나는 소망하건대 인간의 행복이 아닌 지구를 위해서 우리가 필요를 충족하기 전에 상당 기간 정지 상태에 있더라도 만족할 수 있어야 한다고 생각한다.
>
> 밀, 1861

정통 경제학자들은 결코 정지 상태라는 개념에 동의하지 않는다. 아마도 평형 상태equilibrium, 이 상태에 이르면 현상 유지가 지속된다. 변화만이 지속적인 시대에는 특히 이 상태가 중요하다가 이뤄지기를 바란다는 주장은 어리석고 호소력이 없다고 무시할 것이다. 하지만 존 스튜어트 밀의 우려를 그렇게 간단하게 무시할 일이 아니다. 무언가를 얻는 과정에서 '삶의 아름다움'과 인간과 자연 간의 필수 불가결한 조화를 상실하게 된다면, 과연 그 무엇을 얻었다 할 수 있겠는가? 사회 운동가인 제이 그리피스Jay Griffiths는 지속가능성은 그 어떤 진보와도 어울리지 못한다는 주장에 다음과 같이 반격을 가한다.

지속가능성은 무거운 정지heavy stasis라는 부담을 안겨준다. 살아도 반만 살아있는 것 같고, 죽어도 반만 죽은 것 같은 상태에서 가치 있는 것을 위해 치열한 노력을 경주한들 진보의 역동성이 없을 것 같다. 하지만 그 반대의 경우가 현실이다. 유럽·미국 문화가 현재 달려가고 있는 궤도와 같은 진보는 한마디로 말해서 거짓이다. 그것은 여행도 아니요, 목적지도 아닌 궁극적인 종말일 뿐이다. 그것은 사고의 불꽃이 아닌 인류를 태워 없애는 모닥불이다. 자동차들의 뿜내는 진보와 무한대의 항공 여행은 지구 온난화와 수백만 명의 환경 피난민을 낳게 한다. 이와 같은 진보는 사망을 목적으로 하는 정치다. 이와는 반대로 지속가능성은 생명이 있는 곳이며, 시간이 영원을 매만지고, 자연의 시계와 물이 얼고 녹게 하는 시계와 바닷물이 밀려오고 나가게 하는 시계가 존재하는 곳이다. 지속가능성과 진보의 정의를 새롭게 내려야 한다. 그 목적을 위해 서구 문화는 원시적인 삶을 사는 사람들의 말을 들어야 한다. 시간이 순환한다는 그들의 사고에서는 시간은 지속적으로 회복되고, 자연은 지속되고 또 지속될 것이다. 세상이 가장 필요로 하는 사고가 아닐 수 없다. 그리피스, 2005

이와 같은 난관에서 무리 없이 빠져나갈 방법을 찾는다는 것은 쉽지 않다세속적인 혹은 정적인 비전이 일절 존재하지 않는 지속가능한 미래를 어떻게 그릴 수 있단 말인가. 그와 같은 비전의 토대를 이루는 잘 구성된 원리에서 방법을 찾는 사람이 있기는 하지만, 그것은 현실에 맞도록 억지로 꾸민 것들이다. 바람직한 사회에 대한 정의의 범위를 건들이지 않고서도 지속가능한 사회의 가치에 대한 정의에서 방법을 찾는 사람들도 있다. 요즘에는 지속가능한 발전을 위한 도덕적 사례보다는 비즈니스 사례에 더 관심을 기울이고 있지만 그럼에도 불구하고 지속가능한 발전을 위한 강력한 도덕적 사례가 존재한다. 제1부에서 이미 설명한 바 있지만, 도덕적 사례는 세대 내부와 세대 간의, 국가 내부와 국가 간의 보다 확대된 평등과 사회 정의, 인간에게 도움을 주느냐와는 상관없이 인간이 다른 생물의 복지에 대한 도덕적 의무를 가진다는 인식을 토대로 한다. 지구 상의 모든 생물에 대해 책임을 진다는 '집사 정신stewardship'의 개념은 수억 명의 사람들에게 도덕적 영감을 불어넣어주는 강력한 원천이자, 지구 상의 모든 종교와 믿음의 체계의 가장 중요한 요소가 되어야 한다.

지속가능성 가치들

도덕적 틀 안에서라면 문화 다양성, 상이한 규범과 생활 양식을 초월하여 진실하게 지속가능한 삶의 확립에 도움이 되는 포괄적인 가치를 주창할 수 있을 것인가? 평등과 사회 정의의 실현을 위해서는 다른 사람들이 가진 어려움에 대한 인식, 불우한 사람들에 대한 동정심, 다른 가치들에 대한 수용, 관용과 자유가 필요하다. 이처럼 자연의 한계 내에서 산다는 것은 자연에 대한 보다 깊은 이해를 동반하는 것이다. 세대 간 평등은 다음 세대를 희생하여 물질적인 유익을 도모할 수 없다는 사고에 뿌리를 둔다. 이를 종합하면, 다음과 가치들이 나타나게 된다.

- 상호 의존성의 인정
- 자발적 결정
- 다양성과 관용
- 다른 사람들에 대한 동정심
- 평등 원리의 고취
- 다른 생물들의 권리와 유익에 대한 인식
- 자연계의 완전성에 대한 존중심
- 미래 세대의 유익에 대한 존중심

일부 가치들은 보다 좋은 세상을 만들기 위해 노력하는 대부분의 진보 조직과 개인들의 핵심 가치와 중복되기도 한다. 하지만 세대 간 정의, 즉 다양한 세대 간의 정의와, 다른 생물들과 자연계에 대한 관심, 다른 사람들과 다른 것들에 의존하지 않을 수 없다는 인식에 따라 자신의 삶을 적절하게 균형 잡고자 하는 개인의 권리를 추구하는 욕망은 전혀 색다른 것이다. 캐나다의 환경 운동가 데이비드 스즈키David Suzuki가 만든 **상호 의존 선언문 Declaration of Interdependence**은 '하나의 세상'에 모든 인간뿐만 아니라 모든 생물을 포함시킴으로써 상호 관련성의 범위를 확대시켜주어 우리가 상호 의존성의 개념을 더 깊게 깨닫게 한다 `참조` 7.

가치는 사회의 원활한 움직임이 가능하도록 해주는 묵시적으로 합의된 규범의 한 시스템으로 간주할 수 있다. 그런 점에서 가치는 어떤 위원회 같은 곳에서 정한 것이 아니며, 또 하늘에서 사회로 일방적으로 부여되는 것도 아니다. 가치는 개인들의 집단적인 행태를 통해 나타나며 사회 전체의 필요에 반응하면서 나타난다. 가치 시스템이 기능하기 위해서는, 피드백 메커니즘feedback mechanism이 제자리를 잡고 있어야 하며, 사람들은 자신의 행동이 다른 사람들에게 미치는 영향을 파악할 수 있어야 한다. 작은 공동체에서는 이 과정이 확연히 드러난다. 하지만 지속가능한 발전은 세계적인 문제이며 우리의 행위는 수천 마일 떨어진 곳에도 영향을 끼친다는 점에서 간접적일 경우가 많다. 지속가능한 발전에 어울리는 가치의 개발을 위해, 공감을 일으키고 세계적인 문제를 파악하여 그 원인을 파악하게 하는 적절한 피드백 메커니즘이 필요하다.

지속가능한 사회를 원하는 사람들을 위해, 지속가능한 사회에 대해 알려주고 영감을 주는 비전이 상당히 많이 존재한다. 지속가능한 경제의 기능, 지속가능한 생활 양식으로 인한 현재의 삶의 패턴의 변화, 여러 분야에서의 근본적인 정책 변화들이 의료 서비스·교육·교통·기획·식품·레저 등에 미칠 영향 등을 지속가능한 틀 안에서 소개한 수십여 종의 책자가 출간되어 있다. 비록 녹색 운동을 하는 상당수 사람들은 자신들을 지난 30여 년 동안 정치적인 황무지에 버려진 존재라 생각하지만, 그러면서도 그들이 지속가능한 미래를 위한 정책 터전을 준비하는 데 창의적이고 지적인 노력을 엄청나게 투자해온 것만은 사실이다.

지속가능한 도시에 관한 새로운 사고 부분에서 많은 움직임이 일어나고 있다. 아무리 증명할 수 없는 주장이라 해도, 오늘날의 자원 집중적이고, 오염으로 환경 재앙 지역을 만들어내는 현상을 중단시키기 위해서라도 우리의 도시를 재개념화reconceptualizing하고 궁극적으로는 리엔지니어링하는 것 밖에는 다른 대안이 없다. 이렇게 해야 하는 이유는 사람들이 시골보다는 도시에 더 많이 살기 때문이며 또 그 비율이 날이 갈수록 높아지고 있기 때문이다. 전체 지구 표면에서 도시가 차지하는 비중은 2퍼센트에 불과하지만 소비되는 자원의 75퍼센트가 도시에서 발생한다. 런던이 소비하는 자원은 런던의 125배에 달하는 땅에서 조달된 것이다. 750만의 인구를 가진 런던은 메가시티mega-city 중에서도 작은 편에 속한다.

사람들이 대규모로 시골로 되돌아갈 가능성이 거의 없다는 점에서 도시 계획가들과 전문가들은 지속가능한 도시의 핵심 구성 요인들을 본격적으로 탐구하고 있다. 지금까지 등장한 가장 중요한 아이디어로 자동차 없는

참조 7

상호 의존 선언문

우리가 알고 있는 사실

우리는 지구이고, 식물과 동물을 통해 우리는 살아간다. 우리는 비와 바다이고, 비와 바다는 우리의 핏줄에 흐른다. 우리는 지구에 있는 삼림의 호흡이고 바다의 식물이다. 우리는 인간적인 동물이며, 최초로 세상에 나타난 한 세포의 후손이라는 점에서 모든 생물체와 연결되어 있다. 우리는 다른 생물체와 공동의 역사를 전개해왔으며, 우리의 유전자에 그것이 기록되어 있다. 우리는 불확실성으로 가득 찬 공동의 현재를 공유한다. 우리는 아직 전개되지 않은 공동의 미래를 공유한다.

우리는 지구를 덮고 있는 생명층을 구성하는 3,000만 종의 하나이다. 생물 공동체의 안정성은 다양성에 의존한다. 거미줄처럼 연결되어 있는 우리는 생명의 기본적인 요인들을 사용하고, 깨끗이 하며, 공유하고, 또 채워넣는다. 우리의 집인 지구라는 별은 제한적이다. 모든 생물은 지구 상의 자원을 공유하고 태양으로부터 에너지를 조달받기 때문에 성장에 제한을 받을 수밖에 없다. 우리는 인류 역사상 처음으로 그 한계점에 도달했다.

우리가 공기, 물, 토양, 생물의 다양성을 훼손시킨다는 것은 현재를 위해 끝도 없는 미래로부터 뭔가를 훔쳐 쓴다는 의미이다.

우리가 믿고 있는 사실

인간의 수가 엄청나게 증가하고, 또 강력한 도구들을 만들어 사용하는 바람에 다른 동물들의

도시를 들 수 있다. 여기에서는 수소나 생물 연료를 사용하는 초효율의 '녹색 자동차' 조차 허용되지 않는다. 20세기 도시를 디자인하는 데 있어서 절대적인 고려 사항인 자동차 중심의 교통 시스템을 위해 필요한 엄청난 면적의 대지는 완전히 배제된다. 그 외의 고려 사항으로 1헥타르당 인구수 면에서 보다 밀집도가 올라갈 것이며그렇다고 해서 열섬(heat island, 주변보다 온도가 높은 도시) 현상이 발생할 정도로 조밀하지는 않다, 녹지 공간에 초점을 맞추게 될 것이고, 도로에는 가로수를 심을 것이며도시에서는 한 그루의 나무가 매일 400리터의 물을 흡수하기 때문

멸종, 거대한 강의 파괴, 고대 원시림의 파괴, 지구의 오염, 폭우와 폭풍, 하늘에 구멍이 뚫리는 것 같은 현상을 야기해왔다. 과학은 우리에게 기쁨을 주었지만 그에 못지않게 고통도 주고 있다. 우리의 안락은 수백만을 고통스럽게 한 결과로 얻어지는 것이다. 우리는 우리의 실수에서 배우고 있으며, 사라진 종들 때문에 슬퍼하고, 그래서 지금은 희망의 새 정치를 구축하고자 한다. 우리는 깨끗한 공기와 물과 땅이 절대적으로 필요하다는 사실을 존중하고 또 그 사실을 더욱 진실하게 받아들인다. 수많은 사람들에게 돌아갈 유산을 축소하는 대가로 소수가 혜택을 누리도록 하는 경제 활동은 잘못된 것이라 믿는다.

환경 파괴로 인해 생물 자원이 영구적으로 사라진다는 점에서 생태 비용과 사회 비용은 빠짐없이 개발 비용 공식에 포함되어야 한다. 장기적인 관점에서 우리는 짧은 한 세대일 뿐이다. 미래는 우리의 것이 아니기 때문에 우리 마음대로 없앨 권리가 없다. 지식이 제한적이라는 점에서 우리는 우리 후손을 위해 중대한 과실은 피해야 할 것이다.

우리의 결의

우리가 알고 또 믿는 이 모든 사실이 우리의 삶 방식의 기본이 되어야 한다. 인간과 지구와의 관계를 재조명하는 전환점에서 우리는 지배에서 파트너십으로, 분할에서 연결로, 불안전에서 상호 의존으로의 진화를 위해 노력하고자 한다.

출처: 스즈키, 1997

에 온도 조절에 큰 영향을 미친다. 정원이나 공터에 소규모로 농산물을 재배할 수 있기 때문에 음식물 쓰레기를 재활용할 수 있고, 그로 인해 토양 침식을 막을 수 있고, 또 화물 수송도 줄일 수 있게 된다.

녹색 도시는 디자인 혁신과 새로운 사고를 불러일으킬 아주 좋은 영역이다.

중국이 상하이 외곽에 세계 최초의 에코시티eco-city인 둥탄東灘을 건설한다는 제안이 발표되자 전 세계 전문가들이 일시에 관심을 표명했다. 중국에는 인구가 100만 명이 넘는 도시가 100여 곳에 달한다. 앞으로 25년 안에 4억 명이 시골에서 도시로 이주할 것이라는 예상이다. 전대미문의 빠른 도시화 진행을 해결할 능력이 중국에 있느냐는 의문이 제기되고 있다. 둥탄의 적절 인구는 50만 명 선이다. 세계적인 설계 회사 아럽Arup이 준비하고 있는 계획이 나오면 지속가능한 도시 건설이 힘을 받게 될 것이고, 그로 인해 다른 곳에서도 에코시티를 줄지어 건설하게 될 것이다.

하지만 수억 명의 사람들에게 있어서 도시의 현실은 지속가능한, 첨단 기술의 고품질의 삶이 아니라, 개발 도상국에서 볼 수 있는 끝도 없이 이어지는 판자촌에서의 매우 위험한 삶이다. 프레드 피어스가 지적한 바 있지만, 우리는 가난한 사람들이 지속가능한 도시 미래에 기여할 수 있음을 간과해선 안 된다.

순수하게 생태적인 측면에서 바라본다면, 판잣집과 그곳에 사는 사람들은 새로운, 녹색 도시의 물질대사urban metabolism의 좋은 사례이다. 위생적으로나 치안상으로는 형편없는 곳임에도 불구하고, 그곳에는 대부분의 계획된 도시 환경에서 사라져버린 사회의 활력과 생태계가 존재한다. 그곳은 인구 밀도는 높지만 건물 높이가 매우 낮다. 좁은 길과 골목길에는 주로 사람들이 걸어 다닌다. 주민들은 거대한 도시에서 갖다 버린 쓰레기를 주어다 재활용한다. 따라서 어쩌면 판자촌에서의 혼돈과 분산적인 자발성으로부터 뭔가를 배워서, 에코시티의 계획된 기간 시설과 조화를 이루게 할 수도 있을 것이다.

피어스, 2006

판자촌의 현실은 앞에서 언급한 에코토피안 이상주의ecotopian idealism와는 멀리 떨어져 있다. 하지만 낙관론이 지나친 비전은 인간의 마음속에 허풍스러운 '~하기만 한다면'이라는 생각을 심어줄 뿐이다. 미래 지향적인 대부분의 조직이 그러하듯이, 미래를 위한 포럼은 '비전 갈망'이라는 고통을 겪고 있다. 우리가 그렇게 느끼는 것은 다양한 영역에서 너무나 많은 우리의 파트너들이 제대로 이해하기 어려운 '지속가능한 사회'의 모습을 묻기 때문이고, 또 우리 조직이 오늘날의 환경·사회·경제 문제에 해결 방안을 모색하는 사람들을 돕겠다는 단순한 생각을 가진 70여 명의 인사들로 구성되어 있기 때문이다. 여기에 2007년에 작성된, 여전히 구상이 진행 중인 최신 버전을 제시하고자 한다.

지속가능한 사회에서는 모든 사람의 인권과 기본적 욕구가 충족된다. 모든 사람은 합리적인 가격으로 좋은 음식, 물, 거주지, 지속가능한 에너지를 얻는다. 사람들의 건강은 안전하고, 청결하며, 쾌적한 환경뿐만 아니라, 병든 자를 위한 의료 서비스를 제공하는 한편 질병의 예방을 우선시하는 보건 서비스에 의해 보호된다. 사람들은 폭력 범죄에 의한 공포에 시달리지 않으며, 개인적인 신념, 인종, 성 혹은 성적 취향으로 인해 박해받지 않는다. 경제 시스템은 사람뿐만 아니라 환경을 대상으로 한다. 시장은 혁신과 효율성 확보를 기본으로 하지만 경제 혜택뿐만 아니라 사회 및 환경 혜택의 확보를 위한 규제를 철저히 실행한다. 지역적인 필요는 지역에서 충족되도록 한다. 정치인과 커뮤니티 지도자들은 자연의 한계 안에서 가능한 수준에서 최상의 삶의 질을 확보한다는 목표를 가진다.

지구는 상호 영향 관계로 결합된 하나의 공동체로 육성된다. 우리의 생명 지원 시스템은 가장 우선시되어야 한다. 자원은 초효율적으로 사용되어야 하고, 폐기물은 최대한 재활용하여 쓰레기는 최소화하고, 오염은 자연계가 상처받지 않고 운영될 수 있는 수준 이하로만 허용되어야 한다. 자연의 다양성은 인간에게 도움을 주느냐에 상관없이 소중한 것이고 그래서 보호되어야 한다.

미래를 위한 포럼, 2007

영성의 중요성

전문가들은 배금주의를 극복하는 데 있어서 종교나 영적인 부분이 보다 믿을 수 있고 지속가능한 삶을 영위하는 데 중요한 역할을 할 수 있다고 주장한다. 프리초프 카프라Fritjof Capra는 다음과 같이 말한다.

> 궁극적으로 말해서 생태에 관한 깊은 인식은 영적 혹은 종교적인 인식이다. 인간 영혼의 개념을 개인이 우주의 일부로서 서로 연결되어 있다는 의식의 구조로 이해한다면, 생태계에 관한 인식이 뿌리 깊게 영적인 것이라는 점이 뚜렷해진다.
>
> 카프라, 2002

중국과 인도가 강제적인 탄소 배출 감축안을 받아들이지 않는 한 미국은 결코 교토의정서 합의를 준수하지 않을 것이다. 지금까지 세계에서 탄소를 가장 많이 배출하는 국가들의 종교인들은 이 문제에 대해 별다른 목소리를 내지 않아왔다. 하지만 기후변화를 언급하지 않음으로써 인간의 삶에 공포가 점점 더 가깝게 다가오면서 상황이 변하고 있다. 전 체코슬로바키아 대통령 바츨라프 하벨의 말이다.

> 오늘날의 다문화 세계에서 공존, 더 나아가 평화로운 공존과 창의적인 협력으로 접근하기 위한 신뢰할 수 있는 방법은 모든 문화의 뿌리에 존재하는 것, 정치적인 의견, 신념, 혐오, 동정보다는 인간의 마음속에 무한대로 깊이 자리 잡고 있는 것에서부터 시작해야 한다. 그렇게 하려면 자아 초월적이어야 하는 것이다. 인간의 손처럼 우리 가까이 있는 것들을 만져주고, 외국인, 인간 공동체, 모든 생물, 자연, 우주를 다독거리는 초월은, 그리고 심오하면서도 즐거운 것으로서의 초월은 인간하고는 상관없는 것, 인간이 이해하지 못하는 것, 시간과 공간적으로 우리와 너무나 멀리 떨어져 있는 것처럼 보이지만 실제로는 미스터리하게 서로 연결되어 있어서 하나의 세계를 구성하는 것들과 조화를 이루어야 한다. 우리가 멸종되지 않으려면 초월밖에는 다른 대안이 없다.   하벨, 1994

상호 관련성에 대한 의식은 수많은 환경주의자로 하여금 진화적 기원에 관심을 갖게 한다. 환경심리학자eco-psychologist들은 오래 전부터 선진국 국민들이 불행하다고 생각하면서 성취감을 가지지 못하는 이유를 지구 상의 다른 생물들과 유리된 삶을 영위하기 때문이라고 주장해왔다. 시어도어 로작은 자신의 저서《지구의 외침》을 통해 이 점을 강력하게 표명하고 있다.

> 지구를 지속가능하게 하는 조직planetary fabric에 깊은 상처를 주면서도 방해를 받지 않는 문화는, 인간의 수준을 뛰어넘는 야만적인 무지에 도달하고자 하는 치명적인 충동이라는 광기에 빠져 있는 것이다. 우리는 생존하

기 위해서는 도시 산업 문명의 부속물이 되어야 하는 단일 문화 세상을 창조하고자 무섭게 질주하고 있다. 그렇게 되면, 우리가 멸종시킨 식물이나 동물종에게 범죄를 저질러 멸종시킨 대가가 우리를 덮칠 것이고, 그다음에 지구는 인간이 없는 상황에서 영구적으로 지속되면서 새로운 모험을 창출하게 될 것이다. 하지만 우리 인간은 즐기고, 성장하고, 창조하는 능력에 상처를 주는 파괴적인 무감각으로 인해 자꾸만 작아지고 있다. 우리는 지나친 공격성과 오만으로 인해 본질적인 인간성을 상실하고 있는 것이다.

로작, 1993

우리는 지구에서의 진화의 결과로서 지구의 일부라는 점에서 우리의 '본질적 인간성'은 지구를 근본으로 하는 것이다. 어떤 방법을 다 동원해도 우리는 이 경계선을 벗어나지 못하는가. 미국의 곤충학자이며 진화이론가였던 에드워드 오즈본 윌슨은 《바이오필리아Biophilia》(1984)에서 '다른 생명체들과 연합하려는 충동은 상당 부분 본능'이라면서 인간의 기본적인 행위는 유전자 때문이라고 주장한 바 있다**정원 가꾸기, 애완동물 키우기, 산책, TV를 통해 자연 역사에 관한 프로그램을 시청하는 것, 심지어 골프 치는 것까지!**. 지구를 사랑하는 본능을 잠시 무시할 수는 있지만 영원히 억누를 수는 없는 것이다.

환경 운동이 지속되고 있는 것은 오늘날 자행되고 있는 환경 파괴와 세계적인 불공평에 대한 분노와 열정 때문이 아니다. 대다수 사람들은 세상에 대한 편향된 통찰력만 제시하는 주류 언론을 맹신하는 사람들이 생각하는 것보다는 훨씬 변화를 갈망하고 있다. 이들이 이처럼 변화를 갈망하는 이유는 현재를 걱정하기 때문만이 아니라, 자녀들이나 후손들의 눈으로 미래를 이미 내다보고 있기 때문이다.

○

필요조건들의 결합

그렇다면 인간의 본성에 모든 것이 귀착된다는 의미인가? 리처드 도킨스의 주장처럼, 우리가 단기적으로 이기심을 드러내다가 결국에는 애타심을 갖게 되는 것이 유전적으로 이미 정해진 운명이라는 것인가? 지속가능한 발전 운동가들은 이와 같은 유전적 운명론을 인정하지 않는다. 하지만 부를 창조하는 지속가능한 시스템이 이 골치 아픈 세상을 보다 안전하게 만들어주고, 그렇게 되면 높은 수준의 삶을 영위할 수 있을 뿐만 아니라, 내면적으로 혹은 직장이나 공동체에서 보다 행복감을 느낄 수 있다는 점을 사람들에게 각인시켜 줄 필요성을 인정한다. 아쉽게도 지속가능한 발전 운동가들은 지속적인 경제 성장이 모든 문제의 답이라는 데 동의하는 편인 진보적인 좌파뿐만 아니라, 탈정치화되어 오늘날의 이념적인 현실에 대처할 능력이 없는 주류 환경 운동가들로부터도 지원을 받지 못하는 형편이다. 따라서 지속가능한 발전이 그만한 가치를 인정받아 '빅 아이디어big idea'로 부상하기 전에는 세상은 점점 더 나빠질 것이다. 지구가 정말로 중요한 것이라면, 지속가능한 미래에 관한 청사진을 제시하는 매우 다른 종류의 자본주의로의 변화만이 그 해결책인 것이다.

지속가능성을 위한 준비

지금까지 알아본 바와 같이, 지속가능성과 자본주의는 친구가 될 수 없는 사이다. 지속가능성은 모든 것이 장기적인 것, 한계 내에서 기능하는 것, 적은 것에서 많이 취하는 것, 다른 사람들이 평등을 누릴 수 있도록 조화를 이루는 것을 의미하며, 자원계로부터 추가로 자원을 공급받는 것을 금하는 것을 의미한다. 현대 자본주의는 단기적인 것 중에서 가장 단기적인 것, 한계라는 개념을 무시하는 것, 과다 수익을 얻는 것을 의미하며, '보이지 않는 손'이 승자뿐만 아니라 패자도 조종한다는 사실을 인정한다. 이와 같은 자본주의는 자연계를 자원을 캐내는 원천 혹은 쓰레기장으로서만 받아들일 뿐이다.

지속가능한 자본주의는 혁명적인 의제를 필요로 하지 않는다. 설사 과격하게 비칠지라도 어젠다의 개혁을 요구하는 것이다. 그렇게 되기 위해서는 시민과 소비자를 비롯한 모든 사람들이 참여해야 한다.

학교에서는 지속가능성을 가르쳐야 하는 것이다. 재닌 베니어스는 다음과 같이 말한다.

우리는 자연에 관한 책을 내려놓고 실제로 폭풍우 속으로 뛰어들어가고, 우리 때문에 놀라는 사슴에게 놀라보고, 카멜레온처럼 나무에도 올라갈 필요가 있다. 인간이 알지 못하는 곳을 찾아가보는 것은 영적으로 도움이 된다. 그곳으로 가면서 우리와 마주치는 작은 것인, 낙엽이 햇볕을 받으며 발산하는 냄새, 우편함을 기어서 빠져나오는 나비 애벌레, 토마토가 익도록 도움을 주는 땅속 벌레들에 마음을 열기만 하면 된다. 베니어스, 1997

'지속가능한 발전을 위한 교육'을 실시하는 데 있어서 두 가지 사안이 대두되고 있다. 첫째는 우리 자녀들이 살아 있는 지구의 시민이 되기 위해 공부를 하고 경험을 하는 데 필요한 공간과 자금을 확보하는 것이 힘들다는 것이다. 둘째는 지구에 사는 사람들은 지구에 대한 책임을 통감해야 하며, 설계, 건설, 관리와 거래를 하는 데 있어서 이웃 공동체를 인식해야 한다는 것이다. 많은 학교와 교사들이 학교에서 지속가능성을 가르치기 위해 시간을 내고 또 자원을 확보하는 데 관심을 기울이고 있다. 정치계도 마침내 적절하게 교육을 개정할 필요성을 인식하고 있다. 특히 창조론이 여전히 막강한 영향력을 발휘하는 미국에서 과학을 보수 기독교 논리로부터 분리하여 과학 그 자체로만 가르쳐야 한다는 주장이 일고 있다. 컬럼비아 대학교 로스쿨 교수인 수잰 골드버그Suzanne Goldberg는 말한다.

> 미국의 영혼을 위해 싸우는 보수 세력에게 진짜 전쟁터는 다음 세대의 실험실이자 대중문화의 변화에 영향을 미치는 종교적 권리를 위한 기회다. 과학 선생들은 지적 설계 운동이 합리적인 사고를 전면적으로 부인하기 위한 거대한 프로젝트의 일환이 아닐까라는 의문을 제기한다. **골드버그, 2005**

미국 교육계는 2005년 뉴올리언스를 강타한 허리케인 카트리나를 통해 기후변화로 인한 재앙으로 교육과 종교로 무장한 인간이 한순간에 야만적인 폭도로 변할 수 있다는 사실에 경악했다. 영국 역사가 티머시 가턴 애시 Timothy Garton Ash는 카트리나를 통해 재앙으로 인한 문명의 붕괴가 초래하는 악몽을 보았다.

카트리나가 준 큰 교훈은 우리가 의존하는 문명의 껍질이 변함없이 엄청나게 얇다는 것이다. 그 껍질이 일단 갈라지게 되면, 당신은 살기 위해 미친 개처럼 발버둥치면서 죽게 된다. 잘 정리되고 문명화된 삶에서 음식, 집, 물, 최소한의 안전 같은 기본적인 조건들을 없애버리면 우리는 몇 시간이 흐르지 않아서 토머스 홉스Thomas Hobbs가 말한 자연의 상태, 즉 인간관계가 붕괴되어 만인의 만인에 대한 투쟁 상태에 몰리게 된다. 그의 주장에 따르면 일부 사람들은 얼마 동안이나마 영웅적인 단결심을 과시하기도 하지만, 대부분은 개인적인 생존, 유전적인 생존을 위한 무자비한 싸움에 개입하게 된다는 것이다. 일부 사람들이 당분간 천사 노릇을 하겠지만 대부분은 원숭이로 되돌아간다는 것이다. **애시, 2005**

제14장에서 소개한 바와 같이, 월마트의 리 스콧 회장은 카트리나가 준 공포에서 월마트가 환경에 가한 엄청난 파괴 행위를 반성하면서 변화를 위한 녹색 프로그램을 시작하기로 결정했다. 그는 투자자들을 대상으로 환경에 가장 많은 피해를 입힌다는 월마트를 환경을 가장 적극적으로 보호하는 기업으로 변화시킬 필요성을 역설하고 있다. 하지만 대부분의 기업들의 비즈니스 모델은 여전히 변할 기색이 없다. 지난 20년간의 심리학 및 사회학 연구의 결론은 명확하다. 외적 동기 요인인 돈, 지위, 과시형 노출증 등을 추구하는 사람들의 삶의 질이, 내적 동기 요인인 좋은 인간관계, 개인적인 성장, 의미 있는 일, 공동체를 자기 집처럼 생각하는 마음, 다른 사람들에게 도움이 되는 존재 등을 추구하는 사람들의 것보다 떨어진다는 것이다. 이에 관해서는 미국의 녹스 칼리지Knox College의 심리학 교수 팀 캐서Tim Kasser가 뛰어난 연구 결과를 발표한 바 있다.

• 물질적인 가치에 초점을 맞추는 사람은 물질 추구가 상대적으로 중요성

이 떨어진다고 믿는 사람보다 개인적인 웰빙과 심리적 건강 면에서 저조하다.

- 안전, 안보 및 생존의 욕구를 충족시키지 못한 사람은 물질적인 가치와 욕망에 집착한다. 내면 성향과 외적인 소비 문화는 공히 자원을 통해 안전을 살 수 있다는 가설에서 동떨어지지 않는다. 하지만 사람들은 불안으로 인해 물질을 목적으로 삼게 되는 경향이 강하다.

- 자신에 대해 불안감을 느끼는 어린이는 자신감을 얻기 위해 타인의 인정을 추구할 가능성이 높다. 사회로부터 이미지, 명성, 부를 추켜세우는 메시지를 반복적으로 들어온 어린이는 성장해서도 타인의 인정을 받는 방법으로 물질적인 욕망을 추구할 가능성이 높다.

- 교육을 받지 못하고 임신도 자의대로 조절하지 못하는 여성은 자신을 보호하는 데 있어서 자신감을 가지지 못하며, 배우자에 대한 욕망으로 물질을 더 추구할 가능성이 높다.

- 식품, 주택, 안전의 욕구가 일정 수준 충족되면, 부의 증가는 사람들의 웰빙과 행복의 향상에 영향을 주지 못한다.

- 물질 욕구가 강한 사람은 TV 시청을 더 많이 하는 편으로, TV에 등장하는 사람들보다 자신을 더 낮게 여기는 경향이 강하며, 삶의 수준에 불만이 있고, 낮은 삶의 만족도를 보인다.

- 물질 추구를 핵심 가치로 여기는 사람은 친구, 연인들과 인간관계를 길게 유지하지 못하며, 사회로부터 유리되어 소외감을 느낀다.

- 가까운 인간관계, 다른 사람들과의 밀접성과 대치되는 부, 지위, 이미지에 관한 물질적 가치는 사람들로 하여금 인간관계와 협력에 대한 투자를 줄이도록 한다.

- 물질적 가치는 반사회적인 성향, 협력보다는 혼자 앞서 나가려는 자기중

심적인 결정과 깊은 관련이 있다.

- 물질적 가치는 환경 및 생태적인 이슈에 대한 낮은 관심과 밀접한 관계가 있다.
- 사회가 물질적이면 사람은 물질주의를 추구한다. 물질적 추구로 인해 행복을 얻을 수 있다고 생각하는 사람이 많으면 사회는 물질적이 된다.

캐서, 2002

이처럼 현대 자본주의가 추구하는 물질주의는 사람들에게 충족감을 주지 못하면서도 인간의 영혼, 더 나아가 자연을 파괴하고 자연으로부터 자원을 갈취하게 한다. 지상에서 가장 부유한 나라라는 미국에 심리적인 장애와 역기능이 만연되어 있다는 사실에서 우리는 아메리칸드림의 어두운 면을 엿보게 된다.

이처럼 인간과 자연 사이의 성호 의존성은 오늘날 우리가 취할 수 있는 심리적인 변화를 위한 가장 강력한 도구이자, 이기적인 유전자를 극복할 수 있도록 우리 두뇌에 영향을 미치는 필요한 자극이다. 하지만 영국의 진보적인 정치인, 중도 좌파 정치인, 그리고 미국의 민주당 소속 정치인들조차 여전히 이 문제에 대해 관심이 없다는 사실에 크게 실망한다.

개발 도상국에서 안전하고 신뢰할 수 있는 피임 방법과 더불어 교육 및 소녀와 여성들을 위한 건강 관리에 초점을 맞춘 계몽적 가족계획에 대한 투자가 평균 출산율을 낮추는 가장 효율적인 방법일 뿐만 아니라 경제 및 사회에 대한 희망을 촉구하는 방법이라는 사실이 증명되었음에도 불구하고, 정치인들은 이상하게 침묵하고 있다. 환경주의자들과 진보 좌파 인사들은 시너지 효과를 얻을 수 있는 방법에서 등을 돌린 채, 오히려 개발 도상국의 가족계획에 대한 예산을 삭감하는 데 생각을 같이하고 있는 것이다. 인구 문제는 개발 도상국에 국한되지 않는다. OECD 국가들 역시 자신들의 인구 관리에 적극적으로 나설 입장이다.

급하고도 포괄적인 변화의 필요성을 역설했지만, 시민들은 그러한 변화가 자신들의 삶의 질에 큰 의미가 있다는 주장에는 전혀 동의하지 않고 있다. 그들은 현대 자본주의에 심각한 결점이 있다는 것을 알고 있으면서도, 현대 자본주의가 전혀 지속불가능하다는 사실은 인정하지 않는다. 인간과 자연이 상호 의존적이라는 것을 모르기 때문이다. 존 뮤어 John Muir의 "혼자 있는 것 같은 물건을 손에 들려 하면, 그것이 우주 속의 모든 것들과 연결되어 있다는 사실을 알게 된다"라는 말은, 즉흥적인 만족과 방종이 만연된 오늘날의 문화에는 울림을 주지 못한다. 그렇다고 부유한 나라에 사는 사람들이 더 행복한 것도 아니다. 환경 운동과 진보 좌파가 심상치 않은 현상황에 대해 도움이 되는 뭔가를 하고 있는 것도 아니다. EU의 신헌법에도 미래 성장을 위한 생물 물리적 한계에 대한 인식을 반영하는 표현이 단 한마디도 없다.

나는 이 책을 통해 두 종류의 도전을 설명하고자 노력했다. 첫째는 성장에 대한 생물 물리적인 한계를 설명하는 것이요, 둘째는 억제되지 않는 물질주의를 통해 인간 영혼이 심각하게 망가지고 있다는 것을 경고하면서, 극적인 사회 및 경제 파국을 피하고 싶다면 늦기 전에 현대 자본주의를 근본적으로 변화시켜야 한다는 것이었다. 따라서 이 책은 지구를 중요시하는 방식으로의 자본주의를 옹호하기 위한 것이다. 지구를 중심에 놓고, 모든 사람들이 지구와 모든 생명체와 상호 의존적이라는 사실을 인정하는 진화되고, 지적이며, 품위 있는 자본주의를 말이다.

지금까지 살펴본 바와 같이 바람직한 변화에 지적인 토대와 기능 가능한 실용주의를 제공할 수 있는 길은 지속가능한 발전 혹은 성장뿐이다. 그래서 지속가능한 발전은 도전이라는 빅 아이디어로 앞으로 계속 남아 있어야 하는 것이다. 지속가능한 발전의 핵심 가치인 상호 의존성, 공감, 평등, 개인 책임, 세대 간 평등이야말로 보다 나은 세상이라는 생존 가능한 비전의 기본 요인인 것이다.

1장

- Bentley, Tom, 'Letting go:Complexity, individualism and the left', *Renewal*, vol 10, 2002.
- Carson, Rachel, *Silent Spring*, Houghton Mifflin, Boston, MA, 1962.
- Diamond, Jared, *Collapse: How Societies Choose to Fail or Succeed*, Allen Lane, London, 2005.
- Durkin, Martin, *The Great Global Warming Swindle*, documentary film, 8 March, 2007, 영국의 TV 채널 4를 통해 처음 방영.
- FAO *State of the World's Forests 2007*, report, Food and Agriculture Organization of the United Nations, Rome, 2007, www.fao.org/docrep/009/a0773e/a0773e00.htm에서 다운 가능.
- Gore, Al, *An Inconvenient Truth*, Bloomsbury, London, 2006.(Davis Guggenheim 감독 연출에 Al Gore가 출연한 같은 이름의 영화는 오스카상을 받았다)
- Homer-Dixon, Thomas, *The Upside of Down*, Island Press, Washington, DC, 2006.
- IPCC(Intergovernmental Panel on Climate Change), *Climate Change 2007*, the Fourth Assessment Report(AR4), published online in four parts, 2007, www.ipcc.ch에서 다운 가능.
- Laszlo, Ervin, *The Chaos Point*, Piatkus Books, London, 2006.

- Lomborg, Bjøn, *The Skeptical Environmentalist: Measuring the Real State of the World*, Cambridge University Press, Cambridge, UK, 2001.
- Lovelock, James, *Gaia: A New Look at Life on Earth*, Oxford University Press, 1979.
- Lovelock, James, *The Revenge of Gaia*, Allen Lane, London, 2006.
- Lynas, Mark, *High Tide*, Flamingo, London, 2004.
- Lynas, Mark, *Six Degrees*, Fourth Estate, London, 2007.
- MA, *Ecosystems and Human Well-being: Opportunities and Challenges for Business and Industry*, the forth Millennium Ecosystem Assessment report, 2005, www.millenniumassessment.org에서 다운 가능.
- Oreskes, Naomi, 'Beyond the ivory tower: The scientific consensus on climate change', Science, vol 306, issue 5702, 3 December, 2004.
- Ponting, Clive, *A Green History of the World: The Environment and the Collapse of Great Civilizations*, Penguin Books, New York, 1991.
- Stern, Nicholas, *The Economics of Climate Change: The Stern Review*, Cambridge University Press, Cambridge, UK, 2007.
- Stiglitz, Joseph, *Making Globalization Work*, Allen Lane, London, 2006.
- UNDP, *Human Development Report 2005: International Cooperation at a Crossroads-Aid, Trade and Security in an Unequal World*, United Nations Development Programme, 2005, http: //hdr.undp.org/repons/global/2005에서 다운 가능.

2장

- Center for Health and the Global Environment, with the National Association of Evangelicals, 'An urgent call to action: Scientists and evangelicals unite to protect creation', report of meeting National Press Club report, Washington, DC, 17 January, 2007, www.conservation.org/ImageCache/CIWEB/content/downloads/faith_5funitecall2action_2epdf/v1/faith_5funitecall2action.pdf에서 다운 가능.
- Daly, Herman, 'Toward some operational principles of sustainable

development', *Ecological Economics*, vol 2, 1990.

- Diamond, Jared, *Collapse: How Societies Choose to Fail or Succeed*, Allen Lane, London, 2005.
- *Economist*, 'The good company: Survey of CSR', *Economist*, 22 January, 2005.
- Henderson, David, *Misguided Virtue: False Notions of Corporate Social Responsibility*, Institute of Economic Affairs, London, 2001.
- HM Government, Securing the Future: Delivering UK Sustainable Development Strategy, TSO, London, 2005, www.sustainable-development.gov.uk/publications/uk-strategy/index.htm에서 다운 가능.
- Johannesburg Memo, *Fairness in a Fragile World*, Heinrich Böll Foundation, Berlin, 2002.
- Jones, James, 'Faith and the future of the Earth', St George's Lecture, 1 June, 2007.
- Kennedy, Robert, *Crimes Against Nature*, Penguin, London ,2004.
- Lerner, Michael, *Tikkun Reader: Twentieth Anniversary*, Rowman and Littlefield, Lanham, MD, 2006.
- Moyers, Bill, 'Welcome to Doomsday', *New York Review of Books*, vol 52, no 5, 2005.
- Northcott, Michael, *An Angel Directs the Storm: Apocalyptic Religion and American Empire*, I. B. Tauris, London, 2004.
- Schellenberger, Michael and Nordhaus, Ted, 'The death of environmentalism: Global warming politics in a post-environmental world', *Crist Magazine*, www.grist.org, 2005.
- Sen, Amartya, *Development as Freedom*, Oxford University Press, Oxford, 1999.
- Union of Concerned Scientists, 'Scientific integrity in policy making', 2004, 보고서는 www.ucsusa.org/globaLenvironment/rsi/ page.cfm?pageID=1642에서 다운 가능.
- Wallis, Jim, *God's Politics*, Lion Books, Oxford, 2005.
- WBCSD, *Walking the Talk: The Business Case for Sustainable Development*, World Business Council for Sustainable Development, Geneva, 2002.
- WCED, *Our Common Future*, the Brundtland Report, Oxford University

Press, Oxford, 1987.

- Werbach, Adam, 'Is environmentalism dead?', The Commonwealth Club, San Francisco, 8 December, 2004, 본문은 www.grist.org/news/maindish/2005/01/13/werbach-reprint에서 다운 가능.

3장

- Aynsley-Green, Al, 14 February 2007, *Guardian*에서 인용.
- Beckerman, Wilfred, *In Defence of Economic Growth*, Jonathan Cape, London, 1974.
- Bookchin, Murray, *Toward an Ecological Society*, Black Rose Books, Montreal, Canada, 1980.
- Brown, Lester, 'Grain drain', *Guardian*, 29 November, 2006.
- Campbell, Colin, 'The assessment and importance of oil depletion' in A. McKillop (ed) *The Final Energy Crisis*, Pluto Press, London, 2005.
- Campbell, Colin, and Laherrere, Jean, 'The end of cheap oil?', *Scientific American*, June, 1998.
- Cook, Earl, 'The consumer as creator: A criticism of faith in limitless ingenuity' *Energy Exploration and Exploitation*, vol 1, no 3, 1982.
- Daly, Herman, *Beyond Growth*, Beacon Press, Boston, MA, 1996.
- Donovan, Nick, and Halpern, David, 'Life satisfaction: The state of knowledge and implications for government', Cabinet Office, HMG, London, 2002.
- Easterlin, Richard, 'Income and happiness: Towards a unified theory', *Economic Journal*, no 111, 2001.
- Ekins, Paul, *Economic Growth and Environmental Sustainability*, Routledge, London, 2000.
- Grahame, Kenneth, *The Wind in the Willows*, Methuen, London, 1908.
- Greenfield, Susan. and co-signatories, 'Modern life leads to more depression among children', letter, *Daily Telegraph*, 12 September, 2006.
- Hamilton, Clive. *Growth Fetish*, Allen and Unwin, Sydney, 2003.

- Hawken, Paul, *The Ecology of Commerce*, Weidenfield and Nicholson, London, 1993.
- Heinberg, Richard, *The Party's Over: Oil, War and the Fate of Industrial Societies*, Clairview, Forest Row, UK, 2003.
- Hirsch, Fred, *Social Limits to Growth*, Routledge and Kegan Paul, London, 1977.
- Institute for Optimum Nutrition, 'Nutrition and public health', Institute for Optimum Nutrition, London, 2002.
- James, Oliver, *Britain on the Couch*, Arrow Books, London, 1998.
- James, Oliver, *Affluenza*, Vermilion, London, 2007.
- Lane, Robert, *The Loss of Happiness in Market Democracies*, Yale University Press, New Haven, CT, 2000.
- Layard, Richard, *Happiness*, Allen Lane, London, 2005.
- Leggett, Jeremy, *Half Gone*, Portobello Books, London, 2005.
- Meadows, Dennis, Meadows, Donella, and Randers, Jøgen, *Beyond the Limits*, Earthscan, London, 1992.
- Monbiot, George, 'What do we really want?', *Guardian*, 27 August, 2002.
- Monbiot, George, 'Fuel for nought', *Guardian*, 23 November, 2004.
- Myers, David, and Diener, Edward, 'The American paradox: Spiritual hunger in an age of plenty', *Scientific American*, May, 2000.
- *New Scientist*, 'In denial', editorial, *New Scientist*, 21 April, 2007.
- Packard, Vance, *The Hidden Persuaders*, David McKay, New York, 1957.
- Palmer, Sue, *Toxic Childhood*, Orion, London, 2006.
- Randers, Jøgen, Meadows, Dennis, and Meadows, Donella, *Limits to Growth: The 30-Year Update*, Earthscan, London, 2005.
- Reeves, Richard, 'The sun sets on the enlightenment', *RSA ournal*, December, 2002.
- Stern, Nicholas, *The Economics of Climate Change: The Stern Review*, Cambridge University Press, Cambridge, 2007.
- Stevens, Anthony, and Price, John, *Evolutionary Psychiatry*, Routledge, London, 1996.
- UNICEF *Child Poverty in Perspective: An Overview of Child Well-Being in Rich*

Countries, Innocenti Report Card no 7, UNICEF(United Nations Children's Fund) Innocenti Research Centre, Florence, Italy, 2007, http://image. guardian.co.uk/sys-files/Society/documents/2007/02/14/UN childwell being.pdf에서 다운 가능.

4장

• Bakan, Joel, *The Corporation*, Constable, London, 2004.
• Bentley, Tom, 'Letting go: Complexity, individualism and the left', *Renewal*, vol 10, 2002.
• Bookchin, Murray, *Toward an Ecological Society*, Black Rose Books, Montreal, Canada, 1980.
• Chichilnisky, Graciela, and Heal, Geoffrey, 'Economic returns from the biosphere', *Nature*, vol 391, February, 1998.
• Christie, Ian. and Warburton, Diane, *From Here to Sustainability*, Real World Coalition/Earthscan, London, 2001.
• Daly, Herman, *Beyond Growth*, Beacon Press, Boston, MA, 1996.
• Feshbach, Murray, and Friendly, Alfred, *Ecocide in the USSR: Health and Nature Under Siege*, Aurum Press, London, 1992.
• Gates, Jeff, *The Ownership Solution*, Penguin, London, 1998.
• Hampden-Turner, Charles, and Trompenaars, Fons, *The Seven Cultures of Capitalism*, Piatkus, London, 1993.
• Hardin, Garret, 'The tragedy of the commons', *Science*, vol 162, pp 1243~1248, 1968.
• Hutton, Will, *The State we're In*, Vintage, London, 1995.
• James, Oliver, *Affluenza*, Vermilion, London, 2007.
• Keynes, John Maynard, *The General Theory of Employment, Interest and Money*, Harcourt Brace, New York, 1936.
• Legum, Margaret, *It Doesn't Have to Be Like This*, Wild Goose Publications, Glasgow, UK, 2002.
• LSE *International Perspectives on Social Mobility*, London School of

Economics, London, 2005.

- Meadows, Donella, 'Economic laws clash with planet's', *Earthlight Magazine*, spring, 2001.
- Monbiot, George, 'Turn the screw', *Guardian*, 24 April, 2001.
- Perkins, John, *Confessions of an Economic Hit Man*, Berrett-Koehler, San Francisco, CA, 2004.
- Rischard, Jean-François, *High Noon: 20 Global Problems, 20 Years to Solve Them*, Basic Books, New York, 2003.
- Schumacher, Ernst Friedrich, *Small is Beautiful*, Abacus, London, 1973.
- Soros, George, 'The capitalist threat', Atlantic Monthly, vol 279, no 2, pp 45~58, 1997.
- Stebbing, Tony, and Heath, Gordon, 'Competition and the struggle for existence', unpublished article, 2003.
- Stiglitz, Joseph, *Making Globalization Work*, Allen Lane, London, 2006.
- Thomas, Lewis, 'On the uncertainty of science', *Phi Beta Kappa Key Reporter*, vol 6, no 1, 1980.
- UNDP *Human Development Report 2003*, United Nations Development Programme, 2003, http://hdr.undp.org/repons/globaI/2003에서 다운 가능.
- von Weizsäcker, Ernst, Lovins, Amory, and Lovins, Hunter, *Factor Four*, Earthscan, London, 1997.
- WCED(World Commission on Environment and Development), *Our Common Future*, the Brundtland Report, Oxford University Press, Oxford, 1987.
- Wissenburg, Marcel, *Green Liberalism*, UCL Press, London, 1998.
- Woodin, Michael, and Lucas, Caroline, *Green Alternatives to Globalisation*, Pluto Press, London, 2004.

5장

- All-Party Parliamentary Group on Population, Development and Reproductive Health, *Return of the Population Growth Factor: Its Impact on the Millennium Development Goals*, 2007, www.appg-popdevrh.org. uk에서 다운 가능.

- Bakan, Joel, *The Corporation*, Constable, London, 2004.
- Demeny, Paul, 'Population policy dilemmas at the dawn of the twenty-first century', *Population and Development Review*, vol 29, no 1, March, 2003.
- Homer-Dixon, Thomas, *The Upside of Down*, Island Press, Washington, DC, 2006.
- IPCC(Intergovernmental Panel on Climate Change), *Climate Change 2007*, the Fourth Assessment Report(AR4), published online in four parts, 2007, www.ipcc.ch에서 다운 가능.
- Johannesburg Memo, *Fairness in a Fragile World*, Heinrich Boll Foundation, Berlin, 2002.
- Klein, Naomi, *Fences and Windows*, Flamingo, London, 2002.
- Korten, David, *When Corporations Rule the World*, Earthscan, London, 1995.
- Kunstler, James Howard, 'As oil ceases to be cheap', *New Statesman*, 1 August, 2005.
- Legum, Margaret, *It Doesn't Have to Be Like This*, Wild Goose Publications, Glasgow, UK, 2002.
- McChesney, Robert, *Rich Media, Poor Democracy*, University of Illinois Press, Urbana, IL, 1999.
- Norberg, Johann, *In Defence of Global Capitalism*, Timbro AB, Stockholm, Sweden, 2001.
- Northcott, Michael, *An Angel Directs the Storm: Apocalyptic Religion and American Empire*, 1. B. Tauris, London, 2004.
- Scruton, Roger, *The west and the Rest: Globalization and the Terrorist Threat*, Continuum, London, 2002.
- Sen, Amartya, *Development as Freedom*, Oxford University Press, Oxford, 1999.
- Smith, Adam, *An Inquiry into the Nature and Causes of the wealth of Nations*, 1776, 처음에는 W. Strahan과 T. Cadell에 의해 2권으로 출간되었으나 지금은 상당수 출판사들이 출간하고 있다.

- Stiglitz, Joseph, *Globalization and Its Discontents*, Allen Lane, London, 2002.
- Wolf, Martin, *Why Globalization Works*, Yale University Press, New Haven, CT, 2004.

6장

- *Der Spiegel*, 2005, interview with Pan Yue by Andreas Lorenz, *Der Spiegel* 개제, 7 March, 2005, Patrick Kessler 영역.
- *Economist*, 'Chinas growing pains', *Economist*, 21 August, 2004.
- Forum for the Future, *Understanding Sustainability*, Forum for the Future, Cheltenham, UK, 2000.
- Lynas, Mark, *High Tide*, Flamingo, London, 2004.

7장

- Alexander, James, Gaston, Kevin, and Balmford, Andy, 'Balancing the Earth's accounts', *Nature*, vol 401, 23 September, 1999.
- Balmford, Andy, *Presentation to Business and the Environment Programme*, Cambridge, UK, March, 2002.
- Benyus, Janine, *Biomimicry: Innovation Inspired by Nature*, Quill, William Morrow, New York, 1997.
- Blair, Tony, Speech to 'Prince of Wales's Business and the Environment Programme', London, 14 September, 2004.
- Costanza, Robert, Cumberland, John, Daly, Herman, Goodland, Robert, and Norgaard, Richard, *An Introduction to Ecological Economics*, CRC Press, Boca Raton, FL, 1997.
- Daily, Gretchen, and Ellison, Katherine, *The New Economy of Nature: The Quest to Make Conservation Profitable*, Island Press, Washington,

DC, 2002.

- Daly, Herman, *Beyond Growth*, Beacon Press, Boston, MA, 1996.
- Hicks, John Richard, *Value and Capital*, Oxford University Press, Oxford, 1946.
- Marshall, Alfred, *Principles of Economics*, Macmillan, London, 1959.
- McCarthy, Mike, 'Where animals can build a community', *Independent*, 13 December, 2004.
- Myers, Norman, and Kent, Jennifer, *Perverse Subsidies: How Tax Dollars Can Undercut the Environment and the Economy*, Island Press, Washington, DC, 2001.
- Pearce, David, Markandya, Anil, and Barbier, Edward B, *Blueprint for a Green Economy*, Earthscan, London, 1989.
- Porter, Michael, *The Competitive Advantage of Nations*, Free Press, New York, 1990.
- Stiglitz, Joseph, *Making Globalization Work*, Allen Lane, London, 2006.
- Turner, Adair, *Just Capital: The Liberal Economy*, Macmillan, London, 2001.
- Turner, R. Kerry, 'Speculations on weak and strong sustainability', CSERGE Working Paper, University of East Anglia, Norwich, UK, 1992.

8장

- Coote, Anna, 'Public health and sustainable development', unpublished speech, Sustainable Development Commission, London, 2005.
- Evernden, Neil, *Natural Alien: Humankind and the Environment*, Oxford University Press, Oxford, 1993.
- Heslem, Peter, *Globalization and the Good*, SPCK, London, 2004.
- *New Internationalist*, 'Enduring terrors', *New Internationalist*, November, 2001.
- Parker, Michael, 'The shareholder-employee balance: Beyond the rhetoric', *New Academy Review* vol 1, no 2, 2002.

- Roszak, Theodore, *The Voice of the Earth*, Bantam Press, London, 1993.
- Skandia, *Skandia Annual Report*, 1997, www.skandia.com/en/irlorder print fininfo.jsp에서 다운 가능.
- Stewart, Thomas A., *Intellectual Capital: The New Wealth of Nations*, Nicholas Brealey, London, 1997.
- Young, Stephen, *Moral Capitalism: Reconciling Private Interest with the Public Good*, Berrett-Koehler, San Francisco, CA, 2003.
- Zohar, Danah, *Spiritual Capital: Wealth We Can Live By*, Bloomsbury, London, 2004.

9장

- Baron, Stephen, Field, John, and Schuller, Tom, (eds), *Social Capital: Critical Perspectives*, Oxford University Press, Oxford, 2000.
- Cabinet Office Strategy Unit, *Social Capital: A Discussion Paper*, Cabinet Office Strategy Unit, London, 2002.
- Fukuyama, Francis, 'Social capital and the global economy', *Foreign Affairs*, vol 74, no 5, September/October, pp 89~103, 1995.
- Putnam, Robert, *Bowling Alone: The Collapse and Revival of American Community*, Simon and Schuster, New York, 2000.
- Serageldin, Ismail, and Grootaert, Christiaan, 'Defining social capital: An integrating view', in Partha Dasgupta and Ismail Serageldin (eds) *Social Capital: A Multifaceted Perspective*, World Bank, Washington, DC, pp 40~58, 2000.
- Worldwatch Institute, *State of the World 2004: Progress Towards a Sustainable Society*, Earthscan, London, 2004.

10장

- Benyus, Janine, *Biomimicry: Innovation Inspired by Nature*, Quill, William Morrow, New York, 1997.
- Brown, Lester, *Plan B*, W. W. Norton, New York, 2003.
- Commoner, Barry, *The Closing Circle: Nature, Man, and Technology*, Random House, London, 1971.
- Douglas, Ed, 'Better by design', *New Scientist*, 6 January, 2007.
- Ekins, Paul, *Economic Growth and Environmental Sustainability*, Routledge, London, 2000.
- Leggett, Jeremy, 'Here comes the sun', *New Scientists*, 6 September, 2003.
- McDonough, William, and Braungart, Michael, *Cradle to Cradle*, North Point Press, New York, 2002.
- Meadows, Dennis, Meadows, Donella, Randers, J?gen, and Behrens III, William Wohlsen, *Limits to Growth*, Universe Books, New York, 1972.
- Stern, Nicholas, *The Economics of Climate Change: The Stern Review*, Cambridge University Press, Cambridge, 2007.
- Tenner, Edward, *Why Things Bite Back*, Fourth Estate, London, 1996.

11장

- de Soto, Hernando, *The Other Path*, Harper & Row, New York, 1989.
- Galbraith, John Kenneth, *Money: Whence It Came, Where It went*, Houghton Mifflin, Boston, MA, 1975.
- Gates, Jeff, *The Ownership Solution*, Penguin, London, 1998.
- Gilding, Paul, *Sustaining Economic Value*, Ecos Corporation, Sydney, Australia, 2002.
- Kelly, Marjorie, *The Divine Right of Capital*, Berrett-Koehler, San Francisco, CA, 2000.

- Korten, David, 'Money versus wealth', *Yes! A Journal of Positive Futures*, spring, 1997, www.hackvan.com/pub/stig/articles/yes-magazine-money-issue/Korten.html에서 다운 가능.
- Legum, Margaret, *It Doesn't Have to Be Like This*, Wild Goose Publications, Glasgow, UK, 2002.
- Lord, Clive, *A Citizens' Income: A Foundation for a Sustainable World*, Jon Carpenter Publishing, Charlbury, UK, 2003.
- Mintzberg, Henry, 'Memo to CEOs', *Fast Company*, June, 2002.
- Novo Nordisk 'Sustainability report 2002', 2002, http://susrep2002.novonordisk.com/sustainability/default.asp에서 다운 가능.
- Pearce, Brian, *Sustainability Pays*, Centre for Sustainable Investment, Forum for the Future, Cheltenham, UK, 2002.
- Putnam, Robert, *Bowling Alone: The Collapse and Revival of American Community*, Simon and Schuster, New York, 2000.
- Robertson, James, *The Sane Alternative*, James Robertson, Cholsey, UK, 1978.
- Robertson, James, and Bunzl, John M., *Monetary Reform: Making it Happen*, International Simultaneous Policy Organization, London, 2003.
- Young, Stephen, *Moral Capitalism: Reconciling Private Interest with the Public Good*, Berrett- Koehler, San Francisco, CA, 2003.

12장

- Armstrong, Karen, 'Violent Islamic radicals know they are heretical', *Guardian*, 8 July, 2006
- Bello, Walden, 'Architectural blueprints, development models and political strategies', paper presented at Economic Sovereignty in a Globalized World conference, 1999.
- Carson, Rachel, *Silent Spring, Houghton Mifflin*, Boston, MA, 1962.
- Christie, Ian, 'Culture war', *Elements*, June, Environmental Council, London, 2004.

- Diamond, Jared, *Collapse: How Societies Choose to Fail or Succeed*, Allen Lann, London, 2005.

- Edwards, Michael, *Future Positive: International Co-operation in the 21st Century*, Earthscan, London, 1999.

- Homer-Dixon, Thomas, *The Upside of Down*, Island Press, Washington, DC, 2006.

- Joy, Bill, 'Why the future doesn't need us', *Wired*, April, 2000.

- Kennedy, Robert, Francis, *Crimes Against Nature*, Penguin, London, 2004.

- Langley, Chris, 'The best defence', *New Scientist*, 22 January, 2005.

- Lomborg, Bj?n, *The Skeptical Environmentalist: Measuring the Real State of the World*, Cambridge University Press, Cambridge, UK, 2001.

- Lovins, Amory, *Winning the Oil Endgame: Innovation for Profits, Jobs and Security*, Rocky Mountain Institute, Snowmass, CO, 2005.

- New Internationalist, 'Enduring terrors', *New Internationalist*, November New, 2001.

- Scientist, 'Preach your children well', *New Scientist*, 11 November, 2006.

- Northcott, Michael, *An Angel Directs the Storm: Apocalyptic Religion and American Empire*, 1. B. Tauris, London, 2004.

- Perkins, John, *Confessions of an Economic Hit Man*, Berrett-Koehler, San Francisco, CA, 2004.

- Rees, Martin, *Our Final Century*, William Heinemann, London, 2003.

- Schellenberger, Michael, and Nordhaus, Ted, 'The death of environmentalism: Global warming politics in a post-environmental world', *Grist Magazine*, www.grist.org, 2005.

- Scruton, Roger, *The west and the Rest: Globalization and the Terrorist Threat*, Continuum, London, 2002.

- Stiglitz, Joseph, *Making Globalization Work*, Allen Lane, London, 2006.

- UN, The Millennium Assembly of the United Nations, 6~8 September, 2000, www.un.org/millennium/summit.htm에서 다운 가능.

- US National Academy of Sciences, Biological weapons, *National Academy of Sciences*, June, Washington, DC, 2002.

- WCSDG, *A Fair Globalization: Creating Opportunities for All*, World Commission on the Social Dimension of Globalization, London, 2004.
- WDM, *Out of Time: The Case for Replacing the World Bank and IMF*, World Development Movement, London, 2006.
- Worldwatch Institute, *State of the World 2005: Global Security*, Earthscan, London, 2005.
- Wright, Martin, *Positive Security: A New Politics of Resilience*, Forum for the Future, London, 2005.

13장

- Daly, Herman, and Cobb, John, *For the Common Good*, Beacon Press, Boston, MA, 1989.
- Ekins, Paul, 'Sustainability: The challenge for capitalism in the new century', unpublised paper for Forum for the Future, 1997.
- Ekins, Paul, *Economic Growth and Environmental Sustainability*, Routledge, London, 2000.
- Hillman, Mayer, *How we Can Save the Planet*, Penguin, London, 2005.
- Myers, Norman, 'Sustainable development: Tackling problems - Or sources of problems?', van Ginkel, Hans, and Barrett, Brendan (eds), *Human Development and the Environment*, United Nations University Press, Tokyo, 2002.

14장

- CFS, *2005 Partnership Report*, Co-operative Financial Services, Manchester, 2005.
- Chemistry Leadership Council, *The Sustainable Production and Use of Chemicals*, Forum for the Future, London, 2005.

- CIMA, *Environmental Cost Accounting: An Introduction and Practical Guide*, Chartered Institute of Management Accountants, London, 2002.
- Daly, Herman, and Cobb, John, *For the Common Good*, Beacon Press, Boston, MA, 1989.
- Esty, Dan, 'Greener pastures', *Wall Street Journal*, 29 December, 2006.
- Esty, Dan, and Winston, Andrew, *Green to Gold*, Yale University Press, New Haven, CT, 2006.
- Fishman, Charles, *The Wal-Mart Effect: How an Out-of Town Superstore Became a Super-power*, Allen Lane, London, 2005.
- Greenwald, Robert, *Wal-Mart: The High Cost of Low Price*, Brave New Films, 2005, official website at www.walmartmovie.com.
- Hart, Stuart, *Capitalism at the Crossroads*, Wharton School Publishing, University of Pennsylvania, Philadelphia, PA, 2005.
- Hawken, Paul, *The Ecology of Commerce*, Weidenfield and Nicholson, London, 1993
- Lash, Jonathan, and Wallington, Fred, 'Competitive advantage on a warming planet', *Harvard Business Review*, March, 2007.
- Mitchell, Stacy, 'Keep your eyes on the size: The impossibility of a green Wal-Mart', Soapbox, *Grist* website, 28 March, 2007, www.grist.org/comments/soapbox/2007/03/28/mitchell
- Prahalad, Coimbatore Krishnarao, and Hammond, Al, 'Serving the world's poor, profitably', *Harvard Business Review*, September, 2002.
- Prahalad, Coimbatore Krishnarao, and Hart, Stuart, 'The fortune at the bottom of the pyramid', *Strategy and Business*, no 26, 2002.
- Prince of Wales's Business and the Environment Programme, *Corporate Leaders' Group on Climate Change*, University of Cambridge Programme for Industry, Cambridge, UK, 2005.
- WBCSD, *Walking the Talk: The Business Case for Sustainable Development*, World Business Council for Sustainable Development, Geneva, 2002.
- WBCSD, *Doing Business with the Poor: A Field Guide*, World Business Council for Sustainable Development, Geneva, 2004.
- WRI, *The Next 4 Billion: Market Size and Business Strategy at the Base*

of the Pyramid, World Resources Institute, Washington, DC, 2007.

15장

- Bentley, Tom, 'Letting go: Complexity, individualism and the left', *Renewal*, vol 10, 2002.
- Christie, Ian, and Warburton, Diane, *From Here to Sustainability*, Real World Coalition/Earthscan, London, 2001.
- Coote, Anna, *Sustainable Development and Public Health*, UK Sustainable Development Commission, London, 2005.
- Douglas, Ed, 'Better by design', *New Scientist*, 6 January, 2007.
- Dresner, Simon, *The Principles of Sustainability*, Earthscan, London, 2002.
- Ekins, Paul, 'Can humanity go beyond consumerism?', in *1998 Development Report*, Society for International Development, Rome, 1998.
- Hamilton, Clive, *Growth Fetish*, Allen and Unwin, Sydney, 2003.
- Hawken, Paul, Lovins, Amory B., and Lovins, L. Hunter, *Natural Capitalism: The Next Industrial Revolution*, Earthscan, London, 2000.
- Hines, Colin, *Localization: A Global Manifesto*, Earthscan, London, 2000.
- Jenkins, Simon, 'The curse of hyper mobility', *Guardian*, 16 August, 2006.
- Levett, Roger, with Christie, Ian, Jacobs, Michael, and Therivel, Riki, *A Better Choice of Choice*, Fabian Society, London, 2003.
- Sustainable Development Commission, *I Will if You Will: Towards Sustainable Consumption*, 2006, www.sd-commission.org.uk에서 다운 가능.
- Wissenburg, Marcel, *Green Liberalism*, DCL Press, London, 1998.

16장

- Boyle, David, *Authenticity: Brands, Fakes, Spin and the Lust for Real Life*, HarperCollins, London, 2004.
- Callenbach, Ernest, *Ecotopia*, Banyan Tree Books, Berkeley, CA, 1975.
- Capra, Fritjof, *The Hidden Connections*, HarperCollins, London, 2002.
- Forum for the Future, 'A vision of a sustainable future', internal paper, 2007.
- Griffiths, Jay, 'Living time', *Green Futures*, no 51, 2005.
- Havel, V?clav, 'The path to co-existence', speech on receiving the Philadelphia Liberty Medal, Philadelphia, PA, 4 July, 1994.
- Jacobs, Michael, *Environmental Modernisation: The New Labour Agenda*, Fabian Society, London, 1999.
- Joy, Bill, 'Why the future doesn't need us', *Wired*, April, 2000.
- Kingsnorrh, Paul, *One No, Many Yeses*, Free Press, London, 2003.
- Lorimer, David, *Radical Prince*, Floris Books, Edinburgh, 2003.
- Mill, John Stuart, *Utilitarianism*, 1861, Fraser's Magazine에 세 번에 걸쳐 게재되었다가 Parker, Son and Bourn사에 의해 단행본으로 출간되었다, London, 1863.
- Pearce, Fred, 'Ecopolis now', *New Scientist*, 17 June, 2006.
- Rees, Martin, *Our Final Century*, William Heinemann, London, 2003.
- Roszak, Theodore, *The Voice of the Earth*, Bantam Press, London, 1993.
- Suzuki, David, *Declaration of Interdependence*, David Suzuki Foundation, Vancouver, Canada, 1997.
- Werbach, Adam, 'Is environmentalism dead?', speech at The Common wealth Club, San Francisco, 8 December, 2004, www.grist. org/news/maindish/2005/01l13/werbach-reprint에서 다운 가능.
- Wilson, Edward Osborne, *Biophilia*, Harvard University Press, Cambridge, MA. 1984.

17장

- Ash, Timothy Garton, 'It always lies below', *Guardian*, 8 September, 2005.
- Benyus, Janine, *Biomimicry: Innovation Inspired by Nature*, Quill, William Morrow, New York, 1997.
- Darwin, Charles, *On the Origin of Species by Means of Natural Selection, or the Preservation of Favoured Races in the Struggle for Life*, John Murray, London, 1859.
- Dawkins, Richard, 'Our big brains can overcome our selfish genes', *Independent*, 2 September, 2002.
- Diamond, Jared, *Collapse: How Societies Choose to Fail or Succeed*, Allen Lane, London, 2005.
- Goldenberg, Suzanne, 'Religious right fights science for the heart of America', *Guardian*, 7 February, 2005.
- Kasser, Tim, *The High Price of Materialism*, MIT Press, Cambridge, MA, 2002.
- Layard, Richard, *Happiness*, Allen Lane, London, 2005.
- MA, *Ecosystems and Human Well-being: Opportunities and Challenges for Business and Industry*, the fourth Millennium Ecosystem Assessment report, 2005, www.millenniumassessment.org에서 다운 가능.
- Perkins, John, *Confessions of an Economic Hit Man*, Berrett-Koehler, San Francisco, CA, 2004.
- Reeves, Richard, 'The sun sets on the enlightenment', *RSA Journal*, December, 2002.
- Werbach, Adam, 'Is environmentalism dead?', speech at The Commonwealth Club, San Francisco, 8 December, 2004, www.grist.org/news/maindish/2005/01l13/werbach-reprint에서 다운 가능.
- Young, Stephen, *Moral Capitalism: Reconciling Private Interest with the Public Good*, Berrett-Koehler, San Francisco, CA, 2003.

CAPITALISM AS IF THE WORLD MATTERS
찾아보기

세계는 현재 문명의 종말을 초래할 수도 있는 거대하고도 반갑지 않는 변화의 문턱에 들어서 있다. 개혁과 재건을 위해, 우리는 진실로 헌신적이고 사려 깊은 소수의 말을 들어야 한다. 조너선 포릿은 그중의 한 사람이다. 나보다는 긍정적인 자세를 갖고 있는 그의 비전은 '너무 뜨거워서 생물이 살 수 없는 지구에서 암흑기를 보내지 않으려거든 생존을 위한 것 이냐의 여부를 불문하고 모든 개발로부터 대폭 뒤로 물러나야 한다는 것'이다.　**제임스 러브록, 가이아 이론의 제창자**

포릿처럼 환경과 자본주의를 동시에 구원할 수 있는 최상의 방법을 준비하고 연구하는 사람들이 더 많이 있어야 한다.
　　　　　　　　　　　　　　　　　　　　　　　　　　　　《프로페셔널인베스터》

이 책의 출간이 지금처럼 적절하고 중요한 순간은 없었다. …… 우리 시대의 가장 중요한 문제에 대한 해결책이다.
　　　　　　　　　　　　　　　　　　윌 허턴, 《불길한 징조 : 21세기 중국과 서양》의 저자

미국의 어느 작가도 이 책처럼 환경, 재정 및 경제, 산업과 기술, 심리와 정치 등의 관계를 적절하게 연구하여 그 결과를 내놓은 적이 없다. 조너선 포릿은 산업 전체를 비난하지 않고서도 충격적인 배경을 폭로하면서, 탐욕적이고 자제할 줄 모르는 물질주의를 비판한다. …… 설득력 있는 철학적 토대와 전략적 가이드라인이 내포된 이 책을 계기로 심도 있는 연구가 뒤따를 것으로 보인다.　　　　**F. T. 맨하임, 조지메이슨 대학교, 《초이스》에서**

생존 조건을 일부러 파괴할 리 없는 사회를 위한 도발적이고 흥미로운 선언 …… 저자는 지구 온난화의 파국적 위험과 현 자본주의의 '발전 숭배'가 지속가능하지 않다는 점을 열정적으로 피력하고 있다.　　　**스티븐 풀, 《가디언》**

영국의 가장 뛰어난 환경주의자로서 현실주의자이며, 신중하게 말하자면 긍정주의자이기도 한 포릿의 매우 중요한 서적이다. 저자는 인류가 지구적 재앙으로 달려가고 있다고 현재 상황을 진단하면서, 그럼에도 불구하고 피할 길이 있다고 주장한다. 도전적이고 합리적인 분석을 통해, 그는 세계 시장 경제의 틀 안에서 지속가능한 번영을 약속하는 방법을 제시한다. 인류를 재앙의 바닷속으로 가라앉힐 것인가, 아니면 수영하여 헤쳐 나가게 할 것인가를 결정해야 하는 정책 결정자들과 재계 인사들이 반드시 읽어야 할 필독서이다.　　　　**조너선 딤블비, 정치 평론가 겸 방송인**

여름용 가벼운 읽을거리 대신에 얻을 것이 있는 묵직한 책을 택해야 한다. 조너선 포릿은 자본주의로 어떻게 부와 생태적 온존성이 서로 배치되지 않는 미래를 창출할 수 있는지를 알려준다.　　**《금주의 책》, 《스코틀랜드온선데이》**

그 누구에게도 뒤지지 않는 풍부한 현장 경험과 엄청난 독서를 통해 걸러진 진액만을 모은, 인류가 처한 현 상황과 미래의 방향에 대해 훌륭하게 서술한 책이다. 포릿의 서적은 기본적인 긍정적 대안을 찾기 위한 용감하면서도 중요한 사고를 제시한다.　　　　　　　　　　　　　　　　　　　　　　**사이먼 코킹, 《옵서버》**

너무나 많은 환경주의자들이 자본주의를 원수로 간주하고 있다. 포릿은 인류가 원하는 자본주의 형태라는 사고 안에서 현실적으로 지속가능하고 웰빙을 진작시킬 수 있는 시스템에 대한 생각에 사로잡혀 있다. 이 책을 통해 그러한 생각에 동참하게 될 것이다.　　　　　　　　　　　　　　　**어데어 터너, 경제사회연구위원회 회장**